정기용선계약법

법학박사 염 정 호 저

法 文 社

Law of Time Charters

By

Dr. jur. Yeom, Jeong-Ho

2010
Bobmun Sa
Pajubookcity, Korea

Foreword

by
JOHN WELHAM

Globalization has increased the World's reliance on all aspects of shipping and as a consequence there is a necessity for a greater indepth knowledge and professionalism within the industry. Given the vast diversification of Korean shipping activities, I am particularly delighted to endorse this book arising from Korea and written by Dr. Yeom on the Law of Time Charters as being a very knowledgeable and educational publication and I would highly commend it to readers.

John Welham
Chairman
Simpson Spence & Young
May, 2010

Foreword

by
WILLIAM LYTH

We are delighted to support Mr. JH Yeom's book with regards to the Law of Time Charters.

This is one of the most important and often misunderstood areas of the daily chartering of vessels and any further clarity is very welcome in the shipping industry.

Mr. Yeom has always maintained the high integrity required in today's truly international world and this book should prove to be invaluable.

William Lyth
Senior Freight Market Reporter
Baltic Exchange Information Services Ltd.
May, 2010

The Baltic Exchange

머리말

저자가 해운과 인연을 맺게 된 지 벌써 30년이 지났습니다. 저자는 한라해운(주)과 현대상선(주)에서 보험법제업무를 담당하였고, 동주해운(주)에서 용선업무를 시작하여 1993년 일도해운(주)을 창립한 후 현재까지 용선중개인으로 활동하고 있습니다.

현재 우리나라는 보유하고 있는 선복량을 기준으로 볼 때 세계에서 5위의 해운국가이며 용선규모를 기준으로 볼 때 중국, 홍콩에 이어 3위로 용선영업이 활발합니다. 이와같이 우리나라가 당사자로 체결되는 용선계약의 건수는 매우 많기 때문에 최근 해운용선시황의 급등락으로 인하여 양당사자의 이해관계가 상반되어 용선계약에 관련된 많은 법적 분쟁이 발생하고 있습니다. 그럼에도 불구하고 현재 우리나라에는 용선업무에 종사하고 있는 담당자 또는 용선을 공부하고자 하는 학생들이 참고할 수 있는 교재가 거의 없는 것이 현실입니다. 이에 저자는 용선계약에 관한 교재의 필요성을 느껴 그 동안의 경험과 이제까지 발표한 연구논문을 바탕으로 우선 "정기용선계약법"을 출간하게 되었습니다.

제1편에서는 정기용선계약의 전반적인 내용을 설명하였습니다. 정기용선계약의 표준서식 중 실무적으로 많이 사용되는 뉴욕프로듀스서식(1946 & 1993)과 볼타임서식(2001) 그리고 부속약관의 설명과 함께 전 조항을 번역하였습니다. 또한 정기용선계약의 법적 성질과 비용부담에 관하여도 설명하였습니다. 제2편에서는 용선계약의 체결과 성립 그리고 용선계약의 당사자에 대하여 설명하였습니다. 제3편에서는 선박소유자의 권리와 의무에 관한 선박소유자의 지위를 설명하였고 제4편에서는 정기용선자의 권리와 의무에 관한 정기용선자의 지위를 설명하였습니다. 제5편에서는 정기용선계약 하에서 발생하는 제3자와의 법률관계에 대하여 설명하였습니다. 제6편에서는 책임, 면책약관 그리고 용선계약의 프러스트레이션에 대하여 설명하였습니다. 제7편에서는 정기용선계약 하에서의 분쟁에 관하여 설명하였는데 우선 분쟁의 개요에 대하여 설명하고 재판관할과 준거법에 대하여 설명하였습니다. 마지막으로 제8편에서는 이제까지의 연구 · 검토를 바탕으로 정기용선계약과 관련한 우리나라 상법의 개선방안을 제시하였습니다.

이 책은 해상법을 연구하는 분뿐만 아니라 용선실무에 종사하고 계시는 분들에게도 도움이 될 수 있도록 썼습니다. 가능하면 많은 영미판례를 인용하여 설명하도록 노력하였습니다. 또한 용선실무에 도움이 되도록 BIMCO약관을 번역하여 관련되는 내용에 삽입하였습니다.

이 작은 결실이 있기까지 도움을 주신 분들 가운데 우선 저자의 지도교수님이신 서강대학교 왕상한 교수님의 지도와 격려에 감사드립니다. 그리고 자료수집과 교정을 도와준 일도해운(주)의 홍성미 차장과 정혜진씨 그리고 서강대학교 법학박사과정의 김연 조교에게도 고마움을 전합니다. 끝으로 어려운 역경 속에서도 저를 있게 해준 아내 한영옥 그리고 아들 민준이와 민우의 도움에도 고마움을 표합니다.

2010년 5월

저자 염 정 호

Contents

차례

제1편 서 론

제2편 용선계약의 성립

제3편 선박소유자의 지위

제4편 정기용선자의 지위

제5편 제3자와의 관계

제6편 책임의 면제

제7편 정기용선계약 하에서의 분쟁

제8편 정기용선계약과 관련한 우리나라 상법의 개선방안

찾아보기

참고문헌

[국내문헌]

• 단행본

강남호, 「해상법의 법률지식」, (서울: 청림출판, 1997).
곽윤직, 「민법총칙」, (서울: 박영사, 2004).
______, 「물권법」, (서울: 박영사, 2008).
______, 「채권총론」, (서울: 박영사, 2004).
______, 「채권각론」, (서울: 박영사, 2005).
김성준, 「해운과 전문직업」, (부산: 전망, 2005).
김인현, 「해상법」, (파주: 법문사, 2007).
김정수, 「해상보험론」, (서울: 박영사, 2003).
김준호, 「민법강의」, (파주: 법문사, 2005).
김종윤, 「해상법연구」, (서울: 능화드림, 2000).
명순구, 「미국계약법입문」, (파주: 법문사, 2004).
박용섭, 「정기용선 계약법」, (부산: 효성출판사, 1999).
______, 「해상보험법」, (부산: 효성출판사, 1995).
______, 「해상법론」, (서울: 명신문화사, 1991).
박현규 · 이철원, 「해운론」, (서울: 한국해사문제연구소, 1991).
방희석, 「국제운송론」, (서울: 박영사, 2005).
배병태, 「주석해상법」, (서울: 한국사법행정학회, 1980).
서돈각 · 서정항, 「개정상법요론」, (파주: 법문사, 2002).
서돈각 · 정완용, 「상법강의(하)」, (파주: 법문사, 1996).
서동희, 「사례별로 본 실무해상법 · 해상보험법」, (파주: 법문사, 2007).
서철원, 「미국 비즈니스 법」, (서울: 법원사, 2000).
서희원, 「영미법강의」, (서울: 박영사, 2002).
손주찬, 「상법(하)」, (서울: 박영사, 2005).
손주찬 · 정동윤, 「주석상법(VIII)[해상]」, (서울: 한국사법행정학회, 2001).
송상현 · 김현, 「해상법원론」, (서울: 박영사, 2008).
양승규 · 박길준, 「상법요론」, (서울: 삼영사, 1999).

엄윤대, 「선하증권론」, (서울: 한국해사문제연구소, 2006).
이택영 편, 엄윤대 · 박명규 감수, 「해운 · 물류 용어 대사전」, (서울: 코리아쉬핑가제트, 2006).
이광희 · 이원정, 「용선계약실무」, (서울: 박영사, 2009).
이호정, 「영국계약법」, (서울: 경문사, 2003).
정동윤, 「상법 (하)」, (파주: 법문사, 2008).
정영석, 「해상법원론」, (서울: 텍스트북스, 2009).
정찬형, 「상법강의(하)」, (서울: 박영사, 2009).
정해덕, 「국제해상소송–중재」, (서울: 코리아쉬핑가제트, 2007).
채이식, 「상법강의(하)」, (서울: 박영사, 2003).
최기원, 「상법학신론(하)」, (서울: 박영사, 2004).
______, 「해상법」, (서울: 박영사, 2002).
최종현, 「해상법상론」, (서울: 박영사, 2009).
최준선, 「보험법 · 해상법」, (서울: 삼영사, 2008).
해운 · 물류 큰사전 편찬위원회, 「해운 · 물류 큰사전」, (서울: 한국해사문제연구소, 2002).
한국해사문제연구소 편, 배병태 감수, 「용선계약과 해상물건운송계약」, (서울: 한국해사문제연구소, 1993).
한국해사문제연구소 편역, 「해운실무입문」, (서울: 한국해사문제연구소, 1994).
한종술, 「미국계약법」, (서울: 진원사, 2009).
鴻常夫 편수, 「영미상사법사전」, (서울: 대광서림, 2001).

● 논문

강용찬, "정기용선계약의 표준약관 비교연구", 「산경연구」 제6권, 목원대학산업경영연구소, 1990.
김동훈, "정기용선계약에 대한 법적검토", 「한국해법학회지」 제24권 제2호, 한국해법학회, 2002.
______, "정기용선의 외부적 법률관계에 관한 소고", 「한국해법학회지」 제13권 제1호, 한국해법학회, 1991.
______, "정기용선계약 하의 선하증권 소지인에 대한 선주와 용선자의 책임관계", 「한국해법학회지」 제11권 제1호, 한국해법학회, 1990.
______, "정기용선계약상 상호면책약관에 관한 고찰", 「관대논문집」, 1988.
______, "정기용선기간과 최종항해", 「한국해법학회지」 제10권 제1호, 한국해법학회, 1988.
______, "정기용선계약상 용선정지약관(Off-hire Clause)에 관한 고찰", 「한국해법 학회지」 제9권, 한국해법학회, 1987.
김인현, "슬로트 용선의 법률관계에 대한 고찰", 「한국해법학회지」 제25권 제2호, 한국해법학회, 2003.

_____, “정기용선 중인 선박의 충돌사고에 대한 책임주체”, 「한국해법학회지」 제19권 제1호, 한국해법학회, 1997.

김진권, “해상법상의 준거법 결정에 관한 연구”, 박사학위논문, 한국해양대학교, 2003.

_____, “영국법상의 프러스트레이션 법리에 관한 고찰”, 「해사법연구」 제2권 제2호, 한국해사법학회, 2000.

김창준, “해적행위와 위험관리”, 「해양한국」 통권 제427호, 한국해사문제연구소, 2009.

김태윤, “정기용선계약에 관한 약간의 고찰”, 「법학논총」 제24권, 단국대학교부설 법학연구소, 2000.

박길상 · 양정호, “항해용선계약에서 정박기간의 개시요건”, 「한국해법학회지」 제28권 제1호, 한국해법학회, 2006.

박세민, “해상법상 정기용선계약에 대한 해석론”, 「법학논총」 제24권 제2호, 한양대학교출판부, 2008.

박용섭, “뉴욕프로듀스서식 정기용선계약서(1993)의 중요 개정에 관하여”, 「해사법연구」 제7권 제1호, 한국해사법학회, 1995.

_____, “정기용선계약상에서 선박소유자의 속력유지 의무에 관한 연구”, 「한국해법학회지」 제4권 제1호, 한국해법학회, 1982.

박홍진, “선박담보제도에 관한 연구”, 박사학위논문, 원광대학교, 2000.

배병태, “해상법개정을 위한 정기용선계약법 구성의 시사”, 「한국해법학회지」 제8권 제1호, 한국해법학회, 1986.

서영화, “용선계약의 선하증권에의 편입”, 「한국해법학회지」 제14권 제1호, 한국해법하히, 1992.

양승규, “정기용선계약의 법적성질”, 「상법의 논점」, (서울: 삼지원, 2000).

옥선종, “정기용선계약서에 있어서 휴항약관에 관한 법률관계”, 「명대논문집」 15, 1984.

이승호, “정기용선계약에 관한 연구”, 박사학위논문, 성균관대학교, 2005.

이용근, “항해용선계약의 법리에 관한 연구, 「한국해운학회지」 제11호, 한국해운학회, 1990.

이창희, “용선자의 안전항 지정의무에 대한 소고”, 「한국해법학회지」 제27권 제1호, 한국해법학회, 2005.

_____, “정기용선계약에 관한 입법론적 고찰”, 「한국해법학회지」 제26권 제1호, 한국해법학회, 2004.

_____, “정기용선계약법의 개정방안에 관한 연구”, 박사학위논문, 전남대학교, 2003.

임동철, “재운송계약과 선박소유자의 책임”, 「한국해법학회지」 제15권 제1호, 한국해법학회, 1993.

_____, “선박우선특권(maritime liens)과 statutory rights in rem에 관하여”, 「한국해법학회지」 제12권 제1호, 한국해법학회, 1991.

_____, “정기용선계약과 선주 · 용선자의 대외적 책임에 관하여”, 「한국해법학회지」 제8권 제1호, 한국해법학회, 1986.

장경식, "해사소송에 있어서 국제재판관할에 관한 연구", 박사학위논문, 한국해양대학교, 2005.
정병석, "해사재판 관할권의 문제", 「한국해법학회지」 제25권 제2호, 한국해법학회, 2003.
_____, "선박소유자의 운송물경매권(상법 제804조)", 「한국해법학회지」 제14권 제1호, 한국해법학회, 1992.
정병윤, "해상법상의 판례의 형성과 변천", 「법학연구」 제47권, 부산대학교 법학연구소, 1998.
정영석 · 우보연, "정기용선계약상의 프러스트레이션 법리에 관한 연구", 「국제거래법연구」 제16권 제2호, 국제거래법학회, 2007.
정완용, "프랑스 해상운송계약법상의 용선계약에 관한 소고", 「법학연구」 12, 1992.
정우용, "Standard Form Contracts의 법적구조에 관한 연구", 박사학위논문, 성균관대학교, 1994.
채이식, "2005년 상법 제5편 해상편 개정안에 대한 소고", 「한국해법학회지」 제27권 제2호, 한국해법학회, 2005.
_____, "해상운송계약법의 체계와 입법에 관한 연구", 「한국해법학회지」 제22권 제2호, 한국해법학회, 2000.
최용춘, "공동해손에 관한 소고", 「한국해법학회지」 제13권 제1호, 한국해법학회, 1991.
최종현, "한국 해상법의 발전 방향", 「한국해법학회지」 제31권 제1호, 한국해법학회, 2009.
_____, "정기용선계약의 대외적 법률관계", 「상사판례연구[VI]」, (서울: 박영사, 2006).
최현숙, "사정변경의 원칙에 관한 연구", 박사학위논문, 부경대학교, 2006.

[외국문헌]

• 단행본

山野嘉朗 · 山田泰彦, 「現代保険 · 海商法 30講」, (東京: 中央經濟社, 2005).
松井孝之, 「定期傭船契約の解説」, (東京: 成山堂書店, 2002).
長谷川雄一, 「基本商法講義(海商法)第二版」, (東京: 成文堂, 1997).
田村諄之輔 · 平出慶道 編, 「保險法 · 海商法」, (東京: 清林書院, 2005).
重田晴生 · 中元啓可 · , 志津田一彦 · 伊籐敦可, 「海商法」, (東京: 清林書院, 1994).
ハーヴェイ · ウィリアムズ , 「傭船契約と船荷證券の解說」, (東京: 海文堂, 2002).

Baughen Simon, Shipping Law, 4th ed., (London: Cavendish Publishing Limited, 2009).
Blum Brian A., Contracts, 4th ed., (New York: Wolters Kluwer, 2007).
Coghlin Terence, W. Baker Andrew, Kenny Julian and Kimball John D., Time Charters, 6th ed., (London: Informa, 2008).

Cooke Julian, Kimball John D., Young Timothy, Martowski David, Taylor Andrew & Lambert LeRoy, Voyage Charters, 3rd ed., (London: Informa, 2007).

Davies Martin & Dickey Anthony, Shipping Law, 3rd ed., (NSW: Lawbook Co., 2004).

Garner Bryan A., Editor in Chief, Black's Law Dictionary, 8th ed., (MN: West Publishing Co., 2004).

Gaskell NJJ, Debattista C. & Swatton R. J., Chorley and Gilles Shipping Law, 8th ed., (Edinburgh: Person Education Limited, 2003).

Gorton Lars, Hillenius Patrick, Ihre Rolf, Sandevarn Arne, Shipbroking and Chartering Practice, 7th ed., (London: Lloyd's London Press Ltd., 2008).

Hill Christopher., Maritime Law, 6th ed., (London: Informa, 2003).

Ivamy E.R. Hardy, Casebook on Shipping Law, 4th ed., (London: Lloyd's of London Press Ltd., 1987).

Lopez Norman J., Bes' Chartering and Shipping Terms, 11th ed., (London: Barker & Howard Ltd., 1992).

Meeson Nigel, Admiralty Jurisdiction and Practice, (London: Lloyd's of London Press Ltd., 1993).

O'Sullivan Janet & Hilliard Jonathan, The Law of Contract, 2nd ed., (Oxford: Oxford Universtity press, 2006).

Schoenbaum Thomas J., Admiralty and Maritime Law, (MN: West Publishing Co., 1987).

Tetley William, Maritime Liens and Claims, 1st ed., (London: Business Law Communications Ltd., 1985).

______, Marine Cargo Claims, 3rd ed., (Montreal: International Shipping Publications, 1988).

Williams Harvey, Chartering Documents, 4th ed., (London: Lloyd's of London Press Ltd., 1999).

Wilson John F., Carriage of Goods by Sea, 6th ed., (Edinburgh: Pearson Education Limited, 2008).

BIMCO 약관

Part 1
서 론

1 정기용선계약의 의의

제 1 절 용선계약

Ⅰ. 용선계약의 의의

용선계약(charter party)이란 해상운송인인 선박소유자가 선박의 전부 또는 일부를 운송을 위하여 제공하여 물건을 운송할 것을 약속하고, 상대방인 용선자는 이에 대한 반대급부로서 용선료를 지급할 것을 약속하는 특별한 종류의 해사계약이다.

Ⅱ. 용선계약의 연혁

용선계약, 즉 charter party는 라틴어의 *charta partita*에서 전화한 것으로서, 본래 계약의 자체명칭이 아니라, 그 계약의 내용을 기입한 서면의 이름이다. 즉 초기에는 한 장의 양피지에 계약의 조항을 기재하여, 그 문자나 그림부분을 위에서 아래로 찢어서 계약당사자인 쌍방이 한쪽씩을 소지하고 있다가, 뒷날 분쟁이 생겼을 경우에 그것을 서로 이어봄으로써 입증용으로 사용했다고 한다. 즉 *charta*(card)는 날인이 되어 있는 증서, 그리고 *partita*(parted)는 나눈다는 의미이다.[1]

1) 한국해사문제연구소 편, 배병태 감수, 「용선계약과 해상물건운송계약」, (서울: 한국해사문제연구소, 1993), 11쪽.

Ⅲ. 용선계약의 유형

용선계약에는 선체용선계약 · 정기용선계약 · 항해용선계약의 3가지 유형이 있으나, 최근에는 슬로트용선계약도 일반적으로 용선계약에 포함하게 되었다.

1. 선체용선계약(bareboat charter party)

용선계약 중 가장 특이한 것은 선체용선계약(demise charter, bareboat charter)인데, 선박소유자는 선체용선계약의 기간 동안 용선선박의 점유와 지배권을 선체용선자에게 이전시키며 선체용선자는 용선선박을 운항하며 자신이 선택한 운송물을 운송할 권리를 가지고 필요한 선원 및 항해장비를 투입할 책임을 진다. 따라서 선체용선의 경우에 선원과 선장은 선박소유자가 아닌 선체용선자의 피용인이다. 많은 경우에 선체용선자는 선박소유자와 동일하게 취급되며, 반드시 선체용선계약이라는 문언이 포함되어야 할 필요는 없고 선체용선자가 선박을 점유 · 사용하는 정황으로부터 선체용선계약임을 알 수 있다.

2. 정기용선계약(time charter party)

정기용선자는 선박소유자 또는 선박임차인과의 계약에 의하여 일정한 기간 동안 인적조직을 포함한 선박의 사용 · 수익권을 얻어 자신의 해운기업의 경영에 이용하는 것이다.

정기용선계약은 선박소유자 또는 선박임차인이 정기용선자에게 선원이 승선하고 항해장비를 갖춘 선박을 일정한 기간 동안 항해에 사용하게 할 것을 약정하고, 정기용선자가 이에 대하여 기간으로 정한 용선료를 지급할 것을 약정함으로써 그 효력이 생기는 해상법상의 계약이다(상법 제842조).[2)]

3. 항해용선계약(voyage charter party)

항해용선계약은 한 항구에서 다른 항구까지 화물수송을 의뢰한 적하이해관계인과 선

2) 다른 견해에 의하면 "정기용선계약은 특수약관에 의하여 이루어지고 정기용선자는 해상운송인인 지위를 가지므로 용선계약의 종류로 보는 것은 타당하지 못하다."라고 한다. 최기원, 「상법학신론 (하)」, (서울: 박영사, 2004), 850쪽. (이하 "최기원, 상법학신론"이라고 한다.).

박소유자 간에 체결된 운송계약을 말한다. 환언하면 어느 한 항구 혹은 여러 항구로부터 다른 한 항구 혹은 특정한 범위의 한 항구 혹은 여러 항구로 상호 간에 협정한 운임조건으로 만재화물 혹은 부분화물을 운송하기 위하여 선박소유자가 용선자에게 자유로이 본선 선복의 사용을 허용하는 계약이다.[3)]

4. 슬로트용선계약(slot charter party)

슬로트/스페이스용선(slot charter/space charter)이란 주로 정기선사들이 확정된 선박의 스케줄을 가지고 운항하는 경우, 용선자인 슬로트/스페이스용선자(slot/space charterer)가 선박소유자로부터 일정한 선복을 빌려서 자신이 운송인으로서 영업활동을 하는 것이다. 슬로트/스페이스용선자는 선복을 빌려서 운송인이 된다는 점에서는 정기용선자와 비슷한 지위에 있으나, 선박의 스케줄은 이미 확정되어 있어서 용선자는 확정된 스케줄의 한도에서만 화물을 운송할 수 있다는 점에서는 용선자의 사용권이 정기용선자의 경우보다 많이 제한되어 있다.[4)]

제 2 절 정기용선계약의 개념

일반적으로 정기용선계약이라고 하는 선박의 이용형태는 산업혁명의 결과로 원재료 및 가공품의 해상운송이 점차로 늘어나게 되고 증기선에 의한 개품운송이 발달함으로써 19세기에 들어서 해운기업의 조직적, 계획적 경향이 가능하게 된 시대적 배경 아래, 1850년대 영국에서 시작되어 이후 북유럽에서 볼틱 해의 목재 및 광석의 운송에 이용되었는데, 부정기선의 본 고장이라고 하는 노르웨이에서 가장 애용되었다. 현재는 정기선을 보강하기 위해서 그때그때마다 선박수요에 따라서 활발하게 이용되고 있다.[5)] 이 정기용선계약의 원형이 된 것은 기간용선계약인데,[6)] 이러한 형식의 계약형태가 급증하는 해상운송력의 수요에 따

3) 방희석, 「국제운송론」, (시울: 박영사, 2005), 98쪽.
4) 김인현, "슬로트 용선의 법률관계에 대한 고찰", 「한국해법학회지」 제25권 제2호, 한국해법학회, 2003, 40쪽.
5) 長谷川雄一, 「基本商法講義(海商法)第二版」, (東京: 成文堂, 1997), 39쪽.

제1편
제2편
제3편
제4편
제5편
제6편
제7편
제8편

라 선원부 선박을 일정기간 해상운송기업자의 지배에 맡기기 위한 계약에 이용되어, 정기용선계약이라는 형태가 발생하였다고 한다.

광의의 정기용선계약은 선박소유자가 일정한 기간 동안 선박을 정기용선자가 이용할 수 있도록 하는 계약의 일반을 말한다. 이에 대하여서 협의의 정기용선계약은 각종 특수약관(선박사용약관, 처분약관, 사용약관, 순용선약관 등)을 포함하는 전형적인 정기용선계약서식으로 체결되고 있는 계약을 말한다.[7] 이 협의의 정기용선계약은 일반적으로 "time charter"라고 불리고 있으며, 1850년대에 영국의 해운실무에서 발생하였으며 그 후 뉴욕프로듀스서식 · 볼타임서식 등의 국제적인 정형서식이 제정되면서 널리 세계 각국에서 이용하게 되었다.[8]

특정항해에 사용하기 위해 선박을 정기용선한 경우에 용선자는 운임이 아니라 용선료를 지급하는데, 이 경우 특정항해에 소요되는 최소/최대 기간을 정하는 정박기간과 체선료의 규정이 없으며 선박이 계약된 속도에 따라 항해할 수 없는 것으로 인한 지연에 관하여는 지급정지(off-hire)가 적용된다. 이런 종류의 용선은 항해용선이 아닌 정기용선으로 분류된다.[9]

정기용선자는 대외적으로 자기의 이름으로 해상운송계약을 체결하고 거래에 관한 법적 및 경제적 효과의 귀속자가 되는 해운기업의 주체이면서, 선박의 점유를 하지 않는다는 점에서는 선박임대차계약과 항해용선계약의 단점을 보완하면서 발달하고 있는 것이므로 양자의 중간을 차지하고 있는 것이라 하겠다.[10]

제 3 절 정기용선계약의 기능

정기용선계약은 타 회사의 선박을 이용하는 형태로서 국제적으로 보급되고 있지만, 그 배경에는 정기용선이 ① 선박을 신조선하는 데는 비용이 많이 들기 때문에 자회사가 위

6) "항차정기용선"이라고도 하는데 이는 선박을 단지 한 특정항해에 이용하기 위하여 정기용선한 경우이다. 예를 들면 호주의 한 항구에서 한국의 한 항구까지 약 35-40일이 소요될 것으로 예상되는 한 항차를 사용하기 위하여 선박을 용선하여 일본의 한 항구에서 인도하여 한국 양하항에서 반선하는 경우를 들 수 있다.

7) 重田晴生 · 中元啓司, 志津田一彦 · 伊籐敦可, 「海商法」, (東京: 青林書院, 1994), 123쪽.

8) 김태윤, "정기용선계약에 관한 약간의 고찰", 「법학논총」 제24권, 단국대학교부설법학연구소, 2000, 318쪽.

9) Baughen Simon, *Shipping Law*, 4th ed., (London: Cavendish Publishing Limited, 2009), p.202.

10) 손주찬, 「상법(하)」, (서울: 박영사, 2005), 775쪽.

험부담을 떠안고 신조선을 건조하기보다는 정기용선을 함으로써 선박을 조달할 수 있다는 점, ② 선박소유자가 절세를 목적으로 선박을 편의치적선으로 한 경우에 선적국에 설립한 회사를 선박소유자로서 선박을 차터백(charter back)[11]할 수 있는 편리함, ③ 외국인 선원을 승선시키기 위해서 외국에 선체용선으로 내놓은 선박을 차터백(charter back)할 수 있는 편리함 등이 있다.[12]

항해용선계약과는 다르게 정기용선자는 선박의 자유사용과 선박지휘권을 얻어 스스로 해운기업의 주체에서 선박을 운항하는 것이고, 선박소유자는 용선료를 취득하면서 자신의 선장과 선원을 그대로 유지하여 자신의 선박을 관리할 수 있고, 후일의 경영에 대비할 수 있으므로 양자 간의 경제수요에 맞아 발전하고 있다.[13] 정기용선계약의 발생이 비교적 새로운 것임에도 불구하고, 옛날부터 존재하고 있던 선박임대차보다도 훨씬 그 이용도가 높게 된 원인은 선박소유자로서는 정기용선계약에 의하면 선박임대차와 달리 선장 및 기타 선원의 인적조직을 그대로 유지하므로, 장래 스스로 해운기업을 경영하는 경우에 이를 쉽게 동원할 수 있고, 또 계약의 기간 중이라도 이들 선원을 통하여 자기의 선박을 적정하게 보존 · 관리할 수 있는 이점이 있고, 한편 정기용선자로서는 선원의 선임 · 해임과 급여 등 번잡한 절차와 비용을 선박소유자에게 부담시킴으로써 스스로 경영상의 부담을 지지 않아도 되고, 또 해운거래에서 선박에 대한 수요가 급증하면 정기용선에 의하여 쉽게 이에 대처할 수 있고, 반대로 선박에 대한 수요가 감소하면 정기용선한 선박의 규모를 축소하여 신속히 원상으로 회복할 수 있는 이점이 있기 때문이다.[14]

성약 시의 예상과는 다르게 정기용선의 기간 중에 시황이 하락하게 되는 경우, 정기용선자는 이 용선료와 저운임의 시황에서 그 선박에 체결되는 항해용선계약이나 재용선계약으로 취득하게 되는 운임이나 용선료의 차액을 스스로 부담하여야 되므로, 뼈아픈 결손을 입게 된다. 이러한 의미에서 정기용선한 선박의 채산성은 시황동향에 대한 정기용선자의 판단이 어떤가에 달려있는, 그만큼 적지 않은 위험이 수반되는 거래라 하겠다.

원래 정기용선계약의 이용효과가 정기용선자 측에만 한정되어 있는 것은 아니다. 선박소유자 측도 마찬가지로 많은 편익을 누릴 수 있는 것이다. 스스로의 운항활동은 연료비, 화물비, 항비 및 잡비 등으로 구성되어 있는 운항비의 예기치 못한 인상으로 또는, 항만노조

11) 선박을 매각하거나 선체용선으로 임대한 선박소유자가 그 선박을 다시 용선하여 사용하는 것을 말한다.
12) 山野嘉朗 · 山田泰彦,「現代保險 · 海商法30講」, (東京: 中央經濟社, 2005), 218쪽.
13) 김종윤,「해상법연구」, (서울: 능화드림, 2000), 12쪽.
14) 편집대표 손주찬 · 정동윤,「주석상법(VIII)[해상]」, (서울: 한국사법행정학회, 2001), 395쪽.

의 파업 그리고 시황의 변동에 따르는 손실 등 운항상의 많은 경제적 위험에 노출되기 마련이다. 이러한 위험을 회피하여 선박수입을 일정기간 안정적으로 확보하는 수단으로서, 정기용선의 거래는 매우 유용하다. 현실적으로 대단히 어려운 일이지만, 시황이 상승과정에 있을 때에는 자사선을 항해용선계약으로 스스로 운항하는 것이 가장 유리하고, 거꾸로 시황이 하락할 것으로 예측되는 경우에는 정기용선계약을 체결하는 것이 가장 합리적인 방법이 된다. 그러므로 부정기선박을 보유하고 있는 선박소유자는 자사선에 운송거래와 정기용선거래를 분담하여 이용함으로써, 변동하는 시황 중에서 비교적 안정적이고도 높은 수준의 선박수입을 확보할 수 있게 된다. 따라서 부정기선의 경영에는 이에 더하여 다른 선박소유자로부터의 정기용선의 거래도 이용하는 임기응변적인 행동이 가장 중요시된다.[15]

제 4 절　외국의 입법례

정기용선계약은 사적자치에 의한 계약자유의 원칙에 의하여, 당사자 사이의 표준서식에 의한 계약이 제정법보다 효력이 있으므로, 제정법을 보유하고 있지 않은 나라가 많다. 이와 같이 제정법이 존재하지 않고 주로 분쟁의 해결을 판례를 통하여 해결하고 있는 국가로서 대표적인 국가는 영국과 미국이다.

세계적으로 해운강국인 일본은 초기에는 영국판례법의 영향을 받았으나 최근에는 독일의 판례와 학설의 영향을 많이 받고 있는 것 같다. 일본 상법에는 정기용선계약에 관한 규정이 없고 판례와 학설에 의하여 정기용선계약이 발전하여 왔다.[16]

---

15) 박현규, 이철원, 「해운론」, (서울: 한국해사문제연구소, 1991), 247-248쪽.

16) 일본의 용선계약은 광의적으로 ① 선박임대차계약(제704조), ② 정기용선계약, ③ 운송용선계약, 즉 선복운송계약(제737조 이하) 등의 3개 형태를 의미한다. 해운실무적인 측면에서는 선박임대차를 제외하고 통상적으로 ②와 ③을 의미한다. 그러나 상법에서의 용선계약은 전적으로 ③의 운송계약에 해당하는 용선계약만을 의미한다.
상법에서는 용선계약을 다음과 같이 분류한다. 1. 전부용선계약과 일부용선계약: 운송계약을 실시함에 있어서, 운송에 공용되는 특정의 선복이 선박의 전체에 해당되는지 일부에 해당되는지의 여부에 의해서 이러한 구분이 발생한다. 양자는 경우에 따라서 상법상 그 처리가 달라진다. 2. 항해용선계약과 기간용선계약: 용선계약의 존속기간이 특정 항차(voyage)에 한해서 이루어지는 것을 항해용선, 특정의 기간에 한해서 이루어지는 것을 기간용선이라고 한다. 단지, 순수한 운송계약으로서 기간용선을 체결하는 경우는 그리 흔하지 않다. 운송계약의 성격으로서의 기간용선은 개념상 존재할 뿐, 해운실무에서는 정기용선계약으로 향하고 있다. 3. 재용선계약. 長谷川雄一, 앞의책, 85-86쪽.

정기용선계약에 관한 제정법을 가지고 있는 국가들의 관련 규정을 검토한다.

Ⅰ. 프랑스

프랑스는 1966년 6월에 "용선계약 및 해상물건운송계약에 관한 법률" 및 1966년 12월 31일에 동법의 시행령인 "용선계약 및 해상운송계약에 관한 데크레"를 제정하였다. 동 법률을 제정하면서 상법전 속에 있던 관련 규정들은 모두 삭제되었다.

1966년 해상운송계약법과 동 데크레는 용선계약을 세 가지의 기본형태로 구별하고 있다. 즉 항해용선(l'affretement au voyage) 제2장 제5조, 제6조, 동 데크레 제2장 제5조-제17조, 정기용선 혹은 기간용선(l'affretement atemps) 제3장 제7조-제9조, 동 데크레 제3장 제18조-제24조 및 선체용선(l'affretement atemps) 제4장 제10조, 제11조, 동 데크레 제4장 제25조-제30조 등이다. 그리고 1966년 법은 종래 흠결되었던 재용선계약(sous-affretements)에 관하여 동법 제5장 제12조-제14조에 규정을 둠으로써 용선된 선박의 상업적 이용문제를 고려하고 있다.[17)]

프랑스 해상운송계약법은 제1장 일반정의, 제2장 항해용선, 제3장 정기용선, 제4장 선체용선과, 제5장 재용선으로 총 5장으로 구성되어 있다.

데크레 제18조에서는 정기용선계약서에 기재할 사항으로 선박의 명세, 선박소유자와 정기용선자의 성명, 용선료, 계약기간 등을 들고 있다. 제19조에서는 선박소유자의 의무를 명시하고 있는데 "선박소유자는 용선계약서에 기재된 항해를 수행하도록 감항능력을 갖추고, 적절한 의장과 선원을 갖춘 양호한 상태의 약정된 선박을 약정한 기일에 약정된 장소에서 제공하여야 하며, 약정한 기간 동안 이를 유지할 의무를 부담한다."라고 규정하고 있다.

이어 제23조와 제24조의 규정은 용선료에 관한 규정이다. 제23조에서는 용선료는 선박이 용선계약상의 조건으로 정기용선자의 처분에 맡겨진 날로부터 계산되며, 월별 또는 선급으로 지급될 수 있으며, 어떠한 사건이 발생하더라도 무조건 지급하는 것으로 계약하지는 못한다고 규정하고 있다. 이어 제24조는 용선료의 지급정지에 관한 규정으로 "선박의 운항불능이 24시간을 초과하는 때에는, 선박이 상업적으로 이용될 수 없는 기간 중에 용선료가 지급되지 않는다."라고 규정하고 있다.

17) 정완용, "프랑스 해상운송계약법상의 용선계약에 관한 소고", 법학연구 12, 1992, 58쪽.

Ⅱ. 네덜란드 상법

네덜란드 상법은 제2편(second book) "해상의 권리와 의무의 발생(rights and obligation arising in shipping)" 제309조 내지 제747조에서 정기용선에 관한 규정을 명시하고 있다.

정기용선이란 일방당사자인 선박소유자가 특정한 기간 동안 상대방당사자인 정기용선자로 하여금 기간을 기초로 계산한 금액을 지급함으로써 정기용선자의 목적에 따라 해상에서 항해에 사용할 수 있도록, 해당 선박을 정기용선자의 자유로운 사용에 맡기는 것을 인수한 계약이다(제453조 제1항). 그리고 선박소유자는 용선선박을 정기용선자가 계약의 목적에 적합하게 사용할 수 있도록 하여야 하고, 계약의 존속기간 중 충분한 장비와 선원을 배치하여야 하며, 용선계약에서 정한 바의 사용에 적합하도록 하여야 하고 또한 선박의 감항능력을 적절한 상태로 유지하여야 한다(제460조 제1항).

용선료는 발생된 손해의 결과 또는 승무원이나 식료품의 부족에 의하여 선박이 업무를 행할 수 없는 기간 중에는 이를 지급하지 아니한다(제462조 제1항).

Ⅲ. 스웨덴 해상법

스웨덴 해상법(The Swedish Maritime Code)은 정기용선계약을 해상물건의 운송으로 보아 제5장 해상물건운송에서 규정하고 있으며, 용선료의 성질에 대하여도 이를 선박의 사용에 대한 임차료가 아닌 기간을 단위로 계산한 운임으로 보고 있다(제137조). 스웨덴 해상법에는 정기용선계약에 있어서 선박소유자는 정기용선자가 선박을 자유로이 사용할 수 있는 기간 동안 정기용선자가 계약에 의거하여 지시하는 항해를 완성시켜야 한다고 규정하고 있다(제137조).

선박소유자는 통상적인 운송에서 요구하는 조건에 따라 선원의 승선, 선용품의 공급, 설비의 의장 및 기타를 준비하여야 한다(제138조 전단부). 정기용선자는 용선된 선박의 운항에 필요한 연료 및 보일러물을 공급하여야 한다(제138조 후단부). 또한 정기용선자는 항해의 성취에 필요한 비용(expenses for the performance of the voyage)을 부담할 의무가 있다(제140조). 선박의 통상의 유지에 의하여 혹은 정기용선자나 정기용선자가 그 책임을 져야 할 자의 과실이나 태만으로 돌릴 수 없는 손상의 수선에 의하여 혹은 선박소유자의 사정에 기인하여 상실된 기간에 대하여는 용선료가 지급되지 아니 한다(제144조 제2항).

Ⅳ. 이탈리아 항행법전

이탈리아는 1942년에 항행법전(Codice della Navigazion)을 입법하여 선박 및 항공기의 영리이용에 관하여 규율하고 있다.

정기용선계약에 관하여 독립된 정의규정은 없고 제3부 "항해실시와 책임"의 제1장 "선박의 사용계약"의 용선에 관한 규정에서 항해용선과 같이 총체적으로 규정하고 있다. 즉 용선이란 선박소유자가 약정된 운임을 급부로 하여 특정 선박으로 하여금 이미 확정된 1회 이상의 항해, 혹은 합의된 기간 중에 계약상 또는 관습상 정해진 조건을 바탕으로 하여 용선자의 지시에 따라서 항해를 성취할 의무가 있는 계약이라고 규정하고 있다(제384조).

정기용선계약에 있어서 선박소유자의 감항능력 유지의무는 모든 계약기간에 걸쳐, 어느 항에서든지 출항할 때까지 적절하게 유지하는 것을 말하며, 여기에는 선박의 의장, 선원 및 필요한 서류의 비치를 포함한다(제386조 전단부). 따라서 선박소유자는 가항능력(navigability)의 결함으로 인하여 손해가 발생한 경우, 상당한 주의(due diligence)를 다하였음을 증명하지 아니하면 손해배상책임을 부담하여야 한다(제386조 하단부).

정기용선료는 정기용선자의 책임으로 돌릴 수 없는 사유에 의해 선박이 이용될 수 없었던 기간에 대하여는 그 지급을 요하지 아니한다. 이 규정에도 불구하고 해난 또는 적하가 입은 손해 또는 자국이나 다국의 권리의 조치에 의한 기항의 경우에는 선박이 수선을 받은 기간을 제외하고, 그 장해가 있었던 기간 중에 용선료는 선박의 불사용으로 인해 선박소유자가 절약한 비용을 공제한 액을 지급하여야 한다(제391조).[18]

18) 김동훈, "정기용선기간과 최종항해", 「한국해법학회지」 제10권 제1호, 1988, 121쪽. (이하 "김동훈, 최종항해"라고 한다.).

Ⅴ. 러시아 해상법

러시아는 구 소련연방의 해상법(The Merchant Shipping Code of USSR)을 소련연방의 해체 후에도 계수하여 사용하고 있다.

소련해상법 제3조에는 "자기의 이름으로 선박을 이용하는 자를 선박주체로 본다."라고 규정하여 선박소유자의 관념을 확장하여 널리 정기용선자도 그 안에 포함시키고 있다.[19)]

소련해상법 제120조 제1항은 "정기용선계약(time charter)에 있어서 일방당사자(선박소유자)는 일정한 기간에 대한 용선료를 받고 상대방당사자(정기용선자)에게 화물 또는 여객의 운송이나 제1조 a항에 정한 다른 목적을 위하여 사용하도록 선박을 인도할 의무가 있다."라고 규정하여 정기용선계약에 있어서 정기용선자는 계약에 정한 기간 동안 선박의 사용권이 있음을 밝히고 있다.[20)]

소련해상법에서 정기용선계약과 관련된 규정은 제10장 "정기용선계약(the contract affreightment of a ship for a time)"에서 제178조에서 제186조에 이르기까지 9개의 조문을 두어 별도로 규정하고 있다.

또한 정기용선계약과 관련된 규정은 모든 정기용선계약에 일률적으로 적용하는 강행규정이 아니라, 계약당사자의 합의가 없는 경우에만 적용하는 임의규정의 특질을 가진다고 명시하고 있다(제179조 후단부).

Ⅵ. 스 위 스

선박이 항해를 감당할 수 있는 상태로 유지하기 위하여 또한 선원의 승선을 위하여 선박소유자에게 연속하여 24시간 이상이 필요하게 된 경우에는 이 초과한 기간에 대하여 정기용선자는 보수를 지급하지 않는 것으로 한다(제97조 제2항).[21)]

19) 양승규, "정기용선계약의 법적성질", 「상법의 논점」, (서울: 삼지원, 2000), 313쪽.
20) 위의 논문, 290쪽.
21) 김동훈, 최종항해, 121쪽.

2 정기용선계약의 표준서식

제1절 서 언

영국법에 의하면 용선계약의 문제를 고려함에 있어서 가장 중요한 사항은 용선계약의 내용을 신중하게 읽는 것이다. 선하증권의 문제를 해석함에 있어서는 규정된 조약사항을 검토하는 것이 매우 중요하다. 그런데, 용선계약에 있어서는 강제로 적용하는 법률이나 조약이 없고, 당사자가 어떤 형태로 합의하여 계약을 했느냐가 중요하다. 법률적으로 표현하자면, 용선계약은 "계약의 자유원칙"이 지배하는 영역인 것이다. 여기서 계약서의 내용을 신중하게 검토하고 계약의 당사자가 어떠한 합의를 하느냐가 용선계약에 있어서 가장 중요한 작업이다. 당사자가 특정약관에 따라 특별한 계약을 맺은 경우에는 해당내용이 우선한다. 용선계약을 검토함에 있어서는 표준적인 용선계약서에 관한 개념을 기초로 하고 용선계약의 조항을 구체적으로 검토하지 않으면 안 된다. 따라서 "용선계약의 내용을 신중하게 읽으시오."라고 하는 대원칙을 충분히 인식하여야 한다.[1)]

정기용선계약서는 계약형식에서 선하증권과 같이 요식계약 및 부합계약으로서의 법률적 제약이 없기 때문에 계약자유의 원칙에 따라 계약의 당사자 사이에 자유롭게 작성할 수 있지만, 계약의 성질상 해운시장에서 공통적으로 적용될 만한 사항들이 집약되어 반영됨으로써, 해운업자들 사이에 일정한 표준서식이 형성되어 왔다.[2)] 정기용선계약서의 표준서식으로는 "뉴욕프로듀스서식"과 "볼타임서식"이 대표적이다.

1) 松井孝之, 「定期傭船契約の解説」, (東京: 成山堂書店, 2002), 2쪽.
2) 강용찬, "정기용선계약의 표준약관 비교연구", 「산경연구」 제6권, 목원대학산업경영연구소, 1990, 198-199쪽.

제 2 절 표준정기용선계약서

Ⅰ. 뉴욕프로듀스서식

"뉴욕프로듀스서식"은 미국의 Harter Act(1983)와 New York Produce Exchange의 선박에 관한 규칙에 따라서 제정되어 정부양식으로 채택되었기 때문에 객관적 규범성이 강하고, 약관의 내용도 중립적 내지는 정기용선자에게 유리하게 구성되어 있다고 볼 수 있다.[3)]

"뉴욕프로듀스서식"은 1913년에 처음 제정된 후 몇 번의 개정을 거쳐, 현재는 1946년과 1993년에 개정된 서식을 쓰고 있다.[4)] "볼타임서식"과는 달리 제1부, 제2부로 나누어지지 않고 "계약당사자"와 "선박의 표시"란 이외에 모두 45개조로 된 규정을 두고 있는데, 필요한 경우에는 당사자들이 직접 기입할 수 있도록 많은 규정들이 해당부분에 공란을 두고 인쇄되어 있다. 또한 몇 조항은 2가지 내용을 인쇄하여 해당되지 않는 부분을 삭제하도록 하고 있다. 서식에는 계약기간, 온-오프 하이어(on-off hire) 검사, 위험화물/제외화물, 항행구역의 제한, 선박소유자 부담, 정기용선자 부담, 항해의 이행, 연료, 용선료, 반선 및 통지, 안전항, 하역감독, 항해의 지시 및 항해일지, 선박의 인도 및 계약해제, 용선료의 지급정지, 재용선, 입거검사 및 입거수리, 용선선박의 멸실, 상호면책, 자유권, 유치권, 해난구조, 공동해손, 계약의 성질, 적하손해배상, 하역설비와 조명, 시간외 수당, 선하증권, 보호약관, 전쟁약관, 결빙해역, 선적국에 의한 용선선박의 징발, 하역인부에 의한 선박의 손해, 화물창청소, 세금,

---

3) 위의 논문, 205-206쪽.

4) 뉴욕프로듀스 엑스체인지(New York Produce Exchange)에서 1913년 처음 엔와이피이(NYPE)의 표준 정기용선계약서를 발행한 후에 1921년, 1931년 그리고 1946년에 개정하여 사용하여 왔다. 그러나 국제해운업이 크게 발달한 1960년대 이후에 그 내용이 국제해운시장에 알맞지 아니하였기 때문에 미국해운브로커/대리점협회(The Association of Ship Brokers & Agents-ASBA)에서 볼틱국제해운동맹(BIMCO)과 영국해운회의소(The Chamber of Shipping, British)의 자문의 받아서 새로운 정기용선계약서로서 1981년에 아스바타임(ASBATIME)을 작성하였다. 그러나 아스바타임은 해운시장에서 이용률이 매우 낮았다. 그 대신에 1946년 엔와이피이에 계약당사자가 임의로 작성한 특약조항(rider clauses)을 추가하여 사용함으로써 조항의 해석문제를 놓고서 도리어 다툼이 많이 발생하는 경우가 많았다.
이러한 이유 때문에 아스바서류위원회(Documentary Committee)에서는 볼틱국제해운동맹과 국가해운브로커/대리점협회연맹(The Federation of National Associations of Ship Brokers and Agents-FONASBA)의 협력을 얻어서 엔와이피와 아스바타임을 중심으로 개정작업을 시작하였다. 이러한 과정을 거쳐서 1993년에 "엔와이피이 93-NYPE 93"을 작성하였고, 볼틱국제해운동맹의 서류위원회는 이를 새로이 추천하여 정기용선계약서로 공인하였다. 박용섭, "뉴욕프로듀스 정기용선계약서(1993)의 중요 개정에 관하여", 「해사법연구」 제7권 제1호, 1995, 7쪽.

정기용선자의 회사기표시의 권리, 보험료의 반환, 선박서류, 밀항자, 밀수, 수수료, 어드레스커미션(address commission), 중재 등의 내용이 45개조에 걸쳐 규정되어 있다.[5)]

1. 뉴욕프로듀스서식 (1946)

이 정기용선계약서는 ○○년 ○○월 ○○일 (장소)○○에서, 총톤수 ○○톤, 순톤수 ○○톤, 지시된 마력의 기관을 가지고, 완전하게 작동할 수 있는 선체, 기관 및 속구를 가진 (선급) ○○의 (선급부호) ○○의 선급을 유지하고서, 홀드의 적하용적배일 약 ○○ 입방피트, (선급) ○○의 하기건현에 있어서 ○○피드 ○○인치의 흘수에서, 약 ○○톤 연료의 용량을 가진 상용 연료고를 포함하여 2,240파운드를 1톤으로 하는 적하중량톤수(운송물 및 연료, 선박의 적하중량톤수의 1.5퍼센트를 초과하지 않고 최저 50톤의 허용된 청수와 선용품을 포함한다.) 약 ○○톤, 최양질의 웨일즈석탄 약 ○○톤 — 최양질의 연료유 약 ○○톤 — 최양질의 디젤유 약 ○○톤의 소비량으로써, 양호한 날씨에 있어서 만재상태에서 가능한 항해속력 약 ○○노트로, 현재 (계약체결 시의 선박의 상태) 양호한 (선적항) ○○의 (국적) ○○ S.S (선명) ○○의 선박소유자와 (영업소 주소) ○○시의 정기용선자 사이에 작성하여 계약을 체결한다.

증거로서 위의 선박소유자는 이 선박을 인도할 때부터 약 (기간) ○○ 동안 다음과 같은 제한항해구역 안에서 용선할 것을 정기용선자와 서로 합의한다. 정기용선자는 이 계약에서 허용하는 기간의 전부 또는 일부에 대하여서 선박을 재용선할 자유권을 가지지만 정기용선자는 이 정기용선계약을 이행하는 데 있어서 책임을 져야 한다.

선박은 (인도장소) ○○에서 정기용선자의 지시에 따라서 도크 또는 (제6조에서 별도로 규정한 것을 제외하고서 어떠한 조석에서도 항상 떠서 안전하게 정박할 수 있는) 부두 또는 장소에서 정기용선자가 자유로이 사용할 수 있도록 정박시켜야 한다.

만일에 그러한 도크, 부두 또는 장소를 이용할 수 없다면, 시간은 제5조에 규정된 바에 따라서 계산하여야 한다. 선박을 인도할 때에 (선박의 톤수에 따라서 항해사와 갑판부원, 기관사와 기관부원의 정원을 충원하고서) 홀드를 깨끗이 청소하여 운송물의 선적준비를 하여야 하고, 그리고 선체는 수밀상태로 견고하고 또한 물밸러스트, 윈치와 충분한 수증기의 동력을 가진 보조보일러로써, 만일에 보조보일러를 설치하지 아니한 경우에는 모든 윈치를 즉시 동시에 작동시킬 수 있는 충분한 기타의 동력원을 가지고서, 모든 면에서 용선서비스에 적합한 상태로 유지하여야 한다.

그리고 선박을 인도할 때에 마그달레나 강, 10월 31일에서 5월 15일 사이에 있어서 세인트토렌스 강, 허드슨 만 및 모든 비안전항, 또한 계절이 지난 백해, 흑해 및 볼틱 해, (기타 제외해역)의 해역을 제외하고서, 영령 북아메리카, 및/또는 미국, 및/또는 서인도제도, 및/또는 중앙아메리카, 및/또는 카리

5) 이창희, "정기용선계약법의 개정방안에 관한 연구", 박사학위논문, 전남대학교, 2003, 20-21쪽. (이하 "이창희, 개정방안"이라고 한다.).

제1편 제2편 제3편 제4편 제5편 제6편 제7편 제8편

비아 해, 및/또는 멕시코 만, 및/또는 멕시코, 및/또는 남아메리카, 및/또는 유럽 및/또는 아프리카, 및/또는 아시아, 및/또는 오스트렐리아, 및/또는 타스마니아, 및/또는 뉴질랜드에 있는 안전항 및/또는 여러 항 사이의 적법한 항로에 있어서 적절한 용기에 담긴 석유 또는 그 제품을 포함하여 적법한 물건의 운송에 다음의 조건으로써 취항시켜야 한다.

또한 선박은 산 동물의 운송에 취항시킬 수 없다. 그러나 정기용선자는 필요한 모든 장치와 기타 필수품을 자기의 계산으로 하고, 또한 자기의 위험부담으로써 소규모의 갑판적운송의 특권을 가진다.

제1조 선박소유자는 선원의 모든 식료, 급료 및 선원의 승하선공인에 관한 영사비용을 준비하고 지급하여야 한다. 선박의 보험, 또한 모든 선실, 갑판부, 기관부 및 기타 필요한 선용품과 보일러물을 포함하여 모든 비용을 지급하여야 한다. 그리고 선급을 유지하고 그리고 용선서비스를 위한 기간 동안에 선박의 선체, 기관 및 설비가 완전하게 작동할 수 있는 상태로 유지하여야 한다.

제2조 정기용선자는 별도로 합의한 바를 제외하고서, 모든 연료, 항비, 도선료, 대리점비, 중개료, 영사비용(선원에 관한 비용을 제외함) 그리고 앞에서 언급한 것을 제외한 기타 모든 통상적인 비용을 준비하여 지급하여야 한다. 그러나 선박에 책임이 있는 원인으로 입항한 경우에 있어서 발생한 모든 비용은 선박소유자가 부담하여야 한다. 선박이 이 정기용선계약에 따라서 취항하고 있는 동안 운송물 또는 항구의 명령에 의한 훈증소독은 정기용선자가 부담하여야 한다. 선박이 6개월 이상 정기용선된 이후에는 기타 모든 훈증소독은 정기용선자가 부담하여야 한다. 정기용선자는 필요한 던니지와 이동방지판, 특수한 항해 또는 특수물건에 필요한 특수장비를 준비하여야 한다. 그러나 선박소유자는 이미 선박에 실려 있는 모든 던니지와 이동방지판을 정기용선자에게 사용하도록 할 수 있다. 정기용선자는 이동방지판을 던니지로 사용할 권리를 가지며, 이것에서 발생한 모든 손해를 배상하여야 한다.

제3조 정기용선자는 인도항에서 그리고 선박소유자는 반선항에 있어서 선박에 남아있는 연료잔량을 전부 인수하고, 그 대금을 각각의 항에 있어서 시가로써 지급하여야 한다. 선박을 최저 ○○톤 이상, 최고 ○○톤 이하의 연료를 남겨서 인도하여야 하고, 최저 ○○톤 이상, 최고 ○○톤 이하를 남겨서 반선하여야 한다.

제4조 정기용선자는 선박의 사용과 용선에 관하여 하기건현에 있어서 연료와 선용품을 포함하여 선박의 총 적하중량 운송톤수의 매 1톤당 달력 1월에 미국통화(톤당의 용선료) ○○의 요율로서 앞에서 말한 선박의 인도일로부터 시작하여, 1개월 미만의 기간에 대하여서도 동일한 요율로써 그 후에도 지급하여야 한다. 용선료는 통상적이고 자연적인 소모를 제외하고서 동일하게 양호한 상태로서, 별도의 상호합의가 없다면 (약정한 반선항)에서 선박소유자에게(해당 선박이 멸실되지 않는 한) 반선하는 날까지 계속 지급되어야 한다. 정기용선자는 선박의 예정반선일과 반선항을 적어도 ○○일 전에 선박

소유자에게 통지하여야 한다.

제5조 위 용선료의 지급은 뉴욕에서 미국통화 현금으로 반 개월분을 선급하여야 한다. 만일 그 금액이 실제의 기간을 담보하지 못하는 경우에는 정기용선자가 용선료의 잔액에 대하여 은행보증 또는 예치금을 마련하지 않는 한, 선박소유자의 요구에 의하여 지급일이 시작됨에 따라서 용선료를 매일 매일 지급하여야 한다. 이와 달리 만일 용선료를 정규적이고 규칙적으로 지급하지 못하거나, 또는 은행보증을 마련하지 못하거나, 혹은 정기용선계약을 위반한 경우에 선박소유자는 정기용선자의 업무로부터 자유롭게 선박을 회수할 수 있다. 이 경우에 선박소유자는 이 계약에 따라서 정기용선자에 대하여 가진 모든 청구권을 침해받지 아니 한다. 용선료의 산정시간은 용선개시준비완료의 서면통지가 정기용선자 또는 그 대리인에게 오후 4시 전까지 송달된 다음 작업일의 오전 7시부터 계산한다. 만일에 정기용선자가 필요하다면 즉시 선박을 사용할 특권을 가지고 있으므로, 그 사용시간을 용선료로써 계산한다.

각 항에 있어서 선장이 선박의 통상적인 선용금을 가불 요청할 경우에 정기용선자 또는 그 대리인은 2.5 퍼센트의 수수료를 조건으로 하여 가불해 줄 수 있다. 그 가불금은 용선료로부터 공제한다. 다만 정기용선자는 그 가불금의 사용에 관해서 책임을 지지 아니 한다.

제6조 운송물은 정기용선자 또는 그 대리인이 지시하는 어느 도크나 또는 어느 부두 또는 장소에서 선적 및/또는 양하되어야 한다. 다만, 선박은 유사한 크기의 선박이 관습적으로 안전하게 얹혀 있을 수 있는 곳을 제외하고서 어떠한 조식에서도 항상 안전하게 정박할 수 있어야 한다.

제7조 정기용선자는 선박의 직원, 부원, 태클, 장비, 비품, 식품, 선용품 및 연료를 위한 적당하고 충분한 장소를 제외하고서, 선박의 홀드, 갑판 및 통상적인 선적장소(이 선박이 합리적으로 적부 · 운송할 수 있는 한도를 초과하지 않게)의 전부와 만일 하역감독이 승선한 경우에 있어서 하역감독의 거주설비를 포함하여 자유로이 사용한다. 정기용선자는 여객설비가 허용하는 범위까지 여객운송의 특권을 가진다. 여객 1인에 대하여 설비 및 식비로서 하루 ○○을 지급한다. 그러나 여객운송의 결과로써 발생한 벌금 또는 초과비용의 경우에 정기용선자가 그러한 위험과 비용을 부담할 것을 합의한다.

제8조 선장은 최대한 신속하게 항해를 완성하여야 하고, 또한 선박의 해원과 보트로써 관습상의 모든 지원을 제공하여야 한다. 선장은 (비록 선박소유자가 선임하였다고 하더라도) 취항과 대리업무에 관하여 정기용선자의 명령과 지시에 따라야 한다. 그리고 정기용선자는 자기의 비용으로써 선장의 감독 아래에서 운송물을 선적, 적부 및 트림을 실행하여야 한다. 선장은 운송물에 관하여 발행된 선하증권에 대하여 운송물수령증 또는 검량서류에 따라서 서명하여야 한다.

제1편
제2편
제3편
제4편
제5편
제6편
제7편
제8편

제9조 만일 정기용선자가 선장, 항해사 또는 기관사의 행위에 불만족한 이유를 가진 경우, 선박소유자는 불만의 자세한 내용을 접수하여 그 내용을 조사하여야 한다. 그리고 만일 필요하다면 그 선임을 변경하여야 한다.

제10조 정기용선자는 선박에 승선하여 항해가 최대한 신속하게 이행되고 있는가를 조사하기 위하여 하역감독을 선임하기 위한 허용권을 가진다. 하역감독에게는 무상으로 거주설비를 제공하고 또한 정기용선자는 1일 1불의 요율로 지급하여서 선장과 동일한 식사를 준비하여야 한다. 선박소유자는 도선사 및 세관원에게 식사를 제공하여야 하며, 그리고 정기용선자 또는 그 대리인에 의하여 위임된 경우에는 검수인, 하역반장, 기타에 대하여서도 식사를 제공하여야 하고, 정기용선자는 이러한 모든 식사에 대하여 1식당 현시가로 지급하여야 한다.

제11조 정기용선자는 수시로 선장에게 서면으로 필요한 모든 지도와 항해상의 지시를 하여야 한다. 선장은 항해일지를 완전하고 정확하게 작성하여 정기용선자 또는 그 대리인에게 공개하여야 한다. 그리고 정기용선자, 그 대리인 또는 하역감독의 요구가 있을 때에는 선박의 항로, 항해거리 및 연료소모량을 기입한 항해일지의 정본을 제출하여야 한다.

제12조 선장은 운송물의 통풍을 관리함에 있어서 상당한 주의를 다 하여야 한다.

제13조 정기용선자는 최초로 약정한 용선기간 또는 선언된 선택기간이 종료하기 ○○일 전에 선박소유자 또는 그 대리인에게 연장의 뜻을 서면으로 통지함으로써 추가로 ○○기간 동안에 정기용선계약을 계속할 선택권을 가진다.

제14조 만일 정기용선자가 요구한다면 용선개시시간은 (○○년 ○○월 ○○일) 전에는 시작하지 아니 한다. 만일 선박이 (○○년 ○○월 ○○일)의 오후 4시까지 용선개시준비완료가 서면으로 통지되지 아니하면, 정기용선자 또는 그 대리인은 선박의 준비가 완성되는 날 전에 언제라도 정기용선계약에 대하여 선택적 해제권을 가진다.

제15조 선원 또는 선용품의 부족, 화재, 기관 또는 속구의 파손 혹은 손상, 얹힘, 선박 또는 운송물에 대한 해손으로 생긴 정지, 선저의 검사 또는 페인트칠을 위한 도킹, 또는 선박의 완전한 운항을 방해하는 기타 모든 원인에 의한 시간의 상실이 발생한 때에는 그 상실기간 동안에 용선료의 지급을 중지한다. 만일 항해 중에 선박의 선체, 기관 또는 속구의 한 부분에 결항 또는 파손 때문에 속력이 감소된 경우에는 이로 말미암아 생긴 상실기간의 결과로 추가로 소모된 연료비 및 모든 추가비용은 용선료에서 공제한다.

제16조 선박이 멸실되면 선급하고서 그리고 반대급부를 받지 못한 금액(멸실일 또는 마지막 소식을 들은 날로부터 계산한다.)은 바로 정기용선자에게 반환되어야 한다. 천재, 공적, 화재, 군주, 지배자 및 인민에 의한 억류, 해상, 강, 기계, 보일러 및 항해의 모든 위험 및 사고, 그리고 항해과실에 관하여 계약당사자 상호 간에는 면책이다.

선박은 도선사를 이용하여 항해하거나 또는 이용하지 않고 항해하거나, 다른 선박을 예항하거나, 그리고 예항되거나, 조난선을 구조하며, 또한 인명과 재화를 구조하기 위하여 이로할 자유를 가진다.

제17조 선박소유자와 정기용선자 사이에 다툼이 발생한 경우에 있어서 분쟁의 문제는 뉴욕에서 3명의 중재인에게 의뢰하여야 한다. 계약당사자의 각각이 1명의 중재인을 지명하고, 양 중재인은 제3의 중재인을 선임한다. 중재인 전원의 판정 또는 중재인 2명에 의한 판정을 최고의 판정으로 한다. 그리고 중재판정의 집행을 위하여 이 약관의 합의 사항은 법원의 명령으로 본다. 중재인은 반드시 상인이어야 한다.

제18조 선박소유자는 공동해손분담금을 포함하여 모든 운송물 및 이 계약에 따른 재운임의 모든 금액에 대하여 리언을 행사할 수 있다. 그리고 정기용선자는 선급을 하고서 반대급부를 받지 못한 총액과 초과 지급한 용선료 또는 즉시 반환받아야 할 초과기탁금에 대하여 유치권을 가진다. 정기용선자 또는 그 대리인은 선박에 대하여 선박소유자가 가진 권한과 이익에 우선할 수 있는 유치권 또는 담보를 설정하거나, 또는 존속을 허용하지 아니하여야 한다.

제19조 모든 해상유기물 및 해난구조료는 선박소유자와 정기용선자의 비용과 선원의 배당금을 공제하고서, 선박소유자와 정기용선자의 균등한 이익으로 한다. 공동해손은 1924년 요크앤트워프규칙 제1조 내지 제15조, 제17조 내지 제22조 및 제F조를 준거로 하고, 그리고 이 조항에서 규정하지 아니한 사항에 대하여서는 뉴욕항의 법률과 관습을 준거하여 정산하고, 기재하고 또한 결재하여야 한다. 이러한 정산에 있어서 외국통화로 지급하는 것은 지급일의 환율에 따라서 미국통화로 환전하여야 한다. 그리고 운송물의 손해에 관하여 외국통화로 청구한 허용금액은 손해를 입은 운송물이 선박에서 최후에 양륙할 항 또는 장소에 있어서 마지막 양륙일의 환율로 환전되어야 한다. 공동해손협정서 또는 공동해손맹약서 및 운송인이 요구할 수 있는 추가보증을 운송물을 인도하기 전에 제공하여야 한다. 만일 운송인의 요구가 있으면 운송인 또는 그 대리인이 운송물의 분담금과 모든 구조료 및 특별비용에 대하여 추가적으로 충분하게 보증할 수 있는 현금을 운송물, 송하인, 수하인 또는 적하이해관계인이 운송물의 인도 전에 운송인에게 공탁하여야 한다. 운송인의 선택에 따라서 공탁금을 미국통화로 지급하여야 하고, 또한 해손정산인에게 송금하여야 한다. 송금한 경우에는 공탁금은 그 공동해손의 정산기간 중에 정산지에 있어서 정산인의 이름으로써 특별회계로 유지하여야 한다. 만일 반환금 또는 예금잔고가 있다면 미국통화로 지급하여야 한다.

항해를 시작하기 전 또는 후에 어떠한 원인의 결과이든지, 또는 과실에 의하였든지 아니 하였든지 간에 발생한 사고, 위험, 손해 또는 재해에 대하여 또는 그 결과에 대하여 운송인이 법률, 계약 또는 기타에 의하여 책임을 지지 아니하는 경우, 운송물, 송하인 및 수하인은 연대하여 형성 또는 발생한 공동해손의 성질을 가진 모든 희생, 손실 또는 비용의 지급에 대하여 공동해손으로서 운송인과 함께 부담하여야 한다. 그리고 운송물에 관련하여 발생한 해난구조료 및 특별비용도 지급하여야 한다. 만일 구조선이 운송인이 소유하고 운항하는 경우에 그 구조선 또는 그 구조선들이 마치 제3자에 속하는 경우처럼 충분하고 또한 동일한 방법으로 지급하여야 한다.

위에 따라서 공동해손에 관련된 규정은 이 정기용선계약에 따라서 발행된 선하증권에 포함시킬 수 있다.

제20조 지급정지기간에 있어서 선박이 사용한 연료는 조리, 컨덴서물 또는 난방과 스토브용으로 하고, 그 양을 합의한다. 그리고 선박소유자가 그 보충비용을 부담하여야 한다.

제21조 이 계약기간 중에 선박이 열대지역을 자주 취항할 때에 정기용선자와 선장이 필요하다고 생각할 경우, 언제라도 선박의 선저외판의 청소와 페인트칠을 위하여 마지막 페인트를 칠한 때로부터 적어도 6개월에 1회, 편리한 장소에 입거할 수 있다. 용선료는 선박이 업무에 적절한 상태로 될 때까지 그 지급을 중지한다.

제22조 선박소유자는 (모든 데릭에 대하여) 3톤을 들어 올릴 능력을 가진 장비를 준비하고, 또한 로프, 스링 및 브록을 준비하여서 선박의 장치를 적절하도록 유지하여야 한다. 만일 선박이 중량물의 하역능력을 가진 데릭을 장비하고 있다면, 선박소유자는 이에 필요한 장비를 준비하여야 한다. 그렇지 않은 경우에 중량물을 들어올리기 위한 설비와 장비는 정기용선자가 부담하여야 한다. 선박소유자는 야간작업을 위하여 선박에 작업등과 기름등을 준비하여야 하며, 그리고 선박이 전등을 장치하고 있으면 이를 사용토록 하여야 한다. 그러나 선박에 장치된 이상으로 추가작업 등을 요구할 경우에는 정기용선자의 비용으로 한다.

제23조 만일 정기용선자의 요구가 있으면, 선박은 밤과 낮에 작업을 하여야 한다. 그리고 정기용선자는 선적과 양륙기간 동안에 모든 윈치를 자유로이 사용할 수 있다. 선박은 정기용선자의 요구에 따라서 밤과 낮에도 윈치를 사용하기 위하여 각 해치마다 윈치맨을 1명씩 배치하여야 한다. 정기용선자는 선박의 승선계약서에 규정된 작업시간과 요율에 따라서 항해사, 기관사, 윈치맨, 갑판부원과 기관부원이 작업한 초과작업시간에 대하여 수당을 지급할 것을 합의한다. 만일에 항 또는 노동조합의 규칙이 선원의 윈치운전을 금지하고 있는 경우에 정기용선자가 육상 윈치맨의 비용을 지급하여야 한다. 만일에 윈치를 사용할 수 없거나 또는 윈치의 작동동력이 충분하지 못한 경우, 선박소유자는 요구가 있다

면 그것에 대신한 육상기계에 대하여 비용을 지급하여야 하고, 그리고 그로 말미암아 생긴 모든 시간손실에 대하여 지급하여야 한다.

제24조 이 정기용선계약은 이 계약에 따라서 미국으로 향하여 또는 미국으로부터 선적된 모든 운송물에 관하여 1893년 2월 13일에 통과된 미국 국회의 법률 즉 "선박의 항행 등에 관한 법"에 포함된 모든 규정과 면책사항을 조건으로 할 것을 상호 합의한다. 더욱이 다음의 약관을 조건으로 하며, 이 두 약관을 이 계약에 의하여 발행된 모든 선하증권에 포함시킨다.

미국의 최우선약관

이 선하증권은 1936년 4월 16일에 승인된 미국의 해상물건운송법의 규정을 바탕으로 하여 효력을 가지며, 이 법의 규정은 선하증권에 합일된 것으로 본다. 그리고 이 선하증권에 포함된 어떠한 조항도 운송인에 의하여 위 법률을 바탕으로 하는 운송인의 권리와 면책특권을 포기한 것으로, 또는 운송인이 의무와 책임을 가중시킨 것으로 보지 아니 한다. 만일 이 선하증권의 어느 조항이 위 법률의 어느 범위에 대하여 모순이 있으면, 그 조항은 그 범위를 한도로 무효로 한다.

쌍방과실충돌약관

만일 선박이 다른 선박의 과실 및 선박의 선장, 해원, 도선사 또는 선박의 항해 혹은 관리에 있어서 운송인의 사용인이 행한 행위, 과실 또는 부주의의 결과로서 충돌이 생긴 경우, 이 선하증권에 의하여 운송되는 운송물의 소유사는 운송인이 나른 선박 또는 비선적신 혹은 그 신박소유자에게 부딤하는 모든 손해 또는 채무에 대하여 보상하여야 한다. 다만 그러한 손해 또는 채무가 위 운송을 소유자의 멸실 또는 훼손 혹은 모든 청구권을 한도로 하며, 다른 선박 또는 비선적선 혹은 그 선박소유자가 운송물의 소유자에게 지급하였거나 또는 지급할 것을 말한다. 그리고 그 손해와 채무는 다른 선박 또는 비선적선 혹은 그 선박소유자가 선적선 또는 운송인에 대한 자기의 청구권의 일부로서 상계, 공제 또는 회수할 수 있는 것을 한도로 한다.

제25조 정기용선자는 선박에게 얼음으로 폐쇄된 항, 또는 빙하 때문에 등대 혹은 등대선을 철수시켰거나 또는 철수시키려고 하는 항, 또는 통상적인 현상으로서 빙하 때문에 선박이 안전하게 항에 입항하거나 또는 선적 혹은 양륙을 마치고서 출항할 수 없는 위험이 있는 경우에는 입항을 요구하지 못한다.

제26조 이 계약에 정한 사항은 정기용선자에 대한 선박의 임대차로서 해석하여서는 안 된다. 선박소유자는 자기 자신의 계산으로 해상운송업을 영위하는 경우와 마찬가지로 선박의 운항, 보험, 선원 및 그 밖의 모든 사항에 대하여 책임을 진다.

제27조 선박과 선박소유자는 이 계약에 따라서 또한 이 정기용선계약을 계속하거나 또는 연장과 관련하여 수익하고 지급된 용선료에 대하여 2.5 퍼센트를 중개료로서 ○○에게 지급하여야 한다.

제28조 이 정기용선계약에 따라서 수익하고 지급받은 용선료에 대하여 2.5 퍼센트를 어드레스커미션으로서 ○○에게 지급하여야 한다.

서명 (선박소유자) 서명 (정기용선자)

2. 뉴욕프로듀스서식(1993)

이 정기용선계약서는 ○○년 ○○월 ○○일 ○○에서 다음에 지정한 선박소유자 ○○와 정기용선자 ○○ 사이에 체결한다.

선박의 명세

선명 ○○, 국적 ○○, 건조 연월일 ○○, 선적항 및 선박번호 ○○, 선급 ○○, 해수하기 만재흘수선의 흘수 ○○에서 재화톤수 ○○롱톤*/메트릭톤*(청수 및 선용품을 포함하여 화물 및 연료 ○○롱톤*/메트릭톤*을 초과하지 않음.), 용적은 ○○곡물입방피드, 또는 ○○베일입방피드, 총톤수 ○○톤, 속력은 양호한 날씨에 만재상태에서 풍력이 보어퍼트풍력계급 ○○이하에서 약 ○○노트로써 약 ○○롱톤*/메트릭톤*의 연료를 소모한다.

* 위의 것 중에 적절히 삭제할 것.

선박 명세의 구체적인 추가사항은 이 계약서의 부속조항 A를 참고하도록 한다.

제1조 용선기간

선박소유자가 이 선박을 인도한 때부터 ○○기간 동안 하기의 항행구역의 범위 안에서 선박소유자가 선박을 인도하고 정기용선자가 용선할 것을 합의한다.

제2조 인 도

이 선박은 정기용선자가 사용할 수 있는 ○○장소에 정박시켜야 한다. 선박이 제공될 때에 선창을 깨끗이 청소하고, 또한 선체를 견고하게 하고 그리고 물 밸러스트를 유지하며, 동시에 모든 화물을 취급하는 기어를 작동시킬 수 있는 충분한 동력을 가지고, 모든 면에서 통상적인 운송서비스에 적합하도록 하여 운송물을 수령할 수 있게 준비하여야 한다.

선박소유자는 정기용선자에게 선박의 예상인도일의 통지를 ○○일 전에 하여야 한다.

제3조 온–오프 하이어 검사

계약당사자는 별도의 합의가 없는 한, 선박을 인도 또는 반선하기 전에 각자의 비용으로서 검사원을 최초의 선적항/최후의 양하항에서 각각 선임하여서, 선박 내의 연료량과 선박의 상태를 확인하기 위하여 공동 온–오프 하이어 검사를 실시하여야 한다. 각 검사원은 각 사항에 관하여 단일보고서를 작성하고 서명하여야 한다. 그러나 검사원이 합의할 수 없는 사항에 관하여서는 별도의 보고서작성을 방해하는 것은 아니다.

만일 어느 일방당사자가 검사에 입회할 대표를 선임하지 못하거나 또 공동검사보고서에 서명할 수 없는 경우라고 하더라도, 그 당사자는 상대방당사자가 작성한 검사보고서의 조사결과에 관하여 모든 점에서 구속을 받는다. 온–하이어 검사는 정기용선자가 부담하는 시간으로 하고, 오프–하이어 검사는 선박소유자가 부담하는 시간으로 한다.

제4조 위험화물/면책화물

(a) 선박은 모든 위험성, 유해성, 가연성 또는 부식성을 가진 물건을 제외하고서 적법한 운송물의 운송에 사용될 수 있다. 다만 선박의 선적국, 선적과 양하항의 국가 및 선박이 반드시 통과하여야 할 중간국 또는 항의 관할청이 요구하거나 권고하는 방법에 따라서 운송할 경우에는 제외한다. 앞에 언급한 일반규정을 침해하지 않지만 추가하여 특히 다음의 운송물을 제외한다. 모든 종류의 산 동물, 무기, 탄약, 폭발물, 핵물질 및 방사능물질,…….

(b) 국제해사기구에서 지정한 운송물을 운송할 것을 합의한 경우에 그 운송물의 양은 ○○톤으로 제한하여야 한다. 정기용선자는 국제해사기구의 규칙에 따라서 포장, 표시, 선적 및 적부가 되었는가를 알 수 있게 하기 위하여 선장이 정당하게 요구하는 증거를 제출하여야 한다. 만일 이를 어길 경우에 선장은 운송물의 선적을 거부할 수 있고, 이미 선적된 운송물은 정기용선자의 위험과 비용으로서 양하할 수 있다.

제5조 항해제한구역

선박은 ○○의 지역을 제외하고 ○○구역의 안전항 또는 안전한 장소 사이에서 정기용선자의 지시에 따라 적법한 항해에 사용된다.

제6조 선박소유자의 부담비용

선박소유자는 별도로 합의한 경우를 제외하고, 선박의 보험, 모든 식료품, 선원실, 갑판부, 기관부 및 보일러물을 포함하여 필요한 선용품을 준비하고 비용을 지급하여야 한다. 선원의 임금, 선원의 승선공인과 하선공인에 따른 영사비용, 선원에 관련된 항비도 지급하여야 한다. 그리고 용선기간 동안 선박의 선급을 유지하고, 선체, 기관 및 설비를 충분하게 작동상태로 유지하고 또한 선박의 직원과 부원의 정원을 확보하여야 한다.

제7조 정기용선자의 부담비용

정기용선자는 용선기간 중에 별도의 합의가 있는 경우를 제외하고는 연료유 전부를 보급하고 지급하여야 한다. 또한 (강제적 경비원과 화물감시원 및 강제적 폐기물처리비를 포함한) 항비, 정기용선자의 업무와 관련된 모든 통신비, 도선료, 예선료, 대리점비, 중개료, (선원 및 선박의 국적과 관련된 업무를 제외한) 영사비용, 그리고 제6조(선박소유자의 부담비용)에 규정된 것을 제외한 기타 모든 통상적인 비용을 지급하여야 한다. 그러나 (악천후에 의한 경우를 제외하고) 선박의 귀책사유로 인하여 입항하여 발생한 모든 비용은 선박소유자가 부담한다. 선원의 발병으로 소독명령을 받은 경우에는 선박소유자의 부담으로 한다. 그러나 이 정기용선계약에 따라서 선박을 사용할 동안 운송물 또는 선박이 기항했던 항구 때문에 소독명령이 내려진 경우에 정기용선자는 그 비용을 부담하여야 한다. 이 선박이 연속 6개월 이상 정기용선된 경우에 기타의 모든 소독비용은 정기용선자가 부담하여야 한다.

정기용선자는 자신의 비용으로 필요한 던니지와 특별항해 및 운송물에 필요한 추가의장설비를 준비하여야 한다. 그러나 선박소유자는 정기용선자에게 이미 용선된 선박에 선적되어 있는 모든 던니지의 사용을 허용하여야 한다. 정기용선자는 선박을 반선하기 전에 자기의 비용과 시간으로써 자기가 설치한 던니지와 의장을 철거하여야 한다.

제8조 항해의 실행

(a) 선장은 최대한 신속하게 항해를 완성하여야 하고, 또한 선박의 해원으로 하여금 관습상의 모든 지원을 제공하도록 하여야 한다. 선장은 영어에 정통하여야 하고 그리고 (비록 선박소유자가 선임하였다고 하더라도) 취항과 대리업무에 관하여 정기용선자의 명령과 지시에 따라야 한다. 정기용선자는 자기의 위험과 비용으로써 선장의 감독 아래에 운송물의 선적, 적부, 고르기, 묶기, 고정, 던니징, 풀기, 양하 및 검수를 포함하여 모든 운송물의 취급을 실행하여야 한다.

(b) 정기용선자가 선장과 선박직원의 행위에 불만족하다는 상당한 이유가 있는 경우에 선박소유자는 불만사유서를 접수하는 즉시 그 사실을 조사하고, 필요할 때에는 그 임명을 변경하여야 한다.

제9조 연 료

(a) 정기용선자는 선박을 인도할 때, 선박소유자는 반선할 때, 선내에 남아있는 모든 연료유 및 디젤유를 다음의 조건에 따라서 인수하고 그 대금을 지급하여야 한다. 선박은 톤당 ○○가격의 연료유 ○○롱톤*/메트릭톤* 및 톤당 ○○가격의 디젤유 ○○톤과 함께 인도된다. 선박은 톤당 ○○가격의 연료유 ○○톤 및 톤당 ○○가격의 디젤유 ○○톤과 함께 반선된다.

* 위 조항에서는 동일한 톤수를 적용한다.

(b) 정기용선자는 선박의 주기관 및 보조기관의 사용에 적합하고 그리고 부속조항 A에서 명시하고

있는 명세에 적합한 품질의 연료유를 공급하여야 한다.

선박소유자는 부적당한 연료유 또는 합의된 명세와 적합하지 아니한 연료유를 사용하여 발생한 주기관 및 보조기관의 모든 손해에 대하여 정기용선자에게 손해배상의 청구권을 가진다. 이외에도 공급된 연료유가 상호 합의한 명세와 일치하지 아니하거나 또는 기타의 이유로서 선박의 주기관 또는 보조기관에 사용하는 것이 부적당하다는 것을 증명한 때에, 선박소유자는 선박의 속력감소 및/또는 연료소모량증가 및 시간의 상실과 기타의 결과에 대하여 책임을 지지 아니 한다.

제10조 용선요율 / 반선구역과 통지

정기용선자는 매 30일마다 해당 선박의 용선료로 1일당 ○○불의 비율로서, 혹은 연료나 선용품 등의 무게를 포함한 하기건현에서의 총 재화중량톤수에서 톤당 ○○불을 곱한 금액을 선박의 인도일로부터 지급한다. 1개월 미만의 기간에 대하여서도 동일한 비율에 따른다. 용선료는 통상적이고 자연적인 소모를 제외하고서 동일하게 양호한 상태로서, 별도의 상호 합의가 없다면 (약정한 반선항) ○○에서 선박소유자에게(해당 선박이 멸실되지 않는 한) 반선하는 시점까지 계속 지급되어야 한다.

정기용선자는 예상반선일 및 반선항을 늦어도 ○○일 전까지 선박소유자에게 통지하여야 한다.

용선료의 계산을 위하여 해당 선박의 인도시점, 반선시점 혹은 용선의 종료시점은 세계표준시로 환산한다.

제11조 용선료의 지급

(a) 지 급

용선료는 선박소유자 또는 선박소유자가 지정한 ○○곳에 있는 수령인에 대하여 ○○의 통화 또는 미국통화로서 지급기일에 선박소유자가 사용이 가능한 자금으로서 15일 전에 지급하여야 한다. 마지막 달 또는 마지막 달의 일부분에 대하여는 예상용선료를 선급한다. 그 예상용선료가 실제의 시간을 만족시키지 못하는 경우에는, 선박소유자가 원하면, 만기가 되면 그날그날로 나머지를 지급하여야 한다. 용선료가 정확하고 규칙적으로 지급되지 않거나, 무엇이든 정기용선계약을 근본적으로 위반하면 선박소유자는 자유로이 정기용선자의 업무로부터 선박을 회수할 권리를 가진다. 이 경우에 선박소유자가 정기용선자에 대하여 가진 다른 청구권을 침해하지 아니 한다.

제11조 (b)항에 규정된 유예기간의 만료 후에 용선료의 미지급이 있는 경우, 선박소유자는 자유로운 회수권을 침해받지 않고서, 이 정기용선계약의 어떠한 의무의 실행도 중단할 권리를 가진다. 그리고 그 결과에 대하여 선박소유자는 어떠한 책임도 지지 아니하나, 정기용선자는 선박소유자에게 보상하여야 한다. 이 경우에 용선료는 계속 발생하며, 또 그러한 중단에 의하여 발생한 모든 추가비용은 정기용선자가 부담한다.

(b) 유예기간

정기용선자 또는 정기용선자의 은행 측의 실수, 부주의, 잘못 또는 부작위로 말미암아 용선료가 정기적이고 규칙적으로 지급되지 아니할 경우, 선박소유자는 정상의 은행영업일 ○○일 전에(약정된 지급지에서 인정되어) 서면으로 미지급의 보완통지를 정기용선자에게 보내어야 한다. 이 통지에 따라서 위의 ○○일 내에 지급하였을 때에는 그 지급은 지체 없이 정기적으로 지급된 것으로 유효하다.

여기에 규정된 선박소유자의 통지를 받은 ○○일 내에 용선료를 지급하지 아니할 때에 선박소유자는 위 제11조 (a)항의 규정에 따라서 선박을 회수할 수 있다.

(c) 최종용선료의 지급

최종 및/또는 그 직전의 용선료를 지급할 때에, 선박이 반선항을 향하여 항해 중일 때에 용선료의 지급은 그 항해를 완성하기 위하여 필요할 것으로 추정된 기간으로서, 그리고 반선 전에 선박 안에 실제로 남아 있고 그리고 선박소유자가 인수할 연료유로서 또한 선박소유자의 계정으로 개략 산정한 것을 고려하여 선박소유자와 정기용선자가 합의한 기간에 대하여 계산한다. 만일 그 지급액이 실제기간의 용선료를 충족시키지 못할 때에 용선료지급의 부족액은 정상적인 변제로서 매일매일 지급되어야 한다. 선박을 반선한 후에 차액이 생겼을 때에는 경우에 따라서 선박소유자가 반환하거나 또는 정기용선자가 지급한다.

(d) 선급금

정기용선자는 선박소유자의 요구가 있으면, 모든 항에서 해당 선박의 통상적인 선용금으로 필요한 금액을 2.5%의 수수료를 조건으로 하여 차용해 줄 수 있다. 이 차용금은 용선료에서 공제된다.

정기용선자는 그러한 가불금의 사용에 관하여 책임을 지지 아니 한다.

제12조 부 두

운송물은 정기용선자 또는 그 대리인이 지시하는 어느 도크나 또는 어느 부두 또는 장소에서 선적 및/또는 양하되어야 한다. 다만, 선박은 어떠한 조석에서도 항상 안전하게 입항하고 정박하며 출항할 수 있어야 한다.

제13조 사용 가능한 장소

(a) 선박의 직원, 부원, 색구, 장비, 비품, 식료품, 선용품 및 연료를 위한 충분한 구역을 확보하고서 (선박이 상당히 안전한 적부 및 운송을 할 수 있는 한도를 초과하지 않게), 선박의 선창, 갑판 및 기타 운송물의 장소 또한 운송물 하역감독이 승선할 경우에 그의 거주시설 등을 모두 정기용선자가 자유롭게 사용할 수 있어야 한다.

(b) 갑판 위에 적하를 운송할 경우에 정기용선자는 갑판 위에 적하를 운송한 결과 선박에 생긴 모든

종류의 멸실 및/또는 훼손 및/또는 책임 그리고 갑판적화물을 선적하지 아니하였으면 생기지 아니하였을 모든 종류의 멸실 및/또는 훼손 및 또는 책임에 관하여 선박소유자에게 보상한다.

제14조 화물감독과 식사

정기용선자는 자기의 위험으로써 선박에 승선하여 항차를 상당히 빨리 실행하도록 감독하는 화물감독을 선임할 권리를 가진다. 화물감독은 거주설비를 무상으로 사용하며, 선장과 동일한 대우를 받는다. 이때에 정기용선자는 1일 ○○의 비율로 금액을 지급하여야 한다. 선박소유자는 도선사 및 세관원의 식료를 제공하여야 하고, 정기용선자 또는 그 대리인으로부터 위임을 받았을 때에는 검수인, 하역인부감독 등에게 식료를 제공하여야 한다. 정기용선자는 이러한 식료대를 1일 ○○의 비율로 지급하여야 한다.

제15조 항해지시 및 항해일지

정기용선자는 수시로 선장에게 영어서면으로 된 모든 필요한 지시 및 항해의 지시를 하여야 한다. 선장은 각 항차 또는 여러 항차의 갑판일지 및 기관일지를 정확하게 작성하여 정기용선자 또는 그 대리인에게 제시하여야 한다. 또 정기용선자, 그 대리인 또는 화물감독의 요구가 있으면 선박의 항로, 항해거리 및 연료소모량을 기재한 갑판과 기관일지 정본을 제출하여야 한다. 정기용선자의 요구가 있는 모든 일지는 영어로 작성하여야 한다.

제16조 인도/해제

정기용선자의 요구가 있으면 용선기간은 ○○보다 전에는 개시하지 아니 한다. 선박이 ○○일의 ○○시 전에 제공준비가 안 된 경우, 정기용선자는 이 계약을 해제할 선택권을 가진다.

해제의 연기

선박소유자가 상당한 주의를 다 하였음에도 불구하고 해제일까지 선박의 인도준비가 되지 아니할 것으로 판단하고 선박의 새로운 인도준비예정일을 합리적으로 확정할 수 있는 경우, 선박소유자는 빨리 선박의 인도항 또는 인도지로 향하여 발항예정일 7일 전에 정기용선자에게 이 정기용선계약을 해제할 것인가의 여부의 선언을 요구할 수 있다. 정기용선자가 해제하지 아니할 때 또는 2일 내에 또는 해제일 가운데 빠른 시기에 회답이 없는 경우, 선박소유자가 통지한 새로운 인도준비예정일의 7일 후가 최초의 해제일을 대신한다. 선박이 다시 연기되었을 때에는 선박소유자는 이 조항에 따라서 정기용선자의 해제권행사의 선언을 다시 요구할 수 있다.

제17조 지급정지

선원 혹은 부원의 자격미달 및/또는 태만 및/또는 파업, 또는 선용품의 부족, 화재, 선체, 선박기계

제1편 제2편 제3편 제4편 제5편 제6편 제7편 제8편

류 및 장비의 훼손 또는 파손, 좌초, (정기용선자, 그 고용인, 대리인 또는 하도급인의 귀책사유로 인한 것을 제외하고) 해당 선박의 압류에 의한 지연, 운송물 고유의 흠, 성질 또는 결함에 의해서가 아닌 운송물의 사고 혹은 선박의 해난사고에 의한 지연, 선저의 검사 혹은 도장을 위한 입거, 기타 해당 선박의 완전한 업무에 방해가 되는 유사한 원인에 의해 시간의 손실이 있는 경우, 용선료 및 시간외 수당의 지급을 위의 사유로 인하여 상실한 기간에 한하여 중지한다. 해당 선박이 항해 중에 정기용선자의 명령이나 지시를 위반하여 운송물의 사고 또는 본 계약서의 257-258줄(자유권)에서 용인한 경우, 이외의 사유로 이로하거나 회항했을 때에는, 해당 선박이 이로 또는 회항을 개시한 때부터 다시 그 지점 혹은 목적지에서 등거리에 있는 지점에서 항해를 재개할 때까지 용선료의 지급을 중지한다. 용선료의 지급정지기간 중에 해당 선박이 소모한 연료는 선박소유자가 부담한다. 악천후로 인하여 항이나 정박지로 회항한 경우, 수심이 얕은 항이나 모래톱이 입구에 있는 항이나 강으로 항행하는 경우 등으로 인한 해당 선박의 지연이나 그로 인한 비용은 정기용선자가 부담한다. 만약 운항 중에 선체, 선박기계류 혹은 장비의 결함이나 고장으로 인하여 선박의 속도가 감소하면 그로 인한 시간적 지연과 추가로 소모된 연료유 혹은 모든 입증된 추가비용은 용선료에서 공제된다.

제18조 재용선

별도의 합의가 없는 한, 정기용선자는 이 정기용선계약 기간의 전부 또는 일부에 대하여 선박을 재용선할 수가 있다. 그러나 정기용선자는 이 정기용선계약을 충실하게 이행할 의무가 있다.

제19조 입 거

선박은 드라이도크의 입거를 마지막으로 ○○ 하였다.

* (a) 선박소유자는 이 정기용선계약기간 중에 선급의 요구 또는 사정에 의하여 선저의 청소 및 페인트칠 및/또는 수선을 위하여 선박소유자와 정기용선자가 합의한 경우에 보다 좋은 시기와 장소에서 선박을 드라이도크에 입거시킬 수 있다.

* (b) 긴급한 경우를 제외하고서 이 용선기간 중에 선박을 드라이도크에 입거하지 아니 한다.

* 적절히 선택할 것.

제20조 전 손

선박이 멸실되면 선급하고서 그리고 반대급부를 받지 못한 금액(멸실일 또는 마지막 소식을 들은 날로부터 계산한다.)을 바로 정기용선자에게 반환하여야 한다.

제21조 면책사유

이 용선기간 중에 천재, 공적, 화재, 군주, 지배자 및 인민에 의한 억류, 해상, 강, 기계, 보일러 및 항해의 모든 위험 및 사고, 그리고 항해과실에 관하여 계약당사자 상호 사이에는 면책이다.

제22조 자유항해권

선박은 도선사의 승선 여부에 관계 없이 항해할 수 있고, 예항할 수 있고 또는 예항될 수 있으며, 그리고 조난선박을 구조하고, 인명 및 재산을 구조할 목적으로 이로할 자유권을 가진다.

제23조 리 언

선박소유자는 이 정기용선계약에 기인하여 수령할 공동해손분담금을 포함한 모든 금액에 대하여 모든 운송물, 재운임 및 재용선료에 리언을 행사할 수 있다. 정기용선자는 모든 선급금 중 반대급부를 받지 못한 금액에 대하여 당해 선박에 유치권을 가지며, 초과 지급된 용선료 또는 초과예탁금은 즉시 반환되어야 한다.

정기용선자는 선박소유자의 권리와 이익에 우선할 수 있는 유치권 또는 담보를 직접 또는 간접적으로 설정하거나 존속시키지 못한다. 정기용선자는 이 용선기간 중에 항비 및 연료유를 포함하여 선용품이나 필요품 또는 서비스를 선박소유자의 신용 또는 선박소유자의 시간으로서 조달하지 아니할 것을 보증한다.

제24조 해난구조

모든 해상유기물 및 해난구조료는 선박소유자와 정기용선자의 비용과 선원의 배당금을 공제한 후에 선박소유자와 정기용선자가 균등한 이익으로 한다.

제25조 공동해손

공동해손은 1990년에 개정된 1974년 요크앤트워프규칙 또는 그 후에 개정된 규칙에 따라서 ○○에서 ○○의 통화로서 정산한다.

정기용선자는 이 용선기간 중에 발행된 모든 선하증권에, 공동해손은 1990년 개정의 1974년 요크앤트워프규칙 또는 그 후에 개정된 규칙에 따라서 정산한다는 취지의 조항 및 제31조의 뉴제이슨약관을 삽입할 것을 보증한다.

정기용선료는 공동해손으로 분담하지 아니 한다.

제26조 항 해

이 정기용선계약서의 어느 조항도 정기용선자에 대하여 선박임대차계약으로 해석하지 아니 한다. 선박소유자는 선박의 항해, 도선과 예항행위, 보험, 선원 기타 일체의 사항에 대하여 자기의 계산으로 항해하는 것과 동일한 책임을 진다.

제27조 운송물 손해배상청구

선박소유자와 정기용선자 사이에 운송물의 손해배상청구는 1984년 5월 개정된 1970년 2월의 Inter-Club NYPE Agreement 또는 그 후의 개정에 따라서 정산한다.

제28조 하역설비

선박소유자는 선박에 ○○ 하역설비를 장치하고, 기재된 양하능력(모든 데릭 및 크레인용)을 가진 설비를 제공한다. 또한 선박소유자는 선박의 야간작업을 위한 조명을 준비하여야 한다. 그러나 선내의 조명 이외에 증설된 모든 조명의 비용은 정기용선자의 부담으로 한다. 정기용선자는 선박의 모든 설비의 사용권을 가진다. 만일 정기용선자의 요구가 있다면 선박은 밤낮 작업을 하여야 한다. 그리고 운송물을 적양하할 동안 모든 하역설비는 정기용선자가 자유로이 사용할 수 있다. 하역설비가 작동되지 않거나 또는 동력이 부족하여 작동되지 않을 경우, 이와 같이 작동하지 않는 것과 부족한 것이 정기용선자의 하역인이 발생시키지 아니한 한, 정기용선자가 실제로 잃은 시간은 지급정지가 된다. 또 그로 인하여 발생한 하역인의 대기료는 선박소유자가 지급하여야 한다. 만일 정기용선자의 요구가 있을 경우, 선박소유자는 그것에 대신하는 육상설비의 임차료를 부담하여야 한다. 이 경우에 선박에 대한 용선료는 계속 지급된다.

제29조 선원의 초과근무수당

정기용선자는 정기용선자 또는 그 대리인의 명령에 따른 선박의 직원 또는 부원의 시간외 초과수당에 대하여 1개월에 ○○, 1개월 미만은 비율로써 용선료와 함께 선박소유자에게 지급한다.

제30조 선하증권

(a) 선장은 화물수령증 또는 검수서의 기재에 따라서 제시된 선하증권 또는 해상화물 운송장에 서명하여야 한다. 그러나 정기용선자는 사전에 선박소유자로부터 서면으로 권한을 위임받아서 항상 화물수령증 또는 검수서를 근거로 발행된 선하증권 또는 해상화물운송장에 선장을 대신하여 서명할 수 있다.

(b) 어떠한 선하증권 또는 해상화물운송장도 이 정기용선계약을 침해하지 못한다. 정기용선자는 이 정기용선계약과 자기 자신이 또는 그 요청에 의하여 선장이 서명한 모든 선하증권 또는 해상화물운송장과 사이의 불일치로부터 생긴 모든 결과 또는 책임에 대하여 선박소유자에게 보상한다.

(c) 갑판 위의 적하에 대한 선하증권에는 "정기용선자, 송하인 및 수하인의 위험, 비용 및 책임으로서 갑판 위에 선적하였다. 또 그로 인하여 발생한 모든 멸실, 훼손, 비용 또는 지연에 대하여 선박 또는 선박소유자 측에 책임을 지우지 아니 한다."라는 뜻의 조항을 삽입하여야 한다.

제31조 보호약관

이 정기용선계약은 다음의 조항을 조건으로 하며, 이러한 조항은 이 정기용선계약 아래에서 발행되는 모든 선하증권 또는 해상화물운송장에 포함된다.

(a) 최우선약관(지상약관)

"이 선하증권은 미국해상물건운송법, 헤이그규칙, 헤이그-비스비규칙 기타 선하증권 발행지 또는 목적지에 있어서 강행법으로써 적용되는 동종의 국내법의 조항에 의하여 효력을 가진다. 그리고 그러한 조항이 이 선하증권에 삽입된 것으로 본다. 그리고 이 선하증권에서 규정하고 있는 사항이라도 위의 법에 기초한 운송인의 권리 또는 면책특권을 포기하거나 또는 책임 또는 의무를 가중시키는 것으로 보지 아니 한다. 이 선하증권의 문언이 동법에 저촉하는 경우에 그러한 문언은 저촉범위에 한하여 무효로 한다."

그리고

(b) 쌍방과실충돌약관

"만일 선박이 다른 선박의 과실 및 선박의 항해 또는 관리에 있어서 선장, 해원, 도선사 또는 선박소유자의 사용인의 행위, 과실 또는 부주의의 결과로서 다른 선박과 충돌이 생긴 경우, 이 정기용선계약에 따라서 운송되는 화물의 소유자는 다른 선박, 또는 비선적선 또는 그 선박소유자에 대한 선박소유자의 모든 손해 또는 채무를 보상하여야 한다. 그러한 손해 또는 채무는 선박상의 화물 소유자의 멸실 또는 훼손 또는 일체의 청구이고, 다른 선박 또는 비선적선 또는 그 선박의 소유자로부터 상계, 공제 또는 회수할 수 있었던 범위의 것이다.

위의 조항은 충돌 선박 또는 물체 이외의 또는 여기에 추가된 모든 선박 또는 물체의 소유자, 운항자 또는 관리인에게 충돌 또는 접촉과 관련하여 과실이 있는 경우에 또한 적용한다."

그리고

(c) 뉴제이슨약관

"항해를 시작하기 전 또는 후에 어떠한 원인의 결과이든지 또는 태만에 의한 것인지를 묻지 않고 발생한 사고, 위험, 훼손 또는 재해가 발생하고 그 원인 또는 그 원인의 결과에 대하여 운송인이 법률, 계약 또는 기타에 의하여 책임을 지지 아니하는 경우, 운송물, 송화인, 수하인 또는 적하이해관계인은 발생한 공동해손의 성질을 가진 어떠한 희생, 손실 또는 비용을 운송인과 함께 분담하여야 한다. 그리고 운송물에 관련하여 발생한 해난구조료 및 특별비용도 지급하여야 한다.

만일 구조선이 운송인이 소유하고 운항하는 경우에도 그 구조선이 제3자의 소유에 속하는 경우와 같이 구조료 전액을 지급하여야 한다. 운송물, 송하인, 수하인 또는 적하이해관계인은 요구가 있으면 운송인 또는 그 대리인이 운송물의 견적분담금, 모든 구조료 및 특별비용을 보상할 수 있는 충분한 금액을 운송물을 인도하기 전에 운송인에게 예치하여야 한다."

그리고

(d) 미국항해-마약약관

"1986년 미국 약물남용금지법 또는 그 법의 개정법 조항에 따라서 정기용선자는 적하목록에 기재되지 아니한 마약 및 마리화나가 선박에 선적되고 숨겨지는 것을 방지하기 위하여 최대한의 주의와 노력을 다 할 것을 보증하여야 한다.

이 조항에 따르지 아니할 경우에 정기용선자는 보증위반으로써 선박소유자에게 책임을 져야 하고, 또한 선박소유자, 선박의 선장 및 해원에게 해가 없도록 하여야 한다. 그리고 정기용선자는 선원에게 개인적으로 또는 연대하여 발생하거나 또는 발생하였던 모든 손해에 대하여 보상하여야 한다. 더욱이 정기용선자가 이 조항의 규정을 위반한 결과로써 발생한 상실시간과 모든 비용은 벌금을 포함하여 정기용선자의 비용으로 한다. 그리고 선박에 대한 용선료는 계속 지급된다.

만일 정기용선자가 이 조항을 위반한 결과, 선박이 압류되었을 때에는 정기용선자는 자기의 비용으로써 적절한 기간 안에 선박의 해방을 확실하게 하기 위하여 모든 합리적인 수단을 강구하여야 한다. 그리고 자기의 비용으로써 선박의 해방을 확실하게 하기 위하여 해방공탁금을 제공하여야 한다.

적하목록에 기재되지 아니한 마약 또는 마리화나를 선박의 승선자가 소지한 것을 발견하였을 때에 선박소유자는 벌금을 포함하여 모든 상실시간과 발생비용을 책임져야 한다."

그리고

(e) 전쟁약관

"(i) 전시금제품은 일절 선적할 수 없다. 선박은 선박소유자의 승낙 없이, 그 승낙은 부당하게 됨이 없이, 선전포고의 유무에 관계없이 전쟁상태, 전투행위, 적대행위, 내전, 폭동 또는 해적행위가 전개되고, 또 선박, 운송물 또는 선원이 교전국의 권력에 의하여 포획, 압류, 억류 또는 적대행위를 쉽게 받을 수 있다고 합리적으로 예측되는 항만 또는 구역에 입항할 것을 요구받지 못한다.(여기서 말하는 권력이란 해군, 육군 또는 공군을 가진 법률상 또는 사실상의 관헌 또는 모든 정부기관을 말한다).

(ii) 선박소유자의 그러한 승낙을 받았을 때에는 정기용선자는 통상 선박보험증권상의 가액과 같은 보험가액으로서 평가액 ○○을 초과하지 아니한 금액으로써 선박에 선박 전쟁위험보험을 붙이기 위하여 증명이 가능한 할증보험료를 지급하여야 한다. 추가로 선박소유자가 운임, 용선료 등의 손해, 전손,

봉쇄 등의 부수적 위험에 대하여 전쟁위험보험을 들려고 하면, 정기용선자는 그 보험료를 지급하여야 한다. 만일 그러한 보험을 상업보험으로 또는 정부보험을 통하여 확보할 수 없는 경우, 선박으로 하여금 그러한 항만 또는 구역에 입항하여 정박할 것을 요구하지 못한다.

(iii) 이 정기용선계약의 후에 또는 선박이 정기용선계약에 따라서 용선 중에 (i)항에 기재된 상황이 있는 경우, 그러한 항 또는 지역으로 항해하는 것과 관련하여, 정기용선자는 그러한 전쟁, 전투행위 또는 적대행위의 결과, 선장, 직원 및 부원에 관하여 적절하게 발생하고 증명이 가능한 할증임금 및 할증보험료를 부담하여야 한다.

(iv) 선박의 항해 또는 운송되는 운송물로 말미암아 발생한 선박의 직원 또는 부원에게 지급하여야 할 전쟁특별수당은 모두 정기용선자의 부담으로 한다."

제32조 전쟁으로 인한 해제

다음과 같은 ○○ 국가 중 2개국 이상의 국가가 (선전포고의 유무에 관계없이) 전쟁을 일으킨 경우, 선박소유자 또는 정기용선자의 어느 당사자라도 이 정기용선계약을 해제할 수 있다. 이 경우 정기용선자는 제10조에 따라서 선박이 선적하고 있는 경우 목적항에서 또는 이 조항에 따라서 목적지에 도착 또는 입항을 방해받을 때에는, 선박소유자가 지시하는 부근의 안전한 개항에서 양하한 후에, 만일에 선박이 운송물을 선적하지 않은 경우에는 그 당시에 정박하고 있는 항 또는 항해 중일 때에는 선박소유자가 지시하는 부근의 안전한 개항에서 반선하여야 한다. 어느 경우라도 용선료는 제11조에 따라서 계속 지급되어야 한다. 이 조항에 규정된 것을 제외하고 이 정기용선계약의 다른 규정은 모두 반선 시까지 적용한다.

제33조 얼 음

정기용선자는 선박을 얼음으로 폐쇄된 항 또는 지역에, 또 얼음 때문에 등대나 등대선을 철수시켰거나 또는 철수시키려고 하는 경우, 또한 통상적인 현상으로 얼음 때문에 선박이 안전하게 항 또는 지역에 입항하여 정박할 수 없거나 또는 양하를 마치고 출항할 수 없는 위험이 있는 경우에는 입항하여 정박을 요구할 수 없다. 다만 선박소유자의 사전 승인을 조건으로 하여 선박의 크기, 구소 및 얼음의 등급과 관련하여 합리적으로 요구될 경우에 쇄빙선을 따라가야 한다.

제34조 징 발

이 정기용선계약기간 중에 선박의 기국 정부가 징발한 경우, 선박은 그 징발기간은 지급정지로 본다. 정부가 그 징발기간 중에 지급한 용선료는 선박소유자가 취득한다. 선박이 정부에 징발된 기간은 이 정기용선계약에서 정한 기간의 일부로써 계산한다.

징발기간이 ○○개월을 초과할 때 계약당사자 어느 쪽도 이 정기용선계약을 해제할 수 있다. 또 그로 인하여 발생한 손해에 대하여서는 어느 쪽도 손해배상을 청구할 수 없다.

제1편
제2편
제3편
제4편
제5편
제6편
제7편
제8편

第35조 하역인부에 의한 손해

이 정기용선계약서에 포함되어 있는 반대의 조항에 관계없이, 하역인부가 선박에 일으킨 모든 훼손에 대하여, 선장이 실무상 될 수 있는 한 빨리 그리고 발견 후 48시간 안에 서면으로 정기용선자 및/또는 그 대리인에 통지하였을 때에는 정기용선자는 모든 손해를 지급하여야 한다. 그 통지는 훼손을 상세하게 명시하고, 또 정기용선자는 훼손의 정도를 산정하기 위하여 검사인을 지정하도록 요구할 수 있다.

(a) 모든 훼손이 선박의 감항능력 및/또는 선원의 안전 및/또는 선박의 항해능력에 영향을 미치는 경우, 정기용선자는 직접 자기의 비용으로써 그러한 훼손을 수선하도록 수배하여야 한다. 선박은 그러한 수선을 완성할 때까지 온-하이어 상태이고, 그리고 필요하면 선급에 합격하여야 한다.

(b) 정기용선자의 선택에 따라서 위 (a)항에 명시되지 아니한 모든 훼손을 반선 전 또는 후에 선박소유자의 수선작업과 동시에 수선하여야 한다. 이러한 경우에 선박소유자가 수선작업을 행하기 위하여 필요한 시간 및/또는 비용을 한도로 하는 것을 제외하고서, 선박소유자에게 용선료 및/또는 비용을 지급하지 아니 한다.

第36조 선창청소

정기용선자는 선원들이 항해하는 사이 또는 화물작업을 하는 사이에 선창을 쓸고 및/또는 물로 씻고 및/또는 청소한 데 대하여 이러한 청소작업을 그 지방규칙이 승인한 경우에 매 선창당 ○○의 비율로써 필요한 추가비용을 준비하여 지급하여야 한다.

이러한 모든 작업에 관하여 선박의 선창이 항만당국 또는 기타 당국의 검사에 합격하지 아니하여도 선박소유자는 책임을 지지 아니 한다. 정기용선자는 선창청소를 하지 않고 그 대신에 총괄 ○○를 지급하여 반선할 선택권을 가진다.

第37조 세 금

정기용선자의 지시로부터 생긴 선박 또는 선박소유자에게 부과된 모든 지방세, 주세 및 국세는 이 정기용선계약기간 중이거나 또는 후이거나 묻지 않고 운송물 및/또는 운임 및/또는 재운송운임 및/또는 용선료에 대한 세금을 포함하여 정기용선자가 지급하여야 한다. (다만 선박의 기국 또는 선박소유자의 국적국에서 부과한 세금은 제외한다.).

第38조 정기용선자의 회사기

정기용선자는 선박에 자기의 회사기를 달 수 있고 그리고 자기 회사의 표시를 페인트칠할 권리를 가진다. 선박은 정기용선계약의 종료 전에 선박소유자의 회사색깔로 다시 페인트칠되어야 한다. 정기용선자가 행한 페인트 칠, 정비 및 다시 칠하는 데 필요한 시간과 비용은 정기용선자가 부담한다.

제39조 계선보험료 반환

선박이 최단 30일 간 항내에서 정박하였음을 이유로, 선박소유자가 보험자로부터 보험료를 환급받았을 때와같이, 정기용선자는 선박소유자가 보험자로부터 받을 수 있는 환급보험료의 이익을 향유한다. 만일 정박기간이 전 용선기간 중이면 전액을, 또는 용선기간의 일부이면 실제 용선기간에 해당하는 이익을 가진다.

제40조 서 류

선박소유자는 유류오염에 대한 재정책임증서를 선박소유자의 피앤아이클럽으로부터 교부받았을 때에 그 증명서, 국제톤수증명서, 수에즈운하 및 파나마운하 톤수증명서, 국적증서, 선박의 기기의 강도 및/또는 능력증서를 포함하여 합의된 항해구역 안에서 항해를 허용하기 위하여 필요한 선박에 관련된 모든 서류를 제공하여야 한다.

제41조 밀항자

(a) (i) 정기용선자는 밀항자가 자기가 선적할 운송물 및/또는 컨테이너 속에 숨어서 선박에 들어오는 것을 방지하기 위하여 상당한 주의를 다하여야 한다.

(ii) 정기용선자가 상당한 주의를 다하여도 밀항자가 정기용선자가 선적할 운송물 및/또는 컨테이너 속에 숨어서 선박에 들어왔을 때에는 정기용선계약의 위반이 되고, 정기용선자는 그 결과에 대하여 책임을 져야 한다. 그리고 선박소유자에게 해가 없도록 하여야 하고, 그리고 선박소유자가 입은 모든 손해에 대하여 보상하여야 한다. 더욱이 벌금을 포함하여 발생된 모든 상실시간과 비용은 정기용선자의 계산으로 하고 선박은 계속 용선 상태를 유지한다.

(iii) 위의 (a) (ii)항에 따라서 정기용선자가 계약을 위반한 결과, 선박이 억류되었을 때에는 정기용선자는 상당한 기간 안에 선박의 해방을 보장하기 위하여 모든 적절한 조치를 마련하고 선박의 해방을 보장하기 위하여 자기의 비용으로써 공탁금을 제공하여야 한다.

(b) (i) 선박소유자가 상당한 주의를 다하여도 정기용선자가 선적한 운송물 및/또는 컨테이너 속에 숨는 이외의 방법으로 밀항자가 선박에 들어 왔을 경우, 벌금을 포함하여 발생된 모든 상실시간과 비용은 선박소유자의 계산으로 하고, 선박은 지급정지의 상태가 된다.

(ii) 정기용선자가 선적한 운송물 그리고/또는 컨테이너 속에 숨는 이외의 방법으로서 밀항자가 선박에 들어온 결과 선박이 억류된 경우, 선박소유자는 상당한 기간 안에 선박의 해방을 보장하기 위하여 모든 적절한 조치를 마련하여야 하고, 선박의 해방을 보장하기 위하여 자기의 비용으로써 공탁금을 제공하여야 한다.

제42조 밀 수

선장, 직원 및/또는 부원이 밀수를 한 경우, 선박소유자는 모든 벌금, 세금 또는 부과금을 부담하여야 한다. 그리고 선박은 그 결과로 생긴 상실시간에 대하여 지급정지의 상태가 된다.

제43조 수수료

선박 또는 선박소유자는 이 정기용선계약 및 정기용선계약의 계속 또는 연장에 지급할 용선료에 대하여 ○○%의 수수료를 ○○에게 지급할 수 있다.

제44조 어드레스커미션

이 정기용선계약에 지급할 용선료에 대하여 ○○%의 어드레스커미션을 ○○에게 지급할 수 있다.

제45조 중 재

*(a) 뉴 욕

이 정기용선계약에서 생긴 모든 분쟁은 아래의 방법으로 뉴욕에서 미국법에 따라 중재에 의하여 해결한다.

이 정기용선계약의 각 당사자는 중재인 1명을 지명하고, 그 2명의 중재인이 제3의 중재인을 지명한다. 중재인 전원 또는 2명의 판정이 최종의 것으로서 판정의 집행은 법원의 명령과 같다. 중재인은 해사사정을 잘 아는 상인이어야 한다. 이 중재는 해사중재인협회의 규칙에 따라서 행하여야 한다.

각 당사자의 청구액의 총액이 미화 ○○불을** 초과하지 아니하는 분쟁에 관한 중재는 해사중재인협회의 간이중재절차에 따라서 행한다.

*(b) 런 던

이 정기용선계약에서 발생한 모든 분쟁은 런던에서 중재로서 해결한다. 양당사자가 직접 단독중재인에 의한다고 합의하지 않는 한, 볼틱 상업 및 해운회의소의 회원으로서, 런던에서 사업을 하는 2명의 중재인에 의한 최종중재에 부탁하여야 한다. 중재인은 각 당사자가 1명을 지정하고 이들 중재인이 심판인을 지정할 권한을 가진다. 어느 한쪽의 중재인이 위의 자격을 가지지 아니함을 이유로 중재판정에 이의를 제기하거나 무효를 주장하지 못한다. 다만 중재판정을 하기 전에 그 중재인의 행위에 대하여 불복신청을 할 때에는 예외로 한다. 이 정기용선계약 아래에서 발생한 모든 분쟁에 영국법을 적용한다.

각 당사자의 청구 금액의 총액이 미화 ○○불을** 초과하지 않는 분쟁에 관한 중재는 런던해사중재인협회의 소액중재절차에 따라서 행한다.

* 위 (a) 또는 (b)를 적절히 삭제할 것.

** 이 공란에 숫자가 기재되지 않는 경우 그 호의 규정만 무효이고, 이 조항의 다른 호의 규정은 완

전히 유효하다.

만일 계약당사자가 합의 할 경우에 ○○조부터 ○○조까지 양 조항을 포함하여 추가조항을 이 정기용선계약에 완전하게 삽입한다.

부속조항 A
선박소유자 ○○와 정기용선자 ○○ 사이에 ○○일자의 정기용선계약서에 덧붙인다.
선박의 추가명세:

Ⅱ. 볼타임 서식

"볼타임서식"을 제정한 볼틱국제해운동맹은 세계 여러 나라의 선박소유자, 해운중개인 및 선주상호보험조합에 의해서 구성되어 있어서, "볼타임서식"은 특정 국가의 중심에서 벗어나 사업자로서 선박소유자 측의 의사가 런던을 중심으로 형성되어 온 해사관습과 더불어 반영되어 있다고 볼 수 있다.

"볼타임서식"은 1909년에 처음 제정된 후 1911년, 1912년, 1920년, 1939년, 1950년, 1974년 그리고 2001년에 개정되어 현재는 2001년에 개정된 서식을 사용하고 있다. 제1부(PART I)에는 25개의 란을 두어 계약당사자, 선박, 용선기간, 인도항 및 인도기일, 항로와 특정화물의 제한, 용선료, 반선, 반선 시의 연료량, 분쟁해결의 방법 및 중재의 장소, 중개수수료, 해세기일, 득약조항의 개수 등을 명기하게 되어 있으며, 제2부(PART II)에는 모두 24개항의 상세한 규정을 두어 선박의 인도, 선박의 사용, 선박소유자의 의무, 정기용선자의 의무, 연료, 용선료, 반선, 화물선적장소, 선장의 직무와 정기용선자의 지휘권, 항해의 지시 및 항해일지, 용선정지사유 및 용선료의 지급정지 등 당사자들의 책임과 면책, 체당금(disbursement),[6] 제외항, 용선선박의 멸실, 시간외 수당, 유치권, 해난구조, 재용선, 전쟁약

6) 선박대리점이 선박소유자를 대신하여 지급한 항비(port charge), 화물의 적양하 시 하역인부에 대한 임금, 예선료(tug hire), 통관비용(customs fee), 저장품, 연료 및 물 등의 공급비용 등의 비용을 말한다. 이와 같은 체당금에 대하여 선박대리점은 2.5% 정도의 체당금수수료를 요구하는 것이 일반적이다. 만약 용선계약서에 체당금수수료가 지나치게 규정되어 있는 경우에는 미리 그러한 비용에 필요한 금액을 선박대리점에 송부해 두어야 한다. 해상보험증권에서 말하는 체당금이란 항해를 개시함에 있어서 발생되는 일체의 선박소유자비용, 예컨대 연료비, 저장품비,

관, 계약의 해제, 분쟁해결의 수단, 공동해손 등의 규정을 두고 있다.

볼타임서식(2001)

제1부 (빈 칸 서식)

1. 선박중개인
2. 계약체결지 및 연월일
3. 선박소유자/영업소재지
4. 정기용선자/영업소재지
5. 선명
6. 등록 총톤수/등록 순톤수
7. 선급
8. 표시된 (기관)출력
9. 하기건현에서의 총 재화중량톤
10. 입방피트단위의 그레인/베일의 선적용적
11. 전용 연료탱크
12. 톤 단위의 연료 소모에 따른 속력성능
13. 현재의 선박동정
14. 용선기간(제1조)
15. 인도항(제1조)
16. 인도의 시기
17. (a) 취항구역
    (b) 특약의 제외화물
18. 반선 시의 연료(최소 및 최대량)
19. 용선료
20. 용선료의 지급(지급통화, 지급 방법 및 장소, 은행구좌 및 수취인)
21. 반선장소와 범위
22. 해제일자
23. 분쟁해결
24. 중개수수료 및 지급처
25. 특약조항이 있는 경우의 그 추가조항번호

이 계약은 제1부 및 제2부에 기재된 본 계약조항에 따라 이행할 것을 상호 합의하고, 이 조항 간에 상충되는 부분이 있을 경우에는 제1부의 규정이 그 저촉의 범위 내에서 제2부의 규정에 우선한다.

서명 (선박소유자) 서명 (정기용선자)

식량비 및 출항을 위한 항비 등을 말한다. 체당금에 대하여 선박대리점이 선박소유자에게 제시하는 일체의 계정을 체당금계산서(statement of disbursement account)라고 한다. 이 계정에는 영수증이 첨부되어야 한다. 해운 · 물류 큰사전 편찬위원회, 「해운 · 물류 큰사전」, (서울: 한국해사문제연구소, 2002), 1116쪽.

볼타임서식(2001)

제2부 (계약 내용)

합의된 이 계약서는, 빈 칸 6란에 기재된 등록 총톤수/순톤수, 빈 칸 7란에 기재된 선급을 유지하고, 빈 칸 8란에 기록된 제동마력을 나타내고, 연료, 선용품 및 식료를 포함하여 하기건현에 있어서 빈 칸 9란에 기재된 재화중량톤과 거의 같은 톤수를 운송하고, 빈 칸 11란에 명기된 톤수를 포함한 전용 연료 탱크를 제외하고서 조선소의 설계에 의하여 빈 칸 10란에 기재된 그레인/베일 적화용적의 입방피트를 나타낸다. 또한 빈 칸 12란에 기재된 연료유의 톤수소비량으로써 날씨가 양호하고 평온한 해상에서 만재상태로 빈 칸 12란에 기재된 항해속력을 거의 낼 수 있으며, 빈 칸 13란에 기재된 현재의 위치에서, 빈 칸 3란에 기재된 선박소유자를 빈 칸 5란에 기재한 선박의 당사자로, 그리고 빈 칸 4란에 기재된 정기용선자를 당사자로 하여 그 사이에 다음과 같이 합의한다.

제1조 기간/ 인도항/ 인도기일

선박소유자가 선박을 인도하여 정기용선자가 용선하는 기간은 용선을 시작한 때로부터 빈 칸 14란에 기재된 달력의 기간으로 한다. 용선시작은 (정기용선자가 인수하지 않는 한 일요일과 법정휴일은 제외한다.) 오전 9시부터 오후 6시 사이에, 만일 토요일인 때에는 오전 9시부터 오후 2시 사이에 빈 칸 15란에 기재된 항만에서 정기용선자의 지시에 따라서 선박이 항상 안전하게 떠서 정박할 수 있는 이용이 가능한 선석에서 통상적인 화물운송을 위하여 모든 점에서 적합한 선박이 인도되어 정기용선자가 자유로이 사용할 수 있게 정박시킨 때부터이다. 선박은 빈 칸 16란에 기재된 시간에 인도된다.

제2조 항 로

선박은 빈 칸 17란에 기재된 제한구역 안에서 항상 안전하게 뜰 수 있고 정박할 수 있는 안전항 또는 장소 사이에서만 적법한 상품을 운송하기 위하여 적법한 거래에 취항시켜야 한다. 산 동물 또는 손상하기 쉽고, 인화되기 쉽거나 혹은 위험한 화물(예를 들면 산성물, 폭발물, 칼슘카바이드, 규소철, 납사, 휘발유, 타르 또는 이들 제품)은 선적하지 못한다.

제3조 선박소유자의 의무

선박소유자는 모든 식료와 급료, 선박의 보험, 갑판부와 기관부의 선용품을 준비하고 비용을 지급하여야 한다. 그리고 서비스 기간 중에 선체와 기계를 완전한 가동상태로 유지하여야 한다. 선박소유자는 선원 중에서 화물취급에 사용되는 선박의 기어를 다루는 윈치맨을 배치하여야 한다. 그러나 선원 고용조건 또는 지역조합 또는 항만규정에 의하여 금지된다면 정기용선자는 자격이 있는 육상의 윈치맨을 배치하고 그 비용을 지급하여야 한다.

제4조 정기용선자의 의무

정기용선자는 연료유, 항비, 도선료(강제적인지 여부에 관계없이), 운하인부, 보트사용료, 등대세, 예선료, 영사비용(선장 · 직원 및 부원에 관한 비용은 제외한다.), 운하, 도크 및 기타 세금과 부담금, 외국의 일반지방세 또는 국세, 인도항과 반선항의 도크세, 항세 및 톤세(인도 전 또는 반선 후에 있어서 운송물에 발생한 것을 제외한다.), 대리점비 및 중개료를 포함하여 준비하고 지급하여야 한다. 그리고 선적, 트림, 적부(이미 선상에 있었던 것을 제외하고서 던니지 및 이동방지판을 포함한다.), 양륙, 검량, 감정 및 운송물의 인도, 선창검사, 근무 중인 직원과 인부의 식사제공 및 검역(훈증 및 살균소독의 비용을 포함한다.)으로 생긴 지연과 비용을 포함한 모든 부담금과 비용을 준비하고 지급하여야 한다. 정기용선자는 선적과 양륙에 있어서 실제로 사용할 로프, 스링과 특수한 움직줄 및 항의 관습에 따라서 필요로 하는 특수한 로프, 계류줄 및 체인을 포함한 특수장비를 부담하여야 한다. 선박은 2톤 이하의 운송물을 들어 올릴 수 있는 윈치, 데릭, 휠 및 일반 움직줄을 장비하여야 한다.

제5조 연 료

정기용선자는 인도항에 있어서 그리고 선박소유자는 반선항에 있어서 선박의 연료탱크 안의 모든 연료유의 잔량을 인수하고 각각 그 항에 있어서의 시가로서 지급하여야 한다. 반선할 때에는 선박의 연료탱크 안에 빈 칸 18란에 명기한 연료의 최소량보다 적지 않고 또한 최고량보다 많지 않은 연료유를 남겨서 반선하여야 한다.

제6조 용선료

정기용선자는 선박소유자에게 제1조에 따라서 용선을 시작하여 반선할 때까지 빈 칸 19란에서 정한 요율로서 용선료를 매 30일마다 지급하여야 한다.

용선료의 지급은 빈 칸 20란에 명기된 통화로서 현금으로 감액하지 않고 매 30일마다 선급으로 그리고 빈 칸 20란에 기술한 방법으로 지급한다. 선박소유자는 용선료의 지급에 잘못이 있는 경우에 어떠한 이의도 없이 또한 법원 또는 기타의 절차에 의한 개입이 없이 또한 선박소유자가 정기용선자에게 주장할 수 있는 어떤 손해배상청구의 권리를 침해하지 않고 정기용선자의 업무로부터 선박을 회수시킬 권리를 가진다.

제7조 반 선

선박은 이 계약이 만료될 때에 정기용선자에게 인도될 때와 마찬가지로 양호한 상태로 (단, 자연적인 마모는 제외한다) 정기용선자의 선택에 따라 빈 칸 21란에 명기된 장소 또는 구역 안의 부동항에서, 평일은 오전 9시부터 오후 6시 사이에, 그리고 토요일은 오전 9시부터 오후 2시 사이에 반선하여야 한다. 단 반선일은 일요일과 법정휴일이 아니어야 한다. 정기용선자는 선박의 예정반선항과 반선일에 대하여 적어도 10일 전에 선박소유자에게 통지하여야 한다. 당해 선박에 용선기간을 초과할 수 있는 항해가 지시된 경우, 당해 항해가 이 계약에서 약정한 용선기간의 만료시점 부근에 반선할 수 있다고 정기용선자가 합리적으로 계산하였을 것을 조건으로, 정기용선자는 당해 항해를 완성하기 위하여 해당 선박을 이용할 수 있다. 용선기간 만료일 이후의 기간에 대하여서는 시황용선료가 약정용선료보다 높을 경우에는 정기용선자는 시황용선료를 지급하여야 한다.

제8조 화물선적장소

정기용선자는 선박의 선장, 항해사, 직원, 부원, 태클, 장비, 비품, 식품 및 선용품을 위한 적당하고 충분한 장소를 제외하고서 적법한 갑판선적능력을 포함하여 선박의 만재능력을 자유로이 사용할 수 있다.

제9조 선 장

선장은 모든 항해를 최대한 신속하게 완성하여야 하고, 또한 선박의 선원으로 하여금 관습상의 협력을 제공하도록 하여야 한다. 선장은 취항, 대리점 또는 기타의 준비와 관련하여 정기용선자의 지시를 따라야 한다. 정기용선자는 선장, 항해사 또는 대리점이 선하증권 또는 기타의 서류에 서명함으로써 혹은 그 명령을 지켰기 때문에 생긴 모든 결과 또는 책임에 대하여 그리고 선박의 서류가 부정확하였거나 혹은 운송물의 초과운송으로 생긴 모든 결과 및 책임에 대하여 선박소유자에게 보상하여야 한다. 선박소유자는 운송물의 부족, 혼합, 표시에 대하여 책임을 지지 아니하며, 또한 개품 혹은 포장의 수량에 대하여서도 책임을 지지 아니 한다. 그리고 직부불량 또는 기타의 원인에 의하여 생긴 운송물의 손해 혹은 청구에 대하여서도 책임을 지지 아니 한다. 만일 정기용선자가 선장, 또는 항해사의 행위에 대하여 불만족한 이유를 가진 경우에 선박소유자는 그 불만의 자세한 내용을 수신하여 그 사항을 빨리 조사하고서 그리고 필요하고 실행이 가능하면 그 임명을 변경하여야 한다.

제10조 항해지시 및 항해일지

정기용선자는 선장에게 모든 지휘와 항해상의 지시를 제공하여야 한다. 선장은 항해일지를 완선하고 정확하게 작성하여야 하고, 정기용선자 또는 그 대리인이 열람할 수 있도록 하여야 한다.

제11조 용선료의 지급정지, 기타

(A) 입거 또는 선박을 유효한 상태로 유지하기 위하여 필요한 기타의 조치, 인원 또는 선박소유자가 부담하는 선용품의 부족, 기계의 파손, 선체의 손상 또는 기타의 사고에 의하여 선박의 업무가 정지되거나 또는 방해를 받고서 그리고 연속하여 24시간 이상 계속된 경우에 있어서, 선박소유자는 즉시 요구된 서비스를 이행하지 못한 기간에 상실된 모든 시간에 대하여서는 용선료를 지급 받지 못한다. 선지급된 용선료는 이 항에 따라서 정산되어야 한다.

(B) 악천후로 인하여 항이나 묘박지로 피항한 경우, 수심이 얕은 항이나 모래톱이 입구에 있는 항이나 강으로 항해하는 경우 또는 운송물에 사고가 생긴 경우 등으로 인한 해당 선박의 지연이나 그로 인한 비용은 비록 그러한 지연 및/또는 비용, 혹은 그것이 발생한 원인이 선박소유자의 사용인이 일으킨 과실에 의한 것일지라도 정기용선자가 부담한다.

제12조 책임과 면책

선박소유자는 선박의 인도지연, 용선기간 중에 있어서 지연 및 선적된 운송물의 멸실 또는 손해에 대하여 만일 그 지연 또는 멸실이 선박소유자 또는 선박관리인 측이 선박의 감항능력과 항해에 적합하도록 함에 있어서 상당한 주의를 부족하게 하여 생긴 경우, 또는 선박소유자 혹은 선박관리인 자신의 작위 또는 부작위 혹은 게으름에 의하여 생긴 경우에만 책임을 진다. 선박소유자는 기타의 경우에 있어서 자기 사용인의 부주의 또는 게으름에 의하여 발생한 어떠한 손해 또는 지연에 대하여서도 책임을 지지 아니 한다. 선박소유자는 부분적이거나 또는 전체적이거나 간에 스트라이크, 직장폐쇄 또는 노동(선장, 직원 또는 부원을 포함한다)의 중지 또는 제한으로부터 생긴 멸실 또는 손해에 대하여 책임을 지지 아니 한다. 정기용선자는 이 계약의 조건에 위반하여 선적한 운송물에 의하여 또는 연료공급 혹은 운송물의 선적, 적부 또는 양륙에 있어서 부적당하고 또는 부주의한 작업에 의하여 또는 정기용선자나 그 사용인의 과실 또는 부주의에 의하여 선박이나 선박소유자에게 발생시킨 멸실 또는 손해에 관하여 책임을 진다.

제13조 선불금

정기용선자 또 그 대리인은 만일 요구가 있으면 선장에게 어느 항에서 선박이 부담하여야 할 통상적 선용금으로서 필요한 자금을 연 6%의 이자로서 빌려주고, 용선료에서 공제한다.

제14조 제외항

선박은 다음의 장소에 취항명령을 받지 아니하고 또한 입항의무도 없다.

(A) 열병 또는 전염병이 유행하고 있는 곳, 또는 선장, 직원 및 부원이 법률에 의하여 선박과 동행할 의무가 없는 곳.

(B) 얼음으로 폐쇄된 곳 또는 선박이 도착하였을 때에 얼음 때문에 등대, 등대선, 표지 및 부표가 철거되었거나 또는 철거될 우려가 있는 곳, 혹은 얼음 때문에 통상적인 방법으로서 선박이 접근할 수 없거나, 선적 또는 적화를 마치고서 출항할 수 없는 위험이 현존하는 곳과 같은 얼음수역을 선박은 강제로 항행할 의무가 없다. 만일에 얼음 때문에 선적지나 양륙지에 정박할 때에 선박이 결빙 및/또는 손해를 입을 위험이 있다고 생각될 경우에는 선장은 얼음이 얼지 아니한 편리한 곳에 자유로이 항해하여 정기용선자의 새로운 지시를 기다릴 수 있다. 위의 사유에 의하여 예견할 수 없는 지연에 대하여서는 정기용선자가 부담하여야 한다.

제15조 선박의 멸실

선박이 멸실되었거나 행방불명이 된 경우에 그 멸실된 날로부터 용선료의 지급을 중지한다. 멸실된 날이 확인되지 아니한 경우에 선박의 마지막 통신이 있은 날로부터 목적항에 도착예정일까지 용선료의 반액을 지급하여야 한다. 선 지급된 용선료는 이에 따라서 정산하여야 한다.

제16조 시간외 수당

정기용선자의 요구가 있으면 선박은 낮과 밤에 작업을 하여야 한다. 정기용선자는 선박의 고용계약서에서 규정한 시간과 요율에 따라서 선박소유자가 직원 및 부원에게 지급한 모든 시간외 수당을 상환하여야 한다.

제17조 리 언

선박소유자는 정기용선자에게 속하는 모든 운송물과 재운임 및 이 계약에 의거하여 생긴 선하증권상의 청구 운임에 대하여 리언을 행사할 수 있다. 정기용선자는 선급하고서 반대급부를 받지 못한 총액에 대하여 리언을 가진다.

제18조 해난구조

다른 선박에 제공한 모든 구조와 구원에 대하여서는 선장, 항해사 및 해원에게 배당될 분배액 그리고 모든 법정비용과 구조를 위하여 상실한 시간에 대하여 이 계약에서 지급하는 용선료 및 손상수선비, 소모한 연료비를 포함한 기타 비용을 공제한 뒤에 선박소유자와 정기용선자가 균등하게 분배한다. 정기용선자는 선박소유자가 구조료의 지급보증과 구조료의 총액을 결정하기 위하여 취한 모든 조치에 따라야 한다.

제19조 재용선

정기용선자는 선박소유자에게 정당한 통지를 하고서 선박을 재용선할 선택권을 가진다. 그러나 원정기용선자는 항상 정당한 정기용선의 실행에 관하여 선박소유자에게 책임을 져야 한다.

제20조 전 쟁

(A) 이 조항의 목적을 위해, 단어들의 정의는 다음과 같다.

(i) "소유자"는 선박소유자, 선체용선자, 관리선박소유자, 관리인, 선박의 관리를 책임 지고 있는 다른 운영자, 선장 등을 포함한다.

(ii) "전쟁위험"은 선장과 선박소유자의 합리적 판단으로 선박, 화물, 선박에 승선한 선원, 다른 사람들에게 위험할 수 있거나 위험할 가능성이 높거나 위험해질 가능성이 높은, 모든 개인, 단체, 테러집

단, 정치집단, 모든 국가의 정부에 의한 모든 전쟁(실제적인 것이거나 아니면 위협받고 있는 것이거나 관계없이), 전쟁행위, 내전, 적대행위, 혁명, 반란, 소요, 군사적 행동, 지뢰매설(실제적인 것이거나 아니면 보고된 것이거나 관계없이), 해적행위, 테러리스트행위, 적대행위, 악의적 손상, 봉쇄(모든 선박에 부과된 것이거나 아니면 특정한 국적, 특정한 소유권, 특정한 화물, 특정한 선원 등에 선별적으로 부과된 것이거나 아니면 기타 달리 부과된 것이거나 관계없이) 등을 포함한다.

(B) 선박소유자의 서면동의를 사전에 얻지 못한 경우에 선박은 선장과 선박소유자의 합리적인 판단으로 선박, 선박의 화물, 선원, 선박에 승선한 다른 사람들이 전쟁위험에 노출될 수 있거나 노출될 가능성이 높은 것으로 보이는 모든 항구, 장소, 지역 혹은 구역(육지거나 아니면 바다이거나 관계없이), 모든 수로 혹은 운하 등으로 계속해서 진행하거나 통과하도록 명령받거나 요구되어서는 안 된다. 선박이 그러한 장소로 진입한 이후에 단지 위험해지고 있거나 위험할 가능성이 높거나 위험해질 가능성이 높은 전술한 모든 그러한 장소 내에 존재할 경우, 선박은 그러한 장소를 떠날 자유가 있다.

(C) 선박은 수출입 금지화물을 선적하거나 모든 봉쇄를 통과하도록 요구받아서는 안 된다. 그러한 봉쇄는 모든 선박에 부과된 것이거나 아니면 특정한 국적, 특정한 소유권, 특정한 화물, 특정한 선원 등에 선별적으로 부과된 것이거나 아니면 기타 달리 부과된 것이거나 관계가 없다. 혹은, 선박은 수색 및 압류에 대한 교전자의 권리에 종속되거나 종속될 가능성이 높은 지역으로 진행하도록 요구받아서는 안 된다.

(D) (i) 선박소유자는 선박의 선체와 기계 그리고 선박소유자의 다른 이익들(수익의 손실과 억류, 선원과 선원들의 보호 및 배상위험 등에 국한하지 않고 포함한)에 대하여 전쟁위험보험에 들 수 있다. 보험료 및 그러한 보험료의 납입청구액은 선박소유자의 부담이다.

(ii) 전쟁위험 때문에 추가보험료에 종속되는 것으로 보험업자에 의해 명시된 지역이나 지역들 내에 정기용선자의 명령에 의해 선박이 항해하거나 선박이 그러한 지역이나 지역들에 진입하여 체류할 예정이기 때문에, 그러한 보험의 보험업자가 보험료 및 납입청구액의 지급을 요구할 경우, 용선료의 차기지급이 만기가 됨과 동시에, 그러한 보험료 및 납입청구액은 선박소유자에게 정기용선자에 의해 변상되어야 한다.

(E) 선박소유자가 전술한 조건에 의해 정의된 방식으로 위험한 지역으로 항해한 것의 대가로서 상여금 혹은 추가임금을 선원에게 지급할 책임을 고용의 조건에 의해 지게 될 경우, 용선료의 차기지급이 만기가 됨과 동시에, 그러한 상여금 혹은 추가임금은 정기용선자에 의해 선박소유자에게 변상되어야 한다.

(F) 선박은 다음 사항을 할 자유가 있다.

(i) 선박이 항해하는 국적의 국가의 정부 혹은 선박소유자가 복종하는 법의 다른 정부 혹은 명령이나 지시에 대한 복종을 강제할 수 있는 권력으로 행동하는 어떤 다른 모든 정부, 단체, 집단 등에 의해 주어지는, 출발, 도착, 항로, 호송항해, 기항지, 운항정지, 도착지, 화물의 양하, 인도 등에 관해 혹은 어떤 다른 모든 방식으로 모든 명령, 지시, 권고, 조언 등에 따를 자유

(ii) 전쟁위험보험의 조건에 의해 명령, 지시, 권고를 제공할 수 있는 권위를 가진 보험업자에 의해 주어지는, 모든 전쟁위험에 대한 명령, 지시, 권고에 따를 자유

(iii) 국제연합의 안전보장이사회의 모든 결의의 조건에 따를 자유, 유럽공동체의 모든 지시에 따를 자유, 유효한 명령을 발하고 내릴 자유를 가진 모든 다른 초국가적 단체의 모든 지시에 따를 자유, 선박소유자가 복종하는 국법을 집행하는 것을 목표로 하는 국법에 따를 자유, 국법의 집행을 책임지고 있는 사람들의 명령과 지시에 따를 자유

(iv) 선박을 수출입 금제품 운송업자로서 압류되기 쉽게 만들 수 있는 모든 화물 혹은 그러한 화물의 일부를 모든 다른 항구에서 전환하거나 양하할 자유

(v) 그들이 억류, 투옥, 기타 제재를 받을 수 있다고 믿을 만한 이유가 존재할 경우, 선원, 그러한 선원들의 일부, 선박에 승선한 다른 사람들을 모든 다른 항구에서 교체하고 교체하도록 요청할 자유

(G) 이 조항의 전술한 규정들에 의한 선박소유자의 권리에 따라, 선박소유자가 선적항이나 양하항, 혹은 그러한 항구들의 하나 이상으로 진행하는 것을 거부할 경우, 선박소유자는 정기용선자에게 즉각적으로 통보하여야 한다. 그렇게 하려는 선박소유자의 의도에 대한 통지를 정기용선자에게 사전에 하지 않고, 그러한 양하를 위한 안전항을 지정하도록 정기용선자에게 요청하지 않을 경우, 화물이 대체항에서 양하되어서는 안 된다. 그러한 통지와 요청을 수령한 후 48시간 내에 정기용선자에 의해 그러한 지정이 없을 경우, 선박소유자는 선박소유자 자신이 선택한 안전항에 화물을 양하할 수 있다.

(H) 이 조항의 (B)에서 (G)까지의 어떤 규정에 따라 어떠한 행위가 수행되거나 수행되지 않을 경우, 그러한 행위는 이로행위로 간주되어서는 안 되고, 이 정기용선계약의 적절한 이행으로 간주되어야 한다.

제21조 해 제

정기용선자는 선박을 빈 칸 22란에 명기된 날짜까지 인도받지 못하면 선택적 해제권을 가진다. 만일 선박이 해제일까지 인도가 불가능한 경우에는 정기용선자는 그 통지를 받은 후 선박소유자의 요구가 있으면, 48시간 안에 해제할 것인가 또는 인도받을 것인가의 의사를 표시하여야 한다.

제22조 분쟁해결

(A) 본 계약서는 영국법의 적용을 받으며, 영국법에 의하여 해석된다. 본 계약에 의한 어떠한 분쟁도 1996년의 중재법 혹은 그 개정된 법률에 의하여 런던에서 중재로 해결한다. 중재절차는 중재가 시작된 시점의 런던해사중재인협회의 규칙에 의한다. 중재판결은 3명의 중재인에 의해 결정된다. 분쟁을 중재에 회부하고자 하는 당사자는 자신의 중재인을 지명하고 상대방에게 이 사실을 서면으로 통지하여야 한다. 동시에 이 통지를 받은 날로부터 14일 내에 상대방도 중재인을 지명할 것을 요청하고 또한 이 14일 내에 상대방이 중재인을 지명하고 그 사실을 통지해 오지 않으면, 통지한 당사자가 지명한 중재인을 단독중재인으로 지명할 것도 통지하여야 한다. 이러한 통지를 받은 상대방이 이 14일 내에 자신의 중재인을 지명하지 않거나, 지명사실을 통지해 오지 않으면, 분쟁을 중재에 회부하고자 하는 당

사자는 상대방에게 추가적인 사전 통보 없이 자신이 지명한 중재인을 단독 중재인에 의한 중재판정으로 그가 쌍방의 합의에 의해 지명된 것과 같이 쌍방을 구속한다. 본 규정의 어떠한 내용도 쌍방이 서면합의에 의해 단독중재인을 지명할 수 있게 본 규정을 수정하는 것을 방해하지 아니 한다.

각 당사자의 청구 금액의 총액이 미화 50,000불(혹은 쌍방이 합의한 금액)을 초과하지 않는 분쟁에 관한 중재는 분쟁이 시작된 당시의 런던해사중재인협회의 소액중재절차에 따라서 행한다.

(B) 본 계약서는 "US Code, Title 9"과 미국해사법의 적용을 받으며, 이 법률에 의하여 해석된다. 본 계약에 의한 어떠한 분쟁도 뉴욕에서 3인의 중재인에 의하여 중재로 해결한다. 중재인의 지명은 본 계약의 양당사자에 의하여 각각 1명씩의 중재인이 지명되고, 그 2명의 중재인이 제3의 중재인을 지명한다. 중재인 전원 또는 2명의 판정은 최종적인 것이며, 판정의 강제집행을 위하여 중재판정에 대한 관할법원의 판결을 받을 수 있다. 중재절차는 뉴욕해사중재협회의 규칙에 의한다.

각 당사자의 청구금액의 총액이 미화 50,000불(혹은 쌍방이 합의한 금액)을 초과하지 않는 분쟁에 관한 중재는 분쟁이 시작된 당시의 해사중재인협회의 간이중재절차에 따라서 행한다.

(C) 본 계약서는 양당사자의 합의에 의한 지역의 법률에 적용을 받으며, 그에 의하여 해석된다. 본 계약에 의한 어떠한 분쟁도 양당사자가 합의한 지역의 중재에 의하여 해결하며 중재지의 중재절차에 따라 진행한다.

(D) 위의 (A), (B) 혹은 (C)의 규정에도 불구하고, 본 계약과 관련하여 발생한 어떠한 의견차이나 분쟁은 언제나 조정에 회부할 수 있다.

위의 (A), (B) 혹은 (C)의 규정에 따라 중재절차가 이미 시작된 경우에는 다음의 규정들이 적용된다.

(i) 어느 일방의 당사자라도 언제나 혹은 수시로 상대방에게 해당 분쟁 혹은 분쟁대상의 일부를 조정으로 해결하는 것에 합의할 것을 조정신청서의 송달로 요구할 수 있다.

(ii) 조정신청서의 통지를 받은 상대방이 통지를 받은 날로부터 14일 내에 조정에 합의한다는 것을 통지한 경우, 양당사자는 다시 14일 내에 조정자의 지명에 합의하여야 한다. 조정자의 지명에 실패한 경우, 중재법정에 의해 조정자가 즉시 지명되든지, 혹은 중재법정이 그러한 목적으로 지명하고 있는 사람으로 결정된다. 조정이 이루어지는 장소, 절차, 규정 등은 양당사자의 합의에 의하거나, 합의가 이루어지지 않은 경우, 조정자가 정할 수 있다.

(iii) 통지를 받은 상대방이 조정에 합의하지 아니하는 경우, 이 사실은 중재법원으로 통지되어 양당사자의 중재비용의 계산에 포함될 수 있다.

(iv) 조정은 어느 당사자가 자신의 이익을 보호하기 위하여 필요하다고 간주되는 행위를 할 수 있는 권리를 방해하지 않는다.

(v) 양당사자 중 일방은 조정이 합의가 이루어졌음을 중재법정에 통지할 수 있다. 중재절차는 조정의 진행 중에도 계속되며, 중재법정은 중재절차의 진행계획을 정함에 있어 조정절차의 진행계획을 고려할 수 있다.

(vi) 조정절차에서 정해지거나 혹은 합의되지 않으면, 각 당사자는 각자의 조정절차에 든 비용을 각

각 부담하며 조정자에 대한 비용은 쌍방이 균등하게 부담한다.

(vii) 조정절차는 권리의 침해 없이 비공개로 진행되어야 하며, 중재법정에 정보나 관련 문서가 제출된 동안, 중재에 적용되는 법규나 절차에 관한 규칙이 공개하도록 정하고 있는 내용 이상으로 정보나 관련 문서가 공개되어서는 안 된다.

(E) 제1부(Part I)의 빈 칸 23란에 3가지 중 어느 중재지를 선택했는가를 정확하게 명기하지 않은 경우, 위의 (A)항이 적용된다. (D)항은 어느 경우에나 적용된다.

(A), (B) 그리고 (C) 중에서 하나를 선택하여야 하며 빈 칸 23란에 합의된 내용이 기재된다.

제23조 공동해손

공동해손은 1994년(또는 그 이후의 개정규칙) 요크앤트워프규칙에 따라서 정산한다. 용선료는 공동해손을 분담하지 아니 한다.

제24조 중개수수료

선박소유자는 빈 칸 24란에서 정한 요율로서 빈 칸 24란에서 명기한 당사자에게 이 용선계약에 의하여 지급되는 용선료에 대하여 중개료를 지급하여야 한다. 그러나 중개료는 어떠한 경우에도 중개인의 실비용을 보상하는 데 필요한 금액 이상이어야 하고, 또한 중개인의 업무에 관하여 정당한 보수로서 지급하여야 한다. 일방당사자에 의하여 이 계약의 위반으로 용선료 전액이 지급되지 아니한 경우에는 그에 책임이 있는 당사자가 중개인에게 중개료의 손해를 보상하여야 한다. 만일 양당사자가 용선계약을 해제하기로 합의한 경우에는 선박소유자는 중개인에 대하여 손해중개료를 보상하여야 한다. 그러나 이 경우에 있어서 중개료는 1년 분의 용선료에 대한 중개료를 넘지 아니 한다.

Ⅲ. 부속약관

미국 입출항 시 요구되는 BIMCO 약관을 중심으로 검토한다.

BIMCO ISPS/MTSA CLAUSE FOR TIME CHARTER PARTIES 2005

(a)(i) The Owners shall comply with the requirements of the International Code for the Security of Ships and of Port Facilities and the relevant amendments to Chapter XI of SOLAS (ISPS Code) relating to the Vessel and "the Company" (as defined by the ISPS Code). If trading to or from the United States or passing through United States waters, the Owners shall also comply with the requirements of the US Maritime Transportation Security Act 2002 (MTSA) relating to the Vessel and the "Owner" (as defined by the MTSA).

(ii) Upon request the Owners shall provide the Charterers with a copy of the relevant International Ship Security Certificate (or the Interim International Ship Security Certificate) and the full style contact details of the Company Security Officer (CSO).

(iii) Loss, damages, expense or delay (excluding consequential loss, damages, expense or delay) caused by failure on the part of the Owners or "the Company"/"Owner" to comply with the requirements of the ISPS Code/MTSA or this Clause shall be for the Owners' account, except as otherwise provided in this Charter Party.

(b)(i) The Charterers shall provide the Owners and the Master with their full style contact details and, upon request, any other information the Owners require to comply with the ISPS Code/MTSA. Where sub-letting is permitted under the terms of this Charter Party, the Charterers shall ensure that the contact details of all sub-charterers are likewise provided to the Owners and the Master. Furthermore, the Charterers shall ensure that all sub-charter parties they enter into during the period of this Charter Party contain the following provision:

"The Charterers shall provide the Owners with their full style contact details and, where sub-letting is permitted under the terms of the charter party, shall ensure that the contact details of all sub-charterers are likewise provided to the Owners."

(ii) Loss, damages, expense or delay (excluding consequential loss, damages, expense or delay) caused by failure on the part of the Charterers to comply with this Clause shall be for the Charterers' account, except as otherwise provided in this Charter Party.

(c) Notwithstanding anything else contained in this Charter Party all delay, costs or expenses whatsoever arising out of or related to security regulations or measures required by the port facility or any relevant authority in accordance with the ISPS Code/MTSA including, but not limited to, security guards, launch services, vessel escorts, security fees or taxes and inspections, shall be for the Charterers' account, unless such costs or expenses result solely from the negligence of the Owners, Master or crew. All measures required by the Owners to comply with the Ship Security Plan shall be for the Owners' account.

(d) If either party makes any payment which is for the other party's account according to this Clause, the other party shall indemnify the paying party.

BIMCO 2005년 정기용선계약의 국제선박항만시설보안규칙/미국해운보안법약관

(a)(i) 선박소유자는 선박과 회사(국제선박항만시설보안규칙에 의해 정의된)에 관해 선박 및 항만시설의 보안에 대한 국제규칙과 SOLAS(국제해상인명안전협약)의 제11장에 대한 관련 개정(국제선박항만시설보안규칙) 등의 요구사항을 준수하여야 한다. 미국으로 무역하거나, 미국으로부터 무역하거나, 미국을 통과할 경우, 선박소유자는 또한 선박과 선박소유자(미국해운보안법에 의해 정의된)에 관해 2002년 미국해운보안법(MTSA)의 요구사항을 역시 준수하여야 한다.

(ii) 신청에 의해, 선박소유자는 정기용선자에게 관련 국제선박보안증서(혹은 임시 국제선박보안증서)의 사본과 회사보안책임자(CSO)의 전체 연락처의 세부사항을 제공하여야 한다.

(iii) 국제선박항만시설보안규칙/ 미국해운보안법 혹은 본 조항의 요구사항을 준수하지 못한 선박소유자 혹은 회사/선박소유자 측의 실패에 의해 초래된 손실, 손상, 경비, 지연(간접손실, 손상, 경비, 지연 등을 제외하고) 등은 본 용선계약에서 달리 규정된 것을 제외하고 선박소유자의 부담으로 한다.

(b)(i) 정기용선자는 자신의 전체 연락처의 세부사항을 선박소유자와 선장에게 제공하여야 한다. 그리고 신청에 의해, 선박소유자가 국제선박항만시설보안규칙/ 미국해운보안법을 준수하기 위해 필요로 하는 모든 다른 정보를 정기용선자는 선박소유자와 선장에게 제공하여야 한다. 재용선이 본 용선계약의 조건에 의해 허용될 경우, 재용선자들의 연락처 세부사항들이 선박소유자와 선장에게 마찬가지로 제공되도록 정기용선자는 보장하여야 한다. 더욱이, 정기용선자가 본 용선계약의 기간 동안에 체결하는 모든 재용선계약들이 다음 규정을 포함하도록 정기용선자는 보장하여야 한다.

"정기용선자는 선박소유자에게 자신의 전체 연락처의 세부사항을 제공하여야 한다. 그리고 재용선이 용선계약의 조건에 의해 허용될 경우, 모든 재용선자들의 연락처 세부사항이 마찬가지로 선박소유자에게 제공되도록 정기용선자는 보장하여야 한다."

(ii) 본 조항을 준수하지 못한 정기용선자 측의 실패에 의해 초래된 손실, 손상, 경비, 지연(간접손실, 손상, 경비, 지연 등을 제외하고) 등은 본 용선계약에서 달리 규정된 것을 제외하고 정기용선자의 부담으로 한다.

(c) 본 용선계약에 포함된 다른 어떤 것에도 불구하고, 보안요원, 통선, 선박호위, 보안수수료 및 부과세와 검색 등에 국한되지 않고 포함하여, 국제선박항만시설보안규칙/ 미국해운보안법에 따라 항만시설이나 관련 당국 등에 의해 요구되는 보안규정이나 조치 등으로부터 발생하거나 관련된 모든 지연, 비용, 경비 등은 정기용선자의 부담으로 한다. 단, 그러한 비용이나 경비 등이 오로지 선박소유자, 선장, 선원 등의 과실로부터 결과하는 경우는 그러하지 않다. 선박보안계획을 준수하기 위해 선박소유자에 의해 요구되는 모든 조치들은 선박소유자의 부담으로 한다.

(d) 일방당사자가 본 조항에 따라 상대방당사자의 부담으로 하는 지급을 수행할 경우, 상대방당사자는 지급당사자에게 배상하여야 한다.

해설: 본 약관에서 미국해운보안법약관은 미국을 입출항하는 선박에 대하여만 적용되며, 그 이외의 선박에 대하여는 국제선박항만시설보안규칙이 적용된다. 내용에서 특이할 사항은 본 약관을 준수하지 못하여 초래된 손실 등에서 선박소유자 또는 정기용선자는 간접손실에 대하여 부담을 지지 않는다는 것이다.

BIMCO U.S. Anti Drug Abuse Act 1986 Clause for Time Charters

(a) In pursuance of the provisions of the U.S. Anti Drug Abuse Act 1986, or any re-enactment thereof, the Charterers warrant to exercise the highest degree of care and diligence in preventing unmanifested narcotic drugs and marijuana to be loaded or concealed on board the Vessel.

Non-compliance with the provisions of this Clause shall amount to breach of warranty for the consequences of which the Charterers shall be liable and shall hold the Owners, the Master and the crew of the Vessel harmless and shall keep them indemnified against all claims whatsoever which may arise and be made against them individually or jointly.

Furthermore, all time lost and all expenses incurred, including fines, as a result of the Charterers' breach of the provisions of this Clause shall be for the Charterers' account and the Vessel shall remain on hire.

Should the Vessel be arrested as a result of the Charterers' non-compliance with the provisions of this Clause, the Charterers shall at their expense take all reasonable steps to secure that within a reasonable time the Vessel is released and at their expense put up bail to secure release of the Vessel.

The Owners shall remain responsible for all time lost and all expenses incurred, including fines, in the event that unmanifested narcotic drugs and marijuana are found in the possession or effects of the Vessel's personnel.

(b) In pursuance of the provisions of sub-clause (a) above, the Owners and the Charterers warrant that they shall both become signatories to the Sea Carrier Initiative Agreement on signing this Charter Party or on delivery of the Vessel under this Charter, whichever is the earlier, and will so remain during the currency of the Charter.

BIMCO 정기용선을 위한 1986년 미국반약물남용법약관

(a) 1986년 미국반약물남용법의 규정 또는 그것의 재제정의 규정에 따라서, 적하목록에 기재되지 않은 마약과 마리화나 등이 선박에 선적되거나 은닉되지 않도록 방지하는 데에 가장 높은 정도의 주의와 노력을 경주할 것을 정기용선자가 보증한다.

본 약관의 규정에 대한 불이행은 보증의 위반에 해당하는데, 그러한 위반의 결과에 대해, 정기용선자가 책임을 져야 하고, 선박의 선박소유자, 선장, 선원 등으로 하여금 면책 받게 해야 하며, 개별적으로 또는 공동으로 그들에게 발생하거나 제기될 수 있는 모든 청구들에 대해 그들로 하여금 배상 받게 해야 한다.

더욱이, 본 약관의 규정에 대한 정기용선자의 위반의 결과로서 손실된 모든 시간과 초래된 모든 비용은 정기용선자의 부담으로 하고, 선박은 용선 중인 채로 계속해서 남아 있다.

본 약관의 규정에 대한 정기용선자의 불이행의 결과로서 선박이 억류된 경우, 합리적인 시간 이내에 선박이 석방될 수 있도록 보증할 수 있는 모든 합리적인 조치들을 정기용선자가 자신의 비용으로 취해야 하고, 선박의 석방을 보증하기 위해 정기용선자가 자신의 비용으로 보증인이 되어야 한다.

적하목록에 기재되지 않은 마약과 마리화나 등이 선박 직원의 소지품이나 휴대품 등에서 발견된 경우, 선박소유자는 모든 손실된 시간과, 벌금을 포함하여, 초래된 모든 비용에 대해 여전히 책임을 계속해서 져야 한다.

(b) 상기의 하위약관 (a)의 규정에 따라서, 선박소유자와 정기용선자는 본 용선계약에 서명함과 동시에, 또는 본 용선계약에 의한 선박의 인도와 동시에(어느 것이 먼저 이루어지더라도 상관없다.), 그들이 SCIA(the Sea Carrier Initiative Agreement)에 대한 서명인이 될 뿐만 아니라, 용선의 유효기간 동안에 그렇게 남아 있을 것이라는 점을 보증한다.

해설: 본 약관은 1986년 미국 반약물남용법이 1987년부터 발효됨에 따라, 선박에서 마약 등의 불법적인 화물이 발견된 경우에 선박소유자와 정기용선자 간의 책임관계를 명확하게 하기 위하여 1909년 11월 23일 파리에서 열린 서류위원회에서 승인되었다.

BIMCO U.S. Customs Advance Notification/AMS Clause for Time Charter Parties

(a) If the Vessel loads or carries cargo destined for the US or passing through US ports in transit, the Charterers shall comply with the current US Customs regulations (19 CFR 4.7) or any subsequent amendments thereto and shall undertake the role of carrier for the purposes of such regulations and shall, in their own name, time and expense:

i) Have in place a SCAC (Standard Carrier Alpha Code);

ii) Have in place an ICB (International Carrier Bond);

iii) Provide the Owners with a timely confirmation of i) and ii) above; and

iv) Submit a cargo declaration by AMS (Automated Manifest System) to the US Customs and provide the Owners at the same time with a copy thereof.

(b) The Charterers assume liability for and shall indemnify, defend and hold harmless the Owners against any loss and/or damage whatsoever (including consequential loss and/or damage) and/or any expenses, fines, penalties and all other claims of whatsoever nature, including but not limited to legal costs, arising from the Charterers' failure to comply with any of the provisions of sub-clause (a). Should such failure result in any delay then, notwithstanding any provision in this Charter Party to the contrary, the Vessel shall remain on hire.

(c) If the Charterers' ICB is used to meet any penalties, duties, taxes or other charges which are solely the responsibility of the Owners, the Owners shall promptly reimburse the Charterers for those amounts.

(d) The assumption of the role of carrier by the Charterers pursuant to this Clause and for the purpose of the US Customs Regulations (19 CFR 4.7) shall be without prejudice to the identity of carrier under any bill of lading, other contract, law or regulation.

BIMCO 정기용선계약의 미국세관사전통보/자동적하목록시스템약관

(a) 선박이 미국으로 향하거나 운송 중에 미국 항구를 통과하는 화물을 선적하거나 운송할 경우, 용선자는 현행 미국세관규정(연방규정 법전 제19편, 제4.7조항)이나 그것에 대한 후속개정 등을 준수하여야 하고, 그러한 규정의 목적을 위해 운송인의 역할을 담당하여야 하고, 자기 자신의 이름, 시간, 경비로 다음을 수행하여야 한다.

i) SCAC(표준운송인알파코드)를 발급하여야 한다.

ii) ICB(국제운송인증권)를 발급하여야 한다.

iii) 상기의 i)과 ii)에 대한 적시의 확인을 선박소유자에게 제공하여야 한다.

iv) 미국세관에 AMS(자동적하목록시스템)에 의해 화물신고서를 제출하고, 그것의 사본을 동시에 선박소유자에게 제공하여야 한다.

(b) 하위조항(a)의 규정들의 어떤 것을 준수하지 않은 정기용선자의 실패로부터 발생하는 모든 손실 그리고/혹은 손상(간접 손실 그리고/혹은 손상을 포함하여) 그리고/혹은 경비, 벌금, 위약금, 그리고 법적비용에 국한되지 않고 포함하여 모든 성격의 모든 다른 청구권 등에 대하여 정기용선자가 선박소유자에 대하여 책임을 지고, 선박소유자에게 배상하여야 하고, 선박소유자를 변호하여야 하고, 선박소유자를 면책하여야 한다. 그러한 실패가 지연으로 귀결될 경우, 본 용선계약에서 정반대의 규정에도 불구하고, 선박은 용선 중인 채로 계속해서 남아있어야 한다.

(c) 정기용선자의 ICB가 오로지 선박소유자의 책임인 위약금, 관세, 조세, 기타 비용 등을 결제하는 데에 사용될 경우, 선박소유자는 그러한 금액을 정기용선자에게 즉각적으로 상환하여야 한다.

(d) 본 조항에 따라서 그리고 미국세관규정(연방규정 법전 제19편, 제4.7조항)의 목적을 위해, 정기용선자가 운송인의 역할을 담당하는 것이, 선하증권, 다른 계약, 법률, 규정에 의한 운송인의 정체성을 손상시켜서는 안 된다.

해설: 미국은 미국에 기항하는 선박에 대하여 사전 화물명세 등의 보고를 강제화하기 위하여 AMS (Automated Manifest System)을 2004년 4월 2일에 발효하였다. AMS에 의하면 미국에 입항하는 선박은 입항 전에 세관(관세청) 등에 전자식 화물명세서를 의무적으로 제출해야 한다. 이와 관련하여 미국정부는 AMS의 규정을 위반하여 발생하는 벌금, 조세 또는 기타 비용에 대하여 보험사가 운송인을 대신하여 담보하는 내용의 ICB(국제운송인증권)의 발급을 운송인에게 요구하고 있다. 이러한 제도는 미국정부가 9 · 11 테러 이후 해상을 통한 수출입 화물 등의 보안강화를 위하여 시행하였다.

BIMCO US Census Bureau Mandatory Automated Export System (AES) Clause for Time Charter Parties

(a) If the Vessel loads cargo in any US port or place, the Charterers shall comply with the current US Census Bureau Regulations (15 CFR 30) or any subsequent amendments thereto and shall undertake the role of carrier for the purposes of such regulations and shall, in their own name, time and expense: (i)?Have in place a SCAC (Standard Carrier Alpha Code);

(ii) Have in place an ICB (International Carrier Bond);

(iii) Provide the Owners with a timely confirmation of (i) and (ii) above; and

(iv) Submit a export ocean manifest by AES (Automated Export System) to the US Census Bureau and provide the Owners at the same time with a copy thereof.

(b) The Charterers assume liability for and shall indemnify, defend and hold harmless the Owners against any loss and/or damage whatsoever (including consequential loss and/or damage) and/or any expenses, fines, penalties and all other claims of whatsoever nature, including but not limited to legal costs, arising from the Charterers' failure to comply with any of the provisions of sub-clause (a). Should such failure result in any delay then, notwithstanding any provision in this Charter Party to the contrary, the Vessel shall remain on hire.

(c) If the Charterers' ICB is used to meet any penalties, duties, taxes or other charges which are solely the responsibility of the Owners, the Owners shall promptly reimburse the Charterers for those amounts.

(d) The assumption of the role of carrier by the Charterers pursuant to this Clause and for the purpose of the US Census Bureau Regulations (15 CFR 30) shall be without prejudice to the identity of carrier under any bill of lading, other contract, law or regulation.

BIMCO 정기용선계약을 위한 미국센서스국 의무자동화수출시스템약관

(a) 선박이 미국 항구나 장소에서 화물을 선적할 경우, 정기용선자는 현행 미국세관규정(연방규정법전 제15편, 제30조항)이나 그것에 대한 후속개정 등을 준수하여야 하고, 그러한 규정의 목적을 위해 운송인의 역할을 담당하여야 하고, 자기 자신의 이름, 시간, 경비로 다음을 수행하여야 한다.

i) SCAC(표준운송인알파코드)를 발급하여야 한다.

ii) ICB(국제운송인증권)를 발급하여야 한다.

iii) 상기의 i)과 ii)에 대한 적시의 확인을 선박소유자에게 제공하여야 한다.

iv) 미국 센서스국에 AES(자동화 수출시스템)에 의해 수출해상적하목록을 제출해야 하고, 동시에 그것의 사본을 선박소유자에게 제공해야 한다.

(b) 하위조항(a)의 규정들의 어떤 것을 준수하지 않은 정기용선자의 실패로부터 발생하는 모든 손실 그리고/혹은 손상(간접 손실 그리고/혹은 손상을 포함하여) 그리고/혹은 경비, 벌금, 위약금, 그리고 법적비용에 국한되지 않고 포함하여 모든 성격의 모든 다른 청구권 등에 대하여 정기용선자가 선박소유

자에 대하여 책임을 지고, 선박소유자에게 배상하여야 하고, 선박소유자를 변호하여야 하고, 선박소유자를 면책하여야 한다. 그러한 실패가 지연으로 귀결될 경우, 본 용선계약에서 정반대의 규정에도 불구하고, 선박은 용선 중인 채로 계속해서 남아있어야 한다.

(c) 정기용선자의 ICB가 오로지 선박소유자의 책임인 위약금, 관세, 조세, 기타 비용 등을 결제하는 데에 사용될 경우, 선박소유자는 그러한 금액을 용선자에게 즉각적으로 상환하여야 한다.

(d) 본 조항에 따라서 그리고 미국세관규정(연방규정 법전 제15편, 제30조항)의 목적을 위해, 정기용선자가 운송인의 역할을 담당하는 것이, 선하증권, 다른 계약, 법률, 규정에 의한 운송인의 정체성을 손상시켜서는 안 된다.

BIMCO North American Advanced Cargo Notification Clause for Time Charter Parties

(a) If the Vessel loads or carries cargo destined for the US or Canada or passing through US or Canadian ports in transit, the Charterers shall comply with the current US Customs regulations (19 CFR 4.7) or the Canada Border Services Agency regulations (Memorandum D3-5-2) or any subsequent amendments thereto and shall undertake the role of carrier for the purposes of such regulations and shall, in their own name, time and expense:

(i) Have in place a SCAC (Standard Carrier Alpha Code)/Canadian Customs Carrier Code;

(ii) For US trade, have in place an ICB (International Carrier Bond);

(iii) Provide the Owners with a timely confirmation of (i) and (ii) above as appropriate; and

(iv) Submit a cargo declaration by AMS (Automated Manifest System) to the US Customs or by ACI (Automated Commercial Information) to the Canadian customs, and provide the Owners at the same time with a copy thereof.

(b) The Charterers assume liability for and shall indemnify, defend and hold harmless the Owners against any loss and/or damage whatsoever (including consequential loss and/or damage) and/or any expenses, fines, penalties and all other claims of whatsoever nature, including but not limited to legal costs, arising from the Charterers' failure to comply with any of the provisions of sub-clause (a). Should such failure result in any delay then, notwithstanding any provision in this Charter Party to the contrary, the Vessel shall remain on hire.

(c) If the Charterers' ICB is used to meet any penalties, duties, taxes or other charges which are solely the responsibility of the Owners, the Owners shall promptly reimburse the Charterers for those amounts.

(d) The assumption of the role of carrier by the Charterers pursuant to this Clause and for the purpose of the US Customs Regulations (19 CFR 4.7) shall be without prejudice to the identity of carrier under any bill of lading, other contract, law or regulation.

BIMCO 정기용선계약을 위한 북미사전화물통지약관

(a) 선박이 미국 또는 캐나다로 향하거나 운송 중에 미국 또는 캐나다 항구를 통과하는 화물을 선적하거나 운송할 경우, 정기용선자는 현행 미국세관규정(연방규정 법전 제19편, 제4.7조항) 또는 캐나다 국경관리국 규정(규약 D3-5-2)이나 그것에 대한 후속개정 등을 준수하여야 하고, 그러한 규정의 목적을 위해 운송인의 역할을 담당하여야 하고, 자기 자신의 이름, 시간, 경비로 다음을 수행하여야 한다.

i) SCAC(표준운송인알파코드) 또는 캐나다세관 운송인부호를 확보하여야 한다.

ii) 미국을 운항할 경우에 ICB(국제운송인증권)를 확보하여야 한다.

iii) 상기의 i)과 ii)에 대한 적시의 확인을 선박소유자에게 제공하여야 한다.

iv) 미국세관에 AMS(자동적하목록시스템) 또는 캐나다세관에 ACI(자동화 상용정보시스템)에 의해 화물신고서를 제출하고, 그것의 사본을 동시에 선박소유자에게 제공하여야 한다.

(b) 하위조항(a)의 규정들의 어떤 것을 준수하지 않은 정기용선자의 실패로부터 발생하는 모든 손실 그리고/혹은 손상(간접 손실 그리고/혹은 손상을 포함하여) 그리고/혹은 경비, 벌금, 위약금, 그리고 법적비용에 국한되지 않고 포함하여 모든 성격의 모든 다른 청구권 등에 대하여 정기용선자가 선박소유자에 대하여 책임을 지고, 선박소유자에게 배상하여야 하고, 선박소유자를 변호하여야 하고, 선박소유자를 면책하여야 한다. 그러한 실패가 지연으로 귀결될 경우, 본 용선계약에서 정반대의 규정에도 불구하고, 선박은 용선 중인 채로 계속해서 남아있어야 한다.

(c) 정기용선자의 ICB가 오로지 선박소유자의 책임인 위약금, 관세, 조세, 기타 비용 등을 결제하는 데에 사용될 경우, 선박소유자는 그러한 금액을 정기용선자에게 즉각적으로 상환하여야 한다.

(d) 본 조항에 따라서 그리고 미국세관규정(연방규정 법전 제19편, 제4.7조항)의 목적을 위해, 정기용선자가 운송인의 역할을 담당하는 것이, 선하증권, 다른 계약, 법률, 규정에 의한 운송인의 정체성을 손상시켜서는 안 된다.

해설: 캐나다에도 미국의 AMS와 유사한 제도가 있으므로 이제까지 미국에 기항하는 선박에 대하여만 적용하던 본 약관을 미국은 물론 캐나다에 기항하는 선박에 대하여도 적용하도록 수정하였다. 미국과 캐나다 제도의 차이점은 캐나다는 캐나다규정을 위반하면 선박이 지연되는 경우는 있지만 재정적인 벌금제도가 없으므로 국제운송인증권을 요구하지 않는다는 것이다.

BIMCO U.S. Customs-Trade Partnership Against Terrorism (C-TPAT) Clause

The Charterers have voluntarily signed the C-TPAT Agreement with the U.S. Customs Service. The Owners, Master and Crew will use reasonable efforts to assist the Charterers to comply with their obligations under the C-TPAT Agreement. However, under no circumstances shall the Owners, Master and Crew be liable for any delays, losses or damages howsoever arising out of any failure to meet the requirements of the C-TPAT Agreement signed by the Charterers.

The Charterers agree to indemnify and hold the Owners, Master and Crew harmless for any claims made against the Owners, Master and Crew or for any delays, losses, damages, expenses or penalties suffered by the Owners arising out of the C-TPAT Agreement signed by the Charterers.

BIMCO 미국반테러세관-무역협력체제약관

용선자는 미국 관세청과 C-TPAT 협정에 자발적으로 서명했다. 선박소유자, 선장, 선원 등은 용선자로 하여금 C-TPAT 협정에 의한 용선자의 의무를 준수하도록 조력하기 위해 합리적인 노력을 경주할 것이다. 그러나 용선자에 의해 서명된 C-TPAT 협정의 요구사항들을 충족시키는 데에 실패함으로써 어떤 방식으로 발생한다고 하더라도, 그렇게 발생하는 모든 지연, 손실, 손상 등에 대하여, 어떤 상황에서도, 선박소유자, 선장, 선원 등은 책임을 지지 않는다.

선박소유자, 선장, 선원에게 제기되는 모든 청구들에 대하여, 또는 용선자에 의해 서명된 C-TPAT 협정으로부터 발생하여 선박소유자에 의해 부담되는 모든 지연, 손실, 손상, 비용, 벌금 등에 대해, 용선자는 선박소유자, 선장, 선원에게 배상하고 그들로 하여금 면책 받게 하는 데에 동의한다.

해설: 정기용선계약 하에서 선박의 항차는 용선자가 결정하므로 미국보안규정에 따른 조처로 인하여 발생한 비용 등은 용선자가 부담한다.

BIMCO U.S. Security Clause for Time Chartering

If the Vessel calls in the United States, including any U.S. territory, the following provisions shall apply with respect to any applicable security regulations or measures:

Notwithstanding anything else contained in this Charter Party all costs or expenses arising out of or related to security regulations or measures required by any U.S. authority including, but not limited to, security guards, launch services, tug escorts, port security fees or taxes and inspections, shall be for the Charterers' account, unless such costs or expenses result solely from the Owners' negligence.

BIMCO 정기용선계약의 미국보안약관

선박이 미국 영토를 포함하여 미국에 기항할 경우, 다음 조항들이 적용이 가능한 보안규정들이나 조치들에 적용된다.

본 용선계약에 포함된 다른 어떤 것에도 불구하고, 미국 당국에 의해 요구되는 보안규정들이나 조치들로부터 발생하거나 관련된 모든 비용들이나 경비(지출)들은, 보안요원, 통선, 예선호위, 항만보안 수수료 및 부과세, 검색 등에 국한되지 않고 포함하여, 정기용선자의 부담으로 한다. 단, 그러한 비용들이나 경비들이 오로지 선박소유자의 과실로부터 발생할 경우에는 그러하지 아니 한다.

BIMCO U.S. Tax Reform 1986 Clause

Any U.S. Gross Transportation Tax as enacted by the United States Public Law 99-514, (also referred to as The U.S. Tax Reform Act of 1986), including later changes or amendments, levied on income attributable to transportation under this charter party which begins or ends in the United States, and which income under the laws of the United States is treated as U.S. source transportation gross income, shall be reimbursed by the Charterers.

BIMCO 미국조세개혁약관(1986)

미국에서 시작하거나 종료되는 본 용선계약에 의한 운송에 귀속이 가능한 소득에 과세되고, 미국의 법률에 의해 미국원천운송의 총소득으로 간주되는 소득에 과세되는, 추후 변화나 개정 등을 포함하여, 미국공법 99-514(또한 1986년의 미국조세개혁법으로도 지칭되는)에 의해 제정된 미국 총 운송세는 용선자에 의해 상환되어야 한다.

해설: 본 약관에서 운송세는 선박이나 화물에 부과되는 것이 아니라 용선자로부터 받은 소득에 대하여 선박소유자에게 부과된다. 또한 소득은 항해용선에 의하여 발생하는 운임에 한정되는 것이 아니고 정기용선이나 선체용선에 의하여 발생하는 용선료도 포함한다.

BIMCO U.S. Trade - Unique Bill Of Lading Identifier Clause

The Charterers warrant that each transport document accompanying a shipment of cargo destined to a port or place in the United States of America shall have been endorsed with a Unique Bill of Lading Identifier as required by the U.S. Customs Regulations (19 CFR Part 4 Section 4.7.a) including subsequent changes, amendments or modifications thereto, not later than the first port of call.

Non-compliance with the provisions of this Clause shall amount to breach of warranty for the consequences of which the Charterers shall be liable and shall hold the Owners harmless and shall keep them indemnified against all claims whatsoever which may arise and be made against them.

Furthermore, all time lost and all expenses incurred including fines as a result of the Charterers' breach of the provisions of this Clause shall be for the Charterers' account.

BIMCO 미국무역-선하증권고유식별자약관

미국의 항구나 장소로 향하는 화물의 선적에 수반하는 각 운송서류는 미국세관규정(연방규정 법전 제19편, 제4부, 제4.7.a조항)뿐만 아니라 그것에 대한 후속변화, 개정, 수정 등에 의해 요구되는 선하증권 고유식별자로 제1기항지보다 늦지 않게 승인되었음을 용선자는 보증한다.

본 조항의 규정들에 대한 비준수는 보증의 위반에 해당하는데, 그러한 위반의 결과에 대하여서는 용선자가 책임을 져야 하고, 그러한 결과에 대하여 발생할 수 있고 제기될 수 있는 모든 청구권들에 대하여 용선자가 선박소유자를 면책하여야 하고, 선박소유자에게 배상하여야 한다.

더욱이, 본 조항의 규정들에 대한 용선자의 위반의 결과로서, 모든 손실된 시간과 벌금을 포함하여 초래되는 모든 경비들은 용선자의 부담으로 한다.

해설: 미국세관은 1989년 모든 선하증권의 발행인은 고유식별자로 승인되도록 하는 미국세관규정을 1989년 4월 1일부터 발효하였다. 만약 미국세관규정에 의하여 고유식별자로 승인되지 않은 데 대한 책임은 선하증권의 발행자가 져야 한다. 미국세관규정에 상치되지 않도록 본 약관이 작성되어 함부르크에서 열린 BIMCO서류위원회에 의하여 1989년 5월 29일에 승인되었다.

3 정기용선계약의 법적 성질

상사거래의 진보적 · 유동적인 경향은 언제나 법전 외의 사항을 생성시킬 수 있는 것이며, 이러한 새로운 법률현상이 나타날 때에는 당사자 사이의 분쟁 또는 그 법률관계를 어떻게 해결하여야 할 것이냐는 상사법학에 있어 하나의 중요한 과제를 낳게 된다. 정기용선계약이 1850년대 이후에 비약적으로 발전하여 실무계에서 일반화되자, 각 나라의 학설 · 판례는 이것을 어떻게 법적으로 처리할 것인가에 관하여 고심하고 있는 것을 볼 수 있다. 영미법은 정기용선계약의 경우에 선박의 항행 등의 해기사항에 대하여서는 선박소유자에게 선장과 선원에 대한 실질적인 지휘 및 감독권한이 있다는 사실을 인정하는 한편, 해상에서 선박의 충돌사고가 발생하였을 때에는 선박소유자가 책임을 져야 한다는 것이 판례로 확립되어 있다. 그러나 영미법과는 다르게 판단하는 국가도 있기 때문에 정기용선계약하에서 분쟁이 발생하였을 경우, 세계 여러 국가들 간에 법적처리를 함에 있어서 매우 큰 어려운 문제에 직면하게 된다.[1)]

과거에는 법적 성질의 이론에 근거하여 법적 문제를 해결하려고 하였는데 이는 우리 상법에 법적 성질에 대한 명확한 입법규정이 규정되어 있지 않았기 때문이다. 법적 문제를 해결할 때에는 당사자의 계약내용에 더욱 비중을 두어야 하며 법적 성질은 보충적으로 참조하여야 할 것이다. 물론 정기용선계약에 있어서 당사자의 내부관계는 사적자치의 원칙에 의해 당사자 사이에 합의된 계약의 조항에 의하여 정해질 문제이나, 외부관계에 있어서는 정기용선계약의 법적 성질을 어떻게 정립하느냐 하는 문제보다도, 정기용선자가 대외적인 관계에 있어서 어떠한 지위를 차지하는가에 중점을 두지 않을 수 없게 된다.[2)] 최근에는 법적 성질에 관한 논의의 궁극적 목적이 정기용선계약의 외부관계 처리에 있다면, 이에 대하여 단적으로 선체용선자에 관한 상법 제850조의 적용 · 유추적용의 가부를 논하면 충분하고, 반드시 법적 성질을 논할 필요는 없다는 주장이 제기되고 있다. 또한 최근의 경향이 외부관계에 있어서 선박소유자와 정기용선자의 양자에게 공동으로 책임을 묻는 것이어서 논의의

1) 田村諄之輔 · 平出慶道 編, 「保險法 · 海商法」, (東京: 清林書院, 2005), 182쪽.
2) 양승규, 앞의 논문, 311-312쪽.

실익이 점차 없어지고 있다고도 한다.[3)]

정기용선에 있어서 선박 자체의 점유는 용선기간 중이라고 할지라도 그 선장 · 해원을 점유보조자로 하는 선박소유자에게 있기 때문에 선박임대차와 다르며 또 선장에 대한 지휘명령권이 정기용선자에게 있으므로 운송계약의 성질을 가지는 보통의 용선과도 차이가 있다.

개정 전의 상법은 물론 현행 상법에서도 정기용선계약의 법적 성질에 관하여는 아무런 명문의 규정을 두고 있지 않기 때문에 이에 대하여서는 여러 학설이 대립하고 있다. 정기용선의 법적 성질에 관한 논의는 선체용선자의 대외적 책임에 관한 상법 제850조를 정기용선자에게 준용하여 대외적 책임을 인정할 것인가 하는 점이 핵심이다. 뉴욕프로듀스서식(1946) 제26조는 "이 계약에 정한 사항은 정기용선자에 대한 선박의 임대차로서 해석하여서는 안 된다. 선박소유자는 자기 자신의 계산으로 해상 운송업을 영위하는 경우와 마찬가지로 선박의 운항, 보험, 선원 및 그 밖의 모든 사항에 대하여 책임을 진다."라고 명시하고 있는데, 이것은 정기용선계약에 있어서는 선박소유자가 선박의 운항과 관리상의 지배권을 가지고 있다는 것을 명시한 것이다. 정기용선계약의 법적 성질에 대한 학설을 검토한다.

제 1 절　운송계약설

정기용선계약을 운송계약의 일종으로 보는 견해이다.[4)] 즉 선박소유자가 화물을 인수받아 자기의 관리 · 점유 하에 운송을 실행하고 그에 대하여 일정한 대가를 받는 것이므로 정기용선계약도 운송계약의 일종이라고 본다.[5)] 이 학설은 정기용선된 선박에 의해 운송 중인 화물도 선박소유자의 점유와 관리 하에 장소적으로 이동하는 것은 틀림이 없기 때문이라고 한다.[6)]

3) 김동훈, "정기용선계약에 대한 법적검토", 「한국해법학회지」 제24권 제2호, 한국해법학회, 2002, 16-17쪽. (이하 "김동훈, 법적검토"라고 한다.).
4) 정찬형, 「상법강의(하)」, (서울: 박영사, 2009), 791쪽; 최준선, 「보험법 · 해상법」, (서울: 삼영사, 2008), 497쪽.
5) 채이식, 「상법강의(하)」, (서울: 박영사, 2003), 642쪽.
6) 위의 책, 643쪽.

제 2 절　혼합계약설

정기용선계약에서 선박의 점유권은 정기용선자에게 이전되는 것이 아니라 선박소유자에게 남아 있다. 그러나 실제로 정기용선자가 해상영업의 주체가 되므로 선체용선자와 마찬가지로 제3자에 대하여 대외적인 책임을 부담한다는 것이다. 다시 말하여 정기용선자가 거래 상대방에 대하여 권리와 의무의 주체가 되고 선박소유자의 책임제한도 주장할 수 있게 된다. 한편 선박소유자는 정기용선자에게 선박의 사용을 위임하고 선장과 선원의 노무를 공급하게 된다. 이러한 이유로 정기용선계약은 선체용선계약의 성질과 노무공급계약의 성질을 함께 가지고 있다. 따라서 혼합계약설은 정기용선계약의 내용이 법률상 선체용선계약과 노무공급계약이 합쳐진 혼합계약의 성질을 가진 것으로 해석하는 견해로서, 다수설이라 할 수 있다.[7] 정기용선계약에 관하여 혼합계약설을 주장하는 논거는 조항의 문언에서 찾고 있다. 즉 정기용선자는 임대차계약의 범위 내에서 선장과 해원에 대한 지휘권을 가지고 있다는 선박사용약관(let and hire clause),[8] 사용약관(employment clause)[9] 등에 그 근거를 두고 있는 것이다. 그러나 정기용선계약에 있어서는 선박임대차와는 달라서 선박의 점유가 정기용선자에게 인도되지 않고 용선기간 중이라도 그 점유를 여전히 선박소유자가 선장을 대리점유자로 해서 계속해서 보유하게 되며, 정기용선자에게는 다만 선박의 사용권을 양도해서 그 자유사용권을 공여하는 데 지나지 않을 뿐 아니라 선박임차인은 선장의 고용주라는 점에서 선박임대차와 정기용선은 다르다.[10]

7) 박세민, “해상법상 정기용선계약에 대한 해석론”, 「법학논총」 제24권 제2호, 한양대학교출판부, 2008, 415쪽; 서돈각 · 서정항, 「개정상법요론」, (파주: 법문사, 2002), 399쪽; 서돈각 · 정완용, 「상법강의(하)」, (파주: 법문사, 1996), 563쪽; 손주찬, 앞의 책, 2005, 777쪽.

8) 일정기간 선박을 임대한다는 총괄약관으로 볼타임서식(2001) 제1조, 뉴욕프로듀스서식(1946) 체결약관 1줄 그리고 뉴욕프로듀스서식(1993) 제1조에 해당한다.

9) 선장 및 해원은 정기용선자의 지휘명령에 따른다는 사용약관으로 볼타임서식(2001) 제9조, 뉴욕프로듀스서식(1946), 뉴욕프로듀스서식(1993) 제8조에 해당한다.

10) 양승규, 앞의 논문, 308-309쪽.

제 3 절 특수계약설

특수계약설은 정기용선계약을 통상의 용선계약과는 달리 선체용선계약에 근접하면서 노무공급계약을 수반하는 특수계약이라고 하는 설이다.[11] 따라서 반대의 특약이 없는 한 선박임대차에 관한 규정을 이에 유추 · 적용한다. 그러나 이 설은 특수성의 내용에 대한 설명이 없다는 비판이 있다.[12] 우리나라의 판례는 특수계약설을 취하고 있다.[13]

판례연구 1-1 Polsa Dos호 사건

원고인 동양화재해상보험주식회사가 운송 중 손상된 화물에 대하여 피고인 동남아해운주식회사에게 제기한 손해배상청구권에 기한 배상청구에 대하여 대법원은 정기용선계약을 특수한 계약의 관계라고 판결하였다.[14]

1. 사실관계

인도네시아의 소외 P.T. East Bomeo사(수출상)의 한국대리점인 삼경상사는 한국의 소외 세일무역주식회사(수입상)와 수출상이 제조한 합판을 수입상에게 수출하기로 하고 수량 인도네시아산 합판 58,000장, 금액 미화 165,230.27불을 내용으로 하는 매매계약을 체결하였다. 피고인 동남아해운주식회사는 선박 7척 합계 32,027톤의 선복을 소유하고 동남아항로에 정기적으로 취항하는 해상운송업자로서 일시적인 선복의 부족을 보충하기 위하여 1988년 6월 21일에 소외 Paramount Ocean Line과 동 회사 소유의 선박 Polsa Dos호를 3개월 동안 용선하기로 하는 "뉴욕프로듀스서식"에 의한 정기용선계약을 체결하였다. 수출상의 대리점인 삼경상사는 위 매매계약에 따라 1988년 8월 26일에 피고인 동남아해운주식회사와 합판 5,006,978입방미터를 피고가 소외 파라마운트 사로부터 정기용선한 선박 Polsa Dos호편에 인도네시아 사마린다 항에서 한국 인천항까지 운송하는 용선계약을 체결하였다. 그리고 위 용선계약에 기하여 피고의 인도네시아 내의 선박대리점인 P.T. Karanda Line이 "선장을 대리하여(for the master)" 수입자인 소외 세일무역주식회사에게 발행한 본 사건 선하증권은 이 사건 화물

11) 양승규 · 박길준, 「상법요론」, (서울: 삼영사, 1999), 621쪽; 정동윤, 「상법 (하)」, (서울: 법문사, 2008), 824-825쪽.
12) 정병윤, "해상법상의 판례의 형성과 변천", 「법학연구」 제47권, 부산대학교 법학연구소, 1998. 12, 331쪽.
13) 대판 1992. 2. 25, 91다14215; 대판 1994. 1. 28, 93다18167.
14) 대판 1992. 2. 25, 91다14215.

에 관하여 송하인을 위 수출업자, 수하인 지시식, 통지처 위 수입자로 된 무유보선하증권이었다. 그 후 피고는 1988년 7월 26일에 위 화물을 선적하고 사마린다 항을 출항하여 한국으로 항행하던 도중 7월 31일에 선박의 주엔진고장으로 필리핀의 세부 항에 정박하여 위 파라마운트 사 소유의 프렘십 8호로 화물을 환적하여 10월 2일에 인천항에 도착하였는바 위 환적 시의 취급부주의로 인하여 일부 화물이 파손되어 합계금 미화 25,114.98불의 손해가 발생하였다.

수입상은 수출상으로부터 수입하는 합판을 위하여 원고인 동양화재해상보험주식회사와 보험계약을 체결하였다. 이에 수입업자인 세일무역주식회사는 이 사건 화물에 관한 단독해손담보조건의 해상적하보험계약을 체결하였던 원고인 보험회사에 대하여 보험금의 지급을 청구하였고, 원고인 보험회사는 1988년 11월 7일에 보험금 20,925,753원을 지급한 후 보험자대위에 의하여 수입상(선하증권소지인)인 세일무역주식회사가 피고인 동남아해운주식회사에 대하여 가지고 있는 손해배상청구권에 기한 배상청구를 하였다.

2. 판결요지

(1) 당시자 시이에 체결된 정기용선계약이 그 계약의 내용에 비추이 선박에 대힌 점유권이 정기용선자에게 이전되는 것은 아니지만, 선박임대차와 유사하게 정기용선자가 선박의 자유사용권을 취득하고 그에 선원의 노무공급계약적인 요소가 수반되는 것이라면 이는 해운기업의 활동에서 관행적으로 형성 · 발전된 특수한 계약의 관계라 할 것으로서 이 경우 정기용선자는 그 대외적인 책임관계에 있어서 선박임차인에 관한 상법 제766조[15]의 유추적용에 의하여 선박소유자와 동일한 책임을 지는 것이라 할 것으로, 정기용선자는 선장이 발행한 선하증권상의 운송인으로서의 책임을 부담한다고 할 것이다.

(2) 정기용선계약에 있어 그 "계약이 선박임대차로 해석되지 않는다."는 내용의 기재가 있어도 이는 정기용선계약에서 표준약관의 일부로 포함되어 있는 것으로서 그 규정만으로 정기용선계약의 성질이 확정되는 것이 아니며, 이는 선박소유자와 정기용선자 사이에서 계약의 내용을 규율함에 있어 해석의 기준이 될 수 있을 뿐 제3자의 보호를 주안으로 하는 정기용선계약의 해석론에는 별다른 영향을 미치는 것이 아니다.

3. 검 토

우리 대법원은 정기항로를 운영하는 선박소유자가 선복의 부족을 메우기 위하여 정기용선만 하면 무조건 선박임대차와 동일시하여 상법 제766조를 적용하여야 한다는 입장이다. 이러한 입장은 모든 정기용선에 상법 제766조를 다 적용하여야 한다는 특수계약설과 동일한 견해이다.

15) 현행 상법 제850조에 해당한다.

그러나 본 사건의 사실관계를 보면, 첫째 정기용선 자체가 일반적인 경우와 같이 1년을 단위로 한 것이 아니고 이 사건 화물의 운송에 필요한 기간인 3개월이라는 단기간인 점, 둘째 선하증권도 정기용선자가 사용하는 양식이 아닌 일반적인 서식이었으며, 셋째 운송구간도 정기용선자의 정기항로가 아닌 합판의 운송을 위한 1회적인 운송이었다는 점, 넷째 환적업무의 대부분이 정기용선자가 아닌 선박소유자의 지휘 하에 행하여진다는 사실을 선하증권소지인이 충분히 알고 있었다고 보이는 점 등에서 과연 선하증권의 소지인이 정기용선자를 선박소유자로 오인하였을 외관이 존재하고 그에 따라 정기용선자의 책임을 인정할 수 있을 것인지는 의문이다.

논란이 많은 정기용선계약의 법적 성질에 관하여 특수계약설의 입장에서 선박용선관계에서 발생하는 대외적인 책임의 주체는 정기용선자라는 입장을 명확히 밝힌 판례이다. 이후 동일한 취지의 판례로서 대판 1994. 1. 28, 93다18167이 있다.

제 4 절 기타 학설

Ⅰ. 유 형 설

정기용선계약을 적하지향적인 것과 선박지향적인 것으로 구분하여 전자는 운송계약이고, 후자는 일종의 임대차계약이라고 한다. 그리하여 후자의 경우에 정기용선자는 제3자에 대하여 책임을 진다.[16]

Ⅱ. 해기 · 상사구별설

해기 · 상사구별설은 선박이용의 내용을 해기사항과 상사사항으로 구분하여 해기사항은 선박소유자의 부담으로 남기고 상사사항에 관하여는 이를 용선자가 관리하는 것으로 보

16) 최기원, 상법학신론, 813쪽.

는 견해이다. 그러므로 용선자는 상사사항에 관하여만 제3자에 대하여 선박소유자와 동일한 책임을 지고 해기사항에 관하여는 선박소유자가 책임을 진다고 한다.[17]

Ⅲ. 연대책임설

정기용선계약은 기업의 임대차적 관계이지만 선박소유자는 선장 등의 임명권을 갖고 또한 내부적으로는 선장이 항해에 관하여 1차적인 책임을 지며 선박의 관리도 선박소유자에게 계약상의 의무가 부과되고 있으므로 선박의 항행과 관리로 인하여 제3자에 손해가 있는 때에는 선박소유자도 정기용선자와 연대책임을 진다는 것이다.[18]

Ⅳ. 영업임대차설

선박은 인적, 물적 설비를 갖추고 영리활동을 하는 하나의 영업이고 따라서 정기용선계약은 이를 영업임대차계약으로 보아야 한다는 견해이다.[19]

Ⅴ. 소　　결

뉴욕프로듀스서식(1946) 제26조는 "이 계약에 정한 사항은 정기용선자에 대한 선박의 임대차로서 해석하여서는 안 된다."라고 규정하여 선박소유자가 선박의 운항과 관리상의 지배권을 가지고 있다는 것을 명시하였다. 또한 정기용선계약에서 정기용선자가 화물을 운송하는 경우에도 화물은 선박소유자의 직접적 점유 하에 있다. 따라서 영미법의 해석[20]에 따라 정기용선계약을 운송계약으로 해석하는 견해도 일리가 있다. 그러나 정기용선계약의 경우에는 정기용선자에게 일정기간 동안 선장과 선원이 탑승한 상태에서 선박을 사용할 수 있게 하

17) 정영석, 「해상법원론」, 텍스트북스, 2009, 328쪽.
18) 최기원, 상법학신론, 813쪽.
19) 채이식, 앞의 책, 643쪽.
20) Jebsen v. A Cargo of Hemp, 228 F. 143 (D.C.Mass. 1915); Berdex Intern., Inc. v. MV. Kapitan Grishin, 1992 A.M.C. 1559 (N.D.Cal., 1992).

는 권한을 주는 것이지, 항해용선의 경우와 같이 운송을 전제로 하지 않는다. 따라서 용선기간 동안 화물을 운송하지 않아도 정기용선자는 약정한 용선료를 선박소유자에게 지급하여야 한다. 정기용선자는 해운기업을 영위하기 위한 수단으로 선박을 선박소유자로부터 빌리는 것이다. 또한 정기용선계약에서 선장 또는 선원에 대한 항해의 지휘 · 명령권은 여전히 선박소유자에게 있으므로 선박소유자가 정기용선자에게 선장 또는 선원의 노무를 공급하는 것이다. 결론적으로 정기용선계약의 법적 성질은 혼합계약설로 보는 것이 타당하다.

4 비용부담

제 1 절 비용부담의 원칙

I. 기본 원칙

정기용선 중인 선박과 관련하여 발생하는 특정한 비용을 선박소유자와 정기용선자 중 누가 부담하는가의 문제는 정기용선계약에서 가장 기본적인 계약사항 중 하나로서 표준약관에도 상세히 기술되어 있고, 또한 세계 해운실무에서도 그에 대한 관행이 정립되어 있다. 그러므로 통상적으로 발생하는 비용의 부담문제와 관련하여서는 분쟁이 발생할 여지는 비교적 적다.[1)]

정기용선은 선박서비스를 제공하는 선박소유자와 그 서비스를 용익하는 정기용선자 사이에는 정기용선계약의 법적 특질 때문에 계약당사자 사이에 독특한 법률관계가 성립한다. 이 특질은 용선선박의 운항에 있어서 선박비용의 부담을 분할시키며, 그 구체적 내용은 항해사항과 상사사항에 따라서 부담자를 나누고 있다. 정기용선계약의 체결 후, 계약당사자는 발생하는 비용을 분담하는데, 선박소유자는 선원의 임금 및 기타 선박의 경비를 부담하며, 정기용선자는 연료 등 항해비용을 부담하기로 하는 순용선계약(net charter clause)[2)]을 채택하는 것이 보통이다.[3)]

---

1) 이창희, 개정방안, 166쪽.

2) 용선된 배가 최초의 적하지에 인도되어 선박소유자에게 반선될 때까지 모든 기항지에서 발생되는 항비, 적양하 비용 일체를 용선자가 부담하는 조건의 용선계약약관을 말한다. 그러나 반선이 일단 되면 출항에 필요한 항비나 외항에 필요한 비용은 선박소유자의 부담이다. 이택영 편, 엄윤대 · 박명규 감수, 「해운 · 물류 용어 대사전」, (서울: 코리아쉬핑가제트, 2006), 630쪽.

3) 서돈각 · 정완용, 앞의 책, 565쪽.

BIMCO Delivery and Re-delivery Surveys Clause

At first and last ports, the parties shall each appoint a representative (Surveyor, Master or Superintendent) for the purpose of determining and agreeing in writing the condition of the Vessel at the times of delivery and re-delivery. Time actually lost in delivery survey shall be for the Charterers' account and in the re-delivery survey for the Owners' account.

BIMCO 인도 및 반선 검사약관

최초항구와 최종항구에서, 인도 시와 반선 시에 선박의 상태를 기록하는 데에 결정하고 합의할 목적을 위해, 당사자들은 각각 대표자(검사관, 선장, 또는 감독자)를 지명하여야 한다. 인도검사에서 손실된 시간은 용선자의 부담으로 하고, 반선검사에서 손실된 시간은 선박소유자의 부담으로 한다.

용선선박의 운항에 필요한 비용은 해운경제의 관점에서 보면 선박운항의 채산성 요소로서 선박의 운항비용인 것이다. 이것은 해상운임의 하한기준을 정하는 선박비용[4)]으로서

4) 선박비용

	선비		운항비
	직접선비	간접선비	
부담비용	선원임금 · 복리후생비 선체도장비용 조리실연료비 선원주부식비 선박수리 · 보수비 선저외판크리닝 갑판 · 기관 · 통신 · 사무 등의 선용품비 윤활유비 각종 설비예비품 선원의료비 · 약품비 선장 · 선원의 영사사증비 5톤 이하 하역설비 각종 선박서류비용 필요시 각 화물창의 윈치맨 비용	선박감가상각비 선박건조 및 중고 도입이자 주주배당금 선박소유자 사내적립금 선박보험료 육상직원급료 회사운영비 일반관리비 육상직원의 복지 · 후생 및 노무관리비용 선박에 관한 각종 세금	연료비 항비 하역인부비용 보일러물값 운하통과료 운하인부비용 등대료 및 부두사용료 선장 · 해원을 제외한 영사비용 용선자 대리점비 여객의 식료 및 서비스비용 선적 · 트리밍 · 검수 · 화물인도비용 창구검사원, 하역감독, 기타 사용인의 식료비 검역 · 소독에 의한 체선 · 기타 부대비용 하역작업 시에 사용하는 모든 로우프, 스링, 특별 로프비용, 선창청소비용 항의 관습상 필요한 계선용 특수로프 · 호어저 등의 비용 하역작업 중 선원의 시간외 작업수당 특수하역설비 및 육상윈치맨의 비용 세금
비용부담 당사자	선박소유자		정기용선자

선비와 운항비로 나눈다. 선비는 직접선비와 간접선비로 나뉘는데 직접선비란 선박의 운항과는 관련 없이 각 선박별로 발생하는 원가를 말하는데, 선원비, 선용품비, 선박수리비 등이 포함되며[5], 간접선비란 선박을 보유하기 위하여 필요로 하는 비용으로서 감가상각비, 선박보험료, 금리 및 일반관리비 등을 포함하는 것이다.[6] 운항비란 선박을 특정 항로에 배선하여 운항함으로써 발생하는 비용을 말하는데 이는 정기용선계약의 경우에 용선자가 선박을 용익함으로써 발생하는 비용으로 이해할 수 있다. 운항비에는 연료비, 항비,[7] 화물비[8] 그리고 선박의 운항에 따른 기타 비용 등으로 구성되어 있다.

정기용선계약의 특질에 따라서 용선선박의 선박비용 가운데 직접선비와 간접선비는 선박소유자가 부담하며, 정기용선자는 용선선박의 서비스를 용익하기 위하여 필요한 비용인 운항비를 부담한다.[9] 한편 선박소유자와 정기용선자는 온-오프 하이어검사(joint on-off hire survey fee)와 경비료(watchman charge)에 대하여서는 공동으로 부담하는 것이 일반적이다.[10]

정상적으로 발생하는 비용 이외에도 사고로 인한 손해배상책임 등에 의하여 비용이 발생하는 경우가 있는데, 이때 양당사자 사이에서는 이미 살펴 본 바와 같은 책임원칙에 따라 그 손해의 책임이 누구에게 있는가를 따져 그 책임자가 관련 비용을 부담하면 된다. 그러나 제3자가 개입된 경우에는 때로는 일방의 당사자가 먼저 손해를 입은 제3자에게 배상을 하고 다시 손해배상의 책임이 있는 자에게 구상권을 행사하는 경우도 있다.[11]

BIMCO Stowaways Clause for Time Charters

(a) (i) The Charterers warrant to exercise due care and diligence in preventing stowaways

5) 해운 · 물류 큰사전 편찬위원회, 앞의 책. 1087쪽.
6) 위의 책, 80쪽.
7) 항비는 선박의 입출항 및 정박에 따라 발생하는 비용으로서 관청에 납입하여야 하는 수수료, 공과금 및 기타 비용 등을 포함하는데 그 구성요소는 국가나 각 특정 항구별로 서로 다르다. 대체로 도선료(pilotage), 입출항료(enterance and clearance fees), 톤세(tonnage dues), 암벽사용료(wharfage), 부표사용료(buyage), 예선료(tugboat charges), 줄잡이료(line handling charges), 통선료, 운하통항료(cannal tolls), 세관수수료(customs fees), 영사관수수료(consular fees), 항내 쓰레기처리비(garbage charges), 대리점료(agency fees) 등이 있다. 이창희, 개정방안, 167-168쪽.
8) 화물비는 항만에서 운송화물의 처리와 관련돼 발생되는 비용으로서 하역비, 부선료, 창고료, 경비료, 검수료 및 검량료, 집하수수료, 중개수수료 등과 화물에 관계된 세금 등이 포함된다. 이창희, 개정방안, 168쪽.
9) 박용섭, 「정기용선계약법」, (부산: 효성출판사, 1999), 167쪽. (이하 "박용섭, 정기용선"이라고 한다.).
10) 이광희 · 이원정, 「용선계약실무」, (서울: 박영사, 2009), 43쪽.
11) 이창희, 개정방안, 168-169쪽.

in gaining access to the Vessel by means of secreting away in the goods and/or containers shipped by the Charterers.

(ii) If, despite the exercise of due care and diligence by the Charterers, stowaways have gained access to the Vessel by means of secreting away in the goods and/or containers shipped by the Charterers, this shall amount to breach of charter for the consequences of which the Charterers shall be liable and shall hold the Owners harmless and shall keep them indemnified against all claims whatsoever which may arise and be made against them. Furthermore, all time lost and all expenses whatsoever and howsoever incurred, including fines, shall be for the Charterers' account and the Vessel shall remain on hire.

(iii) Should the Vessel be arrested as a result of the Charterers' breach of charter according to sub-clause (a)(ii) above, the Charterers shall take all reasonable steps to secure that, within a reasonable time, the Vessel is released and at their expense put up bail to secure release of the Vessel.

(b) (i) If, despite the exercise of due care and diligence by the Owners, stowaways have gained access to the Vessel by means other than secreting away in the goods and/or containers shipped by the Charterers, all time lost and all expenses whatsoever and howsoever incurred, including fines, shall be for the Owners' account and the Vessel shall be off hire.

(ii) Should the Vessel be arrested as a result of stowaways having gained access to the Vessel by means other than secreting away in the goods and/or containers shipped by the Charterers, the Owners shall take all reasonable steps to secure that, within a reasonable time, the Vessel is released and at their expense put up bail to secure release of the Vessel.

BIMCO 정기용선계약의 밀항자약관

(a) (i) 밀항자로 하여금 정기용선자에 의해 선적된 화물 그리고/혹은 컨테이너에 잠복함으로써 선박에 접근하는 것을 방지하는 데에, 정기용선자가 상당한 주의와 노력을 행사할 것을 보증한다.

(ii) 정기용선자에 의한 상당한 주의와 노력의 행사에도 불구하고, 밀항자가 정기용선자에 의해 선적된 화물 그리고/혹은 컨테이너에 잠복함으로써, 선박에 접근할 경우, 이것은 용선계약의 위반에 해당하고, 그러한 위반의 결과에 대하여 정기용선자가 책임을 져야 하고, 선박소유자에 대하여 발생하고 제기될 수 있는 모든 청구권들에 대하여 정기용선자가 선박소유자를 면책하고, 선박소유자에게 배상하여야 한다. 더욱이, 모든 손실된 시간과 벌금을 포함하여 무엇이 초래되든지 그리고 어떻게 초래되든지 간에 초래된 모든 비용들은 정기용선자의 부담으로 하여야 하고, 선박은 계속해서 용선 중인 것으로 하여야 한다.

(iii) 상기의 하위조항 (a)(ii)에 따라, 용선계약에 대한 정기용선자의 위반의 결과로서, 선박이 억류될 경우, 합리적인 시간 내에 선박이 해방되도록 보장하기 위해 정기용선자는 모든 합리적인 조치들을 취하여야 하고, 정기용선자는 선박의 해방을 보장하기 위해 자신의 경비로 공탁금을 지급하여야 한다.

(b) (i) 선박소유자에 의한 상당한 주의와 노력의 행사에도 불구하고, 정기용선자에 의해 선적된 화물 그리고/혹은 컨테이너에 잠복하는 것이 아닌 다른 수단에 의해 밀항자가 선박에 접근한 경우, 모든

손실된 시간과 벌금을 포함하여 무엇이 초래되든지 그리고 어떻게 초래되든지 간에 초래된 모든 비용들은 선박소유자의 부담으로 하여야 하고, 선박은 지급정지 중인 것으로 하여야 한다.

(ii) 정기용선자에 의해 선적된 화물 그리고/혹은 컨테이너에 잠복하는 것이 아닌 다른 수단에 의해 밀항자가 선박에 접근한 결과로서 선박이 억류될 경우, 합리적인 시간 내에 선박이 해방되도록 보장하기 위해 선박소유자는 모든 합리적인 조치들을 취하여야 하고, 선박소유자는 선박의 해방을 보장하기 위하여 자신의 경비로 공탁금을 지급하여야 한다.

해설: BIMCO 밀항자약관은 밀항사건이 발생하였을 경우에 선박소유자와 용선자 사이에 책임을 분배하기 위하여 1993년에 제안되었다. 밀항의 경우에 벌금, 지연, 송환비용 등의 비용이 발생하는데 일반적으로, 선주상호보험조합으로부터 소손공제액을 제하고 구상이 가능하다. 밀항자에 대한 책임은 원칙적으로 선박소유자가 부담하지만, 정기용선계약의 경우에 정기용선자의 과실로 인하여 밀항자가 발생한 경우에는 정기용선자가 책임을 부담한다.

BIMCO Stowaways Clause for Time Charter Parties 2009

(a) If stowaways have gained access to the Vessel by means of secreting away in the goods and/or containers or by any other means related to the cargo operation, this shall amount to breach of charter. The Charterers shall be liable for the consequences of such breach and hold the Owners harmless and keep them indemnified against all claims; costs (including but not limited to victualling costs for stowaways whilst on board and repatriation); losses; and fines or penalties, which may arise and be made against them. The Charterers shall, if required, place the Owners in funds to put up bail or other security. The Vessel shall remain on hire for any time lost as a result of such breach.

(b) Save for those stowaways referred to in sub-clause (a), if stowaways have gained access to the Vessel, all expenses, including fines or penalties, shall be for the Owners' account and the Vessel shall be off hire for any time lost.

BIMCO 정기용선계약의 밀항자약관(2009)

(a) 밀항자가 화물 그리고/또는 컨테이너에 잠복하는 방법에 의해, 또는 화물 작업과 관련된 기타 다른 방법들에 의해 선박에 접근한 경우, 이러한 접근은 용선계약의 위반에 해당한다. 정기용선자는 그러한 위반의 결과에 대해 책임을 져야 하고, 선박소유자에게 발생할 수 있고 제기될 수 있는 모든 청구, 비용(승선과 송환 동안에 발생하는 밀항자의 식비에 국한되지 않고 포함하여), 손실, 벌금 또는 위약금 등에 대해 선박소유자로 하여금 면책받게 해야 하고, 선박소유자로 하여금 배상받게 해야 한다. 필요하다면, 정기용선자는 보증인이 될 경비나 기타 다른 보증을 제공해야 한다. 그러한 위반의 결과

로서 손실된 모든 시간 동안에, 선박은 용선 중인 채로 계속해서 남아 있다.

(b) 하위약관 (a)에서 언급된 그러한 밀항자들을 제외하고, 밀항자가 선박에 접근한 경우에, 벌금이나 위약금 등을 포함하여, 모든 비용은 선박소유자의 부담으로 하고, 선박은 손실된 모든 시간은 지급정지가 된다.

해설: BIMCO 밀항자약관은 현실에 부합되게 밀항과 관련하여 발생되는 비용을 더욱 명백하게 분배하기 위하여 개정되었다. 개정된 약관에는 정기용선자가 상당한 주의와 노력을 행사할 것을 요구하였으나, 개정약관은 이 문구를 삭제함으로써 정기용선자에게 엄격한 책임을 부과하고 있다. 원칙적으로 밀항으로 인하여 발생하는 벌금 등의 비용은 우선 선박소유자가 지급하게 된다. 선주상호보험조합은 이러한 비용을 선박소유자에게 구상하여 준 후에, 본 약관에 근거하여 정기용선자의 책임으로 밀항이 발생하였을 경우에 정기용선자에게 구상을 청구한다.

Ⅱ. 특수문제

이상과 같은 비용부담에 있어 가끔 문제가 되는 것은 용선료의 지급정지기간 중에 발생하는 비용의 부담문제이다. 대부분의 정기용선표준계약서에는 이 경우 용선료 지급정지기간 중의 연료유나 암벽사용료(wharfage) 등은 선박소유자의 부담이 됨을 명시하고 있다. 선원의 급료나 수당은 원칙적으로 선박소유자의 부담이 되지만, 정기용선자의 지시에 의한 시간외수당이나 특별작업비 등은 정기용선자의 부담이 된다. 또한 선박수리비도 원칙적으로 선박소유자의 부담이 되지만, 정기용선자의 귀책사유가 있는 수리비, 예컨대 정기용선자가 고용한 하역인부에 의한 선박의 훼손의 경우에 그 수리비는 정기용선자의 부담이 된다. 선박보험료는 원칙적으로 선박소유자의 부담이지만, 정기용선자의 요구에 의하여 선박이 특정항로나 특정구역으로 항해하게 됨에 따라 추가적으로 발생하는 할증보험료는 정기용선자의 몫이 된다. 특정항구에서의 영사관수수료는 그것이 선박의 운항과 관련된 사항일 경우에는 정기용선자가 부담하고 선원과 관련된 사항일 경우에는 선박소유자의 부담이 되며, 항해 중의 통신비도 용선자를 위한 통신과 선박소유자를 위한 통신을 구분하여 각각 부담한다. 특정항구에서 대리점료는 선박소유자의 대리점과 정기용선자의 대리점이 각각 지정되어 있을 때에는 그 비용은 각자가 부담하게 되며 만약 동일한 대리점을 같이 사용하는 경우,

대리점 업무의 대부분은 정기용선자와 관련된 업무이므로 선박소유자는 이 경우에 자신이 대리점비에서 부담할 비율을 미리 정하고 그 금액을 용선료에 상계하기도 한다. 또한 이때 선원의 교대 등으로 인하여 대리점이 그 비용을 부담한 경우, 정기용선자가 대리점비를 먼저 정산하고 해당 금액을 다음 번 용선료에서 상계하기도 한다.[12)]

제 2 절 정기용선계약상 약관

Ⅰ. 선박소유자의 비용부담

선박소유자가 부담하는 비용에 관하여 뉴욕프로듀스서식(1946) 제1조는 “선박소유자는 선원의 모든 식료, 급료 및 선원의 승하선, 공인에 관한 영사비용을 준비하고 지급하여야 한다. 선박의 보험, 또한 모든 선실, 갑판부, 기관부 및 기타 필요한 선용품과 보일러물을 포함하여 모든 비용을 지급하여야 한다. 그리고 선급을 유지하고 그리고 용선서비스를 위한 기간 동안에 선박의 선체, 기간 및 설비를 완전하게 유효한 상태로 유지하여야 한다.”라고 규정하고 있다. 그리고 뉴욕프로듀스서식(1993)서식 제6조는 “선박소유자는 별도로 합의한 경우를 제외하고, 선박의 보험, 모든 식료품, 선원실, 갑판부, 기관부 및 보일러물을 포함하여 필요한 선용품을 준비하고 비용을 지급하여야 한다. 선원의 임금, 선원의 승선공인과 하선공인에 따른 영사비용, 선원에 관련된 항비도 지급하여야 한다. 그리고 선박의 선급을 유지하고, 선체, 기관 및 설비를 충분하게 작동상태로 유지하고 또한 선박의 직원과 부원의 정원을 확보하여야 한다.”라고 규정하고 있다.

선박소유자가 부담하는 비용에 관하여 볼타임서식(2001) 제3조는 “선박소유자는 모든 식료와 급료, 선박의 보험, 갑판부와 기관부의 선용품을 준비하고 비용을 지급하여야 한다. 그리고 서비스기간 중에 선체와 기계를 완전하게 유효한 상태로 유지하여야 한다. 선박소유자는 선원 중에서 운송물취급에 사용되는 선박의 기어를 다루는 윈치맨을 배치하여야 한다.

---

12) 이창희, 개정방안, 169-170쪽.

그러나 선원고용조건 또는 지역조합, 이 외 항만규정에 의하여 금지된다면 정기용선자는 자격이 있는 육상의 윈치맨을 배치하고 그 비용을 지급하여야 한다."라고 규정하고 있다.

Ⅱ. 정기용선자의 비용부담

정기용선자는 운항비를 부담하는 의무를 가진다. 정기용선자가 부담하는 비용에 관하여 뉴욕프로듀스서식(1946) 제2조는 "정기용선자는 별도로 합의한 바를 제외하고서, 모든 연료, 항비, 도선료, 대리점비, 중개료, 영사비용(선원에 관한 비용을 제외함.) 그리고 앞에서 언급한 것을 제외한 기타 모든 통상적인 비용을 준비하여 지급하여야 한다. 그러나 선박의 책임이 있는 원인으로 입항한 경우에 있어서 발생한 모든 비용은 선박소유자가 부담하여야 한다. 선박이 이 용선계약에 따라서 취항하고 있는 동안 운송물 또는 항만당국의 명령에 의한 훈증소독은 정기용선자가 부담하여야 한다. 선박이 6개월 이상 용선된 이후에는 기타 모든 훈증소독은 정기용선자가 부담하여야 한다. 정기용선자는 필요한 던니지와 이동방지판, 특수한 항해 또는 특수물건에 필요한 특수장비를 준비하여야 한다. 그러나 선박소유자는 이미 선박에 실려 있는 모든 던니지와 이동방지판을 정기용선자에게 사용하도록 할 수 있다. 정기용선자는 이동방지판을 던니지로 사용할 권리를 가지며, 이것에서 발생한 모든 손해를 배상하여야 한다."라고 규정하고 있다. 그리고 뉴욕프로듀스서식(1993) 제7조는 "정기용선자는 용선기간 중에 별도의 합의가 있는 경우를 제외하고는 연료유 전부를 보급하고 지급하여야 한다. 또한 (강제적 경비원과 화물감시원 및 강제적 폐기물처리비를 포함한) 항비, 정기용선자의 업무와 관련된 모든 통신비, 도선료, 예선료, 대리점비, 중개료, (선원 및 선박의 국적과 관련된 업무를 제외한) 영사비용, 그리고 제6조(선박소유자의 부담비용)에 규정된 것을 제외한 기타 모든 통상적인 비용을 지급하여야 한다. 그러나 (악천후에 의한 경우를 제외하고) 선박의 귀책사유로 인하여 입항하여 발생한 모든 비용은 선박소유자가 부담한다. 선원의 발병으로 소독명령을 받은 경우에는 선박소유자의 부담으로 한다. 그러나 이 정기용선계약에 따라서 선박을 사용할 동안 운송물 또는 선박이 기항했던 항구 때문에 소독명령이 내려진 경우에 정기용선자는 그 비용을 부담하여야 한다. 이 선박이 연속 6개월 이상 정기용선된 경우에 기타의 모든 소독비용은 정기용선자가 부담하여야 한다. 정기용선자는 자신의 비용으로 필요한 던니지와 특별항해 및 운송물에 필요한 추가의장설비를 준비하여야 한다. 그러나 선박소유자는 정기용선자에게 이미 용선된 선박에 선적되어 있는 모든 던니지의 사용을 허용하여야 한다. 정기용선자는 선박을 반선하기 전에 자기의 비용과 시간으로서 자기가 설치한 던니지와 의장을 철거하여야 한다."라고 규정하고 있고, 제36조는 "정기용선자는 선원들이 항해하는 도중 또는 화물작업하는 도중에 선창을 쓸고 및/또는 물로 씻고 및/또는 청소한 데 대하여 이러한 청소작업을 그 지방규칙이 승인한 경우에 매 선창당 ○○의 비율로서 필요한 추가비용을 준비하여 지급하여야 한다. 이러한 모든 작업에 관하여 선박의 선창이 항만당국 또는 기타 당국의 검사에 합격하지 아니하여도 선박소유자는 책임을 지지 아니 한다. 정기용선자는 선창청소를 하지 않고 그 대신에 총괄 ○○를 지급하여 반선할 선택권을 가진다." 라고 규정하고 있으며, 제37조는 "정기용선자의 지시로부터 생긴 선박 또는 선박소유자에게 부과된 모든 지방세, 주세 및 국세는 이 정기용선계약 기간 중이거나 또는 후이거나 묻지 않고 운송물 및/또는 운임 및/또는 재운송운임 및/또는 용선료에 대한 세금을 포함하여 정기용선자가 지급하여야 한다.(다만 선박의 기국 또는 선박소유자의 국적국에서 부과한 세금을 제외한다.)"라고 규정하고 있다.

정기용선자가 부담하는 비용에 관하여 볼타임서식(2001) 제4조는 "정기용선자는 연료유, 항비, 도선료(강제적인지 여부에 관계없이), 운하인부, 보트사용료, 등대세, 예선료, 영사비용(선장 · 직원 및 부원에 관한 비용을 제외한다.), 운하, 도크 및 기타 세금과 부담금, 외국의 일반지방세 또는 국세, 인도항과 반선항의 도크세, 항세 및 톤세(인도 전 또는 반선 후에 있어서 운송물에 발생한 것을 제외한다.), 대리점비 및 중개료를 포함하여 준비하고 지급하여야 한다. 그리고 선적, 트림, 적부(이미 선상에 있었던 것을 제외하고서 던니지 및 이동방지판[13])을 포함한다.), 양륙, 검량, 감정 및 운송물의 인도, 선창검사, 근무 중인 직원과 인부의 식사제공 및 검역(훈증 및 살균소독의 비용을 포함한다.)으로 생긴 지연과 비용을 포함한 모든 부담금과 비용을 준비하고 지급하여야 한다. 정기용선자는 선적과 양륙에 있어서 실제로 사용할 로프, 스링과 특수한 움직줄 및 항의 관습에 따라서 필요로 하는 특수한 로프, 계류줄 및 체인을 포함한 특수장비를 부담하여야 한다. 선박은 2톤 이하의 운송물을 들어 올릴 수 있는 윈치, 데릭, 휠 및 일반 움직줄을 장비하여야 한다."라고 규정하고 있다.

13) 곡물 또는 유류 등의 유동성 화물은 풍랑 등으로 선체의 동요가 심하며 선체가 한 쪽으로 기울게 되면, 그 기우는 방향으로 화물이 쏠리게 된다. 이렇게 되면 선박이 전복할 가능성이 발생하기 때문에 선박의 중간에 판을 끼어 이러한 화물의 유동을 방지할 수 있다. 이 판을 이동방지판이라고 한다. 이택영 편, 엄윤대 · 박명규 감수, 앞의 책, 779쪽.

BIMCO Dunnage Removal Clause for Time Charter Parties

The Vessel shall be delivered and redelivered free of all dunnage, lining and packing materials.

During the currency of this Charter Party the Charterers shall provide dunnage, lining and packing materials as required at their expense.

The Charterers shall ensure that all dunnage used shall comply with applicable phyto-sanitary regulations.

Throughout the currency of the Charter Party and at redelivery, the Charterers shall remain responsible for all costs and time, including deviation, if any, associated with the removal and disposal of dunnage, lining and packing materials in accordance with MARPOL 73/78 Annex V or any other applicable rules relating to the disposal of such materials.

BIMCO 정기용선계약의 던니지제거약관

선박은 모든 던니지, 안감, 포장 재료들을 제거한 채로 인도되고 반선되어야 한다.

본 용선계약의 유효기간 동안에, 정기용선자는 요구되는 던니지, 안감, 포장 재료들을 자신의 비용으로 제공하여야 한다.

사용된 모든 던니지가 적용이 가능한 식물위생규정을 준수하고 있음을 정기용선자는 보장하여야 한다.

용선계약의 유효기간 동안에, 그리고 반선 시에, 그러한 재료들의 처리에 관해 MARPOL(해양오염방지협약) 73/78 부속서 V 혹은 다른 적용이 가능한 규칙들에 따라서 던니지, 안감, 포장 재료들의 제거와 처리와 연관되고, 이로를 포함한, 모든 비용과 시간에 대하여, 발생할 경우, 정기용선자는 계속해서 책임을 져야 한다.

해설: MARPOL에서 던니지, 안감, 포장재료들은 쓰레기와 별도로 취급되므로 선창청소/잔류물처리약관 이외에 따로 본 약관을 고안하였다.

BIMCO Ship to Ship Transfer Clause for Time Charter Parties

(a) The Charterers shall have the right to order the Vessel to conduct ship to ship cargo operations, including the use of floating cranes and barges. All such ship to ship transfers shall be at the Charterers' risk, cost, expense and time.

(b) The Charterers shall direct the Vessel to a safe area for the conduct of such ship to ship operations where the Vessel can safely proceed to, lie and depart from, always afloat, but always subject to the Master's approval. The Charterers shall provide adequate fendering, securing and mooring equipment, and hoses and/or other equipment, as necessary for these operations, to the satisfaction of the Master.

(c) The Charterers shall obtain any and all relevant permissions from proper authorities to perform ship to ship operations and such operations shall be carried out in conformity with best industry practice.

(d) If, at any time, the Master considers that the operations are, or may become, unsafe, he may order them to be suspended or discontinued. In either event the Master shall have the right to order the other vessel away from the Vessel or to remove the Vessel.

(e) If the Owners are required to extend their existing insurance policies to cover ship to ship operations or incur any other additional cost/expense, the Charterers shall reimburse the Owners for any additional premium or cost/expense incurred.

(f) The Charterers shall indemnify the Owners against any and all consequences arising out of the ship to ship operations including but not limited to damage to the Vessel and other costs and expenses incurred as a result of such damage, including any loss of hire; damage to or claims arising from other alongside vessels, equipment, floating cranes or barges; loss of or damage to cargo; and pollution.

BIMCO 정기용선계약의 선바대선바이송약관

(a) 기중기선(플로팅크레인)과 부선의 사용을 포함하는 선박 대 선박 이송 작업을 실시하도록 정기용선자는 선박에게 명령할 권리를 보유하여야 한다. 모든 그러한 선박 대 선박 이송들은 정기용선자의 위험, 비용, 경비, 시간으로 한다.

(b) 그러한 선박 대 선박 작업의 실시를 위해, 선박이 항상 물에 떠서, 그러나 항상 선장의 승인을 조건으로, 안전하게 진행할 수 있고, 정박할 수 있고, 출항할 수 있는 안전한 지역으로 정기용선자는 선박을 향하게 하여야 한다. 선장이 만족하도록, 이러한 작업들에 필요한 적합한 방호, 고정, 계류장비, 호스 그리고/혹은 다른 장비 등을 정기용선자가 제공하여야 한다.

(c) 정기용선자는 선박 대 선박 작업을 수행하기 위해 해당 자치단체(당국)로부터 모든 관련 허가들을 획득하여야 한다. 그리고 그러한 작업들은 모범산업 관례에 따라 수행되어야 한다.

(d) 언제든지, 그러한 작업이 불안전하거나 불안전하게 될 수 있다고 선장이 고려할 경우, 그러한 작업이 일시 정지되거나 완전 중단되도록 선장은 명령할 수 있다. 어느 경우에도 선장은 본선으로부터 다른 선박을 제거시키거나 아니면 본선을 이동시키도록 명령할 권리를 보유하여야 한다.

(e) 선박소유자가 선박 대 선박 작업을 담보하기 위해 기존 보험증권을 확장하거나 다른 추가비용/경비를 부담하도록 요구될 경우, 정기용선자가 추가보험료 혹은 비용/경비 등을 선박소유자에게 상환하여야 한다.

(f) 선박에 대한 손상과 그러한 손상의 결과로서 초래되는 다른 비용과 경비에 국한되지 않고 포함하여, 선박 대 선박 작업으로부터 발생하는 모든 결과들에 대하여, 정기용선자는 선박소유자에게 배상하여야 한다. 여기서 다른 비용과 경비에 포함되는 것은, 용선료의 손실, 다른 인접 선박, 장비, 기중기선, 부

선 등에 대한 손상 혹은 그것들로부터 발생하는 청구, 화물의 손실 혹은 화물에 대한 손상, 오염 등이다.

해설: 최근에는 기중기선과 부선을 사용하여 화물을 선박에서 다른 선박으로 이송하여 선적하는 경우가 증가하였다. 따라서 용선계약서는 선박소유자가 정기용선자의 요청에 의하여 정기용선자의 비용으로 정기용선자에게 선박 대 선박 이송작업을 허락하지만, 선장이 작업이 불안전하다고 판단한 경우에는 작업을 중지시킬 수 있는 취지의 약관을 규정하고 있다. 이러한 약관을 "double banking clause"라고도 한다.

BIMCO Securing Materials Removal Clauses for Time Charter Parties

At each discharge port the Charterers shall, in their time and at their risk and expense, endeavour to remove from the vessel lashing, securing and other materials supplied by the Charterers and no longer required for cargo operations.

Lashing, securing and other materials kept on board the vessel by the Charterers for further use in cargo operations during the period that the vessel is employed under this charter and any materials no longer required for cargo operations and not removed at each discharge port shall be properly stored in an area as agreed with the Master and to the Master's satisfaction. This work will be performed by labour employed by the Charterers in their time and at their risk and expense.

Prior to redelivery, all lashing, securing and other materials supplied by the Charterers shall be removed from the vessel by the Charterers in their time and at their risk and expense. The above provisions shall not apply to materials which belong to the Vessel or are provided by the Owners.

BIMCO 정기용선계약의 고정재료제거약관

각 양하항에서, 정기용선자는 자신의 시간으로 그리고 자신의 위험과 경비로 정기용선자에 의해 공급되고, 화물작업을 위해 더 이상 필요하지 않은 결박, 고정, 다른 재료들을 선박으로부터 제거하려고 노력하여야 한다. 선박이 본 용선계약에 의해 사용되는 기간 동안에 화물작업에서 추후사용을 위해 정기용선자에 의해 선박에 선적된 결박, 고정, 다른 재료들, 그리고 화물작업에 더 이상 필요하지 않고 각 양하항에서 제거되지 않은 재료들은, 선장과 합의된 영역에 그리고 선장이 만족하도록 적절하게 저장되어야 한다. 이러한 작업은 정기용선자에 의해 자신의 시간으로 그리고 자신의 위험과 경비로 고용된 노동자에 의해 수행되어야 한다. 반선 전에, 정기용선자에 의해 공급된 모든 결박, 고정, 다른 재료들이 정기용선자에 의해 자신의 시간으로 그리고 자신의 위험과 비용으로 선박으로부터 제거되어야 한다. 전술한 규정들은 선박에 속하거나 선박소유자에 의해 제공된 재료들에는 적용되지 않는다.

해설: 본 약관은 화물을 고정하기 위하여 정기용선자가 제공한 재료와 관련하여 발생한 책임을 지는 당사자를 분명하게 하기 위하여 던니지제거약관을 보안하여 고안되었는데 2008년 5월 런던회의에서 승인되었다.

BIMCO Stevedore Damage Clause for Time Charter Parties 2008

(a) The Charterers shall be responsible for damage (fair wear and tear excepted) to any part of the Vessel caused by Stevedores. The Charterers shall be liable for all costs for repairing such damage and for any time lost.

(b) The Master or the Owners shall notify the Charterers or their agents and the Stevedores of any damage as soon as reasonably possible, failing which the Charterers shall not be responsible.

(c) Stevedore damage affecting seaworthiness shall be repaired without any delay before the Vessel sails from the port where such damage was caused or discovered. Stevedore damage affecting the Vessel's trading capabilities shall be repaired prior to redelivery, failing which the Charterers shall be liable for resulting losses. All other damage which is not repaired prior to redelivery shall be repaired by the Owners and settled by the Charterers on receipt of Owners' supported invoice.

BIMCO 정기용선계약의 하역인부에 의한 손상약관(2008)

(a) 하역인부에 의해 초래된 선박의 일부에 대한 손상(정당한 마모는 제외)에 대하여 정기용선자가 책임을 져야 한다. 그러한 손상을 수리하는 데에 소요되는 모든 비용과 손실된 시간에 대하여 정기용선자가 책임을 져야 한다.

(b) 선장이나 선박소유자는 합리적으로 가능한 한 조속히 모든 손상에 대하여 정기용선자나 정기용선자의 대리인 그리고 하역인부 등에게 통보하여야 한다. 그러지 않을 경우, 정기용선자는 책임을 지지 않는다.

(c) 감항성에 영향을 미치는 하역인부에 의한 손상은 그러한 손상이 초래되거나 발견된 항구로부터 출항하기 전에 지체 없이 수리되어야 한다. 선박의 운항능력에 영향을 미치는 하역인부에 의한 손상은 반선 전에 수리되어야 한다. 그러지 않을 경우, 정기용선자는 결과로서 발생하는 손실들에 대하여 책임을 져야 한다. 반선 전에 수리되지 않은 모든 다른 손상은 선박소유자에 의해서 수리되어야 하고, 선박소유자의 입증된 송장을 받는 즉시 정기용선자에 의해서 결제되어야 한다.

해설: 본 약관은 현행 상관례에 적합하게 작성되어 2008년 5월 런던회의에서 승인되었다. 내용상의 특징은 하역인부에 의하여 선박이 손상되었을 경우에 선박소유자는 사건발생 후 24시간 이내에 용선자에게 통지하도록 하는 이전의 규정을 삭제하였다. 또한 선장은 하역업자가 선박의 손상에 대하여 책임을 진다는

각서를 하역업자로부터 받아야 한다라는 규정 또한 삭제하였다. 이는 선박소유자가 합리적인 주의의무 이상의 의무를 부담하므로 선박소유자에게 가혹한 규정으로 현실적으로 합리적이지 않기 때문이다. 본 약관은 하역인부에 의하여 선박이 손상되었을 경우에 용선자가 수리하는 데에 소요되는 모든 비용과 손실된 시간에 대하여 책임을 져야 한다고 규정하고 있다.

Part 2

용선계약의 성립

1 용선계약의 체결과 성립

제1절 서 언

용선계약은 협상과정에서 우선 주요사항이 합의된 후에 추가사항이 합의되면 체결된다. 그런데 용선시황이 급격하게 변동되었다면 일방당사자가 고의적으로 용선계약을 체결하지 않으려고 하기 때문에 주요사항이 합의된 상황에서 사소한 내용인데도 불구하고 추가사항을 합의하여 주지 않는 경우가 있다. 이때 상대방당사자는, 일방당사자의 주장이 합리적이지 않더라도, 용선시황의 상황에 따라서 추가사항에 대한 일방당사자의 주장을 승낙하고 용선계약을 체결한다. 또한 용선계약이 체결된 이후에 오랜 시간이 경과하였음에도 불구하고 아직 용선계약서가 작성되지 않았거나, 용선계약서는 작성되었으나 양당사자의 서명이 되지 않은 경우가 있다.

용선계약은 동일 국적은 물론 다른 국적을 가진 당사자 사이에 용선중개인을 통하여 협상이 이루어진 후에 체결된다. 용선계약은 주요사항을 먼저 합의한 후 추가사항을 합의하는 조건으로 체결된다. 그러나 용선계약을 협상하는 기간 중에 용선시황이 급격하게 변동하였다면 일방당사자는 용선계약의 체결을 원하지 않게 된다. 이 경우에 주요사항이 이미 합의된 상황에서 추가사항이 합의되지 않았기 때문에 용선계약의 체결을 원하지 않는 일방당사자가 용선계약은 성립되지 않은 것이라고 주장할 수 있는지 여부가 문제가 된다.

용선계약의 이행거절로 인한 손해배상을 청구하는 당사자는 용선계약이 성립되었다는 전제에서 손해배상의 청구가 가능하다. 따라서 용선계약의 성립여부는 손해배상의 청구가 가능한지 여부와 직접 연관이 되어 있으므로 매우 중요하다.

제 2 절 용선계약의 체결

Ⅰ. 개 관

선박소유자는 선박의 화물을 찾기 위하여 또는 용선자는 화물을 운송할 선박을 찾기 위하여 용선중개인을 통하여 선박과 화물을 수배하게 된다. 선박의 용선은 실제로 선박이 화물을 운송하기 위한 경우가 있는 반면, 장래 시황의 등락을 예상하여 시세차익을 향유하기 위하여 미리 선박을 확보하거나 용선하여 주는 경우도 있다. 이와같이 선박소유자와 용선자가 협상의 대상선박과 화물을 수배하는 과정은 용선계약체결 이전의 단계이다. 협상의 대상선박과 화물이 결정되면 협상이 시작된다. 전형적인 용선계약의 협상단계는 표시단계, 성약단계, 세부사항의 합의단계로 분류된다.

1. 표시단계

일방당사자는 자신이 체결하고 싶은 용선계약의 내용을 정리하여 상대방당사자에게 보내는데 이를 표시(indication)이라고 한다. 표시는 서로가 원하는 운임 또는 용선료의 수준을 알아 볼 수는 있지만 청약(offer)과는 달리 법적 구속력이 없다. 표시의 과정에서 양당사자는 서로의 배경(background)을 조사하여, 거래당사자가 재정적으로 문제가 없는지 여부를 검토한다. 표시를 받은 당사자가 관심이 있으면 상대방에게 표시의 내용을 청약으로 변경하여 제시해 줄 것을 요구한다. 그리고 이 단계에서 선박소유자와 용선자 사이에 이루어지는 운임이나 용선료 등에 관한 교신내용에는 "단순표시"라는 사실을 반드시 포함하고 있다.

표시단계에서 제시된 운임이나 용선료는 시장의 수급상황에 따라 변동될 수 있기 때문에 본격적인 성약단계로 진전되는 것이 지연될 수 있다. 따라서 신속한 용선계약의 체결을 유인하기 위하여 어느 일방이 "확정표시(firm indication)"로 규정하는 경우도 있다. 이것은 표시가 청약이 되는 경우에 표시된 조건들이 수정이나 변경이 될 수 없다는 것을 의미한다.[1)]

1) 이광희 · 이원정, 앞의 책, 232쪽.

2. 성약단계

선박소유자와 용선자 사이의 협상결과 주요사항(main terms)이 청약과 승낙에 의하여 합의되면 용선계약이 조건부로 체결된다. 용선중개인은 전문, 팩스, 이메일 등을 이용하여 합의된 내용을 정리하여 양당사자에게 송부하는데 이를 성약확인서(fixture recap)라고 한다. 통상 이러한 성약확인서에는 2가지 조건이 있다. 첫째 조건은 "세부사항의 합의조건(subject to details)"으로 주요사항은 합의되었으나 기타 추가사항은 견본용선계약서(proforma charter party)를 근거하여 다시 합의하는 것을 내용으로 한다. 둘째 조건은 "송하인과 수하인의 승인조건(subject to shippers and receivers approval)"으로 선박의 적정함을 확인하기 위하여 송하인과 수하인에게 선박을 제시하고 이들의 확인을 받는 시간을 남겨 놓는다. 통상적으로 주요사항의 성약확인서가 확정된 이후 하루, 이틀 또는 24시간 내에 조건을 승인하여 줄 것을 조건으로 한다. 조건이 성취되면 용선계약은 완전하게 성립(clean)되는 것이다. 그러나 조건이 성취되지 않으면 계약은 무효가 된다.

3. 세부사항의 합의단계

우선 당사자는 계약의 주요사항을 먼저 체결하되 그 이외의 추가사항(further details)은 선박소유자와 용선자가 제시한 견본용선계약서에 근거하여 추가로 합의하는 절차를 거친다. 이와같이 세부사항의 합의단계는 계약당사자가 용선계약상의 세부사항에 대하여 합의하는 단계로서 용선계약체결의 최종단계이다. 즉 이 단계는 견본용선계약서를 수취하여 이것을 검토한 어느 일방이 상대방에게 수정, 추가 또는 삭제되어야 할 조항들을 정리한 전문을 보내면서 개시된다. 이후 성약단계와 동일하게 계약당사자 사이에 계속적인 협의를 거쳐 세부사항에 대하여 합의에 이르면 용선중개인이 성약확인서를 작성하고, 이를 토대로 정식으로 용선계약서를 작성하여 계약당사자가 이것에 서명하게 되면 완전한 계약이 성립하게 된다.[2)]

2) 이광희 · 이원정, 앞의 책, 233쪽.

Ⅱ. 계약 방식

용선계약서의 작성은 용선계약의 성립요건이 아니고 단지 계약의 내용을 증명하는 증거증권에 지나지 아니한다. 그러므로 용선계약은 구두, 텔렉스, 또는 용선계약각서에 의해서도 성립하며 계약당사자를 구속한다.[3] 전문, 팩스 또는 이메일로 용선계약의 성약확인서가 작성되어 양당사자에게 송부되었다면, 용선계약서가 작성되지 않은 경우에도 용선계약은 성립된 것이다.[4]

Sabine Sun호 사건[5]에서 선박소유자 Sun Oil사의 해무감독 Turnbull씨는 1925년 5월 14일에 Dalzell Towing사에게 전화하여, 다음 날 Sabine Sun호를 Staten섬에서 뉴저지 Bergen Point에 있는 Texas Oil사의 부두까지 운항하고자 하니 예인선을 수배해 달라고 구두상으로 부탁하였다. Dalzell Towing사는 3개의 예인선을 제공하였고 그 가운데 1개 예인선의 선장이 Sabine Sun호에 승선하여 수로를 인도하였는데, 해협 밖에서 선박이 좌초되었다. 그 당시 선박은 예인선의 도움을 받지 않고 선박의 자체 엔진의 동력으로 운항되었다. 선박소유자는 "예인선의 선장이 승선한 상태에서 사고가 발생하였으므로 좌초로 인하여 Sabine Sun호에 발생한 손상에 대하여 Dalzell Towing사가 책임을 져야 한다."라고 주장하였다. Dalzell Towing사는 "Dalzell Towing사의 표준계약서식에 의하면 「예인선에 의하여 선박을 인도할 때에 예인선의 선장 또는 선원의 과실에 의하여 발생한 사고에 대하여 Dalzell Towing사는 책임이 없다.」라는 도선에 관한 조항이 있었다. 본 사건에서 비록 구두상으로 계약이 성립되었지만 표준계약서식에 있는 도선에 관한 조항에 의하여 Dalzell Towing사는 책임이 없다."라고 주장하였다. 1심 지방법원 Knox판사는 Dalzell Towing사에게 승소판결을 하였다. 항소법원(L.Hand판사, Swang판사와 Augustus N.Hand판사)은 "예인선사용계약이 전화에 의하여 구두상으로 체결되었으나, 양당사자는 이미 3번의 유사한 예인선사용계약을 체결한 적이 있으므로 그 당시 계약조건에 의하여 계약이 체결된 것이다. 따라서 Dalzell Towing사는 예인선사용계약의 도선에 관한 조항에 의하여 좌초로 인하여 발생한 선박의 손상에 대하여 책임이 없다."라고 판시하였다.

또한 CMS-1261호 사건[6]에서 Ocean사는 CMS-1261호 부선(barge)을 Central사로

---

3) 박용섭, 정기용선, 128쪽.
4) Welex A.G. v. Rosa Maritime - The Epsilon Rosa [2002] 2 Lloyd's Rep. 81, [2003] 2 Lloyd's Rep. 509 (C.A.).
5) Sun Oil Co. v. Dalzell Towing Co., Inc., 55 F.2d 63 (2d Cir. 1932), aff'd 287 U.S. 291 [1932].

부터 선체용선하여 Norton-Everglades사에게 1979년 10월에 용선하여 주었다. 양하작업 중 부선의 밑 부분이 손상되어 수리를 요하자, Central사는 "「부선에 발생한 손상에 대하여는 선체용선자가 책임을 진다.」라는 선체용선계약서에 의해 Ocean사가 부선에 발생한 손상에 대하여 책임을 져야 한다."라고 주장하며 소를 제기하였다. Ocean사는 "부선을 Norton-Everglades사에게 재용선할 때 구두상으로 「부선이 해변에 얹힌 상태에서 작업할 경우에 발생한 손상은 자연적인 마모로 간주되어 선체용선자는 책임이 없다.」라고 Central사와 구두로 확인하였다. 따라서 Ocean사는 해변에 얹힌 상태에서 작업할 때 부선에 발생한 손상에 대하여 책임이 없다."라고 주장하였다. 1심 지방법원 George Arceneaux판사는 "Ocean사가 재용선하기 전에 Ocean사와 Central사는 이미 선체용선계약을 합의하였으므로 추가 구두상으로 합의한 내용은 효력이 없다."라고 Central사에게 승소판결을 하였다. 그러나 항소법원(Rubin판사, San D Johnson판사와 Garwood판사)은 "선체용선계약이 체결된 이후에라도 추가로 양당사자 사이에 합의가 구두상으로 되었다면 이전의 선체용선계약에 우선하여 효력이 있다."라고 판시하였다.

용선계약이 불요식계약이라 하더라도, 계약의 성립과정에 있어서 모든 주요사항을 합의하여야만 계약이 성립하는 것을 기본원칙으로 한다.[7] 당사자에 의하여 서명이 이루어지지 않았거나, 합의내용이 서면으로 작성되지 않았다고 하더라도 용선계약상 주요사항에 대하여 당사자가 합의한 경우에 한하여 그러한 용선계약은 유효한 계약이 될 수 있는 것이다.[8]

제 3 절 조건부 합의

Ⅰ. 계약체결의 내용

계약체결의 내용에는 주요사항과 추가사항이 있다.

6) Central Marine Service Inc. v. Ocean Marine Contractors Inc., 1984 A.M.C. 1730 (5th Cir. 1982).
7) Rossiter v. Miller [1878] 3 Aoo. Cas. 1124.
8) 이광희 · 이원정, 앞의 책, 231쪽.

1. 주요사항

용선계약에서 가장 많이 성약되고 있는 정기용선계약과 항해용선계약의 주요사항은 다음과 같다.

(1) 정기용선계약

정기용선계약의 주요사항은 다음과 같다.

1) 선박소유자와 정기용선자의 명칭

정기용선계약을 체결하는 당사자는 정확하게 기재되어야 한다. 선박소유자와 정기용선자의 이름을 기재하지 않고 대리점이나 용선중개인의 이름만 기재되어 있다면 정기용선계약에 관한 분쟁이 발생하였을 경우에 누가 책임을 지느냐의 문제가 발생한다. 대리인의 자격을 표시하지 않고 대리인의 이름이 당사자란에 기재된 경우에는 그 대리인은 계약당사자로 적극적으로 추정을 받는다. 그러나 착오에 의하여 잘못 기재되었다면 정정할 수 있다.

Samjohn Pioneer호 사건[9]에서 선박소유자 CNA사와 용선자 Holt Cargo Systems, Inc.사는 1976년 3월 17일에 Samjohn Pioneer호에 대한 용선계약을 체결하였다. 그러나 "Holt Cargo Systems, Inc."란 이름은 1981년부터 변경되어 사용되었으며, 용선계약을 체결할 때에는 "Holt Motor Express, Inc."란 이름이 등록되어 사용되었다. 선박소유자는 영국법원에서 1981년 11월 5일에 받은 판결을 집행하고자 소를 제기하였다. 용선자는 "「Holt Cargo Systems, Inc.」란 회사는 용선계약의 체결 시 존재하지 않았으므로 소의 실익이 없다."라고 주장하였다. 1심 지방법원 Donald W.Vanartsdalen판사는 "용선계약서상 용선자의 이름이 존재하지 않는 회사로 잘못 기재되어 있다면, 협상 시 교환된 전문을 참조하여 올바른 용선자의 이름으로 정정할 수 있다."라고 판시하였다.

당사자가 TBN(to be named)으로 계약이 체결되었을 경우에 계약의 효력은 당사자의 이름이 지정되는 때가 아니라 TBN으로 계약이 성립된 때부터 발생한다. 또한 당사자의 이름이 대체가능(substitution)하며 계약이 체결되었을 경우에 당사자가 실제로 대체되었다면 당사자가 경개(novation)[10]된 것이다. 상대방당사자에 대한 용선계약서상 책임의 당사자가 원래

9) Compania Naviera Aigiannis S.A. v. Holt, 1984 A.M.C. 2228 (E.D.Pa. 1983).

10) 현존하는 계약당사자와 제3자 사이에서, 그 제3자가 현존하는 계약당사자 중 어느 하나를 대신하여 그때까지와 마찬가지든가 또는 다른 이행을 행할 것에 합의하여 새 계약서를 작성하면서 동시에 현존계약을 실효시키는 것을 말한다. 이러한 계약으로 현존계약을 실효화시키고 새로운 계약관계를 맺는 데 대하여서는 영미법도 대가이론상으로

의 당사자인지 또는 대체된 당사자인지의 여부는 용선계약서의 내용에 따라 좌우된다.[11]

2) 선박의 명세

선명, 국적, 선급, 재화중량톤, 흘수, 재화능력 및 속력과 연료소모량 등이 기재된다. 정기용선계약에서는 항해용선계약과는 달리 용선기간의 증감에 따라 정기용선자의 운항수익이 변한다. 따라서 선박의 속력과 연료소모량은 정기용선자가 지급하는 용선료에 주요한 영향을 미치므로 반드시 기재되어야 한다.

3) 용선기간

1항차(one laden leg), 2항차(two laden legs), 3항차(three laden legs) 그리고 단기, 중기, 장기의 기간으로 구분된다. 예를 들어 "최소 4개월/최대 6개월" 등으로 기재된다. 반선일자는 인도일로부터 용선기간을 감안하여 산출된다.

4) 인도기일

선박소유자는 정기용선자에게 인도기일(laycan) 내에 선박을 인도하여야 한다. "laycan"은 정기용선계약에서 "laydays and cancelling"약관의 약어로서, "lay"란 "이행개시"를 의미하고 "can"은 "취소시기"를 의미하므로 "이행개시 및 취소시기"를 의미한다.[12]

5) 인도장소와 반선장소

정기용선계약을 체결한 선박소유자는 약정한 인도장소에서 선박을 정기용선자에게 인도하고 정기용선자는 약정한 반선장소에서 선박을 선박소유자에게 반선하여야 한다. 선박을 인도 또는 반선하는 장소는 특정 항을 지정하는 경우와 같이 구체적으로 표시하기도 하고 "선박은 한국, 대만, 중국, 홍콩을 포함한 일본, 싱가포르 지역에서 인도 또는 반선된다."와같이 넓게 규정하기도 한다. 이러한 일련의 항구가 정해지면 당사자의 합의에 의해 어느 일방이 그 중 한 항을 인도항 또는 반선항으로 지정하는 바, 실무적으로는 대개 인도의 경우에는 선박소유자가, 반선의 경우에는 용선자가 이를 지정한다.[13] 최근의 정기용선계약서의 대부분은 선박의 입출항 시 도선지점(pilot station)을 인도 또는 반선지로 하고 있다.

문제가 있다고 하여 학자들 사이에 논의되었지만 (대가의 제공 없이 면책되거나 권리를 얻는 일이 있다.), 지금은 유효라고 인정하고 있다. 鴻常夫 편수, 「영미상사법사전」, (서울: 대광서림, 2001), 506쪽.

11) Coghlin Terence, W. Baker Andrew, Kenny Julian and Kimball John D., *Time Charters*, 6th ed., (London: Informa, 2008), p.43.

12) Lopez Norman J., *Bes' Chartering and Shipping Terms*, 11th ed., (London: Barker & Howard Ltd., 1992), p.99.

13) 강남호, 「해상법의 법률지식」, (서울: 청림출판, 1997), 166쪽.

6) 유 류

인도 시와 반선 시의 유류량과 유류가격을 기재한다. 유류가격은 수시로 변화하는데 정기용선계약의 체결 시 유류가격을 참조하여 양당사자가 합의하여 결정한다. 유류가격은 운항수익에 영향을 미치므로 중요하다.

7) 용선료율과 지급조건

용선료는 일당을 기준으로 결정되는데, 정기용선자는 선박을 사용한 기간 동안 일당 용선료를 기준으로 산출된 용선료를 선박소유자에게 지급하게 된다. 용선료는 15일 전(15 days in advance), 반 개월 전(semi-monthly in advance) 또는 1개월 전(one month in advance)에 현금으로 선급하여 지급한다.

8) 선창청소

정기용선자는 선박의 반선 시에 인도 시와 같은 양호한 상태의 선박을 선박소유자에게 반선하여야 한다. 그러나 정기용선자는 선창청소를 하지 않고 항해하는 동안 또는 화물작업을 하는 동안에 선원들에게 선창청소를 하게 하고 그 대가를 지급하여 선박을 반선할 수 있는 선택권을 가진다. 이러한 선원들의 선창청소의 대가는 주요사항을 협상 시 결정한다.

Pampero호 사건[14)]에서 선박소유자 Bulk Charters사와 정기용선자 KSC사는 Pampero호를 10-12개월 동안 사용하는 정기용선계약을 협의하여 1980년 5월 7일에 주요사항을 합의하였다. 그러나 선창청소비용과 본선 기어가 고장이 났을 경우에 부두에 설치한 크레인 사용료를 누가 부담하느냐에 대하여 합의가 이루어지지 않았다. 정기용선자 KSC사가 "추가사항이 합의되지 않았으므로 정기용선계약은 성립하지 않았다."라고 주장하자 선박소유자 Bulk Charters사는 "주요사항이 이미 성립되었으므로 정기용선계약은 성립되었다."라고 주장하였다. 1심 지방법원 Robert J. Ward 판사는 "양당사자 사이에 합의가 되지 않은 선창청소비용과 부두크레인 사용료는 주요사항에 해당하므로 정기용선계약은 성립하지 않았다."라고 판시하였다.

14) Bulk Charters (Pty) Ltd. v. Korea Shipping Corporation, 1981 A.M.C. 2877 (S.D.N.Y. 1981).

BIMCO Cleaning of Cargo Compartments Clause

Upon completion of discharge of each cargo, the crew shall render customary assistance in cleaning all cargo compartments in preparation for the next cargo, if required by the Charterers and if not prevented by any regulations or agreement whatsoever. Such cleaning work shall be performed while the Vessel is en route to next loading port, provided that this can be safely done and that the duration of voyage is sufficient. The Charterers shall pay to the Owners ○○ (negotiable lumpsum) each time such cleaning is performed. The Owners will endeavour to effect such cleaning as best possible, but without any guarantee that the cargo holds will be sufficiently cleaned and accepted on arrival at the loading port and the Owners shall not be responsible for any consequences arising from the fact that the crew has been employed in cleaning.

BIMCO 선창청소약관

각 화물의 양하완료 시에, 정기용선자에 의해 요구될 경우, 그리고 모든 규정들이나 계약에 의해 금지되지 않을 경우, 선원은 다음 화물에 대비하여 모든 선창들을 청소하는 데에 관례적인 지원을 제공하여야 한다. 선박이 다음 선적항으로 항해하는 도중에, 그러한 청소작업이 수행되어야 한다. 단, 그러한 작업이 안전하게 수행될 수 있고, 항해기간이 충분할 경우에만 그러하다. 그러한 청소가 수행될 때마다, 정기용선자는 협상이 가능한 총액 ○○을 선박소유자에게 지급하여야 한다. 선박소유자는 될 수 있는 대로 잘 그러한 청소를 완수하려고 노력할 것이지만, 선창이 선적항 도착 시에 충분히 청소되어 인수될 것인지를 선박소유자는 보증하지 않는다. 그리고 선원이 청소에 사용되었다는 사실로부터 발생하는 결과에 대하여 선박소유자는 책임을 지지 않는다.

해설: 본 약관은 정기용선계약의 협상 시 주요사항에 해당한다. 선박이 항해 중 선원이 선창을 청소하여 주고 선창청소(in lieu of hold cleaning)의 비용으로 합의된 금액을 정기용선자가 선박소유자에게 지급한다. 그러나 선적항에서 선적검사에 통과되지 아니하는 경우 등 청소의 상태가 미미하여 발생하는 결과에 대하여 선박소유자는 책임을 지지 않는다.

BIMCO Hold Cleaning/Residue Disposal Clause For Time Charter Parties

a) The Charterers may request the Owners to direct the crew to sweep and/or wash and/or clean the holds between voyages and/or between cargoes against payment at the rate of ○○ per hold, provided the crew is able safely to undertake such work and is allowed to do so by local regulations. In connection with any such operation the Owners shall not be responsible if the Vessel's holds are not accepted or passed. Time for cleaning shall be for the Charterers' account.

b) All materials (including chemicals and detergents) required for cleaning of cargo holds shall be supplied by and paid for by the Charterers.

c) Throughout the currency of this Charter Party and at redelivery, the Charterers shall remain responsible for all costs and time, including deviation, if any, associated with the removal and disposal of cargo related residues and/or hold washing water and/or chemicals and detergents and/or waste as defined by MARPOL Annex V, Section 1 or other applicable rules relating to the disposal of such substances.

BIMCO 정기용선계약의 선창청소/잔류물처리약관

a) 선창당 ○○의 비율로 지급하는 대가로, 항해들 사이에 그리고/혹은 화물들 사이에 선창들을 쓸고 그리고/혹은 닦고 그리고/혹은 청소하라고 선원에게 지시하도록 정기용선자는 선박소유자에게 요청할 수 있다. 단, 선원이 그러한 작업을 안전하게 담당할 수 있고, 지방 자치단체에 의해 그렇게 행하도록 허용되는 경우에 그러한다. 그러한 작업과 관련하여, 선박의 선창들이 승인되지 않거나 합격되지 않을 경우, 선박소유자는 책임지지 않는다. 청소에 소요되는 시간은 정기용선자의 부담으로 한다.

b) 선창의 청소에 필요한 모든 재료들(화학물질과 세척제를 포함하여)은 정기용선자에 의해 공급되어야 하고, 지급되어야 한다.

c) 본 용선계약의 유효기간 동안에, 그리고 반선 시에, 그러한 물질들의 처리에 관해, MARPOL(해양오염방지협약) 부속서 V 제1조 혹은 다른 적용이 가능한 규칙들에 의해 정의된, 화물 관련 잔류물 그리고/혹은 선창 세척용수 그리고/혹은 화학물질 그리고/혹은 세척제 그리고/혹은 폐기물 등의 제거 및 처리와 연관되고, 이로를 포함한, 모든 비용과 시간에 대하여, 발생할 경우에 용선자는 계속해서 책임을 져야 한다.

해설: 선원이 항해 중 한 선창청소로 인하여 발생한 쓰레기를 임의로 수거할 장치가 항구에 없는 경우가 있다. 일부 선박은 선박구조상 선창 측면이나 빌지탱크에 이러한 쓰레기를 저장할 수 없기 때문에 항구에서 허락된 구역에서 쓰레기를 처분하는 데 발생한 비용과 시간은 정기용선자가 부담한다고 본 약관은 규정하였다. 본 약관은 BIMCO 선창청소약관의 내용과 비교할 때, 청소에 필요한 재료는 정기용선자가 구입하여 지급하며, 청소 후 그 처분에 있어서도 정기용선자의 비용과 시간으로 한다는 내용을 추가한 것이 특징이다.

(2) 항해용선계약

정기용선계약과 공통되는 주요사항 이외에 항해용선계약에만 해당하는 주요사항은 다음과 같다.

1) 선박의 명세

정기용선계약의 경우와 마찬가지로 선명, 국적, 선급, 재화중량톤, 흘수, 재화능력 등이 기재된다. 그러나 항해용선계약에서는 선적항에서 양하항까지 화물을 운송하면 되므로 항해를 위해 선박을 사용한 용선기간은 중요하지 않다. 따라서 항해용선계약에서 선박의 속력과 연료소모량은 항해용선자가 요구하지 않는 한 기재할 필요가 없다. 또한 정기용선계약에서는 선박에 따라 용선료가 다르므로, 특정 선박을 대상으로 정기용선계약이 체결된다. 그러나 항해용선계약에서 선박소유자는 화물을 선적항에서 양하항으로 운송하면 되므로 선박을 특정하지 않고, 추후에 통보하는 내용(to be nominated)으로 계약을 체결할 수 있다.

2) 화물명세와 화물량

주요한 화물에는 철광석, 석탄, 곡물, 시멘트, 비료 등이 있는데 운송되는 화물을 기재한다. 화물량은 톤으로 표시되며 일반적으로 선박소유자는 10%의 가감(10% more or less)을 선적할 수 있는 선택권을 가지고 있다.

3) 선적항과 양하항

정기용선계약에서는 정기용선자가 선박을 사용한 인도시점에서 반선시점까지의 기간이 중요시된다. 그러나 항해용선계약에서는 화물을 선적하는 선적항과 양하하는 양하항이 운임을 결정하는 주요사항이 된다. 또한 선적항과 양하항에는 1개의 부두를 사용할 것인지 2개의 부두를 사용할 것인지를 명시한다.

4) 선적기일

항해용선자가 선적항에서 화물을 선적하기 위하여 선박이 선적항에 도착하여야 하는 기간을 말한다. 정기용선계약에서는 선박의 인도시점이 중요시되나 항해용선계약에서는 화물을 선적하기 위하여 선박이 선적항에 도착하여야 하는 기간이 주요사항이다.

5) 선적률과 양하율

하루에 작업이 가능한 화물의 양을 선적항과 양하항에 따라 별도로 기재한다. 선적항과 양하항에서 소요되는 작업시간을 총괄하여 기재하기도 한다. 예를 들어 "선적과 양하하는데 모두 7일이 소요됨(7 days all purpose both ends)."이라고 기재하기도 한다.

6) 운임과 운임지급조건

운임은 선하증권 또는 항해용선계약에 의하여 선박소유자가 화물을 선적항에서 양하항까지 운송해 준 대가로 항해용선자가 지급하는 보상을 말한다. 지급방법에는 선급과 후급이 있다. 또한 톤당 일정금액을 지급하는 경우가 대부분이나 톤수에 관계 없이 합의된 금액(lumpsum freight)을 지급하기도 한다. 그리고 항해용선자가 항해용선계약서에 의하여 화물을 준비하지 못하여 계약화물을 모두 선적하지 못하였을 경우에 선박소유자가 부족된 화물에 대하여 청구하는 운임을 부적운임(dead freight)이라고 한다.

Lauritzen & Korea Shipping 사건[15]에서 선박소유자 Lauritzen사와 용선자 KSC사는 1984년 5월 17일에 미국에서 일본으로 곡물을 운송하는 4개의 항차에 대하여 추가사항을 합의하는 조건으로 주요사항에 대하여 합의하였다. 추가사항을 협의하는 가운데 문제가 된 것은 운임지급약관이었다. 선박소유자는 견본용선계약서상 조항을 주장하였고 용선자는 "선하증권에 「선지급(prepaid)」 표시를 할 것."을 요구하였다. 운임이 지급되지 않은 상황에서 선하증권에 "선지급" 표시를 할 수 없었기 때문에 선박소유자는 용선자의 제의를 거절하였다. 용선자는 "더 이상 추가사항에 대하여 협상을 할 수 없다."고 하자 선박소유자는 용선계약의 성립여부를 중재에서 해결하고자 하였다. 1심 지방법원 Kevin Thomas Duffy판사는 "선하증권에 「선지급」 표시를 하는 것은 단순히 중요하지 않은 사항인지 또는 용선계약의 성립에 영향을 미치는 주요사항인지가 분명하지 않다. 따라서 용선계약의 성립여부가 분명하지 않은 상황에서 중재를 진행하는 것은 인정될 수 없다."라고 판시하였다.

7) 체선료와 조출료

항해용선계약에서 예정된 정박기간을 초과하여 선적하거나 양하한 시간에 대하여 항해용선자가 선박소유자에게 지급하기로 약정한 금액을 체선료(demurrage)라고 한다. 반면에 예정된 정박기간보다 일찍 선적하거나 양하한 시간에 대하여 선박소유자가 항해용선자에게 지급하기로 약정한 금액은 조출료(despatch)라고 한다.

2. 추가사항

추가사항은 이미 설명한 주요사항 이외에 견본용선계약서에 기재된 내용을 말한다. 양당사자가 추가사항을 검토한 이후 수정할 내용이 없으면 확인 후에 용선계약은 완전하게 체결된다. 그러나 수정할 사항이 있으면 양당사자는 다시 그 내용에 대하여 협상하게 된다.

15) Lauritzen (J.) A/S v. Kore Shipping Corporation, 1986 A.M.C. 2450 (S.D.N.Y. 1986).

Ⅱ. 조건부 합의

조건부 합의에 대하여 연구하기 위하여 계약조항에 대하여 먼저 살펴본다. 그리고 합의의 방식화에 대한 조건에 대하여 검토하고, 조건부 합의에 대하여 검토한다.

1. 계약조항

계약을 체결함에 있어 계약에 나타나는 조항이 조건(condition)에 해당하는가 또는 담보(warranty)에 해당하는가에 따라 이 조항을 위반했을 때의 법적인 효과가 달라지게 된다. 계약조항은 담보, 조건, 중간조건(intermediate terms)의 셋으로 분류되고 있다. 어떤 계약조항이 이행되지 아니한 경우, 이를 이유로 계약을 해제할 수 있느냐는 그 위반된 조항이 이 세 가지 중 어느 것이냐에 의하여 결정된다.

담보는 계약에서 상대적으로 중요성이 적은 또는 부수적인 내용을 이루고 있는 조항, 즉 계약의 비본질적인 조항을 말한다. 이러한 담보의 위반은 피해당사자에게 손해배상청구권만을 발생시키며, 일반적으로 계약을 해제할 수 있는 권리를 발생시키지 않는다. 이에 대하여 조건은 계약의 근본 또는 핵심에 미치는 계약의 본질적 조항을 말한다. 이러한 조건의 위반은 피해당사자에게 손해배상청구권뿐만 아니라 일반적으로 계약해제권도 발생시킨다. 중간조건은 무명조항(innominate term)이라고도 하는데, 조건과 담보의 중간에 위치하는 조항을 말한다. 중간조건의 위반이 피해당사자에게 심각한 결과를 가져다주는 경우에는 그는 계약을 해제할 수 있다. 그러나 그 위반이 그에게 심각한 결과를 초래하지 않는 경우, 그는 손해배상청구권만을 가진다. 그러므로 중간조건은 그 위반이 자동적으로는 피해당사자에게 계약해제권을 발생시키지 않는다는 점에서 조건과 구별된다. 그리고 중간조건의 위반이 있는 경우에 피해당사자는 구제방법으로써 손해배상청구권뿐만 아니라, 경우에 따라서는 계약해제권도 가질 수도 있다고 하는 점에서 중간조건은 담보와 구별된다.

2. 합의의 방식화에 대한 조건

당사자들이 주요사항에 대하여 합의에 도달하였으나, 일정한 방식으로 합의를 형식화하기로(예컨대, 서면화하기로) 약정하고 있는 경우들도 있다. 이러한 약정을 한 당사자의 의사는 일정한 방식의 계약서가 교환될 때까지 합의에 구속을 받지 않겠다고 하는 것이다. 이러한 목적의 약정이 있는 경우, 계약이 성립하여 존재하느냐의 여부는 다음과 같은 세 요소에 의하여 결정된다. 즉, 당사자들의 의사, 형식적 계약에 의하여 해결하기로 한 조항의 중요성의 정도, 그리고 당사자들이 형식을 갖추지 않은 합의에 기하여 취한 행동의 정도 내지 중요성이 그것이다.[16)]

용선계약을 협의하는 과정에서 전문 또는 서면에 "계약을 조건으로(subject to contract)"라는 문언을 명기한 때에는 계약당사자가 용선계약서에 서명하거나 또는 계약의 내용을 이행할 때까지 계약당사자는 계약을 이행할 의무가 없다.[17)]

SPNTL v Polaris사건[18)]에서 노르웨이에 소재한 선박소유자 Polaris사와 포르투갈에 소재한 SPNTL사는 1947년 12월부터 6년 동안 유조선 Polarsol호를 정기용선하는 협상을 시작하였다. 1948년 2월 19일에 계약성립의 조건(subject to contract)으로 용선계약의 주요사항이 합의되었다. 용선자는 용선계약이 성립되지 않았다고 주장한 반면 선박소유자는 "협상 시 교류된 서신, 전문 및 전화의 내용으로 미루어 볼 때 용선계약은 성립되었다."라고 주장하였다. 1심 법원 McNair판사는 "선박소유자는 용선자에게 용선기간 동안 지급될 용선료에 대한 은행보증서를 요구하였다. 이에 대하여 용선자가 포르투갈 정부의 동의를 얻을 수 없어 은행보증서를 제공할 수 없었으므로 용선계약서는 서명되지 않았다. 용선계약은 계약성립의 조건으로 체결되었는데 용선계약서가 양당사자에 의하여 서명되지 않았으므로 계약은 성립되지 않았다."라고 판시하였다. 항소법원(Somervell판사, Jenkins판사와 Morris판사)은 "용선계약이 계약성립의 조건으로 체결되었으므로 양당사자가 용선계약서에 서명하기 전에는 용선계약이 성립된 것이 아니다."라고 판시하면서 1심 법원 McNair판사의 판결을 확인 · 지지하였다.

그러나 용선계약서에 서명하는 조건부로 계약이 체결되었으나, 용선계약서에 서명이 되지 않아서 용선계약이 성립되지 않은 경우에 용선자가 선박을 인도받았다면 용선계약은 성립된 것이다. Botnica호 사건[19)]에서 DSND사는 Botnica호를 FMA사로부터 선체용선하여 OSA사에게 807일 동안 정기용선하여 주기 위하여 협상 결과 "서로 합의된 계약내용과 조건

16) 이호정, 「영국 계약법」, (서울: 경문사, 2003), 40-41쪽.
17) 박용섭, 정기용선, 128쪽.
18) Socidade Portuguesa de Navios Tanques Limitada v. Hvalfangerselskapet Polaris A/S [1952] 1 Lloyd's Rep. 407.
19) Oceanografia S.A. de CV v. DSND Subsea AS – The Botnica [2007] 1 Lloyd's Rep. 37.

에 따라 용선계약서에 서명하는 조건부"로 용선계약이 체결되었다. 2001년 9월 1일에 OSA사는 "용선계약은 계약이행보증서의 문구를 합의하는 조건부로 체결되었다."라고 DSND사에게 팩스를 송부하였고 계약이행보증서의 문구는 2001년 9월 4일에 합의되었다. DSND사는 용선계약서의 모든 면에 서명하였으나 OSA사는 아직 서명을 하지 않았다. 또한 OSA사는 계약이행보증서도 제공하지 않았다. 이런 상황에서 선박은 2001년 10월 9일에 OSA사에게 인도되어 용선이 시작되었다. 지급정지기간에 대한 분쟁으로 DSND사는 중재를 제기하였고 OSA사는 "용선계약이 성립되지 않았으므로 합의된 중재약관은 존재하지 않는다. 따라서 중재인은 재판관할이 없다."라고 주장하였다. 2004년 9월 17일에 중재인은 "용선계약은 성립되었으므로 양당사자를 구속한다. 따라서 용선계약서의 중재약관에 의하여 중재인은 재판관할권이 있다."라고 판정하였다. 1심 법원 Aikens판사는 "OSA사는 용선계약의 조건이 이행되지 않았으므로 용선계약을 무효로 할 수 있었다. 그러나 이에 대한 주장 없이 선박을 인도받았으므로 금반언의 원칙에 의하여 용선계약은 성립되었다. 따라서 용선계약서의 중재약관에 의하여 중재인은 재판관할권이 있다."라고 판시하였다.

3. 조건부 합의(conditional agreements)

사건이 발생할 때까지 어느 당사자도 그가 약속한 기본적 의무를 이행하지 않아도 되지만, 그 동안 각 당사자는 조건의 성취, 즉 사건의 발생을 방해하는 어떤 일도 해서는 안 된다.

Mary호 사건[20]에서 선박소유자 AGL사와 용선자 Tidewater사는 1974년 11월 20일에 스크랩을 Jacksonville 항에서 선적하여 Peru 항에서 양하하는 조건부 항해용선계약을 합의하였다. 조건의 내용은 첫째는 수하인의 승인이 있어야 한다는 것이고 둘째는 추가사항이 합의되어야 한다는 것이다. 용선자가 수하인의 승인을 얻지 못하여 결과적으로 용선계약은 성립되지 않았다. 선박소유자는 "수하인의 승인이 없던 것은 용선자가 신의에 어긋나게 의도적으로 수하인을 설득하여 조건이 성립되지 않았다."라고 주장하며 소를 제기하였다. 1심 지방법원 Metzner판사는 "용선계약서의 주요사항은 이미 합의되었다. 또한 수하인 Sider사는 Tidewater사가 의도하였다면 조건을 승인하였을 것이다. 그러나 Tidewater사가 Mary호 보다 더욱 경쟁력이 있는 Promethee호를 운송에 투입하고자 신의에 어긋나게 수하인으

20) Atlantic & Great Lakes S.S. Corporation v. Steelmet Inc., 74 Civ. 5048 (S.D.N.Y. 22 February 1977), aff'd 565 F.2d 848, 1978 A.M.C. 107 (2d Cir. 1977).

로 하여금 조건을 승인하지 않도록 하였다. 따라서 Tidewater사는 용선계약의 위반에 대한 책임을 져야 한다."라고 판시하였다. 항소법원(Lumbard판사, Moore판사와 Feinberg판사)은 1심 지방법원 Metzner판사의 판결을 확인 · 지지하였다.

용선계약에서는 다음과 같은 조건이 주로 사용된다.

(1) 용선자경영진 승인조건(sub charterers' BOD approval)

용선계약은 수시로 변하는 용선시황에 대처하기 위하여 매우 짧은 시간 내에 주로 실무담당자에 의하여 체결된다. 따라서 회사의 경영진의 승인을 얻기 위하여 조건을 단다. 그러나 실제로는 시장의 변동이 심할 때 선박을 확보하기 위한 수단으로 사용되기도 한다.

(2) 송하인 또는 수하인 승인조건(sub shippers or receivers approval)

용선계약의 주요사항을 합의한 후에 용선자는 선박을 송하인 또는 수하인에게 통보하여(nominate) 승인을 구한다. 이 경우에 송하인 또는 수하인이 선박을 승인하지 않으면 용선계약은 성립하지 않는다.

(3) 화물준비조건(sub stem)

용선자가 실제로 선적기일 내에 선적할 수 있도록 화물을 확보하는 것을 조건으로 한다. 용선자가 선박을 확보한 후에도 실제 화물을 수배하는 데 다소 간의 시간이 소요될 수 있다.

(4) 추가사항 합의조건(sub further c/p details)

선박소유자와 용선자는 용선계약의 주요사항을 합의한 후에 견본용선계약서(proforma charter party)를 기준으로 추가사항을 합의한다. 추가사항의 협의는 주요사항에서 다루어지지 않은 다양한 경우에 대한 비용과 책임의 소재에 대하여 상당히 세심하게 다루어진다. 왜냐하면 예상치 못한 추가비용이 발생하거나 운항 중 사고가 발생하였을 경우에 책임의 분배는 이러한 추가사항 협상 시 결정되기 때문이다.

(5) 그 밖에 사용되는 조건에 대하여 검토하여 본다

"선박이 2항차를 만족스럽게 이행하는 조건(subject to satisfactory completion of two trial voyages)"에서 법원은 조건이 성취되지 않았으므로 용선계약은 성립되지 않았다고 판시하였다. John S. Darbyshire호 사건[21]에서 선박소유자 William Tankers사와 정기용선자

Albion사는 1977년 8월 13일에 "2항차를 만족스럽게 이행하는 조건으로" 1년 동안 John S. Darbyshire호를 정기용선하는 정기용선계약의 주요사항에 대하여 합의하였다. 정기용선자가 선박이 2항차를 만족스럽게 이행하지 못하였으므로 더 이상 선박을 사용할 의사가 없다고 하자 선박소유자는 정기용선계약서상 규정되어 있는 중재약관에 의하여 중재를 신청하였다. 정기용선자는 "조건이 이행되지 않았으므로 정기용선계약은 성립되지 않았다. 따라서 중재인은 이 사건에 대한 재판관할(jurisdiction)이 없다."라고 주장하였다. 1심 법원 Mocatta 판사는 "선박이 2항차를 만족스럽게 이행하지 못하여 조건이 이행되지 않았으므로 정기용선계약은 성립되지 않았다."라고 판시하였다.

또한 신의의 조건은 계약의 성립에 영향을 미치지 않는다. Mercedes Envoy호 사건[22]에서 관리선박소유자 Zenith사와 정기용선자 한진해운은 1994년 3월 31일에 Mercedes Envoy호에 대한 정기용선계약을 신의의 조건부로 체결하였다. 한진해운은 "1994년 4월 7일에 정기용선계약이 성립되었으므로 양당사자 사이에 분쟁이 발생하면 정기용선계약서상의 중재약관에 의하여 해결하여야 한다."라고 주장하였다. 반면에 Zenith사는 "계약은 신의에 의하여 체결되었으므로 성립된 것이 아니다."라고 주장하였다. 1심 법원 Mance판사는 "신의란 표현은 단지 선박의 상태에 대하여 언급된 것이므로 「신의에 의하여 계약이 체결됨.」이란 문구는 법적으로 조건이 될 수 없다. 따라서 정기용선계약은 성립되었다."라고 판시하였다. 기타 사용되는 조건에는 "검사조건",[23] "자금조달조건" 등이 있다.

제 4 절 용선계약의 성립

용선계약은 양당사자가 용선계약의 내용에 대하여 합의하고 용선계약의 체결상 의사표시에 하자가 없다면 체결된다.[24]

21) Albion Sugar Co., Ltd. v. William Tankers Ltd. – The John S. Darbyshire [1977] 2 Lloyd's Rep. 457 (Q.B.).
22) Hanjin Shipping Co., Ltd. v. Zenith Chartering Corporation – The Mercedes Envoy [1995] 2 Lloyd's Rep. 559.
23) Woodstock Shipping Co. v. Kyma Compania Naviera S.A. – The Wave [1981] 1 Lloyd's Rep. 521 (Q.B.).
24) 계약이 성립하려면, 당사자의 서로 대립하는 수개의 의사표시의 합치, 즉 합의가 반드시 있어야만 한다. 그리고 이 합의가 성립하기 위하여서는, 객관적 합치와 주관적 합치가 있어야 한다. 수개의 의사표시가 내용적으로 일치하는 것이, 객관적 합치이다. 여기서 내용적으로 일치하여야 한다는 것은, 외부에 나타나고 있는 표시행위로부터 추단해

Ⅰ. 성립요건

1. 양당사자가 합의하여야 한다

전통적 견해에 의하면, 합의(agreement)가 성립하기 위해서는 유효한 청약과 이 청약에 대한 유효한 승낙의 합치가 필요하다. 용선계약도 일반계약과 동일하게 청약(offer)과 승낙(acceptance)이라고 하는 의사표시의 합치에 의하여 성립하는 것이지만, 실제 협상과정은 복잡한 단계를 거치게 된다. 예를 들어 항해용선계약에서 당사자가 협상을 개시할 당시에는 화물량, 운임, 선적항, 양륙항, 체선료, 선박명세 등에 관하여 견해의 차이를 보이나, 이후 상호 양보를 통해 점진적으로 합의에 도달하게 된다.[25)]

(1) 청 약

청약이란 상대방이 청약의 유효시간 내에 내용을 검토하여 합의하는 경우에는 계약을 성립시키겠다는 확정적 의사표시이다. 따라서 청약의 유효시간 내에 상대방의 승낙이 있으면 용선계약은 성립한다. 청약자는 유효시간을 정하여 청약을 하는데 유효시간 내에 상대방이 승낙하지 않으면 효력이 상실된다. 이러한 청약은 일반계약과 같이 승낙의 기한이 명시적으로 정해지는 경우가 대부분이고, 그 기한 내에 승낙이 이루어지지 않으면 그 청약은 무효가 된다. 반면 승낙의 기한이 정하여져 있지 않은 청약은 상당한 시간이 경과하면 실효한다.[26)] 그리고 어느 정도가 상당한 시간인가의 문제는 사실의 문제이고, 청약의 성격과 청약이 행하여진 시장조건 등과 같은 사정에 의하여 결정된다.[27)] 또한 유효시간 내에 상대방이 거절하거나 일부를 수정하여 반대청약을 한 경우에도 효력이 상실된다. 선박소유자와 용선

서 그렇게 인정되어야 한다는 것이다. 따라서 의사표시가 내용적으로 합치 내지 일치한다는 것은, 각 표시행위에 사용된 문자나 언어가 형식적으로 꼭 같다는 것을 가리키는 것은 아니며, 표시행위에 대하여 사회적으로 주어지는 의미, 바꾸어 말해서, 표시행위로부터 추단되는 의사표시의 내용이 실질적으로 일치하는 것을 가리킨다. 당사자의 의사표시가 상대방의 의사표시와 결합해서 계약을 성립시키려는 의의를 가지는 때에, 주관적 합치가 있게 된다. 바꾸어 말하면, 주관적 합치는 당사자의 의사표시가 서로 상대방에 대한 것이어서, 상대방이 누구이냐에 관하여 잘못이 없는 것을 말한다. 곽윤직, 「채권각론」, (서울: 박영사, 2005), 33-34쪽.

25) 이광희 · 이원정, 앞의 책, 232쪽.

26) 우리나라 법제에서 승낙기간을 정하지 아니한 계약의 청약에 대하여 민법 제529조는 "승낙의 기간을 정하지 아니한 계약의 청약은 청약자가 상당한 기간 내에 승낙의 통지를 받지 못한 때에는 그 효력을 잃는다."라고 규정하고 있다. 그리고 격지자 간의 청약의 구속력에 대하여 상법 제52조 제1항은 "격지자 간의 계약의 청약은 승낙기간이 없으면 상대방이 상당한 기간 내에 승낙의 통지를 발송하지 아니한 때에는 그 효력을 잃는다."라고 규정하고 있다.

27) 이광희 · 이원정, 앞의 책, 232-233쪽.

자는 서로 간에 청약과 반대청약을 수차례 교환하게 된다. 청약은 법적으로 청약자를 구속하므로 청약의 유효시간 내에는 청약의 상대방 이외의 다른 상대방에게 중복하여 청약할 수 없다. 청약의 유효시간이 경과되고 피청약자로부터 회신이 없는 경우에는 청약의 효력이 상실되므로 청약자는 비로소 다른 상대방에게 청약을 할 수 있다. 굳이 청약의 유효시간 내에 피청약자 이외의 다른 상대방에게 청약을 하고자 한다면 "계약이 체결되지 않았다는 조건부(subject unfixed, subject open)"로 청약을 할 수 있다. 청약은 피청약자에게 도달되기 전에 철회가 가능하다. 그러나 이미 피청약자에게 도달한 이후에는 철회할 수 없다.[28] 청약의 효력발생시기는 청약의 의사표시가 피청약자에게 도달된 때부터 그 효력이 발생한다.[29]

청약은 청약자가 청약을 철회하거나 청약의 상대방이 승낙을 거절한 때에 종료한다. 또한 청약은 시간의 경과에 의하여, 조건의 성취에 의하여 또는 당사자 일방의 사망이나 행위능력의 상실 등의 사실에 의하여 종료할 수도 있다.

(2) 승 낙

승낙은 청약자가 제시한 청약에 대하여 피청약자가 동의하여 계약을 성립시키겠다는 의사표시이다. 유효한 청약이 있으면 계약은 그 청약이 청약의 상대방에 의하여 받아들여졌을 때, 즉 승낙되었을 때에 성립한다. 그런데 청약에 대한 승낙이 있다고 하기 위해서는 청약의 상대방에 의한 승낙의 사실과 승낙의 통지가 있어야 한다. 승낙은 청약의 모든 조항(조건)들에 대한 종국적이고 무조건적인 동의이다. 승낙에 관한 가장 중요한 원칙은 승낙이 청약과 일치하여야 한다는 것이다. 따라서 청약에 수정을 가하거나 변경을 가한 승낙은 승낙으로서의 효력이 없다.[30]

승낙은 청약자에게 통지되어야 하고, 통지될 때까지는 승낙의 효력이 발생하지 않는다. 영미법에는 경우에 따라 발신주의와 도달주의를 적용한다. 법률행위의 의사표시는 원칙적으로 그 상대방에게 그 의사표시자가 이루고자 하는 법적 효과를 강요하려는 목적을 갖는 것이다. 따라서 의사표시가 그 효력을 발생시키기 위해서는 그 효과가 미치는 상대방에게 도달하는 것을 전제로 함은 당연하다.[31] 협상은 주로 구두, 전화, 전문, 팩스 또는 이메일 등

---

28) 우리나라 법제에서 계약의 청약의 구속력에 대하여 민법 제527조는 "계약의 청약은 이를 철회하지 못한다."라고 규정하고 있다.
29) 한종술, 「미국계약법」, (서울: 진원사, 2009), 76쪽.
30) 원래의 청약에 수정이나 변경을 가한 승낙은 다음 두 가지의 법적 효과를 가진다.
첫째, 그것은 원래의 청약에 대한 거절을 의미한다.
둘째, 이것은 새로운 청약, 즉 반대청약으로 된다.

즉시적/전자적인 통신수단으로 행하여지므로 이와같이 즉시 상대방에게 의사표시가 전달되는 경우에 영미법상 도달주의가 원칙이다.[32] 그러나 우편이나 전보로 승낙을 통지하는 경우에는 발신주의를 적용하며 승낙이 우편으로 발송이 되자마자 그 효력이 발생된다.

(3) 내용이 애매모호하거나 또는 불완전한 합의가 아니어야 한다

선박소유자와 용선자가 체결한 용선계약서의 내용이 명백한 경우에는 문제가 없으나, 불분명한 경우에는 문제가 된다. 영미법상 내용이 애매모호하거나 또는 불완전한 합의에 대하여 연구하기 위하여 용선계약서의 내용과 종전문언배제의 원칙에 대하여 먼저 살펴보고 판례를 검토한다.

1) 용선계약서의 내용

용선계약서의 조항은 명시적 조항과 묵시적 조항으로 나누어진다. 명시적 조항이란 어떤 사항에 관한 의사가 명료하게, 직접적으로 표현되어 있는 조항을 말한다. 묵시적 조항[33] 이란 어떤 사항에 관한 의사가 외형적 또는 직접적으로 표시되어 있지 않지만 주위의 상황, 일반적인 말투, 당사자의 행위 등으로 추단되는 조항을 말한다.[34] 명시적 조항이냐 묵시적 조항이냐는 당사자들이 합의에 도달하거나 그들의 합의를 기록할 때 사용한 언어에 의하여 결정된다.[35]

한편 용선중개인이 작성한 성약확인서와 용선계약서의 내용이 상이할 경우에 용선계약서가 아직 서명되지 않았다면 법적 효력이 없지만, 용선계약서에 이미 양당사자가 서명하였다면 서명된 용선계약서가 성약확인서보다 우선하여 법적 효력이 있다.[36]

31) 한종술, 앞의 책, 133쪽.

32) 우리나라 법제에서 의사표시의 효력발생시기에 대하여 민법 제111조 제1항은 "상대방 있는 의사표시는 그 통지가 상대방에 도달한 때로부터 그 효력이 생긴다."라고 규정하고 있다. 또한 격지자 간의 계약성립시기에 대하여 민법 제531조는 "격지자 간의 계약은 승낙의 통지를 발송한 때에 성립한다."라고 규정하고 있다.

33) 묵시적 조항에는 세 가지가 있다. 첫째, 사실 안에 묵시되어 있는 조항으로 당사자들에 의하여 명시적으로 표시되지는 않았지만 그러한 조항은 "말하지 않아도 될 정도로 명백한" 것이기 때문에 당사자들이 틀림없이 계약에 포함시켰으리라고 여겨지는 조항을 말한다. 둘째, 제정법 또는 판례법이 인정하고 있는 묵시적 조항을 말한다. 셋째, 계약이 체결되는 시장이나 영업분야나 지방의 관련 관습은 계약의 명시적 조항이나 강행적인 묵시적 조항과 충돌하지 않는 한 계약에 편입된다. 계약의 내용으로 편입되는 이러한 계약조항을 관습 또는 관행에 의하여 묵시되는 조항이라고 한다. 이호정, 앞의 책, 101-106쪽.

34) 鴻常夫 편수, 앞의 책, 361쪽.

35) 이호정, 앞의 책, 99-100쪽.

36) Coghlin Terence, W. Baker Andrew, Kenny Julian and Kimball John D., *op. cit.*, p.30.

2) 종전문언배제의 원칙

종전문언배제의 원칙(the parol evidence rule)이란 계약이 서면으로 되어 있는 경우에 당사자들은 이 계약서면에 어떤 조항을 부가하거나, 변경하거나 또는 서면에 기재된 조항에 이의를 제기하기 위하여, 서면에 기재되어 있지 않은 어떤 외부증거를 원용할 수 없다고 하는 일반원칙을 말한다. 종전문언배제의 원칙은 문서로 작성된 계약서에서 일방당사자가 계약서에 없는 내용을 합의하였다고 주장하는 경우에 적용된다.[37] 그러나 종전문언배제의 원칙에는 많은 예외를 인정하고 있다. 양당사자가 합의된 모든 내용을 계약서에 표시하기로 의도한 경우에는 외부증거를 원용할 수 없다. 그러나 양당사자가 합의된 모든 내용을 계약서에 표시하기로 의도하지 않은 경우에는 외부증거를 원용할 수 있다.[38] 이 규칙은 오직 계약의 내용에 관한 증거에 대하여서만 적용된다. 따라서 예컨대 계약이 약인(consideration)의 결여, 착오 또는 부실표시의 이유로 법적 구속력이 없다고 함을 입증하기 위하여 제출되는 증거에는 적용되지 않는다. 또한 서면계약이 보통법에서는 완전히 유효한 경우에도 형평법상의 항변이 가능함을 입증하기 위하여 외부증거를 제출할 수 있다. 그리고 외부증거는 그 계약서면에 기재되어 있는 명시적 조항이 무엇을 의미하느냐를 입증하기 위해서는, 즉 그 명시적 조항의 내용의 해석을 위해서는 원용될 수 있다. 따라서 외부증거는 명시적 조항의 애매모호한 표현이나 기술적 용어를 설명하기 위하여 원용될 수 있다. 또한 계약협상에 나타나 있는 계약체결의 배경에 관한 증거는 그것이 문서의 의미를 밝히는 데 도움이 된다면 원용될 수 있다.[39]

3) 판례검토

법원이 엉성한 말로 이루어진 합의가 유효하도록 최선을 다하는 경우도 많다. 법원은 상인들이 그들의 합의조항들을 꼼꼼하게 그리고 상세하게 작성할 시간적 여유가 없는 경우가 많음을 인정하고 있다.

Jetoil v. Okta 사건[40]에서 Okta정유사와 Jetoil사는 1993년에 Jetoil사가 그리스 Salonica항에서 소유하고 있는 저장창고를 10년 동안 사용하는 계약을 체결하였다. Jetoil사는 Okta정유사가 수입하는 원유에 대하여 Okta정유사에게 저장창고를 사용하게 하고 취급

37) Blum Brian A., *Contracts*, 4th ed., (New York: Wolters Kluwer, 2007), p.347.
38) O'Sullivan Janet & Hilliard Jonathan, *The Law of Contract*, 2nd ed., (Oxford: Oxford Universtity press, 2006), p.177.
39) 이호정, 앞의 책, 107-111쪽.
40) Mamidoil-Jetoil Greek Petroleum v. Okta Crude Oil Refinery [2001] 2 Lloyd's Rep. 76 (C.A.).

수수료를 받기로 하였는데, 취급수수료의 금액은 초기 2년 동안만 정하여져 있었다. 양당사자는 2년 후의 취급수수료에 대하여 1999년 12월 31일까지 금액을 추가로 합의하였으나, 그 이후의 취급수수료에 대하여 합의된 금액이 없었다. Okta사는 "1999년 12월 31일 이후 취급수수료 금액에 대하여 합의된 바가 없으므로 1993년의 계약은 더 이상 구속력이 없다." 라고 주장하였다. Jetoil사는 "계약은 계약기간인 10년 동안 구속력이 있다. 양당사자 사이에 분쟁이 있으면 중재에서 해결하면 된다. 1999년 12월 31일 이후에 합의된 취급수수료 금액이 없다면 이전에 적용된 취급수수료 금액이 타당하므로 그 금액을 적용하면 된다."라고 주장하였다. 1심 법원 Thomas판사는 "양당사자가 합의한 취급수수료 금액이 없다면 계약은 더 이상 존재하지 않는다."라고 판시하였다. 항소법원(Schiemann판사, Rix판사와 Ronald판사)은 "계약은 10년 동안 유효하므로 Okta정유사는 남아있는 기간 동안에 합리적인 금액을 취급수수료로 지급하면 된다. 취급수수료 금액에 분쟁이 있다면 중재에서 해결하면 된다." 라고 판시하면서 Jetoil사에게 승소판결을 하였다. 또한 법원은 상업적인 합의를 변화하는 경제상황에 적응시킬 수 있게 하기 위하여 지나친 정확성과 경직성을 피하는 것이 오히려 바람직한 경우도 많음을 인정하고 있다.

계약서상 중재약관의 내용이 애매모호한 경우가 있다. Lovelock v. Exportles 사건[41]에서 매도인 Exportles사와 매수인 Lovelock사는 1964년 10월에 C.I.F. Liverpool 조건으로 목재 매매계약을 체결하였다. 매매계약서 중재약관에 의하면 "모든 분쟁은 런던중재에서 해결한다."라고 규정되어 있음에도 불구하고 또한 "기타 모든 분쟁은 모스크바중재에서 해결한다."라고 규정되어 있었다. 화물의 인도부족과 품질불량에 대한 분쟁이 발생하자, 매수인은 영국법원에 소를 제기한 반면에 매도인은 분쟁은 모스크바중재에서 해결되어야 한다고 주장하였다. 1심 법원 Nield판사는 "중재약관은 그 내용이 모호하므로 분쟁은 법원에서 결정되어야 한다."라고 판시하였다. 또한 항소법원(Denning판사, Diplock판사와 Edmund Davies판사)은 1심 법원 Nield판사의 판결을 확인 · 지지하였다.

상사계약에서는 공정한 품질에 관한 언급이나 특정한 지역에 있어서의 거래에서 통상적으로 채택되고 있는 조항에 따른다는 언급이 있는 것이 보통이다. 이러한 애매모호한 조항들은 계약을 무효로 만들지는 않는다. 이러한 조항들의 명확성의 결여는 관련 거래관행이나 합리성의 기준에 의하여 보완될 수 있다.[42]

41) Lovelock v. Exportles [1968] 1 Lloyd's Rep. 163 (C.A.).
42) 이호정, 앞의 책, 37쪽.

Hillas v. Arcos 사건[43]에서 매도인 Arcos사와 매수인 Hillas사는 1930년 5월 21일에 22,000개의 러시아산 목재를 구입하는 매매계약을 체결하였다. 매매계약에 의하면 매수인은 1931년에 매도인의 매매가격에서 5% 저렴한 가격으로 100,000만개의 목재를 추가로 매수하는 선택권이 있었으나 규격, 품질, 선적에 관한 세부사항은 기재되지 않았다. 매수인의 선택권은 1931년 1월 1일 전에 통지하기로 되어 있었는데 매수인은 1930년 12월 22일에 선택권을 통지하였다. 매도인은 "선택권의 내용이 너무 애매모호하기 때문에 계약으로서 구속력이 없다. 선택권에 관한 계약이 추가로 체결되지 않았으므로 매도인은 선택권의 행사에 대하여 이행할 의무가 없다."라고 주장하였다. 매수인은 "상품의 명세에 대하여 「1931년에 상당하는 적정한 명세」라고 표시되어 있고 1930년 5월 21일 매매계약서에 추가매수에 대한 선택권약관이 명시되어 있으므로 매수인은 추가선택권에 대한 권리가 있다."라고 주장하였다. 1심 법원 Mackinnon판사는 "매수인은 추가매수선택권에 대한 권리가 있으므로 매도인은 매수인에게 £30,000의 손해배상을 하여야 한다."라고 판시한 반면 항소법원(Scrutton판사, Greer판사와 Romer판사)은 1심 법원 Mackinnon판사의 판결을 부인하였다. 그러나 귀족원(Tomlin경, Macmillan경, Thankerton경, Warrington of Clyffe경과 Wright경)은 "명확하지 않은 선택권의 내용은 1930년 계약을 참조하여 공정하고 합리적으로 결정할 수 있다. 따라서 추가매수선택권은 구속력이 있다."라고 판시하면서 1심 법원 Mackinnon판사의 판결을 확인 · 지지하였다.

2. 용선계약의 체결상 의사표시에 하자가 없어야 한다

착오, 부실표시와 부당한 압력에 의하여 계약이 체결되었다면, 그 정도에 따라서 용선계약의 효과는 부인될 수 있다.

(1) 착 오

계약성립의 요소인 의사표시에 사실의 존재에 관하여 중대한 오인이 있음으로 해서 진정한 합의가 성립되지 못하였을 경우에는 계약은 무효가 된다.[44] 그러나 모든 착오가 계

---

43) WN Hillas & Co Ltd. v. Arcos Ltd. [1932] 43 Ll.L.Rep. 359.

44) 우리나라 법제에서 착오로 인한 의사표시에 대하여 민법 제109조 제1항은 "의사표시는 법률행위의 내용의 중요부분에 착오가 있는 때에는 취소할 수 있다. 그러나 그 착오가 표의자의 중대한 과실로 인한 때에는 취소하지 못한다."라고 규정하고 있고, 민법 제109조 제2항에서는 "전항의 의사표시의 취소는 선의의 제3자에게 대항하지 못한다."라고 규정하고 있다.

약의 효력에 영향을 주는 것은 아니다. 예컨대 계약내용에 관한 표시상의 착오나 진의가 계약상의 문언과 다른 경우와 같은 경미한 착오라든가 법률의 착오 등은 계약의 효력에는 아무런 영향도 주지 않는다. 계약이 무효가 되는 것은 오직 사실에 관해서 중대한 착오가 있는 경우뿐이다. 양당사자가 용선계약을 체결하고 용선계약서에 서명하였으나 용선계약서의 내용이 양당사자가 합의한 내용과 일치하지 않은 경우가 있다.

Olympic Pride호 사건[45]에서 선박소유자 Adderley Navigation사와 항해용선자 Etablissements Levy사는 1977년 11월 25일에 Great Lakes에서 곡물을 선적하여 북 아프리카에서 양하하는 Olympic Pride호에 대한 항해용선계약을 체결하였다. 용선계약서에는 "선박은 현재 시카고 항에서 양하 중이며 12월 2일에 Toledo 항에서 선적이 가능할 것으로 예상됨."이라고 기재되어 있었다. 그러나 실제로 용선계약이 체결될 당시에 선박은 시카고 항으로 항해 중이었으며 Toledo 항에 Great Lakes지역의 빙하시기가 시작되는 12월 2일까지 도착할 수 없었다. 결과적으로 선박소유자는 빙하위험지역의 항해와 관련된 조항을 용선계약서에 추가하기를 요구하면서, 선적을 거부하였다. 항해용선자는 "「선박은 현재 양하하기 위하여 시카고 항으로 항해 중」이란 표현으로 수정되는 데는 동의하나 그 이외에 선적항 도착예정시간을 포함한 다른 내용은 수정될 수 없다. 따라서 선박소유자는 용선계약을 위반하였다."라고 주장하였다. 선박소유자는 "선박의 동정이 착오로 용선계약서에 기재되었으므로 선적항 도착예정시간을 포함하여 선박의 동정과 관련된 모든 문구가 삭제되어야 한다."라고 주장하였다. 1심 법원 Mustill판사는 "선박소유자는 첫째 양당사자가 선박의 선적항 도착예정시간에 대하여 합의하지 않았다는 것, 둘째 서명된 용선계약서의 내용이 양당사자가 실제로 합의한 내용과 다르다는 것, 셋째 양당사자가 용선계약서의 내용이 실제로 합의한 내용과 다른데도 간과하고 용선계약서에 서명한 것을 입증하지 못하였으므로 선박의 선적항 도착예정시간은 용선계약서에서 삭제될 수 없다."라고 판시하였다. 이 사건에서 실제로 선박은 양하하기 위하여 시카고 항으로 항해 중이었으므로 착오로 잘못 기재된 "…선박은 현재 시카고 항에서 양하 중이며…"란 문구는 수정이 가능하였다. 그러나 선박의 선적항 도착예정시간은, 양당사자가 합의한 내용과 일치하지 않다는 것을 선박소유자가 입증하지 못하였기 때문에, 착오를 이유로 삭제될 수 없었다.

45) Ets. Georges et Paul Levy v. Adderley Navigation – The Olympic Pride [1980] 2 Lloyd's Rep. 67.

(2) 부실표시

착오가 상대방의 부실표시(misrepresentation)라든가 사기에 의해서 발생한 경우에는 그 계약은 과오에 의해서 무효가 되는 것이 아니라 부실표시 또는 사기에 의해서 취소할 수 있게 된다.[46] 부실표시라 함은 이와 같이 당사자의 일방이 사실에 관하여 허위의 진술을 하여 상대방을 계약체결로 유도한 경우를 말한다. 따라서 부실표시에 의한 계약의 체결이란 계약의 당사자 또는 그를 대신할 지위에 있는 자가 계약의 내용에 관한 사실을 진실과 다르게 알리는 일체의 행위를 이르며, 그 부실표시의 방법은 적극적 행위는 물론이고 소극적인 부작위를 포함하며, 그 적극적 표현의 수단도 말이나 글로써 표현하는 것 외에 물건의 외형들을 보여주는 방법으로 표현하는 것도 포함한다.[47]

(3) 부당한 압력

영미법은 계약이 강박이나 부당위압과 같이 부당하게 압력을 받아서 체결된 경우에 구제수단을 부여하고 있다.

1) 강 박

강박(duress)은 보통법상으로 인정되는 법칙으로 타인의 생명이나 신체에 대하여서 폭행을 가하거나 또는 폭행을 가하려고 하거나 감금함으로써 공포심을 자아내게 하는 행위이다. 강박에 의해서 계약이 체결되었을 경우에는 피강박자는 그 계약을 취소할 수 있다. 다만 선의의 제3자에 대하여서는 취소의 효력이 미치지 않는다. 강박에 의하여 체결된 계약은 취소할 수 있으나 무효로 되지 않는다.

2) 부당위압

부당위입(undue influence)은 형평법상의 법리로서 이것은 소위 양심재판소라고 일컬어지는 형평법 법원에 의해서 창조된 것이다. 강박은 구두에 의한 위협이나 물건 같은 것을 파손해서 상대방에게 공포심을 일으키게 하는 반면, 부당위압은 계약체결에 있어서 어떤 압박이 있었고 그 압박이 당사자의 연령이나 능력 또는 경험 등으로 보아 정당한 판단을 할 수 없게 하였다고 인정되는 경우에는 그것은 형평법상의 사기의 일종이라고 해서 계약의 취소를 인정하였다. 즉 형평법은 당사자 사이의 대등성의 결여, 신뢰관계의 악용을 사기의 일종

46) 서희원, 「영미법강의」, (서울: 박영사, 2002), 321-322쪽.
47) 한종술, 앞의 책, 529-530쪽.

으로 보았던 것이다. 이것이 부당위압으로 발전하였다. 이리하여 부당위압에 의해서 체결된 계약은 모두 취소할 수 있게 하였다.[48][49]

Ⅱ. 용선계약의 성립시기

1. 의　　의

용선계약은 선박소유자와 용선자 사이에 서로 대립되는 의사표시가 합치하여 양당사자가 용선계약의 내용을 합의하고 의사표시에 하자가 없으면 용선계약이 성립한다. 그러나 추가사항이 합의되지 않았을 경우에 양당사자가 용선계약을 체결하려는 의지가 있었느냐가 계약의 성립여부를 판단하는 데 중요하다. 용선계약이 어느 시점부터 법적 효력이 있는가를 결정하는 것은 당사자이다. 따라서 특정조건이 해결되었거나 용선계약서에 서명이 있기까지는 용선계약이 법적으로 성립되지 않는 것으로 양당사자가 의도하였다면 법원은 그 의도에 의하여 판단하여야 한다.[50] 일반적으로 용선계약의 주요사항은 물론 추가사항까지 모두 합의되어야 한다. 추가사항이 합의되지 않은 상태에서 주요사항이 합의되었다면 용선계약이 성립된 것인지가 영국법과 미국법에 따라 차이가 있다. 일반적으로 추가사항 합의조건(subject further details)부의 계약은 영국법에서는 아직 계약이 성립되지 않은 것으로 본다.[51] 그러나 미국법에서는 상대적으로 주요사항이 합의되면 계약이 성립된 것으로 본다.[52]

2. 판례검토

영미법상 용선계약의 성립시기에 관하여 연구하기 위하여 시대적 순서에 입각하여 영

48) 서희원, 앞의 책, 331-332쪽.

49) 우리나라 법제에서 사기, 강박에 의한 의사표시에 대하여 민법 제110조 제1항은 "사기나 강박에 의한 의사표시는 취소할 수 있다."라고 규정하고, 민법 제110조 제2항은 "상대방 있는 의사표시에 관하여 제3자가 사기나 강박을 행한 경우에는 상대방이 그 사실을 알았거나 알 수 있었을 경우에 한하여 그 의사표시를 취소할 수 있다."라고 규정하고 있다.

50) Cooke Julian, Kimball John D., Young Timothy, Martowski David, Taylor Andrew & Lambert LeRoy, *Voyage Charters*, 3rd ed., (London: Informa, 2007), p.6.

51) Star Steamship Society v. Beogradska Plovidba – The Junior K [1988] 2 Lloyd's Rep. 583 (Q.B.).

52) Interocean Shipping Co. v. National Shipping & Trading Corporation, 523 F.2d 527 (2d Cir. 1975), *cert. denied* 423 U.S. 1054 [1976].

국과 미국판례를 중심으로 검토한다.

(1) 영국판례

1) Intra Transporter호 사건

선박소유자 C-Trade SA사와 용선자 Hofflinghouse사는 1983년 2월과 3월에 10,000톤의 철강제품을 Puerto Acevedo 항에서 Dubai 항으로 운송하는 Intra Transporter호에 대한 항해용선계약을 체결하기 위하여 협상하였다. 항해용선계약의 주요사항을 합의한 성약확인서에는 "추가사항을 합의하는 조건"이란 표현이 없었다. 항해용선자는 "양당사자는 현저하게 중요하다고 생각되는 부분에 대하여는 합의하였으나 전체적인 계약내용을 합의하지 않았으므로 용선계약은 성립되지 않았다."라고 주장하였다. 선박소유자는 "주요사항을 합의한 성약확인서에 「추가사항을 합의하는 조건」이란 표현이 없으므로 용선계약은 성립되었다."라고 주장하였다. 1심 법원 Leggatt판사는 "협상 시 교환된 전문 등의 증거자료를 검토해 본 결과 비록 「추가사항을 합의하는 조건」이란 표현은 없지만, 양당사자가 협상 중 용선계약이 성립되었다고 인정할 만한 근거자료는 없다. 추가사항을 합의하지 않고 주요사항만 합의한 경우, 계약은 성립이 안 된 것이다."라고 판시하였다. 항소법원(John Doneldson판사, Parker판사와 George Waller판사)은 1심 법원 Leggatt판사의 판결을 확인 · 지지하면서 항소를 기각하였다.[53)]

2) Pagnan v. Feed Products 사건

매도인 Feed Products Ltd사와 매수인 Pagnan SpA사는 중개인 Agrimec S.R.L.사의 Pagnossin씨를 통하여 옥수수사료의 매매계약을 협상하였다. 양당사자는 1982년 2월 1일에 매매가격, 지급조건, 선적에 관하여 합의하였다. 그러나 2월 2일에 매도인의 공급업자인 ADM사가 장문의 계약조건을 보내오자 매도인은 매수인에게 전달하였다. 2월 3일에 매수인은 일부조항은 합의할 수 없다고 통지하였다. 여러 번의 협의 결과 2월 8일에 매도인과 매수인은 계약조건에 합의하였다. 2월 26일에 매도인은 공급업자 ADM사로부터 매매계약서를 받아서 3월 9일 매수인에게 전달하였다. 그러나 매매계약서에는 매도인과 매수인이 2월 2일 이후에 수정한 내용은 반영되어 있지 않았다. 3월 10일에 매수인은 매매계약서가 합의된 내용과 일치하지 않는다고 주장하였다. 결과적으로 매수인은 매매계약은 성립되지 않았다고

53) Hofflinghouse & Co., Ltd. v. C-Trade S.A. – The Intra Transporter [1986] 2 Lloyd's Rep. 132 (C.A.); [1985] 2 Lloyd's Rep. 158 (Q.B.).

주장하였다. 매도인은 "매매계약은 1982년 2월 1일에 성립되었다."라고 주장하였다. 1심 법원 Bingham판사는 "매매계약의 내용이 합의되지 않은 상태에서 계약이 체결되었다면 조건부 계약이 체결된 것이다. 그러나 매매계약의 모든 내용이 일단 합의되었다면 양당사자를 구속하는 계약이 성립된 것이다. 계약이 성립된 이후의 추가사항 협의는 계약의 성립에 영향을 미치지 않는다."라고 판시하였다. 항소법원(O'Connor판사, Lloyd판사와 Stocken판사)은 "제시된 증거자료와 제반 상황으로 판단하여 보아 1982년 2월 1일에 양당사자는 실제로 구속력 있는 매매계약을 체결하려는 의지가 있었으므로 매매계약은 1982년 2월 1일에 성립되었다."라고 판시하면서 1심 법원 Bingham판사의 판결을 확인 · 지지하였다.[54)]

3) Junior K호 사건

선박소유자 Star Steamship사와 항해용선자 Beogradska사는 1985년 10월 1일에 Junior K호에 대한 항해용선계약을 체결하기 위하여 협상을 시작하였다. 항해용선계약은 Junior K호가 Mersin 항에서 곡물을 선적하여 Bombay 항에서 양하하는 내용이었다. 1985년 10월 4일에 선박소유자의 용선중개인은 항해용선자의 용선중개인에게 합의된 주요사항을 정리한 전문을 보냈다. 전문은 항해용선계약이 추가사항에 대하여는 Gencon서식에 의한 견본용선계약서를 기준으로 협의하는 조건으로 주요사항이 합의되었다는 내용이었다. 그러나 화물에 관한 매매계약의 체결이 실패함에 따라 1985년 10월 5일에 항해용선자는 선박소유자에게 더 이상 Junior K호에 대하여 협상할 의사가 없다고 통지하였다. 선박소유자는 "항해용선자는 계약의 이행을 거절하였으므로, 이로 인하여 발생한 손해에 대하여 책임이 있다."라고 주장하였다. 항해용선자는 "1985년 10월 4일에 주요사항은 추가사항을 협의하는 조건으로 합의되었으므로 항해용선계약은 성립되지 않았다."라고 주장하였다. 1심 법원 Steyn판사는 "주요사항은 「추가사항 합의조건」으로 합의되었다. 따라서 추가사항이 완전하게 합의될 때까지 계약이 성립되지 않은 것은 명백하다. 따라서 본 사건에서 양당사자를 구속하는 계약은 성립되지 않았다."라고 판시하면서 항해용선자에게 승소판결을 하였다.[55)]

4) CPC Gallia호 사건

선박소유자 CPC와 용선자 CTM사는 1990년 7월에 일본 고베 항에서 스페인 라스팔마스 항까지 제트포일(jet foil)을 운송하기 위해 중량화물선인 CPC Gallia호에 대한 협상을

54) Pagnan S.p.A. v. Feed Products Ltd. [1987] 2 Lloyd's Rep. 601 (C.A.).
55) Star Steamship Society v. Beogradska Plovidba – The Junior K [1988] 2 Lloyd's Rep. 583 (Q.B.).

하였다. 양당사자는 1990년 7월 18일에 추가사항이 합의되어야 하고/논리적으로 수정하는 조건(subject to further details/logical amendments)으로 주요사항을 합의하고 콘라인화물예약노트(conline booking note)를 작성하였다. 이면약관의 내용이 합의되지 않자 선박소유자는 중재절차를 신청하였다. 용선자 CTM은 "용선계약은 추가사항을 논리적으로 수정하는 조건으로 체결되었으므로 용선계약은 이미 성립하였다."라고 주장하였다. 1심 법원 Potter 판사는 "용선계약이 추가사항 합의조건으로 체결되었다면 추가사항이 합의될 때까지 용선계약은 성립되지 않은 것이다. 내용이 논리적으로 수정되어야 한다는 것은 먼저 추가사항이 합의되고 난 뒤에 합의된 주요사항과 추가사항이 견본용선계약서를 근거로 용선계약서를 작성할 때 논리적으로 수정되어야 한다는 것을 의미한다. 추가사항의 합의 없이 논리적으로 수정만 요구한다면 조건을 보다 명백하게 표시하여야 한다."라고 판시하였다.56)

(2) 미국판례

1) Oswego Reliance호 사건

선박소유자 Interocean사와 정기용선자 Hellenic사는 1971년 3월 17일에 1년 동안 Oswego Reliance호를 사용하는 정기용선계약의 주요사항에 대하여 합의하였다. 그 후 인도, 반선장소, 항해구역, Tovalop보험의 부보와 드라이도크약관에 대한 협의가 당사자의 요청에 의하여 진행되었다. 추가사항의 협의가 이루어지고 있는 동안 시황이 하락하자 1971년 3월 24일 정기용선자는 "추가사항에 대한 합의가 이루어지지 않았으므로 정기용선계약은 성립되지 않았다."라고 주장하였다. 선박소유자는 "추가사항의 합의가 이루어지지 않아도 이미 주요사항이 합의되었으므로 정기용선계약은 성립되었다."라고 주장하며 중재를 신청하였다. 이에 정기용선자는 "정기용선계약이 성립되지 않았으므로 중재약관은 효력이 없다."라고 주장하였다. 1심 지방법원 Sylvester판사와 Ryan판사는 선박소유자에게 승소판결을 하였다. 항소법원(Clark판사, Moore판사와 Timbers판사)은 "정기용선계약의 주요사항에 대한 합의가 이미 이루어졌으므로 정기용선계약은 성립하였다. 따라서 정기용선계약서상 중재약관은 유효하므로 정기용선계약서에 의한 분쟁이 있을 경우에 양당사자는 중재절차에 의하여 해결하여야 한다."라고 판시하였다.57)

---

56) CPC Consolidated Pool Carriers GmbH v. CTM CIA Transmediterreanes S.A. – The CPC Gallia [1994] 1 Lloyd's Rep. 68.

57) Interocean Shipping Co. v. National Shipping & Trading Corprations, 523 F.2d 527 (2d Cir. 1975).

2) Captain Demosthenes호 사건

선박소유자의 대리점 Pollux Marine사와 정기용선자 LDC사는 1976년 7월 30일에 3년 동안 Captain Demosthenes호를 사용하는 정기용선계약에 대하여 추가사항을 합의하는 조건으로 주요사항을 합의하였다. 주요사항을 협의하는 과정에서 문제가 되었던 것은 ITF약관이었는데 결국 합의되었다. 그러나 추가사항을 협의하는 과정에서 정기용선자는 이미 합의한 ITF약관을 다시 수정하고자 하였다. 1976년 8월 2일에 ITF약관만 남겨두고 모든 추가사항이 합의되었다. ITF약관이 합의되지 않자 정기용선자는 "정기용선계약은 성립되지 않았다."라고 주장하였다. 이에 Pollux Marine사는 "1976년 7월 30일에 주요사항이 합의되었을 때 정기용선계약은 합의된 것이다."라고 주장하면서 중재를 신청하였다. 정기용선자는 "정기용선계약이 성립되지 않았으므로 중재약관은 그 효력을 상실하였다."라고 주장하였다. 그러나 1978년 6월 8일에 정기용선자는 태도를 바꾸어 중재약관을 인정하고, 정기용선계약의 성립여부를 중재에서 다루고자 하였다. 1심 지방법원 Robert J. Ward판사는 "중재약관은 선박소유자와 정기용선자의 양당사자 사이의 분쟁만을 다룰 수 있는 것이지, 정기용선계약의 성립여부를 다룰 수 있는 것이 아니다. 본 사건에서 정기용선계약은 1976년 7월 30일에 주요사항이 합의되었을 때 성립되었다. 그리고 주요사항을 협의할 때 이미 합의된 ITF약관을 정기용선자가 추가사항 협의시 다시 수정할 수 없다."라고 판시하였다. 항소법원 또한 1심 지방법원의 판결을 확인 · 지지하였다.[58)]

3) Christina C호 사건

선박소유자의 대리인 PEP사와 용선자 Noramco사는 1996년 8월 31일에 Christina C호에 대한 용선계약을 협상하여 주요사항에 대한 합의를 하였다. 추가사항을 협의하는 도중에 용선자는 "추가사항이 합의되지 않았으니 정기용선계약은 성립하지 않았다."라고 주장하였다. PEP사는 "주요사항이 합의되었으므로 정기용선계약은 성립되었고, 추가사항에 대한 분쟁이 있으면 중재에서 해결하여야 된다."라고 주장하였다. 1심 지방법원 E.B. Clement판사는 "양당사자 사이에 합의된 선박명, 선박소유자와 용선자의 이름, 운임과 체선료, 항비부담, 인도기일, 반선기일과 장소 등의 주요사항이 팩스로 확인이 되었을 때 용선계약은 성립된 것이다. 따라서 추가사항에 대하여 합의가 이루어지지 않았다면 중재에서 해결하여야 한다."라고 판시하였다.[59)]

---

58) Pollux Marine Agencies Inc. v. Louis Dreyfus Corporation, 455 F. Supp. 211 (S.D.N.Y. 1978), aff'd 595 F.2d 1208 (2d Cir. 1979).

4) Cluden호 사건

선박소유자 Matheson사와 정기용선자 Great Circle사는 1979년 10월 24일에 Cluden호에 대한 정기용선계약을 협상하여 추가사항을 합의하는 조건으로 주요사항에 대하여 합의하였다. 10월 25일에 선박소유자는 추가사항을 협상하기 위하여 정기용선자에게 전문을 보냈는데, 그 내용에는 이미 주요사항에서 합의한 내용도 일부 포함되어 있었다. 선박소유자는 중재지를 뉴욕 대신에 런던으로 수정하는 안을 런던시간 오전 9시 30분까지 확인하는 조건으로 제시하였다. 정기용선자는 실제로 이러한 제의를 런던시간 오전 9시 30분이 조금 지나서 받았다고 주장하면서 대답하는 마감시간을 런던시간 오전 10시 20분까지 연장하여 달라고 요청하였다. 그러나 선박소유자는 이 제안을 거절하고 선박을 제3자에게 용선하였다. 정기용선자는 정기용선계약서의 중재약관에 의하여 중재를 신청하였다. 선박소유자는 "정기용선계약은 추가사항 합의조건으로 체결되었는데 추가사항이 합의되지 않았으므로 정기용선계약은 체결되지 않았다."라고 주장하였다. 1심 지방법원 Constance Baker Motley판사는 "당사사 사이의 협상결과 양당사자를 구속하는 정기용선계약이 체결되었으므로 정기용선계약의 중재약관에 의하여 중재절차가 진행되어야 한다."라고 판시하였다. 항소법원(Meskill판사, Cardamone판사와 Winter판사)은 "추가사항이 합의되는 조건으로 주요사항이 합의되었다면 정기용선계약은 성립된 것이다."라고 판시하였다.[60)]

5) Independence호 사건

선박소유자 Northern Tankers사와 용선자 Lexmar사는 1990년 6월 27일과 8월 30일 사이에 Independence호에 대한 용선계약을 협상하였다. 1990년 9월 6일에 Lexmar사는 "서로 간 협상에 대한 의견교환이 없어 용선계약은 체결되지 않았다."라고 주장하였다. Northern Tankers사는 용선계약의 주요사항이 이미 합의되었으므로 용선계약은 성립되었다고 주장하며, 용선계약의 이행거절로 인한 손해배상에 대하여 중재를 신청하였다. 1심 지방법원 Sprizzo판사는 "용선계약의 성립여부에 대한 분쟁은 양당사자가 명시적이거나 또는 암시적으로 중재에서 다룰 것을 합의하지 않는 한 법원이 결정하여야 하는 사항이다. 그러나 본 사건에서 선박소유자가 용선자의 이행거절로 인한 손해에 대하여 중재절차를 시작하였으므로 중재에서 용선계약의 성립여부에 대하여 다룰 수 있다."라고 판시하였다.[61)]

---

59) P.E.P. Shipping (Scandinavia) APS v. Noramco Shipping Corp., 1997 A.M.C. 2933 (E.D.La. 1977).

60) Great Circle Lines Ltd. v. Matheson & Co., Ltd., A.M.C. 567 (S.D.N.Y. 1981), aff'd 681 F.2d 121, 1982 A.M.C. 2321 (2d Cir. 1982).

61) Northern Tankers (Cyprus) Ltd. v. Lexmar Corporation, 781 F. Supp. 289, 1992 A.M.C. 1021 (S.D.N.Y. 1992).

제 5 절 결 어

용선계약의 협상단계는 표시단계, 성약단계, 세부사항의 합의단계로 분류된다. 용선계약은 용선계약서를 작성하여 양당사자가 서명을 하여야만 성립하는 것이 아니고 구두에 의하여도 성립한다. 그러나 "계약을 조건"으로 용선계약이 체결되었다면 용선계약서에 양당사자가 서명을 할 때까지 계약이 성립하지 않는다.

용선계약의 내용은 주요사항과 추가사항이 있다. 주요사항에는 정기용선계약의 경우에 선박소유자와 용선자의 명칭, 선박의 명세, 용선기간, 인도기일, 인도장소와 반선장소, 유류, 용선료율과 지급조건 그리고 선창청소가 해당되며, 항해용선계약의 경우에는 선박소유자와 용선자의 명칭, 선박의 명세, 화물명세와 화물량, 선적기일, 선적률과 양하율, 운임과 운임지급조건 그리고 체선료와 조출료가 해당된다. 추가사항은 이미 설명한 주요사항 이외에 견본용선계약서에 기재된 내용을 말한다. 조건부 합의에서 조건이 성취되지 않으면 계약이 성립되지 않는다. 용선계약에서 주로 사용되는 조건에는 용선자경영진 승인조건, 송하인 또는 수하인 승인조건, 화물준비조건 그리고 추가사항 합의조건 등이 있다.

용선계약은 양당사자가 용선계약의 내용에 대하여 합의하고 용선계약의 체결 시 의사표시에 하자가 없다면 체결된다. 용선계약서의 내용이 성약확인서와 상이할 경우에 양당사자는 용선계약서에 서명하기 전에 내용을 면밀하게 검토하여야 한다. 왜냐하면 서명된 용선계약서의 내용이 성약확인서의 내용보다 우선하여 효력이 있기 때문이다.

추가사항을 합의하는 조건으로 주요사항에 대하여 성약확인서가 작성된 이후에 시황이 변동하여 일방당사자가 용선계약을 성립시키지 않으려고 하는 경우가 있다. 용선실무담당자는 시황이 유리하게 변동되었다면 추가사항을 조속히 종결하여 용선계약을 체결하고자 할 것이며 시황이 불리하게 변동되었다면 용선계약을 체결하지 않으려고 할 것이다. 이런 경우에 적용되는 준거법에 따라 용선계약의 성립시기가 다르게 판단되므로 용선실무담당자는 법률적으로 미리 검토하여 추가사항을 협상할 때에 문제가 발생하지 않도록 미리 대처하여야 한다. 주요사항을 합의하였으나 추가사항이 아직 합의되지 않았다면 영국법에서는 계약이 성립되지 않은 것으로 판단된다는 것을 Intra Transporter호 사건, Junior K호 사건 그리고 CPC Gallia호 사건에서 검토하였다. 또한 Pagnan v. Feed Products 사건에서는 양당사자가 실제로 구속력 있는 계약을 체결하려는 의지가 있었다면 계약은 성립된 것이라는 것을 검토하였다. 그러나 미국법에서는 계약이 성립된 것으로 판단한다는 것을 Oswego Reliance호 사건, Captain Demosthenes호 사건 Christina C호 사건 그리고 Cluden호 사건에서 검토하였다. 또한 용선계약의 성립여부에 대한 분쟁은 법원이 결정하여야 할 사항이나 양당사자가 중재절차를 시작하였다면 중재에서 용선계약의 성립여부에 대하여 다룰 수 있다는 것을 Independence호 사건에서 검토하였다. 영미판례에서 검토한 결과, 일반적으로 추가사항 합의조건부의 계약은 영국법에서는 아직 계약이 성립되지 않은 것으로 본다. 그러나 미국법에서는 상대적으로 주요사항이 합의되면 계약이 성립된 것으로 본다. 일반적으로 용선영업상의 실무에서는 영국판례에 따라 주요사항과 추가사항이 모두 합의되어야 계약이 성립된 것으로 보는 것이 관행이다.

용선계약의 협상과정에서 청약은 일반적으로 상대방이 승낙할 수 있는 유효시간을 조건으로 한다. 양당사자가 서로 용선계약을 체결할 의지가 있는 경우에는 유효시간이 지나도 크게 문제가 되지 않으나, 시황이 급속하게 변동하고 있을 때에는 유효시간 내에 승낙을 하여야 한다. 그렇지 않으면, 일방당사자는 법적으로 구속되지 않기 때문에 보다 유리한 조건을 제시하는 제3자와 용선계약을 체결할 수 있다. 만약 승낙의 유효시간이 지났다면 청약자로부터 재확인을 받아야 한다. 따라서 용선계약을 체결할 의지가 있는 당사자는 유효시간 내에 청약을 승낙하도록 주의하여야 하며, 주요사항은 물론 추가사항까지 합의하도록 한다. 그리고 모든 조건이 성립되어 용선계약이 체결되었더라도 체결된 후 수개월이 지나도 용선계약서에 서명이 되지 않은 경우가 많다. 따라서 양당사자가 용선계약서에 서명하도록 조속히 조처하여야 한다. 왜냐하면 이미 검토하였듯이 "계약조건"으로 용선계약이 체결되었다면 아직 용선계약은 성립되지 않은 것으로 판단되기 때문이다.

2 용선계약의 당사자

제 1 절 서　　언

우리나라 해운회사가 소유한 선박은 편의치적에 의하여 외국에 등록되어 있는 경우를 제외하고 우리나라를 등록지로 등록되어 있다. 따라서 용선계약에 관한 분쟁이 발생하였을 경우, 손해배상청구권자는 우리나라 해운회사가 소유한 선박이 기항할 때 각 국가별 해상법에 따라 압류할 수 있다. 그러나 외국선사들은 책임을 한정 또는 회피하기 위하여 1개의 선박마다 각기 다른 회사에 속하도록 하거나, 자산이 없는 명목상의 회사(paper company)를 선박소유자로 하여 용선계약을 체결한다. 따라서 우리나라 해운회사가 손해배상청구권자일 경우에 상대방당사자가 소유한 다른 선박을 압류하거나 기타 자산을 압류하기가 용이하지 않다. 따라서 용선계약의 체결 시 양당사자는 용선기간 도중 분쟁이 발생하였을 경우에 용선계약의 이행거절로 발생한 손해에 대하여 배상할 수 있는 능력을 가진 자와 용선계약을 체결하여야 한다.

용선계약은 다른 국적을 가진 원거리의 당사자 사이에 체결되는 경우가 대부분이므로 대리점 또는 용선중개인이 선박소유자 또는 용선자로부터 권한을 수여받아 용선계약을 체결하거나 용선계약서에 당사자를 대리하여 서명하는 경우가 있다. 그러나 권한을 적법하게 수여받지 않은 대리점 또는 용선중개인이 용선계약을 체결하거나 용선계약서에 당사자를 대리하여 서명하였을 경우에 용선계약의 위반에 대하여 누가 책임을 지는가가 문제가 된다. 따라서 용선시황의 폭등락 속에서 발생하고 있는 용선계약의 이행거절로 인한 많은 분쟁에서 손해배상책임을 지는 당사자를 확정하는 문제는 중요하다.

제 2 절 당사자의 확정

Ⅰ. 의 의

용선계약의 당사자인 선박소유자와 용선자는 용선계약의 체결 전에 상대방당사자에 대하여 그 배경을 확인하여 믿고 용선계약을 체결할 수 있는 당사자인지를 확인하여야 한다. 왜냐하면 계약당사자는 용선계약기간 동안 또는 기간 후에 용선계약상의 의무를 성실히 이행할 수 있는 능력이 있어야 하기 때문이다. 이러한 당사자의 권리보호를 위하여 상대방당사자의 공식명칭, 주소, 전화번호, 이메일주소 등을 미리 조사한다. 만약 상대방당사자가 용선계약을 성실하게 이행할 능력이 없는 것으로 판단되면, 상대방당사자가 성실하게 용선계약을 이행하는 것을 재정적으로 믿을 수 있는 제3자가 보증하도록 상대방당사자에게 요구하거나, 용선계약을 체결하지 말아야 한다.

용선계약서는 선박소유자 또는 용선자로부터 권한을 수여받은 대리인에 의하여 서명되는 경우가 있다. 대리인은 대부분의 경우에 용선중개인 또는 대리점이다. 누가 어떻게 용선계약서에 서명하였는가가 상황에 따라 당사자를 확정하는 데 매우 중요한 의미를 가진다. 당사자의 확정을 연구하기 위하여 우선 용선계약서상 조항을 살펴보고 용선계약서 하에서 당사자의 확정기준에 대하여 검토한다.

Ⅱ. 용선계약서상 조항

용선계약에 있어 계약의 당사자는 선박소유자와 용선자이다. 뉴욕프로듀스서식(1993) 체결약관은 "다음에 지정한 선박소유자 ○○와 정기용선자 ○○사이에"라고 규정하고 있다.[1] 이와같이 용선계약서의 당사자를 기재하는 란에 기재되어 있는 자가 원칙적으로 용선계약의 권리와 의무의 주체가 된다.[2]

---

1) 이 조항의 원문은 다음과 같다.
Between ○○ Owners of the Vessel described below, and ○○ Charterers.

실무적으로 계약서의 선박소유자 서명란에는 등기상의 선박소유자, 관리선박소유자(disponent owner), 선박관리인(managing owner) 그리고 선박소유자로부터 권한을 수여받은 용선중개인 또는 대리점 등의 대리인이 서명하며 용선자서명란에는 용선자 그리고 용선자로부터 권한을 수여받은 용선중개인 또는 대리점[3] 등의 대리인이 서명한다.

Ⅲ. 용선계약 하에서 당사자의 확정기준

용선계약과 관련된 분쟁에서 손해배상의 책임을 지는 자는 용선계약서상 당사자이므로 용선계약 하에서 당사자를 확정하는 기준은 중요하다.

1. 용선계약의 해석은 전체적으로 하여야 한다

원칙적으로 용선계약서의 표지에 선박소유자와 용선자로 기재된 자가 용선계약의 당사자이다. 그러나 여러 가지 이유로 그 외의 자가 용선계약의 당사자인 경우가 있다. 이 경우 법원은 용선계약의 성격 및 내용, 상업적 배경으로부터 도출되는 당사자의 의도에 근거하여 당사자가 누구인지를 결정한다.[4] 대리인임을 표시하기 위하여 이사 · 중개인 · 대리인 등의 호칭을 사용하였다고 하여 반드시 자신의 용선계약상 책임을 부정할 수 있는 것은 아니며, 주변상황을 고려하여 해석하여야 한다.[5]

Swan호 사건[6]에서 선박소유자 JDR은 자신이 이사로 있는 JDR사에게 Swan호를 용선하여 주었다. 선박소유자는 JDR사의 용지에 자신을 이사로 서명하여 수리업자에게 선박의 수리를 주문하였다. 본 수리비를 지급할 주체는 JDR사였다. JDR사가 수리비를 지급하지 않자, 수리업자는 선박소유자 JDR을 상대로 소를 제기하였다. 수리업자는 "선박소유자 JDR이 용선자 JDR사의 대리점으로서가 아니라 계약당사자로 수리계약을 체결한 경우나 JDR이

2) Cooke Julian, Kimball John D., Young Timothy, Martowski David, Taylor Andrew & Lambert LeRoy, *op. cit.*, p.43.
3) 용선자의 대리점은 일정 항해 간 화물운송을 위해 선박을 용선한 적하이해관계인을 위해 특정항만에서 선적 및 양륙업무를 대행하는 자를 말한다. 반면 선박소유자의 항만 입출항수속 및 하역업무를 대행하는 자를 선박소유자의 대리점이라고 한다. 이광희 · 이원정, 앞의 책, 5쪽.
4) 송상현 · 김현, 「해상법원론」, (서울: 박영사, 2008), 428–429쪽.
5) 위의 책, 429쪽.
6) The Swan [1968] 1 Lloyd's Rep. 5 (Adm.).

JDR사의 대리점으로서 수리계약을 체결한 경우, 모두 JDR은 JDR사와 함께 개인적으로 수리계약에 대하여 책임을 진다. 따라서 JDR은 선박의 실제 선박소유자로서 수리비용에 대하여 책임을 진다."라고 주장하였다. 선박소유자 JDR은 "JDR은 수리계약의 당사자가 아니므로 책임이 없다."라고 주장하였다. 1심 법원 Broudon판사는 "선박소유자가 수리업자와 선박의 수리에 대하여 상의하였다면 수리업자는, 선박소유자가 달리 언급하지 않았더라도, 선박소유자가 개인적으로 수리비용에 대하여 책임을 진다고 생각하는 것이 당연하다. 선박소유자가 책임을 지는가의 여부는 계약의 성격, 조건 및 그 당시의 제반 상황을 고려하여 객관적으로 결정된다. JDR은 대리점으로 수리계약을 체결하였음에도 불구하고 본 사건에서 선박소유자가 수리비용에 대하여 책임지지 않는다고 언급하지 않았으므로 선박소유자는 개인적으로 책임을 진다."라고 판시하였다.

용선자란에 기재된 용선자가 용선계약서의 내용과 상이한 경우에는 용선자란에 기재된 용선자가 당사자로 확정된다. Virgo호 사건[7]에서 선박소유자 Tudor사는 1974년 3월 13일에 US Gulf지역에서 곡물을 선적하여 Alexandria 항에서 양하하는 Virgo호에 대한 항해용선계약을 체결하였다. 용선계약서상 용선자란에는 GMI사가 용선자 Tradax사의 대리점으로 서명하였다. 그러나 용선계약서 제31조는 "선박은 카이로에 화물을 공급하기 위하여 GO사를 대리하여/의 계산으로 용선되었다."라고 규정하였다. 선박소유자는 Tradax사에게 양하항에서 발생한 체선료에 대하여 손해배상을 청구하였다. Tradax사는 "용선계약서 제31조에 의하여 용선자는 GO사이다. Tradax사는 단지 용선자의 대리점이므로 체선료에 대한 책임이 없다."라고 주장하였다. 1심 법원 Mocatta판사는 "Tradax사는 단지 용선자의 대리점으로 용선계약이 체결되었으므로 체선료에 대하여 책임이 없다."라고 판시하였다. 그러나 항소법원(Megaw판사, Scarman판사와 Shaw판사)은 "용선계약서 제31조의 규정만으로 용선자가 GO사라고 단정하여서는 안 된다. 용선계약서 전체를 검토하여 볼 때 용선계약서상 용선자란에 GMI사가 용선자 Tradax사의 대리점으로 서명하였으므로 Tradax사는 용선자로서 체선료에 대하여 책임을 져야 한다."라고 판시하였다.

영국법원은 대리인에 대하여 상당히 엄격한 책임을 지운다. 자신이 대리인임을 밝히지 않고 용선계약에 서명한 자는 계약당사자로 인정되며, 설사 용선계약에 서명한 자가 대리인에 불과함을 상대방당사자가 알고 있더라도 마찬가지이다. 용선계약의 다른 규정에 의하여 용선계약의 당사자가 별도로 있다는 것을 알 수 있더라도 용선계약에 서명한 자와 당

7) Tudor Marine Ltd. v. Tradax Export S.A. – The Virgo [1976] 2 Lloyd's Rep. 135 (C.A.).

사자는 공동계약당사자로 인정된다.[8)]

Sun Happiness호 사건[9)]에서 선박소유자 NSC사와 항해용선자 EBC사는 1980년 7월 8일에 Genoa 항에서 냉동육을 선적하여 Alexandria 항 또는 Port Said 항에서 양하하는 Sun Happiness호에 대한 항해용선계약을 체결하였다. 용선계약서 제36조는 "용선계약서는 수하인 Gasco를 위하여 서명되었다."라고 규정하고 있다. EBC사는 용선계약서의 용선자란에 "용선자 그리고 송하인"으로써 서명하였다. 선박소유자가 양하항에서 발생한 체선료에 대하여 EBC사를 상대로 중재를 제기하자, EBC사는 "EBC사는 단지 대리점으로 용선계약서에 서명하였으므로 체선료에 대하여 책임이 없다."라고 주장하였다. 1심 법원 Lloyd판사는 "용선계약서 제36조에 의하여 EBC사가 당시 대리점으로 용선계약서에 서명했다고 볼 수 있다. 그러나 EBC사는 용선계약서의 용선자란에 「용선자 그리고 송하인」으로서 서명하였으므로 EBC사는 용선자와 대리점의 자격을 모두 가질 수 있다. 따라서 EBC사는 용선계약서의 용선자란에 용선자로서 기재되어 있으므로 용선계약서에 의하여 개인적으로 책임을 진다."라고 판시하였다. 용선계약서 제36조에 의하여 EBC사가 대리인으로 되는 것이 아니고 EBC사는 용선자란에 용선자로서 기재되어 있으므로 용선자로 인정되며 Gasco사가 당사자로 추가되는 것이다.

2. 실질적인 당사자는 소송의 원고 또는 피고가 될 수 있는 당사자적격이 있다

대리인이 자신의 개인적 책임을 지지 않는 방향으로 용선계약을 체결하였는지 여부와 상관없이 실질적인 당사자는 용선계약의 진정한 당사자로서 원고 또는 피고가 될 수 있다. 설사 용선계약의 체결 시 상대방당사자가 일방당사자가 누구인지를 모르거나 대리인 외의 당사자가 별도로 존재한다는 사실 자체를 모른다고 하더라도 마찬가지이다. 이같이 용선계약의 당사자가 될 수 있는 자는 대리인에게 자신을 위하여 용선계약을 체결하도록 사전에 수권하였거나, 이미 체결된 용선계약을 사후에 추인할 자격이 있으며, 실제로 추인한 자에 국한된다.[10)]

Remco호 사건[11)]에서 Librekcem 그룹의 자회사인 Afrab사와 Gewa사는 1,500톤의

8) 송상현 · 김현, 앞의 책, 430쪽.
9) Etablissement Biret et Cie S.A. v. Yukeiteru Kaiun KK & Nissui Shipping Corp. – The Sun Happiness [1984] 1 Lloyd's Rep. 381.
10) 송상현 · 김현, 앞의 책, 430쪽.
11) Gewa Chartering B.V. v. Remco Shipping Lines Ltd. – The Remco [1984] 2 Lloyd's Rep. 205 (Q.B).

아스팔트를 영국에서 선적하여 Lagos 항에서 양하하는 항해용선계약을 체결하였다. 그러나 예정된 선박이 지연되자, Gewa사는 1981년 1월 8일부터 대체선으로 Remco호를 용선하고자 협상을 시작하였다. Gewa사의 용선중개인인 Pleijsier씨는 선박소유자 Remco Shipping 사에게 "Gewa사는 Afrab사의 대리점으로서 선박을 용선하고 있다. Gewa사는 Librekcem 그룹의 또 다른 자회사이다."라고 설명하였다. 선박소유자와 Gewa사는 1981년 1월 12일에 항해용선계약을 체결하였다. 그러나 모든 사실을 알게 된 Afrab사는 선박소유자와 Gewa사 사이에 체결된 계약을 취소하고 선박소유자와 1981년 1월 16일에 다시 항해용선계약을 체결하였다. 선박소유자 측에서도 Gewa사가 Afrab사의 대리점으로 잘못 알고 용선계약을 체결하였기 때문에, 1월 12일자 Gewa사와의 용선계약서에서 용선자 이름을 Gewa사 대신에 협상할 때 용선자 측 중개인으로부터 통보받은 Afrab사와 직접 계약을 체결한 것이다. Gewa사는 "1월 12일자 용선계약서상 용선자는 Gewa사이다."라고 주장하였다. 선박소유자는 "Librekcem그룹의 자회사인 Afrab사와 계약을 체결하고자 한 것이 선박소유자의 원래의 의도였다. Gewa사는 용선자가 될 수 없으므로 Gewa와의 용선계약은 체결되지 않았다."라고 주장하였다. 1심 법원 Webster판사는 "선박소유자는 Librekcem그룹의 자회사와 용선계약을 체결하는 것이 원래의 의도였으므로 Gewa사의 용선계약은 체결되지 않았다."고 판시하였다.

그러나 용선계약서의 내용이 확실하여서 대리인이 선박소유자 또는 용선자로 확인할 수 있어 실질적인 당사자의 개입을 허용하고 있지 않은 경우에는 대리인이 당사자가 된다. Ann호 사건[12)]에서 선박소유자 Grace Humble와 용선자 Jameson Hunter는 1948년 5월 29일에 Ann호에 대한 용선계약을 체결하였다. 용선계약서의 선박소유자란에는 선박소유자 Grace Humble의 아들인 C.J.Humble, Esq.가 서명하였다. C.J.Humble은 선박소유자의 대리점으로 서명하였으므로 용선계약서의 당사자가 아니라고 주장했다. Jameson Hunter는 "C.J.Humble은 선박소유자로 용선계약서에 서명하였으므로 대리점으로 취급될 수 없다."라고 주장하였다. 1심 법원 Denman판사는 "선박소유자로 기재된 당사자가 단지 대리점으로 계약하였다는 것을 입증하는 외부증거는 인정될 수 없다. 왜냐하면 그러한 증거는 용선계약서상에 명백하게 나타난 C.J.Humble이 선박소유자라는 사실과 상치되기 때문이다."라고 판시하였다. 또한 선장이 자신의 이름으로 선하증권에 서명한 경우에 판결이 선장에게 선고되었다면 동일 선하증권에 의한 사건으로 선박소유자에게 소가 제기될 수 없다.

12) Grace Humbel v. Hunter [1948] 12 (Q.B.) 310.

선장에게 내린 판결에 의하여 충분한 승소판결이 내려지지 않은 경우에도 마찬가지이다.[13)]

3. 대리인이 자신의 계산으로 용선계약을 체결하였다면 그 대리인이 용선계약의 당사자이다

용선자가 선박을 재용선할 권리를 가지는 것에 선박소유자가 동의하였더라도 이는 용선자가 재용선방식으로 선박을 활용하는 것에 선박소유자가 동의하였음을 의미할 뿐 용선자에게 선박소유자의 대리인으로서 선박을 재용선할 대리권을 준 것은 아니다.[14)]

Harper v. Vigers 사건[15)]에서 선박소유자의 권한을 수여받은 대리점의 자격으로 용선중개업자 Harper사와 목재상인인 용선자 Vigers사는 1908년 2월 3일에 용선계약을 체결하였다. 선박은 6월 하반기 Wyburg 지역에서 목재를 선적하여 런던 항에서 양하하도록 되어 있었는데, 추후 선박소유자가 실제 운송을 이행할 선박을 통보하도록 되어 있었다. 그러나 실제로 2월 3일자 용선계약서는 별도의 선박소유자는 존재하지 않았고 Harper사 자신이 투기의 목적으로 계약을 체결한 것이다. Harper사는 선박소유자 AAFL사와 2월 3일자 용선계약을 이행하기 위하여 용선자의 대리인 자격으로 1908년 5월 22일에 용선계약을 체결하였다. 1908년 5월 22일자 용선계약상 운임은 2월 3일자 용선계약상 운임보다 저렴하였다. 실제로 운송이 이행되어 용선자는 5월 22일자 용선계약서에 의한 운임만을 Harper사에게 지급하자, Harper사는 운임의 차액을 추가로 지급하도록 용선자에게 요구하였다. 1심 법원 Pickford판사는 "Harper사 이외의 선박소유자는 존재하지 않으므로, Harper사는 용선자를 상대로 운임 차액에 대한 소를 제기할 수 있다."라고 판시하였다.

또한 Astyanax호 사건[16)]에서 선박소유자 Asty Maritime사와 항해용선자 RG&F사는 1978년 12월 15일과 20일 사이에 곡물을 Argentina에서 선적하여 이탈리아의 항구로 운송하는 Astyanax호에 대한 항해용선계약을 협상하였다. Asty Maritime사는 화물에 부과되는 Argentina 조세를 면제받기 위한 수단으로 고용인인 Mr. Panagiotis를 관리선박소유자(disponent owners)로 하여 항해용선계약을 체결하였다. 또한 협상 시 용선중개인 사이에 교환된 전문에 의하면 Asty Maritime사와 Mr. Panagiotis 사이에 원항해용선계약이 체결된 것

13) Priestly v. Fernie and Another [1863] 3 Hurlstone and Coltman 977.
14) 송상현 · 김현, 앞의 책, 433쪽.
15) Harper & Co. v. Vigers Bros. [1909] 2 K.B. 549.
16) Asty Maritime Co., Ltd. and Panagiotis Stravelakis v. Rocco Giuseppe & Figli S.n.c. and Others – The Astyanax [1985] 2 Lloyd's Rep. 109 (C.A.); [1984] 2 Lloyd's Rep. 459 (Q.B.).

으로 되어 있었다. Asty Maritime사는 "원항해용선계약서상의 용선자는 「Mr. Panagiotis가 지명하는 자(Mr. Panagiotis's undisclosed principals)」이므로 Asty Maritime사는 RG&F사가 Mr. Panagiotis와 체결한 항해용선계약의 선박소유자로서 권리를 행사할 수 있다."라고 주장하였다. 항해용선자는 "항해용선계약서상의 선박소유자는 선박의 관리대리점 지배인인 Panagiotis씨가 기재되어 있다. 따라서 Asty Maritime사는 항해용선계약상의 선박소유자로서 권리를 행사할 수 없다."라고 주장하였다. 1심 법원 Leggartt판사는 "본 사건의 항해용선계약은 Asty Maritime사를 등기선박소유자로, Mr. Panagiotis를 관리선박소유자로, RG&F사는 항해용선자로 하여 체결된 것이다."라고 판시하였다. 그러나 항소법원(Oliver판사, Kerr판사와 Edward Eveleigh판사)은 "Mr. Panagiotis는 등기선박소유자의 대리점의 자격으로서가 아닌 관리선박소유자로 항해용선자와 항해용선계약을 체결하였다. 또한 등기선박소유자는 Mr. Panagiotis와 실제로 계약을 체결한 상태에서 동시에 Mr. Panagiotis에게 자신의 대리점으로 항해용선자와 항해용선계약을 체결하게 하는 것은 있을 수 없다. 따라서 Asty Maritime사와 RG&F사와의 사이에는 항해용선계약이 체결되지 않았으므로 Asty Maritime 사는 항해용선계약상의 선박소유자로서 권리를 행사할 수 없다."라고 판시하면서 항해용선자에게 승소판결을 하였다.

4. 착오에 의하여 당사자의 이름에 오류가 있는 경우에는 올바른 당사자로 정정할 수 있다

착오에 의한 오류를 정정하는 것은 법의 일반원칙이 아니라 용선계약을 해석하는 한 과정이다. 실제로 당사자로 의도된 자 이외에 실존하지 않는 자가 당사자로 기재되는 경우가 있다.[17] 이 경우에 용선계약서 체결 전 협상과정과 용선계약서의 내용으로 미루어 보아 일반인이 합리적으로 당사자를 확정할 수 있다면 당사자로 의도된 자가 당사자로 정정된다.

Double Happiness호 사건[18]에서 선박소유자 Dieulemar사와 정기용선자 FCL사는 2005년 2월 16일에 일당 용선료 미화 28,500불로 최소 24개월/최대 26개월 동안 Double Happiness호에 대한 정기용선계약을 체결하였다. 그리고 정기용선자 FCL사와 재정기용선

17) Goldsmith v. Baxter [1970] Ch. 85; Almatrans S.A. v. The Steamship Mutal Underwriting Association (Bermuda) Ltd. – The Tutova [2007] 1 Lloyd's Rep. 104.
18) Front Carriers Ltd. v. Atlantic and Orient Shipping Corporation – The Double Happiness [2007] 2 Lloyd's Rep. 131.

제1편 제2편 제3편 제4편 제5편 제6편 제7편 제8편

자 A&O사는 2005년 3월 7일에 일당 용선료 미화 31,500불로 23/25개월 동안 Double Happiness호에 대한 정기용선계약을 체결하였다. 선박은 2005년 6월과 9월 사이에 인도될 예정이었다. 정기용선자 FCL사와 선박소유자 Dieulemar사 사이에 체결된 정기용선계약서에는 정기용선자의 이름이 잘못 기재되어 "FCL" 대신에 "FCI"로 기재되어 있었는데, 정기용선자 FCL사와 재정기용선자 A&O사는 이 정기용선계약서를 견본용선계약서로 하여 정기용선계약을 체결하였다. 선박의 일당 용선료가 3월에 미화 39,000불에서 선박의 인도시점에 미화 10,000불로 하락하자 A&O사는 정기용선계약이 체결되지 않았다고 주장하며 선박의 인도를 거부하였다. 이에 FCL사는 정기용선계약서에 의하여 중재를 제기하였다. A&O사는 "견본용선계약서에 선박소유자가 FCI로 기재되어 있으므로 FCL사와의 정기용선계약은 체결되지 않았다. 따라서 중재인은 재판관할권이 없다."라고 주장하였다. FCL사는 "A&O사는 선박소유자가 Fredriksen씨가 회장으로 있는 Golden Ocean그룹 내의 회사로 관리선박소유자라는 것을 알고 있었다. 견본용선계약서에 기재된 FCI사는 단지 착오에 의한 것이다. FCL사는 Golden Ocean그룹 내의 회사이므로 A&O사는 FCL사와 정기용선계약을 체결하였다. 따라서 FCL사는 중재를 제기할 수 있다."라고 주장하였다. 1심 법원 Langley판사는 "2005년 3월 7일 정기용선계약이 체결될 당시에 양당사자는 정기용선계약의 체결의사가 있었다. A&O사는 선박소유자의 이름보다 선박소유자가 Golden Ocean그룹에 속하는 회사라는 사실을 중요시 했다. 견본용선계약서에 착오로 기재된 선박소유자 이름 FCI사는 본 계약과는 관련이 없다. 따라서 정기용선계약은 성립되었으므로 FCL사가 제기한 중재에서 중재인은 재판관할권이 있다."라고 판시하였다.

실제로 당사자로 의도된 자 이외에 실존하는 다른 자가 당사자로 기재된 경우에도 당사자로 의도된 자가 당사자로 정정된다.[19] 이와같이 착오에 의한 당사자의 정정이 가능한 것은 전체적인 상황으로 판단하여 볼 때 의도된 당사자가 분명한 경우이다. 그러나 계약의 성립과정에서 양당사자가 실제로 의도한 데로 당사자가 기재되었다면 착오로 인한 정정은 인정되지 않는다.[20]

Unique Mariner호 사건[21]에서 1977년 2월 7일에 Unique Mariner호는 말레이시아 Kelang 항에서 인도네시아 Samarinda 항으로 공선항해 중 Singapore 항에서 약 13마일 떨

19) Nittan v. Solent Steel Fabrications [1981] 1 Lloyd's Rep. 633.
20) Dumford Trading v. OAO Atlantrybflot [2005] 1 Lloyd's Rep. 289.
21) The Unique Mariner [1978] 1 Lloyd's Rep. 438.

어진 Nipa 암초지역에서 좌초되었다. 반면에, 그 당시 Nipa 암초지역 주변에 있던 예인선 Salvaliant호는 Unique Mariner호를 발견하고 2월 8일 16시 40분에 구조제의를 하였다. Unique Mariner호의 선장은 Salvaliant호를 Sea Trader사가 보낸 예인선으로 착각하여 구조계약을 체결하였다. 그러나 2월 8일 18시 05분에 Sea Trader사는 예인선 Asiatic Gola호가 2월 9일 09시에 Singapore 항을 출발하여 오전 중에 사고현장에 도착할 것이라고 선장에게 통지하였다. 이 전문을 받고 선장은 즉시 예인선 Salvaliant호의 작업을 중지시켰다. 원고 Unique Mariner호의 선박소유자는 "선장이 착오로 계약당사자를 오인하여 예인선 Salvaliant호와 체결한 계약은 효력이 없다."라고 주장하였다. 피고 Salvaliant호의 선박소유자는 "Unique Mariner호의 선장이 구조계약을 체결할 권한이 있다고 믿고 Unique Mariner호를 구조하기 위하여 Unique Mariner호의 선장과 예인선 Salvaliant호에 대한 계약을 체결하였다. 따라서 선장이 예인선 Salvaliant호와 체결한 계약은 효력이 있다."라고 주장하였다. 1심 법원 Brandon판사는 "선장은 구조계약을 체결할 권한이 있고, 실제로 선장은 Salvaliant호와 구조계약을 체결하고자 하였다. 따라서 선장이 예인선 Salvaliant호와 체결한 구조계약은 효력이 있다."라고 판시하였다.

또한 해석상 당사자의 정정이 불가능하더라도, 용선계약서의 작성 시 오류가 있었다면 당사자는 수정(rectification)에 의하여 정정될 수 있다. Rhodian Sailor 사건[22]에서 River사는 Rhodian River호를 Sailor사는 Rhodian Sailor호를 소유하고 있었는데 Christaco사가 River사와 Sailor사의 관리회사였다. 이 3개 회사는 주주와 이사가 모두 같았다. 1982년 12월 초에 Rhodian Sailor호는 한라해운(주)에 용선되었는데 선박소유자의 이름은 River사로 기재되었다. 선박은 한국에서 시멘트를 선적하고 Qatar로 항해 중 12월 26일에 대만 근해에서 침몰하였다. 한라해운(주)이 화물에 대한 손해배상을 River사에게 제기하자, River사와 Sailor사는 선박소유자가 착오로 잘못 기재되었으므로 River사 대신에 Sailor사로 정정하도록 법원에 요청하였다. 1심 법원 Bingham판사는 "Christaco사는 선박소유자를 Sailor사로 용선계약을 체결하고자 했고 River사가 소유하지 않은 Rhodian Sailor호에 대하여 용선계약을 체결할 권한을 수여받지 못했다. 따라서 Rhodian Sailor호의 선박소유자는 River사에서 Sailor사로 정정되어야 한다."라고 판시하였다.

22) Rhodian River Shipping Co., S.A. v. Halla Maritime Corp. – The Rhodian River and The Rhodian Sailor [1984] 1 Lloyd's Rep. 373.

5. 용선계약서에 서명하는 과정은 당사자를 확정하는 데 중요한 요소가 된다

당사자를 확정하기 위하여 법원은 관련서류를 전체적으로 조사하여 판단한다. 그러나 서명이 어떻게 되었는지를 살펴보는 것이 당사자를 확정하는 중요한 판단근거가 된다.[23)]

Elikon호 사건[24)]에서 항해용선자 Fercometal사는 1994년 12월 27일에 Elikon호를 항해용선하였다. 젠콘서식인 항해용선계약서 제1부 3란에는 선박소유자가 "Sphinx Navigation Ltd, Liberia C/O Internaut Shipping GMBH Stavendamm 4A 28195 Bremen"으로 기재되었다. 항해용선계약서 전면 아래 부분의 선박소유자 서명란은 "Internaut Shipping"이라고 찍힌 스탬프 위에 주소와 서명이 기재되었다. 즉 Internaut Shipping사가 서명에 대하여 선박소유자로부터 권한을 수여받아 단지 대리점으로 서명한다는 표시가 되어 있지 않았다. 체선료분쟁에 관한 중재에서 Internaut Shipping사가 아닌 Sphinx Navigation사가 선박소유자로서 중간승소판정을 받았으나 체선료에 대하여 실질적으로 권한이 있는 회사는 Sphinx Navigation사가 아닌 Internaut Shipping사로 판명되었다. Internaut Shipping사와 Sphinx Navigation사는 "Internaut Shipping사와 Sphinx Naviagation사 모두가 항해용선계약서의 당사자인 선박소유자이다. 따라서 중재인은 신청에 의해 승소판정의 당사자를 Sphinx Navigation사에서 Internaut Shipping사로 수정할 수 있다."라고 주장하였다. 항해용선자 Fercometal사는 "항해용선계약의 체결과 관련된 서류를 전체적으로 검토해 보면 선박소유자는 Internaut Shipping사가 아니라 Sphinx Navigation사이다."라고 주장하였다. 1심 법원 David Steel 판사는 "Internaut Shipping사가 Sphinx Navigation사로부터 서명에 대한 권한을 수여받지 않고 독자적으로 서명하였으므로 본 항해용선계약의 선박소유자는 Internaut Shipping사이다."라고 판시하였다. 항소법원(Mummery판사, Sedley판사와 Rix판사)은 또한 1심 법원 David Steel판사의 판결을 확인 · 지지하면서 항소를 기각하였다.

---

23) Coghlin Terence, W. Baker Andrew, Kenny Julian and Kimball John D., *op. cit.*, p.42.
24) Internaut Shipping v. Fercometal – The Elikon [2003] 2 Lloyd's Rep. 430 (C.A.).

제 3 절 대리인에 의한 용선계약의 체결

Ⅰ. 영국법상 대리

1. 의 의

대리인이 당사자로부터 당사자를 위하여 계약의 상대방당사자와 계약을 체결할 수 있는 대리권을 수여받아 계약을 체결한 경우, 계약은 계약의 상대방당사자와 당사자 사이에 성립하게 된다. 이러한 법률관계를 대리라고 한다. 일반적으로 대리인은 자신이 계약의 당사자가 아니라는 점을 명백히 하기 위해 용선계약서에 서명할 때 "누구를 대리하여" 또는 "대리인으로서"라고 병기하고 서명함으로써 계약당사자로서의 책임을 피한다. 대리권 있는 대리인의 이러한 대리행위는 당연히 당사자를 구속하고 모든 책임은 당사자에게 귀속된다.[25]

Riza호 & Sun호 사건[26]에서 선박소유자 Liner Shipping사는 Sun호를, 선박소유자 Petroleum Shipping사는 Riza호를 나이지리아 항에서 제노아 항으로 유류를 운송하기 위하여 Kronos Management사와 1994년 11월 11일과 11월 29일에 각각 용선계약을 체결하였다. 실제로 Kronos Management사의 사장인 Vatis씨가 Kronos Management사를 위하여 선박소유자와 용선계약의 협상을 하였다. 용선계약서에는 용선자가 Kronos Management사라고 기재되어 있었다. 용선자가 용선계약서에 서명하지 않고 용선계약을 이행하지 않자, 선박소유자는 Vatis씨를 상대로 손해배상을 청구하였다. Vatis씨는 "단지 Kronos Management사를 대리하여 협상하였으므로 책임이 없다."라고 주장하였다. 1심 법원 Timothy Walker판사는 "Vatis씨는 Kronos Management사를 대리하여 용선계약의 협상을 하였고, Vatis씨가 용선계약에 개인적으로 책임을 진다는 증거도 없으므로 Vatis씨는 용선계약에 의해 발생한 손해에 대하여 책임이 없다."라고 판시하였다. 본 사건에서 Vatis씨는 용선자 Kronos Management사로부터 대리권을 수여받아 선박소유자와 계약을 체결한 대리인이 된다.

25) 이창희, 개정방안, 30-31쪽.
26) Petroleum Shipping Ltd. v. Vatis (trading as Kronos Management) - The Riza and The sun [1997] 2 Lloyd's Rep. 314 (Q.B.).

2. 대 리 권

용선계약의 대리인이 용선계약을 체결한 경우에 대리인이 실제로 당사자를 대리할 권한을 가지거나 명백한 대리권을 가져야만 당사자를 구속할 수 있다. 실제 대리권이란 대리인이 당사자를 대리하여 용선계약을 체결하여도 좋다고 당사자가 실제로 동의한 경우를 말한다.[27)]

(1) 현실적 수권에 의한 대리권

당사자와 대리인 사이의 대리관계는 명시적이거나 언어나 행동으로 판단되는 묵시적인 동의에 의하여 형성된다.[28)]

1) 명시적 대리권(express authority)

대리권이 언어에 의하여 명시적으로 주어진 경우인데 대리권의 범위는 명시적으로 정하여져 있다. 대리권의 명시적 수여는 특별한 방식을 필요로 하지 않으므로 원칙적으로 구두로 할 수 있다.

2) 묵시적 대리권(implied authority)

일정한 사정이 있는 경우에 묵시적 수권이 있는 것으로 인정되기도 하는데, 이러한 묵시적 대리권은 당사자가 대리인에게 실제로 수여한 대리권이다. 묵시적 대리권에는 부수적 대리권과 관습상의 대리권이 있다. 특정한 목적을 위하여 선임된 대리인은 대리권을 수행하는 데 부수되는 행위를 할 수 있는 묵시적 대리권이 인정되는 경우가 있다. 또한 대리인이 특정한 거래시장에서 계약을 체결할 수 있는 대리권을 수여받은 경우, 그러한 명시적 대리권 외에도 그 거래시장의 거래에 관련되는 관습에 따라 대리행위를 할 수 있는 묵시적 대리권을 가진다.[29)]

3) 법의 작용에 의한 대리권

당사자는 실제로 대리권을 수여한 일이 없더라도, 법이 일정한 사람에게 대리인으로서 당사자를 위하여 행위를 할 수 있는 대리권을 수여하고 있는 경우들이 있다. 이러한 법의 작용에 의한 대리권에는 표현적 대리권, 통상대리권[30)] 그리고 비상대리권[31)] 등이 있다.

---

27) 송상현 · 김현, 앞의 책, 431쪽.
28) Ganac Grain Co., Inc. v. HMF Faure & Fairclough Ltd. [1968] A.C. 1130; [1967] 1 Lloyd's Rep. 495 (H.L.).
29) 이호정, 앞의 책, 400-401쪽.

3. 대리의 효과

대리의 가장 중요한 효과는[32] 첫째, 대리인은 당사자와 상대방당사자 사이의 계약을 체결할 수 있다고 하는 것, 둘째, 대리인 자신은 이 계약의 당사자로 되지 않고 당사자가 계약의 당사자로 된다고 하는 것이다.[33]

4. 대리의 종료

대리는 당사자들의 행위와 법의 작용에 의하여 종료된다. 당사자와 대리인 사이의 대리관계, 즉 대리인의 대리권은 일반적으로 동일한 과정, 즉 당사자들의 합의에 의하여 대리관계는 종료될 수 있다. 또한 대리관계는 당사자의 명시적인 철회에 의하여 종료한다.[34] 법의 작용에 의한 종료에는 당사자 또는 대리인의 파산, 계약목적의 달성불능, 당사자의 사망과 당사자의 정신적 무능력이 있다.[35]

Ⅱ. 대리인에 의한 용선계약의 체결

일반적으로 선박소유자와 용선자가 직접 계약을 한 경우에는 분쟁이 발생할 소지가

30) 통상적으로 그러한 성격의 대리인에게 맡겨지는 행위의 부류 안에 든다면 당사자가 대리인에게 권한을 수여하지 않았더라도 책임을 지는데 이를 통상대리권이라고 한다. 대리점은 선박소유자를 위하여 통상대리권을 갖는다. 또한 용선담당자는 선박소유자를 위하여 선박에 대하여 용선계약을 체결할 수 있는 통상대리권을 갖는다. Rhodian River Shipping Co. S.A. v. Halla Maritime Corporation – The Rhodian River and The Rhodian Sailor [1984] 1 Lloyd's Rep. 373 (Q.B.).

31) 일정한 상황 하에서는 긴급을 요하는 비상 시에 타인을 위하여 행동하는 자에게 비상대리권이 인정되고 있다. 선박의 선장은 예긴대 선박을 수리하지 않고서는 항해를 계속할 수 없기 때문에 수리비용을 조달할 필요에 직면하는 경우가 있다. 적시에 선박소유자의 지시를 받을 수 없는 경우, 선장은 선박이나 화물을 담보로 하여 선박소유자의 이름으로 수리비용을 빌릴 수 있는 대리권이 있다.

32) 우리나라 법제에서 대리행위의 효력에 대하여 민법 제114조 제1항은 "대리인이 그 권한 내에서 본인을 위한 것임을 표시한 의사표시는 직접 본인에게 대하여 효력이 생긴다."라고 규정하고 있다.

33) 이호정, 앞의 책, 145쪽.

34) 일정한 경우들에 있어서 대리권은 철회가 불가능하다. 당사자의 사망, 정신적 무능력(능력상실), 도산과 같은 사건에도 불구하고 대리권이 존속하는 경우에 대리권은 철회가 불가능하다고 말한다. 이러한 철회의 불가능성은 당사자와 대리인의 관계 그리고 당사자 또는 대리인과 상대방당사자의 관계에 영향을 미친다. 위의 책, 427쪽.

35) 당사자가 정신장애(심신상실)로 되어 그의 능력을 상실한 경우, 이러한 능력상실이 대리관계에 어떤 영향을 미치느냐에 관해서는 엇갈리는 판결들이 존재한다. 유력한 견해는 서로 모순되는 듯이 보이는 이러한 판결들을 조정 · 통합하여 다음과 같이 주장한다. 즉, 정신적 무능력은 당사자와 대리인 사이의 대리관계를 종료시키지만, 대리관계가 아직 존재한다고 믿고 계약을 체결하는 상대방당사자에 대하여서는 종료의 효과가 미치지 않는다고 한다. 위의 책, 426–427쪽.

적다. 그러나 선박소유자나 용선자를 대리하여 용선중개인 또는 대리점 등의 대리인이 계약서에 서명한 경우에 분쟁이 발생할 소지가 많다. 기본적으로 이러한 문제들은 앞서 검토한 영국법상의 대리에 관한 일반원칙에 의하여 해결된다.

선박소유자나 용선자가 용선중개인을 지명하여 오랜 기간 동안 자신의 용선사업의 대부분을 중개하도록 한 경우, 그 용선중개인은 용선관리인과 유사한 광범위한 대리권을 당사자로부터 수여받았다고 볼 수 있다. 반면에 용선거래의 1회에 국한하여 용선중개인을 지명한 것에 불과하다면, 설사 과거에 그 용선중개인을 빈번하게 지명해 왔더라도 용선중개인이 당해 용선계약에 관하여 당사자로부터 대리권을 실제로 수여받지 못하였다면 그 용선중개인은 명백한 대리권을 가지지 못한다.[36]

용선중개인은 선박소유자 또는 용선자로부터 지시된 의사를 상대방당사자에게 전달하는 것이 주요 임무이다. 따라서 용선중개인은 선박소유자 또는 용선자로부터 지시받지 않은 내용을 상대방에게 전달할 권한이 없다.[37] 또한 원칙적으로 용선계약을 체결하고 용선계약서에 서명할 권한은 없다.[38] 그러나 당사자로부터 대리권을 수여받았다면 용선중개인도 용선계약을 체결하고 용선계약서에 서명할 수 있다.

1. 대리인이 당사자를 구속하는 경우

(1) 대리인이 명시적 또는 묵시적으로 당사자로부터 대리권을 수여받은 경우

대리인이 명시적 또는 묵시적으로 당사자로부터 대리권을 수여받은 경우에는 대리인이 당사자로부터 현실적으로 대리권을 수여받는 것이다. 영국법상 당사자로부터 대리권을 수여받은 경우에 대하여 연구하기 위하여 시대적 순서에 입각하여 영국판례를 검토한다.

1) Pocklington호 사건

용선중개인 SEC사는 선박소유자 LWC사에게 Pocklington호의 운임을 전문담당 직원의 실수로 잘못 전달하였다. 용선중개인은 용선자인 Sam Reischer사로부터 전문에 의하여 권한을 수여받아 대리점의 자격으로 SEC사는 용선계약서에 서명하였다. 선박소유자는 "용선중개인이 용선자로부터 수여받지 않은 권한을 사용하였으므로 권한을 초과한 운임차액에

36) 송상현 · 김현, 앞의 책, 433쪽.
37) Hanjin Shipping Co., Ltd. v. Zenith Chartering Corporation – The Mercedes Envoy [1995] 2 Lloyd's Rep. 559.
38) Polish Steamship Co. v. AJ Williams Fuels (Overseas Sales) – The Suwalki [1989] 1 Lloyd's Rep. 511.

대하여 책임을 져야 한다."라고 주장하였다. 용선중개인은 권한을 수여받은 전문을 증거로 제시하며 책임을 부인하였다. 1심 법원 Denman판사는 "용선중개인은 받은 전문에 근거하여 용선계약에 서명하였다는 것을 증명하면 되지 실제적으로 용선계약에 함축된 내용과 일치함을 확인하고 서명하여야 하는 것은 아니다. 따라서 용선중개인은 전문담당 직원의 실수로 발생한 운임의 차액에 대하여 책임이 없다."라고 판시하였다.[39)]

2) Samah호 & Lina호 사건

Samah호의 선박소유자 Inter Ro-Ro SA사와 Lina호의 선박소유자 Gulf Ro-Ro Services S.A.사는 1979년 12월과 1980년 1월에 용선중개인 IACC사를 통하여 정기용선자 Mmecen S.A.사에게 Samah호와 Lina호를 각기 정기용선하여 주기 위하여 협상을 하였다. 선박소유자는 용선중개인 IACC사에게 그리스에 출장가서 정기용선계약의 내용을 협상하도록 권한을 수여하면서, 정기용선자가 요구하는 선박의 구조변경에 대하여 선박소유자가 승인할 때까지는 정기용선계약서에 서명하지 말 것을 지시하였다. 그러나 선박소유자의 용선중개인 IACC사는 선박소유자의 승인 없이 정기용선계약의 내용을 합의한 후 정기용선기간이 시작되기 전에 정기용선자가 선박의 구조변경을 승인하는 조건으로 정기용선계약서에 서명하였다. 선박소유자는 용선중개인이 권한 없이 정기용선계약서에 서명하였으므로 더 이상 협상할 의도가 없다고 통지하였다. 정기용선자는 "용선중개인은 명시적 또는 묵시적으로 선박소유자로부터 권한을 수여받았으므로 정기용선계약은 성립되었다."라고 주장하였다. 1심 법원 Parker판사는 "용선중개인이 정기용선자에게 선박의 구조변경에 대하여 선박소유자의 승인을 얻어야 한다는 것을 통지하지 않았으므로 정기용선계약은 구속력이 있다. 선박소유자가 용선중개인에게 정기용선계약의 내용을 협상하도록 권한을 수여하였으므로 용선중개인은 정기용선계약서에 서명하도록 묵시적인 권한을 갖고 있다고 할 수 있다. 따라서 정기용선자는 선박소유자의 이행거절로 인하여 발생한 손해에 대하여 선박소유자에게 청구할 권리가 있다."라고 판시하였다.[40)]

3) Borvigilant호/Romina G호 사건

유조선 Romina G호의 선장은 이란 NIOC터미널의 상관례에 따라 NIOC터미널에 도착 후 도선사가 제시한 NIOC의 계약조건으로 작성된 예인선사용계약서에 서명하였다. 한

39) Lilly, Wilson & Co. v. Smales, Eeles & Co. [1892] 1 Q.B. 456.
40) Mmecen S.A. v. Inter Ro-Ro S.A. and Gulf Ro-Ro Services S.A. - The Samah and The Lina [1981] 1 Lloyd's Rep. 40 (Q.B.).

제1편 제2편 제3편 제4편 제5편 제6편 제7편 제8편

편 예인선 Borvigilant의 소유자 Borkan사는 NIOC터미널을 통하여 Romina G호의 선박소유자 Monsoon사와 1998년 7월 22일에 예인선사용계약을 체결하였다. 계약체결 후 Borkan사는 NIOC의 계약조건을 추인하였다. NIOC의 계약조건에 의하면 "예인선의 선박소유자는 주의의무를 다하였다면 선박감항능력에 대하여 면책이다."라는 면책약관이 있었다. Borkan사와 Monsoon사는 직접적으로 예인선사용계약을 체결하지 않았다. 1998년 7월 22일에 Borvigilant호와 유조선 Romina G호가 충돌하여 유조선과 예인선의 선체가 손상되고 예인선의 선원이 사망하는 사고가 발생하였다. Borkan사는 "NICO의 계약조건상의 면책약관에 의하여 충돌사고에 대하여 책임이 없다."라고 주장하였다. Monsoon사는 "Brokan사는 예인선사용계약의 당사자가 아니므로 NIOC의 계약조건상의 면책약관의 혜택을 받을 수 없다."라고 주장하였다. 1심 법원 David Steel판사는 "NIOC터미널은 Borkan사로부터 계약을 체결하기 위한 묵시적 권한을 수여받았다. 또한 Borkan사는 NIOC터미널의 계약조건을 추인하였다. 따라서 Borkan사는 NIOC터미널의 계약조건상 면책약관의 혜택을 받을 수 있다."라고 판시하였다. 항소법원(Peter Gibson판사, Clarke판사와 Dyson판사)은 1심 법원 David Steel판사의 판결을 확인 · 지지하였다.[41)]

(2) 표현적 대리권(apparent authority or ostensible authority)

당사자가 말이나 행동에 의하여 대리인이 마치 대리권을 가지고 있는 것과 같은 외관을 발생시킨 경우, 대리인에게 대리권을 수여하지 아니하였던 경우에도 대리인이 현실적인 대리권을 가지고 있는 경우와같이, 대리행위의 상대방인 계약의 상대방당사자에 대하여 당사자는 대리행위로 체결한 계약의 구속을 받는다. 대리인에게 대리권이 없음에도 불구하고 마치 그것이 있는 것과 같은 외관이 있고, 또한 그러한 외관의 발생에 관하여 당사자가 어느 정도의 원인을 주고 있는 경우, 그 무권대리행위에 대하여 당사자가 책임을 지게 함으로써, 그러한 외관을 신뢰한 선의 · 무과실의 제3자를 보호하고, 거래의 안전을 보장하며, 나아가서는 대리제도의 신용을 유지하려는 것이 표현대리제도이다.[42)] 표현적 대리권의 원칙은 금반언의 원칙(the principle of estoppel)[43)]이 대리제도에 적용된 경우라고 말할 수 있다.

Henrik Sif호 사건[44)]에서 선박소유자 Sif IV사와 정기용선자 Trade Line사는 1976년

41) The Borvigilant and the Romina G [2003] 2 Lloyd's Rep. 520.
42) 곽윤직, 「민법총칙」, (서울: 박영사, 2004), 277쪽. (이하 "곽윤직, 민법총칙"이라고 한다.).
43) 금반언은 어떤 사람(본인)이 그의 말이나 행동으로부터 합리적으로 되는 추론을 부인하는 것을 허용하지 않는 원칙이다. 이호정, 앞의 책, 404쪽.
44) Pacol Ltd. v. Trade Lines Ltd. – The Henrik Sif [1982] 1 Lloyd's Rep. 456.

9월 2일에 12개월 동안 Henrik Sif호에 대한 정기용선계약을 체결하였다. 정기용선자는 나이지리아 Apapa 항에서 코코아버터를 선적하여 Sharpness 항에서 양하하는 1977년 3월 1일과 2일자의 선하증권을 정기용선자 서식으로 발행하였다. 선하증권에는 디마이즈약관이 있었다. 화물의 양하 시 화물이 손상된 것이 발견되자, 적하이해관계인은 대리점 Tideway사를 통하여 정기용선자에게 화물손상에 대한 손해배상을 청구하였다. Tideway사는 정기용선자가 선하증권상 디아이즈약관에 의하여 화물손상에 대하여 책임을 지는 당사자가 아니라는 것을 적하이해관계인에게 언급하지 않았다. 따라서 적하이해관계인은 화물손상에 대한 손해배상청구에 있어서 정기용선자로부터 시효연장을 받았으나 선박소유자로부터는 시효연장을 받지 않았다. 정기용선자는 "선하증권상 디마이즈약관에 의하여 화물손상에 대하여 책임을 지는 당사자는 정기용선자가 아니라 선박소유자이다."라고 주장하였다. 적하이해관계인은 "정기용선자는 디마이즈약관에 의하여 선하증권상 당사자가 아니라고 부인할 수 없다."라고 주장하였다. 1심 법원 Webster판사는 "대리점 Tideway사는 적하이해관계인에게 선하증권상 디마이즈약관에 의하여 정기용선자가 화물손상에 대하여 책임을 질 당사자가 아닌 사실을 알면서도 언급하지 않았다. 또한 정기용선자는 적하이해관계인이 요청한 소멸시효연장을 승인해 주었다. 즉 적하이해관계인으로 하여금 정기용선자가 법적으로 화물손상에 대하여 책임을 지는 당사자로 생각하게끔 행동하였다. 따라서 정기용선자는 금반언의 원칙에 따라 선하증권상 디마이즈약관에 의하여 화물손상에 대하여 책임을 부인할 수 없다."라고 판시하였다.

표현적 대리권에는 당사자의 표시에 의한 표현적 대리권, 대리권의 범위를 넘는 표현적 대리권 그리고 대리권이 철회된 경우의 표현적 대리권이 있다. 영국법상 표현적 대리권에 대하여 연구하기 위하여 시대적 순서에 입각하여 영국판례를 검토한다.

1) Wave호 사건

선박소유자 Kyma사와 정기용선자 Woodstock사는 1979년 4월에 2년 동안 Wave호를 정기용선하는 협상을 진행하였다. 정기용선자는 "정기용선계약은 1979년 4월 10일에 선박검사를 조건으로 체결되었으며, 4월 27일에 정기용선자가 조건을 승인하였으므로 정기용선계약은 완전히 성립하였다. 그럼에도 불구하고 선박소유자가 선박을 인도하지 않았으므로 이행거절을 이유로 손해배상을 청구한다."라고 주장하였다. 선박소유자는 "선박소유자는 용선중개인에게 정기용선자와 제외 화물의 확정, 선박의 연료소모량, 할증시간요율에 대하여 합의하는 권한을 수여하지 않았다. 따라서 정기용선계약은 성립되지 않았다."라고 주장하였다. 1심 법원 Mustill판사는 "관련증거 서류로 미루어 보건데 선박소유자의 용선중개인은 정기용선계약을 성립시킬 권한이 있다. 만약 용선중개인에게 권한을 수여하지 않은 경우에도, 특정 권한을 제한한다고 선박소유자가 표명하지 않는 한, 용선중개인은 계약을 성립시킬 외관상 권한을 갖고 있는 것이다. 따라서 정기용선계약은 성립하였다."라고 판시하였다.[45]

2) Sincoe/Canadian Hunter호 사건

예인선의 소유자 Lukoil사와 선박소유자 Tata사의 대리인 Global사는 1995년 9월 18일에 Neftegaz No.66호를 캐나다 몬트리올 항에서 인도 Alang 항으로 예인하기 위하여 Sincoe호와 Canadian Hunter호에 대한 예인선사용계약을 체결하였다. 예인선사용계약의 서명 시 10%의 용선료가 지급되었으나 잔액이 지급되지 않자, Lukoil사는 1996년 1월 11일에 선박에 리언을 행사할 것을 통지하면서 계약을 종료시켰다. Lukoil사는 1996년 1월 29일에 Namibia의 Walvis만에서 선박을 압류하였고 Tata사는 보증금을 공탁하고 선박을 해방시켰다. Tata사는 "Global사가 권한 없이 예인선사용계약을 체결하였기 때문에 Lukoil사는 선박을 압류할 권한이 없다. 따라서 Lukoil사는 불법으로 선박을 압류한 데 대하여 책임을 져야 한다."라고 주장하였다. 1심 법원 Toulson판사는 "Global사는 예인선사용계약을 체결하기 위하여 형식적으로 대리권을 수여받았거나 적어도 표현적 대리권이 있으므로 예인선사용계약에 대하여 Tata사가 책임을 져야 한다."라고 판시하였다. 항소법원(Morritt판사, May판사와 Tuckey판사)은 1심 법원 Toulson판사의 판결을 확인 · 지지하면서 항소를 기각하였다.[46]

(3) 대리인이 대리인의 자격을 표시하고 대리인의 이름이 당사자란에 기재된 경우

용선계약에 "대리인으로서(as agents)" 또는 "…를 위하여(on behalf of)"라고 기재함으로써 자신이 대리인이라는 것을 분명히 한 자는 용선계약의 당사자가 아니다. 따라서 이런 경우에 대리인은 계약당사자로서의 책임을 지지 않으며 권한을 수여받은 대리인의 행위에 대하여 당사자가 책임을 진다. 영국법상 대리인이 대리인의 자격을 표시하고 대리인의 이름이 당사자란에 기재된 경우에 대하여 연구하기 위하여 시대적 순서에 입각하여 영국판례를 검토한다.

45) Woodstock Shipping Co. v. Kyma Compania Naviera S.A. – The Wave [1981] 1 Lloyd's Rep. 521 (Q.B.).
46) Lukoil-Kalingradmorneft Plc v. Tata Ltd. (No. 2) [1999] 2 Lloyd's Rep. 129 (C.A.).

1) Beecroft호 사건

선박소유자 Fortunato Repetto와 항해용선자 MKJFL사는 1899년 8월 28일에 호주로부터 목재를 운송하기 위하여 Beecroft호에 대한 항해용선계약을 체결하였다. 선하증권은 선장이 선박소유자를 대신하여 서명하였다. 항해용선자가 운임을 전액 지급하지 않자 선장 Repetto씨는 항해용선자를 상대로 소를 제기하였다. 원고 Repetto씨는 "선박소유자의 이름을 밝히지 않고 단지 선박소유자를 대리하여 대리점이 용선계약서에 서명하였을 경우에 대리점이 용선계약의 당사자가 되어 용선계약상 책임의 주체가 되고 소도 제기할 수 있는 것이 일반적인 경우이다. 따라서 선장도 대리점의 경우와 같이 미지급된 운임에 대하여 항해용선자에게 소를 제기할 수 있다."라고 주장하였다. 항해용선자는 "선장은 선박소유자를 위하여 선하증권에 서명하였으므로 선하증권상 책임의 주체는 선박소유자이므로 선박소유자가 소를 제기할 수 있는 것이지 선장은 소를 제기할 수 없다."라고 주장하였다. 1심 법원 Bigham판사는 "선장은 단지 선박소유자의 대리점으로서 선하증권에 서명하였으므로 소를 제기할 수 없다."라고 판시하였다.[47]

2) England호 사건

선박소유자 Drughorn사와 정기용선자 Lundgren씨는 1910년 2월 8일에 24개월(정기용선자는 12개월 추가로 사용할 수 있는 선택권이 있었다.) 동안 England호에 대한 정기용선계약을 체결하였다. 정기용선계약서는 정기용선자 Lundgren씨로부터 권한을 수여받은 J.E.Hyde사가 대리점으로서 서명하였다. 선박은 1910년 5월 14일에 인도되었고 정기용선자는 추가사용기간에 대한 선택권을 행사하였다. 선박소유자는 정기용선자가 정기용선계약서에서 허용하고 있지 않는 항해를 이행하자 1912년 12월에 선박을 회수하였다. 이에 대하여 정기용선자 Lundgren씨는 소송을 제기하였다. 소송제기 후 Lundgren씨가 사망하자 Lundgren씨가 관리인으로 있던 Transatlantic사는 협상 시 증거를 제시하면서 "정기용선계약은 Lundgren씨가 Transatlantic사를 대신하여 대리점으로서 체결한 것이다."라고 주장하였다. 선박소유자 Drughorn사는 "정기용선계약서상 Lundgren씨가 정기용선자로서 기재되어 있으므로 Transatlantic사는 정기용선자로서 권리를 주장할 수 없다."라고 주장하였다. 1심 법원 Lush판사는 정기용선자에게 승소판결을 하였다. 또한 항소법원(Swinfem Eady판사와 Warrington판사)은 "협상 시 증거자료로 판단하여 보면 Transatlantic사가 Lundgren씨에

47) Repetto v. Millar's Karri and Jarrah Forests Ltd. [1901] 2 K.B. 306.

게 권한을 수여한 정기용선자가 맞다."라고 판시하였다. 그리고 귀족원은 "정기용선계약서상 정기용선자란에 실제 정기용선자의 이름이 기재되어 있지 않더라도 정기용선자란에 기재된 당사자가 실제 정기용선자의 권한을 수여받아 대리점으로 서명하였다면 관련증거에 의하여 다른 당사자가 정기용선자가 될 수 있다."라고 판시하면서 1심 법원과 항소법원의 판결을 확인 · 지지하였다.[48)]

3) Ariadne Irene호 사건

1919년 10월 15일에 Tyne 항에서 석탄을 선적하여 이탈리아 항에서 양하하는 Ariadne Irene호에 대한 항해용선계약이 체결되었다. T.H.S.&Co사는 선박소유자의 대리점의 자격으로, J.A.Mck&Co사는 용선자의 대리점의 자격으로 서명하였다. 그런데 용선자란에는 단지 J.A.Mck&Co사로 기재되어 있었다. 협상과정에서 제시된 증거에 의하면 선박소유자는 J.A.Mck&Co사가 다른 용선자를 대신하여 협상하고 있는 것을 미리 알고 있었다. 선박소유자 Universal Steamship사는 양하항에 발생한 체선료에 대하여 J.A.Mck&Co사에게 손해배상을 청구하였다. J.A.Mck&Co사는 "용선계약서에 J.A.Mck&Co사가 대리점으로 서명하였으므로 용선자란에 J.A.Mck&Co사가 기재되었을지라도 J.A.Mck&Co사는 체선료에 대하여 선박소유자에게 책임이 없다."라고 주장하였다. 1심 법원 Bailhache판사는 선박소유자에게 승소판결을 하였으나 항소법원(Bankes판사와 Atkin판사는 찬성, Scruthon판사는 반대)은 J.A.Mck&Co사가 제기한 항소를 인정하였다. 귀족원 또한 "대리점이란 표현은 책임의 주체가 별도로 존재한다는 것을 나타내는 결정적인 요소가 된다. 용선계약서의 용선자란에 단지 J.A.Mck&Co사가 기재되어 있었지만, J.A.Mck&Co사는 용선계약서에 대리점으로 서명하였으므로 체선료에 대하여 선박소유자에게 책임이 없다."라고 판시하면서 항소법원의 판결을 확인 · 지지하였다.[49)]

4) Elle호 사건

네덜란드 소재 선박의 관리회사 Hannah사와 스위스 소재 NPWE사는 1940년 4월 20일에 캐나다에서 pulpwood를 선적하여 독일 Rouen 항에서 양하하는 Elle호에 대한 용선계약을 체결하였다. 용선계약서는 용선중개인 M&S사가 전화로 선박의 관리회사로부터 권한을 수여받아 대리점으로서 서명하였다. 본 사건에서 선박소유자는 핀란드 소재 Wasa사였

---

48) Drughorn v. Red. A/B Transatlantic [1919] A.C. 203.

49) Univalsal Steamship Co., Ltd. v. James McKelvie & Co. [1923] A.C.492, [1923] 15 Ll.L.Rep. 99.

다. 1940년 5월 10일에 독일은 네덜란드를 침략하였고 1940년 5월 14일에 네덜란드는 항복하였다. 그 이후 독일이 네덜란드에 영향력을 미치게 되었다. 용선자는 "국왕 · 통치자 · 인민에 의한 억류(restraint of princes, rulers and people)를 이유로 용선계약이 프러스트레이션이 되었다. 또한 용선계약서상 선박소유자는 Hannah사이므로 Wasa사는 원고로써 소를 제기할 수 없다."라고 주장하였다. Wasa사와 Hannah사는 "용선계약서는 Hannah사가 Wasa사의 대리점의 자격으로 용선자와 체결된 것이므로 Wasa사는 원고적격이 있다. 또한 용선자는 1940년 5월 15일에 선적준비완료통지를 수리하였고 5월 20일 선적개시를 선장에게 요구하였다. 그런데 독일은 단지 1940년 5월 25일이 되어서야 네덜란드에 통치정부를 설립하였으므로 본 용선계약은 프러스트레이션이 되지 않았다."라고 주장하였다. 1심 법원 Moris 판사는 "Hannah사는 선박의 관리회사로 선박소유자가 아니라는 것이 용선계약서에 명시되어 있으므로 Wasa사는 선박의 선박소유자로서 소를 제기할 수 있다. 또한 1940년 5월 네덜란드 선포(the Dutch decree of May, 1940)에 의하여 원고(Wasa사와 Hannah사)와 피고(NPWE사)가 공적이라는 전제는 성립되지 않으므로 용선계약은 프러스트레이션이 되지 않았다."라고 판시하였다.[50)]

5) Santa Carina호 사건

유류중개업자인 Vlassopulos사는 정기용선자의 용선중개인인 Ney Shipping사의 요청으로 말레이시아 Penang 항에서 Santa Carina호에 유류를 공급하였다. 그러나 정기용선자의 파산으로 유류대금이 지급되지 않았다. Vlassopulos사는 Ney Shipping사를 상대로 소를 제기하였다. Ney Shipping사는 단지 대리점의 자격으로 유류공급을 요청하였으므로 유류대금에 대하여 책임이 없다고 주장하였다. 1심 법원 Mocatta판사는 "Vlassopulos사는 Ney Shipping사가 대리점의 자격으로 유류공급을 요청한 것을 알고 있었다. 그러나 Ney Shipping사가 유류공급을 요청하면서 Ney Shipping사는 유류공급과 관련하여 책임이 없다고 언급하지 않았다. 따라서 Ney Shipping사는 미지급된 유류대금에 대하여 책임이 있다."라고 판시하였다. 그러나 항소법원(Denning판사, Roskill판사와 Lawton판사)은 "Ney Shipping사는 볼틱거래소(the Baltic Exchange)의 회원인데, 볼틱거래소의 회원은 선박소유자나 용선자를 대신하여 책임을 지지 않는다. 또한 Ney Shipping사는 정기용선자의 대리점의 자격으로서 유류공급을 Vlassopulos사에게 요청하였다. 따라서 정기용선자의 파산으로

---

50) O/Y Wasa S.S. Co., Ltd. v. Newspaper Pulp & Wood Export [1949] 82 Ll.L.Rep. 936 (K.B.).

인하여 미지급된 유류대금에 대하여 책임이 없다."라고 판시하면서 항소를 인정하였다.[51)]

(4) 당사자가 대리인의 무권대리로 인하여 체결된 용선계약을 추인한 경우

대리인이 대리권 없이 계약을 체결한 경우, 당사자는 사후추인에 의하여 그 계약의 당사자로 될 수 있다.[52)] 무권대리계약에서 추인(ratification)이 있으면 처음부터 대리권이 있는 대리인에 의하여 체결된 계약과 같은 효력이 있다. 당사자는 문서나 행동으로 애매하지 않게 계약을 추인하여야 한다. 실제 존재하지 않은 당사자는 추인할 수 없으나 표시되지 않은 당사자는 계약체결 당시에 대리인이 계약을 체결하고자 한 자가 당사자라는 것을 입증하면 추인할 수 있다.

2. 대리인이 당사자로서 책임을 지는 경우

(1) 대리인의 자격을 표시하지 않고 대리인의 이름이 당사자란에 기재된 경우

영국법에서 용선계약의 체결 시 용선중개인 또는 대리점이 대리인으로서의 자격을 표시하지 않고 용선계약을 체결한 경우, 그 대리인은 계약당사자로 적극적으로 추정을 받는다.[53)] 영국법상 대리인의 자격을 표시하지 않고 대리인의 이름이 당사자란에 기재된 경우에 대하여 연구하기 위하여 시대적 순서에 입각하여 영국판례를 검토한다.

1) Schmalz v. Avery 사건

Schmalz사는 선박소유자의 대리점으로 선박을 용선하였다. 용선계약서에는 "용선계약은 다른 당사자를 위하여 체결되었으므로, Schmalz사는 화물이 선적되면 모든 책임을 면한다."라고 규정하였다. 1심 법원 Patterson판사는 "용선계약이 선박소유자를 위한 대리점에 의하여 체결되었을 경우에 용선계약서에 선박소유자의 이름이 명시되어 있으면 화물에 관한 손해배상에 대하여 선박소유자가 책임을 진다. 그러나 선박소유자의 이름이 용선계약서에 언급되어 있지 않다면, 용선계약을 체결한 대리점이 선박소유자로서 책임을 져야 한다. 본 사건에서 용선계약서에는 선박소유자의 이름이 언급되어 있지 않았으므로, Schmalz

51) Vlassopulos (N. & J.) Ltd. v. Ney Shipping Ltd. – The Santa Carina [1977] 1 Lloyd's Rep. 478 (C.A.).

52) 우리나라 법제에서 무권대리에 대하여 민법 제130조는 "대리권 없는 자가 타인의 대리인으로 한 계약은 본인이 이를 추인하지 아니하면 본인에 대하여 효력이 없다."라고 규정하고 있다.

53) 우리나라 법제에서 본인을 위한 것임을 표시하지 아니한 행위에 대하여 민법 제115조는 "대리인이 본인을 위한 것임을 표시하지 아니한 때에는 그 의사표시는 자기를 위한 것으로 본다."라고 규정하고 있다.

사는 대리점의 지위를 넘어서 선박소유자로서 화물에 관한 손해배상에 대하여 책임을 진다."라고 판시하였다.[54)]

2) Brandt v. Morris 사건

맨체스터에 소재한 Brandt사는 Sayles사를 위하여 맨체스터에 소재한 제조업자 Morris사와 1914년 9월 3일에 60톤의 아닐린기름에 대한 매매계약을 체결하였다. 매매계약서의 매수인 서명란에는 Sayles사의 언급 없이 Brandt사만이 기재되어 있었다. Brandt사가 화물이 인도되지 않아서 발생한 손해배상을 Morris사에게 청구하자 Morris사는 "Brandt사는 대리점의 자격으로서 서명하였으므로 소를 제기할 자격이 없다."라고 주장하였다. 1심 법원 Lawrence판사는 "Brandt사는 매매계약의 당사자로서 소를 제기할 수 있다."라고 판시하였다. 항소법원에서 다수의 판사(Reading판사와 Scrutton판사는 찬성, Neville판사는 반대)는 "매매계약서의 매수인란에 Brandt사만이 기재되어 있고 Brandt사만이 서명하였다. 따라서 Brandt사가 매수인이라고 일응 판단될 수 있으므로 Brandt사는 화물이 인도되지 않아서 발생한 손해배상에 대하여 소를 제기할 수 있다."라고 판시하면서 1심 법원 Lawrence판사의 판결을 확인 · 지지하였다.[55)]

3) Primorje호 사건

선박소유자 Jugoslavenska사는 Rab호를 인도네시아 정부를 위하여 B&S사와 용선하고자 1975년 1월에 협상하였다. 그러나 동일 화물에 대하여 Rab호 대신에 Jugoslavenska사가 소유한 Primorje호에 대한 협상이 B&S사와 진행되어 결과적으로 Primorje호에 대한 용선계약이 B&S사와 체결되었다. 용선계약서에 선박소유자는 서명하였으나 용선자는 서명을 하지 않았다. 용선계약서에는 B&S사가 용선계약을 대리점으로서 체결하였다는 언급이 없었다. 선박소유자가 체선료의 지급을 B&S사에게 요구하자, B&S사는 "B&S사는 인도네시아 정부를 위하여 용선계약을 체결하였으므로 체선료 지급에 대하여 책임이 없다."라고 주장하였다. 중재인은 선박소유자에게 승소판정을 하였다. 1심 법원 Mocatta판사는 "Primorje호의 협상 전에 B&S사는 인도네시아 정부를 위하여 협상한다는 언급이 있었지만 Primorje호의 협상은 새로 시작되었다. Primorje호의 용선계약서에 B&S사가 대리점으로서 용선계약을 체결하였다는 언급이 없이 용선자로 용선계약을 체결하였다. 따라서 B&S사가 용선자로

54) Schmalz v. Avery [1851] WL 6410 (K.B.).
55) Brandt (H.O.) & Co. v. H.N. Morris & Co., Ltd. [1972] 2 K.B. 784; 87 L.J.K.B. 101; 117 L.T 196 (C.A.).

서 체선료에 대하여 책임을 져야 한다."라고 판시하였다.[56]

4) Yanxilas호 사건

운항선박소유자 Halcoussis사와 항해용선자 Stinnes사는 1981년 3월 31일에 Yanxilas호에 대한 항해용선계약을 체결하였다. 선박소유자란에 Halcoussis사는 운항선박소유자(operating owners)라고 기재되어 있었고, 선박소유자로부터 권한을 수여받아서 용선계약서에 서명하였다. 선박이 선적하기 위하여 Sarroch항에 4월 15일에 도착하였다. 그러나 선박의 제원이 항만규정에 맞지 않았기 때문에 4월 26일까지 접안이 되지 않았다. 운항선박소유자 Halcoussis사는 운임, 부적운임, 체선료에 대한 손해배상을 청구하였고, 항해용선자는 선적이 지체된 데 대한 손해배상을 청구하였다. 중재인은 선박소유자에게 승소판정을 하였다. 항해용선자는 "운항선박소유자 Halcoussis사는 단지 대리점의 자격으로 용선계약을 체결하였으므로 선박소유자의 자격으로 당사자가 될 수 없다."라고 주장하면서 소를 제기하였다. 1심 법원 Bingham판사는 "Halcoussis사는 소송에 있어 선박소유자로서 당사자 자격이 있다. 항해용선자는 용선계약을 체결할 때에 누가 등기선박소유자인지를 확인할 수가 있었지만 관련 서류로 판단하건대 Halcoussis사와 계약을 체결할 의사가 있었다. 또한 운항(operating)이란 문구는 대리점을 의미하지 않는다. 따라서 Halcoussis사는 용선계약상의 선박소유자로서 용선자에게 손해배상을 청구할 수 있다."라고 판시하였다.[57]

(2) 대리인이 무권대리의 경우

당사자를 위하여 계약을 체결한다고 공언하는 대리인은 계약대리권이 있음을 입증하여야 한다. 만일 그에게 대리권이 없고, 또한 그가 이 사실을 알고 있었다면, 그는 상대방당사자에 대하여 사기로 인한 불법행위의 책임을 지게 된다. 무권대리는 대리권 없이 행하여진 대리행위이므로, 그 행위의 법률효과를 당사자에게 귀속시킬 수 없다. 한편, 그것은 대리의사를 가지고 행하여진 것이기 때문에, 행위의 법률효과를 대리인에 관하여 생기게 할 수도 없다. 결국 무권대리행위는 법률효과를 발생시킬 수 없는 것이고, 다만 무권대리인과 그의 상대방당사자와의 사이에 불법행위의 문제를 남길 뿐이다.[58] 법은 한 걸음 더 나아가 대리인이 선의였고 과실 없이 그에게 대리권이 있다고 믿었던 경우에도 그에게 책임을 지우고

56) Jugoslavenska Linijska Plovidba v. Hulsman – The Primorje [1980] 2 Lloyd's Rep. 74 (Q.B.).
57) Stinnes Interoil GmbH v. Halcoussis & Co.: – The Yanxilas(No.1) [1982] 2 Lloyd's Rep. 445.
58) 곽윤직, 민법총칙, 276쪽.

있다. 그는 그의 대리권의 존재에 대하여 묵시적으로 보증을 한 것으로 취급되고 있다. 그러나 대리인의 대리권에 관한 표시가 법에 관한 표시인 경우, 상대방당사자가 대리인에게 대리권 없음을 알았던 경우, 그리고 대리인에게 비록 현실적 대리권은 없지만 당사자가 상대방당사자에 대하여 표현대리의 규칙 등에 의하여 책임을 지는 경우에 대리인은 책임을 지지 않는다. 또한 대리권의 묵시적 보증 위반의 규칙은 국왕의 공무원에게는 적용되지 않는다.[59] 영국법상 대리인이 무권대리의 경우에 대하여 연구하기 위하여 시대적 순서에 입각하여 영국판례를 검토한다.

1) Demodocus호 사건

선박소유자의 대리점인 Guthrie사는 Demodocus호에 선적된 225베일의 고무에 대하여 선하증권을 발행하였다. 그러나 실제로 선적된 고무는 90베일뿐이었다. 선하증권소지인 Rasnoimport사는 인도되지 않은 135베일의 고무에 대하여 Guthrie사에게 손해배상을 청구하였다. Rasnoimport사는 "Guthrie사는 선박소유자로부터 묵시적으로 권한을 수여받아 선하증권에 서명하였으므로 인도되지 않은 135베일의 고무에 대하여 책임을 져야 한다." 라고 주장하였다. Guthrie사는 "Guthrie사는 단지 본선수취증(Mate's Receipt)에 의거하여 선하증권을 발행하였으므로 책임이 없다."라고 주장하였다. 1심 법원 Mocatta판사는 "Guthrie사는 선하증권에 서명함으로써 Guthrie사가 선박소유자로부터 선하증권에 서명할 권한을 수여했다는 것을 묵시적으로 보증하였다. 그러나 선박소유자는 선하증권상 기재된 225베일의 고무에 대하여가 아니라, 단지 실제로 선적된 90베일의 고무에 대하여만 권한을 수여하였다. 따라서 Rasnoimport사의 손해배상청구에 대하여 Guthrie사는 책임을 져야 한다."라고 판시하였다.[60]

2) Ocean Frost호 사건

Mundogas사는 Armagas사에게 1980년 5월 30일에 Ocean Frost호를 매도하였는데 Mundogas사의 용선관리인인 Magelssen씨는 동시에 Armagas사로부터 선박을 3년 동안 정기용선하였다. 1982년 4월 9일에 Mundogas사가 선박을 반선하려고 하자 Armagas사는 "정기용선기간은 3년 동안이므로 선박소유자는 조기반선에 대한 책임을 져야 한다."라고 주장하였다. Mundogas사는 "선박은 1년 동안 1980년 11월 28일에 정기용선되었다. 1980년

---

59) 이호정, 앞의 책, 422-423쪽.
60) Rasnoimport V/O v. Guthrie & Co., Ltd. - The Demodocus [1966] 1 Lloyd's Rep. 1.

5월 30일에 체결된 3년 동안의 정기용선계약에 대하여는 아는 바가 없다. Magelssem씨가 체결한 정기용선계약은 권한 없이 체결된 것이므로 무효이다."라고 주장하였다. 1심 법원 Staughton판사는 "Mundogas사는 3년 동안의 정기용선계약에 의하여 구속되므로 조기반선에 대한 책임을 져야 한다."라고 판시하였다. 항소법원(Stephensen판사, Dunn판사와 Robert Goff판사)은 "Magelssen씨는 선박소유자로부터 권한의 위임이 없었으므로 3년 동안의 정기용선계약을 체결할 수 없다."라고 판시하면서 항소를 인정하였다. 귀족원은 "Armagas사는 Magelssen씨가 선박소유자로부터 권한을 수여받지 못하였으므로 3년 동안의 정기용선계약을 체결할 수 없다는 것을 합리적으로 알 수 있었다. 따라서 3년 동안의 정기용선계약은 체결되지 않았다."라고 판시하였다.[61)]

3) Suwalki호 사건

Anro사와 Anker Kolon사는 1982년 3월에 Cardiff 항에서 유럽으로 화물을 운송하는 장기항해용선계약(contract of affreightment)[62)]을 체결하였다. Anro사는 장기항해용선계약 하에서의 화물을 운송하기 위하여 GAL사와 1982년 5월 7일에 Suwalki호의 항해용선계약을 체결하였다. 1982년 5월 Anker Kolen사는 Anro사에게 운임을 지급하였다. 그러나 Anro사는 파산되었으므로 GAL사에게 운임을 지급할 수 없었다. Anro사의 대주주는 AJ Williams Fuel사의 사주인 A.J.Williams씨였다. GAL사는 "Anro사가 AJ Williams Fuels사를 위하여 대리점으로서 항해용선계약을 체결하였다. 따라서 AJ Williams Fuels사가 항해용선자로서 책임을 져야 한다."라고 주장하였다. AJ Williams Fuels사는 "Anro사에 항해용선계약을 체결하도록 권한을 수여한 적이 없으므로 항해용선자로서 책임이 없다."라고 주장하였다. 1심 법원 Steyn판사는 "Anro사는 AJ Williams Fuels사를 위하여 항해용선계약을 체결할 의사가 없었다. 또한 AJ Williams Fuels사로부터 항해용선계약을 체결하도록 실질적 또는 외관상 권한을 수여받지 않았다. 따라서 AJ Williams Fuels사는 항해용선계약상 항해용선자가 아니므로 미지급된 운임에 대하여 선박소유자에게 책임이 없다."라고 판시하였다.[63)]

---

61) Armagas Ltd. v. Mundogas S.A. – The Ocean Frost [1986] 2 Lloyd's Rep. 109; [1986] A.C. 717; [1986] 2 W.L.R. 1063; [1986] 2 All E.R. 385 (H.L.); aff'g [1985] 1 Lloyd's Rep. 1; [1985] 3 W.L.R. 640; [1985] 3 All E.R. 795 (Q.B. and C.A.).

62) 특정항로에 일정량의 화물을 일정기간 안에 운송하고자 하는 경우에 이용되는 장기운송계약이다. 운송하는 화물의 양과 운송하여야 할 기간은 정해져 있으나, 사용되는 선박이 반드시 특정되어 있는 것이 아니어서, 운송인에게 재량의 여지를 남겨주고 있다. 또한 운임은 톤당 얼마라고 정해져 있다. 장기운송계약은 철광석, 석탄, 원유와같이 대량의 물동이 정기적으로 기대되고 있는 화물의 운송에 대하여 체결되는 경우가 많다. 한국해사문제연구소 편역, 「해운실무입문」, (서울: 한국해사문제연구소, 1994), 57쪽.

63) Polish Steamship Co. v. AJ Williams Fuels (Overseas Sales) – The Suwalki [1989] 1 Lloyd's Rep. 511.

4) Frost Express호 사건

선박 풀의 관리회사인 Seatrade사와 정기용선자 Geest사는 1988년 1월 13일에 Frost Express호에 대한 정기용선계약을 체결하였다. 볼타임서식을 사용한 정기용선계약서상 선박소유자 서명란에는 Seatrade사의 관리이사인 Overklift씨가 관리선박소유자 Lawin Maritime사를 언급하지 않고, 단지 선박소유자 또는 관리선박소유자의 대리인으로 서명하였다. 정기용선자는 선박의 냉장이 적당히 작동되지 않아서 운송 중 손상된 화물에 대한 손해배상을 Seatrade사에게 청구하였다. Seatrade사는 "Seatrade사는 선박소유자 Lawin Maritime사의 대리인으로 정기용선계약을 체결하였으므로 계약의 당사자가 아니다."라고 주장하였다. Geest사는 "Seatrade사가 선박소유자의 대리인으로 계약을 체결하였더라도 선박소유자란에 선박소유자의 이름을 명시하지 않고 Seatrade사의 이름만이 언급되었다. 따라서 Seatrade사는 개별적으로 화물손상에 대하여 책임이 있다."라고 주장하였다. 1심 법원 Gatehouse판사는 "Seatrade사는 단지 선박소유자의 관리인에 불과하므로, Seatrade사는 단지 신박소유자의 대리짐으로 계약을 세결한 것이다. 따라서 Seatrade사는 화물손상에 대하여 책임이 없다."라고 판시하였다. 그러나 항소법원(Thomas Bingham판사, Evans판사와 Thorpe판사)은 "Seatrade사는 선박소유자는 아니나 선박소유자를 기재하는 빈칸 3란에 언급되어 있고, Seatrade사의 관리이사인 Overklift씨가 선박소유자로부터 권한을 수여받지 않고 서명하였다. 따라서 Seatrade사는 선박소유자로서 화물의 손상에 대하여 책임을 져야 한다."라고 판시하였다.[64)]

5) Nea Tyhi호 사건

정기용선자 Global사와 항해용선자 Tata사는 1995년 5월 18일에 미국에서 선적하여 뭄바이 항에서 양하하는 스크랩 22,000톤에 대한 항해용선계약을 체결하였다. 이 항해용선계약을 이행하기 위하여 정기용선자 Global사와 선박소유자 Nueva Fortuna사는 1995년 6월 14일에 2항차 동안 사용하는 Nea Tyhi호에 대한 정기용선계약을 체결하였다. 선박은 1995년 6월 17일에 인도되어 6월 30일에 미국에서 선적을 완료하고 뭄바이 항에 7월 29일에 도착하여 8월 26일에 화물의 양하를 완료하였다. 한편 정기용선자 Global사와 항해용선자 Ashapura사는 1995년 7월 28일에 화물(bentonite)을 인도 Kandla 항에서 선적하여 베네주엘라 Matauzas 항에서 양하하는 Nea Tyhi호에 대한 항해용선계약을 체결하였다. Global

64) Seatrade Groningen B.V. v. Geest Industries Ltd. – The Frost Express [1996] 2 Lloyd's Rep. 375 (C.A.).

사가 9월 15일이 지급기일인 용선료의 지급을 지체하자 선박소유자는 Ashapura사가 지급하여야 하는 운임에 리언을 행사하고자 하였다. 그러나 Ashapura사는 9월 20일에 이미 운임을 지급하였다. 선박소유자는 중재를 제기하여 미화 608,818.69불의 승소판정을 받았다. 선박소유자는 "Global사와 Tata사 사이에 체결된 1995년 5월 18일자 항해용선계약은 사기계약이다. Tata사는 1995년 6월 14일자 정기용선계약서상 정기용선자 Global사의 표시되지 않은 동업자로서 Global사와 함께 정기용선자의 지위에 있으므로 정기용선계약의 위반에 대하여 책임을 져야 한다."라고 주장하였다. Tata사는 "Tata사는 단지 항해용선자일 뿐 1995년 6월 14일자 정기용선계약과는 관련이 없다."라고 주장하였다. 1심 법원 Rix판사는 "Tata사는 Global사에게 Tata사를 위하여 정기용선계약을 체결하는 권한을 명시적 또는 묵시적으로 수여하지 않았다. 또한 1995년 5월 18일자 항해용선계약은 사기가 아니라 합법적으로 체결되었다. 따라서 Tata사는 1995년 6월 14일자 정기용선계약의 위반에 대하여 책임을 지지 않는다."라고 판시하였다.[65]

제 4 절　용선계약의 이해관계인

Ⅰ. 보 증 인

선박소유자는 용선자가 용선계약을 이행할 능력이 없다고 판단되면, 용선자에게 용선자가 용선계약을 이행하는 것에 대하여 재정적으로 확고한 제3자가 보증할 것을 요구한다. 이와 같이 용선계약에 있어서 용선자 또는 선박소유자와 용선계약을 이행할 것을 보증하는 제3자를 보증인이라고 한다.

Scaplake호 사건[66]에서 선박소유자 Pyxis사와 항해용선자 CDM, Cyprus사는 1976년 2월 3일에 Cameroon의 Duala 항에서 원목을 선적하여 Corinth 항에서 양하하는 Scaplake호에 대한 항해용선계약을 체결하였다. Gencon서식의 항해용선계약서 제29조는

65) Nueva Fortuna Corp. v. Tata Ltd. – The Nea Tyhi [1999] 2 Lloyd's Rep. 497.
66) Pyxis Special Shipping Co. v. Dritsas & Kaglis Bros. – The Scaplake [1978] 2 Lloyd's Rep. 380 (Q.B.).

"운임과 체선료는 실제 항해용선자인 D&K사에 의하여 지급이 보장된다."라고 규정하고 있다. 용선계약서는 선박소유자와 항해용선자가 서명하였는데 보증인 D&K사도 용선계약서의 이면, 4번째 면에 서명하였다. 또한 4개의 추가계약서 가운데 2번째 추가계약서는 항해용선자와 D&K사가 서명하였고, 나머지 3개의 추가계약서에는 항해용선자만 서명하였다. 선박이 Kiatou항에 입항할 때 발생한 좌초사고로 선체가 손상되었다. 수리비가 미화 200,000만불 이상이 발생하자 선박소유자는 보증인 D&K사에게 손해배상을 청구하며 중재를 제기하였다. 보증인 D&K사는 "항해용선자는 CDM사이므로 D&K사는 선박소유자의 손해배상청구에 대하여 책임이 없다. 또한 선박소유자는 CDM사를 상대로 이미 중재절차를 시작하였기 때문에, D&K사를 상대로 중재절차를 제기할 수 없다."라고 주장하였다. 1심 법원 Mocatta판사는 "D&K사는 원목의 매수인으로 매매계약서에 의하면 D&K사가 선박을 수배하도록 되어 있다. 항해용선계약서 제29조에는 D&K사가 실제 항해용선자로 규정되어 있다. D&K사는 항해용선계약서의 2군데와 추가계약서 1군데에 서명하였다. 이러한 사실로 미루어 볼 때, CDM사와 D&K사는 항해용선계약의 항해용선자로 책임을 져야 한다. 따라서 선박소유자는 D&K사를 상대로 중재를 제기할 수 있다."라고 판시하였다. 본 사건에서 용선계약을 전체적으로 해석하여 볼 때 보증인 D&K사는 실제의 항해용선자로 항해용선계약의 항해용선자로서 책임을 져야 한다는 것을 검토하였다.

Kalma호 사건[67]에서 선박소유자 Melvin사와 정기용선자 Concept사는 1994년 6월 1일에 흑해에서 극동으로 항해하는 최소 57.5일 동안 Kalma호에 대한 정기용선계약을 체결하였다. 이 정기용선계약에서 Poseidon사는 1994년 6월 1일자 보증서로 정기용선자의 이행을 보증하였다. 그 후 양당사자는 1994년 7월 18일자 제1 추가계약서에서 정기용선기간을 약 6-8개월 동안 연장하였고 또한 1995년 2월 14일 제2 추가계약서에 의하여 정기용선자에게 1항차를 추가로 사용할 수 있는 선택권을 주었다. 선박은 1995년 3월 3일에 미국 Providence항에서 선적 중에 좌초되었다. 이와 관련하여 발생된 손해에 대하여 중재인은 "정기용선자가 안전항 의무위반으로 손해가 발생하였으므로 책임을 져야 한다."라고 판정하였다. 선박소유자는 "보증인 Poseidon사는 최초의 정기용선계약서는 물론 제1, 제2 추가계약서에 따른 이행에 대하여도 책임을 져야 한다."라고 주장하였다. 보증인 Poseidon사는 "추가계약서 1과 2는 최초의 정기용선계약서와는 별도의 계약이다. 만약 동일 계약서라고 하더라도 원래 정기용선계약서에서 보증인이 보증한 내용을 벗어나므로 보증인은 추가계약

67) Melvin International S.A. v. Poseidon Schiffahrt GmbH – The Kalma [1999] 2 Lloyd's Rep. 374.

서에 따른 이행에 대하여 책임이 없다."라고 주장하였다. 1심 법원 Cresswell판사는 "본 사건에서 정기용선계약서에는 흑해에서 극동으로 운항하는 최소기간이 명시되어 있다. 따라서 추가계약서 1과 2는 원래의 정기용선계약서의 범위를 넘는다. 선박소유자는 추가계약서 1과 2에 대하여 보증인으로부터 추가보증서를 받았어야 한다. 따라서 보증인은 추가계약서 기간 중에 발생한 손해에 대하여 책임이 없다."라고 판시하였다. 본 사건에서는 보증인은 원래 정기용선계약서에서 보증인이 보증한 내용에 한하여 책임이 한정되고 추가계약서에 따른 이행에 대하여는 책임이 없음을 확인하였다.

BIMCO Guarantee Clauses

Personal Guarantee

In consideration of the execution by you, at my request, of a charter party, a copy of which is attached, chartering for a period of ○○ the vessel ○○ to ○○ of ○○ hereinafter called ○○. I hereby agree as follows:

(1) I hereby unconditionally guarantee, and become surety for, the full and timely performance by ○○ of each and every obligation of the charterer of every nature under said charter party, and in the event of any one or more defaults in performance by the charterer, I will promptly meet such obligation or obligations. I further agree that my liability hereunder to you shall be directly enforceable by you without any action of any nature by you against ○○.

(2) I hereby waive diligence, notice of defaults, and other notice or demand of any kind, and consent to any and all extensions of time or indulgences which may be given by you to ○○ and to any modification of said charter party which you and ○○ may from time to time agree upon.

(3) Any dispute arising under this guarantee shall be settled by arbitration in the city of ○○. The party requesting arbitration shall mail or deliver to the other party a written demand for arbitration with the name and address of the arbitrator appointed by him, and such other party shall within 20 days thereafter appoint an arbitrator, and the two arbitrators so name, if they cannot agree, shall appoint a third, and the decision of any two shall be final, and may be made a rule of court for the purpose of enforcing the award. Should the party upon whom the demand for arbitration is served fail or refuse to appoint an arbitrator within 20 days, the single arbitrator shall have the right to decide alone, and his decision shall be binding on both parties. The arbitrators shall have the discretion to impose the cost of the arbitration upon the losing party, or divide it between the parties on any terms which may appear just.

(4) It shall be sufficient, in case of any communication to me with respect to this guarantee, if such communication is mailed, postage prepaid, to me at ○○.

(5) This agreement is binding upon me, my heirs, distributees, next of kin, executors,

administrators, and personal representatives, and shall be enforceable by you, your successors and assigns.

BIMCO 보증약관

개인적 보증

이하에서 ○○로 지칭되는 ○○의 ○○에게 선박 ○○을 ○○의 기간 동안에 용선하고, 사본이 첨부된, 용선계약을 본인의 요청에 의해 귀하가 작성한 것을 고려하여, 본인은 이 문서에 의하여 다음과 같이 동의한다.

(1) 전술한 용선계약에 의해 규정된 모든 성격의 용선자의 각각 그리고 모든 의무를 ○○에 의해 완전하게 그리고 적시에 이행하는 것에 대하여, 본인은 이 문서에 의해 무조건적으로 보증하고, 보증인이 된다. 그리고 용선자에 의한 이행에서 하나 이상의 과실들이 발생할 경우, 본인은 그러한 의무나 의무들을 즉각적으로 충족시킬 것이다. ○○에 대한 귀하에 의한 어떤 성격의 어떤 행동이 없이도, 귀하에 대한 이 문서에 의한 본인의 의무는 귀하에 의해 직접적으로 집행이 가능하다는 것에, 본인은 추가로 동의한다.

(2) 본인은 이 문서에 의해 주의, 불이행의 통지, 모든 종류의 다른 통지나 요구 등을 포기한다. 그리고 이 문서에 의해 ○○에게 귀하에 의해 주어질 수 있는 모든 시간의 연장 혹은 지급유예 그리고 귀하와 ○○가 때때로 합의할 수 있는 전술한 용선계약의 수정에 본인은 동의한다.

(3) 본 보증에 의해 발생하는 모든 분쟁은 ○○의 도시에서 중재에 의해 해결되어야 한다. 중재를 요구하는 일방당사자는 일방당사자에 의해 지명된 중재인의 이름과 주소를 첨부한 중재요구서를 상대방당사자에게 우송하거나 전달하여야 한다. 그로부터 20일 내에, 상대방당사자는 중재인을 지명하여야 한다. 그리고 그렇게 지명된 두 명의 중재인이 합의할 수 없을 경우, 제3의 중재인을 지명하여야 한다. 어떤 두 중재인의 결정도 판정을 집행할 목적을 위해 최종적인 것이어야 하고, 법원의 판결로 간주될 수 있다. 중재요구서가 송달된 당사자가 20일 내에 중재인을 지명하는 데 실패하거나 지명할 것을 거절하는 경우, 단독중재인이 단독으로 결정할 권리를 가지고, 그러한 단독중재인의 결정이 쌍방당사자들을 구속한다. 중재의 비용을 패소한 당사자에게 부과할지 아니면 공정하게 보일 수 있는 조건에 따라 당사자들 간에 중재비용을 분담시킬지 여부에 대하여, 중재인들은 자유재량권을 가진다.

(4) 본 보증에 관해 본인에게 통신할 경우, 그러한 통신이 ○○로 본인에게 송료지급필로서 우송된다면, 그것으로서 충분하다.

(5) 본 동의는 본인, 본인의 법정상속인, 유산상속권자, 근친인, 지정유언집행자, 유산관리인, 유언집행자를 구속한다. 그리고 본 동의는 귀하, 귀하의 상속인, 양수인에 의해 집행이 가능하다.

Ⅱ. 선박의 매수인

계약당사자가 아닌 자는 계약의 구속을 받지 않는다. 즉, 계약은 계약당사자가 아닌 제3자를 구속하지 못한다고 하는 일반원칙은 프리비티의 원칙(The doctrine of privity)의 한 표현으로 이해되고 있다.68) 그러나 여러 가지 다른 방법으로 계약당사자 이외에 제3자의 행동을 제한할 수 있는 경우도 있다. 제3자에게 영향을 미치는 계약유형은 그 이행에 특정한 물건의 사용을 필요로 하는 계약이다. 그 대표적인 예들 중의 하나가 정기용선계약 또는 항해용선계약이다. 이러한 계약에 있어서는 용선자는 선박의 점유를 취득하지 못한다. 계약은 단지 선박소유자에 의한 서비스 제공의 약속일 뿐이다. 즉, 운송물을 용선된 특정한 선박으로 운송하는 약속이다.69)

Lord Strathcona호 사건70)에서 선박소유자 Curzon사와 용선자 Dominion사는 1914년 7월 14일에 Lord Strathcona호에 대한 용선계약을 체결하였다. 1916년 선박은 인도되었으나 1917년 영국정부에 의하여 징발되어 1919년 7월에 해방되었다. 1917년에 Curzon사는 선박을 매수인 Strathcona사에게 매도하였는데 매수인은 1920년부터 선박의 소유권을 취득하였다. Strathcona사는 "영국정부에 의한 징발을 이유로 Curzon사와 Dominion사 사이의 용선계약은 프러스트레이션이 되었다."라고 주장하였다. Dominion사는 "매수인 Strathcona사는 Curzon사와 Dominion사 사이에 체결된 용선계약에 위반하여 선박을 사용할 수 없다."라고 주장하였다. 1심 법원 Mellish판사는 "영국정부의 징발로 용선계약은 프러스트레이션이 되지 않았다. 매수인 Strathcona사는 용선계약을 위반하여 선박을 사용할 수 없다. 따라서 용선자 Dominion사에게 발생한 손해를 배상하여야 한다."라고 판시하였다. 항소법원은 1심 법원 Mellish판사의 판결을 확인 · 지지하였다. 귀족원(Haldane경, shaw경, Wrenbury경, Carson경과 Blanesburgh경)은 "용선계약의 용선자는 선박에 대한 형평법상 권익을 가진다. 따라서 용선계약의 존재를 알고 있었던 선박의 매수인 Strathcona사는 용선계약과 일치하지 않게 선박을 사용할 수 없다."라고 판시하였다.

반면에, Silver Roak호 사건71)에서 선박소유자 Silver Line사와 정기용선자 Port Line

68) 이호정, 앞의 책, 361쪽.

69) 위의 책, 364쪽.

70) Lord Strathcona S.S. Co., Ltd. v. Dominion Coal Co., Ltd. [1925] 23 Ll.L.Rep. 145; [1926] A.C. 108.

71) Port Line Ltd. v. Ben Line Steamers Ltd. – The Silver Roak [1958] 1 Lloyd's Rep. 290; [1958] 2 Q.B. 146; [1958] 2 W.L.R. 551; [1958] 1 All E.R. 787 (Q.B.).

사는 1954년 11월 5일에 약 30개월 동안 Silver Roak호에 대한 정기용선계약을 체결하였다. 선박은 1955년 3월 9일에 인도되었다. 선박소유자는 선박 인도 후 9개월 후에 선박을 Ben Line사에게 매도하였고 정기용선계약의 잔여기간 동안 Ben Line사로부터 다시 선체용선하였다. 선체용선계약서에는 선박이 징발되면 선체용선계약이 종료되는 것으로 규정되어 있었다. 선박매매 후 7개월이 지난 후 3개월 동안 선박이 징발되었다. 매수인은 정부로부터 보상금을 지급받았다. 정기용선자는 "선박매매에도 불구하고 정기용선자는 선박을 정기용선자의 화물을 운송하기 위하여 사용할 수 있다. 따라서 매수인이 정부로부터 지급받은 보상금에 대한 권리가 있다."라고 주장하였다. 선박매수인은 "징발로 인하여 정기용선계약은 프러스트레이션이 되었다. 따라서 선박매수인은 정기용선자가 선박을 계속하여 사용하게 하여야 되는 의무가 없다."라고 주장하였다. 1심 법원 Diplock판사는 "징발로 인하여 선박은 프러스트레이션이 되지 않았다. 그러나 한편 「정기용선계약조건부 선박매매에서 매수인은 정기용선계약 하의 의무를 진다.」라는 Load Strathcona호 사건의 판결은 옳지 않다. 만약 옳다고 하더라도 매수인이 정기용선계약의 내용에 대하여 명시적인 통지를 받았을 경우에 적용된다. 정기용선자와 선박매수인은 직접적인 계약관계가 없으므로 정기용선자는 선박매수인에게 손해배상을 청구할 권한이 없다."라고 판시했다. 그러나 그 이후 Swiss Bank v. Lloyds Bank 사건[72]에서 Browne-Wilkinson판사는 Lord Strathcona호 사건에 대하여 "… Silver Roak호 사건의 Diplock판사와 의견이 다르다. 정기용선자 Dominion사가 원래 용선계약에 의하여 선박을 사용하는 것을 방해하지 못하도록 Strathcona사에게 내린 판결은 정당하다."라고 판시하고 있다.

용선선박의 매수인은 원칙적으로 용선계약의 당사자가 되지 아니한다. 그러나 선박매매계약을 체결하였을 때, 매수인이 용선계약이 존재한다는 것을 알고 있었다면, 매수인은 용선계약의 내용과 상치되는 방향으로 선박을 사용할 수 없다.[73]

제1편
제2편
제3편
제4편
제5편
제6편
제7편
제8편

72) Swiss Bank Corporation v. Lloyds Bank Ltd. [1982] A.C. 584 (C.A. and H.L.); [1981] 2 W.L.R. 893; [1981] 2 All E.R. 449; [1981] 125 S.J. 495 (H.L.); aff'g [1980] 3 W.L.R. 457; [1980] 2 All E.R. 419; [1980] 124 S.J. 741 (C.A.); rev'g [1979] Ch. 548; [1979] 3 W.L.R. 201; [1979] 2 All E.R. 853; [1978] 123 S.J. 536 (Q.B.).

73) 송상현 · 김현, 앞의 책, 434쪽.

Ⅲ. 선박저당권자

선박저당권자가 저당권설정자인 선박소유자로 하여금 선박을 계속 점유하게 하였다면, 저당권설정자는 저당권자의 권리를 해치지 아니하는 범위 내에서 당해 선박에 관하여 항해용선계약을 체결할 수 있다. 선박에 저당권을 설정하였을 때, 선박저당권자가 용선계약이 존재한다는 것을 알고 있었다면, 선박저당권자는 용선계약의 내용과 상치되는 방향으로 선박을 사용할 수 없다.[74] 즉 저당권설정자가 통상적인 용선을 하는 경우, 저당권자는 선박에 대하여 강제집행을 함으로써 용선계약의 정상적인 이행을 방해하여서는 아니 된다. 반면에 저당권설정자가 선박에 전시금제품을 선적하고 위험한 항로에 운항시켰다면 저당권자의 권리가 침해되었으므로, 저당권자는 선박저당권을 실행할 수 있다.[75] 용선자는 자금조달 등의 이유로 선박소유자가 선박에 저당권을 설정할 경우에는 선박소유자가 용선자에게 용선계약상의 의무를 이행할 책임을 진다고 용선계약서상에 미리 약정하기도 한다.

Ⅳ. 용선중개인

용선중개인이란 해운중개업에 종사하는 중개인으로서 선박소유자와 용선자 사이를 연결시켜 주고 용선계약이 성약될 수 있도록 중개하는 자를 가리킨다고 할 수 있겠다. 즉 화물을 구하는 선박소유자와 선박을 구하는 용선자 사이에서 그 수급을 중개하는 자를 말한다.[76] 용선중개인은 선박을 일정 항해 또는 일정 기간에 걸쳐 빌려주려는 선박소유자와 선박을 빌리려는 용선자 사이에서 용선계약의 성약을 위해 필요한 정보를 제공하고, 성약을 완결지으며, 성약 후 원활한 이행을 촉구하고, 사후 관리하는 기능을 수행한다. 용선중개인은 상업적 윤리를 갖고 행동하여야 할 의무를 부담한다.[77] 정기용선계약서상 뉴욕프로듀스 서식(1993) 제43조는 "선박 또는 선박소유자는 이 정기용선계약 및 정기용선계약의 계속 또는 연장에 의하여 지급된 용선료에 대하여 ○○%의 수수료를 ○○에게 지급한다."라고 규정하고 있다.[78] 용선중개인은 용선중개업무의 대가로 선박소유자로부터 중개수수료를 받는

74) De Mattos v. Gibson [1958] 4 De G. & J. 276; 28 L.J. Ch. 498 (C.A.).
75) 송상현 · 김현, 앞의 책, 434쪽.
76) 김성준, 「해운과 전문직업」, (부산: 전망, 2005), 16쪽.
77) 이광희 · 이원정, 앞의 책, 5쪽.

다. 중개수수료는 상관례상 운임 또는 용선료의 1.25%이나 양당사자가 계약에 의하여 달리 정하기도 한다.

프리비티의 원칙은 영국 계약법의 기본적인 특징들 중의 하나로 생각되고 있다. 그러나 법원은 이 원칙에 대한 여러 가지 예외를 인정해 오고 있으며, 최근 의회가 1999년 계약(제3자의 권리)법 (이하 "1999년 법"이라고 한다.)이라는[79] 제정법에 의하여 제3자를 위한 계약을 정면으로 인정함으로써 이 원칙의 중요한 부분이 수정되는 결과를 가져왔다. 프리비티의 원칙의 핵심적 내용은 계약의 당사자들만이 그 계약으로부터 발생하는 권리와 의무를 가진다고 하는 사상이다. 이 원칙에 의하면 약인은 약속의 상대방으로부터 나와야 한다고 하는 규칙과 동일한 것은 아니지만 밀접한 관련을 가지고 있는 것으로 여겨지고 있다.[80]

1999년 법이 제정되기 이전에 용선중개인은 용선계약서상 조항에 의하여 선박소유자에게 직접 중개수수료에 대한 손해배상을 청구할 수 없었다. 선박소유자가 용선자에게 용선중개인을 위하여 일정한 약속을 한 경우, 용선자는 용선중개인을 위하여 신탁자인 선박소유자가 행한 약속에 대한 이익의 수탁자로 인정되는 때가 있다. 이러한 신탁의 상치는 예컨대 용선중개인이 용선계약의 교섭을 하고, 선박소유자가 용선중개인에게 중개수수료를 주기로 용선자에게 약속을 한 경우에 적용되고 있다. 용선자는 용선중개인을 위한 선박소유자가 한 약속의 수탁자로 인정되고, 따라서 용선중개인이 아니라 용선자가 선박소유자에 대하여 그 약속을 강제 실현할 수 있다고 영국법원은 판시하고 있다.[81]

Flore호 사건[82]에서 선박소유자 LARSA사와 정기용선자 LFOC사는 1916년 9월 28일에 Flore호에 대한 정기용선계약을 체결하였다. H.E.Moss사는 선박소유자의 용선중개인이고, Walford사는 용선자의 용선중개인이었는데 H.E.Moss사가 3%의 중개수수료를 선박소유자로부터 지급받으면 두 회사가 반씩 나누기로 되어 있었다. 또한 중개수수료는 용선계약

78) 이 조항의 원문은 다음과 같다.
A commission of ○○percent is payable by the Vessel and the Owners to ○○ on hire earned and paid under this Charter, and also upon any continuation or extension of this Charter.

79) 1999년 계약(제3자의 권리)법 〈Contract(Right of third Parties) Act 1999〉
이 제정법은 1996년 Law Commission Report No 242, Privity of Contract: Contract for the Benefits of Third Parties(Cmnd 3329)를 기초로 하고 있다. 법률위원회는 1996년에 제3자를 위한 계약을 정면으로 인정함으로써 프리비티의 원칙을 크게 제한하는 이 법의 제정을 위의 보고서에서 강력하게 요구하였다. 그리하여 영국에서는 이례적으로 신속하게 1999년 이 법의 제정을 보기에 이르렀다. 60여년 전에도 법개정위원회가 그러한 개혁의 주장을 한 바 있었지만, 법의 제정에는 이르지 못하였다. 이호정, 앞의 책, 338-339쪽.

80) 위의 책, 331쪽.

81) 위의 책, 358쪽.

82) Les Affreteurs Reunis S.A. v. Leopold Walford (London) Ltd. [1919] A.C. 801; 24 Com. Cas. 268; 88 L.J.K.B. 861; 121 L.T. 393; 35 T.L.R. 542; 14 Asp. M.L.C. 451 (H.L.).

서 서명 시에 지급하기로 되어 있었다. 1917년 1월에 프랑스 정부에 의하여 선박이 징발된 후에 정기용선계약은 종료되었다. 선박소유자는 "지급된 용선료에 대하여만 중개수수료를 지급할 수 있고, 징발에 의하여 사용되지 않은 기간에 대한 중개수수료는 지급할 수 없다."라고 주장하였다. 용선중개인은 "선박소유자는 선박이 징발된 기간 중에 해당하는 잔여기간에 해당하는 용선료에 대한 중개수수료를 지급하여야 한다."라고 주장하였다. 1심 법원 Bailhache판사는 "정기용선계약서상 조항의 내용에 상관없이 지급된 용선료에 해당하는 중개수수료만을 지급하는 것이 상관례이다."라고 판시하였다. 그러나 항소법원(Pickford판사, Bankes판사와 Scrutton판사)은 "상관례에도 불구하고 정기용선계약서상 상관례와 상치되는 명시적인 조항이 있다면 정기용선계약서에 의하여 중개수수료는 지급된다."라고 판시하였다. 귀족원은 "항소법원의 판결을 확인 · 지지한다. 그러나 중개수수료에 대하여 소를 제기할 수 있는 당사자는 용선중개인이 아니라, 용선중개인의 수탁자인 용선자이다."라고 판시하였다.

그러나 용선자가 용선중개인을 대신하여 선박소유자에게 중개수수료에 대한 손해배상을 청구할 것을 거부할 경우, 용선중개인은 선박소유자와 용선자를 공동피고로 하여 소를 제기할 수 있었다. Panaghia P호 사건[83]에서 선박소유자 MGTC사와 정기용선자 Achille Lauro사는 1981년 10월 9일에 일당 미화 4,000불의 용선료를 반 개월 선지급하는 Panaghia P호에 대한 1항차 정기용선계약을 체결하였다. P. Wigham Richardson사가 선박소유자를 위한 그리고 HHP사와 Banchero-Costa사가 정기용선자를 위한 용선중개인으로 정기용선계약이 체결되었다. 정기용선자는 중개수수료를 용선료에서 공제할 수 있는 선택권이 있었다. 정기용선자가 파산하자 HHP사와 Banchero-Costa사는 정기용선계약서상 선박소유자가 지급하기로 되어 있는 중개수수료에 대하여 선박소유자와 정기용선자를 상대로 소를 제기하였다. 원고 용선중개인(HHP사와 Banchero-Costa사)은 "정기용선자가 파산하였으므로 선박소유자가 중개수수료를 지급하여야 한다."라고 주장하였다. 피고 선박소유자는 "선박소유자는 몬로비아에 등록되어 있고 정기용선자는 이탈리아에 등록되어 있는 외국회사이므로 영국법원은 재판관할권이 없다."라고 주장하였다. 1심 법원 Hobhouse판사는 "정기용선계약서상 재판관할권은 영국에 있고 영국법을 준거법으로 하기로 되어 있고, 선박소유자의 용선중개인과 선주상호보험조합(P&I Club)이 영국에 소재하고 있는 점으로 미루어

83) Howard Houlder & Partners Ltd. and Banchero Costa & Companera S.p.A. v. Maritime General Transporters Corporation - The Panaghia P [1983] 2 Lloyd's Rep. 653 (Q.B.).

보아 영국법원이 재판관할이 있다."라고 판시하였다.

1999년 법 제1조는 계약서에 의하여 이해관계가 있는 제3자는, 계약서에 의하여 금지되지 않는 한, 계약당사자가 아니지만 소를 제기할 수 있다. 따라서 1999년 법이 제정된 이후에 용선중개인은 지급되지 않은 중개수수료에 대하여 선박소유자를 상대로 직접 소를 제기할 수 있다. Nisshin v. Cleaves 사건[84]에서 용선중개인 Cleaves사는 선박소유자 Nisshin사를 위하여 용선중개업무를 하였다. 선박소유자가 중개수수료를 지급하지 않자 용선중개인은 선박소유자를 상대로 소를 제기하였다. 선박소유자는 "용선중개인이 Nisshin사의 경쟁관계에 있는 회사의 주주가 되어 이해관계를 갖게 되었다. 따라서 용선중개인이 대리점계약을 위반하였으므로 중개수수료를 지급할 수 없다. 또한 용선계약서상 중재약관도 중개수수료와 관련된 손해배상청구에는 적용되지 않는다."라고 주장하였다. 용선중개인은 용선계약서에 의하여 선박소유자는 중개수수료를 지급하여야 한다고 주장하였다. 중재인은 "1999년 법 제1조와 제8조에 의하여 용선계약서상 중재약관이 중개수수료와 관련된 손해배상의 청구에 적용된다."고 판정하였다. 1심 법원 Colman판사는 "중재약관의 적용에 대하여 중재인의 판정에 동의한다. 또한 용선계약서상 용선중개인이 직접 선박소유자에게 중개수수료에 대한 손해배상을 청구할 수 없다는 명시적 조항이 없으므로 1999년 법 제1조에 의하여 용선중개인은 선박소유자에게 직접 중개수수료에 대한 손해배상을 청구할 수 있다."라고 판시하였다. 이 사건에서 계약서에 중재약관이 있다면 제3자는 중재를 제기할 수 있다는 것을 검토하였다.

선박이 정기용선된 이후에 매각된 경우인 Clematis호 사건[85]에서 용선중개인 LFCL사는 선박소유자 Leeston사를 위하여 용선중개를 하여 1919년 5월 30일에 18개월 동안 Clematis호에 대한 정기용선계약을 체결하였다. 선박은 인도된 후 4개월이 지나서 매도되었다. 선박소유자가 잔여기간에 대한 중개수수료를 지급하지 않자 용선중개인은 소를 제기하였다. 선박소유자는 "용선중개인은 실제로 지급된 용선료에 대한 중개수수료만을 지급받을 수 있다."라고 주장하였다. 용선중개인은 "선박소유자는 잔여기간에 해당하는 중개수수료도 용선계약서에 의하여 지급하여야 한다."라고 주장하였다. 1심 법원 Roche판사는 선박소유자에게 승소판결을 내렸으며 항소법원(Bankes판사, Scrutton판사와 Atkin판사) 역시 항소를 기

84) Nisshin Shipping Co., Ltd. v. Cleaves & Co., Ltd. [2004] 1 Lloyd's Rep. 38 (Q.B.).
85) French (L.) & Co. v. Leeston Shipping Co. (1922) 10 Ll.L.Rep. 448; [1922] 1 A.C. 451; 27 Com. Cas. 257; 38 T.L.R. 459; 127 L.T. 169; 91 L.J.K.B. 655; 15 Asp. M.L.C. 544 (H.L.).

제1편 제2편 제3편 제4편 제5편 제6편 제7편 제8편

각하였다. 귀족원은 "「선박이 매각되어도 용선계약은 종료되지 않는다.」라고 선박소유자가 동의하였다는 것을 나타내는 묵시적 조항이 용선계약서상에 없으므로 선박소유자는 중개수수료를 지급하여야 할 의무가 없다."라고 판시하였다. 그러나 선박소유자가 고의로 중개수수료를 지급하지 않으려는 의도가 있거나, 용선계약서상에 선박이 매각되더라도 중개수수료는 지급된다는 별도의 조항이 있다면 선박소유자는 용선중개인에게 중개수수료를 지급하여야 한다.

V. 회사의 이사와 주주

영국법상 주식회사는 주식회사의 이사나 주주와는 별개의 법인격을 가진 실체이므로 주식회사는 주식회사의 이사나 주주의 대리점이 아니다.[86] 영국법상 이를 "회사의 장막(corporate veil)"으로 표현한다.

Rialto호 사건에서 유공해운과 Rendsburg사는 1995년 7월 8일에 3년 동안 Rialto호에 대한 정기용선계약을 체결하였다. 정기용선계약서에 정기용선자의 이름도 Rendsburg사로 기재되어 있었고 용선중개회사 Marcan사의 이사인 Yamvrias씨가 Rendsburg사를 대리하여 서명하였다. Rendsburg사는 Yamvrias씨가 운영하고 그 가족이 수혜지주로 되어 있었다. Yamvrias씨는 선박이 인도되기 전에 Marcan사의 용지에 "Rendsburg사가 계약을 이행할 수 없다."고 기재하여 팩스를 유공해운에 송부하였다. 또한 같은 날에 유공해운이 자금을 추적하지 못하도록 Rendsburg사의 자금을 Yamvrias씨가 운영하는 Ladidi사에게 이체하였다. 유공해운은 "Yamvrias씨는 Rendsburg사와 Ladidi사를 실질적으로 운영하고 있다. 또는 Yamvrias씨, Rendsburg사와 Ladidi사는 공모하여 계약불이행에 대한 손해배상금액을 빼 돌렸다. 따라서 Rendsburg사를 포함한 피고들은 1995년 7월 8일자 정기용선계약을 이행하지 않은 데 대하여 책임을 져야 한다."라고 주장하였다. 1심 법원 Toulson판사는 "정기용선계약의 당사자는 Rendsburg사이지 Yamvrias씨가 아니므로 Yamvrias씨는 정기용선계약의 불이행에 대하여 책임이 없다. 회사의 이사가 책임을 지기 위해서는 회사가 법적인 책임을 회피하기 위한 경우이나 본 사건은 이와 관련이 없다. 또한 Yamvrias씨가 자금을 빼 돌렸다고 정기용선계약에 의하여 개인적으로 책임을 지지 않는다."라고 판시하였다. 그러나

86) Salomon v. A.Salomon and Co., Ltd. [1897] A.C. 22 (H.L.).

계약에 의하여 주식회사는 물론 주식회사의 이사 및 주주가 계약의 불이행에 대하여 책임을 지도록 계약이 체결되었다면 주식회사, 이사 및 주주가 모두 책임을 져야 한다.[87] 또한 책임을 면하기 위한 목적으로 법인격을 남용하여 주식회사가 계약을 체결하여 발생한 책임은 주식회사는 물론 주식회사의 이사 및 주주도 지게 된다.[88] 영국법에서 이를 "회사 장막을 꿰뚫기(piercing the corporate veil)"라고 한다.

제 5 절 결 어

용선계약과 관련된 분쟁에서 손해배상의 책임을 지는 자는 용선계약서상 당사자이므로 용선계약 하에서 당사자를 확정하는 기준은 중요하다. 용선계약 하에서의 당사자를 확정하기 위하여 용선계약의 해석은 전체적으로 하여야 하고, 실질적인 당사자는 소송의 원고 또는 피고가 될 수 있는 당사자적격이 있다. 또한 대리인이 자신의 계산으로 용선계약을 체결하였다면 그 대리인이 용선계약의 당사자이며 착오에 의하여 당사자의 이름에 오류가 있는 경우에는 올바른 당사자로 정정할 수 있다. 그리고 용선계약서에 서명하는 과정은 당사자를 확정하는 데 중요한 요소가 된다.

대리인에 의한 용선계약의 체결 시 대리인이 당사자를 구속하는 경우에 대하여 살펴보았다. 첫째, 대리인이 명시적 또는 묵시적으로 당사자로부터 대리권을 수여받은 경우에 대하여 검토하였다. Pocklington호 사건에서는 전문에 의하여 대리인이 명시적으로 당사자로부터 대리권을 수여받은 경우, Samah호 & Lina호 사건과 Borvigilant호/Romina G호 사건에서는 대리인이 묵시적으로 당사자로부터 대리권을 수여받은 경우에 대리인은 책임이 없고 당사자가 책임을 진다는 것을 검토하였다. 둘째, 표현적 대리권에 대하여 Wave호 사건과 Sincoe/Canadian Hunter호 사건에서 대리인이 계약을 성립시킬 외관상 권한을 갖고 있는 것으로 판단되는 경우에 대리인은 책임이 없고 당사자가 책임을 진다는 것에 대하여 검

87) The Swan [1968] 1 Lloyd's Rep. 5 (Adm.).
88) Trustor v. Smallbone [2001] 3 All E.R. 987; Kensington International v. Republic of Congo [2006] 2 B.C.L.C. 296.

제1편
제2편
제3편
제4편
제5편
제6편
제7편
제8편

토하였다. 셋째, 대리인이 대리인의 자격을 표시하고 대리인의 이름이 당사자란에 기재된 경우, 우선 Beecroft호 사건에서는 선장은 선박소유자의 대리점으로 선하증권에 서명하는 것이므로 당사자가 아니라는 것을 검토하였다. England호 사건에서는 관련 증거에 의하면 Lundgren씨가 대리점으로 권한을 수여받아서 서명하였으므로 다른 당사자가 정기용선자가 될 수 있다는 것을 확인하였다. Ariadne Irene호 사건에서 용선계약서의 용선자란에 용선자로 기재되었음에도 불구하고 용선계약서에 대리점의 자격으로 서명하였다면 용선자로서의 책임을 지지 않는다는 것을 확인하였다. Elle호 사건에서 선박의 관리회사가 대리점의 자격으로 용선자와 계약을 체결하였다면 선박소유자로 판단되지 않는다는 것을 확인하였다. 그리고 Santa Carina호 사건에서는 Ney Shipping사가 정기용선자의 대리점의 자격으로 유류공급을 Vlasopulos사에게 요청하였으므로 미지급된 유류대금에 대하여 책임이 없다는 것을 확인하였다. 넷째, 당사자가 대리인의 무권대리로 인하여 체결된 용선계약을 추인한 경우에 용선계약은 처음부터 대리권이 있는 대리인에 의하여 체결된 계약과 같은 효력이 있다는 것을 검토하였다.

대리인에 의한 용선계약의 체결 시 대리인이 당사자로서 책임을 지는 경우에 대하여 살펴보았다. 첫째, 대리인의 자격을 표시하지 않고 대리인의 이름이 당사자란에 기재된 경우에 대하여 검토하였다. 우선 Schmalz v. Avery 사건에서 Schmalz사는 대리인임에도 불구하고 선박소유자란에 선박소유자로서 이름이 명시되어 있으므로 선박소유자로 판단되었다. Brandt v. Morris 사건에서 Brandt사는 대리인임에도 불구하고 매매계약서의 매수인란에 Brandt사만이 기재되어 있고 Brandt사만이 서명하였으므로 Brandt사는 매수인으로 판단되었다. Primorje호 사건에서 다른 용선계약을 협상할 때 B&S사가 대리점으로서의 지위가 언급된 것이 분명하더라도 새로운 용선계약을 협상할 때 대리점으로서의 지위가 언급되지 않았다면 당사자로서 용선계약에 대하여 책임을 져야 한다는 것을 확인하였다. 그리고 운항선박소유자는 선박소유자로 판단된다는 것을 Yanxilas호 사건에서 검토하였다. 둘째, 대리인이 무권대리의 경우에 Demodocus호 사건에서 대리인이 대리권의 존재에 대하여 묵시적으로 보증을 한 것으로 취급되어 대리인이 책임을 진다는 것을 검토하였다. Ocean Frost호 사건, Suwalki호 사건, Frost Express호 사건 그리고 Nea Tyhi호 사건에서는 대리인이 무권대리의 경우에 실제의 당사자는 용선계약의 당사자가 아니므로 대리인이 책임을 져야 한다는 것에 대하여 검토하였다.

일방당사자는 상대방당사자가 용선계약을 이행할 능력이 없다고 판단되면, 상대방당사자에게 용선계약을 이행하는 것에 대하여 재정적으로 확고한 제3자가 보증할 것을 요구하여야 한다. 영국법상 프리비티의 원칙에 의하면 계약당사자가 아닌 자는 계약의 구속을 받지 않는다. 그러나 프리비티의 원칙에는 예외가 있는데, 선박의 매수인과 선박저당권자 그리고 용선중개인을 검토하면서 살펴보았다. 용선계약의 당사자인 주식회사가 용선계약을 위반하였을 경우에 법인격이 부인되었다면 회사의 이사와 주주가 책임을 진다. 영국법은 이런 상태를 "회사 장막을 꿰뚫기"라고 표현한다.

용선계약서의 선박소유자와 용선자란에 기재된 자가 용선계약의 당사자이다. 또한 용선계약서에 서명하는 과정이 당사자를 확정하는 데 중요한 요소가 된다. 당사자의 확정은 용선계약을 위반하였을 경우에 손해배상을 청구하거나 손해배상에 대하여 책임을 지는 주체를 결정하는 것이다. 따라서 용선중개인 또는 대리점 등의 대리인이 용선계약서에 서명을 할 경우에 선박소유자 또는 용선자의 이름을 기재하면서 대리인의 자격으로 서명한다는 것을 분명하게 명시하여야 한다. 그렇지 않으면 대리인이 용선계약서의 당사자로서 용선계약의 위반에 대하여 책임을 지는 경우가 있다.

Part 3

선박소유자의 지위

1 선박소유자의 권리

정기용선계약에서 선박소유자는 선박의 점유권과 선장에게 선박의 관리와 정비, 항해상의 안전 및 선원의 관리 등에 관한 항해사항에 대하여 항해의 지휘 · 명령권을 갖는다. 또한 선박소유자는 정기용선자가 용선료 등의 지급의무를 제대로 이행하지 않은 경우에 선박을 회수할 수 있는 선박회수권과 운송물 및 재운임 또는 재용선료에 대한 선박소유자리언을 갖는다.

제 1 절 선박의 점유권

I. 선박의 점유권

정기용선자는 선박소유자와 정기용선계약을 체결하여 선박을 영업목적으로 용선기간 동안 자유롭게 사용할 수 있다. 그러나 선박의 점유권은 정기용선계약에서 정기용선자에게 이전되는 것이 아니라, 선박소유자에게 남아있는 것이다. 우리나라 법제는 점유라는 사실에 대하여 여러 가지 법률효과를 인정하고 있다. 이러한 여러 효과는 각각 일정한 근거에 의하여 점유라는 사실 그 자체에 주어지는 것이라는 법률구성을 한다면, 점유라는 개념 외에 따로 점유권이라는 개념을 인정할 필요는 없을 것이다. 그런데 민법은, 이들 여러 효과를 발생케 하는 원천으로서 점유권이라는 것을 생각하여 정하고, 여러 효과는 이 점유권에서 흘러나오는 것이라는 구성을 하고 있다. 그러므로 민법의 논리에 따른다면, 점유라는 사실에 의하여, 바꾸어 말하면 점유를 법률요건으로 하여서, 점유권이 발생하고, 이 점유권으로부터 여러 가지 법률효과가 발생하는 것이 된다.[1]

정기용선계약을 선박의 임대차로 이해하고 있는 견해에 의하면 임대차계약에서는 점유가 이전되므로, 정기용선계약의 체결 후에는 정기용선자가 선박을 점유하고 있는 것으로 이해한다. 또한 장기정기용선계약의 경우에 선박소유자는 정기용선자에게 선박에 정기용선자를 표시하는 깃발을 게양하여 선박을 운항할 수 있도록 허용하는 경우도 있다. 뉴욕프로듀스서식(1993) 제38조에서는 "정기용선자는 선박에 자기의 회사기를 달 수 있고 그리고 자기 회사의 표시를 페인트칠할 권리를 가진다. 선박은 용선계약의 종료 전에 선박소유자의 회사색깔로 페인트칠하여야 한다. 정기용선자가 행한 페인트 칠, 정비 및 다시 칠하는 데 필요한 시간과 비용은 정기용선자가 부담한다."라고 규정되어 있다. 이 경우에 외견상 정기용선자가 선박을 점유하고 있는 것으로 보일 수도 있다.

제 2 절　항해의 지휘 · 명령권

선박소유자는 용선선박의 안전운항과 정기용선자가 바라는 바의 용선서비스를 제공하기 위하여 용선선박의 감항능력과 용선성능의 유지를 위하여 상당한 주의를 다할 의무가 있다.[2] 그리고 이러한 정기용선계약상의 의무를 실행하기 위하여 해상운송인으로서의 일정한 항해의 지휘 · 명령권을 행사하게 된다. 이와 같은 항해의 지휘 · 명령권은 정기용선자에게 인정되는 선장지휘권과 대비할 수 있는 것으로서, 이는 결국 정기용선자 측에서 요구하는 용선서비스의 적극적인 실현을 위하여 선박소유자가 선박의 항해사항에 관하여 선장에게 행사하게 된다.[3] 이와같이 항해의 지휘 · 명령권은 정기용선자 측에서 요구하는 용선서비스의 적극적인 실현을 위하여 선박소유자가 선장에게 선박의 관리와 정비, 항해상의 안전 및 선원의 관리 등에 관한 항해사항에 관하여 행사하는 권리를 말한다.

항해의 실행에 대하여 뉴욕프로듀스서식(1993) 제8조 (b)항에는 "정기용선자가 선장과 선박의 직원행위에 불만족하다는 상당한 이유가 있는 경우에 선박소유자는 불만사유서를 접

1) 곽윤직, 「물권법」, (서울: 박영사, 2008), 139쪽. (이하 "곽윤직, 물권법"이라고 한다.).
2) 박용섭, 정기용선, 192쪽.
3) 이승호, "정기용선계약에 관한 연구", 박사학위논문, 성균관대학교 대학원, 2005, 79쪽.

수하는 즉시 그 사실을 조사하고, 필요할 때에는 그 임명을 변경하여야 한다."라고 규정하고 있다. 그리고 선박소유자의 자유항해권에 대하여 뉴욕프로듀스서식(1993) 제22조는 "선박은 도선사의 승선여부에 관계없이 항해할 수 있고, 예항할 수 있고 또는 예항될 수 있으며, 그리고 조난선박을 구조하고, 인명 및 재산을 구조할 목적으로 이로할 자유권을 가진다."라고 규정하고 있다.[4] 이 조항에서 선박소유자는 도선사이용의 자유, 예선의 사용 또는 예항요구의 자유, 그리고 이로의 자유에 대하여 정기용선자의 간섭을 받지 않고서 실행할 수 있는 자유항해권을 가진다. 용선선박의 선장이 도선사 및 예선을 사용하는 것은 항의 출입 또는 위험한 수로의 통과 혹은 용선선박이 거대선이거나 또는 위험물 운반선이라서 고도의 항해안전을 위하여 필요한 합리적인 조치이다. 그리고 선장은 자선이 조난에 빠진 경우에 다른 선박의 예항원조 즉 해난의 위험을 극복하기 위해서 예선의 지원청구권을 가진다. 그리고 만일에 선장이 조난선박을 발견하였을 때에는 인도적 견지에서 의무 없이 구조작업에 종사할 수도 있다. 또한 조난에 빠진 인명과 재산을 구조하기 위하여 자유로이 이로할 수 있다. 여기에서 말하는 인명과 재산은 조난선박의 것만 말하는 것이 아니라, 소난된 해앙시설물 또는 항공기 등을 포함하는 것이다.[5] 또한 항해에 대하여 뉴욕프로듀스서식(1993) 제26조는 "이 정기용선계약서의 어느 조항도 정기용선자에 대하여 선박임대차계약으로 해석하지 아니 한다. 선박소유자는 선박의 항해, 도선과 예항행위, 보험, 선원 기타 일체의 사항에 대하여 자기의 계산으로 항해하는 것과 동일한 책임을 진다."라고 규정하고 있다.

BIMCO Liberty and Deviation Clause for Contracts of Carriage

(a) The Vessel shall have liberty to sail with or without pilots, to tow or go to the assistance of vessels in distress, to deviate for the purposes of saving life or property, and for any other reasonable purpose, which term shall include but not be limited to calling at any port or place for bunkers; taking on board spares, stores or supplies; repairs to the vessel necessary for the safe continuation of the voyage; crew changes; landing of stowaways; medical emergencies and ballast water exchange.

(b) If the Charterer requests any deviation for the Charterer' s purposes and the Owners consent, with such consent to be at the absolute discretion of the Owners, the Charterer shall indemnify the Owners against any and all claims whatsoever brought by the owners of the

---

4) 이 조항의 원문은 다음과 같다.
The Vessel shall have the liberty to sail with or without pilots, to tow and to be towed, to assist vessels in distress, and to deviate for the purpose of saving life and property.

5) 박용섭, 정기용선, 222쪽.

cargo and/or the holders of Bills of Lading against the Owners by reason of such deviation.

(c) Prior to giving any such consent the Owners may, at their option, require to be satisfied amongst other things that the Charterer has sufficient and appropriate P&I Club cover and/or if necessary, other additional insurance cover, in respect of such a requested deviation.

(d) This Clause shall be incorporated into any sub-charter and any bill of lading issued pursuant hereto.

BIMCO 운송계약을 위한 자유 및 이로약관

(a) 선박은 도선사와 함께 또는 도선사 없이 항해할 자유를 가지고, 조난선들을 예인하거나 조난선들을 원조하러 갈 자유를 가지고, 생명이나 재산을 구하는 목적을 위해 그리고 기타 다른 합리적 목적을 위해 이로할 자유를 가진다. 이러한 조건이 국한되지 않고 포함하는 것은, 연료를 위해 항구나 장소에 기항하기, 예비품, 비품, 공급품 등을 승선시키기, 항해의 안전한 지속에 필요한 선박에 대한 수리, 선원교체, 밀항자들의 상륙, 의료적 응급상황, 안정수 교환 등이다.

(b) 용선자가 용선자의 목적을 위해 이로를 요청하고 선박소유자가 동의할 경우, 그러한 동의는 선박소유자의 절대적인 자유재량에 속하는데, 그러한 이로 때문에 선박소유자에게 화물의 소유자 그리고/또는 선하증권의 소지인에 의해 제기되는 모든 청구들에 대해 선박소유자에게 용선자가 배상해야 한다.

(c) 모든 그러한 동의를 제공하기 전에, 선박소유자는 자신의 선택에 의해, 그러한 요청된 이로에 대해 용선자가 충분하고 적합한 선주상호보험조합의 담보 그리고/또는 만약 필요하다면 다른 추가 보험담보에 부보되도록 요구할 수 있다.

(d) 본 약관은 모든 재용선계약과 이러한 재용선계약에 따라 발행되는 모든 선하증권에 포함되어야 한다.

제 3 절 선박회수권

선박소유자의 "선박회수 또는 선박철수(withdrawal of the vessel)권"이란 정기용선자가 용선료의 지급의무를 제대로 이행하지 않은 경우, 합리적인 기간 안에 통지함으로써 선박소유자는 계약을 해지하고 선박을 회수하는 것을 의미한다.

영미법에서 시간은 계약상 중요하게 취급되지 않는다. 따라서 용선료를 계속하여 지급하지 않는 경우와같이 정기용선자가 고의적으로 계약을 이행하지 않으려는 의도가 명백한 경우가 아니라면, 정기용선자가 단지 용선료의 지급을 지체하였다는 이유 때문에 선박소유자는 계약을 종료하거나 선박을 회수할 수는 없다. 그러나 정기용선계약을 체결하였으나 시황이 상승하였을 경우, 재정능력이 없는 정기용선자가 파산하여 계약상의 용선료가 지급되지 않는 경우를 방지하기 위하여 보통법의 손해배상청구권[6]에 상관없이 정기용선계약서식에는 선박소유자에게 선박회수권을 수여하고 있다.[7]

정기용선에서 시간은 일반적으로 본질적인 요소가 아니므로 정기용선자가 용선료를 지급하지 않더라도 근본적으로 이행거절(repudiation of the contract)이 되지 않으므로, 선박소유자가 선박을 회수하고자 한다면, 반드시 계약상의 선박회수약관에 의하여 회수하여야 한다. 용선기간 동안에 선박은 선박소유자의 점유 하에 있으므로 실제로 선박을 회수할 필요는 없고, 선장에게 더 이상 용선자의 지시에 따르지 말도록 지시함으로 충분하다.[8] 그러나 선박소유자는 정기용선자에게 인상된 시황용선료로 재계약하기를 원하므로, 실제로 선박을 회수하는 경우는 많지 않다.[9]

Ⅰ. 성립요건

1. 정기용선자가 용선료의 지급 등과 관련하여 다음 요건을 위반하여야 한다

(1) 용선료를 지급기일까지 지급하여야 한다

정기용선자는 지급기일이 은행공휴일에 해당할 경우에는 그 전일의 영업시간 내에 용선료를 지급하여야 한다.[10] 지급기일에 대한 요건은 엄격하게 해석되므로 지체된 기간이 며

6) 영미의 보통법상 정기용선자의 용선료의 지급불이행은 단지 선박소유자에게 채무불이행에 대한 손해배상청구권만 인정할 뿐이며, 용선선박의 철수권은 인정하지 않고 있다. 그러나 정기용선자는 약정기간 동안 지시약관을 바탕으로 한 상사적 지휘권을 가지고 있기 때문에 선박소유자는 용선료 채권을 우선적으로 변제받기 위한 제도적 장치로서 선박철수권을 특약으로 정한 것이다. 이 철수권은 정기용선자가 용선료의 지급을 지체하였다면 선박소유자의 일방적인 철수의 의사표시에 의하여 그 효력을 절대적이고 확정적으로 발생시킨다. 이 성질에 따라서 영미법에서는 선박철수권을 엄격한 법적 권리(strict legal right)로 해석한다. 박용섭, 정기용선, 224쪽.

7) Wilson John F, *Carriage of Goods by Sea*, 6th ed., (Edinburgh, Pearson Education Limited, 2008), p.100.

8) 강남호, 앞의 책, 175쪽.

9) Gatoil Anstalt v. Omennial Ltd. – The Balder London (No.2) [1983] 1 Lloyd's Rep. 492 (Q.B.).

10) Astro Amo Compania. Naviera S.A. v. Elf Union S.A. – The Zographia M. [1976] 2 Lloyd's Rep. 382 (Q.B.); Mardorf Peach & Co., Ltd. v. Attica Sea Carriers Corporation of Liberia – The Laconia [1977] A.C. 850. 영국 판례와는 다르게 우리나라 민법 제161조는 "기간의 말일이 공휴일에 해당한 때에는 기간은 그 익일로 만료한다."

칠에 해당하거나, 몇 시간에 해당하더라도 용선료가 지급되지 않은 것으로 취급된다. 용선료의 지급시간에 대하여 영국판례는 "지급일의 은행업무 시간 내에 지급하여야 하는 것은 아니고 그날의 24시까지 지급하면 된다."라고 해석하고 있다.[11] "용선료의 미지급 이외에도 용선계약을 근본적으로 위반하였을 경우에 회수권을 인정한다."고 규정한 정기용선계약서식도 있다. 뉴욕프로듀스서식(1946) 제5조는 "용선료의 미지급 또는 본 용선계약의 위반"을 선박회수의 원인으로 규정하고 있으므로, 어떠한 이유라도 용선계약을 위반하면 선박을 회수할 수 있는 것으로 생각할 수 있다. 그러나 영국법원은 제5조를 해석함에 있어서 선박소유자는 사소한 원인이 아닌 조건을 형성할 수 있는 근본적인 계약위반의 경우에 선박을 회수할 수 있다고 하였다.[12] 그리고 뉴욕프로듀스서식(1993) 제11조 (a)항에서는 "정확하고 규칙적으로 용선료를 지급하지 않거나, 무엇이든 용선계약을 근본적으로 위반하면" 선박소유자는 선박을 회수할 수 있다고 규정하고 있다.[13]

(2) 용선료를 전액 지급하여야 한다

선박소유자가 용선료 일부의 지급을 수령하였더라도 정기용선자가 용선료 전액을 지급하지 않았다면, 선박소유자는 선박을 회수할 수 있다.[14]

(3) 용선료를 현금으로 지급하여야 한다

용선료는 현금으로 미리 지급되는 것이 일반적이나,[15] 선박소유자가 현금 및 현금과 대등한 가치의 지급수단을 수령하였을 때에, 여기에서 언급한 정확한 지급이 이루어지는 것이다. 따라서 현금은 화폐만을 의미하는 것이 아니고, 일반의 상거래계에서 이용하고 있는 지급송금방법을 의미하는 것인 바, 지급의 결과 그 지급수단(화폐, 수표 등)을 곧바로 사용할 권한이 제공되는 지급방법도 포함한다.

라고 규정하고 있다.

11) Afovos Shipping Co. S.A. v. R. Pagnan & F. Lli – The Afovos [1983] 1 Lloyd's Rep. 335; [1983] 1 W.L.R. 195; [1983] 1 All E.R. 449 (H.L.); [1982] 1 Lloyd's Rep. 562; [1982] 1 W.L.R. 848; [1982] 3 All E.R. 18 (C.A.); [1980] 2 Lloyd's Rep. 469 (Q.B.).

12) Antaios Compania Naviera S.A. v. Salen Rederierna A.B. – The Antaios (No.2) [1984] 2 Lloyd's Rep. 235; [1985] A.C. 191.

13) Davies Martin & Dickey Anthony, *Shipping Law*, 3rd ed., (NSW: Lawbook Co, 2004), p.396.

14) Steelwood Carriers Inc. v. Evimeria Cia. Nav. S.A. – The Agios Giorgis [1976] 2 Lloyd's Rep. 192 (Q.B.).

15) Metallgesellschaft A.G. v. M/V Capitan Constante, 790 F.2d 280, 1986 A.M.C. 1817 (2d Cir. 1986).

2. 선박소유자가 다음 요건에 따라 선박회수권을 행사하여야 한다

(1) 용선료가 미지급된 사실과 용선료지급의 유예기간을 통지하여야 한다

선박소유자는 용선료가 지급기일까지 지급되지 않았다는 사실과 일정한 유예기간 안에 지급되지 않으면 선박이 회수된다는 사실을 정기용선자에게 통지하여야 하는데, 미지급된 용선료의 명세를 자세하게 산출하여 줄 필요는 없다. 그러나 오해의 소지가 있는 원인에 대하여는 명확하고 모호하지 않게 명시하여 통지하여야 한다.

선박소유자가 선박회수권을 행사하고자 할 경우, 정기용선자에게 통지를 하여야 한다.[16] 선장에게만 통지가 이루어지면 통지로서 충분하지 못하다.[17] 영국판례[18]는 "선박소유자는 선장에게만 통지하였는데, 이는 충분하지 못하다. 선박회수권을 행사하기 위해서는, 정기용선자에게 통지하여야 한다. 선박회수는 정기용선자가 통지를 받은 때부터 효력이 있다."라고 하였다.[19]

(2) 회수권의 통지는 최종적이어야 한다

회수권의 통지는 취소불능이고, 통지 후에는 정기용선자의 동의 없이는 철회될 수 없다.[20] 만약 선박소유자가 일시적인 회수권을 가지려면, 정기용선계약서에 명시되어 있어야 한다.

(3) 합리적인 기간 안에 회수권의 행사를 하여야 한다

합리적인 기간을 경과한 경우는 회수권이 소멸된다. 여기서 합리적인 기간은 상황에 따라 다르겠지만, 선박소유자가 정기용선자가 용선료지급을 위반한 것에 대한 내용을 듣고 조치사항을 통보하도록 하는 데 합리적으로 필요한 시간을 말한다.[21] 정기용선자가 지급기일이 지나서 용선료를 지급한 경우, 선박회수의 통지가 있기 전까지는 정기용선계약이 유효

16) 우리 민법상에서는 정기용선자가 용선료의 지급을 늦춘 것은 확정기한이 있는 채무의 이행지체라 하겠다. 따라서 정기용선자는 용선료의 지급일이 지나감으로써 당연히 채무의 이행지체에 빠진다. 이 경우에 선박소유자는 정기용선자에게 최고(notice of protest)를 필요로 하지 아니하고 계속적인 계약관계의 효력을 소멸시킬 수 있다. 박용섭, 정기용선, 246쪽.

17) Coghlin Terence, W. Baker Andrew, Kenny Julian and Kimball John D., *op. cit.*, p.296.

18) Empresa Cubana de Fletes v. Lagonisi Shipping Co., Ltd. – The Georgios C [1971] 1 Lloyd's Rep. 7.

19) Coghlin Terence, W. Baker Andrew, Kenny Julian and Kimball John D., *op. cit.*, p.297.

20) Baughen Simon, *op. cit.*, p.254.

21) Mardorf Peach & Co., Ltd. v. Attica Sea Carriers Corporation of Liberia – The Laconia [1977] 1 Lloyd's Rep. 315; Gatoil Anstalt v. Omennial Ltd. – The Balder London [1980] 2 Lloyd's Rep. 489 (Q.B.).

하게 존속한다. Mihalios Xilas호 사건[22]에서 정기용선자는 용선료의 일부를 지급기일까지 미지급하였고, 선박소유자가 4일이 지나서 선박회수의 통지를 하였다. 선박소유자는 이미 수령한 용선료 중에서 4일 동안에 해당하는 용선료를 공제한 나머지 금액을 정기용선자에게 반환하였다. 선박회수의 통지는 지급기일의 24:00시까지는 할 수 없다.

Afovos호 사건[23]에서 선박소유자 Afovos Shipping Co. S.A.사와 정기용선자 Romano Pagnan and Pietro Pagnan사는 1978년 2월 8일에 3개월 가감 정기용선자 선택부 조건으로 2년 동안 Afovos호에 대한 정기용선계약을 체결하였다. 선박은 1978년 2월 14일에 인도되었다. 반 개월 선급으로 되어 있는 용선료는 1979년 6월 14일이 지급기일이었는데 정기용선자는 6월 11일에 정기용선자의 은행에 미화 53,308불의 송금을 의뢰하였다. 정기용선자의 은행은 6월 13일에 선박소유자의 은행에 전문으로 송금을 이체하였으나 전문을 잘못 보내서 6월 14일까지 선박소유자의 은행에 정기용선자가 송금을 의뢰한 용선료가 도착하지 않았다. 6월 14일 16시 40분에 선박소유자는 선박회수의 통지를 하고, 6월 18일에 선박을 회수하였다. 송금의 이체는 6월 19일에 올바르게 이루어졌다. 1심 법원 Lloyd판사는 "지급기일에도 선박회수통지를 할 수 있으므로 지급기일인 6월 14일 16시 40분에 주어진 선박소유자의 선박회수통지는 유효하다."라고 판결한 반면, 항소법원(Denning판사, Griffiths 판사와 Kerr판사)과 귀족원(Hailsham of St. Marylebone경, Diplock경, Keith of kinkel경, Roskill 경과 Brightman경)은 "선박소유자의 선박회수통지는 지급기일인 6월 14일 24:00시까지는 선박회수통지를 할 수 없는데 6월 14일 16시40분에 주어졌으므로 적법하지 못하다."라고 판시하였다.

Ⅱ. 선박회수권의 행사에 따른 효과

영국법에 의하면 용선료의 미지급을 원인으로 선박이 회수된 경우, 선박소유자는 원칙적으로 회수일자까지의 용선료와 이자만을 보상받을 수 있는 것이지, 별도의 손해배상을 청구할 수 없다.[24] 그러나 용선료의 지급지체가 계약의 이행거절로 되는 등의 중요한 경우

22) China National Foreign Trade Transportation Corporation v. Evlogia Shipping Co., Ltd. - The Mihalios Xilas [1979] 2 Lloyd's Rep. 303 (H.L.).

23) Afovos Shipping Co. S.A. v. R. Pagnan & F. Lli - The Afovos [1983] 1 Lloyd's Rep. 335; [1983] 1 W.L.R. 195; [1983] 1 All E.R. 449 (H.L.); [1982] 1 Lloyd's Rep. 562; [1982] 1 W.L.R. 848; [1982] 3 All E.R. 18 (C.A.); [1980] 2 Lloyd's Rep. 469 (Q.B.).

에는 손해배상청구가 인정된다. 미국법에서는 단순한 용선료의 지급지체만으로도 선박소유자는 정기용선자가 계약을 이행거절한 것으로 취급할 권리를 갖고 손해배상도 가능하다.

선박소유자가 선박회수권을 행사하면 정기용선계약은 종료된다. 그러나 이미 화물의 선적이 완료되었거나 선하증권이 제3자에게 발급된 경우에는 관련 항차가 종료될 때까지 선박의 회수를 할 수 있는가가 문제된다. 우리나라는 상법 제845조 제2항에 의하여 제3자의 운송물을 운송 중인 선박의 회수를 인정하는 반면, 영국법원은 이를 인정하지 않고 있다. 그러나 실무상 대부분의 경우에는, 선박이 현재의 항차는 계속 수행하면서 선박회수권이 적법하게 통지되었는지의 여부에 따라 정기용선자가 약정용선료나 시황용선료를 지급하여야 하는 문제로 귀착하게 된다.

Ⅲ. 선박회수권의 소멸

선박소유자가 지체된 용선료를 지급기일에 입금된 것으로 용인하거나, 지체된 용선료의 수령을 합리적인 기간 안에 거부하지 않아서 선박소유자가 지체된 용선료를 용인하였다고 정기용선자가 인식할 정도로 일정기간이 경과된 경우, 선박소유자가 선박회수권을 포기하였다고 보이므로, 선박소유자의 선박회수권은 소멸된다. 선박소유자는 정기용선자가 지급기일이 지나서 지체하여 지급한 용선료를 반환하여야 선박을 회수할 수 있다.

선박회수약관은 정기용선자에게 매우 심각한 손해를 끼칠 수도 있기 때문에 가혹한 조항으로 평가되기도 한다. 그렇기 때문에 이 조항의 집행과 관련하여 정기용선자에게 주어진 가혹한 결과를 구제하여야 한다는 견해도 제시되고 있다.

Laconia호 사건[25]에서 선박소유자 Attica Sea Carriers Corporation of Liberia사와 정기용선자 Mardorf Peach & Co., Ltd.사는 반 개월 선지급, 15일 증감가 신축허용부 조건으로 3개월 동안 Laconia호에 대한 정기용선계약을 체결하였다. 마지막 7번째 용선료의 지급기일인 1970년 4월 12일은 일요일이므로 정기용선자는 1970년 4월 10일 금요일까지 7번째 용선료를 지급하여야 했다. 정기용선자는 4월 13일 오후 3시경 용선료를 지급하였고, 선

24) Baughen Simon, *op. cit.*, p.254.

25) Mardorf Peach & Co., Ltd. v. Attica Sea Carriers Corporation – The Laconia [1977] 1 Lloyd's Rep. 315; [1977] A.C. 850; [1977] 2 W.L.R. 286; [1977] 1 All E.R. 545 (H.L.); rev' g [1976] 1 Lloyd's Rep. 395; [1976] Q.B. 835; [1976] 2 W.L.R. 668; [1976] 2 All E.R. 249 (C.A.).

박소유자는 4월 13일 오후 6시 55분에 선박을 회수하였다. 중재인은 선박소유자의 주장을 인정하였고, 1심 법원 Donaldson판사는 "선박소유자의 은행은 4월 13일에 정기용선자가 지급한 용선료의 수령을 거절하였으므로, 선박을 회수할 수 있다."라고 판시하였다. 반면에, 항소법원 다수의 판사(Denning판사와 Lawton판사는 찬성, Bridge판사는 반대)는 "선박소유자의 은행이 정기용선자가 지급한 용선료의 지급지시를 승인하였으므로, 선박소유자는 회수권을 포기하였다."라고 판시하였다. 그러나 귀족원(Wilberforce경, Simon of Glaisdale경, Salmon경, Fraser of Tullybelton경과 Russel of Killowen경)은 "선 지급되어야 하는 용선료가 하루 늦게 지급되었더라도 계약위반이 치유되는 것은 아니고, 선박소유자가 회수권을 포기했다는 증거가 없으므로 선박소유자는 선박을 회수할 수 있다."라고 판시하였다. 또한 귀족원의 Simon경은 선박회수약관의 효력을 소멸시키는 "형평법적 구제(equitable relief from forfeiture of the withdrawl clause)"를 제시하였다.[26)]

BIMCO Non-Payment of Hire Clause for Time Charter Parties

(a) If the hire is not received by the Owners by midnight on the due date, the Owners may immediately following such non-payment suspend the performance of any or all of their obligations under this Charter Party (and, if they so suspend, inform the Charterers accordingly) until such time as the payment due is received by the Owners. Throughout any period of suspended performance under this Clause, the Vessel is to be and shall remain on hire. The Owners' right to suspend performance under this Clause shall be without prejudice to any other rights they may have under this Charter Party.

(b) The Owners shall notify the Charterers in writing within 24 running hours that the payment is overdue and must be received within 72 running hours from the time hire was due. If the payment is not received by the Owners within the number of running hours stated, the Owners may by giving written notice within 12 running hours withdraw the Vessel. The right to withdraw the Vessel shall not be dependent upon the Owners first exercising the right to suspend performance of their obligations under this Charter Party pursuant to sub-clause (a). Further, such right of withdrawal shall be without prejudice to any other rights that the Owners may have under this Charter Party.

(c) The Charterers shall indemnify the Owners in respect of any liabilities incurred by the Owners under the Bill of Lading or any other contract of carriage as a consequence of the Owners' suspension of and/or withdrawal from any or all of their obligations under this Charter party.

26) 박용섭, 정기용선, 258쪽.

(d) If, notwithstanding anything to the contrary in this Clause, the Owners choose not to exercise any of the rights afforded to them by this Clause in respect of any particular late payment of hire or a series of late payments of hire, this shall not be construed as a waiver of their right either to suspend performance under sub-clause (a) or to withdraw the Vessel under sub-clause (b) in respect of any subsequent late payment under this Charter Party.

BIMCO 정기용선계약을 위한 용선료 미지급약관

용선료가 지급기일의 자정까지 선박소유자에 의해 수령되지 않을 경우, 그러한 미지급에 이어서 곧바로, 지급기일이 된 지급금액이 선박소유자에 의해 수령될 때까지, 선박소유자는 본 용선계약에 의한 자신의 모든 의무들의 이행을 정지할 수 있다(그리고, 선박소유자가 그렇게 정지할 경우, 선박소유자는 그것에 따라서 정기용선자에게 통지한다). 본 약관에 의해 정지된 이행의 기간 동안에, 선박은 용선 중이어야 하고 용선 중인 채로 계속해서 남아 있어야 한다. 본 약관에 의해 이행을 정지할 수 있는 선박소유자의 권리는, 본 용선계약에 의해 선박소유자들이 보유할 수 있는 모든 다른 권리들을 손상시키지 않는다.

(b) 선박소유자는 연속적인 24시간 이내에 서면으로 지급금액이 지급기한이 지났고, 용선료가 지급기일이 된 시기부터 연속적인 72시간 이내에 수령되어야 한다는 것을 정기용선자에게 통지해야 한다. 지급금액이 규정된 연속적인 시간 이내에 선박소유자에 의해 수령되지 않을 경우, 선박소유자는 연속적인 12시간 이내에 서면통지를 제공함으로써 선박을 회수할 수 있다. 선박을 회수할 수 있는 권리는, 선박소유자가 하위약관 (a)에 따라서 본 용선계약에 의해 규정된 선박소유자의 의무의 이행을 정지할 수 있는 권리를 먼저 행사하는 것에 좌우되지 않는다. 더욱이, 그러한 회수의 권리는 본 용선계약에 의해 선박소유자가 보유할 수 있는 모든 다른 권리들을 손상시키지 않는다.

(c) 본 용선계약에 의한 모든 의무들에 대한 선박소유자의 정지 그리고/또는 그러한 의무들로부터 선박회수 등의 결과로서 선하증권이나 다른 모든 운송계약 하에서 선박소유자에게 초래된 모든 책임들에 대해 선박소유자에게 정기용선자가 배상해야 한다.

(d) 본 약관에 상반되는 것이 존재함에도 불구하고, 용선료의 모든 특정한 지연지급이나 용선료의 일련의 지연지급에 대해 본 약관에 의해 선박소유자에게 부여되는 모든 권리들을 선박소유자가 행사하지 않기로 결심할 경우, 이러한 결심이 본 용선계약에 의한 모든 후속 지연지급에 대해 하위약관 (a)에 의해 이행을 정지하거나 하위약관 (b)에 의해 선박을 회수할 선박소유자의 권리에 대한 포기로서 해석되어서는 안 된다.

제1편
제2편
제3편
제4편
제5편
제6편
제7편
제8편

판례연구 3-1 Li Hai호 사건

선박소유자의 선박회수권을 연구하기 위하여 Li Hai호 사건[27]을 검토하였다. 본 사건에서 선박소유자는 선박회수의 원인이 단지 미화 500불 때문이었다는 내용을 통지서에 명확하게 기재하지 않았기 때문에 패소하였는데, 이와같이 실무담당자의 사소한 부주의로 인하여 발생되는 손해배상금액이 매우 클 수 있다는 측면에서 시사하는 바가 크다고 할 것이다.

본 사건에서 원고인 정기용선자는 피고인 선박소유자로부터 Li Hai호를 연속하여 약 4년 6개월 동안 정기용선하였다. 10개월 동안 시황용선료가 2.5배 상승한 상황에서 정기용선자가 단지 미화 500불을 지급하지 않았기 때문에 선박소유자로부터 Li Hai호를 회수하겠다는 통지를 받았다. 이 사건은 2시간의 용선료에도 해당되지 않는 미화 500불이 법의 "최소한의 적용원칙(de minimis rule)"에 해당되는가의 문제이기도 하다.

1. 사건의 개요

본 사건에서 1심 법원 Jonathan Hirst판사는 "선박소유자가 정기용선자에게 선박회수의 통지를 할 때 원인을 명시하지 않았기 때문에 미화 2,036,211불의 손해배상을 지급하여야 한다."라고 판결하였다.

(1) 사실관계

사실관계는 다음과 같다.

선박소유자 피고 Li Hai Maritime Inc.사와[28] 정기용선자 원고 West Bulk Carrier K/S사는 1999년 3월 28일에 27,000톤급 벌크선 Li Hai호에 대한 정기용선계약을 체결하였다. 그 후 4번 연속하여 계약이 연장되었다. 본 사건이 발생한 시점인 4번째 계약에 의하면, 정기용선자는 15일 증감이 가능한 신축허용부 조건으로 약 5/7개월을 추가로 사용할 수 있는 선택권을 가지고 있었다.

선박은 Oldendorf Carriers사에게 재용선되었던 기간 중인 2003년 8월 12일에 산토스 항에서 800톤의 유류를 급유하였는데, 선박소유자는 "정기용선자가 저품질의 유류를 급유하였기 때문에 연료기관이 손상되었다."라고 주장하였다. 이와 관련하여 정기용선자가 요청하여 싱가포르 항에서 선박을 검사하였는데, 그 검사보고서는 "정기용선자가 알루미늄과 실리콘 성분이 많이 함유되어 있는 유류를 급유하였다."라고 지적하였다. 그 후 선박은 싱가포르 항에서 홍콩 항으로 항해한 후 상해 항에서 약 8일

27) Western Bulk Carriers K/S v. Li Hai Maritime Inc. – The Li Hai [2005] 2 Lloyd's Rep. 389.

28) Li Hai호의 관리선사(management company)는 Cosco Bulk Carrier Co., Ltd.사로서 중국의 톈진에 소재하고 있다. Li Hai호의 선박소유자인 Li Hai Maritime Inc사는 Paper Company로서 실제로 영업 및 운항과 관련된 업무는 Cosco Bulk Carrier Co., Ltd.사가 담당하였다.

동안의 입거가 예정되었다.

2003년 9월 30일 정기용선자는 선장에게 홍콩 항에서 F.O. 220톤과 D.O. 30톤을 급유하도록 지시하였으나, 선장은 "저품질의 유류를 제거하여 탱크를 청소한 후에야 새로운 유류를 급유할 수 있다."라고 주장했다. 그러나 정기용선자는 "약간 규격이 틀려도 선박을 사용하는 데에는 지장이 없으며, 급유를 취소하는 데 드는 비용 미화 500불은 선박소유자가 지급하여야 한다."라고 주장하였다. 반면에 선박소유자는 "이 비용은 정기용선자가 저품질의 유류를 급유하여 발생하였으므로 지급할 수 없다."라고 주장하였다.

제45차 용선료의 지급기일은 2003년 10월 13일로 정기용선자는 2003년 10월 9일에 용선료 미화 133,275불에서 예상되는 입거기간 동안의 지급정지의 용선료금액 미화 63,700불(7일 간의 용선료에 해당)과 급유의 취소비용 미화 500불을 공제하고 통신과 음식 등의 비용에 해당하는 미화 600불을 추가하여 미화 68,980불을 지급할 예정이라고 선박소유자에게 관련 명세서를 통지하였다. 선박소유자는 용선중개인인 Rodskog사를 통하여 예상되는 지급정지 등의 비용을 공제하지 말고 전액 송금할 것을 요청하였다.

2003년 10월 13일에 정기용선자는 선박소유자의 은행에 미하 68,980불을 송금하였다. 2003년 10월 14일에 선박소유자는 정기용선자에게 "첫째, 예상되는 입거기간 동안에 해당하는 지급정지의 용선료를 미리 공제한 것은 계약위반으로 이는 입거가 완료된 후에 조정되어야 한다. 둘째, 급유의 취소는 정기용선자가 산토스 항에서 규격에 미달되는 유류를 급유하여 발생하였으므로 미화 500불에 해당하는 급유의 취소비용에 대한 손해배상청구에 관하여 선박소유자는 책임이 없다. 셋째, 2003년 10월 14일 08:00(GMT)까지 정기용선자가 2번과 3번 오일탱크에 있는 유류를 제거하고 깨끗하게 청소해 줄 것을 요구한다. 만약 확답이 없다면 정기용선자의 시간과 비용으로 입거기간 중에 선박소유자가 동 작업을 수행할 것이다. 후자의 경우에 정기용선자는 예상되는 관련 비용으로 미화 25,000불을 선박소유자의 은행에 송금해 줄 것이며, 추후 금액이 확정되면 정산될 것이다."라고 통지하였다.

그 후 2003년 10월 15일에 선박소유자는 정기용선자에게 "정기용선자는 2002년 9월 27일자 정기용선계약서 제5조를 위반하였으므로 72시간의 유예기간 안에 용선료의 전액 지급이 없다면 선박을 회수할 것이다."라고 통지하였다. 2003년 10월 16일에 정기용선자는 선박소유자에게 "정기용선자는 지급정지가 예상되는 용선료는 지급할 수 없다."라고 하였다. 그러나 2003년 10월 17일에 정기용선자는 선박소유자가 선박을 회수할 수 있는 어떤 원인도 제공하지 않기 위하여 예상되는 지급정지기간에 해당하는 용선료공제액 미화 60,795불을 송금하였다. 정기용선자는 선박소유자가 선박을 회수코자 하는 원인이 공제된 예상되는 지급정지의 용선료이라고 생각하였고, 사소한 금액인 급유의 취소비용 미화 500불이라고는 생각하지 않았다. 그러나 2003년 10월 22일에 선박소유자는 정기용선자가 용선료에서 공제한 급유의 취소비용 미화 500불을 이유로 선박을 회수하였다.

(2) 정기용선계약서상의 관련내용

위 사건과 관련하여 당사자가 합의한 정기용선계약의 내용은 다음과 같다.

정기용선자는 선박소유자로부터 27,000톤급 벌크선 Li Hai호를 인도시점으로부터 약 5/7개월("약"은 15일 증감을 의미함.) 동안 (정기용선자는 추가로 약 5/7개월 동안 사용할 수 있는 선택권을 보유하고 있음.) 다음과 같은 조건으로 정기용선을 하였다.[29]

제4조: 정기용선자가 지급하여야 되는 일당용선료는 처음 5/7개월 동안(2003년 7월 28일 10시 20분 GMT)까지는 미화 8,100불이고, 그 이후에는 미화 9,100불이다.[30]

제5조: 정기용선자는 용선료를 15일 선급으로 선박소유자의 은행에 송금하여야 하는데, 지급기일을 어겼을 경우에 선박소유자는 선박을 회수할 수 있는 권한이 있다. 선장이 요구하는 항구에서의 통상비용은 선박소유자의 승인을 득한 후 정기용선자와 그 대리점은 2.5% 수수료의 조건으로 미리 선급해 줄 수 있는데, 이러한 선급금은 용선료에서 공제한다.[31]

제10조: 선박소유자는 도선사 및 세관원에게 식사를 제공하여야 하고, 정기용선자는 월당 미화 1,200불의 비율로 음식과 통신 등의 비용을 선박소유자의 은행에 직접 지급하여야 한다.[32]

제18조: 정기용선자는 선급을 하고서 대가를 받지 못한 총액과 초과 지급한 용선료 또는 즉시 반환받아야 할 초과기탁금에 대하여 리언을 행사할 권리를 가진다.[33]

제47조: 제5조와 관련하여 정기용선자가 톈진에 소재하고 있는 선박소유자의 은행에 용선료를 취소불능의 조건으로 송금하도록 지시한 때에 용선료는 지급된 것으로 합의한다. 선박소유자가 선박회

29) 이 조항의 원문은 다음과 같다.
The said owners agree to let and the said Charterers agree to hire the said vessel from the time of delivery, for about 5/7 months period in Charterers' option (about meaning +/−15 days) Charterers option for further about 5/7 months … on the following conditions.

30) 이 조항의 원문은 다음과 같다.
That the charterers shall pay for the use and hire of the said vessel at the rate of $8,100 per day including overtime for first 5/7 months, $9,100 per day including overtime counting from the maximum time of the first period i.e. 28th July 2008, 10:20 hrs GMT United States currency ….

31) 이 조항의 원문은 다음과 같다.
Payment of said hire to be made by charterers to Owners' nominated bank in cash in United States currency, 15 days in advance … otherwise failing the punctual and regular payment of the hire … the Owners shall be at liberty to withdraw the vessel from the service of the Charterers ….

32) 이 조항의 원문은 다음과 같다.
Owners to victual Pilots and customs officers [etc.] … Charterers paying for all victualling US$1,200 lump sum per month or pro rata including communication/entertainment which to be paid directly to Owners' bank.

33) 이 조항의 원문은 다음과 같다.
… the Charterers to have a lien on the Ship for all monies paid in advance and not earned, and any overpaid hire or excess deposit to be returned at once.

수권을 실행하기 전에 정기용선자에게 72시간(토요일, 일요일, 공휴일 및 은행공휴일은 제외)의 유예 기간을 주어 정기용선자가 통지를 받은 후 72시간 내에 용선료를 지급하였다면 선박소유자는 선박을 회수할 수 없다.[34)]

2. 판결요지

1심 법원 Jonathan Hirst판사의 판결내용은 다음과 같다.

(1) 45차 용선료의 미지급 여부

45차 용선료가 미지급이 되었는지의 여부와 관련하여서 다투어졌던 내용으로는 예상되는 지급정지의 용선료, 급유취소비용 미화 500불 및 음식과 통신 등의 비용 미화 600불이 있는데 이에 관한 판결 내용은 다음과 같다.

1) 예상되는 지급정지에 해당되는 용선료

선급되어야 되는 용선큐에 해당되는 기간 동안에 지급정지가 될 것이라는 것이 예상된다는 이유로 정기용선자는 예상되는 지급정지의 용선료를 45차 용선료에서 공제할 수 없다.

2) 급유취소비용 미화 500불

급유의 취소로 인한 미화 500불의 손해배상청구는 단지 별개의 손해배상청구로서 선박소유자의 용선료에 대한 지급청구에 방해가 되지 않으므로 상계하여 처리할 수 없다.

3) 음식과 통신 등의 비용 미화 600불

음식과 통신 등의 비용이 정기용선자의 의도로 이제까지 관행적으로 선지급되었으므로, 이러한 관행에 반하여 정기용선자가 후불로 지급하고자 한다면 선박소유자에게 통지를 하여야 했다. 그러나 본 사건에서 정기용선자는 통지를 하지 아니하였으므로, 비록 음식과 통신 등의 비용 미화 600불이 선불이 아니라 후불일 경우에도 용선료의 지급으로 인정될 수 없다.

(2) 이미 발생한 지급정지에 해당되는 용선료와 선박소유자비용 등의 공제가능성

이미 발생한 지급정지의 용선료에 대한 보상은 지급기일이 도래한 용선료가 실제로 지급된 후에야 상계가 가능하므로, 이미 발생한 지급정지의 용선료는 지급기일이 도래한 용선료와 상계처리될 수 없다.

34) 이 조항의 원문은 다음과 같다.
Punctual Payment/Breach of charter With reference to Cl. 5 it is agreed that the hire to be considered paid upon Charterers instructing their bankers to irrevocably remit the hire to Owners' bank in Tianjin.

(3) 관행에 의한 선박소유자의 선박회수 불가능성

당사자 사이에 용선료에서 사소한 분쟁금액을 공제하던 일반적인 관행이 있더라도 정기용선자가 정당하지 않게 공제한 사소한 금액에 대하여 선박소유자가 선박의 회수를 할 수 있다. 선박소유자가 정기용선계약서 제47조에 의하여 적법하게 통지를 하였다면, 선박소유자는 정기용선자가 정당하지 않게 공제한 사소한 금액을 이유로 선박을 회수할 수 있다.

(4) 선박회수통지의 적법성

선박소유자는 2003년 10월 15일의 최후통지에서 정기용선자가 선박의 회수를 방지하기 위하여 어떤 조처를 취하여야 하는지에 대하여 명확하게 언급하지 않고 모호하게 기재하였으므로, 2003년 10월 22일에 선박소유자가 선박을 회수한 것은 정기용선계약을 위반한 것이다.

(5) 금반언의 원칙에 의하여 선박회수가 금지되는지의 여부

선박소유자는 2003년 10월 14일자 통지에 의하여 단지 공제된 예상되는 지급정지의 용선료만 지급하면 된다고 명확히 표시하였으므로, 선박소유자는 10월 15일자 통지를 적법하게 하였다고 해도 금반언의 원칙에 의해 선박을 회수할 수 없다.

(6) 손해배상금액

정기용선자가 청구한 미화 2,036,211불의 손해배상을 인정한다.

3. 검 토

본 사건에서 주요 쟁점으로 논의된 지급정지에 해당하는 용선료, 선박소유자비용 등의 금액을 용선료의 지급 시 공제가 가능한지의 여부, 법의 "최소한의 적용원칙" 및 선박회수권의 적법성 여부 등을 각 사안별로 검토해 보고자 한다.

(1) 45차 용선료의 미지급 여부

45차 용선료가 미지급이 되었는지의 여부와 관련하여서 다투어진 내용 및 쟁점사안에 대하여 검토해 보고자 한다.

1) 예상되는 입거기간 동안에 해당되는 지급정지에 대한 용선료의 공제가능성

본 쟁점사안을 검토하기 위해 부당공제액의 회수에 관하여 살펴보고 세부쟁점사안에 관하여 검토해 보고자 한다.

가. 부당공제액의 회수

정기용선자가 그 액을 과다하게 공제하였을 경우에 문제가 될 수 있다. Mihalios호 사건[35]에서 선박소유자 Evlogia Shipping Co. S.A.사와 정기용선자 China National Foreign Trade Transportation Corporation사는 1973년 6월 16일에 미화 6.60불/dwt/월의 용선료로 8/10개월 동안 Mihalios Xilas호에 대한 정기용선계약을 체결하였다. 선박은 1973년 7월 13일에 인도되었다. 정기용선자는 선박이 9개월 내에 반선이 가능할 것이라고 생각하고 9개월째 용선료를 지급할 때 선박소유자비용으로 발생된 미화 31,000불을 공제한 미화 88,404.41불을 지급하였으나, 선박소유자는 "선박이 10개월째에 반선될 것으로 예상되는 상황에서 9개월째 용선료가 마지막 용선료의 지급에 해당되지 않기 때문에 정기용선자는 선박소유자비용인 미화 31,000불을 공제하여서는 안 된다."라고 주장하며 1974년 3월 26일에 선박을 회수하였다. 중재인은 "선박소유자가 선박을 회수할 때 회수 이후에 해당하는 용선료를 반환하지 않았으므로 회수권을 포기한 것이다."라고 한 반면, 1심 법원 Kerr판사는 "정기용선자가 용선료의 전액을 지급하지 않았으므로 선박소유자는 선박을 정당하게 회수하였다."라고 판시하였다, 항소법원(Denning판사, Eveleigh판사와 Geoffrey Lane판사)은 다시 피고인 정기용선자의 주장을 인정하였다. 그러나 귀족원(Diplock경, Dilhorne경, Fraser of Tullybelton경, Salmon경과 Scarman경)은 다시 1심 법원 Kerr판사의 판결을 인정하였다. 반면에 정기용선자가 용선료에서 공제를 하는 경우, 공제액의 산정에 있어 그 액이 다소 많더라도 정기용선자가 선의인 한 선박소유자는 선박을 회수하지 못하고 그 차액을 회수할 수 있을 뿐이다.[36]

나. 관련 판례검토

이상에서 설명한 이론적 배경을 토대로 하여 관련 판례를 검토해 보면, 화물과 관련된 손해배상금액은 운임에서 공제될 수 없다는 판례가 오랜 기간 동안 형성되어 왔는데 영국법원은 용선료에서도 같은 판례를 적용하여 왔다.

Satya Kamal호 사건[37]에서 선박소유자 Seven Seas Transportation Ltd사와 정기용선자 Atlantic Shipping Co. S.A.사는 1973년 4월 10일에 최단 12개월/최장 18개월 동안 미화 5.25불/dwt/월의 용선료를 반 개월 선지급 조건으로 Satya Kamal호에 대한 정기용선계약을 체결하였다. 정기용선자는 지급정지의 용선료 및 선박소유자비용 등을 공제하면서 선박소유자로부터 미화 46,000불을 받을 금액이 있다고 주장하며 1974년 11월 19일 8시 20분부터 반선일인 1974년 12월 10일까지에 해당하는 용선료인 미화 97,082.17불을 지급하지 않았다. 이에 대하여 선박소유자는 항해용선자 The British Steel

35) China National Foreign Trade Transportation Corporation v. Evlogia Shipping Co., Ltd. – The Mihalios Xilas [1979] 2 Lloyd's Rep. 303 (H.L.).

36) 강남호, 앞의 책, 172쪽.

37) Seven Seas Trasnportation Ltd. v. Atlantic Shipping Co. S.A. – The Satya Kamal [1975] 2 Lloyd's Rep. 188 (Q.B.).

Corporation가 정기용선자에게 지급할 운임에 리언을 행사하였다. 선박소유자는 반선 시의 유류대금 미화 30,173.64불의 공제만을 인정하고 나머지 금액은 분쟁의 소지가 있는 별개의 손해배상청구라고 주장하였다. 1975년 1월 9일에 정기용선자는 선박소유자에게 미화 119,199.77불에 해당하는 담보제공을 요구하며 앤트워프 항에서 본선을 압류하였다. 1심 법원 Donaldson판사는 "용선료를 상계가 허용되지 않는 운임과 다르게 취급할 이유가 없으므로, 정기용선자는 지급정지의 기간에 해당하는 용선료와 같은 별도의 손해배상청구 금액을 상계할 수 없다."라고 판시하면서, 처음 4항차 동안에 발생된 유류대금 미화 12,835불과 지급정지의 용선료인 미화 38,163불의 공제만을 추가로 인정하였다.

반면에 Teno호 사건[38]에서 선박소유자 Compania Sud Americana de Vapores사와 정기용선자 Shipmair B.V.사는 1976년 5월 14일에 Teno호에 대한 정기용선계약을 체결하였다. 선박은 Paranagua 항에서 콩을 선적하던 중 ballast pipe line system의 고장으로 769톤을 적게 선적하였다. 1977년 1월 31일에 선박소유자는 미화 21,178.30불의 용선료 차액을 지급할 것을 요청하였으나, 정기용선자는 미화 7,600불은 지급정지의 용선료로, 미화 13,073불은 769톤을 적게 선적한 것에 대한 손해배상청구 금액으로, 미화 609.65불은 공제가 가능한 선박소유자비용으로 공제할 수 있다고 주장하였다. 1심 법원 Parker판사는 "정기용선자의 선박사용을 방해하였으므로 선박의 기관고장으로 발생한 선박소유자비용과 지급정지에 해당되는 용선료를 선박소유자는 다음번 용선료의 지급에서 공제할 수 있다."라고 판시하였다.

두 가지 상반되는 견해에 대하여 Nanfri호 사건[39]에서 선박소유자 Molena Alpha Inc./Molena Beta Inc./Molena Gamma Inc.사와 정기용선자 Federal Commerce & Navigation Co., Ltd.사는 1974년 11월 1일에 각각 약 6년 동안 Nanfri호, Benfri호와 Lorfri호에 대한 3개의 정기용선계약을 체결하였다. 정기용선자가 1977년 10월 4일에 1975년도에 발생한 Nanfri호의 엔진고장으로 인한 속력감소 때문에 발생한 손해배상에 대한 미화 47,122.45불의 청구금액을 용선료의 지급 시 공제하자, 10월 4일에 선박소유자는 3척의 선장에게 "정기용선자에게 선하증권의 서명과 선하증권을 발행할 권리를 수여하지 말 것이며, 정기용선계약조항을 선하증권에 포함시킬 것이며, 선지급(pre-paid)이라고 기술된 선하증권에 서명하지 말 것."을 지시하였다. 이에 대하여 정기용선자는 "선박소유자가 계약상의 의무를 이행하지 않아서 계약위반으로 정기용선계약이 종료된 것으로 간주한다."라고 선박소유자에게 통지하였다. 중재인은 "선박소유자가 계약을 위반했으므로 1977년 10월 5일자 정기용선계약은 종료되었다."라고 판정한 반면, 1심 법원 Kerr판사는 "선박소유자의 조처는 일시적인 곤경을 초래한 것일 뿐 계약의무의 위반은 아니므로, 정기용선계약은 종료되지 않았다."라고 판시하였다. 그러나 항소법원(Denning판사, Goff판사와 Cumming-Bruce판사)은 다시 1심 법원의 판시와는 달리 중재의

38) Compania Sud Americana de Vapores v. Shipmair B.V. - The Teno [1977] 2 Lloyd's Rep. 289 (Q.B.).
39) Federal Commerce & Navigation Co., Ltd. v. Molena Alpha Inc. - The Nanfri [1978] 2 Lloyd's Rep. 132.

판정과 같이 판결하였다. 또한 귀족원(Wilberforce경, Dilhorne경, Fraser of Tullybelton경, Russell of Killowenand경과 Scarman경)은 "정기용선계약서에 의하면 선장은 선하증권의 서명과 관련하여 정기용선자의 지시에 따라야 함에도 불구하고, 10월 4일에 보낸 전문에는 이를 거절하도록 되어 있는데 이것은 계약의 위반이며, 선박소유자가 운임 및 재운임에 대한 리언을 행사할 수 있다고 규정하고 있으나, 이러한 규정이 선박을 이용하고 선장에게 그렇게 지시할 수 있는 정기용선자의 기본적인 권리를 박탈할 수는 없다."라고 첨부하여 판시하였다. 또한 항소법원 Denning 판사는 "운임과 용선료는 그 성격에서 차이가 있으므로, 만약 선박소유자가 계약을 위반하여 정기용선자의 선박사용을 방해하였다면, 정기용선자는 사용할 수 없었던 기간에 해당하는 용선료를 공제할 수 있다."라고 판시하였다.

Tonnelier v. Smith사건[40)]에서 용선계약서에 의하면 709파운드의 용선료를 매달 선지급하기로 되어 있었다. 1심 법원의 판결을 뒤엎고 항소법원은 "스트라이크와 같은 사태가 양하작업을 지연시켜 1개월이 경과하는 경우에도 발생할 수 있으므로, 선박이 반선될 것으로 예상되는 상황에서도 정기용선자는 1개월 용선료의 전액을 선지급한 후에 대가가 없었던 부분의 용선료는 선박소유자로부터 반환 받아야 한다. 선지급된 용선료는 일시적인 것이지 최종적인 것이 아니므로 대가가 없었던 용선료가 반환되지 않았다면, 정기용선자는 반환될 때까지 선박의 반선을 지연시킬 수 있다."라고 판시하였다.

Lutetian호 사건[41)]에서 선박소유자 Dorada Compania Naviera S.A.사와 정기용선자 Tradax Export S.A.사는 1979년 5월 10일에 36-40개월 동안 용선료는 한 달 선지급 조건으로 Lutetian호에 대한 정기용선계약을 체결하였다. 선박은 1980년 7월 8일에 입거수리를 위하여 Palermo 항에 도착하였고, 1980년 7월 17일 저녁 늦게 선박소유자는 1980년 7월 21/22일에 출항예정이라고 통지하였다. 용선료는 1980년 7월 18일이 지급기일이었는데, 선박소유자는 1980년 7월 18일에 "정기용선자가 용선료를 지급하지 않았으므로, 추가통지 없이 선박을 회수하겠다."라고 통지하였다. 정기용선자는 지급기일 전 10일 동안의 지급정지의 용선료와 예상되는 4일 간의 지급정지의 용선료를 공제하고 거래은행에 금요일인 1980년 7월 18일 오후 6시에 유효일자 21일로 송금을 의뢰하였는데, 동 금액에는 정기용선자가 간과하여 누락한 초과시간에 대한 금액(미화 3,222불)도 포함되어 있었다. 선박소유자는 1980년 7월 23일에 "정기용선자가 용선료를 한 달 선지급하기로 되어 있고 예상되는 지급정지의 용선료 등이 공제되어서는 안 되며, 전액 지급되어야 한다."라고 주장하면서 선박을 회수하였다. 이때, 선박소유자는 정기용선자에게 시황에 따라 인상된 용선료로 선박을 사용하도록 제안하였다. 1심 법원 Bingham판사는 "용선료의 지급기일인 1980년 7월 18일이 입거수리 중인 지급정지의 기간 동안에 해당하므로 정기용선자는 선박이 다시 정상적으로 사용될 때까지 용선료를 지급할 의무가 없다."라고 하면서 정기용선자에게 승소판결을 하였다. 또한 "선박회수의 통지는 지급기일 24:00시 전에는 이루어

40) Tonnelier & Bolckow, Vaughan & Co. v. Smith & Weatherill & Co. [1897] 2 Com. Cas.
41) Tradax Export S.A. v. Dorada Compania Naviera S.A. – The Lutetian [1982] 2 Lloyd's Rep. 140 (Q.B.).

질 수 없으므로 지급기일에 한 선박회수의 통지는 효력이 없고, 정기용선계약의 약관에 의하여 토요일과 공휴일을 제외하고 월요일에 유효하게 선박회수의 통지를 할 수 있으므로, 선박소유자는 7월 24일까지 선박의 회수를 할 수 없다."라고 판시하였다.

다. 사안의 검토

이상에서 살펴본 이론적 배경 및 관련 판례를 토대로 하여 본 사안에 관한 법원의 판결을 검토해 보기로 한다.

본 사안에서 예상되는 입거기간 동안에 해당되는 지급정지의 용선료는 선박의 사용방해와 관련이 있으나, 다음과 같은 이유 때문에 용선료의 지급 시 공제할 수 없다. 첫째, 공제를 하기 위해서는 일단 용선료가 지급된 후에 대가가 없는 부분에 관하여 공제가 가능한데 예상되는 기간에 대한 용선료는 아직 지급되지 않았다. 둘째, 정기용선계약서의 지급정지약관에 예상되는 지급정지의 기간에 해당하는 용선료가 공제될 수 있다고 명시가 되어 있지 않았다. 셋째, 선박소유자의 승낙을 얻지 못하였다. 따라서 예상되는 지급정지의 기간에 해당하는 용선료를 다음번 용선료의 지급 시에 공제할 수 없다는 판결내용에 찬성한다. 그러나 당사자 사이의 합의에 의하여 정기용선계약서의 지급정지약관에 예상되는 지급정지의 용선료를 45차 용선료의 지급 시 공제할 수 있도록 명시되어 있다면 정기용선자가 예상되는 입거기간에 해당되는 지급정지의 용선료를 공제할 수 있다.[42]

2) 미화 500불의 미지급을 근거로 한 선박회수의 유효성

본 쟁점사안을 검토하기 위해 필요한 법의 "최소한의 적용원칙"의 내용을 먼저 살펴보고 세부쟁점사안에 관하여 검토해 보고자 한다.

가. 법의 최소한의 적용원칙

법의 "최소한의 적용원칙"은 내용이 매우 사소하여 법원이 판단할 때 고려하지 않는다는 원칙을 말한다. 본 사건에서 정기용선자가 급유의 취소비용인 미화 500불을 용선료의 지급 시 공제하였기 때문에 선박소유자는 Li Hai호를 회수하였다. 선박회수의 원인으로 미지급된 미화 500불은 2시간의 용선료에도 해당되지 않는 금액으로 본 사건의 판결에서 인정한 손해배상금액인 미화 2,036,211불과 비교할 때 매우 사소한 금액이다. 과연 미화 500불은 법의 "최소한의 적용원칙"에 적용되어 선박소유자는 선박을 회수할 수 없는지, 아니면 비록 사소한 금액이지만 미지급을 이유로 선박을 회수할 수 있는지가 문제가 된다.

42) 우리나라 민법이 정하는 "상계"는 채무자의 "단독행위"로써 행사하는 것을 전제로 하여 그 요건과 일정한 경우에 상계가 금지되는 것을 규율하는 것으로서 강행규정으로 볼 것이 아니기 때문에, 당사자 사이의 계약으로서 민법의 상계에 관한 규정과는 달리 "상계계약"을 할 수 있고, 장래 일정한 사유가 발생한 때에는 별도의 의사표시 없이도 대립되는 채권이 대등액에서 당연히 소멸하는 것으로 약정하는 "상계예약(정지조건부 상계계약)"도 약정할 수 있다.

정기용선계약에 있어서도 법의 "최소한의 적용원칙"이 성립되기 때문에 계약의무의 위반이 없었는지에 대한 여부를 검토할 때에는 계약내용을 이행함에 있어서 별로 문제가 되지 않는 경미한 이탈부분은 문제로 삼지 않는다. 예를 들면 정기용선계약서에 선박의 재화중량톤수(dead weight tonnage)가 10만 톤으로 기재되어 있었는데 실제 선박의 DWT가 10만 1톤이었다면 특별한 경우를 제외하고는 정기용선자가 선박소유자에게 계약의 위반을 항의하는 경우는 없다.[43] 그러나 선박회수약관에서 용선료의 지급에 관한 사항은 매우 엄격하게 해석되므로, 지급기일에서 조금이라도 지급이 지체되거나 조금이라도 금액이 부족하면[44] 선박소유자는 정기용선계약을 해지하고 선박을 회수할 수 있다.[45]

나. 관련 판례검토

이상에서 설명한 이론적 배경을 토대로 하여 관련 판례를 검토해 보고자 한다. 예상되는 지급정지와 관련하여 검토한 판례에 추가하여 설명하면 다음번 용선료에서 공제할 수 있는 금액은 선박을 사용할 수 없어서 대가를 얻을 수 없는 금액이다. Nanfri호 사건에서 항소법원 Denning판사는 "선박소유자가 정당하지 않은 이유로 선박의 사용을 방해하여 발생되는 지급정지의 경우에 공제가 정당화되는 것이지 선원의 부주의로 발생한 적하손해 등의 경우에는 공제가 정당화될 수 없다."라고 판시하였다. Teno호 사건에서 1심 법원 Parker판사는 "화물이 전량을 선적하도록 한 용선자의 지시를 따르지 않은 것은 선박사용의 일부를 방해한 것이므로 공제가 허용된다."라고 판시하였다.

Leon호 사건[46]에서 선박소유자 Leon Corporation사와 정기용선자 Atlantic Lines and Navigation Co., Inc.사는 약 5년 동안 Leon호에 대한 정기용선계약을 체결하였는데 1984년 전반기에 용선기간이 만료 예정이었다. 1982년 8월에 선장과 일등기관사는 유류의 공급업자인 Texaco사에게 청구서에 기재된 유류량보다 적게 급유하고 차액은 그들에게 현금으로 지급해 달라고 요청하였다. 그러나 유류의 공급업자는 이를 거절하고 이 사실을 정기용선자에게 통보하였다. 정기용선자는 급유차액에 대한 손해배상청구 금액인 미화 296,624.38불과 1984년 1월 27일에 지급될 미화 197,119.46불의 용선료금액을 상계처리 하고자 하였다. 중재인은 "선박소유자가 고용인과 공모하여 유류를 도용한 후에 실제 인도된 유류량과 일치하지 않는 허위의 청구서를 요구한 경우에 정기용선자가 용선료의 지급시점에서 그 차액을 공제한 것은 정당하다."라고 한 반면에, 1심 법원 Hobhouse판사는 "본 사건은 Nanfri호 사건 및 Teno호 사건과는 다른 경우로서, 선박소유자가 선박의 사용을 방해한 것이 아니

43) 松井孝之, 앞의 책, 4쪽.

44) 정기용선자가 용선료를 지급기일 내에 지급하였으나 선박소유자가 용선료를 수령하려면 미화 100불의 은행수수료를 지급하여야 했는데, 이 경우 용선료는 전액 지급되지 않은 것으로 보았다. A/S Awilco v. Fulvia S.p.A. di Navigazione – The Chikuma [1981] 1 W.L.R. 314 (H.L.).

45) Mardorf Peach & Co., Ltd. v. Attica Sea Carriers Corp. of Liberia – The Laconia [1977] 1 Lloyd's Rep. 315; China National Foreign Trade Transportation Corp. v. Evolgia Shipping Co. S.A. – The Mihalios Xilas [1979] 2 Lloyd's Rep. 303 (H.L.).

46) Leon Corporation v. Atlantic Lines and Navigation Co., Inc. – The Leon [1985] 2 Lloyd's Rep. 470 (Q.B.).

기 때문에 정기용선자가 용선료로부터 그 차액을 공제한 것은 정당화될 수 없다."라고 판시하였다.

다. 사안의 검토

이상에서 살펴본 이론적 배경 및 관련 판례를 토대로 하여 본 사안에 관한 법원의 판결을 검토해 보기로 한다.

본 사건에서 급유의 취소비용 미화 500불은 매우 사소한 금액이나 선박회수약관에서 용선료의 지급에 관한 사항은 매우 엄격하게 해석되므로 미화 500불의 미지급을 원인으로 한 선박의 회수는 가능하다. 더구나, 급유취소비용이 정기용선계약서의 지급정지약관에서 공제가 가능한 사항으로 명시되지 않고 공제에 관하여 선박소유자의 승낙을 받지도 않았다. 또한 정기용선계약서에 명시되지 않더라도 선박소유자비용 및 지급정지의 기간에 해당되는 용선료가 선박의 사용방해와 관련되어 있다면 다음번 용선료의 지급 시 공제할 수 있다. 그러나 급유취소로 인한 미화 500불의 손해배상청구는 단지 별개의 손해배상청구이므로 용선료의 지급에서 상계처리되어 공제될 수 없다는 판결내용에 찬성한다.

3) 음식과 통신 등의 비용 문제

선지급한 관행과는 다르게 후불로 지급하고자 했다면 정기용선자는 선박소유자에게 그러한 취지를 통지했어야 하였으므로, 판결내용에 찬성한다. 해운실무에서 음식과 통신 등의 비용은 용선료의 지급 시 용선료와 함께 선지급하는 것이 상관례이다.

(2) 이미 발생한 지급정지에 해당되는 용선료와 선박소유자비용 등의 공제가능성

1) 서

정기용선자는 이미 발생되어 있는 지급정지의 기간에 해당되는 용선료, 선박소유자비용, 또는 기타 금전적인 손해배상의 청구금액을 다음번 용선료에서 상계하여[47] 공제하고자 할 때에는, 정기용선계약서에 정기용선자에게 상기 금액을 공제할 수 있는 권한을 수여하고 있든가, 공제하기 전에 선박소유자의 승낙을 얻은 경우에는 공제할 수 있다. 그러나 그 외의 경우에는 선박소유자에게 선박을 회수할 수 있는 원인을 제공하는 계기가 될 수 있다. 따라서 정기용선자는 다음번 용선료를 지급할 때 선박소유자비용 등을 공제하고자 한다면, 공제하기 전에 정기용선자의 법적 지위를 주의 깊게 검토하여야만 한다. 해운실무에서 선박소유자비용은 발생 후 영수증이 입수될 때까지는 몇 주 간의 시간이 걸리므로,

47) 상계에 관한 우리나라 민법에 의하면 제492조 제1항에 "쌍방이 서로 같은 종류를 목적으로 한 채무를 부담한 경우에 그 쌍방의 채무의 이행기가 도래할 때에는 각 채무자는 대등액에 관하여 상계할 수 있다."라고 규정되어 있고 제493조 제1항에 "상계는 상대방에 대한 의사표시로 한다. 이 의사표시에는 조건 또는 기한을 붙이지 못한다."라고 규정되어 있다. 따라서 우리나라 법이 준거법으로 되어 있는 경우, 본 사건에 이미 발생되어 있는 지급정지의 용선료가 분쟁의 소지가 없다면, 정기용선자는 선박소유자에게 상계의 의사표시를 통지하고 이미 발생되어 있는 지급정지의 용선료를 상계처리할 수 있게 된다.

영수증이 도착한 후에 선박소유자에게 선박소유자비용으로 다음번 용선료에서 공제할 것을 통보한 후 선박소유자의 이의제기가 없으면 정기용선자는 선박소유자비용을 공제한다.

2) 사안의 검토

이상에서 살펴본 내용을 토대로 하여 본 사안에 관한 법원의 판결을 검토해보기로 한다.

정기용선자는 이미 발생한 지급정지의 용선료를 다음번 용선료의 지급 시 상계처리할 수 있다고 주장하고 있으나, 판결에 의하면 이미 발생한 지급정지의 용선료는 다음번 용선료가 실제로 지급된 후에야 상계가 가능하다고 한다. 정기용선자는 제45차 용선료의 지급기일까지 3일 19시간 30분에 해당되는 지급정지의 용선료(미화 32,959.07불)가 이미 발생하였다고 주장한다. 정기용선계약서 제5조에 의하면 용선료는 15일 선급으로 지급되도록 되어 있으므로, 제44차 용선료의 지급기일까지에 선박의 사용방해와 관련 있는 미화 500불보다 큰 금액의 지급정지의 용선료가 이미 발생되어 있음을 추론할 수 있다. 공제에서 검토하였듯이 선박의 사용방해와 관련이 있다면 다음번 제45차 용선료에서 제44차 이전에 이미 발생되어 있는 지급정지의 용선료를 상계처리 하는 것이 가능하게 되므로, "이미 발생한 지급정지의 용선료에 대한 보상은 지급기일이 도래한 용선료가 실제로 지급된 후에야 상계가 가능하므로"라고 판시한 판결내용과 의견을 달리한다.

(3) 관행에 의한 선박소유자의 선박회수 불가능성

정기용선자가 용선료지급을 지체하였음에도 불구하고 선박소유자가 계속하여 법적인 조치를 취하지 않았을 경우, 선박소유자는 앞으로 용선료의 지급이 계속하여 지체되면 법적인 조치를 취하겠다는 경고를 통지하지 않는 한 선박회수권을 행사할 수 없다고 한다. 그러나 정기용선계약서의 "비기술적약관(anti technicality clause)"[48]에 의하여 적법하게 선박회수의 통지를 하였다면 선박을 회수할 수 있다.[49] 본 사건에서 선박소유자는 선박회수의 통지를 하였기 때문에 선박의 회수를 할 수 있으므로, 판결내용에는 찬성한다. 그러나 결과적으로 선박소유자는 회수의 통지에 원인을 명시하지 않았기 때문에 선박소유자의 회수통지는 효력이 없다.

48) 정기용선계약에서 정기용선자는 합의된 정기용선계약서에 따라서 명시된 은행영업일 내에 명시된 선박소유자의 은행구좌에 15일 선지급으로 용선료를 지급하여야 한다. 만약 정기용선자가 용선료를 지급기일 내에 지급하지 않으면, 선박소유자는 선박을 회수할 수 있다. 이와 관련하여 형평의 원칙에 맞게 선박소유자는 선박을 회수하기 전에 일정기간의 유예기간을 허용하여 정기용선자가 용선료를 지급할 수 있도록 하는 취지의 통지를 하여야 하는데 정기용선자가 허용된 유예기간 안에 용선료를 지급하였을 경우에 적법하게 용선료가 지급된 것으로 간주한다는 내용의 조항을 말한다. 이런 조항은 정기용선자가 지급기일 이후에 발생한 이자도 함께 지급하여야 한다는 내용을 포함하기도 한다. Lopez Norman J., *op. cit.*, p.8.

49) Tankexpress A/S v. Compagnie Financiere Belge des Petroles S.A. – The Petrofina [1949] A.C. 76.

(4) 선박회수통지의 적법성

본 쟁점사안을 검토하기 위해 관련 판례를 먼저 살펴보고 세부 쟁점사안에 관하여 검토해보고자 한다.

1) 관련 판례검토

이상에서 설명한 이론적 배경을 토대로 하여 선박회수의 통지에 관한 판례를 검토해 보면 Rio Sun호 사건[50]에서 선박소유자 Ocean Tanker Co., Inc.사와 정기용선자 Italmare Shipping Co.사는 Rio Sun호에 대한 정기용선계약을 체결하였다. 정기용선자가 지급기일인 1980년 5월 22일까지 용선료를 지급하지 않자, 선박소유자는 5월 27일에 선박회수의 통지를 하였다. 5월 27일에 정기용선자는 "정산금액이 5월 22일에 지급되어야 하는 용선료 금액을 초과하므로 정기용선자가 실제로 지급할 금액이 없다."라고 하자, 선박소유자는 5월 29일에 선박을 회수하였다. 정기용선자는 "선박소유자가 48시간의 유예기간에 대한 언급이 없이 선박회수의 통지를 하였으므로 정기용선계약서 제30조에 의한 정당한 통지로 간주될 수 없다."라고 주장하였다. 중재인은 "정기용선자의 5월 27일자 전문에 의하여 정기용선자가 선박소유자의 48시간 유예기간의 통지의무에 대한 권리를 포기하였으므로 선박소유자가 선박을 회수한 것은 적법하게 이루어졌다."라고 하였다. 이에 대하여 1심 법원 Denning판사는 "선박소유자는 용선료의 지급여부를 문의한 후에 경고조치 없이 선박을 회수하였는데, 이는 용선계약서의 조항에 명시되어 있는 대로 정기용선자가 용선료를 지급할 수 있게 48시간의 유예기간을 주지 않고 선박을 회수하였으므로 적법하지 않다."라고 판시하였다.

Libyaville호 사건[51]에서 선박소유자 Reederei and Schiffahrts G.M.B.H.사와 정기용선자 Oceanic Freighters Corporation사는 1969년 11월 3일에 5년 동안 roll on/roll off선인 Libyaville호에 대한 정기용선계약을 체결하였다. 선박은 1971년 2월 12일에 인도되었다. 정기용선계약서 제53조에 의하면 "선박이 17개의 트레일러를 수용하기로 되어 있으나 16개의 트레일러만 수용할 경우에는 1.1/2%의 용선료를 삭감해 준다."라고 규정되어 있었다. 정기용선자는 1/2/3차 용선료를 전액 지급하였으나, "선박이 16개의 트레일러만을 수용할 수 있다."라고 주장하면서, 4/5/6차 용선료는 1.1/2%의 용선료를 삭감한 후에 지급하였다. 1971년 7월 7일에 선박소유자는 용선료의 미지급을 이유로 선박회수의 통지를 하였는데, 정기용선자는 "정기용선계약서 제44조에 의하면 선박소유자의 통지는 선박회수권을 행사하기 전에 이틀 간 은행영업일의 유예기간을 주어야 하는데 이를 위반하였으므로 적법하게 이루어지지 않았다."라고 주장하였다. 중재인은 "선박이 17개의 트레일러를 수용할 수 있으므로 선

---

50) Italmare Shipping Co. v. Ocean Tanker Co., Inc. – The Rio Sun [1981] 2 Lloyd's Rep. 489.

51) Oceanic Freighters Corporation v. M.V. Libyaville Reederei und Schiffahrts GmbH. – The Libyaville [1975] 1 Lloyd's Rep. 537 (Q.B.).

박회수통지가 적절하게 이루어졌다면, 정기용선자의 주장은 이유가 없다."라고 판정하였으나, 1심 법원 Mocatta판사는 "선박소유자가 이미 4/5/6차 용선료의 지급 시 강한 항의를 하였으나, 삭감된 용선료의 지급을 수령하였기 때문에 선박소유자는 선박회수권을 포기한 것으로 간주되며, 또한 선박회수의 통지가 정기용선계약서 제44조에 의하여 적법하게 이루어지지 않았으므로 선박소유자는 선박을 회수할 수 없다. 법원은 정기용선계약에서 선박의 회수와 관련된 「비기술적 약관」의 효력을 인정하여야 하는데, 그 이유는 선박소유자가 전문적인 기교에 의하여 당사자 사이에 존중되어야 하는 적절하고 공평한 상업적인 거래의 관계를 해할 우려를 감소시킬 가치가 있기 때문이다."라고 판시하였다.

Afovos호 사건에서 항소법원 Griffiths판사는 "선박의 회수는 정기용선자에게는 매우 중대한 문제이므로 선박소유자는 선박회수의 의도를 표현하고자 할 때에는 명확하고 모호하지 않게 하여야 한다."라고 판시하였고, 귀족원 Hailsham of St.Marylebone경은 "선박회수의 통지는 「용선료가 지급일자에 지급되지 않았으므로 48시간 내에 지급하지 않으면 선박이 회수된다.」와 같이 간결하게 표현하면 된다."라고 판시하였다. Lutetian호 사건에서 선박소유자는 "정기용선자가 유예기간 안에 용선료를 지급하였으나 예상되는 4일 간의 지급정지의 용선료를 공제한 것에 대하여 정기용선자는 예상되는 지급정지의 용선류를 공제하여서는 안 되며, 전액 지급하여야 한다."라고 주장하였다. 이에 대하여 정기용선자는 "선박소유자가 예상되는 4일 간의 지급정지의 용선료에 대하여 언급하지 않았기 때문에 선박소유자는 추가로 통지를 다시 하여야 한다."고 주장하였는데 1심 법원 Bingham판사는 "선박소유자는 용선계약서에 의하여 통지하면 되는 것이지, 정확한 미지급 금액을 산출하여 줄 의무는 없다."라고 판시하였다.

Pamela호 사건[52]에서 선박소유자 Astarte Shipping Ltd.사와 정기용선자 Schelda Delta Shipping B.V.사는 1994년 7월 27일에 15일 선지급 조건으로 3/3/3/3개월 동안 Pamela호에 대한 정기용선계약을 체결하였다. 선박은 1994년 8월 19일 23시에 인도되었다. 8번째 용선료의 지급기일인 1994년 12월 2일 23시 41분에 선박소유자는 선박회수의 통지를 하고, 12월 7일에 선박을 회수하였다. 정기용선자는 "선박소유자가 적법하지 않게 선박을 회수하였다."라고 주장하였다. 중재인은 "선박회수의 통지는 그 다음 영업일 개시시간 이후에 접수된 것으로 간주되므로, 선박회수의 통지는 정당하다."라고 판정한 반면에 1심 법원 Gatehouse판사는 Rio Sun호 사건 및 Afovos호 사건을 인용하면서 "단지 선박의 회수를 통지하는 것만으로는 충분하지 않고, 48시간 내에 용선료를 지급하지 않는다면 선박이 회수될 것을 명확하고 모호하지 않게 명시하여야 한다. 선박소유자의 선박회수통지에는 특별한 문언이 요구되는 것은 아니지만 (i) 용선료가 미지급되었다는 사실과 (ii) 48시간 내에 용선료를 지급하지 않는다면 선박이 회수될 것을 명확하고 모호하지 않게 명시하여야 한다."라고 판시하였다.

52) Schelde Delta Shipping B.V. v. Astarte Shipping Ltd. – The Pamela [1995] 2 Lloyd's Rep. 249.

2) 사안의 검토

이상에서 살펴본 이론적 배경 및 관련 판례를 토대로 하여 본 사안에 관한 법원의 판결을 검토해 보기로 한다.

선박회수의 통지는 확정적인 행위의 통지이지, 단순한 경고적인 의사표시는 아니기 때문에, 정기용선자가 주어진 유예기간 안에 미지급된 금액을 지급할 수 있도록 선박소유자는 지급되어야 할 금액의 명세와 정확한 금액을 통지서에 모호하지 않게 기재하여야 한다.

이 사건에서는 선박소유자는 2003년 10월 14일자에 공제된 예상되는 지급정지의 용선료만을 지급하라고 요구하는 통지를 하였을 뿐이고, 2003년 10월 15일에는 선박회수를 방지하기 위하여 어떤 조치를 취하여야 하는지에 대한 명확한 언급을 하지 않은 것은 정기용선계약에 의한 적법한 통지가 아니므로, 미화 500불을 이유로 선박을 회수한 것은 정당화될 수 없다는 판결내용에 찬성한다.

(5) 금반언의 원칙에 의하여 선박의 회수가 금지되는지의 여부

2003년 10월 14일 선박소유자의 전문에는 예상되는 지급정지 용선료의 지급만을 요구하고 있으므로, 급유취소비용 미화 500불을 원인으로 선박을 회수하려면 회수의 통지에 그 취지를 명확하고 모호하지 않게 언급하여야 한다. 따라서 판결내용에 찬성한다.

(6) 손해배상금액의 산정

법원은 "당사자는 정기용선계약서에 「약」의 의미를 정의하였으므로 최초의 계약기간뿐만 아니라 선택기간에도 적용되어야 한다. 법원은 실제로 발생될 일을 예상하여 판결할 수도 없으므로 Elena D'Amico호 사건[53]의 판결에 따라서 정기용선자는 잔여기간인 추가 15일을 포함한 154.2일 동안에 해당하는 약정용선료와 시황용선료와의 차이에 대한 손해배상을 청구할 수 있다."라고 하였다.

분쟁의 발생시점에 시황용선료가 약정용선료보다 높았으므로, 선박소유자가 선박을 회수함으로써 정기용선자는 잔여기간에 대한 기대수익을 얻을 수 없게 되었다. 시황이 정기용선자에게 유리하므로 정기용선자는 수익을 최대화하고자 할 것이므로, 선택권이 부여된 15일은 손해배상금액의 산정 시 고려되는 것이 타당하다. 따라서 판결내용에 찬성한다.

53) Koch Marine Inc. v. D'Amica Societa di Navigazione A.R.L. – The Elena d'Amico [1980] 1 Lloyd's Rep. 75 (Q.B.).

제 4 절 선박소유자리언

선박소유자리언에는 재운임 또는 재용선료에 대한 선박소유자리언과 운송물에 대한 선박소유자유치권이 있다.

Ⅰ. 재운임 또는 재용선료에 대한 선박소유자리언

1. 서 언

정기용선계약에서 정기용선기간 동안 정기용선자는 선박소유자에게 선박을 사용하는 대가로 용선료를 정기용선계약에 따라 지급기일 내에 지급하는 것이 근본적인 의무이다. 그러나 정기용선자가 용선료의 지급의무를 제대로 이행하지 않은 경우에 합리적인 기간 내에 통지함으로써 선박소유자는 계약을 해제 또는 해지하고 선박을 회수할 수 있다. 그런데 운송물을 선적한 후 운항 도중 정기용선자가 용선료의 지급의무를 제대로 이행하지 않은 경우에 선박소유자가 미지급된 용선료를 확보하기 위하여 계약당사자가 아닌 제3자가 정기용선자에게 지급하여야 되는 운임 또는 용선료에 대하여 합법적으로 질권을 설정할 수 있는가에 대한 의문이 생긴다. 정기용선계약 하에서의 운송물에 대한 선박소유자유치권은 대부분 제3자가 소유한 경우이므로 행사하는 데 어려움이 있다. 따라서 정기용선계약에서는 운송물 이외에 운임 또는 용선료에도 리언을 허용한다.[54)]

이와같이 영미법에서는 선박소유자질권을 선박소유자리언(shipowners lien)으로 표기하고 있다. 영미법상의 리언(lien)은 우리나라 법률상 선박우선특권, 유치권 및 질권의 개념 등을 포함하는 보다 광범위한 의미로 사용되고 있다. 따라서 리언은 사용되는 상황에 따라 보통 유치권 또는 선박우선특권 등으로 표현되고 있다. 운임에 대한 리언에 대하여 우리 상법은 제845조 제3항에서 질권으로 표시하고 있으나, 영미법을 검토함에 있어 리언의 포괄적인 성질을 고려하여 영문표기 그대로 "리언"이라고 표시하기로 한다.

54) Davies Martin & Dickey Anthony, *op. cit.*, p.403.

정기용선자가 정기용선한 선박을 재용선하는 경우에는 두 가지가 있다. 첫째는 항해용선을 하는 경우이고, 둘째는 정기용선을 하는 경우이다. 항해용선을 하는 경우에는 항해용선자로부터 운임을 수령할 것이고, 재정기용선을 하는 경우에는 재정기용선자로부터 용선료[55]를 수령할 것이다. 전자의 경우를 재운임(sub-freights)[56]이라고 하고, 후자의 경우를 재용선료(sub-hire)라고 한다. 오늘날의 해운업계에서 용선료는 인도 시부터 반선 시까지 기간을 기준으로 산정되는 정기용선에서 사용되고, 운임은 1톤당 운임을 기준으로 선적된 총화물의 톤수에 대하여 산정되는 항해용선에서 사용된다. 따라서 용선료와 운임은 다른 개념이다. 같은 논리로, 재운임과 재용선료도 다른 개념이라고 하겠다.

정기용선계약 하에서 선박소유자리언의 대상으로 뉴욕프로듀스서식(1946) 제18조와 볼타임서식 제18조에는 재운임만 언급하고 있다. 영국법원은 볼타임서식을 이용한 당해 계약서에서 선박소유자리언이 인정되고 있는 재운임에 대하여 Cebu호 사건에서[57] "재운임은 재용선료의 개념을 포함하므로, 선박소유자는 재용선료에 대하여도 리언을 행사할 수 있다."라고 판시하였다. 그러나 그 이후 Cebu호 제2사건[58]에서 "운임이란 항해용선계약 또는 개품운송계약(선하증권에 의한 운송계약)의 대가이며, 용선료는 정기용선계약에 대한 대가이므로, 이 두 가지는 본질적으로 서로 다른 것이며, 따라서 재재용선자(sub-sub-charterer)가 재용선자(sub-charterer)에게 지급한 용선료는 당해 계약서에서 규정한 운임이 아니다."라고 판시하면서 재용선료에 대한 선박소유자리언을 부정하였다.[59] 따라서 뉴욕프로듀스서식(1993) 제23조에는 "선박소유자가 재용선료에도 리언을 행사할 수 있다."라고 재운임과 재용선료를 언급하여 리언의 적용범위를 명확하게 하였다.

정기용선계약 하에서의 리언은 계약의 당사자인 선박소유자, 정기용선자 그리고 제3자에 의한 리언으로 분류할 수 있다.

---

55) 1946년 뉴욕프로듀스서식 제4조 및 1993년 뉴욕프로듀스서식 제10조에는 "용선자는 매30일마다 해당선박의 용선료로 1일당 (몇)달러의 비율로서, 혹은 연료나 선용품 등의 무게를 포함한 하기건현에서의 총재화중량톤수에서 톤(ton)당 (몇)달러를 곱한 금액을 선박의 인도일로부터 지급한다. 1개월 미만의 기간에 대하여서도 동일한 비율에 따른다."라고 규정하고 있다.

56) 정기용선계약에서 재운임이란 정기용선자가 선박소유자로부터 선박을 정기용선한 후에 항해용선을 하였을 경우에 선하증권 하에서 적하이해관계인 또는 항해용선계약에 의한 항해용선자가 정기용선자에게 지급하는 운임이다. (Davies Martin & Dickey Anthony, *op. cit.*, p.405).

57) Care Shipping Corporation v. Latin American Shipping Corporation - Cebu [1983] 1 Lloyd's Rep. 302; [1983] Q.B. 1005; [1983] 2 W.L.R. 829; [1983] 1 All E.R. 1121 (Q.B.).

58) Itex Itagrani Exports S.A. v. Care Shipping Corporation And Others - The Cebu (No 2), Queen's Bench Division (Commercial Court), [1993] Q.B. 1, [1992] 1 All ER 91, [1991] 3 WLR 609 [1990] 2 Lloyd's Rep. 316.

59) 이창희, 개정방안, 89쪽.

2. 영미법의 검토

(1) 서 언

우리나라의 일반 법제는 주로 대륙법계의 영향을 받은 일본법을 수용하여 사용하고 있으나, 해상법은 국제적으로 보편화되고 세계적으로 영향력이 큰 영미법의 영향을 받고 있다. 해상법에 있어 영국법과 미국법은 차이를 보이고 있으나 미국법은 영국법에 근원을 두고 있어 근본적인 점에 있어서는 맥락을 같이 하고 있다. 또한 분쟁이 발생하였을 경우에 영국이나 미국을 준거법으로 하고 있는 추세에서 영미법을 통해 정기용선계약 하에서의 재운임 또는 재용선료에 대한 선박소유자리언을 연구하는 것은 의미가 있다고 하겠다.

(2) 영국법

정기용선계약 하에서의 재운임 또는 재용선료에 대한 선박소유자리언은 당사자 사이의 사의적인 계약에 의하여 성립되므로 계약리언(contract lien)에 해당한다. 이러한 재운임 또는 재용선료에 대한 선박소유자리언은 미국법에서는 일반적으로 해사리언(maritime lien)을 형성하는 반면에, 영국법에서는 계약리언을 형성하지만 해사리언은 형성하지 않는다.[60] 영국법상 정기용선계약 하에서의 재운임 또는 재용선료에 대한 선박소유자리언을 연구하기 위하여 영국법상 리언과 정기용선계약 하에서의 재운임 또는 재용선료에 대한 선박소유자리언에 대하여 알아보고 영국판례를 검토한다.

1) 영국법상 리언

리언이란 여러 가지로 정의되지만 리언의 가장 중요한 것은 특정 또는 불특정 채무를 우선적으로 변제하여야 할 채무자 또는 제3자 소유의 동산이나 부동산의 부담(charge)이라는 점이다. 리언은 채권 · 채무관계에 의하여 거래의 대상인 재산권에 대하여 채권자의 채권확보를 위한 담보물권이다. 따라서 채무의 발생원인이 중요하지 않은 저당권(mortgage)이나 부담과는 다르다.

영국법상 리언은 보통법(common law)에 근거한 점유리언(possessory lien)과 비점유리언(non · possessory lien) 그리고 제정법상의 리언(statutory lien)으로 구분할 수 있다. 점유리언은 코먼로리언과 점유가 가능한 계약리언으로 구분된다. 코먼로란 오랜 세월에 걸쳐 축적

60) Coghlin Terence, W. Baker Andrew, Kenny Julian and Kimball John D., *op. cit.*, p.563.

된 관습과 판례에 의하여 성립된 법률을 말하는데 코먼로리언은 이와 같은 코먼로상의 리언을 말한다. 우리나라의 민법 및 상법상의 유치권은 코먼로리언에 해당되고, 용선계약상의 리언은 계약리언에 해당되는데 운송물에 대한 선박소유자리언(유치권)과같이 점유가 가능한 용선계약상의 리언만이 점유가 가능한 계약리언에 해당한다. 비점유리언은 형평법상의 리언과 해사리언으로 구분된다. 형평법이란 보통법과 제정법 이외에 영국의 법체계를 이루고 있는데 엄격한 보통법상의 선례가 아니라 정의의 관념과 도덕적 이상에 의하여 내린 공정한 판결에 의하여 국법체계의 일부로 인정된 법이다. 형평법상의 리언이란 형평법이 인정하는 리언으로 어떤 특정재산을 어떤 채무의 부담으로 하는 서면에 의한 계약에 따라서 또는 형평법 법원이 소송당사자와 그들 간의 거래를 일반적으로 고려한 다음에 명시 또는 묵시에 의한 선언에 의해 발생한다. 그리고 제정법상의 리언이란 제정법에서 규정되어 있는 리언을 말한다.

2) 정기용선계약 하에서의 재운임 또는 재용선료에 대한 선박소유자리언

정기용선자가 선박을 항해용선하여 선하증권에 "운임은 용선계약의 조건에 따라 지급되어야 한다(freight payable as per charter party)."라는 문구가 삽입되었다면, 선박소유자가 리언을 행사하기 전에는 선박소유자가 정기용선자에게 운임을 수령할 권리를 이전한 것으로 인정된다.[61] 따라서 항해용선자가 선박소유자로부터 리언을 행사할 것이라는 통지를 받기 전에 용선계약에 따라 적법하게 운임을 지급하였다면, 선박소유자는 이미 지급된 운임에 리언을 행사할 수 없다. 재운임 또는 재용선료에 대한 선박소유자리언이란 용어는 운임 또는 용선료가 선박소유자의 점유 하에 있는 것이 아니므로 잘못 사용되고 있다는 판례도 있다.[62] 재운임 또는 재용선료에 대한 선박소유자리언은 현실적 점유를 요건으로 하는 운송물에 대한 리언과는 달리 영미법에서는 재용선자가 정기용선자에게 운임 또는 용선료를 지급하기 전에 선박소유자가 운임 또는 용선료에 간섭(interception of the sub-freights)하는 것을 요건으로 한다.[63] 운임 또는 용선료는 동산이 아니라 채권이므로 운임 또는 용선료에 대한 선박소유자리언에는 점유가 없다. 재운임 또는 재용선료에 대한 선박소유자리언은 정기용선자가 파산하기 전에 운임 또는 용선료를 수령할 권리를 양도한 것으로 간주된다.[64] 영국판례 중 일부 판례[65]는 "재운임에 대한 선박소유자리언은 운임을 형평법상 양도함으로써 효력이 발생한

61) Coghlin Terence, W. Baker Andrew, Kenny Julian and Kimball John D., *op. cit.*, p.569-570.
62) Ellerman Lines Ltd. v. Lancaster Maritime Co., Ltd. - The Lancaster [1980] 2 Lloyd's Rep. 497 (Q.B.).
63) 박용섭, 정기용선, 245쪽.
64) Williams Harvey, *Chartering Documents*, 4th ed., (London: Lloyd's of London Press Ltd., 1999), p.87.

다."라고 판시하고 있으나, 어떤 판례는[66] "재운임에 대한 선박소유자리언은 채권관계에서 형평법상의 부담을 형성시킨다."라고 판시하고 있다. 양자는 차이가 있는 것처럼 보이나, 실질적으로 형평법상 채권의 양도는 채권관계에서 형평법상의 부담을 형성시키기 때문에 차이가 없는 것이다. 그러나 이러한 두 가지의 견해는 모두 적절하지 않다. 뉴욕프로듀스서식(1946) 제18조에서 규정하고 있는 재운임에 대한 선박소유자리언은 정기용선자에게 운임이 지급되기 전에 도중에서 간섭하여 빼앗는 사적인 권리인 것이다.[67] 이제까지 검토한 것을 바탕으로 판단하여 보면 재운임에 대한 선박소유자리언은 형평법상의 계약리언이며, 정기용선자에게 운임이 지급되기 전에 도중에서 간섭하여 빼앗는 사적인 권리이다.[68]

재운임에 대한 선박소유자의 리언이 부담을 형성한다면 정기용선자가 회사인 경우에 1948년 회사법(The Companies Acts 1948) 제95조 또는 그 이후에 1985년 회사법(The Companies Acts 1985) 제395조 또는 제410조에 의하여 21일 내에 시장의 불공정성에 대한 부담으로 등록되어야 한다.[69] 그러나 1989년 회사법(The Companies Acts 1989) 제93조는 이러한 등록요건을 폐지하였다.[70] 그러나 이와같이 수정된 1989년 회사법 제93조는 결코 실행되지 않았다. 현재, 2006년 회사법(The Companies Acts 2006) 제860조, 제874조 및 제889조가 1985년 회사법 제 395조 및 제410조를 대체하고 있다. 그러나 재운임에 대한 선박소유자리언이 부담에서 제외되는지 여부에 대하여 명확히 언급하고 있지 않으므로, 확실하게 선박소유자리언을 행사하려면 부담으로 등록하는 것이 안전하다고 하겠다.[71]

65) Care Shipping Corp. v. Latin American Shipping Corp. – The Cebu [1983] Q.B. 1005; G & N Angelakis Shipping Co. S.A. v. Compagnie National Algerienne de Navigation – The Attika Hope [1988] 1 Lloyd's Rep. 439; Care Shipping Corp. v. Itex Itagrani Export S.A. – The Cebu (No 2) [1993] 1 Q.B. 1; Tradigrain S.A. v. King Diamond Shipping S.A. – The Spiros C [2002] 2 Lloyd's Rep. 319.

66) Federal Commerce & Navigation Co., Ltd. v Molena Alpha Inc. [1979] A.C. 757; Re Welsh Irish Ferries Ltd. – The Ugland Trailer [1986] Ch 471; Annangel Glory Compania Naviera SA v. M Golodetz Ltd. – The Annangel Glory [1988] 1 Lloyd's Rep. 45.

67) Davies Martin & Dickey Anthony, *op. cit.*, p.406.

68) Agnew v. Commissioner of Inland Revenue (P.C.) [2001] 2 A.C. 710; Ellerman Lines Ltd. v. Lancaster Maritime Co., Ltd. – The Lancaster [1980] 2 Lloyd's Rep. 497; Richmond Shipping Ltd. v. D/S and A/S Vestland – The Vestland [1980] 2 Lloyd's Rep. 171; Federal Commerce & Navigation Co., Ltd. v. Molena Alpha Inc. – The Nanfri [1979] 1 Lloyd's Rep. 201.

69) The Ugland Trailer [1985] 2 Lloyd's Rep 372; The Annangel Glory [1988] 1 Lloyd's Rep. 45.

70) Wilson John F., *op. cit.*, p.302.

71) Coghlin Terence, W. Baker Andrew, Kenny Julian and Kimball John D., *op. cit.*, p.573–574.

3) 영국판례

영국법상 정기용선계약 하에서의 재운임 또는 재용선료에 대한 선박소유자리언을 연구하기 위하여 시대적 순서에 입각하여 영국판례를 검토한다.

가. Askehall호 사건

선박소유자 West Hartlepool사와 정기용선자 Baars사는 1900년 10월 6일에 3년 동안 Askehall호에 대한 정기용선계약을 체결하였다. Baars사는 Pensacola 항에서 목재를 선적하여 Barrow 항에서 양하하는 항해용선계약을 1901년 5월 15일에 체결하였다. 본 항차에서 정기용선자가 선하증권을 발행하였다. Askehall호는 1901년 7월 19일에 Barrow 항에 도착하여 7월 25일에 양하를 시작하였다. Baars사는 Tagart Beaton사에게 부채가 있었으므로 Tagart Beaton사로 하여금 Baars사를 대신하여 운임을 수령하도록 권한을 위임하였다. 적하이해관계인은 정기용선자의 대리점인 James Fisher사에게 운임을 지급하였고, James Fisher사가 정기용선자에게 지급되기 전에 선박소유자는 "운임에 선박소유자리언을 행사한다."라고 정기용선자의 대리점인 James Fisher사에게 통지하였다.

선박소유자는 "운임이 정기용선자의 대리점에 지급되었더라도 아직 정기용선자에게 지급되지 않았다면 운임에 선박소유자리언을 행사할 수 있다."라고 주장하였다. Tagart Beaton사는 "적하이해관계인 Crosfield사가 운임을 정기용선자의 대리점에 지급하였으므로 운임에 대한 선박소유자리언을 행사할 수 없다."라고 주장하였다. 1심 법원 Bigham판사는"선박소유자는 운임을 받는 자가 아니라 운임을 지급하는 자에게 선박소유자리언의 통지를 하여야 한다."라고 판시하면서, 원고인 Tagart Beaton사(런던소재 목재중개인)에게 승소판결을 하였다. 또한 항소법원(Earl of Halsbury판사, Alverstone C.J.판사와 F.H. Jeune P.판사)은 "운임이 정기용선자의 대리점에 지급되었다면 정기용선자에게 지급된 것이므로 선박소유자리언을 행사할 수 없다."라고 판시하였다.[72)]

나. Ugland Trailer호 사건

선박소유자 Ugland사와 정기용선자 Welsh Irish사는 1983년 3월 23일에 6개월 동안(15일 신축허용부확정조건부) 일당 미화 3,475불로 Ugland Trailer호에 대한 정기용선계약을 체결하였다. 선박은 1983년 3월 28일에 인도되었으나 1948년 회사법 제395조에 의한 등록을 하지 않았다. 한편, Lloyds 은행은 1983년 5월 4일에 정기용선자와 채무각서를 체결하고

72) Tagart Beaton & Co. v. James Fisher & Sons (C.A.) [1903] 1 K.B. 391.

1948년 회사법 제395조에 의한 등록을 하였다. 정기용선자가 용선료를 지급기일 내에 지급하지 않자, 선박소유자는 1983년 6월 30일에 적하이해관계인이 정기용선자에게 지급할 운임에 선박소유자리언을 행사할 것을 통지하였다. 1심 법원 Nourse판사는 "정기용선계약서 제18조에 규정된 재운임에 대한 선박소유자리언은 형평법상의 부담을 형성시킨다. 재운임에 대한 선박소유자 리언은 1948년 회사법 제395조의 부담에 해당되므로 1948년 회사법 제395조에 의하여 등록을 하여야 한다. 따라서 채무각서를 등록한 Lloyds은행이 등록되지 않은 재운임에 대한 선박소유자리언에 우선한다."라고 판시하였다.[73)]

다. Annangel Glory호 사건

정기용선자는 선박소유자 AGCN사로부터 Annangel Glory호를 1985년 10월 25일에 정기용선하여 항해용선자에게 1985년 11월 7일에 항해용선하여 주었다. 정기용선자가 용선료를 지급기일 내에 지급하지 않자, 원고 선박소유자는 항해용선자가 정기용선자에게 지급하여야 하는 재운임에 선박소유자리언을 행사하고자 하였다. 그러나 제1피고 정기용선자와 제2피고 항해용선자는 "선박소유자리언이 1985년 회사법 제396조의 규정에 따라서 21일 내에 등록되지 않았으므로 효력이 없다."고 주장하였다. 1심 법원 Saville판사는 피고의 주장을 인정하여 피고에게 승소판결을 하였다.[74)]

라. Attica Hope호 사건

정기용선자 Ideomar사는 Attica Hope호를 선박소유자로부터 1983년 11월 16일에 정기용선하여 항해용선자 CNAN사에게 1983년 12월 15일에 항해용선하여 주었다. 뉴욕프로듀스서식의 정기용선계약 제25조에 의하면 항해용선자는 정기용선자가 운임을 받을 권리를 양도한 Angelakis사에게 운임을 지급하도록 되어 있었다. 양수인 Angelakis사는 양도사실을 1983년 12월에 항해용선자 CNAN사에게 통지하였다. 1984년 1월 13일에 정기용선자가 용선료를 지급기일 내에 지급하지 않자, 선박소유자는 항해용선자 CNAN사에게 운임에 선박소유자리언을 행사할 것을 통지하였다. 항해용선자 CNAN사는 1984년 4월 28일에 운임을 선박소유자에게 지급하였다. 원고 양수인 Angelakis사는 피고 항해용선자 CNAN사에게 양도받은 운임의 지급을 요청하였다. 피고는 운임에 행사한 선박소유자리언이 양도된 운임보다 우선권이 있다고 주장하였다. 1심 법원 Steyn판사는 "양도사실에 대한 양수인의 통

73) Re Welsh Irish Ferries – The Ugland Trailer [1985] 2 Lloyd's Rep. 372.
74) Annangel Glory Compania Naviera v. M. Golodetz Ltd. – The Annangel Glory [1988] 1 Lloyd's Rep. 45 (Q.B.).

지가 선박소유자리언의 통지보다 선행하였으므로, 피고 항해용선자 CNAN사는 원고 양수인 Angelakis사에게 운임을 다시 지급하여야 한다."라고 판시하였다.75)

마. Indian Reliance호 사건

정기용선자 Cosemar사는 선박소유자 India Steamship사로부터 1991년 11월 27일에 Indian Reliance호를 정기용선하여 LDS사에게 1992년 3월 30일에 항해용선하여 주었다. 항해용선계약은 Acajutla 항에서 설탕을 선적하여 Alexandria 항과 Port Said 항에서 양하하는 항해용선계약으로 용선계약서 제9조에 의하면 항해용선자는 95% 운임을 선박이 선적항을 출항한 후 3 거래일 내에 Geneva에 소재하는 선박소유자의 은행에 송금하도록 되어 있었다. 용선계약서 제39조에 의하면 선하증권에 "운임은 용선계약의 조건에 따라 지급되어야 한다(freight payable as per charter party)."라고 표시되어야 함에도 불구하고, "운임은 선지급되었음(freight prepaid)."이라고 표시된 1992년 4월 14일자의 선하증권이 발행되었다. 항해용선자는 1992년 4월 21일에 정기용선자에게 운임을 지급하였다. 정기용선자가 파산되어 용선료를 지급기일 내에 지급하지 않자, 선박소유자는 1992년 5월 6일에 항해용선자에게 운임을 선박소유자에게 지급하도록 요구하였다. 항해용선자는 이미 정기용선자에게 운임을 지급하였으므로 선박소유자의 요구를 거절하였다. 1심 법원 Rix판사는 "선하증권에 「운임은 용선계약서에 따라 지급되어야 한다.」라고 표시되었다면 용선계약서의 운임지급약관의 내용(운임은 물론 조항 전체의 내용)에 따라 운임이 지급되어야 한다. 항해용선자는 용선계약 제9조에 의해 적법하게 운임을 이미 지급하였으므로 선박소유자는 이미 지급된 운임을 다시 지급하도록 항해용선자에게 요구할 권리가 없다."라고 판시하였다.76)

바. Spiros C호 사건

정기용선자 Mercator사는 선박소유자 King Diamond사로부터 1998년 2월 18일에 Spiros C호를 6/8개월 동안 정기용선하여, 항해용선자 Tradigrain사와 1998년 2월 26일에 Constanza 항에서 밀을 선적하여 Morocco 항에서 양하하는 항해용선계약을 체결하였다. 선하증권은 "운임은 용선계약의 조건에 따라 지급되어야 한다."라고 기재되어 있었다. Mercator사가 용선료를 지급기일 내에 지급하지 않자, 1998년 3월 13일에 선박소유자는 Tradigrain사에게 운임을 선박소유자에게 지급할 것을 통지하였다. 선적 후 선하증권이

75) G. & N. Angelakis Shipping Co. S.A. v. Compagnie National Algerienne de Navigation – The Attika Hope [1988] 1 Lloyd's Rep. 439 (Q.B.).

76) India Steamship Co. v. Louis Dreyfus Sugar Ltd. – The Indian Reliance [1997] 1 Lloyd's Rep. 52.

1998년 3월 13일에 발행되었으므로 95%의 운임지급일은 은행영업일 3일 후인 198년 3월 16일이었다. 그러나 Tradigrain은 1998년 3월 6일에 이미 95% 운임 미화 48,831.25불에서 선적항 항비(미화 25,931.59불), 선장전도금(미화 10,000불), 수수료와 추가보험료를 공제한 후 미화 5,962.04불을 정기용선자가 지정한 제3자 INC사의 은행에 송금하였다. 선박소유자는 "선적항 항비와 선장전도금은 운임에서 공제될 수 없으므로 1998년 3월 13일 선박소유자리언의 통지에 근거하여 적하이해관계인 Tradigrain사는 선박소유자에게 관련운임과 운임에서 공제된 체선료 및 기타비용을 선박소유자에게 지급하여야 한다."라고 주장하였다. Tradigrain사는 "정기용선자와의 합의로 선적항 항비와 선장전도금은 이미 1998년 3월 6일에 공제되었기 때문에 선박소유자에 지급할 운임이 없다. 또한 체선료는 정기용선자와 항해용선자와의 문제이므로 선박소유자에게 지급할 수 없다."라고 주장하였다. 1심 법원 Colman판사는 Tradigrain사가 이미 지급한 운임은 유효하며, 운임에서 공제된 체선료 및 기타비용에 대하여는 선박소유자의 주장을 인정하였다. 그러나 항소법원(Henry판사, Brooke판사와 Rix판사)은 "공제에 대하여 정기용선자와 항해용선사가 합의하였다면 이는 선박소유자가 정기용선자에게 운임에 관한 권한을 위임하였으므로 유효하고, 체선료는 정기용선자와 항해용선자 사이의 문제이지 선하증권과는 상관이 없으므로 체선료 및 기타비용은 적법하게 공제된 것이다. 또한 Tradigrain사는 지급기간 이전에 운임을 지급할 수 있고, 정기용선자가 지정한 제3자에게 지급한 운임도 유효하다."라고 판시하면서 Tradigrain사가 제기한 항소를 인정하였다.[77)]

사. Orhan Deval호 사건

선박소유자 삼선해운과 정기용선자 OTC사는 2005년 3월 3일에 Nord Monaco호에 대한 정기용선계약을 체결하였다. 정기용선자 OTC사가 선박을 조기반선하자 선박소유자는 이에 대하여 손해배상을 청구하여 Aikens판사로부터 OTC사가 소유한 영국소재의 자산(Orhan Deval호의 재운임 포함)에 대하여 자금동결의 판결을 받았다. 한편, 선박소유자 Deval사는 정기용선자 OTC사에게 2005년 2월 8일에 Orhan Deval호를 정기용선하여 주었다. 정기용선자 OTC사가 용선료를 지급기일 내에 지급하지 않자, 선박소유자 Deval사는 2005년 9월 9일에 미지급된 용선료 미화 255,943.07불에 해당하는 Orhan Deval호의 운임을 보유하고 있는 OTC사의 변호인 Mills사에게 선박소유자리언을 행사할 것을 통지하였다. Orhan

77) Tradigrain S.A. v. King Diamond Shipping S.A. – The Spiros C (CA) [2000] 2 Lloyd's Rep. 319.

Deval호의 항해용선자인 Helm사는 총운임 미화 662,040.64불을 Mills사에게 지급하였는데 미지급 용선료 미화 322,812.50불을 Deval사에게 그리고 관련 당사자 사이에 이미 합의된 미화 103,184.82불을 삼선해운에게 지급하고 Mills사의 계정에는 이 사건의 문제가 되는 미화 236,000불이 남아 있었다. 삼선해운은 OTC사와의 중재에서 2005년 10월 19일 Nord Monaco호의 조기반선에 대하여 미화 1,244,666.82불의 승소판정을 받아 2007년 4월 13일에 Field판사로부터 집행판결을 받았다. Deval사가 선박소유자리언을 행사한 것은 정기용선계약 조항 제18조에 의하여 Orhan Deval호의 운임이 Mills사의 계정에 지급된 뒤 2일이 경과한 후였다. 2005년 9월 30일에 Deval사는 Tugendhat판사로부터 영국 내에 있는 OTC사의 자산을 동결하는 판결을 받았는데 그 금액은 미화 880,000불이었다. Deval사와 OTC사와의 중재에서 2007년 4월 25일 중재인은 Deval사에게 승소판정을 하였다.

삼선해운은 "Deval사의 중재인은 「Deval사가 Orhan Deval호의 운임에 대하여 선박소유자리언을 가지고 있다.」라고 판정하였으나, 항해용선자 Helm사가 이미 운임을 지급한 뒤에 선박소유자리언이 행사되었으므로, 사실상 Deval사가 행사한 선박소유자리언은 효력이 없다. 따라서 Mills사에 보류되어 있는 공탁금은 2005년 10월 19일자 중재판정에서 결정된 손해배상금액(미화 1,244,666.82불)의 일부 정산금액으로 삼선해운에게 지급되어야 한다." 라고 주장하였다. Deval사는 "Mills사에 보류되어 있는 공탁금은 Deval사가 받은 2007년 4월 25일자 중재판정에서 결정된 손해배상금액(미화 783,026.09불)의 정산금액으로 Deval사에게 지급되어야 한다."라고 주장하였다. OTC사의 파산관재인 Brendam Scott씨는 "Mills사에 보류되어 있는 공탁금은 OTC의 자산이므로 OTC사의 파산절차에서 채권자에게 분배되어야 한다."라고 주장하였다.

Deval사와 OTC사와의 중재인은 "항해용선자인 Helm사가 OTC사의 변호인 Mills사에게 지급한 운임은 OTC사에게 운임을 실제로 지급한 것이 아니라 단지 운임에 해당하는 금액을 공탁한 것에 불과하다. 따라서 Deval사는 2005년 9월 9일부터 정기용선계약서 제18조에 의거 행사한 선박소유자리언은 유효하다."라고 판정하면서 Deval사에게 미화 783,026.09불의 승소판정을 하였다. 삼선해운과 OTC사와의 중재인은 "OTC사가 삼선해운으로부터 정기용선한 Nord Monaco호를 조기반선한 데 대한 손해배상으로 OTC사로 하여금 삼선해운에게 미화 1,244,666.82불의 손해배상금액을 지급하여야 한다."라고 삼선해운에게 승소판정을 하였다. 1심 법원 Gross 판사는 "공탁금은 미국파산법에 의하여 처리되겠지만, 정기용선계약서에 준거법은 영국으로 되어 있고, 공탁금도 영국에 보류되어 있고, 또한 미국파산법원이 삼선으로 하여금 본 사건을 영국법원에서 진행하도록 허락하였으므로, 본 법원은 영국법에 의하여 본 사건을 판단하여 미국파산법원이 최종적인 판결을 내릴 때 참조하도록 한다. 본 사건에서 Deval사와 OTC사 사이의 중재판정은 당사자 사이에만 효력이 있고 제3자에게는 효력이 없으므로, 삼선해운은 Deval사와 OTC사 사이의 중재판정에 구속되지 않는다. 재운임에 대한 선박소유자리언은 계약리언으로 점유를 조건으로 하지 않고 제3자가 정기용선자에게 운임을 지급하지 못하도록 하는 권리이다. 영국법에 의하여 재운임에 대한 선박소유자리언이 유효하려면 선박소유자는 운임이 정기용선자에게 지급되기 전에 선박소유자리언을 행사하여야 한다. 본 사건에서 2005년 9월 9일 선박소유자가 행사한 리언은 이미 운임이 지급되었으므로 효력이 없다. 운임이 Mills사에 지급된 것은 OTC사로 직접 지급한다면 OTC사가 운임을 다른 용도로 사용하는 것을 방지하기 위해서이다. 항해용선자 Helm사가 운임을 Mills사에 지급함으로써 운임지급의 의무를 이행한 것으로 되며, Mills사는 OTC사의 대리점으로서 운임을 수취한 것이므로 운임은 이미 지급된 것이다. 그러므로 「Mills에게 지급된 운임은 아직 OTC사에게 지급된 것이 아니므로 운임은 아직 지급되지 않았다.」라는 중재판결은 이유가 없다. 따라서 영국법에 의하여 Mills사의 계좌에 있는 공탁금에 대하여 우선권이 있는 당사자는 Deval사가 아니라 삼선해운이다."라고 판결하였다.[78)]

아. 검 토

영국판례의 연구를 통하여 첫째 적하이해관계인이 운임을 정기용선자의 대리점에 지급하였다면 정기용선자에게 지급된 것으로 인정되고, 둘째 선박소유자리언이 통지되기 이전에 이미 운임이 양도된 사실이 통지되었다면 선박소유자리언은 이미 통지된 양도에 대하여 효력이 없고, 셋째 선박소유자리언이 행사되기 전에 재용선계약서상에 표시되지 않더라도, 정기용선자와 재용선자가 합의한 내용에 대하여서는 선박소유자리언의 효력이 없으며, 넷째 선하증권에 "운임은 용선계약서에 따라 지급되어야 한다."라고 표시되어 있는 경우에 적하이해관계인이 용선계약서의 운임지급약관의 내용에 따라 운임을 지급하였다면, 선박소유자는 이미 적법하게 지급된 운임에 리언을 행사할 수 없다는 것을 검토하였다.

78) Samsun Logix Corp. v. Oceantrade Corp., Deval Denizeilik VE Ticaret A.S. v. Oceantrade Corp. [2007] 1 Lloyd's Rep. 450 (Q.B.).

(3) 미국법

미국법에서 뉴욕프로듀스서식(1946) 제18조에 의하면 재운임에 대한 선박소유자리언은 영국법과 같이 당사자 사이의 자의적인 계약에 의하여 성립되는데 일반적으로 대물소송에 의하여 강제집행을 행사할 수 있는 해사리언을 형성시킨다.[79] 미국법상 정기용선계약 하에서의 재운임 또는 재용선료에 대한 선박소유자리언을 살펴보기 위하여 미국법상 리언과 정기용선계약 하에서의 재운임 또는 재용선료에 대한 선박소유자리언에 대하여 알아보고 미국판례를 검토한다.

1) 미국법상 리언

미국 코그사(Cogsa)[80]에는 리언약관이 없으나, 판례법에 의해 미국법에서는 리언이 인정된다. 미국법상 리언은 보통 코먼로리언, 법정리언 및 형평법상의 리언으로 구분되는데, 미국연방파산법은 사법절차리언, 법정리언 및 약정리언을 인정하고 있다. 또한 미국법은 법의 작용에 의하여 발생하는 해사리언을 인정하고 있다. 코먼로리언은 이름 그대로 법원의 판결을 통하여 만들어진 담보권이다. 채권자가 채무자의 재산에 대하여 재화나 용역을 보급하여 그 가치를 증가시킨 경우에 채권자가 그 재산을 점유하고 있으면 코먼로리언이 인정된다. 코먼로리언은 구체적인 사건마다 담보권을 취득하는 자, 담보권의 취득요건, 피담보채권의 내용 등에 관하여 선례를 인정하면서 발전해 왔고, 그 중 일부는 법규로 성문화되기도 하였다. 법정리언은 특정한 부류의 당사자를 위하여 법규에 의하여 당연히 인정되는 담보권을 말한다. 건설리언(materialmen's lien), 창고업자리언(warehousemen's lien), 임대차리언(landlord's lien), 조세리언(tax lien) 등을 들 수 있다. 형평법상의 리언은 형평법 법원에 발생기원을 둔다. 개념정의가 명확한 것은 아니지만 대부분의 관할에서는 이를 인정하고 있다. 형평법상의 리언은 명시적 약정, 당사자의 행동으로부터 추론되는 묵시적 약정 그리고 기타 다른 사정에 따라 발생한다. 코먼로리언과 달리 점유를 요건으로 하지 않는다. 약정리언은 당사자 사이의 약정에 의하여 발생하고 그 내용이 결정되는 담보권을 말하는데, 합의리언(consensual lien)이라고도 한다. 주법(state law)이 적용되는 부동산저당권(real estate mortgage)과 통일상법 제9장(Article 9 of the Uniform Commercial Code)이 적용되는 동산담

79) Coghlin Terence, W. Baker Andrew Kenny Julian and Kimball John D., *op. cit.*, p.563.

80) 해상물품운송법(Carriage of Goods by Sea Act)의 약칭. Hague Rules를 조약화한 1924년의 선하증권조약을 국내법화한 영국의 1924년의 Carriage of Goods by Sea Act, 또는 미국 1936년의 Carriage of Goods by Sea Act의 약칭이었으나, 오늘날 영국에서는 1968년 선하증권조약 개정의정서를 국내법화한 Carriage of Goods by Sea Act 1971을 가리키는 경우가 많다. 鴻常夫 편수, 앞의 책, 147쪽.

보권(personal property security interest)이 대표적인 예이다.

2) 정기용선계약 하에서의 재운임 또는 재용선료에 대한 선박소유자리언

정기용선계약 하에서의 재운임 또는 재용선료에 대한 선박소유자리언은 미국법상 해사리언을 생기게 하는 채권 가운데에서 용선계약의 불이행에 대한 손해배상청구권에 해당한다. 즉 정기용선자가 용선료 등의 비용지급을 지체하거나 정기용선계약에 의한 채무를 이행하지 않아서 손해가 발생한 경우에 선박소유자가 적하이해관계인이 정기용선자에게 지급하여야 하는 운임 또는 용선료를 리언할 수 있는 권리를 말한다. 이러한 정기용선계약 하에서의 재운임 또는 재용선료에 대한 선박소유자리언은 당사자 사이의 계약에 의하여 성립하는 해사리언이다.[81)]

선박소유자가 리언을 행사하고자 할 경우에 재용선자 또는 적하이해관계인에게 그 취지를 통지한 후에 리언을 행사하여야 한다. 재용선자 또는 적하이해관계인이 정기용선자에게 선박소유자가 운임 또는 용선료에 대한 리언의 행사를 통지하기 전에 운임 또는 용선료를 지급한 경우에 운임 또는 용선료에 대한 리언을 행사할 수 없다.[82)] 그러나 선박소유자가 운임 또는 용선료에 대한 리언의 행사를 통지하였는데도, 운임 또는 용선료를 정기용선자에게 지급하였을 경우에 재용선자는 운임 또는 용선료를 두 번 지급하여야 하는 위험에 빠지게 된다.[83)] 통지의 방법에 있어, 과거의 판례[84)]는 추정이 가능하면 통지로 인정하였으나, 최근의 판례[85)]는 명확한 통지를 요구하고 있다. 선박소유자가 적하이해관계인에게 직접 서면에 의한 통지를 하지 않았으나, 선박소유자의 신청에 의하여 발부된 압류영장(writ of attachment)을 적하이해관계인이 수령하였다면 적법한 통지를 한 것이다.[86)] 적하이해관계인

81) 해사리언은 일반 해상법의 작용이나 계약에 의하여 발생한다. Coghlin Terence, W. Baker Andrew Kenny Julian and Kimball John D., *op. cit.*, p.577.

82) American Steel Barge Co. v. Chesapeake & O. Coal Agency, 115 F. 669, 676 (1st Cir. 1902), *reh'g denied*, 116 F. 857; Hall Corp. of Canada v. Cargo Ex Steamer Mont Louis, 62 F.2d 603, 605 (2d Cir. 1933); In re North Atlantic & Gulf S. S. Co., 204 F. Supp. 904 (S.D.N.Y. 1962); Marine Traders, Inc. v. Season's Navigation Corp. 422 F.2d 804, 806 (2d Cir. 1970); Beverly Hills National Bank & Trust Co. v. Compania de Navegacione Almirante S.A., 437 F.2d 301, 304 (9th Cir.), *cert. denied*, 402 U.S. 996, 91 S.Ct. 2173, 29 L.Ed.2d 161 [1971]; Union Industrielle et Maritime v. Nimpex International, Inc., 459 F.2d 926, 929 (7th Cir. 1972); Tarstar Shipping Co. v. Century Shipline, Ltd., 597 F.2d 837, 839-40 (2d Cir. 1979); MCT Shipping Corp. v. Sabet, 497 F. Supp. 1078, 1084-85 (S.D.N.Y. 1980); Hornbeck Offshore Operators v. Ocean Line of Bermuda, 849 F. Supp. 439 (E.D.Va.1994).

83) N.H. Shipping Corp. v. Freights of The Jackie House, 181 F. Supp. 165 (S.D.N.Y. 1960).

84) The Solhaug, 2 F. Supp. 294 (S.D.N.Y. 1931).

85) Finora Co. v. Amitie Shipping Ltd., 54 F.3d 209, (4th Cir. 1995), aff'g 852 F. Supp 1298, 1995 A.M.C. 607 (D.S.C 1944); Berdex Int'l Inc. v. The Kapitan Grishin, 1992 A.M.C. 1559 (N.D. Cal. 1992).

이 선박소유자리언의 존재를 모르고 선의로 운임을 정기용선자에게 지급하였다면, 선박소유자리언의 행사를 면할 수 있다. 그러나 정기용선계약서에 리언약관이 있고 선하증권에 용선계약의 내용이 편입되어 있으면 적하이해관계인은 선박소유자리언의 존재를 알고 있었던 것으로 간주되어 선박소유자는 운임에 리언을 행사할 수 있다.

선박소유자가 운임 또는 용선료에 리언을 행사하고자 할 경우에 운임 또는 용선료를 보유하고 있는 자에게 직접 리언을 행사하여야 한다.[87] 따라서 재운임 또는 재용선료에 대한 선박소유자의 리언은 점유에 기인한 유치권이 아니다.[88]

정기용선자비용으로 지급된 금액은 운임 또는 용선료에서 상계될 수 있으나, 선박소유자리언에는 대항할 수 없다.[89] 미국법원은 선박소유자리언의 범위에 대하여 "미지급된 운임 또는 용선료의 한도 내에서 리언을 갖는다."라고 판시하고 있다.[90] 선박소유자리언의 발생시기에 대하여 법원은 The Solhaug사건에서는 "용선계약의 체결일자부터 리언이 발생한다."라고[91] 판시하였고, North Atlantic and Gulf Steamship Co. 사건과 the Admiralty Flyer사건에서는 "운송물이 선적된 시점부터 리언이 발생한다."라고 판시하였다.

3) 미국판례

미국법상 정기용선계약 하에서의 재운임 또는 용선료에 대한 선박소유자리언을 연구하기 위하여 시대적 순서에 입각하여 미국판례를 검토한다.

가. Symra호 사건

선박소유자 Jebsen사와 정기용선자 Ore Company사는 1,050파운드의 용선료를 매월 선지급하는 조건으로 36개월 동안 Symra호에 대한 정기용선계약을 체결하였다. 선장은 운송물의 운송과 관련된 사항에 대하여 정기용선자의 지시에 따라야 하며, 정기용선자의 지시에 따라 선하증권에 서명을 하여야 하는데, 이로 인하여 발생되는 선장의 책임은 정기용선자가 보상해 주기로 되어 있었다. Ore Company사는 Jebsen사로부터 정기용선할 때와

86) North Atlantic and Gulf S.S. Co., Re. 204 F. Supp. 899, 1963 A.M.C. 871 (S.D.N.Y. 1962), aff'd 320 F, 2d 628 (2d Cir. 1963).

87) N.H. Shipping Corp. v. Freights of The Jackie House, 181 F. Supp. 165 (S.D.N.Y. 1960).

88) 민법 제320조 제1항에 의하면 유치권의 행사대상은 물건이나 유가증권이므로 우리나라 민법에 의하면 운임 또는 용선료에 대하여는 유치권을 행사할 수 없다.

89) The Solhaug, 2F. Supp. 294 (D.C.N.Y. 1931); Biehl & Co., Inc. v. Apollonia Holding, Inc., 693 F. Supp. 457, 1993 A.M.C. 2408 (E.D. La. 1988).

90) Biehl & Co., Inc. v. Apollonia Holding, Inc., 693 F. Supp. 457, 1993 A.M.C. 2408 (E.D. La. 1988).

91) American Steel Barge Co. v. Chesapeake & Ohio Coal Agency Co. (1902) 115 F 669; Copper Stevedoring Co. v. Luckenbach Overseas Corp., 231 F. Supp. 258 (S.D.N.Y. 1964).

유사한 조건으로 Munson사에게 선박을 재정기용선하여 주었고, 재정기용선자인 Munson사는 Plymouth, Mass 항에서 양하하기 위하여 멕시코의 Progresso 항에서 섬유(hemp)를 선적하는 항해용선계약을 Peabody사와 체결하였다. 선박이 Progresso 항에서 섬유를 선적하기 전에 쿠바의 Havana 항에서 석탄을 선적하고 있었는데 이때 Munson사는 자기 회사의 선하증권을 발행하였다. 그 당시 정기용선자 Ore Company사는 Jebsen사에게 용선료를 지급기일 내에 지급하지 않았다. 또한 선박소유자 Jebsen사는 1914년 2월 2일 선장에게 "양하완료 후 Plymouth 항을 출항하여 뉴욕 항으로 항해하라."라고 지시하고, 1914년 2월 5일에는 정기용선자에게 선박회수를 통지하였다.

재정기용선자 Munson사는 "선박소유자는 제3자가 지급하여야 하는 운임에 선박소유자가 권리를 행사할 수 없다."라고 주장하였다. 또한 "운송계약은 재정기용선자 Munson사와 항해용선자 Peabody사와 체결되었고 Munson사가 만든 형식의 선하증권에 Munson사의 지시에 따라 선장이 서명하였으므로, 운임은 Munson사가 수령하여야 한다."라고 주장하였다. 선박소유자 Jebsen사는 "정기용선자 Ore Company사가 미지급한 용선료를 확보하기 위하여 제3자인 Peabody사가 Munson사에게 지급할 운임에 대하여 Munson사보다 우선적으로 권리가 있다."라고 주장하였다. 1심 지방법원 Morton판사는 "선박소유자는 선박에 선적된 운송물 및 적하이해관계인이 지급하여야 하는 운임에 권리를 행사할 수 있다. 본 정기용선계약에 의하면 본 계약은 임대차계약(demise)이 아니므로, 정기용선자나 재정기용선자는 선박소유자로 간주될 수 없다. 재정기용선자 Munson사는 Ore Company사와 정기용선계약을 체결할 때 계약서상 선박소유자란에 Ore Company사가 「Time Charterer」라고 기재되어 있으므로, 재용선자는 Ore Company사가 선박소유자가 아니라는 것을 알 수 있었다. 따라서 선박소유자는 선박소유자리언의 행사가 아닌 운임청구권으로 Peabody사가 Munson사에게 지급할 운임에 권리를 행사할 수 있다."라고 판시하였다.[92]

나. Solhaug호 사건

선박소유자 Aktieselskab Venborg사와 정기용선자 Columbus Line사는 1930년 1월 17일에 월 미화 3,900불의 용선료를 반 개월 선지급하는 조건으로 6주 동안 Solhaug호에 대한 정기용선계약을 체결하였다. 정기용선계약서에는 "선박소유자는 이 계약 하에 지급되어야 하는 미지급된 금액을 확보하기 위하여 모든 운송물과 재운임에 대하여 리언을 가진

92) Jebsen v. A Cargo of Hemp, 228 F. 143 (D.C.Mass. 1915).

제1편
제2편
제3편
제4편
제5편
제6편
제7편
제8편

다."라는 리언약관이 있었다. 또한 정기용선자는 선장의 감독 하에 선적하며, 선장은 본선수취증(mate's receipt) 또는 검수서(tally nam's sheet)에 따라 선하증권에 서명을 하도록 되어 있었다. 정기용선자는 선박을 1930년 1월 29일에 Single Seller Committee에 항해용선하여 주었다. 선박은 뉴욕 항에서 양하하기 위하여 1930년 2월 22일에 쿠바 항에서 설탕의 선적을 완료하였다. 정기용선자가 1930년 2월 22일 이후부터 11일 6시간에 해당하는 용선료(미화 1,418.53불)를 지급기일 내에 지급하지 않자, 선박소유자는 적하이해관계인 National사가 지급할 잔여운임(미화 2,261.62불)에 대하여 리언을 행사하였다.

원고 선박소유자는 "정기용선자가 용선료를 지급기일 내에 지급하지 않았으므로, 적하이해관계인이 지급할 운임에 대하여 선박소유자가 직접적으로 권한이 있거나 또는 대위(subrogation)에 의하여 권한이 있다. 따라서 선박소유자는 적하이해관계인이 지급하여야 되는 운임에 대하여 리언을 행사할 수 있으며, 이 리언은 시기적으로 적하이해관계인이 주장하는 손해배상청구 또는 다른 리언에 우선한다."라고 주장하였다. 적하이해관계인 National사는 "직접 당사자가 아닌 정기용선계약에 관하여는 아는 바가 없으며, 선박소유자가 리언의 행사를 통지하기 전에 일부 운임은 선하증권에 따라 정기용선자에게 이미 지급되었고, 잔여운임은 적하이해관계인이 이미 지급한 정기용선자의 비용으로 상계처리 하고자 한다."라고 주장하였다. 1심 지방법원 Patterson판사는 "제3자가 지급하여야 하는 운임에 대한 선박소유자리언은 이미 이제까지의 다른 판례를 통하여 인정되어 왔으므로 더 이상의 논의는 생략한다. 선박소유자리언은 용선계약을 체결한 일자부터 발생한다. National사가 선박소유자가 리언을 가지고 있다는 것을 추정적으로 알 수 있었음에도 불구하고 운임을 정기용선자에게 지급하였으므로, 이는 적하이해관계인의 위험부담으로 지급한 것이므로 적하이해관계인은 이에 대한 책임을 져야 한다. 정기용선자의 비용으로 지급된 금액은 운임에서 상계될 수 있으나, 선박소유자리언에는 대항할 수 없다.[93] 적하이해관계인은 정기용선계약에 대하여 아는 바가 없다고 하는데, 적하이해관계인은 실제로 선박소유자가 누군지에 대하여 의문을 가지고 확인을 하였어야 했으므로 이에 대한 책임을 면할 수 없다."라고 판시하였다.[94]

다. Mount Louis호/ Boreas호 사건

적하이해관계인 Lamborn사는 American General사와 1929년 3월 28일에 설탕을

93) Diana Compania Maritima, S.A. of Panama v. Subfreights of S.S. Admiralty Flyer, 280 F. Supp. 607 (S.D. N.Y. 1968); Biehl & Co., Inc. v. Apollonia Holding, Inc., 693 F. Supp. 457, 1993 A.M.C. 2408 (E.D. La. 1988).

94) The Solhaug, 2 F. Supp. 294 (S.D.N.Y. 1931).

Cuba 항에서 선적하여 Buffalo 항, Cleveland 항과 Detroit 항에서 양하하는 장기항해운송계약을 체결하였다. American General사는 운송계약을 수행하기 위하여 Halse호를 정기용선하여 Cuba 항에서 선적한 설탕을 Montreal 항까지 운송하고, Montreal 항에서 Buffalo 항과 Detroit 항까지는 1929년 5월 25일에 정기용선한 Mount Louis호로 운송하였고, Montreal 항에서 Cleveland 항까지는 1929년 5월 15일에 정기용선한 Boreas호로 운송하였다. 관련 정기용선계약에는 리언약관이 있었고, 선장은 용선계약부선하증권을 발행하도록 되어 있었다. American General사가 2차 용선료를 지급하지 않자, 선박소유자는 6월 15일에 "잔여운임 미화 8,601.91불에 대하여 리언을 행사하고자 한다."라는 취지의 통지를 하였다.

선박소유자 Hall사는 "계약에 의하여 운임에 행사한 선박소유자리언은 유효하다."라고 주장하였다. 적하이해관계인 Lamborn사는 "운송물이 선적될 때까지 American General사가 Mount Louis호와 Boreas호의 선박소유자와 체결한 정기용선계약에 대하여 아는 바가 없으니, 운임에 행사한 선박소유자리언은 효력이 없다."라고 주장하였다. 1심 지방법원은 선박소유자에게 승소판결을 하였다. 항소법원(Manton판사, L. Hand판사와 Chase판사)은 "운송계약에 리언약관이 있다면, 별도의 다른 약정이 없는 한, 선박소유자는 운송물과 운임에 대하여 리언을 갖는다. 다만, 선박소유자가 운임에 대한 리언의 행사를 통지하지 않았기 때문에, 선의로 이미 지급된 운임에 대하여는 효력이 없다. 본 사건에서 장기운송계약에 리언약관이 있으므로 장기운송계약의 선박소유자 American General사는 리언을 갖는다. 선박이 정기용선되어 운송계약을 수행할 때 선박소유자는 선박에 선적된 운송물과 운임에 대하여 인적으로 손해배상책임을 지는 반면, 선박소유자가 관련 운임 또는 용선료를 받지 못하였을 경우에 미지급된 운임 한도 내에서 리언을 갖는다. 또한 선박소유자가 발행한 선하증권에 용선계약의 내용이 편입되어 있으므로 선박소유자는 운임에 리언을 행사할 수 있다. 따라서 본 항소법원은 「선박소유자가 선박에 선적된 운송물과 운임에 대하여 리언을 가진다.」라는 1심 지방법원의 판결을 확인한다."라고 판시하였다.[95)]

라. North Atlantic and Gulf Steamship Co. 사건

Norgulf사는 많은 선박을 선박소유자로부터 정기용선하여 운항하였는데, 1958년 5월 23일에 파산선고를 신청하고, 1958년 6월 19일에 파산관재인이 선임되었다. 이중 몇척의

95) Hall Corporation v. Cargo ex steamer Mont Louis, 62 F.2d 603 (2d Cir. 1933).

선박은 파산선고를 신청하기 전에 이미 선박소유자에게 반선되었으나 일부 몇척의 선박은 파산선고를 신청한 후 파산관재인이 선임될 때까지 운항되었으며, 파산관재인이 선임된 후에도 운항되었다. 용선료는 반 개월마다 선지급하는 조건이었는데 이미 선박소유자가 반선한 선박을 포함하여 파산신청을 전후하여 운항 중인 모든 선박의 용선료를 정기용선자가 지급기일 내에 지급하지 않은 상태였다. 정기용선자로부터 용선료를 받지 못한 선박소유자는 정기용선자가 운항하고 있는 선박에 선적되어 있는 운송물 및 운임에 대하여 리언을 행사하고자 하였는데, 그 수는 모두 18개였다.

파산관재인은 "반 개월 지급기일 후에 정기용선자가 선박을 선박소유자에게 반선하였으므로, 정기용선자가 선박을 운항한 기간을 기준으로 비례적으로 산출된 미지급 용선료에 대하여만 리언을 행사할 수 있다."라고 주장하였다. 또한 파산관재인은 "「파산신청 전 4개월 내에 법적인 절차에 의하여 발생한 리언은 효력이 없다.」라는 파산법에 의하여 선박소유자리언은 무효이다."라고 주장하였다. 선박소유자는 "정기용선자가 선박을 선박소유자에게 반선하였는가의 여부에 불문하고 정기용선계약서상 전체기간 중 미지급된 기간에 해당하는 용선료의 전액에 대하여 리언을 행사할 수 있다."라고 주장하였다. 또한 선박소유자는 "선박소유자리언은 법적인 절차에 의한 것이 아니라 해사법에 의한 리언이므로 파산법에 해당하지 않는다."라고 주장하였다.

1심 지방법원 Frederick van Pelt Bryan판사는 "파산관재인의 주장은 정기용선자가 용선료를 지급기일 내에 지급하지 않았으므로 선박소유자가 선박을 회수하는 경우에 해당하는 것이고, 본 사안은 선박소유자가 선박을 회수 한 것이 아니라, 정기용선자가 임의로 선박을 반선한 것이다. 또한 정기용선계약서 제18조에 「미지급된 모든 금액에 대하여 리언을 행사할 수 있다.」라고 되어 있으므로, 선박을 반선할 때 본 정기용선계약에 의하여 미지급된 모든 금액이 다 포함되므로 선박소유자는 전체기간에 해당하는 용선료에 대하여 리언을 행사할 수 있다. 선박소유자리언이 성립하기 위하여 법적인 절차가 필요한 것이 아니다. 따라서 파산법에 의하여 무효가 되는 리언은 법적인 절차를 거쳐 얻어진 리언에 해당하므로, 선박소유자리언은 파산법에 의하여 무효가 되지 않는다. 선박소유자리언은 정기용선자가 용선료 등의 비용지급을 지체하거나 정기용선계약에 의한 채무를 이행하지 않아서 손해가 발생한 경우에 발생하는데 미지급된 금액과 관련된 선박에 선적된 운송물 및 운임에 대하여만 행사할 수 있는 것이지, 미지급된 금액과 관련이 없는 정기용선자가 운항하는 다른 선박에까지 효력이 미치는 것은 아니다. 따라서 선박소유자가 소유하고 있지 않은 타 선박소유자의 선박에 선적된 운송물 및 운임에 대한 리언은 효력이 없다. 운송물이 인도되고 적하이해관계인이 정기용선자에게 선의로 이미 운임을 지급하였을 경우에 선박소유자는 운임에 대한 리언을 행사할 수 없다. 용선계약상 리언약관이 있으면, 선박소유자리언은 통지된 시점이 아니라 운송물이 선적된 시점부터 발생한다."라고 판시하였다.[96]

마. Admiralty Flyer호 사건

선박소유자 Diana Compania Maritima S.A.사와 정기용선자 Commercial Steamship사는 1965년 5월 4일에 1개월마다 용선료를 선지급하는 조건으로 약 18/21개월 동안 Admiralty Flyer호에 대한 정기용선계약을 체결하였다. 정기용선자가 1965년 11월 9일이 지급기일인 용선료를 지급하지 않고 남아프리카의 Capetown 항에서 연료를 공급하지 않자, 선박소유자는 1965년 11월 23일에 선박회수의 통지를 하였다. 선박소유자는 1965년 11월 29일에 14명의 수하인 소유의 운임을 압류하고, 본선이 1965년 12월 25일에 미국 Gulf 항에 도착하자 운송물에 대하여 유치권을 행사하였다. 1965년 12월 30일 법원의 지시에 따라 수하인이 운임을 법원에 공탁하고 선박소유자는 운송물에 대한 유치권을 해제하였다. 1966년 1월 3일 법원은 정기용선계약의 중재약관에 따라 당사자에게 중재절차를 개시하도록 지시하였다. 중재가 진행되고 있는 도중, 1966년 2월 4일에 정기용선자는 파산선고를 신청하였고, 1966년 3월 15일에 파산하였다. 중재인은 1967년 6월 26일에 "선박소유자는 선박을 회수할 수 있는 권리가 있다. 그리고 정기용선자는 선박소유자가 입은 손해 미화 40,605.95불을 배상하여야 한다."라고 판정하였다. 선박소유자는 법원에 공탁되어 있는 운임을 중재판정에 따라 지급될 수 있도록 법원에 소를 제기하였다.

파산관재인은 "선박소유자리언은 파산법에 의하여 무효이며, 선박소유자와 정기용선자 사이의 정기용선계약에 의하여 발생하였으므로 대인소송은 주장할 수 있으나, 대물소송은 효력이 없다."라고 주장하였다. 그러나 원고 선박소유자는 "중재판정에 따라 법원에 공탁되어 있는 운임이 지급되어야 한다."라고 주장하였다. 1심 지방법원 Herlands판사는 "선박에 운송물이 선적되어 있는 경우에 선박의 회수가 효력을 발생하기 위하여 운송물을 양하한 후 정기용선자가 더 이상 선박을 사용할 수 없게 선박을 회수하였을 경우에만 효력이 발생한다. 본 사건에서는 선박소유자가 정기용선자에게 선박을 사용하지 못하게 한 것이 아니라 손실을 줄이고자 미국 Gulf 항에서 양하하기 위해 추가운송물을 아프리카 Walvis Bay에서

96) North Atlantic and Gulf S.S. Co., Re, 204 F. Supp. 899, 1963 A.M.C. 871 (S.D.N.Y. 1962), aff'd 320 F.2d 628 (2d Cir. 1963).

선적하는 등 선박을 양하지로 항해하도록 하였으므로, 선박의 회수는 양하지인 미국 Gulf 항에서 양하가 완료된 후부터 효력이 있다. 선박소유자는 운송물의 선적이 완료되면 리언을 행사할 수 있으므로, 본 사건에서 선박소유자리언의 행사는 적법하다. 선박소유자리언은 법적인 절차에 의하여 얻어진 것이 아니므로 파산법에 의하여 무효가 되지 않는다.「법원에 공탁되어 있는 운임에 대하여 대물적 집행이 가능한가.」의 여부는 연방중재법(the Federal Arbitration Act) 제8항의 해석에 의존하는데, 동 조항은 중재의 진행 중에 피해자 측에게 중재판정을 집행할 수 있는 담보를 제공해 주는 데 목적이 있다. 비록 중재판정이 계약당사자 사이에만 효력을 미치지만, 압류가 정당하고 해사법원에 소제기가 가능한 것이라면 운임에 대한 대물소송에서도 정당한 것이다. 따라서 중재판정은 확인되었고 법원에 공탁되어 있는 운임은 선박소유자에게 지급되어야 한다."라고 판시하였다.[97]

바. Aliki I.P.호 사건

선박소유자 Tarstar사와 정기용선자 Century사는 1976년 2월 6일에 용선료를 반 개월마다 선지급하는 조건으로 Aliki I.P.호에 대한 정기용선계약을 체결하였다. 정기용선계약서에는 "선박소유자는 이 계약 하에 지급되어야 하는 미지급금을 확보하기 위하여 모든 운송물과 재운임에 대하여 리언을 가진다."라는 리언약관이 있었다. 정기용선자 Century사는 1976년 2월 11일에 Koctug사에게 Aliki I.P.호를 항해용선하여 주었다. 본 선박은 Algeria의 Algiers 항에서 양하하기 위하여 1976년 2월 25일에 Louisiana주 Baton Rouge 항에서 콩을 선적하였다. 정기용선자 Century사가 1976년 2월 26일이 지급기일인 용선료 및 유류대금 미화 65,812.50불을 지급하지 않자, 선박소유자 Tarstar사는 정기용선자가 수령할 운임에 계약상의 리언을 행사하고자 하였다. 선박소유자 Tarstar사는 1976년 3월 8일에 항해용선자 Koctug사에게 운임에 대한 리언의 행사를 통지하였으나, Koctug사는 1976년 3월 2일에 대리점인 International사에게 수표를 지급하였다. 그러나 정기용선자 Century사는 1976년 3월 11일에 International사에게 서명을 한 후 다시 돌려달라고 수표를 반송하였고, International사는 같은 날 서명을 한 후에 Century사에게 다시 돌려주었다. 수표는 Marine Midland은행에 의해 1976년 3월 12일에 지급되었다. 이에 선박소유자 Tarstar는 소를 제기하였다.

원고(피항소인)는 "선박소유자가 정기용선자가 미지급한 금액에 대한 확보를 위해 항

97) Diana Compania Maritima S.A. v. Subfreights of the Admiralty Flyer, 280 F. Supp. 607, 1968 A.M.C. 2093 (D.C.N.Y. 1968).

해용선자에게 운임에 대한 계약상 리언의 행사를 통지하였으나 피고가 이를 무시하고 항해용선자는 정기용선자에게 운임을 지급하였다."라고 주장하였다. 피고(항소인)은 "선박소유자가 리언의 행사를 통지하였을 때는 이미 운임이 정기용선자에게 지급된 후이기 때문에 선박소유자리언은 그 효력을 상실하였다."라고 주장하였다. 1심 지방법원 Robert J. Ward판사는 "Koctug사는 선박소유자의 계약상의 리언에 따라 아직 지급되지 않은 운임을 정기용선자에게 지급하지 않을 의무를 진다. Internationa사는 Koctug사의 대리점이므로 Koctug사는 운임을 아직 지급하지 않았다. Koctug사는 선박소유자로부터 「리언을 행사하겠다.」라는 통지를 받은 후에 「운임이 이미 지급되었다.」라고 선박소유자 Tarstar사에게 통지하지 않았다. 또한 Koctug사는 대리점인 International사에게 선박소유자리언의 행사를 통지하여 Century사에게 운임의 지급을 정지하는 적절한 조치를 취하지 않았다. Koctug사가 이러한 적절한 조치를 취하지 않아서 선박소유자인 Tarstar가 손해를 입게 되었다."라고 판시하면서 원고인 Tarstar사에게 미화 85,071.55불의 승소판결을 하였다. 항소법원(Oakes판사, Gurfein판사와 Van Graafeland판사)은 "선박소유자리언이 통지되었을 때에 운임이 아직 정기용선자에게 지급되지 않았고, Koctug사의 수중에 있었다. 그러나 Koctug사가 운임의 지급정지에 대한 적절한 조치를 취하지 않아서 선박소유자가 손해를 입게 되었다."라고 판시하면서 1심 지방법원의 판결을 확인 · 지지하였다.[98]

사. Kapitan Grishin호 사건

ANS사와 3명의 적하이해관계인(Berdex사, Westway사와 Holco사)은 뉴기니아의 Rabaul 항에서 카카오 열매를 선적하여 San Francisco 항에서 양하하는 용선계약을 체결하였는데 ANS사는 "선지급선하증권"을 발행하였다. 그리고 3명의 적하이해관계인은 ANS사의 선하증권에 따라 운임을 전액 지급하였다. ANS사는 Contimar사가 정기용선한 Kapitan Grishin호에 카카오열매의 운송을 의뢰하면서 총운임 미화 329,021.67불 중 1991년 4월 26일에 미화 150,000불을 지급하였고 잔금 미화 179,021.67불은 선박이 San Franchisco 항에 도착 시 지급하기로 되어 있었다. ANS사가 잔금을 지급하지 않자, 정기용선자 Contimar사는 운송물과 운임에 리언을 행사하였다. 이에 적하이해관계인은 각기 미화 41,354불(Berdex사), 미화 95,239불(Westway사) 그리고 미화 25,870불(Holco사)의 보증서를 제출하고 운송물을 인수하였다.

98) Tarstar Shipping Co. v. Century Shipline Ltd., F.2d 837, 1979 A.M.C.1096 (C.A.N.Y. 1979).

원고 적하이해관계인은 "정기용선자 Contimar사는 ANS사가 운임을 미지급하였기 때문에 직접 계약당사자가 아닌 제3자 적하이해관계인에 속하는 운임에 리언을 행사할 수 없다. 또한 적하이해관계인은 ANS사가 발행한 1991년 4월 11일자 선하증권에 따라 모든 운임을 이미 지급하였고, 또한 운임지급 전에 적절하게 선박소유자리언의 통지를 받지 못하였으므로 정기용선자가 행사한 리언은 효력이 없다."라고 주장하였다. 정기용선자 Contimar사는 "ANS사에게 선하증권을 발행하도록 권한을 수여하지 않았으므로 Contimar사의 리언이 ANS사의 선하증권에 의하여 무효화되지 않는다."라고 주장하였다. 1심 지방법원 Robert F. Peckham판사는 "ANS사가 발행한 선하증권에 의하면 리언은 선박소유자 Papua New Guinea Line사에게 부여된 것이지 정기용선자 Contimar사에게 부여된 것이 아니다. 또한 Contimar사가 리언을 행사하고자 했을 때에는 이미 모든 운임이 지급된 이후이므로 리언을 행사할 수 있는 운임이 존재하지 않았다. 따라서 Contimar사의 운임에 대한 리언은 효력이 없고, 관련 보증서는 무효로 한다."라고 판시하였다.[99]

아. Amitie호 사건

선박소유자 Amitie사와 정기용선자 Mueller사는 1992년 2월에 일당 미화 5,600불의 용선료를 15일 선지급하는 조건으로 4/6개월 동안 Amitie호에 대한 정기용선계약을 체결하였다. 정기용선계약에는 리언약관이 포함되어 있었다. Mueller사는 Finora사와 운송물을 Bangladesh 항에서 선적하여 미국의 항구에서 양하하는 항해용선계약을 체결하였다. Mueller사가 정기용선기간이 시작된 후 처음부터 용선료를 지급기일 내에 지급하지 않자, Finora사, Amitie사와 Mueller사는 서로 협의를 계속 진행하였다. Finora사는 Amitie사에게 "Mueller사와 정기용선계약을 종료시키고 항해용선자인 Finora사와 직접 용선계약을 체결하자."라고 제의하였으나, Amitie사는 이를 거절하였다. Mueller사는 Finora사에게 "미지급된 용선료의 대금으로 미화 181,142.80불을 Amitie사에게 직접 송금하고, 잔액 미화 127,737.20불은 Mueller사에게 지급하라."라고 지시하였다. 1992년 6월 5일에 Finora사가 Mueller사에게 미화 127,737.20불을 지급하자, Amitie사는 계속하여 이 금액에 대하여 권리의 주장을 하였으며, Muller사에게는 선박회수의 통지를 하였다. 선하증권에는 양하지가 North Carolina, Wilmington 항으로 되어 있으나, Finora사는 "South Carolina, Georgetown 항에서 양하하라."라고 지시하였다. 양하지에 대한 분쟁 이외에 Amitie사는

99) Berdex Intern., Inc. v. MV. Kapitan Grishin, 1992 A.M.C. 1559 (N.D.Cal., 1992).

"미화 480,000불 이상의 금액에 대하여 Finora사가 소유한 운송물 및 미지급된 운임에 대하여 권리가 있다."라고 주장하였다. Amitie사는 계약상의 리언이 아니라 Mueller사로부터 양도받은 권리에 의하여 리언을 주장하였다. 분쟁이 진행되는 동안 선박은 Georgetown 외항에서 Finora사가 미화 150,000불을 공탁할 때까지 10일 동안 대기하고 있었다. 이는 Amitie사가 Georgetown 항에서 발생한 항비의 지급을 거절했기 때문이었는데, 결과적으로 Finora사가 항비를 지급할 수밖에 없었다.

Amitie사는 "리언의 행사에 대한 명확한 통지는 없었어도, 진행된 상황으로부터 통지한 것으로 추정되면 통지를 한 것이다."라고 주장하였다. Finora사는 이에 반해 "Amitie사가 명확한 통지를 하지 않았기 때문에 선박소유자리언은 효력이 없다."라고 주장하였다. 항해용선자 Finora사는 1심 지방법원에 소를 제기하였고, 1심 지방법원 David C. Norton판사는 "Finora사가 정기용선자 Mueller사에게 미화 127,737.20불을 지급하기 전까지 선박소유자 Amitie사는 리언의 행사에 대한 명확한 통지를 하지 않았기 때문에 손해배상을 청구할 수 없다."라고 하였다. 이에 Amitie사는 항소하였다. 항소법원(Ervin판사, Wilkinson판사와 Wilkins판사)은 "선박소유자는 정기용선계약에 의하여 계약에 의한 리언을 가지는데, 이는 항해용선자(적하이해관계인)에게 행사 전에 명확한 통지를 하여야만 효력이 있다. 선박소유자는 정기용선자에 대하여 선박회수권을 행사함으로서 정기용선자의 의무를 지게 되는 것이므로 항해용선계약상의 항비를 지급할 의무가 있다. 이 사건 선박이 Georgetown 외항에서 10일 동안 지체한 사실에 대하여, Finora사는 선하증권에 기재되어 있는 Wilmington 항 이외의 항을 지정할 수 있는 권한이 있다. 따라서 외항에서의 지체는 선의로 발생한 것이 아니고, 선박소유자가 임의로 발생케 한 것이므로 선박소유자는 이 기간 동안의 용선료를 받을 수 없다."라고 판시하면서 1심 지방법원의 판결을 확인 · 지지하였다.[100)]

자. Saint John호 사건

정기용선자 Afram사는 선박소유자 Saint John Marine사로부터 1990년 9월 21일에 Saint John호를 정기용선하여, 선박을 미국정부에 항해용선하여 주었다. 선박은 Louisiana주 Lake Charles 항, New Orleans 항 그리고 Texas주 Houston 항에서 선적하여 Cyprus의 Larnica 항과 Jordan의 Amman 항에서 양하하기 위하여 미국정부가 소유한 쌀, 밀가루와 식물성유지를 선적하였다. 1990년 11월 28일에 미국정부는 미국재무부에 항해용선계약

100) Finora Company, Incorporated v. Amitie Shipping Limited 54 F.3d 209, 1995 A.M.C. 2014 (C.A. 4, 1995).

제1편 제2편 제3편 제4편 제5편 제6편 제7편 제8편

의 운임을 정기용선자 Afram사의 은행인 Dennorske Bank에 지급하도록 하였다. 선박소유자 Saint John Marine사는 선박이 미국정부에 항해용선되어 있는 기간 중에 정기용선자 Afram사가 미화 76,415.68불을 미지급하자, 항해용선자 미국정부가 정기용선자 Afrom사에게 지급할 운임에 대하여 리언을 행사하고자 하였다. 1990년 12월 19일에 선박소유자 Saint John Marine사는 항해용선자 미국정부에게 전문으로 운임에 대한 리언의 행사를 통지하였다. 미국정부는 이에 대하여 "모든 운임이 이미 정기용선자 Afram사에게 지급되도록 절차가 진행되었다."라고 회신하였다. 1990년 12월 20일에 선박소유자는 "아직 지급되지 않은 운임이 있다면 이제부터 정기용선자에게 지급되어서는 안 되며, 만약 이를 위반하여 지급하면 미국정부는 이중지급의 위험이 있다."라고 항해용선자 미국정부에게 통보하였다. 이에 미국정부는 1991년 1월 25일자 전문으로 "모든 운임이 지급되었다."라고 하였으나, 사실상 미국정부는 선박소유자리언의 행사에 대한 통지를 받은 후 1주일 이상이 지난 시점에서 2차 운임으로 미화 213,270불을 정기용선자인 Afram사에게 지급하였다. 미국정부는 선박소유자리언의 행사에 대한 통지를 받은 후에 미지급된 운임을 지급하지 말아야 함에도 불구하고 이를 위반하였으므로 1991년 7월 17일에 선박소유자 Saint John Marine사는 소를 제기하였다.

원고(피항소인)는 "선박소유자는 정기용선자와 정기용선계약을 체결할 당시 정기용선자로부터 손해배상청구권을 양수받았으므로 재운임에 리언을 행사할 수 있는 권한을 취득하였다."라고 주장하였으며, 또한 "반양도법(Anti-Assignment Act)[101]은 미국해사법원이 관할하는 소송에는 적용되지 않는다."라고 주장하였다. 피고(항소인)는 "선박소유자는 채권압류 통보에 관하여는 해사법에 의하여, 채권양도에 관하여는 반양도법에 의해 미국정부에게 소를 제기할 수 없다."라고 주장하였다. 1심 지방법원 Shirley Wohl Kram판사는 "선박소유자의 손해배상청구는 특정인에게 제기된 대인적 소송으로 미국정부에게 제기할 수 있다. 또한 선박소유자리언은 채권차압(garnishment)이 아니고, 양도에 해당하고 정기용선계약 하에서의 선박소유자리언은 해사리언에 해당하여 미국해사법원의 관할에 해당되어 반양도법이 적용되지 않는다. 따라서 선박소유자는 미국정부에 대하여 이해관계가 있으므로 리언을 행사할 수 있다."라고 판시하였다. 또한 항소법원(Winter판사, Jacbs판사와 Cabranes판사)은 "본안은 해사법원에 관할권이 있다. 해사법원은 정부에 대하여 해사문제와 관련된 손해배상청

101) A federal statute prohibiting the assignment or transfer of claims against the United States. Garner Bryan A., Editor in Chief, Black's Law Dictionary, 8th ed., (MN: West Publishing Co, 2004), p.101.

구가 제기되었을 때, 반양도법을 무효화하여 적용하지 않는 것이 아니다. 재운임에 대한 선박소유자리언은 계약에 의하여 자의적으로 발생하는 계약리언이나 실제로 실무적으로는 해사법에 의하여 처리되어 집행되는 해사리언에 해당되어 성질상 법의 작용(operation of law)에[102] 의한 양도와 유사하다. 그러므로 고의적인 양도로 인하여 불법적으로 정부에 대하여 손해배상을 청구하는 것을 방지하려는 반양도법의 취지에 어긋나지 않는다. 따라서 반양도법은 선박소유자의 재운임에 대한 리언을 허용한다. 결론적으로, 피고(항소인) 미국정부는 선박소유자리언의 통지를 받은 시점에서 미지급된 운임에 대하여 선박소유자에게 책임이 있다."라고 판시하였다.[103]

차. 검 토

미국판례의 연구를 통하여 첫째 제3자에게 소속된 운임에 대하여 운송계약설에 의하면 선박소유자는 적하이해관계인에게 직접 운임을 청구할 수 있고, 둘째 선박소유자가 리언을 행사하기 위해서는 재용선자 또는 적하이해관계인에게 추정적 통지만으로는 충분하지 않고 실제적이고 명확하게 통지를 하여야 하며, 셋째 리언은 미지급된 운임 또는 용선료의 범위에 한하여 효력이 미치고, 넷째 선박소유자리언은 미지급된 금액과 관련된 선박의 운송에 의하여 발생한 운임 및 용선료에 대하여만 행사할 수 있으며, 다섯째 선박소유자가 선박을 회수한 것이 아니라 정기용선자가 임의로 선박을 반선한 경우에 선박소유자는 정기용선계약서상 모든 기간에 해당하는 미지급된 용선료에 대하여 리언을 행사할 수 있다는 것을 검토하였다.

(4) 영미법상 정기용선계약 하에서의 재운임 또는 재용선료에 대한 선박소유자리언

1) 정기용선계약상 규정

현재 해운업계에서 실무상 가장 많이 사용되고 있는 뉴욕프로듀스시식과 볼다임시식에는 선박소유자와 정기용선자가 각각 채권을 확보하는 수단으로 리언약관(lien clause)[104]을

102) 이 말은 어떤 권리 또는 의무가 사람의 법률행위 또는 협력행위가 없어도 관계 법률을 적용한 결과, 그 사람에게 자동적으로 이전되는 경우, 그 이전방법을 나타내는 데 쓰이는 것이다. 鴻常夫 편수, 앞의 책, 516쪽.

103) Saint John Marine Co. v. United States, C.A. 2 (N.Y.), 1996.

104) 선박소유자의 리언약관은 용선계약의 책임종료약관(cesser clause)과 상치될 가능성이 있다. 책임종료약관의 내용은 적하의 선적완료 후 운임 · 체선료 · 공적운임 · 공동해손분담금에 대하여 용선자가 선박소유자에게 부담하는 대인적 책임을 면제하는 대신 선하증권소지인이 그 책임을 지도록 하는 것이다. 미국법원은 The Eliza Lines, 61 F. 308(D. Mass. 1894) 사건에서 "책임종료약관은 용선자로서의 책임만을 면제하는 것이므로, 선하증권소지인 용선사는 선하증권소지인으로서의 책임을 지므로 책임종료약관의 적용을 받을 수 없다."라고 판시하였다. 송상현 · 김현, 앞의 책, 227쪽.

가지고 있다. 뉴욕프로듀스서식 제18조(1946)[105]는 “선박소유자는 공동해손분담금을 포함하여 모든 운송물 및 이 계약에 따른 재운임의 모든 금액에 대하여 리언을 가진다.”라고 규정하고 있다. 또한 뉴욕프로듀스서식 제23조(1993)[106]에는 “선박소유자는 이 용선계약에 기인하여 수령할 모든 금액(공동해손분담금을 포함하여)에 대하여 모든 운송물, 재운임 및 재용선료에 리언을 가진다.”라고 규정하고 있다. 그리고 볼타임서식 제18조[107]는 “선박소유자는 정기용선자에게 속하는 모든 운송물과 재운임 및 이 계약에 의거하여 생긴 선하증권상 청구운임에 대하여 리언을 가진다.”라고 규정하고 있다. 이와 같이 볼타임서식에서 선박소유자는 정기용선자에게 속하는 운송물과 재운임에 대하여만 리언을 행사할 수 있도록 규정되어 있으나 뉴욕프로듀스서식에는 정기용선자에게 속하는 운송물과 재운임 또는 재용선료는 물론 제3자에게 속하는 운송물과 재운임 또는 재용선료에도 리언을 행사할 수 있도록 규정되어 있다. 그러나 뉴욕프로듀스서식 하에서 선박소유자가 계약당사자가 아닌 제3자 소유의 운송물과 재운임 또는 재용선료에 리언을 행사하는 것이 합법적인가 여부가 문제된다. 선박소유자리언이 합법적으로 행사되지 않았다면, 제3자는 오히려 선박소유자리언에 대하여 손해배상을 제기할 것이다. 이와 관련하여 선박소유자가 리언을 합법적으로 실행하기 위하여 취할 수 있는 조치는 용선계약서상 리언약관을 선하증권에 삽입시키는 것이다. 영국판례인 Aegnoussiotis 사건[108]에서 1심 법원 Donaldson판사는 “이 조항에 의하여, 정기용선자는 선박소유자가 제3자에 소속된 운송물 및 재운임에 리언을 행사할 수 있는 상황을 만들 의무가 있으므로, 같은 내용의 리언약관을 관련 선하증권에 삽입하여야 할 의무를 진다.”라고 판시하였다.

2) 정기용선계약 하에서의 재운임 또는 재용선료에 대한 선박소유자리언

정기용선계약 하에서의 재운임 또는 재용선료에 대한 선박소유자리언이란 정기용선자가 집화한 운송물을 운송하는 도중에 정기용선자가 용선료 등의 비용지급을 지체하거나

105) 이 조항의 원문은 다음과 같다.
That the Owners shall have a lien upon all cargoes, and all sub-freights for any amounts due under this charter, including General Average contributions.

106) 이 조항의 원문은 다음과 같다.
The Owners shall have a lien upon all cargoes and all sub-freights and/or sub-hire for any amounts due under this Charter Party, including general average contributions.

107) 이 조항의 원문은 다음과 같다.
The Owners to have a lien upon all cargoes and sub-freights belonging to the Time-charterers and any Bill of Lading freight for all claims under this Charter.

108) Aegnoussiotis Shipping Corporation v. A/S Kristian Jebsen's Rederi - The Aegnoussiotis [1977], 1 Lloyd's Rep. 268 (Q.B.).

정기용선계약에 의한 채무를 이행하지 않아서 손해가 발생한 경우에 선박소유자가 재용선자 또는 적하이해관계인이 정기용선자에게 지급하여야 되는 운임 또는 용선료를 리언할 수 있는 권리를 말한다. 정기용선계약 하에서의 재운임 또는 재용선료에 대한 선박소유자리언은 정기용선자가 채무를 변제할 자산이 없을 때 채권을 확보할 수 있다는 데 선박소유자에게 중요한 의미를 갖는다. 정기용선계약 하에서의 재운임 또는 용선료에 대한 선박소유자리언은 선박소유자와 정기용선자가 정기용선계약을 체결하여 리언약관을 합의하고,[109] 다음과 같은 성립요건을 갖추면 성립한다.

가. 정기용선자가 용선료 등의 비용지급을 지체하거나 정기용선계약에 의한 채무를 이행하지 않아서 손해가 발생하여야 한다

정기용선자는 선박소유자 또는 선박임차인과의 계약에 의하여 일정한 기간 동안 인적 조직을 포함한 선박의 사용·수익권을 얻어 자신의 해운기업의 경영에 이용하는 대가로 선박소유자에게 용선료를 지급한다. 정기용선계약서에는 선박소유자 또는 정기용선자가 부담하여야 하는 비용이 명시되었다. 일반적으로 선박의 유지·관리를 위한 비용은 선박소유자가 부담하고, 연료비, 항비, 하역인부비용, 던니지비, 도선사, 예선비용 등의 선박의 운항에 필요한 운항비는 정기용선자가 부담한다. 정기용선자가 용선료 등의 비용지급을 지체하거나 정기용선계약에 의한 채무를 이행하지 않아서 손해가 발생한 경우에[110] 선박소유자는 정기용선자에게 지급하여야 되는 운임 또는 용선료에 리언을 행사할 수 있다.[111]

나. 정기용선계약 하에서의 재운임 또는 재용선료에 대한 선박소유자리언의 대상이 될 수 있는 것은 "재용선자 또는 적하이해관계인이 정기용선자에게 지급하여야 되는 운임 또는 용선료"이다

항해용선의 경우에 정기용선자가 선하증권에 의해 운임청구권을 가지고 있어야 하며, 재정기용선의 경우에는 정기용선자가 재정기용선계약에 의거하여 용선료청구권을 가지고 있는 경우에 선박소유자가 리언을 행사할 수 있다. 적하이해관계인과의 운송계약당사자가 선박소유자로 간주되는 경우에 선박소유자가 운임에 대한 권리가 있으므로 제3자에게 직접 또는 정기용선자의 대리점을 통하여 운임을 선박소유자에게 지급하도록 청구할 수 있다. 선

109) Cornish Shipping Ltd. v. International Nederlanden Bank N.V., 53 F.3d 499, 1995 A.M.C. 2582 (2d Cir. 1995); Status Intern. S.A. V. M & D Maritime Ltd., 994 F. Supp. 182 (S.D.N.Y. 1998).

110) Samuel v. West Hartlepool Steam Navigation Co. [1906] 11 Com. Cas. 115; [1907] 12 Com Cas. 203 (K.B.); The Lakatoi Express [1990] 19 N.S.W.L.R. 285.

111) Union Industrielle et Maritime v. Nimpex Internatila Inc., 459 F.2d 926, 1972 A.M.C. 94 (7th Cir. 1972); Marine Traders Inc. v. Seasons Navigation Corp., 422 F.2d 804, 1970 A.M.C. 346 (2d Cir. 1970).

제1편
제2편
제3편
제4편
제5편
제6편
제7편
제8편

박소유자가 재용선과 관련하여 선하증권을 발행한 당사자일 경우에 선박소유자는 운임청구권을 가지기 때문에 정기용선계약에 의한 리언을 주장하지 못한다.[112] 뉴욕프로듀스서식 하에서 정기용선계약서에 선박소유자가 리언을 행사할 수 있는 권한이 명시되어 있다면, 일반적으로 재재운임 및 재재용선료에도 선박소유자는 리언을 행사할 수 있다.[113] 또한 선하증권상 "운임이 선지급 되었음."이란 기재가 있어도 실제로 운임이 지급되지 않았다면, 선박소유자는 운임에 리언을 행사할 수 있다.[114] 이미 검토한 바와 같이 뉴욕프로듀스서식(1946)이나 볼타임서식을 사용할 경우에 재운임만 표시되어 있다. 따라서 선박소유자는 재운임을 재운임 및 재용선료로 수정하여 재운임은 물론 재용선료에도 선박소유자리언을 행사할 수 있도록 한다. 선박소유자가 재운임 또는 재용선료에 대하여 리언을 행사할 경우에 정기용선자에게 미지급한 금액의 한도에서 리언의 행사가 가능하다.

다. 미지급된 용선료 등의 비용과 리언의 대상인 재운임 또는 재용선료 사이에 견련관계가 있어야 한다

미국판례 North Atlantic and Gulf Steamship Co. 사건[115]에서 1심 지방법원 Frederic van Pelt Bryan판사가 판시하였듯이, 선박소유자리언은 미지급된 금액과 관련된 선박의 재용선자 또는 적하이해관계인이 정기용선자에게 지급하여야 되는 운임 또는 용선료에 대하여만 행사할 수 있는 것이지, 미지급된 금액과 관련이 없는 정기용선자가 운항하는 다른 선박에까지 효력이 미치는 것은 아니다.

정기용선자가 미지급한 용선료 및 정기용선자 부담비용에 대하여 선박소유자가 갖는 채권을 확보하기 위하여 선박소유자는 뉴욕프로듀스서식(1946)에서는 이 계약에 따른 재운임의 모든 금액에 선박소유자가 리언을 행사할 수 있도록 리언의 적용범위를 확대하였다. 또한 뉴욕프로듀스서식(1993)에서는 재운임 및 재용선료의 모든 금액에 선박소유자가 리언을 행사할 수 있도록 하였다. 따라서 뉴욕프로듀스서식에서는 제3자에게 속한 재운임 또는 재용선료에 대하여 선박소유자리언을 행사할 수 있다. 그러나 볼타임서식에 의하면, 정기용

112) Molthes Rederi v. Ellerman's Willson Line [1926] 26 LILR 259.

113) Care Shipping Corporation v. Latin American Shipping Corporation – The Cebu [1983] 1 Lloyd's Rep. 302; [1983] Q.B. 1005; [1983] 2 W.L.R. 829; [1983] 1 All E.R. 1121 (Q.B.).

114) Federal Commerce & Navigation Co., Ltd. v. Molena Alpha Inc. – The Nanfri [1979] 1 Lloyd's Rep. 201; [1979] A.C. 757; [1978] 3 W.L.R. 991; [1979] 1 All E.R. 307 (H.L.); aff'g [1978] 2 Lloyd's Rep. 132; [1978] Q.B.; India Steamship Co. v. Louis Dreyfus Sugar Ltd. – The Indian Reliance [1977] 1 Lloyd's Rep. 52; [1977] C.L.C. 11 (Q.B.).

115) North Atlantic and Gulf S.S. Co.,Re, 204 F. Supp. 899, 1963 A.M.C. 871 (S.D.N.Y. 1962), aff'd 320 F.2d 628 (2d Cir. 1963).

선자에게 속하는 운임에 한하여 리언을 행사할 수 있다. 따라서 볼타임서식에 의하면 제3자에게 속한 재운임에 대하여는 선박소유자리언을 행사할 수 없다.

라. 재용선자 또는 적하이해관계인이 정기용선자에게 운임 또는 용선료를 지급하기 전이어야 한다[116)]

선박소유자리언의 통지가 있기 전에 운임이 정기용선자의 대리점이나 은행에 지급되었다면 선박소유자는 선급된 운임에 대하여 리언을 행사할 수 없다. 선하증권상 목적지에서 지급하기로 되어 있는 운임에 대하여 선박소유자는 리언을 행사할 수 있다.[117)] 따라서 운임이 선지급이거나 CIF조건일 경우에 재운임에 대한 리언약관은 효력이 없다.[118)] 선박소유자는 운송물이 수하인에게 인도된 후에는 운송물에 대한 리언을 행사할 수 없지만,[119)] 미지급된 운임에 대한 리언은 행사할 수 있다. 왜냐하면, 미지급된 운임에 대한 리언은 점유를 조건으로 하지 않기 때문이다.[120)]

마. 선박소유자가 운임 또는 용선료에 리언을 행사할 취지를 명확하게 통지하여야 한다[121)]

선박소유자는 미지급된 운임 또는 용선료의 제3소유자에게 첫째 리언이 존재한다는 것, 둘째 리언의 법적 근거, 셋째 리언의 행사를 통지하여야 한다. 또한 운임 또는 용선료가 지급되기 전에 통지는 신속하게 이루어져야 한다. 제3자인 재용선자 또는 적하이해관계인이 선박소유자리언 행사의 통지가 있어서 용선계약상 선박소유자리언약관에 대하여 알고 있다는 입증책임은 선박소유자에게 있다. 통지의 입증책임은 통지가 추정적으로 이루어진 것만

116) Tagart Beaton & Co. v. James Fisher & Sons (C.A.) [1903] 1 K.B. 391; Mutual Export Corp v. Asia Australian Express Ltd. - The Lakatoi Express [1990] 19 N SWLR 285; Tradigrain S.A. v. King Diamond Shipping S.A. - The Spiros C (CA) [2000] 2 Lloyd's Rep. 319.

117) Williams Harvey, *op. cit.*, p.86.

118) Wilson John F., *op. cit.*, p.302.

119) 영미법과는 달리 운송인의 운송물경매권에 대하여 우리나라 상법 제808조 제2항은 "선장이 수하인에게 운송물을 인도한 후에도 운송인은 그 운송물에 대하여 제1항의 권리를 행사할 수 있다. 다만, 인도한 날부터 30일을 경과하거나 제3자가 그 운송물에 점유를 취득한 때에는 그러하지 아니하다."라고 규정하고 있다. 해상운송인의 운송물경매권을 점유 중인 운송물에 대하여서만 행사할 수 있도록 하면 운송물의 인도를 기피할 것이므로 본조의 목적을 충분히 달성할 수 없다. 따라서 선장이 수하인에게 운송물을 인도한 후에도 해상운송인(선박소유자)은 그 운송물에 대하여 경매권을 행사할 수 있게 하여 경매권의 소급효를 인정하고 있다. 정병석, "선박소유자의 운송물경매권(상법 제804조)", 「한국해법학회지」 제14권 제1호, 한국해법학회, 1992, 200쪽.

120) Hornbeck Offshore Operators, Inc. v. Ocean Line of Bermuda, Inc., 849 F. Supp. 434, 1944 A.M.C. 1716 (E.D. Va. 1994).

121) American Steel Barge Co. v. Chesapeake & Ohio Coal Agency Co., 115 F. 669 (1st Cir. 1902); Akt. Damp. Thorbjorn v. Harrison & Co., 260 F. 287 (S.D.N.Y. 1918); Larsen v. 150 Bales of Sisal Grass, 147 F. 783 (S.D. Ala. 1906); The Solhaug, 2 F. Supp. 294, 300 (S.D.N.Y. 1931); Hall Corp. v. Cargo Ex Steamer Mont Louis, 62 F.2d 603, 605 (2d Cir. 1933); Oceanic Trading Corp. v. The Freights of The Diana, 423 F.2d 1 (2d Cir. 1970).

으로는 충분하지 않고 실제적이고 명확하게 서면 등의 방법으로 이루어져야 한다.

바. 정기용선계약서에 리언의 발생을 배제하는 특약이 없어야 한다

정기용선계약의 리언은 계약리언이므로 당사자 사이에 리언의 발생을 배제하는 특약을 하였을 경우에 선박소유자가 리언을 행사할 수 없는 것은 당연하다. 운임 또는 용선료에 대한 선박소유자리언은 당사자가 합의하여 포기할 수 있다.[122]

3. 우리나라 법제와의 비교 검토

(1) 현 황

정기용선계약 하에서 정기용선자가 용선료 등의 비용지급을 지체하거나 정기용선계약에 의한 채무를 이행하지 않아서 손해가 발생한 경우에 선박소유자는 상법 제844조(선박소유자의 운송물유치권 및 경매권)와 상법 제845조(용선료의 연체와 계약해지 등)에 의하여 채권을 확보할 수 있다.

정기용선계약 하에서의 선박소유자유치권에 대하여는 상법 제844조에 규정되어 있는 반면, 정기용선계약 하에서의 용선료 또는 운임에 대한 선박소유자의 질권에 대하여는 상법 제845조에 규정되어 있다. 상법 제845조 제2항에서는 "정기용선자가 제3자와 운송계약을 체결하여 운송물을 선적한 후 선박의 항해 중에 선박소유자가 제1항에 따라 계약을 해제 또는 해지한 때에는 선박소유자는 적하이해관계인에 대하여 정기용선자와 동일한 운송의무가 있다."라고 선박소유자의 운송의무를 규정하고 있다. 이에 대한 대가로 제845조 제3항은 "선박소유자가 제2항에 따른 계약의 해제 또는 해지 및 운송계속의 뜻을 적하이해관계인에게 서면으로 통지를 한 때에는 선박소유자의 정기용선자에 대한 용선료 · 체당금, 그 밖에 이와 유사한 정기용선계약상의 채권을 담보하기 위하여 정기용선자가 적하이해관계인에 대하여 가지는 용선료 또는 운임의 채권을 목적으로 질권을 설정한 것으로 본다."라고 규정하여 선박소유자의 운송의무에 대한 대가를 확보하기 위하여 선박소유자에게 정기용선자가 적하이해관계인에 대하여 가지는 용선료 또는 운임에 대하여 질권[123]을 인정하고 있다.[124]

---

122) The Delaware, 81 U.S. 579, 20 L. Ed. 779 [1871].

123) 질권은 채권자가, 그의 질권의 담보로서 채무자 또는 제3자(물상보증인)로부터 받은 동산 또는 재산권을, 채무의 변제가 있을 때까지 유치함으로써 채무의 변제를 간접적으로 강제하는 동시에, 변제가 없는 때에는 그 목적물로부터 우선적으로 변제를 받는 권리이다. 질권은, 유치적 효력이 있는 점에서 유치권과 같으나, 한편 우선변제적 효력을 가지는 점에서는 저당권과 같다. 질권은 적용법규에 따라서 직접 민법의 규정이 적용되는 민사질과 상행

용선료 또는 운임은 동산 등의 유체물이 아니므로 정기용선계약 하에서의 재운임 또는 재용선료에 대한 선박소유자리언은 권리질권 가운데 채권질권에 유사하다.

(2) 우리나라 법제와의 비교 검토

영미법상 정기용선계약 하에서의 재운임 또는 재용선료에 대한 선박소유자리언은 점유를 요건으로 하지 않으므로 영국에서는 "charging lien"이라고 하는데, 성질상 계약리언으로 계약당사자인 선박소유자와 정기용선자를 구속하나, 해사리언에 해당하지 않기 때문에 재운임에 대물소송을 제기할 수 없다. 미국법의 경우에 해사리언이 있는 채권은 대물소송을 제기할 수 있다. 즉, 미국법에 있어서는 사실상 모든 해사채권에 해사리언이 인정되므로 해사리언이 존재한다는 것은 대물소송이 가능하다는 말과 사실상 동의어라고 할 수 있다.[125] 따라서 미국법상 정기용선계약 하에서의 재운임 또는 재용선료에 대한 선박소유자리언은 영국법과 같이 계약에 의하여 성립하나 해사리언에 해당되므로, 선박소유자는 리언이 유효하게 효력이 발생될 수 있는 경우에 운임 또는 용선료에 대물소송을 제기할 수 있다. 또한 미국에서는 정기용선계약 하에서의 재운임 또는 재용선료에 대한 선박소유자리언을 형평법상의 리언이라고도 한다. 우리나라법상 정기용선계약 하에서의 재운임 또는 재용선료에 대한 선박소유자리언은 상법 제845조 제3항의 규정에 의하여 질권에 해당한다. "물권은 법률 또는 관습법에 의하는 외에는 임의로 창설하지 못한다."라고 규정된 민법 제185조에 의하여, 계약에 의한 질권약관은 그 효력이 발생하지 않는다. 왜냐하면, 질권은 물권에 속하므로 계약에 의하여 임의로 창설된 질권약관은 민법 제185조에 명시된 물권법정주의에 위배되기 때문이다. 따라서 준거법이 한국으로 되어 있을 경우에 정기용선계약 하에서의 재운임 또는 재용선료에 대한 선박소유자리언에 관한 분쟁은 상법 제845조 및 민법의 법률규정에 따라서 해결하여야 한다.

상법 제845조 제2항은 이미 운송물이 선적된 후 선박소유자는 선박을 해제 또는 해지할 수 있지만, 선박소유자의 운송의무를 규정하고 있다. 상법 제845조 제3항은 선박소유자

위에 의하여 생긴 채권을 담보하기 위하여 설정되는 상사질로 나누어진다. 또한 질권은 그 목적물에 따라서 동산을 목적으로 하는 동산질권과 채권 기타의 재산권을 목적으로 하는 권리질권으로 나눌 수 있다. 곽윤직, 물권법, 294쪽.

124) 김인현 교수는 "정기용선자가 송하인에 대하여 운임 채권 1,000만원을 가지고 있다고 한다면, 선박소유자는 1,000만원이라는 채권을 목적으로 자신이 질권자가 되고, 정기용선자가 질권설정자가 된다는 것이다."라고 상법 제845조 제3항을 해석하고 있다. 김인현, 「해상법」, (파주: 법문사, 2007), 137쪽.

125) 정해덕, 「국제해상소송-중재」, (서울: 코리아쉬핑가제트, 2007), 453-454쪽.

제1편 제2편 제3편 제4편 제5편 제6편 제7편 제8편

의 운송의무에 대한 대가를 확보하기 위하여 선박소유자에게 정기용선자가 적하이해관계인에 대하여 가지는 용선료 또는 운임에 대하여 질권을 인정하고 있다. 영미법에서는 운송물이 선적되어 있는 경우에 선박회수권의 효력이 인정되지 않지만, 우리나라법에서는 선박회수권의 효력을 인정하고 있는 반면, 제2항에서 선박소유자의 운송의무를, 그리고 제3항에서 선박소유자의 운송의무에 대한 대가를 확보하기 위하여 선박소유자에게 정기용선자가 적하이해관계인에 대하여 가지는 용선료 또는 운임에 대하여 질권을 인정하고 있다.

영미법에서 선박소유자가 리언을 행사하고자 할 경우에 재용선자에게 그 취지를 통지한 후에 리언을 행사하여야 한다. 재용선자 또는 적하이해관계인이 이미 정기용선자에게 운임 또는 용선료를 지급한 후에는 리언을 행사할 수 없다. 선박소유자가 운임 또는 용선료에 대한 리언의 행사를 통지하기 전에 재용선자 또는 적하이해관계인이 정기용선자에게 운임 또는 용선료를 지급한 경우에 선박소유자는 운임 또는 용선료에 대한 리언을 행사할 수 없다.[126] 바꾸어 말하면 선박소유자는 단지 운임 또는 용선료가 정기용선자에게 지급되기 전에 그 운임 또는 용선료의 지급을 정지시킬 권리를 가지고 있음을 뜻하는 것이다.[127] 그러나 선박소유자가 운임 또는 용선료에 대한 리언의 행사를 통지하였는데도 운임 또는 용선료를 정기용선자에게 지급하였을 경우에 재용선자 또는 적하이해관계인은 운임 또는 용선료를 두 번 지급하여야 하는 위험에 빠지게 된다.[128] 통지의 방법에 있어, 과거의 판례[129]는 추정이 가능하면 통지로 인정하였으나, 최근의 판례[130]는 명확한 통지를 요구하고 있다. 우리나라법의 경우에 상법 제845조 제3항에 의하면 정기용선계약상의 채권을 담보하기 위하여 정기용선자가 적하이해관계인에 대하여 가지는 용선료 또는 운임의 채권을 목적으로 질권을 설정할 때에는 적하이해관계인에게 서면에 의한 통지를 하여야 한다. 이와같이 우리나라 상

126) American Steel Barge Co. v. Chesapeake & O. Coal Agency, 115 F. 669, 676 (1st Cir. 1902), *reh'g denied*, 116 F. 857; Hall Corp. of Canada v. Cargo Ex Steamer Mont Louis, 62 F.2d 603, 605 (2d Cir. 1933); In re North Atlantic & Gulf S. S. Co., 204 F. Supp. 904 (S.D.N.Y. 1962); Marine Traders, Inc. v. Season's Navigation Corp. 422 F.2d 804, 806 (2d Cir. 1970); Beverly Hills National Bank & Trust Co. v. Compania de Navegacione Almirante S.A., 437 F.2d 301, 304 (9th Cir.), *cert. denied*, 402 U.S. 996, 91 S.Ct. 2173, 29 L.Ed.2d 161 [1971]; Union Industrielle et Maritime v. Nimpex International, Inc., 459 F.2d 926, 929 (7th Cir. 1972); Tarstar Shipping Co. v. Century Shipline, Ltd., 597 F.2d 837, 839-40 (2d Cir.1979); MCT Shipping Corp. v. Sabet, 497 F. Supp. 1078, 1084-85 (S.D.N.Y. 1980); Hornbeck Offshore Operators v. Ocean Line of Bermuda, 849 F. Supp. 439 (E.D.Va.1994).

127) Tagart Beaton v. Fisher [1903] 1 K.B. 391.

128) N.H. Shipping Corp. v. Freights of The Jackie House, 181 F. Supp. 165 (S.D.N.Y. 1960).

129) The Solhaug, 2 F. Supp. 294 (S.D.N.Y. 1931).

130) Finora Co. v. Amitie Shipping Ltd., 54 F.3d 209, (4th Cir. 1995), aff'g 852 F. Supp. 1298, 1995 A.M.C. 607 (D.S.C 1944); Berdex Int' l Inc. v. The Kapitan Grishin, 1992 A.M.C. 1559 (N.D. Cal. 1992).

법에 의하면 선박소유자가 질권을 행사하고자 할 때에는 그 취지를 적하이해관계인에게 통지하여야 한다. 따라서 영미법에서 정기용선계약 하에서 선박소유자리언이나 우리나라법에서 정기용선계약 하에서의 선박소유자질권을 행사하고자 할 경우에 모두 명확한 통지를 요구하고 있다는 점에서 공통점을 가지고 있다.

Ⅱ. 운송물에 대한 선박소유자유치권

재운임 또는 재용선료에 대한 선박소유자리언은 점유를 요건으로 하지 않는 반면에 운송물에 대한 선박소유자유치권[131]은 점유를 요건으로 성립한다. 다른 내용은 재운임 또는 재용선료에 대한 선박소유자리언의 설명을 참조한다.

BIMCO Lien Clause for Time Charters - Recommended Additional

In addition to the right of lien conferred on the Owners according to the provisions of the charter-party lien clause, the Owners also to have a lien over bunkers on board, as well as over any sums due to Time Charterers under any sub-charterparties (in addition to freights and sub- freights), for any amounts due under this charter-party. Further, in the event of the Owners' exercise of their liberty to withdraw the vessel in accordance with the provisions of the charter-party withdrawal clause, the ownership of any bunkers remaining on board shall

131) 우리나라 상법 제844조 제1항은 "제807조 제2항과 제808조의 규정은 정기용선자가 선박소유자에게 용선료, 체당금 기타 이와 유사한 정기용선계약에 의한 채무를 이행하지 아니하는 경우에 준용한다. 그러나 선박소유자는 정기용선자가 발행한 선하증권을 선의로 취득한 제3자에게 대항하지 못한다."라고 규정하여, 정기용선자가 용선료 등의 비용지급을 지체하거나 정기용선계약에 의한 채무를 이행하지 않아서 손해가 발생한 경우에 채권확보를 위해 운송물유치권을 인정하고 있다. 제807조 제2항은 "선장은 이러한 금액의 지급과 상환하지 아니하면 운송물을 인도할 의무가 없다."라고 규정하여 선장의 유치권을 인정하고 있다. 선장은 법적으로 다른 특별한 경우를 제외하고는 일반적으로 선박소유자를 대리하는 것으로 간주되므로 본 조항은 선박소유자의 운송물유치권을 규정하고 있는 것이다. 제844조 제1항 단서에 의하면 "그러나 선박소유자는 정기용선자가 발행한 선하증권을 선의로 취득한 제3자에게 대항하지 못한다."라고 규정되어 있는데 이것은 문언증권인 선하증권의 선의취득자를 보호하기 위한 것이다. 그러나 정기용선계약의 유치권약관이 선하증권에 편입되어 있다면 선박소유자는 선하증권을 선의로 취득한 자가 소유한 운송물에도 유치권을 행사할 수 있다. 제844조 제2항은 "제1항의 규정에 의한 선박소유자의 운송물에 대한 권리는 정기용선자가 운송물에 관하여 약정한 용선료 또는 운임의 범위를 넘어서 이를 행사하지 못한다."라고 규정하여 선박소유자가 운송물을 유치할 수 있는 범위를 정하고 있다. 유치권의 범위는 정기용선자가 선박소유자로부터 정기용선한 선박을 재정기용선하거나 항해용선한 경우, 재정기용선자나 항해용선자는 정기용선자와의 계약에 의하여 지급하여야 할 용선료 또는 운임의 범위로 제한된다. 재정기용선자나 항해용선자가 계약에 의하여 이미 지급한 용선료 또는 운임에 대하여는 선박소유자가 유치권이 제한된다는 것을 의미한다. 이는, 재정기용선자나 항해용선자는 당해 정기용선계약이나 항해용선계약 및 선하증권에 의하여 지급되어야 될 금액에 한하여 이해관계가 있기 때문이다.

thereupon vest in Owners, who shall allow to Time Charterers by way of credit against any sums due to Owners the value of such bunkers calculated in accordance with the provisions of the charter-party bunkers clause applicable on redelivery.

BIMCO 정기용선계약의 리언약관 - 권고된 추가약관

용선계약의 리언약관에 관한 규정들에 따라 선박소유자에게 부여된 리언에 추가하여, 본 용선계약에 의해 지급하여야 할 금액을 확보하기 위해, 선적된 선박연료유뿐만 아니라 재용선계약에 의해 정기용선자에게 지급하여야 할 금액(운임과 재운임 이외에)에 대하여, 선박소유자는 역시 리언을 보유한다. 더욱이, 용선계약의 회수약관에 관한 규정들에 따라 선박을 회수할 자유를 선박소유자가 행사할 경우, 선적된 채로 남아 있는 선박연료유에 대한 소유권은 그로 인하여 선박소유자에게 귀속하여야 한다. 선박소유자는 정기용선자가 반선 시에 적용이 가능한 용선계약의 선박연료유약관에 관한 규정들에 따라 계산된 그러한 선박연료유의 값을, 선박소유자에게 지급하여야 할 금액에 대한 채권의 대신으로 하는 것을 허용한다.

BIMCO Lien on Vessels (Additional Clause)

Charterers will not suffer, nor permit to be continued, any lien or encumbrance incurred by them or their agents, which might have priority over the title and interest of the owners in the vessel.

BIMCO 선박에 대한 추가리언약관

용선자는 선박에서 선박소유자의 권리와 이익에 대하여 우선권을 보유할 수 있고, 용선자나 용선자의 대리인에 의해 초래된, 리언이나 저당권이 지속되도록, 방치하거나 허용하지 않을 것이다.

제 5 절 기타 권리

이제까지 선박소유자의 권리인 선박의 점유권, 항해의 지휘 · 명령권, 선박회수권 그리고 선박소유자리언에 대하여 검토하였다. 그 이외에 선박소유자의 권리는 정기용선자의 의무와 관련이 된다. 정기용선자가 의무를 이행하지 않는 경우에 선박소유자는 정기용선자에게 의무의 이행을 요구할 수 있는 권리를 갖는다. 예를 들면 정기용선자가 용선료를 지급기간 안에 지급하지 않으면 선박소유자는 선박회수권 또는 선박소유자리언을 행사하기 전에 용선료 지급을 청구할 수 있는 권리를 갖는다. 또한 정기용선자가 선박을 반선기일 내에 반선하지 않는다면 선박소유자는 반선기일 내에 선박의 반선을 요구할 수 있는 권리를 갖는다. 그리고 선박소유자는 안전을 위하여 선박을 제한구역에 항해하지 않도록 선장에게 지시할 수 있는 권리를 가진다. 그리고 선박소유자는 선박에 대한 지휘 · 명령권으로부터 나오는 선장 · 선원에 대한 선임 및 지휘 · 감독권을 가진다.

2 선박소유자의 의무

정기용선계약에서 선박소유자는 선박의 제공의무, 선박의 속력과 연료소모량 유지의무, 선박의 감항능력 주의의무와 정비의무 그리고 항해의 신속한 완성의무를 진다.

제 1 절　선박의 제공의무

선박소유자는 정기용선계약서에 명시된 대로의 선박을 합의된 인도장소에서 일정한 기간 내에 정기용선자가 사용 · 수익할 수 있는 상태로 정기용선자에게 인도하여야 한다.

Ⅰ. 예비항해

선박소유자는 선박을 약정한 인도기일(laycan) 내에 약정된 지역에서 정기용선자에게 인도하기 위하여 인도를 약정한 지역까지 항해시켜야 하는데 이를 인도항해(delivery voyage)라고 한다.[1] 항해용선에서는 선박소유자가 선박을 항해용선자가 지정한 선적항까지 항해시켜야 하는데 이런 항해를 선적항해(loading voyage)라고 한다. 정기용선계약에서의 인도항해와 항해용선계약에서의 선적항해를 합하여 예비항해(preliminary voyage)라고 한다.

1) 선박소유자는 약정한 인도기일 전의 마지막 항차의 양륙항을 인도항구로 하는 것이 일반적이므로 이런 경우에는 실제적으로 인도항해(delivery voyage)가 없는 것이 된다.

Ⅱ. 선박의 명세

1. 서　　언

정기용선계약에서 선박을 표시하는 란에는, 정기용선하는 선박의 제원이 표시되어 있다. 이 표시는 원칙적으로 정기용선계약의 체결 시점에 있어서 본선이 갖추고 있어야 하는 선박의 제반시설을 표시한 것이다.[2)]

정기용선계약에서 용선료는 선박의 톤수에 의한 크기, 속력, 연료소모량, 선박선적량 등에 의하여 결정되므로 선박의 정확한 명세를 정기용선계약서에 기재하는 것이 항해용선계약에 비하여 매우 중요하다고 하겠다. 보다 상세한 제원을 알기 위해서 정기용선자는 선박소유자에게 일반배치도(general arrangement plan)[3)]라고 불리우는 설계도를 제공하도록 요구하는 경우도 있다.

정기용선계약에 대한 문의의 개시로부터 체결에 이르는 교섭과정에서는 당사자 사이에 여러 가지 사실에 관한 표시가 이루어진다. 예컨대 선박의 명세, 동정, 국적, 선급, 적하능력 등이 그것이다. 이중 어떤 것은 정기용선계약의 내용이 된다. 그러나 어떤 것은 당사자가 정기용선계약을 체결하느냐 하는 의사결정에 영향을 미칠 뿐, 계약의 내용이 되는 것은 아니다. 이것을 표시(representation)라고 한다. 이 표시의 내용이 진실이 아니라면 부실표시(misrepresentation)이다. 그리고 당사자가 고의로 행하는 것이 고의부실표시(wilful misrepresentation)이고, 선의로 행하는 것이 선의부실표시(innocent misrepresentation)이다. 이와같이 정기용선계약에서 선박의 세부적인 제반사항과 실질적으로 정기용선자에게 인도되었을 때의 선박의 실질사항이 다른 경우가 빈번하게 문제가 되고 있다. 이러한 부실표시의 효과는 그러한 부실표시가 서면에 의한 계약에 구체화되었건 그렇지 않았건 차이가 없다. 즉, 계약의 체결과정에 선박소유자의 진술을 믿고, 그 점을 고려하여 계약을 체결하였으나 선박소유자의 표시가 진실하지 아니한 경우에 있어서의 법률효과로 부실표시의 유형에 따라 계약취소권, 손해배상청구권 등이 인정되어야 하는 것이다. 이 경우 사기적인 부실표

---

2) 松井孝之, 앞의 책, 4쪽.

3) **일반배치도**(general arrangement plan)
선박을 신조하는 경우에 작성하는 설계도면의 하나이다. 이 일반배치도에는 선창, 객실, 갑판실, 하역장치 및 계선장치의 모양과 위치가 표시된다. 일반배치도는 선박의 건조사양서와 함께 건조계약서에 첨부되는 주요 도면으로 배의 특성과 배치를 가장 알기 쉽게 요약한 도면이다. 해운 · 물류 큰사전 편찬위원회, 앞의 책, 920쪽.

시 및 과실에 의한 부실표시의 경우는 양자가 모두 인정되고, 선의의 부실표시의 경우에도 선박소유자 측에서 선의임을 입증하지 못하는 경우에는 역시 계약취소권 외에 손해배상책임도 부담하게 된다.[4] 따라서 선박소유자가 정기용선계약서에 기재된 선박의 명세와 일치하지 않는 선박을 인도하였을 경우, 이는 부실표시(misrepresentation)나 계약의 담보 또는 조건을 위반(breach of warranty or condition of the contract)하는 것이 될 수 있다.[5]

2. 선박의 명세

(1) 선명(name)

정기용선자는 용선시장에서 계약의 체결이 가능한 1개의 확정된 선박을 선박소유자로부터 정기용선하는 것이 가장 기본적인 계약의 형태이다. 원칙적으로 선박소유자는 정기용선자에게 특정선박을 인도하여야 하며, 다른 선박을 대체하여 인도할 수 없다.[6] 그러므로, 정기용선계약서에는 1개의 확정된 선박의 이름을 기재하면 된다. 그러나 "A"호 또는 "B"호로 되어 있을 경우, "A"호와 "B"호는 명세가 같은 선형의 선박이어야 한다. 만약 선박의 명세가 다르다면 각 선박의 수익력에 차이가 발생하므로 각 선박별로 용선료가 다르게 결정되어야 한다.

항해용선계약의 경우에는 항해용선자가 선박소유자에게 일당의 용선료를 지급하는 것이 아니라 화물의 선적량에 따라 운임이 결정되므로 선박의 명세차이는 선박이 계약의 화물량을 선적할 수 있다면 크게 문제가 되지 아니하므로 1개의 확정된 선박이 명시되는 외에 선박소유자가 "A"호 또는 "B"호 중 1척을 선택할 수 있는 경우, "A"호 또는 그 대체선("A" vessel or substitute)으로 표시하여 선박소유자가 선박을 대체할 수 있는 경우, 또는 "선명 미정(TBN)[7]으로" 표시하여 선박소유자가 추후에 선박을 지정할 수 있는 경우가 있다. 그러나 정기용선계약서에는 선박의 명세차이에 따라서 용선료가 달라지기 때문에 계약의 선박이 특정되는 것이 중요한 의미를 가지게 된다.

---

4) 이승호, 앞의 논문, 66쪽.

5) Schoenbaum Thomas J., *Admiralty and Maritime Law*, (MN: West Publishing Co., 1987), p.387.

6) Niarchos (London) Ltd. v. Shell Tankers Ltd. [1961] 2 Lloyd's Rep. 496 (Q.B.); Terkol Rederierne v. Petroleo Brasileiro S.A. – The Badagry [1985] 1 Lloyd's Rep. 395 (C.A.).

7) "to be nominated"의 약어로 선박소유자가 아직 선명을 지정하지 않은 경우에 선명의 표시로서 사용된다. Lopez Norman J., *op. cit.*, p.152.

(2) 국적(flag)

선박의 국적에 따라서 정기용선자의 수익력에 차이가 생기는 경우가 있으므로, 정기용선계약이 체결된 후에 국적이 변경되면 계약의 위반이 된다. 예를 들어, 국적이 변경되었기 때문에 국가 간의 조세협정 체결여부에 따라 정기용선자가 추가로 세금을 부담하게 되는 경우가 있다.

(3) 선급(class)

선급제도는 선박의 감항능력을 평가하는 기준으로, 국제적으로 인정되고 있는 선급을 보유하고 있는 선박은 국제적으로 감항능력이 담보되고 있다. 따라서 선급을 허위로 표시하였다면 정기용선자는 선박의 인수를 거절하고 계약을 해제할 수 있으나,[8] 정기용선자가 그 사실을 알고도 이의 없이 선박을 인수하여 사용하였다면 그 이후의 손해에 대하여 배상청구를 할 수 없다.[9]

(4) 재화중량톤(dead weight tonnage, DWT)

이 톤수는 중량톤(dead weight)이라고도 불리우며 만재중량톤수(배수톤수)와 경화중량톤수의 차, 즉 선박에 화물 및 기타 사물을 선적할 수 있는 최대량의 중량이다. 그러므로 화물선의 최대선적능력을 표시하는 기준이 되는 것으로서 영업상 가장 중요시되는 톤수이며, 그 톤 단위중량은 국제적 관습상 2,240 lbs(long ton)가 일반적으로 사용된다.

(5) 흘수(draft)

선박이 안전하게 항해할 수 있기 위해서는 어느 정도의 예비부력(reserve buoyancy)을 지녀야 한다. 이 예비부력은 선체가 물속에 들어가지 않은 부분의 높이에 의하여 결정된다. 수면이 선체와 만나는 부분을 흘수선이라고 하는데, 선박의 만재흘수선이란 선박이 여객이나 화물을 탑재하거나 선적하고 안전하게 항해할 수 있는 최대한도의 선을 나타내는 선을 말한다. 즉 항해의 안전상 허락된 최대의 흘수를 만재흘수(full load draft)라고 한다. 선박의 중앙의 상갑판에서 상단에서 만재흘수선까지의 길이를 건현이라고 하는데, 선체의 깊이에서 건현을 뺀 것이 흘수이다.

8) French v. Newgass [1878] 3 Asp. M.L.C. 574 (C.A.).
9) Routh v. MacMillan [1863] 2 H. & C. 750.

선적항에 따라서 수심의 깊이가 다르다. 수심이 깊어서 어떠한 흘수를 가지고 있는 선박이라도 부두에 접안할 수 있는 항구가 있는 반면에 수심이 낮아서 낮은 흘수의 선박만을 접안시킬 수 있는 항구가 있으므로 수심이 낮은 항구에서 흘수가 깊은 선박이 화물을 선적하고자 할 경우 수심에 선박의 흘수를 맞추기 위하여 흘수가 얕은 선박에 비하여 화물을 적게 선적할 수밖에 없으므로 흘수가 얕은 선박이 흘수가 깊은 선박에 비하여 수익성이 좋게 된다. 따라서 정기용선자는 흘수가 얕은 선박을 선호하게 된다.

(6) 재화능력(cargo capacity)

정기용선계약서에 기재하는 재화능력(cargo capacity)이라 함은 본선에 하계흘수선까지 잠수하도록 화물을 만재한 때의 화물의 톤수를 말한다. 물론 재화능력을 결정하기 위해서는 화물의 성질, 화물의 적화계수(stowage factor of the cargo)[10]를 고려하여야 한다.

(7) 속력과 연료소모량

정기용선계약서에 표시되어 있는 선박의 속력과 연료소모량은 정기용선자의 영업수익과 밀접한 관련이 있으므로 선박의 속력과 연료소모량을 정확히 기재하는 것이 중요하다.

3. 연　　료

원칙적으로 선박이 인도된 후 용선기간 중에 소모되는 연료는 정기용선자가 부담하게 된다. 일반적으로 많이 사용되는 계약의 내용은 인도 시 연료량과 반선 시 연료량은 동일 양으로 하고, 인도 시 정기용선자가 선박소유자에게 지급하는 톤당 연료가격과 반선 시 정기용선자가 선박소유자로부터 지급받는 톤당 연료가격은 동일한 가격으로 결정된다. 이런 경우에는 정기용선자가 선박을 반선할 때 선박을 인도할 때와 같은 양의 연료를 채워 선박을 반선하므로 일방당사자에게 큰 혜택이 없이 공정한 조건으로 계약이 체결된다. 물론 연료가격은 전 세계 연료공급지역에 따라 다르므로, 인도항과 반선항 또는 어디에서 연료를 공급하느냐에 따라 이해관계가 상반된다. 상황에 따라서 선박을 인도할 때와 반선할 때 연료량과 톤당 연료가격이 다를 수도 있는데 이런 경우에는 수익구조에 변화를 가져오므로 용선료의 결정과 함께 고려되어 결정된다.

---

10) 입방ft(또는 m^3)로 표시한 화물의 용적을 그 화물의 무게(ton)로서 나눈 값을 적화계수라고 한다.

4. 인도 시 선박의 상태

정기용선계약을 체결한 선박소유자는 선박을 정기용선자의 사용목적에 적합한 상태로 인도하여야 한다.[11] 선박은 정기용선자에게 인도될 때 감항능력이 있는 상태이며 뉴욕프로듀스서식(1993) 제2항과 같이 계약상의 요건을 충족한 상태에서 인도되어야 한다. 이 조항은 만약 선박이 뜻하지 않은 손상을 입은 상태에서 인도되어서는 아니 되고, 선박이 계약상에 규정된 조건을 갖추어서 바로 영업에 임할 수 있는 상태에서 인도되어야 한다는 것을 규정한 것이다.

항구 내에서 인도가 이루어지는 경우에 만약 본선상태가 정기용선계약서의 기재사항과 완전히 일치하지 않는다면, 선박소유자가 계약서에 기재된 그대로의 선박을 제공하지 않은 것으로 본다. 이것은 단순히 용선료의 지급개시를 늦추는 것뿐만이 아니라 계약의 취소규정의 적용에도 영향을 미칠 수밖에 없다. 항해 중 또는 도선사가 하선하는 시점에서 인도가 이루이지는 경우에는 당시의 제반사항이 매우 중요하지만, 시정하는 데 법 외적으로 많은 시간을 필요로 하지 않는 한 인도시점의 본선상태가 정기용선계약서의 기재사항과 일치하지 않는다고 해서 정기용선자가 계약을 해제할 수 있는 권리를 수여받은 것은 아니므로, 그 이후에 결함을 시정하기 위해서 상실했던 시간은 모두 지급정지로 인정되어 전체의 용선기간에서 감하여야 한다.[12]

5. 선박의 인도

정기용선계약을 체결한 선박소유자는 약정한 인도기일과 인도장소에서 선박을 정기용선자에게 인도하여야 한다. 선박을 인도하는 장소는 특정항을 지정하는 경우와 같이 구체적으로 표시하기도 하고 "선박은 한국, 대만, 중국, 홍콩을 포함한 일본, 싱가포르지역에서 인도된다."와같이 넓게 규정하기도 한다. 이러한 일련의 항구가 정해지면 당사자의 합의에 의해 어느 일방이 그 중 한 항을 인도항으로 지정하는 바, 실무적으로는 대개 인도의 경우에는 선박소유자가, 반선의 경우에는 정기용선자가 이를 지정한다.[13] 최근의 정기용선계약서

11) Hongkong Fir Shipping Co., Ltd. v. Kawasaki Kisen Kaisha – The Hongkong Fir [1961] 2 Lloyd's Rep. 478; aff'g [1961] 1 Lloyd's Rep. 159.
12) ハーヴェイ・ウィリアムズ, "傭船契約と船荷證券の解説", (東京: 海文堂, 2002), 104–105쪽.
13) 강남호, 앞의 책, 167쪽.

의 대부분은 선박을 인도하는 경우에 장소에 있어서는 매우 간단하게 처리하고 있다. 요즈음은 선박의 입출항에 도선지점(pilot station)이 최적으로 이용되고 있다.[14] 해운실무상 많이 사용되고 있는 조항은 다음과 같다. "선박은 모항의 도선사가 승하선하는 지점에서 인도된다." 명백한 인도장소가 정하여지지 않았을 경우, 선박의 도착 전이나 늦어도 도착 시까지 정기용선자가 지정해주어야 한다. 또한 정기용선자는 인도항이 결정되었을 경우, 선박이 도착하여 정박할 수 있는 정박장소를 선박의 도착 전에 선박소유자에게 통보하여야 한다. 선박이 인도항구에 도착하여 정기용선의 준비가 완료되었음을 선장이 정기용선자에게 통보하였으나 정박장소가 지정이 되어 있지 않다면 이 통지시점이 선박인도의 개시점이 된다.[15]

제 2 절　선박의 속력과 연료소모량 유지의무

Ⅰ. 서　　언

정기용선자가 정기용선한 선박을 운항하는 데 필요한 비용 중 하나가 선박의 연료비이다. 선박의 연료비는 선박의 속력과 관련되어 발생하므로 선박의 속력과 연료비는 정기용선자의 운항수익에 직접 영향을 미치게 된다. 실제로 선박을 운항해 본 결과, 정기용선계약서에 기재되어 있는 선박의 속력과 연료소모량보다 선박의 속력이 감소되고 연료소모량이 증가되는 경우가 있다. 이러한 경우에 정기용선계약의 체결일에 예상했던 것보다 운항수익이 악화된다. 그러나 반대의 경우에는 운항수익이 좋아지게 된다. 따라서 정기용선계약서에 기재되는 선박의 명세 중 선박의 속력과 연료소모량은 정기용선자의 운항수익에 영향을 미치므로 정확하게 기재되어야 한다. 선박소유자는 시황이 좋을 경우에 운항기간을 단축하기 위하여 최고속력으로 선박을 운항할 것이나, 시황이 나쁠 경우에는 운항기간의 단축보다는 연료비를 절감하기 위하여 경제속력 또는 느린 속력으로 선박을 운항할 것이다. 또한 최근

14) ハーヴェイ・ウィリアムズ, 앞의 책, 104쪽.
15) Anders Utkilens Rederi A/S v. Compagnie Tunisienne de Navigation – The Golfstraum [1976] 2 Lloyd's Rep. 97 (Q.B.).

에는 유류가격의 등락이 심하기 때문에, 정기용선자에게 가장 유리한 선박의 속력과 연료소모량을 선택하여 선박을 운항하게 된다. 그리고 정기용선계약에는 용선기간이 경과함에 따라, 어느 순간에 당사자는 선박의 속력과 연료소모량에 대한 분쟁에 직면하게 되는 경우가 빈번하다.

정기용선자는 선박소유자로부터 선박을 정기용선하여 다른 사람에게 재정기용선 또는 항해용선을 주게 된다. 첫째, 재정기용선의 경우에 정기용선자는 일반적으로 선박소유자와 체결한 정기용선계약과 동일한 조건으로 재정기용선자와 재정기용선계약을 체결하게 된다. 따라서 선박소유자와 재정기용선자가 파산하지 않는 한, 정기용선자는 중간당사자의 입장에 서게 되어 용선료의 차이에 대한 이해관계만을 갖게 될 뿐, 선박소유자와 정기용선계약서상 위험부담을 재정기용선자에게 이전시키게 된다. 예를 들어, 재정기용선자가 선박의 속력과 연료소모량에 대하여 정기용선자에게 손해배상을 청구하였다면, 정기용선자는 선박소유자에게 다시 손해배상을 청구하게 된다. 물론, 손해배상의 기준이 되는 손실기간에 대한 용선료가 다르므로, 손해배상금액은 다를 수 있다. 둘째, 항해용선의 경우에 정기용선자는 제3자와 항해용선계약을 체결하여 화물을 선적항에서 양하항까지 운송하게 된다. 이 경우에 선박의 속력이 감소되어 화물을 운송하는 항해기간이 늘어난 경우에 정기용선자는 손해를 보게 된다. 왜냐하면, 항해용선계약에서는 화물의 운송기간에 관계없이 확정된 운임을 받지만, 정기용선계약에서는 운송기간 중 일당 용선료를 지급하여야 하므로, 운송기간이 늘어나면 선박소유자에게 지급하여야 하는 용선료가 증가하기 때문이다.

최근, 선박소유자는 실제로 소유하고 있는 선박보다 정기용선하여 확보된 선박으로 해운영업을 하는 경우가 더욱 많아졌다. 이와 같은 정기용선계약에서 선박소유자와 정기용선자 사이에 많이 발생하는 선박의 속력과 연료소모량에 대한 분쟁에 관하여 검토한다.

Ⅱ. 선박의 속력과 연료소모량약관

1. 서 언

뉴욕프로듀스서식(1993)에는 선박의 명세에서 "양호한 날씨에 만재상태에서 풍력이 보어퍼트풍력계급 ○○이하에서 약 ○○톤의 연료소모량으로써 약 ○○노트의 속력"이라고 규정되어 있다. 그리고 볼타임서식(2001)에는 "…, 그리고 날씨가 양호하고 평온한 해상에서 만재상태로 약 ㅇㅇ노트의 속력과 그 때의 연료소모량은 연료유 약 ㅇㅇ톤을 소모하고"라고 규정되어 있다. 또한 Shelltime 4 서식 제24조에는 선박의 속력과 연료소모량에 대하여 더 상세하고 구체적으로 규정되어 있다.

선박의 연료소모량은 항해 중의 소모량을 의미하므로, 항구에서 정박 중에 사용되는 연료소모량에 대하여는 별도로 기재된다.[16)]

선박이 공선상태에서 항해 시는 만재상태에서보다 선박의 속력이 빠르고 연료소모량은 감소한다. 따라서 선박의 속력과 연료소모량은 만재상태에서 항해하는 것을 기준으로 표시되어 있으므로, 만재상태는 물론 공선상태에서 항해 시 모두 적용된다고 하겠다. 그러나 실제로 해운실무상 대부분의 경우에 선박의 속력과 연료소모량은 운송물의 만재상태는 물론 공선상태에서의 수치를 모두 표시하고 있다. 그리고 정기용선계약서에는 여러 가지 경우에 즉 최고속력에서 최저속력까지에 해당하는 연료소모량을 구분하여 기재하기도 한다. 이 모든 경우에 선박소유자는 선박의 최저속력과 최대연료소모량을 담보한다.

정기용선자가 양질의 연료를 선박에 공급하지 않아서 선박의 속력이 감소되는 경우도 있다. 따라서 선박소유자는 연료의 품질에 대하여 "ISO 8217, 2005 또는 이와 동질 이상의 품질을 보유" 등의 문구를 기재하여 정기용선자가 선박에 양질의 연료를 공급하도록 정기용선계약서에 기재하기도 한다.

BIMCO Bunker Fuel Sulphur Content Clause for Time Charter Parties 2005

(a) Without prejudice to anything else contained in this Charter Party, the Charterers shall supply fuels of such specifications and grades to permit the Vessel, at all times, to comply with the maximum sulphur content requirements of any emission control zone when the Vessel is ordered to trade within that zone.

The Charterers also warrant that any bunker suppliers, bunker craft operators and bunker surveyors used by the Charterers to supply such fuels shall comply with Regulations 14 and 18 of MARPOL Annex VI, including the Guidelines in respect of sampling and the provision of bunker delivery notes.

The Charterers shall indemnify, defend and hold harmless the Owners in respect of any

16) 참고로 실무상 사용되고 있는 문구의 예를 들면 다음과 같다.
In port idle consumption 3.5 mt fuel oil (RMG380) daily (plus 1.00 mt for daily in winter conditions). Vessel consumes IFO while changing ballast water at sea, ballasting/ deballasting, cleaning vessel's holds, when navigating/ manoeuvring in confined waters, rivers, channels in/out ports etc.

loss, liability, delay, fines, costs or expenses arising or resulting from the Charterers' failure to comply with this Sub-clause (a).

(b) Provided always that the Charterers have fulfilled their obligations in respect of the supply of fuels in accordance with Sub-clause (a), the Owners warrant that:

(i) the Vessel shall comply with Regulations 14 and 18 of MARPOL Annex VI and with the requirements of any emission control zone; and

(ii) the Vessel shall be able to consume fuels of the required sulphur content when ordered by the Charterers to trade within any such zone.

Subject to having supplied the Vessel with fuels in accordance with Sub-clause (a), the Charterers shall not otherwise be liable for any loss, delay, fines, costs or expenses arising or resulting from the Vessel's failure to comply with Regulations 14 and 18 of MARPOL Annex VI.

(c) For the purpose of this Clause, "emission control zone" shall mean zones as stipulated in MARPOL Annex VI and/or zones regulated by regional and/or national authorities such as, but not limited to, the EU and the US Environmental Protection Agency.

BIMCO 정기용선계약의 선박연료유 황함유량약관(2005)

(a) 본 용선계약에 포함된 다른 어떤 것도 손상하지 않고, 선박이 배출통제구역 내에서 무역하도록 명령받은 경우, 선박으로 하여금 그러한 배출통제구역의 최대황함유량 요구사항을 항상 준수하도록 허용하는 그러한 명세와 등급의 연료유를 정기용선자는 공급하여야 한다.

그러한 연료유를 공급하기 위해 정기용선자에 의해 사용되는 선박연료유공급자, 선박연료유기술운영자, 선박연료유검사자 등이, 표본조사와 선박연료유인도정보규정에 대한 지침을 포함하여, MARPOL(해양오염방지협약) 부속서 VI의 규정 제14항과 제18항을 준수하는 것을, 정기용선자가 역시 보증한다.

본 하위조항 (a)를 준수하지 못한 정기용선자의 실패로부터 발생하거나 결과하는 손실, 책임, 지연, 벌금, 비용, 경비 등을 정기용선자는 선박소유자에게 배상하고, 선박소유자를 변호하고, 선박소유자를 면책하여야 한다.

(b) 정기용선자가 하위조항 (a)에 따라 연료의 공급에 대하여 자신의 책임을 항상 이행할 경우에만, 선박소유자는 다음을 보증한다.

(i) 선박이 해양오염방지협약 부속서 VI의 규정 제14항과 제18항, 배출통제구역의 요구사항 등을 준수하여야 한다.

(ii) 선박이 그러한 구역 내에서 무역하도록 정기용선자에 의해 명령을 받을 경우, 선박은 요구되는 황함유량의 연료를 소비할 수 있어야 한다.

정기용선자가 하위조항 (a)에 따라 연료유를 선박에 공급한 경우, 해양오염방지협약 부속서 VI의 규정 제14항과 제18항을 준수하지 못한 선박의 실패로부터 발생하거나 결과하는 손실, 책임, 지연, 벌금, 비용, 경비 등에 대하여 용선자는 달리 책임을 지지 않는다.

(c) 본 조항의 목적을 위해, 배출통제구역은 해양오염방지협약 부속서 VI에 규정된 구역 그리고/혹은 유럽연합 및 미국 환경청 등(등에 국한되지 않고)과 같은 지역당국 그리고/혹은 국가당국에 의해 규정된 구역 등을 의미한다.

해설: 본 약관은 해양오염방지협약의 공기오염규정이 2005년 5월 19일부터 발효됨에 따라서 해양오염방지협약 부속서 VI의 규정 제14항과 제18항에서 요구하는 사항에 상치되지 않도록 선박소유자와 정기용선자 간의 의무와 부담을 공평하고 명확하게 하기 위하여 고안되었다.

BIMCO Bunker Quality Control Clause for Time Chartering

(1) The Charterers shall supply bunkers of a quality suitable for burning in the Vessel' s engines and auxiliaries and which conform to the specification(s) mutually agreed under this Charter.

(2) At the time of delivery of the Vessel the Owners shall place at the disposal of the Charterers, the bunker delivery note(s) and any samples relating to the fuels existing on board.

(3) During the currency of the Charter the Charterers shall ensure that bunker delivery notes are presented to the Vessel on the delivery of fuel(s) and that during bunkering representative samples of the fuel(s) supplied shall be taken at the Vessel's bunkering manifold and sealed in the presence of competent representatives of the Charterers and the Vessel.

(4) The fuel samples shall be retained by the Vessel for 90(ninety) days after the date of delivery or for whatever period necessary in the case of a prior dispute and any dispute as to whether the bunker fuels conform to the agreed specification(s) shall be settled by analysis of the sample(s) by ○○ or by another mutually agreed fuels analyst whose findings shall be conclusive evidence as to conformity or otherwise with the bunker fuels specification(s).

(5) The Owners reserve their right to make a claim against the Charterers for any damage to the main engines or the auxiliaries caused by the use of unsuitable fuels or fuels not complying with the agreed specification(s). Additionally, if bunker fuels supplied do not conform with the mutually agreed specification(s) or otherwise prove unsuitable for burning in the ship's engines or auxiliaries the Owners shall not be held responsible for any reduction in the Vessel' s speed performance and/or increased bunker consumption nor for any time lost and any other consequences.

BIMCO 정기용선계약의 선박연료유 품질관리약관

(1) 정기용선자는 선박의 기관과 보조기관에서 연소하기에 적합하고 본 용선계약에 의해 상호 합의된 명세에 적합한 양질의 선박연료유를 공급하여야 한다.

(2) 선박의 인도 시에, 선박소유자는 선박연료유인도정보와 선박에 존재하는 연료유에 대한 견본 등을 정기용선자의 자유재량에 맡겨야 한다.

(3) 용선계약의 유효기간 동안에, 연료유의 인도 시에 선박연료유인도정보가 선박에 제시되고, 선박연료유의 선적 중에 정기용선자와 선박의 소관대표자의 입회 하에 연료유의 대표적인 표본이 채취되고 밀봉되도록 정기용선자는 보장하여야 한다.

(4) 인도기일 이후 90일 동안 혹은 사전분쟁의 경우에 필요한 모든 기간 동안에 연료유표본이 선박에 의해 보관되어야 한다. 그리고 선박연료유가 합의된 명세에 적합한지의 여부에 관한 분쟁은 표본에 대한 분석에 의해 해결되거나, 상호 합의된 또 다른 연료유분석가에 의해 해결되어야 하는데, 그러한 분석가의 조사결과가 선박연료유명세와의 적합성 여부에 대한 결정적인 증거가 되어야 한다.

(5) 부적합한 연료유 혹은 합의된 명세를 준수하지 않은 연료유 등의 사용에 의해 초래된 주기관과 보조기관의 손상에 대하여, 선박소유자는 정기용선자에게 청구권을 제기할 수 있는 권리를 보유한다. 추가적으로, 공급된 선박연료유가 상호 합의된 명세에 적합하지 않거나 그렇지 않아서 선박의 기관이나 보조기관에서 연소하는 데에 부적합하다고 판명될 경우, 선박의 속도성능의 감소 그리고/혹은 증가된 선박연료소모량 등에 대하여서 그리고 손실된 시간과 다른 결과들에 대하여 선박소유자는 책임을 질 필요가 없다.

2. 선박의 속력과 연료소모량약관의 성질

선박의 속력유지와 연료소모량약관의 성질에 대하여 영국법에서는 중간조건으로 인정하고 있다. Aegean Dolphin호 사건[17]에서 선박소유자 Dolphin Hellas Shipping S.A.사와 정기용선자 Itemslot사는 3년 동안 Aegean Dolphin호에 대한 정기용선계약을 체결하였다. 정기용선자는 선박을 특정항로의 유람선으로 사용할 목적을 가지고 있었다. 정기용선계약서상 선박은 양호한 기상상태에서 18노드의 속력으로 항해하도록 되어 있었다. 정기용선계약서에 의하여 정기용선자는 선박의 상태를 확인한 후에, 1988년 5월 26일자 서신으로 선박의 상태를 승인하였다. 선박은 1988년 10월 1일에 인도될 예정이었다. 선박이 계약된 속력으로 항해할 수 없어서 원래 목적하였던 특정항로의 유람선으로 사용할 수 없게 되었다. 따라서 1988년 8월에 정기용선자는 계약이 무효라고 주장하였다. 그러나 선박소유자는 "정기용선자가 선박의 상태를 확인한 후에 이미 서신으로 선박의 상태를 승인하였으므로, 정기용선자는 선박의 인도를 거절할 수 없다."라고 주장하였다. 대부분의 중재인은 정기용선자

17) Dolphin Hellas Shipping S.A. v. Itemslot Ltd. – The Aegean Dolphin [1992] 2 Lloyd's Rep. 178 (Q.B.).

제1편
제2편
제3편
제4편
제5편
제6편
제7편
제8편

에게 승소판정을 하였다. 그러나 1심 법원 Hobhouse판사는 "정기용선자는 이미 서신으로 선박의 상태를 확인하고 선박의 인도를 승인하였으므로, 계약위반에 대한 손해배상을 청구할 수는 있으나, 선박의 인도를 거절할 수 없다."라고 판시하였다. 일반적으로 정기용선자는 권리를 포기하지 않는 한 선박이 정기용선계약서상 속력을 유지하지 못하여 그 결과 계약위반의 내용이 중요하면 계약을 해제할 수 있다. 그러나 본 사건에서는 정기용선자가 이미 서신으로 선박의 상태에 이상이 없다는 것을 확인하였다. 따라서 선박의 속력이 정기용선계약서상 속력을 유지할 수 없었지만 정기용선자는 선박을 인도받을 의무가 있었다.

그러나 선박의 속력과 연료소모량약관의 성질에 대하여 미국법에서는 담보로 해석하고 있기 때문에, 계약당사자의 책임비중이 달라짐에 주의하여야 할 것이다. 또한 정기용선계약서에 표시된 선박의 속력과 연료소모량은 그 표시자체가 담보 또는 보증(warranty or guaranty)의 성질을 가진다. Beechpark호 사건[18]에서 선박소유자 Denholm Shipping사와 정기용선자 W. E. Hedger사는 1924년 3월 18일에 5개월 동안 Beechpark호에 대한 정기용선계약을 체결하였다. 정기용선계약서에는 선박이 양호한 기상상태에서 약 32–34톤의 석탄소비로 약 11–12노트의 속력으로 운항하도록 기재되어 있었다. 선박은 1924년 4월 14일 Norfolk에서 인도되어 1항차는 Galveston 항에서 비료를 선적하여 호주에서 양하하였고, 2항차는 호주에서 곡물을 선적하여 로테르담 항에서 양하하였다. 선박소유자는 미지급된 용선료에 대하여 소송을 제기하였다. 정기용선자는 "선박의 속력감소 및 연료소모량증가를 원인으로 발생한 손해금액은 용선료에서 공제되어야 된다."라고 주장하였다. 1심 지방법원 Campbell판사는 "정기용선계약서상 선박의 속력과 연료소모량의 기재는 담보가 아니다."라고 판시하면서, 선박소유자에게 승소판결을 하였다. 그러나 항소법원(Manton판사, L. Hand판사와 Chase판사)은 "운항 중 선박이 정기용선계약서에 기재된 기준보다 선박의 속력이 감소되고 연료소모량이 증가되었다면 담보의 위반에 해당한다. 정기용선계약서상 기재된 선박의 속력과 연료소모량은 담보라는 단어가 기재되지 않아도, 그 성질상 담보에 해당한다. 따라서 선박소유자는 선박의 인도일에 정기용선계약서상 기준보다 선박의 속력이 감소되고 연료소모량이 증가되었다면 책임을 져야 한다."라고 판시하면서, 1심 지방법원의 판결을 파기하였다.

또한 Sonia II호 사건[19]에서 정기용선자 San Juan사는 Sonia II호를 선박소유자

18) Denholm Shipping Co. v. W. E. Hedger Co., 47 F.2d 213. 1931 A.M.C. 297 (2d Cir. 1931).
19) Romano v. West India Fruit and Steamship Co., 151 F.2d 72Diana C7, 1946 A.M.C. 90 (5th Cir. 1945).

North Caribbean Transport Company사로부터 정기용선하여 재용선자 West India사와 Cristobal 항에서 바나나를 선적하여 West Palm Beach 항에서 양하하는 운송계약을 체결하였다. 그러나 바나나는 West Palm Beach 항이 아닌 Miami 항에서 손상된 상태로 양하되었다. 재용선자는 "용선계약서상 선박의 속력이 9노트로 항해하도록 보장되어 있으나, 선박의 속력감소로 항해기간이 길어져서 바나나가 손상되었다."라고 주장하였다. 선박소유자와 정기용선자는 "선박이 9노트의 속력을 유지하여야 된다고 용선계약서상 명확하게 명시되어 있지 않다. 또한 선적일에 바나나는 이미 색깔이 변질되어 있었다. 따라서 선박소유자와 정기용선자는 바나나의 손상에 대하여 책임을 질 수 없다."라고 주장하였다. 1심 지방법원과 항소법원(Hutcheson판사, Waller판사와 Lee판사)은 "용선계약서상 선박의 속력은 담보라고 명시되어 있지 않더라도 담보에 해당된다. 또한 정기용선자는 선박이 일정 속력을 유지한다고 믿고, 이에 적당한 항차에 선박을 투입하고자 선박을 용선하였다. 따라서 선박의 속력감소로 인하여 발생한 바나나의 손상에 대하여 선박소유자와 정기용선자는 책임을 져야 한다." 라고 판시하였다.

3. 해석원칙

선박의 속력과 연료소모량약관의 해석원칙으로 적용시기, 기상조건 및 허용범위에 대하여 검토한다.

(1) 적용시기

선박의 속력과 연료소모량의 담보개시시기에 대하여 영국법에서는 정기용선계약의 체결일을 기준으로 판단하여야 한다는 견해[20]와 정기용선계약이 개시되는 선박의 인도일을 기준으로 판단하여야 한다는 견해[21]로 나뉘어 있다.

Adderstone호 사건[22]에서 정기용선자 Polarus사는 Adderstone호를 7개월–9개월 동안 선박소유자 White Shipping사로부터 1937년 3월 6일에 정기용선하여, 같은 조건으로

20) Didymi Corporation v. Atlantic Lines and Navigation Co., Inc. – The Didymi [1988] 2 Lloyd's Rep. 108 (C.A.).

21) Cosmos Bulk Transport Inc. v. China National Foreign Trade Transportation Corp. – The Apollonius [1978] 1 Lloyd's Rep. 53; Arab Maritime Petroleum Transport Co. v. Luxor Trading Corp. – The Al Bida [1987] 1 Lloyd's Rep. 124. See also Bulfracht (Cyprus) Ltd. v. Beonest Shipping Co., Ltd. – The Pamphilos [2002] 2 Lloyd's Rep. 681.

22) Lorentzen v. White Shipping Co., Ltd. – The Adderstone [1943] 74 Ll.L.Rep. 161 (K.B.).

IFC사에게 1937년 3월 24일에 재정기용선하여 주었다. 정기용선계약서상 선박은 약 13톤 FO의 연료소모량 기준에 약 10노트의 속력으로 항해하도록 기재되어 있었다. 한편, 노르웨이 정부와 Germa사의 관리인 Mr. Oivind Lorentzen은 선박소유자인 매도인으로부터 체결되어 있는 정기용선계약을 인수하는 조건으로 Adderstone호를 매수하였다. 선박이 정기용선계약서상 기준보다 선박의 속력이 감소하고 연료소모량이 증가하자, 정기용선자는 선박을 압류하였다. Adderstone호의 매수인은 선박을 해방시키는 데 소요한 비용 £2,198.12의 손해배상을 매도인에게 청구하였다. 매수인은 "선박매매계약의 체결일에 채권채무의 경개(novation)가 없었으므로, 매도인이 정기용선계약의 위반에 대하여 책임을 져야 한다."라고 주장하였다. 반면에, 매도인은 "선박매매계약의 체결일에 채권채무의 경개가 있었으므로, 정기용선계약의 위반에 대하여 매도인은 책임이 없다."라고 주장하였다. 1심 법원 Atkinson 판사는 "선박의 속력과 연료소모량에 대한 담보는 정기용선계약의 체결일에 적용되는 것이지, 전체 용선기간 동안 계속하여 선박의 속력과 연료소모량을 유지하여야 하는 것은 아니다. 따라서 매도인은 매수인이 정기용선계약의 위반에 대한 책임을 진다는 것을 입증하지 못하는 한, 매도인이 선박의 속력과 연료소모량과 관련하여 발생한 손해에 대하여 매수인에게 손해배상을 하여야 한다."라고 판시하였다. 이와같이 Adderstone호 사건에서는 선박의 속력과 연료소모량의 담보시기를 정기용선계약의 체결일을 기준으로 판단하였다. 그러나 선박의 속력과 연료소모량의 담보시기는 선박의 인도일로 보는 견해가 통설이다. 정기용선계약을 체결한 후 실제로 오랜 기간이 지나서 속력과 연료소모량에 대한 선박의 성능이 변화될 수 있으므로, 필자는 선박의 속력과 연료소모량의 담보시기를 인도일로 보는 통설이 타당하다고 본다. 이와 같은 통설은 계약의 형식적인 해석에서 벗어나서 상사적 관점을 반영한 것이라고 하겠다.

통설에 의하여 영국법에서 선박의 속력과 연료소모량에 대한 담보약관은 용선선박의 인도일에만 적용되며 전체 용선기간 동안에 선박소유자의 담보의무는 적용되지 않는다. 즉, 용선선박이 인도일에 약정조건 아래에서 약정연료를 소모하면서 약정속력을 낼 수 있는 가능성이 있으면, 선박의 속력과 연료소모량 유지의무는 이행된 것으로 본다. 그러므로 선박소유자는 선박인도일에 선박의 속력과 연료소모량에 대한 위반이 있어야 전체 용선기간 동안에 발생한 손해금액을 정기용선자에게 배상하여야 하는 의무를 진다.[23] 따라서 선박이 인도일에 정기용선계약서상 속력과 연료소모량을 유지하였다면, 인도일 후에 선박의 속력이

23) Davies Martin & Dickey Anthony, *op. cit.*, p.350.

감소되고 연료소모량이 증가되어도 선박소유자는 책임이 없다.[24] 그러나 당사자 사이에 합의가 있다면 선박의 속력과 연료소모량의 담보시기는 인도일은 물론 전체 용선기간 동안에도 적용된다.[25] 미국법에서의 선박의 속력과 연료소모량에 대한 담보책임은 원칙적으로 영국법과 마찬가지로 선박의 인도일에 적용되며[26] 전체 용선기간 동안에 계속하여 담보하는 것은 아니다. 따라서 미국법에서도 영국법과 마찬가지로 당사자 사이에 별도의 합의가 없으면, 전체 용선기간 동안에 선박소유자가 선박의 속력과 연료소모량 유지를 담보한다고 볼 수 없다.[27] 그러나 미국법에서는 영국법과는 달리 용선선박이 인도된 후에 용선선박의 선체 · 기관과 기타의 장치에 결함이 있어서 선박의 속력이 감소되고 연료소모량이 증가되었다면, 정기용선자가 선박의 인도일에 선박의 속력과 연료소모량 유지에 대한 선박소유자의 의무위반을 알지 못하여도 손해배상을 청구할 수 있다.[28] 즉, 실질적으로 미국법에서 선박소유자는 전체 용선기간 동안에 선박의 속력과 연료소모량의 담보책임을 지게 되는 것을 의미한다.[29] 이런 점에 미루어 볼 때, 미국법이 영국법에 비하여 정기용선자를 더욱 보호하고 있다고 하겠다.

Astraea호 사건[30]에서 정기용선자는 선박소유자로부터 선박의 인도일은 물론 항해 도중에도 12노트의 평균속력을 보증하는 조건으로 Astraea호를 정기용선하여, 과일을 운송하기 위하여 재용선하여 주었다. 선박이 운송 도중 용선계약서상 평균속력으로 항해하지 못하였기 때문에 화물이 부패되어 화물의 시장가치가 하락하였다. 재용선자는 선박이 용선계약서상 평균속력으로 항해하지 못하여 발생한 손해에 대하여 선박에 유치권을 행사하였다. 미국 1심 지방법원 Thomas 판사는 "선박소유자는 정기용선계약의 체결일에 선박이 과일을 운송할 예정이고 선박의 속력이 감소되면 과일이 부패할 것이라는 사실을 예견할 수 있었

24) Bulfracht (Cyprus) Ltd. v. Boneset Shipping Co., Ltd. - The Pamphilos [2002] 2 Lloyd's Rep. 681.

25) Arab Maritime Petroleum Transport Co. v. Luxor Trading Corporation and Geogas Enterprise S.A. - The Al Bida [1986] 1 Lloyd's Rep. 142 and [1987] 1 Lloyd's Rep. 124 (C.A.); Bulfracht (Cyprus) Ltd. v. Boneset Shipping Co., Ltd. - The Pamphilos [2002] 2 Lloyd's Rep. 681 (Q.B.); Ocean Glory Compania Natiera S.A. v. A/s P.V. Christensen - The Ioanna [1985] 2 Lloyd's Rep. 164 (Q.B.).

26) Denholm Shipping Co. v. W. E. Hedger Co., 47 F.2d 213, 1931 A.M.C. 297 (2d Cir. 1931).

27) Cargo Ships El-Yam Ltd. v. Stearns & Foster Co., 149 F. Supp. 754, 1957 A.M.C. 668 (S.D.N.Y 1955) 115, 116.

28) Hellenic Bulk Transport S.A. v. Burmah Oil Tankers Ltd., SMA 1086 (Arb. at N.Y. 1976); Compania Venetico de Navegacion S.A. v. Preshus Chartering A/S, SMA 1110 (Arb. at N.Y. 1977); Romano v. West India Fruit & S.S. Co., 151 F.2d 727 (5th Cir. 1945).

29) 박용섭, "정기용선계약상에서 선박소유자의 속력유지 의무에 관한 연구", 「한국해법학회지」 제4권 제1호, 한국해법학회, 1982, 162쪽. (이하 "박용섭, 선박소유자의 속력유지 의무"라고 한다.).

30) Astraea, 124 F. 83 (E.D.N.Y. 1903).

다. 또한 정기용선계약은 항해 도중에도 12노트의 평균속력을 보증하는 조건이었다. 그러므로 선박의 속력과 연료소모량에 대한 담보는 용선기간의 시작시점인 인도일은 물론 전체 용선기간 동안에 적용되므로, 선박소유자는 선박의 속력감소로 항해가 지연되어 발생한 손해에 대하여 책임을 져야 한다. 따라서 재용선자는 발생한 손해에 대하여 선박에 유치권을 행사할 수 있다."라고 판시하였다.

이제까지 검토한 바와 같이, 영미법에서 선박소유자는 선박의 인도일에 선박의 속력과 연료소모량 유지의무를 지는 것이 원칙이다. 그러나 정기용선계약서에는 선박의 속력과 연료소모량의 유지의무와 관련하여 추가적으로 선박의 정비에 대하여 뉴욕프로듀스서식(1993) 제6조와 볼타임서식(2001) 제3조에 규정되어 있다. 이와같이 선박의 속력감소의 원인이 선박정비의 불량에서 기인하였다면, 선박소유자는 선박정비의무의 위반으로 책임을 져야 한다.[31] 즉, 선박의 속력감소와 연료소모량증가가 정기용선계약서상 그 원인이 선체기관 또는 장비를 사용하여 선박을 운항할 수 있도록 하여야 하는 선박소유자의 의무를 위반하여 발생하였다면, 정기용선자는 선박의 인도일뿐만 아니라 전체 용선기간 도중에도 손해배상을 청구할 수 있다. 또한 가장 빠른 항해 성취에 대하여 뉴욕프로듀스서식(1993) 제8조에도 유사한 규정이 있어 선박의 인도일 후 용선기간 중에 최고의 상용속도로 항해하도록 하는 의무를 선박소유자에게 부담시키고 있다. 정기용선자는 선박이 최고의 상용속도로 항해하지 않는다면, 그 사실을 입증하여 선박소유자에게 손해배상을 청구할 수 있다. 그리고 볼타임서식(2001) 제9조에는 "선장은 모든 항해를 가장 빨리 성취하고, 또 선원으로 하여금 관습상의 협력을 제공토록 하여야 한다.…"라고 규정되어 있다.

(2) 기상조건

뉴욕프로듀스서식에서는 선박의 명세에 만재상태에서, 보어퍼트풍력계급(Beaufort wind scale) ○○까지를 포함하는 양호한 날씨에서, 약 ○○만큼의 연료를 소모하며 약 ○○노트의 속력이라고 구체적으로 명시하고 있다. 일반적으로, 양호한 날씨는 당사자 사이에 합의되는데[32] 보어퍼트풍력계급 4이하를 의미한다.[33][34] 또한 보어퍼트풍력계급 4의 상태에

31) Davies Martin & Dickey Anthony, *op. cit.*, p.350.

32) The Leonida Glory, SMA 2753 (Arb. at N.Y. 1991); The Superten, SMA 3304 (Arb. at N.Y. 1996).

33) Arab Maritime Petroleum Transport Co. v. Luxor Trading Corporation – The Al Bida [1987]1 Lloyd's Rep. 124 (C.A.); The Astro Energy, SMA 2771 (Arb. at N.Y. 1991); The Northern Clipper, 1967 A.M.C. 1557 (Arb. at N.Y. 1967); The Miami, SMA 240 (Arb. at N.Y. 1967); The Costa Rican Trader, SMA 203 (Arb. at N.Y. 1967); The Argo Sky, SMA 627 (Arb. at N.Y. 1971); The Adelfoi, 1972 A.M.C. 1742, 1743 (Arb at N.Y. 1972); The Alma, SMA 261 (Arb. at N.Y. 1964); and The Union Mariner, SMA 89 (Arb. at N.Y. 1960).

서 가끔 선미측 바람이 5내지 6일 경우에도 양호한 날씨라고 판정한 미국중재도 있다.[35] 그러나 바다의 파고에 대하여는 이러한 풍력계급과 같은 상관례가 없다.[36] 바다의 상태를 측정하기 위하여 파도의 세기와 높이를 나타내는 Douglas Sea Scale을 참조한다.[37]

사실 문제로서 날씨와 바다의 상태가 반드시 일치하는 것은 아니다. 예를 들면, 날씨는 좋으나 바다에 상당한 파고를 가진 파도가 존재할 수도 있고, 또한 경우에 따라서 바다는 조용하나 돌풍과같이 국부적으로 날씨가 나빠지는 경우도 있다. 그러므로 뉴욕프로듀스서식과 볼타임서식에서 규정한 속력의 요건에 관한 문언은 사실적인 문제일 경우에 그 당시의 기상 · 해상 조건에 따라서 이론이 있을 수 있으나, 법률적인 문제일 경우에 항해의 합목적성과 안전성을 고려하여 날씨와 바다가 모두 양호한 상태를 말하는 것으로 해석하는 것이 합리적이라고 하겠다.[38]

(3) 허용범위

선박의 속력과 연료소모량은 이론적 기준이 아니라 당사자의 합의에 의하여 결정된 기준이다. 따라서 선박의 속력과 연료소모량은 날씨, 해상조건 또는 적하상태에 따라 차이가 발생한다. 이와 같은 차이 때문에 선박의 속력과 연료소모량에는 허용범위를 인정하고 있다.

---

34) 인터탱크타임서식(1980)에서 풍력이 보어퍼트풍력계급 7이상의 경우가 하루에 6시간 이상일 때에는 양호한 날씨가 아니라고 규정하고 있다. 이처럼 일반화물선에 비하여 유조선의 경우에 악천후의 기준이 더욱 엄격하다. 이는 유조선이 건화물선에 비하여 대형화되어 있어 항해에 보다 안전하다고 판단되기 때문이다.

35) The Stove Valkan, S.M.A. 292 (Arb. at N.Y. 1968).

36) Coghlin Terence, W.Baker Andrew, Kenny Julian and Kimball John D., *op. cit.*, p.83.

37) Douglas Sea Scale

Degrees	Description
0	No Swell
1	Very Low (short and low wave)
2	Low (long and low wave)
3	Light (short and moderate wave)
4	Moderae (average and moderate wave)
5	Moderate rough (long and moderate wave)
6	Rough (short and heavy wave)
7	High (average and heavy wave)
8	Very high (long and heavy wave)
9	Confused (wave length and height indefinable)

Classfication

Short wave	1.00m-	Low wave	2m-
Average wave	1.00-2.00m	Moderage wave	2-4m
Long wave	2.10m+	High wave	4.01m+

38) 박용섭, 정기용선, 192쪽.

1) 약(about)

정기용선계약서의 선박명세약관에 선박의 속력과 연료소모량에 대하여 구체적으로 정확한 기준을 명기할 수 없기 때문에, "약"이라는 문언을 붙여서 선박소유자의 책임을 경감시키고 있다.[39] 한 100년 전에 운항되던 선박은 평균 9-10노트의 속력으로 항해하는 5,000-10,000톤 규모였다. 그 당시에는 낙후한 통신시설로 선장이 항해 중 항로나 기상에 대한 정확한 정보를 접할 수 없었기 때문에, "약"이란 표기로 선박소유자에게 허용범위를 인정하게 되었다. 그러나 통신시설이 발달한 현재는 오래전 시절보다는 선박소유자가 항해 및 기상에 대한 정보를 과학적이고 정확하게 수집할 수 있게 되었다. 따라서 운항에 대한 위험을 정기용선자보다는 선박소유자가 부담하게 되므로, 최근 영국중재는 "약"의 허용범위를 좁게 해석하려는 경향이 있다.

Al Bida호 사건[40]에서 선박소유자 Arab Maritime Petroleum Transport Co.사와 정기용선자 Luxor Trading Corporation and Geogas Enterprise S.A.사는 1980년 11월 6일에 1년 동안, 1981년 10월 27일에 추가로 1년 동안 Al Bida호에 대한 정기용선계약을 체결하였다. 정기용선계약서상 선박은 24시간당 IFO연료를 만재상태에서 항해 시에는 53톤 그리고 공선상태에서 항해 시에는 50톤의 소비기준으로 평상의 기상상태에서 평균 약 15.5노트의 속력으로 1년 이상 항해하도록 명세가 기재되어 있었다. 정기용선자는 "정기용선기간 동안에 선저오염 등의 이유로 정기용선계약서상 기준보다 실제로 이행한 선박의 속력이 감소되고 연료소모량이 증가되어 발생한 손해에 대하여 선박소유자가 책임을 져야 한다."라고 주장하였다. 선박소유자는 "선박소유자가 책임을 져야 하는 속력은 「약」의 허용범위인 5%(3/4노트) 또는 0.5노트를 제외한 14.75노트 또는 15노트가 기준이 되어야 한다."라고 주장하였다. 중재인은 "선저상태에서의 유조선은 동형의 컨테이너선에 비하여 기상에 의하여 적게 영향을 받는다. 따라서 「약」의 허용범위는 좁게 해석하여야 한다. 또한 선박의 속력이 감소되고 연료소모량이 증가된 것은 선저오염이 원인이므로 선박소유자가 책임을 진다."라고 판정하면서, 정기용선자에게 승소판정을 하였다. 1심 법원 Evans판사와 항소법원(Fox판사, Parker판사와 Nicholls판사)은 "선박소유자는 「약」의 허용범위를 넘어서 선박의 속력이 감소되고 연료소모량이 증가된 것에 대하여 책임을 진다. 「약」의 허용범위는 법률문제가 아니

39) 박용섭, 선박소유자의 속력유지 의무, 124쪽.

40) Arab Maritime Petroleum Transport Co. v. Luxor Trading Corporation and Geogas Enterprise S.A. - The Al Bida [1986] 1 Lloyd's Rep. 142.

므로, 중재인의 결정에 따라야 한다."라고 판시하면서, "약"의 허용범위를 좁게 해석하였다. 그러나 다른 영국중재[41]는 "당사자의 합의가 없다면, 계약 속력이 12-16노트일 경우에 선박의 속력에 대한 허용범위는 ±0.5노트이다."라고 하였다. "약"의 허용범위[42]는 당사자의 합의에 의하여 정할 수 있다. 연료소모량에 대한 "약"의 허용범위는 선박의 속력에 대한 영국중재를 참조하여 볼 때, ±0.5노트 또는 5%로 보는 것이 타당할 것이다.

미국판례와 중재에서도 "약"의 문언에 대한 허용범위를 영국에서와 같이 0.5노트로 보고 있다.[43] Chris호 사건[44]에서는 약 10노트에 대한 "약"의 허용범위를 0.33노트로 보았다. Adelfoi호 사건[45]에서는 만재상태에서의 속력을 13노트로 약정한 경우, 비만재상태에서는 "약"의 허용범위 0.5노트에 선박이 항상 만재상태가 아니었으므로 이에 대한 허용범위를 0.1노트로 감안하여 결과적으로 0.4노트를 허용범위로 보아서 12.6노트는 계약상 속력을 만족시키는 속력으로 판정하였다. 그러나 Seamaid호 사건[46]에서 중재인은 "정기용선계약서상 선령이 20년인 선박의 속력은 10노트이나 실속력이 9노트인 것은 정기용선계약서상 선박의 속력에 상당한나."라고 판정하였다. 연료소모량에 대하여 미국중재에서 "약"의 허용범위는 3%로 판정하기도 하고[47] 5%로 판정하기도[48] 하였다. The Aretis호 사건[49]에서 중재인은 "정기용선계약서상 26-27톤의 연료소모량을 기준으로 10노트의 속력을 유지하도록 규정되었는데, 선박이 24-35톤의 연료소모량으로 9.5노트의 속도를 유지한 것은 계약위반이 아니다."라고 판정하였다.

선박의 속력 앞에 "약"을 표시하고 또한 연료소모량 앞에도 "약"을 표시하였을 경우에 "약"의 허용범위가 한 번 적용되는지 두 번 적용되는지의 여부에 대하여는 의견이 일치하

41) Cosmos Bulk Transport Inc. v. China National Foreign Trade Transportation Corporation – The Apollonius [1978] 1 Lloyd's Rep. 53.
42) 일본중재에서도 "「약」의 허용범위는 5%를 의미한다. 경우에 따라서 그 의미가 확장될 수 있지만 10%를 초과할 수는 없다."라고 판정하였다. (勝田汽船 對 山下汽船 海永丸 傭船契約 紛議事件, 1920. 11. 15.).
43) The SCM Mexico, SMA 3885 (Arb. at N.Y. 2005); The Pella, SCM 3614 (Arb. at N.Y. 2000); The Northern Clipper, 1967 A.M.C. 1557 (Arb. at N.Y. 1967); The Ghikas, SMA 686 (Arb. at N.Y. 1972); Byzantine Maritime Corp. v. Matthew Shipping Co., Ltd., SMA 972 (Arb. at N.Y. 1975); The Skadi, SMA 789 (Arb. at N.Y. 1973); Hellenic Bulk Transport S.A. v. Burmah Oil Tankers Ltd., SMA 1086 (Arb. at N.Y. 1976); The Panagiotis Xilas, SMA 1035 (Arb. at N.Y. 1976); The Grand Integrity; SMA 671 (Arb. at N.Y. 1971); The Stove Vulkan, SMA 292 (Arb. at N.Y. 1968); The Aghia Marina, SMA 1236 (Arb. at N.Y. 1978); The Argo Master, SMA 1489 (Arb. at N.Y. 1980); and The Astro Energy, SMA 2771 (Arb. at N.Y. 1991).
44) The Chris, SMA 199 (Arb. at N.Y. 1958).
45) The Adelfoi, 1972 A.M.C. 1742 (Arb. at N.Y. 1972).
46) The Seamaid, 1967 A.M.C. 1362 (Arb. at N.Y. 1966).
47) The Medita, SMA 1150 (Arb. at N.Y. 1977); The FFM Matarengi, SMA 2592 (Arb. at N.Y. 1988).
48) The Astro Energy, SMA 2771 (Arb. at N.Y. 1991).
49) The Areti S, 1965 A.M.C. 2116 (Arb. at N.Y. 1965).

지 않고 있다.[50)]

2) 무보증(without guarantee)

영국법에서는 원칙적으로 선박의 명세에 "무보증"라고 기재되어 있으면 선박의 명세는 단지 "표시(representation)"에 불과하므로 선박소유자는 계약상의 책임을 지지 않는다. 따라서 선박소유자는 가능하다면 선박의 속력과 연료소모량에 대하여 "무보증"으로 기재하여 책임을 면하려고 한다.

Lipa호 사건[51)]에서 선박소유자 LPB사와 정기용선자 Valfracht Maritime사는 1993년 9월 8일에 3개월-6개월 동안 Lipa호에 대한 정기용선계약을 체결하였다. 선박은 1993년 9월 8일과 12일 사이에 인도되었고, 그 후 몇 번 추가계약에 의하여 용선기간이 연장되어 1998년 12월 29일에 반선되었다. 정기용선계약 제26조는 선박의 속력과 연료소모량과 함께 "모든 명세는 신의에 의하여 그러나 보증 없이 기재되었음(All details given in good faith but without guarantee)."이라고 기재되어 있었다. 선박이 정기용선계약서상 기준보다 연료소모량이 증가하자 정기용선자는 손해배상을 청구하였다. 선박소유자는 "선박의 명세에 「모든 명세는 신의에 의하여 그러나 보증 없이 기재되었음(All details given in good faith but without guarantee).」이라고 기재되어 있는 정기용선계약서 제26조에 의하여 선박소유자는 연료소모량에 대하여 보증하지 않았기 때문에 책임이 없다."라고 주장하였다. 2000년 7월 12일 중재인(Timothy Rayment와 George Lugg)은 "「무보증」이란 문언은 선박의 명세에 전적으로 책임을 지지 않는 것이 아니라, 「약」의 허용범위를 추가로 확대하는 역할을 하는 것이다."라고 판정하였다. 그러나 1심 법원 Andrew Smith판사는 "정기용선계약서에 「무보증」이란 표시가 있으므로, 선박소유자는 연료소모량에 대하여 보증하지 않았다."라고 판시하면서, 선박소유자의 책임을 부인하였다.

"무보증"의 효력에 관한 Lendoudis Evangelos II호 사건[52)]에서 선박소유자 Deemand Shipping사와 정기용선자 Continental Pacific Shipping사는 1989년 10월 18일에 약 70-80일 동안 정기용선기간에 대한 무보증조건으로 Lendoudis Evangelos II호에 대한 정기용선계약을 체결하였다. 정기용선자는 실제로 선박을 103일 12시간 40분 동안 사용

---

50) Coghlin Terence, W. Baker Andrew, Kenny Julian and Kimball John D., *op. cit.*, p.86.

51) Losinjska Plovidba Brodarstovo DD v. Valfracht Maritime Co., Ltd. – The Lipa [2001] 2 Lloyd's Rep. 17 (Q.B.).

52) Continental Pacific Shipping Ltd. v. Deemand Shipping Co., Ltd. – The Lendoudis Evangelos II [1997] 1 Lloyd's Rep. 404; [1997] C.L.C. 432.

하였다. 선박소유자는 "정기용선자가 초과 사용한 23.52일에 대하여 정기용선자가 책임을 부담하여야 한다."라고 주장하였다. 그러나 정기용선자는 "용선기간은 신의에 의하여 무보증조건으로 표시되었으므로 책임이 없다."라고 주장하였다. 중재인은 "정기용선자가 용선기간을 초과하여 사용하였으므로 책임을 부담하여야 한다."라고 판정하였다. 그러나 1심 법원 Lougmore판사는 "정기용선자가 정기용선계약의 체결일에 약 70-80일의 기간을 악의로 표시하였거나 합리적으로 산정하지 않았을 경우에 항해기간이 초과되었다면 책임을 진다. 그러나 본 사건에서는 정기용선자가 용선기간을 신의에 의하여 합리적으로 표시하였으므로 초과된 기간에 대하여 책임이 없다."라고 판시하였다. 용선기간에 "무보증"이라는 문구가 첨부되었더라도, 정기용선자가 고의 또는 판단착오로 실제로 소요되는 기간보다 적은 항해일수를 제시하였다면 책임을 져야 한다. "무보증"조건으로 표시된 용선기간의 경우에 정기용선자가 정기용선계약의 체결일에 신의성실에 의하여 예상되는 항해기간을 제시하고 효율적인 방법으로 성실하게 항해를 수행하였다면, 정기용선자는 초과된 항해일수에 대하여 책임을 지지 않는다.

이와같이 선박의 명세에 표시된 "무보증"이란 표시는 영국법에서 선박소유자에게 책임을 부과하지 않는 반면, 미국법에서는 설사 선박의 명세에 "무보증"이란 표시가 있더라도 기본적으로 선박소유자는 선박의 명세에 대하여 책임을 져야 한다. 그러나 미국법에서도 예기치 못한 상황이라면 선박소유자는 책임을 지지 않는다.

신조선의 경우에 아직 운항의 경험이 없어서, 선박소유자는 선박의 속력과 연료소모량에 대하여 확신을 갖지 못한다. 따라서 일반적으로 신조선의 경우에 선박의 명세에 "무보증"의 문언이 기재된다. 이 경우에 선박의 속력이 감소되었다면 선박소유자는 조선소의 시운전자료를 제시하여 책임을 면할 수 있다. 선박이 조선소에서 인도된 후 일정기간(예를 들면 6개월)이 지나면, 실제 운항자료를 근거로 정기용선계약서상 선박의 속력과 연료소모량을 그대로 유지하거나 또는 수정한 뒤에 "무보증"의 문언을 삭제하도록 정기용선계약의 체결일에 당사자가 합의하는 경우도 있다.

4. 소　　결

선박의 속력유지와 연료소모량약관의 성질에 대하여 영국법에서는 중간조건으로 인정하고 있으나, 미국법에서는 담보로 해석하고 있다. 선박의 명세는 정기용선계약의 체결일에 있어서 본선이 갖추고 있어야 하는 선박의 제반시설을 표시한 것이다. 그러나 선박의 속력과 연료소모량의 담보시기는 선박의 인도일로 보는 견해가 통설이다. 선박의 속력과 연료소모량은 양호한 날씨와 파고 및 해류의 기상을 조건으로 표시된다. 일반적으로, 양호한 날씨는 당사자 사이에 합의되는데 보어퍼트풍력계급 4이하를 의미하나, 바다의 파고 및 해류에 대하여는 이러한 풍력계급과 같은 상관례가 없다. 선박의 속력과 연료소모량은 날씨, 해상조건 또는 적하상태에 따라 차이가 발생하므로 허용범위를 인정하고 있다. "약"의 허용범위는 당사자의 합의에 의하여 정할 수 있는데, 당사자의 합의가 없을 경우에 일반적으로 선박의 속력에 대한 허용범위는 ±0.5노트 또는 5%로 보고 있다. 연료소모량에 대한 "약"의 허용범위 또한 5%로 보고 있다. "무보증"이란 표시가 영국법에서는 선박소유자에게 책임을 부과하지 않는 반면, 미국법에서는 예기치 못한 상황에서는 선박소유자를 보호하나 근본적으로 선박소유자는 책임을 져야 한다.

Ⅲ. 유지의무의 위반

1. 의 의

선박소유자가 제공하여야 하는 선박의 명세 중 속력과 연료소모량은 정기용선자가 선박을 사용 · 수익하는 데 매우 중요한 요소이므로 선박소유자는 목적물인 선박의 성능을 유지시켜야 할 상당한 주의의무를 갖게 된다. 이러한 의무 가운데 선박의 성능보장 즉 정기용선계약서에서 규정하고 있는 감항능력 및 항해효율로서 선박의 속력을 유지하고 연료소모량을 유지하는 것은 해상운송의 경제성을 보장하는 기본적인 요건이며, 선박소유자가 정기용선자에게 부담하여야 할 가장 중요한 채무이다. 따라서 선박의 명세에 기재되어 있는 선박의 속력과 연료소모량은 선박소유자가 담보의무를 지며, 잘못 기재되어 있다면 선박소유자가 책임을 져야 한다.

선박의 속력이 감소되는 현상은 항해시간을 연장시켜서 시간상실의 불이익을 가져오지만, 한편 연료소모량의 감소라는 경제적 이익도 동시에 가져오는 양면성을 가지고 있다.[53] 따라서 선박의 속력과 연료소모량은 용선료와 밀접한 관계가 있다. 영국법에 의하면

53) 박용섭, 선박소유자의 속력유지 의무, 125쪽.

선박의 속력이 감소되었지만 연료소모량 또한 감소되었다면, 정기용선자는 감소된 연료소모량을 공제한 금액만 손해배상을 청구할 수 있다.

Ioanna호 사건[54]에서 선박소유자 P.V.Christensen사와 정기용선자 Ocean Glory Compania Naviera S.A.사는 1980년 7월 25일에 싱가포르 항에서 유럽으로 항해하는 1항차에 대하여 Ioanna호에 대한 정기용선계약을 체결하였다. 선박은 선저가 오손된 상태로 인도되었기 때문에 실제로 선박이 운항한 속력은 정기용선계약서상 기준인 약 13노트(선적된 상태)에 미치지 못하여, 결과적으로 항해일수가 7.2일이 추가로 소요되었다. 당사자는 선박의 속력 앞에 기재된 "약"은 0.5노트를 의미하는 것으로 합의하였다. MDO는 1.5톤이 추가로 소모되었으나, IFO는 감속운항으로 인하여 50톤이 절약되었다. 정기용선자는 추가로 소요된 7.2일에 해당하는 용선료와 1.5톤의 MDO에 대한 손해배상의 청구를 주장하였다. 그러나 선박소유자는 "감속운항으로 절약된 50톤의 IFO는 손해배상금액에서 공제되어야 한다."라고 주장하였다. 1심 법원 Staughton판사는 "선박소유자는 추가로 소요된 7.2일에 해당하는 용선료와 1.5톤의 MDO에 대하여 정기용선자는 손해배상을 하여야 한다. 그러나 감속운항으로 절약된 50톤의 IFO는 정기용선자에게 비용절감의 효과를 주었으므로, 정기용선자가 청구한 손해배상금액에서 공제되어야 한다."라고 판시하였다.[55] 이와같이 영국법에서는 선박의 속력은 감소하였지만, 연료량이 감소되어 정기용선자에게 이득을 가져왔을 경우에는 손해배상의 청구에 이를 공제해 주어야 한다. 그러나 미국법에서는 영국법과는 달리 이러한 이득을 고려하지 않고 선박의 속력감소에 대하여만 별도로 분리하여 손해배상을 청구할 수 있다. 이러한 점에서 미루어 볼 때, 영국법이 선박소유자에게 유리하다고 할 수 있다. Olympic Garland호 사건[56]에서 중재인은 "선박의 속력과 연료소모량은 별개의 것이므로 서로 연관하여 조정할 수 없다."라고 판정하였다. 그러나 이와 상반되는 미국중재도 있다. Vendelso호 사건[57]에서 중재인은 영국법과 같이 "볼타임과 뉴욕프로듀스에 규정된 속력·연료소모량약관은 속력과 연료 소비량이 개별성을 가진 것이 아니라, 동시에 그 내용을 충족시켜야만 효력이 발생하는 본질을 가지고 있다."라고 해석하고 있다.

선박의 속력과 연료소모량약관은 선박이 항만이나 하천과 같은 제한 수역 안에 위치하였을 경우에는 적용되지 않고,[58] 공해에서 항해 시에 적용되는 것이[59] 원칙이다. 그러나

54) Ocean Glory Compania Natiera S.A. v. A/s P.V. Christensen – The Ioanna [1985] 2 Lloyd's Rep. 164 (Q.B.).
55) 같은 취지의 미국중재에는 "The Panamax Venus, SMA 1979 (Arb. at N.Y. 1984)"가 있다.
56) The Olympic Garland, S.M.A. No. 1209 (Arb. at N.Y. 1978).
57) The Vendelso, SMA No. 663 (Arb at N.Y. 1971).

제1편 제2편 제3편 제4편 제5편 제6편 제7편 제8편

항구에 정박하고 있는 동안에 연료소모량이 증가하였다면, 선박소유자가 담보의무를 위반한 것으로 판정한 미국중재[60]도 있다.[61] 정기용선계약서상 항구에서의 연료소모량이 표시되어 있다면, 항구 정박 중에 발생한 연료소모량증가에 대하여 선박소유자는 책임을 져야 한다는 것이 필자의 견해이다. 왜냐하면, 정기용선계약서상 기준보다 과다하게 연료를 사용하였다면, 선박소유자가 계약을 위반한 것이기 때문이다. 또한 정기용선계약서상 선박의 속력은 유지되었으나 연료소모량이 초과된 경우에 정기용선자는 연료소모량증가에 대하여 손해배상을 청구할 수 있다.

일반적으로, 선박의 감항능력에 대하여 용선계약서에는 선박소유자의 절대적인 책임을 규정하고 있다. 그러나 용선계약서에 "미국해상물건운송법" 또는 "헤이그/헤이그-비스비규칙"의 파라마운트약관이 있고, 선박소유자가 선박의 감항능력에 대하여 상당한 주의의무를 다하였다면 책임이 없다. 마찬가지로, 선박소유자가 선박의 제원을 표시하는 선박의 명세에서 선박의 속력과 연료소모량의 성능을 담보하고, 또한 전체 용선기간 동안 실제로 항해 중 선박의 속력과 연료소모량을 담보하였더라도, "미국해상물건운송법" 또는 "헤이그/헤이그-비스비규칙"의 파라마운트약관이 있다면 동 규정에 의하여 선박소유자는 면책된다.[62]

Leonidas호 사건[63]에서 선박소유자 Seawind사와 항해용선자 Bayoil사는 1996년 12월 13일에 이라크의 Al Bakr항에서 원유를 선적하여 US Gulf 항에서 양하하는 Leonidas호에 대한 항해용선계약을 체결하였다. 용선계약서에 의하면 선박은 화물이 선적된 상태에서 11노트로 운항하도록 되어 있었다. 1996년 12월 18일에 Al Bakr 항에서 선적을 완료 후 1996년 12월 25일에 엔진고장으로 선박은 용선계약서상 속력으로 운항할 수 없었다. 결과적으로, 추가협의에 의하여 화물은 원래의 양하지인 US Gulf 항 대신에 아프리카의 Saldanha Bay 항에서 1997년 3월 5일과 9일 사이에 양하되었다. 항해용선자는 "선박이 용선계약서상 보증된 속력을 이행하지 않아서 발생한 손실에 대하여 선박소유자가 책임을 져야 한다."라고 주장하였다. 선박소유자는 "엔진고장으로 선박이 용선계약서상 속력으로 운항할 수 없었으나 선박소유자는 상당한 주의의무를 다하였으므로, 용선계약서상 적용되는

58) The Mini Lap, SMA 1077 (Arb. at N.Y. 1976); The Medita, SMA 1150 (Arb. at N.Y. 1977).
59) The Eurytan, SMA 289 (Arb. at N.Y. 1968).
60) The Alma, SMA 261 (Arb. at N.Y. 1964).
61) Coghlin Terence, W. Baker Andrew, Kenny Julian and Kimball John D., *op. cit.*, p.98-100.
62) Ocean Glory Compania Natiera S.A. v. A/S P.V. Christensen - The Ioanna [1985] 2 Lloyd's Rep. 164 (Q.B.).
63) Bayoil S.A. v. Seawind Tankers Corporation - The Leonidas [2001] 1 Lloyd's Rep. 533; [2001] 1 All E.R. (Comm.) 392 (Q.B.).

「헤이그규칙」에 의하여 선박소유자는 책임이 없다."라고 주장하였다. 중재인은 선박소유자에게 승소판정을 하였다. 1심 법원 Langley판사는 "용선계약서와 선하증권의 관련 조항을 전체적으로 검토해 볼 때, 엔진고장으로 선박이 용선계약서상 속력을 이행하지 못한 것에 대하여 선박소유자는 상당한 주의의무를 다하였으므로, 「헤이그규칙」에 의하여 선박소유자는 책임이 없다. 용선계약서상 선박의 속력에 대한 담보는 전체 용선기간 동안에 절대적으로 이행되어야 한다는 보장이 아니라, 선박의 제원에 있어 속력을 보장한 것이다."라고 판시하면서, 중재판정을 확인 · 지지하였다.

2. 선저오손

선박의 인도일을 기준으로 인도일 전에 선저오손이 발생하였다면 선박의 속력감소와 연료소모량증가로 인한 손해배상에 대하여 선박소유자가 책임을 진다.[64] 선저오손에 기인하여 발생한 선박의 속력감소와 연료소모량증가에 대하여, 일부 견해는 선박의 명세를 기재할 때 선박의 속력과 연료소모량을 부실하게 기재한 것으로 판단하기도 하고,[65] 또한 다른 견해는 선박의 정비불량으로 판단하기도 한다.[66][67]

Apollonius호 사건[68]에서 선박소유자 China National Foreign Trade Transportation Corporation사와 정기용선자 Cosmos Bulk Transport Inc.사는 1974년 8월 28일에 Apollonius호에 대한 1항차 정기용선계약을 체결하였다. 선박은 Whampoa항에서 오랜 기간 동안 체류한 후에 1974년 11월 1일에 Moji항에서 인도되었다. 선박은 River Plate의 Ensenada항에서 양하하기 위하여 일본의 Fukiyama항에서 철제코일(steel coils)을 선적한 후에 1974년 11월 8일에 선적항을 출항하였다. 선박은 선체에 연체동물들이 부착되어 선체가 오손된 상태로 인도되었기 때문에, 정기용선계약서상 속력은 약 14.5노트(약 38톤 IFO연료소모량 기준)이었으나 실제 운항속력은 약 10.6노트로서 결과적으로 항해일수가 4.821일이 추가로 소요되었다. 정기용선자는 "선박이 선체가 오손된 상태로 인도되어 속력이 감소되었

64) The Atlanta, 82 F. Supp. 218, 1948 A.M.C. 1769 (S.D.Ga. 1948); The Pomona, SMA 118 (Arb. at N.Y. 1966).
65) Cosmos Bulk Transport Inc. v. China National Foreign Trade Transportation Corporation – The Apollonius [1978] 1 Lloyd's Rep. 53; [1978] 1 All E.R. 322 (Q.B.).
66) Arab Maritime Petroleum Transport Co. v. Luxor Trading Corporation and Geogas Enterprise S.A. – The Al Bida [1986] 1 Lloyd's Rep. 142 and [1987] 1 Lloyd's Rep. 124 (C.A.).
67) Coghlin Terence, W. Baker Andrew, Kenny Julian and Kimball John D., *op. cit.*, p.85.
68) Cosmos Bulk Transport Inc. v. China National Foreign Trade Transportation Corporation – The Apollonius [1978] 1 Lloyd's Rep. 53; [1978] 1 All E.R. 322 (Q.B.).

다."라고 주장하면서 손해배상을 청구하였다. 선박소유자는 인도일에 선박의 속력이 정기용선계약서상 기준을 이행하지 못한다는 것은 인정하였으나, "선박의 속력에 대한 담보는 선박의 인도일이 아니라 정기용선계약의 체결일을 기준으로 판단하여야 한다."라고 주장하였다. 중재인 MR. Cedric Barclay은 정기용선자는 선저오손으로 인하여 추가로 소요된 4.821일과 선박소유자의 의무태반으로 발생한 1일에 해당하는 손해배상금액에 대하여 법원에 판단을 의뢰하였다. 1심 법원 Mocatta판사는 "선박의 속력에 대한 담보는 유력한 상사적 관점에서 고려된다면 정기용선계약의 체결일이 아니라 선박의 인도일에 적용되어야 한다. 선저오손에 기인하여 발생한 선박의 속력감소는 선박의 인도일에 정기용선자가 예견하지 못한 사건에 해당하므로 정기용선자는 추가로 소요된 항해일수 4.821일에 해당하는 용선료를 유보할 수 있다. 그러나 선박소유자의 의무태만으로 발생한 1일에 대하여는 선박의 감항성과 관련된 의무태만이 아니므로 정기용선자는 손해배상을 청구할 수 없다."라고 판시하였다. 반면에, 선박이 인도일 후에 정기용선자의 관리 하에 선저오손이 발생하였다면, 지연된 지급정지기간에 대하여 선박소유자는 책임이 없다.[69]

Pamphilos호 사건[70]에서 선박소유자 Boneset사와 정기용선자 Bulfracht는 2000년 1월 28일에 브라질의 Sepetiba 항에서 철광석을 선적하여 Bulgaria의 Bourgas 항에서 양하하기 위하여 Pamphilos호에 대한 1항차 정기용선계약을 체결하였다. 선박은 2000년 2월 16일에 Sepetiba 항에서 인도되어 21일 동안 정기용선자의 지시를 기다리며 대기하였다. 선박은 2000년 3월 8일에 접안하여 3월 11일에 선적을 완료하고 Sepetiba 항을 출항하여 Bourgas 항에서 양하를 마친 후에 Piraeus 항에서 4월 13일에 반선되었다. 정기용선자는 "정기용선계약서상 선박은 양호한 기상상태에서 약 36톤 IFO와 2.5톤 MDO의 소비로 약 13노트의 속력으로 운항하도록 기재되었다. 그러나 용선기간 동안 선박의 속력이 감소되고 연료소모량이 증가되었다."라고 주장하면서, 손해금액을 용선료 지급 시 공제하였다. 다수의 중재인은 "정기용선자는 용선료 지급시 공제한 금액을 선박소유자에게 지급하라."라고 판정하였으나, "선박을 인도일과 같은 상태로 반선하지 않았으므로, 정기용선자가 의무를 위반하였다."라는 선박소유자의 주장은 인정되지 않았다. 1심 법원 Colman판사는 "Sepetiba 항과 같은 열대지역에서 일반적으로 선박의 페인트는 12일 이상은 선저를 보호할

69) The Stove Vulkan, SMA 292 (Arb. at N.Y. 1968); The Mount Athos, SMA 1570 (Arb. at N.Y. 1981); The Milly Gregos, SMA 2190 (Arb. at N.Y. 1986); The Mykali II, SMA 2240 (Arb. at N.Y. 1986).

70) Bulfracht (Cyprus) Ltd. v. Boneset Shipping Co., Ltd. – The Pamphilos [2002] 2 Lloyd's Rep. 681 (Q.B.).

수 없다. 그러나 선박은 Sepetiba 항에서 정기용선자의 항해지시를 기다리기 위하여 21일 동안 대기하는 동안에 선저가 오손되어 정기용선계약서상 선박의 속력과 연료소모량에 대한 의무를 이행할 수 없었으므로, 선박소유자는 선박의 속력감소와 연료소모량증가에 대하여 책임이 없다."라고 판시하였다.

미국법에서 선저오손으로 발생한 선박의 속력감소와 연료소모량증가의 문제에 대한 책임소재의 문제는 정기용선계약서상 선박소유자가 드라이도크(drydock)의 의무를 지느냐의 여부에 따라서 달라진다. 첫째, 선박소유자가 드라이도크의 의무를 지는 조항이 없는 경우에 선박소유자가 책임을 지지 않는다. 왜냐하면, 선저오손은 지급정지의 원인인 선체, 기관 또는 속구의 한 부분이 결함 또는 파손된 것으로 보지 않기 때문이다.[71)]

Katonia호 사건[72)]에서 선박소유자 Dampskibselskabet Norden사와 정기용선자 Isbrandtsen-Moller사는 1927년 1월 4일에 최장 5개월 동안 (정기용선자는 3-4개월의 추가선택권을 사용하였다.) Katonia호에 대한 정기용선계약을 체결하였다. 선박소유자는 추가로 연장된 기간 중 정기용선사에게 지급될 금액을 공제하고 미지급된 미화 2,565.46불에 대한 손해배상을 청구하였다. 정기용선자는 "선저오손으로 인하여 선박의 속력이 감소되고 석탄의 연료소모량이 증가되어 결과적으로 12일에 해당하는 기간 동안 손실이 발생됐다."라고 주장하면서, 선박소유자에게 미화 1,767.89불의 미수금에 대한 손해배상을 청구하였다. 1심 지방법원 Knox판사는 "정기용선계약의 체결일에 선박이 열대지방을 운항하여 선저가 오손될 수 있다는 것을 예견할 수 있었으나, 용선기간 동안 드라이도크가 예정되어 있지 않았으므로 선박소유자는 선저오손으로 인한 선박의 속력감소 때문에 발생한 손해에 대하여 책임이 없다."라고 판시하면서, 선박소유자에게 승소판결을 하였다. 둘째, 선박소유자가 드라이도크의 의무를 지는 조항이 있는 경우에 선박소유자가 책임을 진다.[73)] 마찬가지로, 선저오손으로 인한 선박의 속력감소를 선체결함으로 간주하여 손해배상여부를 결정하기로 한 중재판결도 있다.[74)]

---

71) Glasgow Shipowner's Co. v. Bacon, 139 F. 541 (2d Cir. 1905); Damp.s Norden v. Isbrandtsen - Moller Co., 43 F.2d 560, 1930 A.M.C. 1441 - The Katonia (S.D.N.Y. 1930).

72) Damp.s Norden v. Isbrandtsen - Moller Co., 43 F.2d 560, 1930 A.M.C. 1441 - The Katonia (S.D.N.Y. 1930).

73) The Praxiteles, SMA 104, 600 (Arb. at N.Y. 1964); Munson S.S. Line v. Miramar S.S. Co., 166 F. 722 (2d Cir. 1908), cert denied 214 U.S. 526 [1909]; Noyes v. Munson S.S. Line, 173 F. 814 (S.D.N.Y. 1909); Falls of Keltie S.S. Co. v. United States & A.S.S. Co., 108 F. 416 (S.D.N.Y 1901); The FFM Matarengi, SMA 2592 (Arb. at N.Y. 1988).

74) Coghlin Terence, W. Baker Andrew, Kenny Julian and Kimball John D., *op. cit.*, p.98.

3. 손해배상금액

선박의 속력과 연료소모량에 대한 손해배상을 청구할 수 있게 하는 근거를 제공하는 입증자료에 대하여 먼저 살펴보고, 손해배상금액의 산출방법에 대하여 검토한다.

(1) 입증자료

선박의 속력과 연료소모량에 대하여 정확하고 확실하게 손해배상을 청구하기 위하여 해상기상에 대한 다툼을 해결하는 입증자료로서 정기용선자는 선박의 항해일지(deck log and engine log) 및 기상기구(meteorological organization)의 자료를 채택하게 된다.[75] 이 밖에, 추가로 사용되는 입증자료에는 survey report, bunkering record, machinery & equipment logs, engine & shipbuilder's trial data, propeller pitch, maintenance record, owner's instructions to master 등이 있다. 최근에는 과학의 발달로 첨단장비를 이용하여 작성된 각종 기상보고서를 정기용선자가 입수하기가 용이하게 되어, 선박의 속력과 연료소모량에 대한 손해배상청구가 증가하였다. 즉, 정기용선자는 Ocean Route와 같은 기상정보전문기관이 제공하는 기상보고서에 의하여 선박소유자에게 손해배상을 청구한다. 기상보고서는 일정지역에서 통계자료를 기준으로 작성되나, 선박의 항해일지는 특정시간과 지역에서의 기상 · 파도 등의 실제적인 상황에 근거하여 작성되므로 일반적으로 그 내용이 일치하지 않는다. 이와 같이 선박의 항해일지와 기상보고서가 차이가 난다면 중재법정에서는 실제 상황을 기준으로 기록된 선박의 항해일지를 우선으로 하여 사건을 판정하고,[76] 기상보고서는 단지 부수적인 참고자료가 될 뿐이다. 그러나 선장은 선박소유자에 의하여 고용되므로 정기용선자의 손해배상의 청구를 방지하기 위하여 기상상태를 다소 과장하여 작성하는 경우가 종종 발견된다. 이 경우에 현저한 차이가 나면 다시 기상보고서를 참조하게 되는데, 선박의 항해일지가 실제 상황과 일치하지 않는다는 입증책임은 정기용선자가 부담한다.

선장은 정기용선자가 지정한 기상정보전문기관이 제공한 항로에 따를 절대적인 의무가 없다. 왜냐하면, 선박소유자와 정기용선자를 위한 선박, 화물과 선원의 안전에 적합한 최상의 항로결정권은 선장에게 있기 때문이다. 따라서 선장이 기상정보전문기관의 권고를 따

75) 박용섭, 선박소유자의 속력유지 의무, 125쪽.

76) The Grace v. SMA 1760 (Arb. at N.Y. 1982); The Dimitris Perrotis, SMA 3562 (Arb. at N.Y. 1999); The Manila Enterprise, SMA 2060 ((Arb. at N.Y. 1983); The Myrian SMA 3846 (Arb. at N.Y. 2004); The Nilam, SMA 2705 (Arb. at N.Y. 1990); The Georgios, SMA 2005 (Arb. at N.Y. 1984); The Trade Endeavor, SMA 1916 (Arb. at N.Y. 1983); The Spray Cap, SMA 1706 (Arb. at N.Y. 1982).

르지 않은 경우에 입증책임은 손해배상을 청구하는 정기용선자에게 있다.

선박의 속력과 연료소모량에 대한 분쟁은 매우 빈번히 발생하기 때문에 당사자는 정기용선계약의 체결일에 분쟁을 해결하는 입증자료에 대하여 미리 합의하기도 한다. 정기용선자는 선장이 항해일지를 선박소유자에게 유리하게 기재하는 것을 방지하기 위하여 "용선자는 용선자가 특정한 항차기간 동안에 기상정보전문기관의 권고를 선장에게 제공하여야 한다. 선장은 이러한 기상정보전문기관에서 요구하는 보고절차에 따라야 한다. 선박은 용선기간 동안 양호한 기상에 역조류가 없는 안전항해의 상황에서 항상 용선계약서상 속력으로 운항이 가능하여야 한다. 이 용선계약서상 선박의 속력을 유지하기 위한 조건의 양호한 기상상태는 바람이 보어퍼트풍력계급 4 및 Douglas Sea State 3 이하를 의미하는 것으로 정의한다. 이러한 기상상태의 증거는 선박의 항해일지와 독자적인 기상정보전문기관의 기상보고서에 의한다. 만약, 항해일지와 독자적인 기상정보전문기관의 기상보고서가 다르다면, 독자적인 기상정보전문기관의 기상보고서가 우선한다."와 같은 추가조항을 미리 합의하기도 한다.[77]

BIMCO Weather Routing Clause

(a) The Vessel shall, unless otherwise instructed by the Charterers, proceed by the customary route, but the Master may deviate from the route if he has reasonable grounds to believe that such a route will compromise the safe navigation of the Vessel.

(b) In the event the Charterers supply the Master with weather routing information, although not obliged to follow such routing information, the Master shall comply with the reporting procedure of that service.

BIMCO 기상항로약관

(a) 선박이 용선자에 의해 달리 지시받지 않은 경우, 선박은 통상항로를 따라 진행하여야 한다. 그러나 그러한 항로가 선박의 안전한 항해를 위태롭게 한다고 믿을 만한 합리적인 근거를 선장이 가지고 있는 경우, 선장은 항로로부터 이로할 수 있다.

(b) 용선자가 선장에게 기상항로정보를 제공하는 경우, 선장은 그러한 항로정보를 따를 의무는 없

77) 협의 결과에 따라 선박소유자가 본 조항을 인정할 수 없다면 "우호적인 합의가 이루어지지 않을 경우에 중재에서 해결한다(In case amicable settlement cannot be reached, then the matter to be decided by arbitration)."와같이 협의하기도 한다.

지만, 선장은 그러한 서비스의 보고절차를 준수하여야 한다.

해설: 본 약관은 Hill Harmony사건[78]에서 선장은 안전한 항해를 위하여 통상항로를 이로할 수 있다는 법원의 판시내용에 따라 작성되었다.

(2) 산출방법

용선기간 동안에 선박이 악천후는 물론 양호한 날씨에서도 운항되었다면, 정기용선자가 선박의 속력감소와 연료소모량증가를 이유로 손해배상을 청구할 경우에 일반적으로는 양호한 날씨만을 기준으로 판단한다. 즉, 양호한 날씨 기간 중 바람 및 해류 등의 기상·해상 요소를 가감한 후 평균 선박의 속력을 산출한다. 이러한 평균속력과 정기용선계약서상 규정된 선박의 속력(허용범위 감안)과의 차이를 전체 항해기간(양호한 날씨 기준+악천후 날씨 기준)에 모두 적용한다.[79] 이것은 양호한 날씨에서 선박의 속력이 감소되었다면 악천후에서도 속력이 감소되었을 것이므로, 실제 발생한 기간손실은 양호한 날씨에서의 속력을 기준으로 양호한 날씨와 악천후의 전체 용선기간 모두에 적용하는 것이다.

172,000dwt Bulker(ballast: about 15.50 knot on about 53.0 mt ifo + no mdo at sea/laden: about 14.00 knot on about 53.0 mt ifo + no mdo at sea)의 선박이 서호주 Port Hedland 항에서 철광석을 선적하여 중국 Zhanjiang 항에서 양하한 항차를 예를 들어서 손해배상금액의 산출방법에 대하여 살펴본다. 보어퍼트풍력계급 4까지를 양호한 날씨로 인정하는 정기용선계약에서 선박의 속력감소는 보어퍼트풍력계급 5이상에 해당하는 악천후에 해당하는 일자를 제외하고 양호한 날씨에 해당하는 일자에서의 평균속력과 연료소모량을 기준으로 한다. 공선상태에서 보어퍼트풍력계급 4 이하에 해당하는 6일 동안의 평균속도가 14노트라면 15.50노트에서[80] "약"의 허용범위 0.5노트를 제외한 1노트를 기준으로 양호한 날씨는 물론 악천후에 해당하는 일자를 포함하여 공선상태에서 항해한 전체 용선기간에 대하여 손해배상을 청구할 수 있다. 만재상태에서도 공선상태인 경우와 마찬가지이다. 즉, 보어포트풍력계급 4 이하에 해당하는 8일 동안의 평균속도가 13노트라면 14노트에서 "약"의 허용범위 0.5노트를 제외한 0.5노트를 기준으로 양호한 날씨는 물론 악천후에 해당하는 일

78) Whistler International v. Kawasaki Kisen Kaisha – The Hill Harmony [2001] 1 Lloyd's Rep. 147.

79) The Olympic Garland, SMA 1209 (Arb. at N.Y. 1978); The Mangalia, SMA 2839 (Arb. at N.Y. 1991).

80) 만약 정기용선계약상 선박의 속력이 "약 15.50-16노트"로 표기되었다면 그 중간 선박의 속력인 15.75노트를 기준으로 허용오차 0.5노트를 공제한 15.25노트가 선박의 속력에 대한 손해배상의 기준이 된다.

자를 포함하여 만재상태에서 항해한 전체 용선기간에 대하여 손해배상을 청구할 수 있다.

Gas Enterprise호 사건[81]에서 선박소유자 BP사와 정기용선자 Exmar사는 1988년 10월 7일에 12개월(30일 신축허용부조건) 동안 Gas Enterprise호에 대한 정기용선계약을 체결하였다. 1988년 11월에 선박이 인도된 후 정기용선계약서상 기준보다 선박의 속력이 감소되고 연료소모량이 증가되었다. 이에 대하여 정기용선자는 "정기용선계약서상 담보된 선박의 속력과 연료소모량에 대한 손해배상은 전체 용선기간 동안에 적용되야 한다."라고 주장하면서, 미화 329,584불의 손해배상을 청구하였다. 선박소유자는 "정기용선계약서상 선박의 속력과 연료소모량에 대한 손해배상은 풍력이 보어퍼트풍력계급 4 이하인 양호한 날씨에 해당하는 용선기간에만 적용된다."라고 주장하였다. 1심 법원 Diamond판사는 정기용선자에게 승소판결을 하였다. 항소법원(Lloyd판사, Butler-Sloss판사와 Roch판사)은 1심 법원의 판결을 인정하면서 "정기용선계약서상 담보된 선박의 속력과 연료소모량은 선박의 성능을 측정하기 위한 것이다. 따라서 선박의 속력이 감소되고 연료소모량이 증가되었다면, 정기용선자는 풍력이 보어퍼트풍력계급 4이하일 경우의 속력을 기준으로 양호한 날씨는 물론 악천후에서의 전체 용선기간 동안에 해당하는 손해배상금액을 청구할 수 있다."라고 판시하였다.

위에서 이미 검토한 바와같이, 손해배상청구의 기준이 되는 속력과 연료소모량은 양호한 날씨에서 결정되어, 실제로 손해배상을 청구하는 기간은 악천후를 포함한 전체 용선기간에 해당한다. 그러나 정기용선계약서상 악천후 날씨를 제외한 경우에[82] 악천후에 해당하는 일자가 손해배상에서 제외되는 차이가 있다. 또한 선박의 속력을 결정하는 데 항해거리를 선박의 속력으로 나누어서 산술적으로 계산하는 방법이 있다. 그러나 이러한 방법은 중재판정에서 인정되지 않았다.[83] 그 이유는 손해배상금액이 항해 중 일정 시기와 구간에서의 실제 상황을 감안하지 않고, 단지 산술적으로만 계산되었기 때문이다.

Akko호 사건[84]에서 선박소유자 Cargo Ship El Yam사와 정기용선자 Stearns & Foster사는 1953년 5월 8일에 3-5개월 동안 Akko호에 대한 정기용선계약을 체결하였다. 선박소유자는 미지급된 용선료의 지급을 요청하였다. 정기용선자는 "선박의 속력과 연료소

81) Exmar N.V. v. BP Shipping Ltd. - The Gas Enterprise [1993] 2 Lloyd's Rep. 352 (C.A.).

82) 참고로 실무상 사용되고 있는 문구의 예를 들면 다음과 같다.
For the purposes of calculating vessels performance under this C/P, it is agreed that all days where the weather exceeds Beaufort Force 4 and/or Douglas Sea State 3 are expressly excluded from calculations.

83) The Bedeburn [1931] A.M.C. 1678; The Cape Palmas SMA No.440 (Arb. at N.Y. 1964).

84) Cargo Ships El-Yam Ltd. v. Stearns & Foster Co., 149 F. Supp. 754, 1957 A.M.C. 668 (S.D.N.Y. 1955) 115, 116.

모량이 정기용선계약서상 기준보다 선박의 속력이 감소되고 연료소모량이 증가되어 발생한 손해는 용선료에서 공제하여야 한다."라고 주장하였다. 1심 지방법원 Dawson판사는 "1953년 8월 15, 16, 17일에 기관의 고장으로 지연된 2일 20분 동안은 지급정지에 해당한다. 따라서 이 기간에 해당하는 용선료 미화 1,805.29불과 연료소모량에 해당하는 미화 134.73불의 연료비에 대하여 선박소유자가 손해배상을 하여야 한다. 선박의 속력(10.5노트/시간)에 대한 담보는 양호한 날씨에서만 적용되는 것이지 모든 항차에 적용되는 것이 아니다. 항해일지에 의하면 양호한 날씨에서 선박은 평균속력 10.4노트로 항해하였는데 10.4노트는 정기용선계약서상 담보속력인 10.5노트의 허용범위에 해당한다. 정기용선자는 항해기간은 7 1/2일이 되어야 하나 실제로 8 1/2일이 소요되었다고 주장하였다. 그러나 이러한 정기용선자의 주장은 항해일지에 의하여 선박이 실제로 항해한 12,334마일을 기준으로 하지 않고 산술적으로 단순하게 이론적인 거리인 12,082마일을 기준으로 계산하였으므로 인정될 수 없다."라고 판시하였다.

BIMCO Evidence of Performance Clause

The actual route taken by the Vessel shall be used as the basis of any calculation of the Vessel's performance under this Charter Party.

Owners and Charterers agree that evidence of the weather, sea state and other factors affecting the vessel's performance shall be taken from the vessel's log book unless such data is substantially contradicted by the 'final report' of an independent weather routeing service supported by data obtained from a weather authority that is a member of the World Meteorological Organization.

BIMCO 계약이행증거약관

선박에 의해 취해진 실제 항로가 본 용선계약에 의한 선박의 계약이행에 대한 계산의 기초로서 사용되어야 한다.

선박소유자와 용선자는, 그러한 자료가 세계기상기구의 회원인 기상당국으로부터 획득되는 자료에 의해 지원되는 독립된 기상항로서비스의 "최종 통보"에 의해 사실상 부정되지 않는다면, 선박의 계약이행에 영향을 미치는 기상, 해양상태, 기타 변수들이 선박의 항해일지로부터 수집되어야 한다는 것을 합의하였다.

4. 효 과

선박소유자가 선박의 속력과 연료소모량 유지의무를 위반하였다면, 첫째 용선계약에 명시의 규정이 있거나, 둘째 용선계약의 체결일에 표시한 선박의 속력이나 연료소모량으로 항해할 수 없었거나, 셋째 선박의 속력감소 및 연료소모량증가가 선박의 인도일에 존재하였던 불감항의 원인에 해당하는 결함에 의한 것이었고, 넷째 위의 결함이 선박의 인도일 후에 발생하였음에도 불구하고 선박소유자가 수리하기 위한 합리적인 수단을 취하는 것을 게을리하여 그 결과 성능유지약관에 위반하였다면, 이러한 사실이 있다는 것을 입증하면 정기용선자는 선박의 속력 및 연료소모량에 대하여 손해배상을 청구할 수 있다.[85)]

만일에 선박의 속력이 정기용선계약서상 기준보다 감소된 경우에 그 원인이 지급정지사유에 해당한다면 정기용선자는 지급정지약관을 적용하여 용선료의 감액청구권을 주장할 수 있고, 만일에 이 주장이 타당한 경우에 다음 용선료에서 상계하여 공제할 수 있다. 그리고 이 지급정지약관은 볼타임 제3조 및 뉴욕프로듀스 제1조의 용선기간 중에 있어서 용선선박의 성능을 보증하는 정비약관(maintenance clause), 즉 성능유지약관을 고려하여 적용할 필요가 있다.[86)]

(1) 용선료의 조정

선박의 속력이 증가하고 연료소모량이 감소하였다면, 선박소유자는 계약을 위반한 것이 아니다. 그러나 정기용선계약서상 용선료를 조정하는 조항이 없다면 용선료를 인상 받을 수 없다. 정기용선계약서에 선박의 속력과 연료소모량의 증감에 따라 용선료를 조정하는 조항이 있다면, 선박소유자에게 실질적인 손실이 발생하지 않았다고 하더라도 선박소유자는 용선료를 인상할 수 있다.[87)]

Larissa 사건[88)]에서 선박소유자 Showa Oil Tanker사와 정기용선자 Maravan S.A of Caracas사는 1979년 3월 23일에 10개월 동안(9개월을 추가 연장함) Larissa호에 대한 정기용선계약을 체결하였다. 정기용선계약서(Shelltime 3 서식) 제24조에 의하면 선박의 속력과 연료소모량은 14.6노트와 일당 42톤 FO이며 연료소모량이 이보다 증가되거나 감소되면 이에

85) 한국해사문제연구소 편, 배병태 감수, 앞의 책, 53-54쪽.
86) 박용섭, 정기용선, 196쪽.
87) Davies Martin & Dickey Anthony, *op. cit.*, p.351.
88) Showa Oil Tanker Co., Ltd. v. Maravan S.A. - The Larissa [1983] 2 Lloyd's Rep. 325 (Q.B.).

따라 용선료를 조정하도록 되어 있었다. 정기용선계약서상 기준보다 선박의 속력이 감소하였으나 연료소모량 또한 감소하였다. 선박소유자는 이에 따라 용선료의 인상을 요구하였다. 정기용선자는 선박의 명세가 정확하게 기재되지 않은 데 대하여 선박소유자의 책임을 주장하였다. 중재인은 정기용선자에게 승소판정을 하였다. 그러나 1심 법원 Hobhouse판사는 "정기용선계약서 제24조에서 선박소유자는 선박의 최저속력과 최대연료소모량을 담보하였고, 당사자는 선박의 속력과 연료소모량의 증감의 효과에 대하여 이미 합의하였다. 따라서 선박의 연료소모량이 감소하였으므로 정기용선자는 선박소유자에게 인상된 용선료를 지급하여야 한다."라고 판시하였다.

Evanthia M호 사건[89]에서 선박소유자 Elounda Shipping사와 정기용선자 Petroleo Brasileiro S.A.사는 1979년 1월 17일에 1년 동안 Evanthia M호에 대한 정기용선계약을 체결하였다. 정기용선계약서(Shelltime 3 서식)에는 실제 연료소모량이 정기용선계약서상 기준에 비하여 초과되거나 감소됨에 따라 용선료를 조정하는 조항이 있었다. 추가계약에 의하여 용선기간은 1982년 3월 15일까지 연장되었다. 정기용선자는 선박을 저장창고로 사용할 수 있는 선택권을 행사하였다. 선박이 저장창고로 사용되고 있는 동안 정기용선계약서상 기준보다 연료소모량이 감소되자, 선박소유자는 용선료를 조정하는 조항에 의하여 연료소모량 감소에 따른 용선료의 인상을 요구하였다. 정기용선자는 정기용선계약서상 연료소모량의 기준은 효력이 없고, 단지 실제로 사용된 연료소모량이 표시된 기준을 초과하지 않을 것이라는 약속에 불과하다고 주장하였다. 중재인은 선박소유자에게 승소판정을 하였다. 또한 1심 법원 Mustill판사는 "기간연장과 사용용도에 관한 추가계약은 본 계약의 일부로 효력이 있다. 따라서 선박을 저장창고로 사용하는 도중에 사용한 연료소모량이 정기용선계약서상 기준보다 감소되었을 경우에 정기용선계약서의 용선료를 조정하는 조항이 적용된다."라고 판시하였다.

Didymi호 사건[90]에서 선박소유자 Didymi사와 정기용선자 Atlantic사는 1979년 3월 26일에 일당 용선료가 1년 동안은 미화 5,800불, 그리고 잔여기간 동안은 미화 7,000불로 5년 동안 Didymi호(33,000dwt bulker)에 대한 정기용선계약을 체결하였다. 정기용선계약서상 선박은 풍력이 보어퍼트풍력계급 3 이하에서 연료 40–41LT FO 소비기준으로 평균 15.5노

89) Petroleo Brasileiro S.A. – Petrobas Fronto National de Petroleiros – Fronape v. Elounda Shipping Co. – The Evanthia [1985] 2 Lloyd's Rep. 154 (Q.B.).

90) Didymi Corporation v Atlantic Lines and Navigation Co., Inc., – The Didymi [1988] 2 Lloyd's Rep. 108 (C.A.).

트의 속력으로 전체 용선기간 동안 항해하도록 명세가 기재되어 있었다. 또한 정기용선계약서에는 선박속력이 감소되거나 연료소모량이 증가되면 용선료를 삭감하여 정기용선자에게 손해를 보상하며, 반대로 선박속력이 증가되거나 연료소모량이 감소되면 용선료를 인상하여 선박소유자에게 공평하게 보상하여 주도록 되어 있었다. 선박소유자는 "정기용선계약서상 선박속력이 증가되고 연료소모량이 감소되었으므로 용선료를 인상하여야 한다."라고 주장하였다. 그리고 정기용선자는 "선박소유자는 실제적으로 손해 본 것이 없다. 또한 용선료를 조정하는 조항은 인상되는 용선료를 산정하는 구체적인 계산방식이 명확하게 정하여 있지 않으므로 효력이 없다. 따라서 용선료가 인상되어서는 안 된다."라고 주장하였다. 1심 법원 Hobhouse판사는 "정기용선계약서 제30조에 따라 선박의 속력이 감소되거나 연료소모량이 증가되면 용선료가 삭감되듯이, 선박속력이 증가되거나 연료소모량이 감소되면 용선료를 같은 비율로 인상하여야 한다. 또한 용선료를 조정할 때에 전체 용선기간 동안 양호한 기상상태에서의 선박의 속력이 적용되어야 한다."라고 판시하였다. 정기용선자가 항소하였으나, 항소법원(Dillon판사, Nourse판사와 Bingham판사)은 "손해배상금액을 산정하는 방식이 명시되지 않아도, 용선료를 조정하는 조항은 효력이 있다."라고 판시하면서, 항소를 기각하였다.

(2) 지급정지[91]

뉴욕프로듀스서식(1993) 제17조에는 볼타임서식에서와 같은 취지로 "악천후로 인하여 항이나 묘박지로 피항한 경우, 수심이 얕은 항이나 모래톱이 입구에 있는 항이나 강으로 항행하는 경우 등으로 인한 해당 선박의 지연이나 그로 인한 비용은 용선자가 부담한다. 만약 운항 중에 선체, 선박기계류 혹은 장비의 결함이나 고장으로 인하여 선박의 속도가 감소하면 그로 인한 시간적 지연과 추가 소모된 연료유 혹은 모든 입증된 추가비용은 용선료에서 공제된다."라고 규정하여 선박소유자의 이익을 보호하고 있다. 그리고 볼타임서식(2001) 제11조에는 "악천후로 인하여 항이나 묘박지로 피항한 경우, 수심이 얕은 항이나 모래톱이 입구에 있는 항이나 강으로 항행하는 경우 또는 운송물에 사고가 생긴 경우 등으로 인한 해당 선박의 지연이나 그로 인한 비용은 용선자가 부담한다."라고 규정하여 선박소유자의 이익을 보호하고 있다.

선저오염으로 발생한 선박의 속력과 연료소모량에 대한 손해배상을 단지 "지급정지"

91) 지급정지에 관한 내용은 제4편 제1장 제4절 용선료지급에 대한 지급정지의 권리를 참조.

로 간주하여 해결한 미국중재가 있다.[92] 영국의 1978년 Apollonius호 사건의 판례 또한 선저오손의 문제가 지급정지의 적용대상으로 해석되었다. 선저오손이 비정상적으로 심한 경우를 볼타임서식의 지급정지약관에서 "선체의 손상 또는 기타 사고(damage to hull or other accident)"의 문언에 있어서 "기타 사고"로 본 것이다. 이러한 판결의 이유는 영국중재에서 선저오손이 비정상적이라는 판정사실이 원인이 된 것이다. 그러므로 선저오손이 비정상적이 아니라면 볼타임서식의 지급정지약관에서 "기타 사고"에 포함되지 아니할 것이다. 이 점은 앞으로 정기용선계약에 있어서 선저오손의 어떠한 상태가 "비정상적인가" 하는 데 해석의 초점이 집중될 것으로 보인다. 그러나 선박소유자가 단순하게 선박의 속력을 감소시키는 행위는 지급정지약관이 적용되기 위한 사유에 해당하지 아니하므로 지급정지의 효과가 발생하지 않는다. 다만, 이로 말미암아 항해성취가 지연될 경우에 용선자는 선박소유자에게 계약의 불이행으로 손해배상을 청구할 수 있다.[93][94]

본선 결함으로 선박의 속력이 감소되었음에도 불구하고 동시에 연료소모량이 감소되었다면 선박소유자가 이득을 볼 수 있다. 이 경우에 정기용선자는 뉴욕프로듀스서식(1993) 제17조에 의하여 선박의 속력감소로 인하여 손해 본 기간에 해당하는 손해배상금액에 대하여 지급정지의 처리를 할 수 있다. 그러나 이 경우에 선박소유자가 이득을 본 연료는 감안되지 않는다. 왜냐하면, 지급정지는 조항에 열거된 해당 사유의 발생 시 용선료에서 공제할 수 있는 것일 뿐, 그로 인한 반대급부는 전혀 고려되지 않기 때문이다. 이 점이 지급정지와 선박의 속력과 연료소모량 유지에 대한 의무를 위반했을 경우에 제기되는 손해배상청구와의 차이점이다.

(3) 공 제

과거에는 용선계약서에 공제(deduction)할 수 있는 권리를 수여하지 않는 한, 명백한 손해배상금액이라고 할지라도 용선료는 운임과 같은 성격을 가지므로 공제 없이 전액 지급되어야 한다는 견해[95]가 지배적이었다. 그러나 현재에 와서는 용선계약서에서 공제할 수 있는 권리를 수여하고 있지 않더라도 손해배상금액의 상계가 가능하다면 공제가 가능하다는 견해[96]가 지배적이다.[97] 그러나 아직까지도 공제에 관한 영국법의 입장은 충분하고 확실하

92) The Northern Clipper, 1967 A.M.C. 1557 (Arb. at N.Y. 1967); The Panagiotis Xilas, SMA 1035 (Arb. at N.Y. 1976).

93) Steamship Knutsford Co. v. Baker & Co., 261 F.866, 870 (2d. Cir. 1919).

94) 박용섭, 선박소유자의 속력유지 의무, 160-161쪽.

95) Steelwood Carriers Inc. v. Evimeria Cia. Nav. S.A. – The Agios Giorgis [1976] 2 Lloyd's Rep. 192 (Q.B.).

게 적립되지 못하고 있다.[98] 그러나 뉴욕프로듀스서식(1993) 제17조에는 선박의 속력감소 및 연료소모량의 증가로 인하여 발생한 추가비용은 용선료에서 공제가 가능하도록 규정하고 있다. 문제가 되는 것은 정기용선자가 신중하게 선박의 속력과 연료소모량을 검토하지 않고 확실하지 않은 금액을 용선료에서 공제한 경우이다.

정기용선자는 첫째 최종적으로 결정되었거나 합의된 분쟁금액을 공제하는 것을 허용하는 관련 조항이 계약서상에 명시되어 있거나, 둘째 손해배상금액이 화물과 관련된 것이 아니라 선박소유자비용 및 지급정지의 기간에 해당하는 용선료가 선박의 사용방해와 관련되었다면, 영미법의 "형평법(Equity)상 상계(set-off)의 원칙"에 따라 다음번 용선료를 지급시 공제할 수 있는 것이다. 정기용선자가 용선료를 적법하지 않게 공제할 경우에 선박소유자로 하여금 선박을 회수할 수 있는 원인을 제공하게 된다. 그러므로, 정기용선자는 공제여부를 결정할 때 합법적인가의 여부를 신중하게 검토하여야 한다.[99] 정기용선자는 선박의 속력감소와 연료소모량증가를 원인으로 발생한 손해금액을 선박소유자의 확인 없이 임의로 용선료에서 공제할 수 없다.[100] 따라서 정기용선자는 선박의 속력과 연료소모량에 관한 손해배상의 청구를 선박소유자에게 통지하고, 손해배상금액을 선박소유자로부터 확인받은 후에 다음 용선료에서 공제하는 것이 가장 합법적인 방법이다.

BIMCO Lay-Up Clause

The Charterers shall have the option of laying up the Vessel for all or any portion (exceeding 30 days) of the Charter period, in which case hire hereunder shall continue to be paid, but there shall be credited against such hire the whole amount which the Owner shall save (or reasonably should save) during such period of lay-up through reduction in expenses, less any extra expenses to which the Owner is put as a result of such lay-up.

BIMCO 계선약관

용선자는 용선계약 기간의 모든 부분 혹은 어떤 부분 동안에도(30일을 초과하여) 선박을 계선시킬

96) Ocean Glory Compania Naviera S.A. v. A/S P.V. Christensen - The Ioanna [1985] 2 Lloyd's Rep. 164 (Q.B.).
97) Davies Martin & Dickey Anthony, *op. cit.*, p.375-376.
98) Williams Harvey, *op. cit.*, p.82.
99) Gorton Lars, Hillenius Patrick, Ihre Rolf, Sandevarn Arne, Shipbroking and Chartering Practice, 7th ed.,(London: Lloyd's London Press Ltd., 2008), p.281-282.
100) The Alpheos, SMA 3473 (Arb. at N.Y. 1998).

권리를 가진다. 이러한 경우, 이에 의거한 용선료는 계속해서 지급되어야 한다. 그러나 그러한 용선료에 대하여, 선박소유자가 경비의 감소를 통해 계선의 그러한 기간 동안에 절약하는(혹은, 합리적으로 절약하여야 하는) 전체 금액에서 그러한 계선의 결과로서 선박소유자에게 부과되는 추가경비를 제외한 금액이 상계되어야 한다.

Ⅳ. 결　　어

영미법상 선박의 속력과 연료소모량 유지에 대한 선박소유자의 의무에 관하여 연구한 결과, 영국법과 미국법 사이에서 차이점을 발견하게 된다. 첫째, 영국법에서는 선박의 인도일에 선박소유자의 의무위반을 알아야만 손해배상을 청구할 수 있으나, 미국법에서는 정기용선자가 선박의 인도일에 선박의 속력과 연료소모량 유지에 대한 선박소유자의 의무위반을 알지 못하여도 손해배상을 청구할 수 있다. 둘째, 선박의 속력이 감소되었지만 연료소모량이 감소되어 정기용선자에게 이득을 가져왔을 경우의 손해배상청구에 있어, 영국법에서는 손해배상을 할 때 이러한 이득을 공제해 주어야 하지만, 미국법에서는 이러한 이득은 고려하지 않고 선박의 속력감소만을 별도로 분리하여 손해배상을 청구할 수 있다. 셋째, "무보증"이란 표시가 영국법에서는 선박소유자에게 책임을 부과하지 않는 반면, 미국법에서는 예기치 못한 상황에서는 선박소유자를 보호하나 근본적으로 선박소유자는 책임을 져야 한다. 상기 관점에서 볼 때, 미국법에 비하여 영국법이 선박소유자에게 유리하다고 할 수 있다.

선박의 속력과 연료소모량에 대한 분쟁은 매우 많이 발생하므로, 분쟁을 미연에 방지하려면 선박의 명세란에 선박의 속력과 연료소모량을 명확하게 기재하여야 한다. 선박소유자는 정기용선계약을 체결할 때 정기용선자로부터 예상되는 선박의 속력과 연료소모량에 대한 손해배상의 청구를 방지하기 위하여, 첫째 선박의 명세란에 선박의 속력과 연료소모량이 실제의 성능보다 과장되어 기재되어서는 안 되며, 둘째 선박의 속력을 기재할 때 평균속력을 기준으로 하지 말고 만재상태와 공선상태를 구분하여 표시하여야 하며, 셋째 선박의 속력과 연료소모량 앞에 "약"이란 문구를 표시하여야 한다. 또한 정기용선자는 선박소유자에게 면책의 가능성을 주지 않기 위하여, 첫째 선박의 속력과 연료소모량 표시에 "무보증"이란 문구를 표시하지 않도록 주의하여야 하며, 둘째 선장이 항해일지를 선박소유자에게 유리하게 기재하는 것을 방지하기 위하여, "…항해일지와 독자적인 기상정보전문기관의 기상보고서가 다르다면, 독자적인 기상정보전문기관의 기상보고서가 우선한다."라는 추가조항을 정기용선계약서에 기재하도록 노력하여야 한다. 또한 "약"이란 문구의 해석에는 분쟁의 소지가 있으므로, 선박소유자와 정기용선자는 분쟁을 미연에 방지하기 위하여, "약"의 허용범위를 미리 정하여야 한다.

제 3 절 선박의 감항능력 주의의무와 정비의무

정기용선계약에서 선박소유자는 감항능력이 있는 선박을 인도하여야 하며 용선기간 동안에 선박이 감항능력을 유지하도록 선박을 정비할 의무가 있다.

Ⅰ. 선박의 감항능력 주의의무

1. 의 의

선박은 정기용선자에게 인도 시에 감항능력이 있는 상태여야 하므로 선박소유자는 선박의 인도 시에 선박의 감항능력에 관한 의무를 지는데, 이는 명시적인 약정이 없더라도 묵시적으로 인정되는 의무이다. 감항능력은 협의의 감항능력, 운항능력 및 감하능력으로 구분된다.[101] 광의의 감항능력이란 선박이 운송물의 수령 · 운송과 보존에 적합한 상태를 유지하면서 안전하게 목적항까지 항해할 수 있는 능력을 말한다.[102] 협의의 감항능력이란 선박 자

101) 우리나라 상법 제794조에는 감항능력 주의의무에 대하여 "운송인은 자기 또는 선원이나 그 밖의 선박사용인이 발항 당시 다음의 사항에 관하여 주의를 해태하지 아니하였음을 증명하지 아니하면 운송물의 멸실 · 훼손 또는 연착으로 인한 손해를 배상할 책임이 있다."라고 규정하고 있다.
  1. 선박이 안전하게 항해를 할 수 있게 할 것
  2. 필요한 선원의 승선, 선박의장과 필요품의 보급
  3. 선창 · 냉장실, 그 밖에 운송물을 선적할 선박의 부분을 운송물의 수령 · 운송과 보존을 위하여 적합한 상태에 둘 것

102) 최종현, 「해상법상론」, (서울: 박영사, 2009), 240쪽.

체를 항해에 견딜 만한 안전한 상태에 두는 것으로, 선박 자체의 설계, 구조, 성능이 그 항해에서 일반적인 해상위험을 당하여도 그것을 견딜 수 있는 능력을 말한다. 운항능력이 있으려면 약정한 항해를 하는 데에 필요한 설비, 예컨대 선원의 배승, 법정서류의 비치, 연료, 식량 등의 의장이 마련되어 있어야 한다. 또한 감하능력이 있으려면 선창, 냉장실 등 화물을 선적할 장소를 화물의 수용, 운송 및 보존에 적합한 상태에 두어야 한다.[103)]

정기용선계약에서 헤이그-비스비규칙 또는 미국해사물품운송법의 감항능력 규정을 적용한다는 특약이 없는 한, 선박소유자는 영미 보통법에서 요구한 절대적 감항능력 담보의무를 부담하여야 한다. 그러므로 선박소유자가 부담하는 감항능력의 의무는 헤이그-비스비규칙에서 규정한 바와같이 상당한 주의의무가 아니다.[104)] 정기용선계약의 경우에 선박소유자는 선박의 인도 시에 감항능력의 의무를 진다. 반대의 특약이 없는 한, 선박소유자의 감항능력에 관한 의무는 선박의 인도 후에는 계속되지 않는다. 그러나 대부분의 표준서식에는 선박소유자로 하여금 용선기간 내내 선박의 감항능력을 유지하도록 하려는 취지의 약관을 두고 있어 이러한 경우에 선박의 인도 이후에라도 용선기간 내에 불감항으로 인하여 발생한 손해에 대하여 선박소유자가 책임을 진다.[105)]

감항능력담보의무는 조건이 아니라 중간조건이므로, 감항능력담보의무를 위반하였더라도 용선자가 계약을 해제할 수 있는지는 위반의 성격과 결과에 달려 있다. 감항능력담보의무는 매우 광범위하여 사소한 점에서 쉽게 위반할 수 있는 바, 용선자에게 사소한 감항능력담보의무의 위반을 이유로 한 계약해제권을 주는 것은 불합리하기 때문이다.[106)]

2. 정기용선계약서상 조항

선박의 감항능력에 대하여 뉴욕프로듀스서식(1946) 체결약관은 "선박은... 완전하게 작동할 수 있는 선체, 기관 및 속구를 가진 <u>(선급)</u> ○○의 <u>(선급부호)</u> ○○의 선급을 유지하고서... . 선박을 인도할 때에 (선박의 톤수에 따라서 항해사와 갑판부원, 기관사와 기관부원의 정원을 충원하고서) 홀드를 깨끗이 청소하여 운송물의 선적준비를 하여야 하고, 그리고 선체는 견고하고 또한 물 밸러스트, 윈치와 충분한 수증기의 동력을 가진 보조보일러로써, 만일에 보조보일러를

103) 한국해사문제연구소 편, 배병태 감수, 앞의 책, 29쪽.
104) 박용섭, 정기용선, 205-206쪽.
105) 강남호, 앞의 책, 167쪽.
106) 송상현 · 김현, 앞의 책, 451-452쪽.

설치하지 아니한 경우에는 모든 윈치를 즉시 동시에 작동시킬 수 있는 충분한 기타의 동력원을 가지고서, 모든 면에서 용선서비스에 적합한 상태로 유지하여야 한다."라고 규정하고 있다. 그리고 뉴욕프로듀스서식(1993) 제2조는 "선박이 제공될 때는 선창을 깨끗이 청소하고, 또한 선체를 견고하게 하고, 그리고 물 밸러스트를 유지하며, 동시에 모든 운송물을 취급하는 기어를 작동시킬 수 있는 충분한 동력을 가지고, 모든 면에서 통상적인 운송서비스에 적합하도록 하여 운송물을 수령할 수 있게 준비하여야 한다."라고 규정하고 있다.

선박의 감항능력에 대하여 볼타임서식(2001) 제1조는 "용선시작은 오전 9시부터 오후 6시 사이에, 만일 토요일인 때에는 오전 9시부터 오후 2시 사이에 빈 칸 15란에 기재된 항만에서 정기용선자의 지시에 따라서 선박이 항상 안전하게 떠서 정박할 수 있도록 이용이 가능한 선석에서 통상적인 화물운송을 위하여 모든 점에서 적합한 선박이 인도되어 정기용선자가 자유로이 사용할 수 있게 정박시킨 때부터이다."라고 규정하고 있다.

RightShip

(1) 의 의

호주 멜버른에 본사를 두고 있는 RightShip은 선박이 철광석, 석탄 등을 적합하고 안전하게 운송할 수 있는지 여부를 확인하기 위하여 철광석과 석탄 시장에서 주도적 지위에 있는 BHP Billiton사와 Rio Tinto사에 의하여 2001년에 설립된 회사이다. 그 이후 2006년부터 Cargill사가[107] 3대 주주로 참여하고 있다.[108] RightShip은 전 세계에 운항 중인 선박들에 대한 데이터베이스(database)를 구축하여 선박별로 등급을 분류하여 선박을 용선하고자 하는 회사들에게 선박정보를 제공하고 있다. BHP Billiton사와 Rio Tinto사가 주로 철광석과 석탄시장에서 주도적 지위에 있다면, Cargill사는 철광석과 석탄 이외에 곡물시장에서 주도적인 지위에 있다. 따라서 Cargill사가 3대 주주로 참여함에 따라 철광석과 석탄 이외에 곡물 등을 운송하는 선박도 RightShip의 승인을 요구하게 되어 그 수요가 증가되었다. RightShip의 3대 주주가 용선시장에서 차지하고 있는 비중은 드라이벌크 선박수요의 약 70%를 차지하고 있다.[109]

107) CARGILL, 〈http://www.cargill.com/〉 (검색일자: 2009년 9월 18일).
108) RightShip는 BHP Billiton사, Rio Tinto사와 Cargill사의 3개 회사가 주주로 되어 있다. 이사회는 6명의 이사로 구성되는데, 각 주주회사는 2명의 이사를 지명한다. 이사회의 회장은 6명이 순번에 의하여 맡게 된다.
109) RIOTINTO, 〈http://www.riotinto.com/whoweare/who_we_are_features_5133.asp〉 (검색일자: 2009년 9월 18일).

(2) 선박의 등급

RightShip은 선박이 운송에 적합한지 여부를 5개 등급으로 분류하여 판단한다.

1) 3, 4 또는 5등급

3, 4 또는 5등급은 선박이 운송에 적합하다고 판단한다.

2) 2등급

2등급은 선박이 운송에 적합하지 않으므로 선박소유자는 RightShip과 선박의 위험관리에 대하여 상의한다.

3) 1등급

1등급은 선박이 운송에 적합하지 않으므로 선박소유자는 RightShip과 상의하여 선체검사 및 선박과 선박의 관리체계 등에 대하여 보다 세부적인 조사를 한다.

RightShip은 "SVIS"라고 하는 알고리즘 소프트웨어를 통하여 조선소, 선박소유자, 선박관리인, 선령, 사고이력, 항만당국에 의하여 운항이 제한된 적이 있는지 여부, 국적, 선급상태 및 변경, 이전의 화물과 항로, 터미널검사 및 PSC[110]의 연혁과 ISPS증서[111] 등을 포함한 50여개의 개별요소를 분석하여 선박의 등급을 결정한다. 선령이 18년 이상인 선박은 자동적으로 2등급으로 분류되는데, RightShip의 승인을 얻기 위해서는 선박이 반드시 선체검사를 받아서 선체검사서의 내용이 운항하기에 적합한 상태가 되어야만 한다. 또한 DWT 90,000톤 이상으로서 선령 25년 이상인 선박에 대하여 RightShip은 CAP(Condition Assessment Programme) 검사를 통해 2등급 이상을 받도록 요구하고 있다.

110) 항만국통제제도(Port State Control)
1980년 12월 2일 해상의 안전과 해양환경의 보호를 증진시킬 필요성과 선상에서의 거주 및 작업조건에 대한 개선을 위하여 항만국통제의 양해각서(Memorandum of Understanding on Port State Control)는 유럽지역회의에서 채택되었다. 또한 양해각서가 1982년 7월 1일 서유럽국가들에 의해서 합의되었다. 항만국통제는 해양안전 및 해양환경보호를 위해 자국 항만에 입항하는 외국선박에 대하여 국제협약의 준수여부를 확인하고 기준 미달 선박에 대하여는 시정을 요구하는 제도다. 항만국 통제 시 안전과 환경에 영향을 미치는 중대한 결함이 발견되는 경우, 시정될 때까지 선박의 출항을 정지시킬 수 있다. 이택영 편, 엄윤대 · 박명규 감수, 앞의 책, 704쪽.

111) ISPS Code 국제선박 및 항만시설 보안규칙
2001년 9월 11일 미국 항공기 테러사건 이후 국제해사기구(IMO)에서는 선박 및 항만시설(정박지 등을 포함해 기존의 항만개념보다 광범위함)에 대한 해상보안을 강화하기 위해 2002년 12월 12일 IMO외교회의를 개최했으며 동 회의에 참가한 113개국 정부대표는 만장일치로 기존의 해상인명안전협약(SOLAS)을 개정해 제11-1장(해상안전 강화를 위한 특별조치)으로 해상보안 강화를 위한 특별조치를 규정하고 있는 제11-2장을 신설했다. 국제선박및항만시설보안규칙(ISPS CODE: International Ship and Port Facility Security Code)은 SOLAS 제11-2장을 근거로 채택됐으며 2004년 7월 1일부로 국제적으로 발효됐다. 통상적으로 국제협약은 채택에서 발효까지 3-5년의 준비기간을 두어왔으나 동 규칙은 IMO 설립 이래 약 1년 6개월의 묵시적 발효절차에 필요한 극히 짧은 기간을 통해 전 세계 모든 국제항해 선박과 동 선박이 이용하는 항만시설에 대하여 보안체제를 강제적으로 수립, 이행하도록 규정하고 있다. 위의 책, 537-538쪽.

(3) 효 과

2003년 3사분기 이후 과거 수년 간 중국의 급격한 성장으로 인한 운송수요가 증가되어 케이프시장이 유래 없는 호황을 누렸다. 이러한 호황기간 동안 선복량 부족으로 20년 이상 노후된 선박도 해체되지 않고 운송에 이용되자, 적하이해관계인이 노후 선박이 운송에 적합한지 또는 안전한지 여부를 확인하는 건수가 증가하였다. 따라서 RightShip의 평가시스템의 수요는 점차적으로 증가하는 추세이다.

3. 영국판례

영국법상 법정서류의 비치 등 선박의 감항능력에 관하여 연구하기 위하여 시대적 순서에 입각하여 영국판례를 중심으로 검토하기로 한다.

(1) Pencarrow호 사건

선박소유자 Chellew Navigation사와 정기용선자 Appelquist사는 1929년 8월 8일에 Pencarrow호에 대한 정기용선계약을 체결하였다. 선박은 8월 23일 오전 9시에 Tyne 항에서 정기용선자에게 인도되어 9월 21일 Emden 항에서 선박소유자에게 반선되었다. 정기용선계약서 제1조에 의하면 선박은 일반적으로 모든 면에서 화물운송을 위하여 필요한 적합한 상태를 유지하여야 한다. 선박이 스웨덴 항구에 입항하려면 스웨덴 측정증명서가 있어야 하는데, 선박은 스웨덴 측정증명서가 없이 스톡홀름 항에 양하하기 위하여 입항하였다. 정기용선자는 비용을 지급하고 스웨덴 측정증명서를 발급받았다. 정기용선자는 "선박이 스웨덴 측정증명서를 소지하고 있지 않았으므로 선박은 일반적으로 모든 면에서 화물운송을 위하여 필요한 적합한 상태를 유지하지 못하였다. 따라서 스웨덴 측정증명서를 발급받기 위하여 소요된 비용에 대하여 선박소유자가 책임을 져야 한다."라고 주장하였다. 선박소유자는 "스웨덴 측정증명서는 선박이 감항능력을 유지하기 위하여 필요한 서류가 아니므로 스웨덴 측정증명서를 발급받기 위하여 정기용선자가 소요한 비용에 대하여 선박소유자는 책임이 없다."라고 주장하였다. 1심 법원 Acton판사는 "상관습상 선박이 스웨덴 측정증명서를 항시 소지하여야 하는 것은 아니다. 또한 선박이 스웨덴 측정증명서를 소지하지 않았기 때문에 실질적으로 스톡홀름 항에서 작업이 지체되지 않았다. 따라서 선박소유자는 스웨덴 측정증명서를 발급받기 위하여 정기용선자가 소요한 비용에 대하여 책임이 없다."라고 판시하였다.[112]

(2) Aello호 사건

선박소유자 SFBR사와 항해용선자 Agrimpex사는 1954년 8월 27일에 Argentina의 Rosario 항과 Buenos Aires 항에서 곡물을 선적하여 Hamburg 항에서 양하하는 Aello호에 대한 1항차의 항해용선계약을 체결하였다. 선박은 5,750톤의 곡물을 Rosario 항에서 선적한 후 Buenos Aires 외항에 1954년 10월 12일 오후 1시 30분에 정박하였다. 선박은 1954년 10월 29일 오후 2시에 접안하여 선적은 오후 3시 15분부터 시작되었다. 선박소유자는 "용선자가 화물을 준비하지 못하여 선적이 지체되었으므로 선박의 정박기일은 10월 12일 정박했을 때부터 계산되어야 한다."라고 주장하였다. 용선자는 "선박소유자가 경찰허가서를 받지 못하여 선적이 지체되었으므로 선박의 정박기일은 10월 29일 접안했을 때부터 계산되어야 한다."라고 주장하였다. 1심 법원 Ashworth판사는 "선적이 지체된 것은 선박소유자가 경찰허가서를 받지 못하여 선적이 지체된 것이 아니라, 용선자가 화물을 준비하지 않았기 때문에 선박이 내항으로 항해하여 접안할 수 없었다."라고 판시하였다. 항소법원(Goddard판사, Parker판사와 Lloyd-Jacob판사)은 1심 법원의 판결을 확인 · 지지하였다. 또한 귀족원은 "경찰허가서가 단지 형식적인 절차에 불과할 경우에 선박소유자는 경찰허가서 없이 하역준비완료통지를 할 수 있다. 따라서 본 사건에서 용선자가 화물을 준비하여야 하는 의무를 위반하였기 때문에 선적이 지체되었다."라고 판시하였다.[113)]

(3) Madeleine호 사건

선박소유자 CBSEL사와 정기용선자 Ceylon Shipping사는 볼타임서식(1939)으로 1957년 4월 3일에 3개월 동안 Madeleine호에 대한 정기용선계약을 체결하였다. 정기용선계약서는 "선박이 1957년 5월 2일까지 인도되지 않으면 정기용선자는 정기용선계약을 해제할 수 있는 권한이 있다. 만약 선박이 계약해제일까지 인도될 수 없는 경우, 정기용선자는 선박소유자의 통지를 받은 후 48시간 내에 선박의 사용여부를 결정하여야 한다."라고 규정하였다. 양당사자는 4월 25일의 계약해제일을 5월 10일로 추가 합의하였다. 선박은 캘커타에서 양하작업을 마쳤다. 선박소유자는 정기용선자에게 선박을 5월 10일 아침에 인도할 예정이라고 통지하였다. 그러나 선박의 구서면제증명서의 유효기간이 5월 6일에 만료되었으

112) Chellew Navigation v. Appelquist [1933] 45 Ll.L.Rep. 190.

113) Sociedad Financiera de Bienes Raices v. Agrimpex – The Aello [1960] 1 Lloyd's Rep. 623; [1961] A.C. 135; [1960] 3 W.L.R. 145; [1960] 2 All E.R. 578 (H.L.).

므로 항만위생검역관은 훈증소독을 지시하였다. 선박의 훈증소독은 5월 11일에 실시되었고 구서면제증명서는 5월 12일에 발급되었다. 선박의 훈증소독 때문에 계약해제일까지 선박이 인도되지 않자 5월 10일 오전 8시와 오후 8시 48분 2차례에 걸쳐 정기용선자는 선박소유자에게 "선박이 계약해제일을 위반하였으므로 정기용선계약을 해제한다."라고 통지하였다.

선박소유자는 "선박은 1957년 5월 10일 오후 2시 30분에 양하를 마치고 정기용선자에 인도되었다. 정기용선자가 훈증소독 때문에 선박을 사용할 수 없었다고 선박이 인도되지 않은 것이 아니다. 선박에 있는 몇 마리의 쥐 때문에 선박이 감항능력이 없다고 볼 수는 없다. 또한 계약해제의 통지는 계약해제일 자정 바로 전에 하여야 하는데 너무 일찍 하였으므로 효력이 없다."라고 주장하였다. 정기용선자는 "선박이 구서면제증명서가 없어 계약해제일에 선박을 사용할 수 없었으므로 계약은 해제되었다. 또한 2차례에 걸친 해제통지는 계약해제일인 5월 10일에 적법하게 이루어졌다."라고 주장하였다. 중재인은 선박소유자에게 승소판정을 하였다. 그러나 1심 법원 Roskill판사는 "훈증소독이 종료되어 구서면제증명서가 발급될 때까지 정기용선자는 선박을 사용할 수가 없었다. 선박이 항만위생증명서 등을 소지하지 않아서 감항능력인 상태로 인도되지 않았다면, 정기용선자는 정기용선계약을 해제할 수 있다. 선박은 오후 6시까지 인도되어야 하므로 오전 8시에 한 통지는 효력이 없다. 그러나 오후 8시 48분에 이루어진 통지는 효력이 있다."라고 판시하면서 정기용선자에게 승소판결을 하였다.[114)]

(4) Derby호 사건

선박소유자 Tossa Marine사와 정기용선자 Alfre C. Toepfer사는 1980년 12월 19일에 11-13개월 동안 Derby호에 대한 정기용선계약을 체결하였다. 뉴욕프로듀스서식(1946)을 사용한 정기용선계약서의 체결약관 21-24줄은 "선박은 인도할 때에 운송물이 선적준비를 하여야 하고 …… 또한 (그리고 항해사와 선원 …… 의 정원을 충원하고서)…… 모든 면에서 용선서비스에 적합한 상태로 유지하여야 한다."라고 규정하였다. 선박의 항해사와 선원은 필리핀 사람이었다. 1981년 5월 12일에 선박은 서아프리카에서 선적된 원목을 양하하기 위하여 포르투갈의 Leixoes 항에 도착하였다. 선박은 5월 23일에 접안하여 양하를 시작하였다. 5월 27일에 ITF 담당관은 선박이 ITF가 발급한 청색증명서를 소지하고 있지 않은 것을 확인하고 5월 28일 오후 3시부터 작업을 중단시켰다. 선박소유자가 ITF조건에 맞게 선원을

114) Cheikh Boutros Selim El-Khoury v. Ceylon Shipping Lines - The Madeleine [1967] 2 Lloyd's Rep. 224.

교체하고 대금을 지급한 후 양하는 6월 19일에 재개되었고 6월 23일에 완료되었다. 결과적으로 선박이 ITF가 발급한 청색증명서를 소지하지 않아서 양하는 약 21일 동안 지체되었다. 또한 양하가 지체되어 정기용선자는 이미 체결된 재용선계약을 이행할 수 없게 되었다. 따라서 정기용선자는 다시 재용선계약을 체결하였는데, 이로 인하여 미화 32,000.-불의 손실이 발생하였다.

정기용선자는 "선박소유자가 ITF[115]가 요구하는 조건에 부합하지 않게 필리핀 사람을 선원으로 고용했기 때문에 선박의 양하작업이 지체되었다. 따라서 선박소유자는 체결약관 21-24줄의 의무를 위반하였다."라고 주장하였다. 선박소유자는 "체결약관 21-24줄에 규정된 선박소유자의 의무는 선박의 감항능력과 관련된 것에 한정되는 것이다. 따라서 선박의 감항능력과는 상관없는 ITF에 의하여 요구되는 조건에 부합하지 않았다는 이유만으로는 선박소유자가 체결약관 21-24줄에 의한 의무를 위반한 것은 아니다."라고 주장하였다. 중재인은 "선박소유자가 ITF의 조건을 위반하여 필리핀 선원을 고용했기 때문에 선박은 ITF로부터 청색증명서를 발급받을 수가 없었다. 따라서 선박소유자는 체결약관 21-24줄에 의하여 정기용선계약을 위반하였으므로 양하작업이 지체된 약 21일 동안의 지급정지에 대하여 책임을 져야 한다."라고 판정하였다. 그러나 1심 법원 Hobhouse판사는 중재인의 판정과는 다르게 선박소유자에게 승소판결을 하였다. 항소법원(Kerr판사, Croom-Johuson판사와 Denys Buckley판사)은 "체결약관 21-24줄에 규정되어 있는 「모든 면에서 용선서비스에 적합한 상태로 유지하여야 한다.」라는 문구는 선박의 물리적인 상태와 관련이 있는 것이지 ITF에서 요구하는 조건을 포함하는 것이 아니다. 왜냐하면 ITF에서 발급한 청색증명서를 소지하고 있지 않더라도 선박소유자가 체결약관 21-24줄을 법률적으로 위반한 것이 아니기 때문이다. 즉, ITF가 발급한 청색증명서는 선박이 감항능력을 유지하기 위하여 선적국가나 행정기관이 요구하는 서류, 예를 들면 선급증서와 같은 서류에 포함되지 않는다."라고 판시하면서 1심 법원 Hobhouse판사의 판결을 존중하여 항소를 기각하였다.[116]

---

115) **국제운수노조연맹**(International Transport Worker's Federation)
운수노동자의 복지향상을 목적으로 설립된 운수관계 노동조합의 세계적인 연합체, 편의치적선의 부조리를 불식시킨다는 명분 아래, 하역보이콧 운동을 전개해 온 단체로서 유명하다. 본래 이 연맹은 1896년에 유럽의 해운과 항만노동자들이 사회주의 국가가 주최하는 회의에 참가하기 위하여 런던에 모인 국제 선박항만하천노동조합에서 비롯된 것인데, 1898년에 스웨덴 항만노동자의 제청으로 전 운수관계 노동자에게 개방되었다. 동 연맹은 편의치적선이 확대되자 나름대로 기준을 마련하여 이에 적합한 경우에 청색증명서(blue certificate)를 발급하여 소지하도록 하고, 이를 소지하지 않은 편의치적선에 대하여서는 그 하역을 보이콧하였다. 이 같은 청색증명서의 소지조건은 현재 용선계약서에까지 포함되어 있는 경우도 있다. 이택영 편, 엄윤대 · 박명규 감수, 앞의 책, 530쪽.

116) Alfred C. Toepfer Schiffahrtsgesellschaft GmbH. v. Tossa Marine Co., Ltd. - The Derby [1985] 2 Lloyd's

(5) Elli호/Frixos호 사건

선박소유자 GFMI사와 정기용선자 SSTI사는 2003년 5월 30일과 2004년 8월 10일에 각기 유조선 Elli호와 Frixos호에 대한 정기용선계약을 체결하였다. Elli호는 2004년 6월 1일과 8월 10일에 2006년 9월 30일까지 용선기간이 연장되었다. Frixos호는 2년 동안 정기용선되었다. 선박은 단일선체구조로 건조되었다. MARPOL은 2003년 12월 4일에 2005년 4월 5일부터 단지 이중선체구조로 건조된 유조선만이 유류를 운송할 수 있는 새로운 규정을 제정하였다. 단지 단일선체구조의 선박 가운데에서도 double-sided 선박은 제외되는 예외조항이 있었다. Frixos호가 정기용선계약이 체결되고 Elli호가 용선기간이 연장되던 2004년에 양 당사자는 MARPOL의 새로운 규정을 인지하고 있었으나 선박이 double-sided이므로 예외조항에 해당한다고 생각하였다. 그러나 2005년 2월 15일에 선급은 "조사한 결과 선박이 double-sided이나 MARPOL의 예외조항이 적용되는 조건에 맞지 않는다."라고 선박소유자에게 통지하였다. 정기용선자는 "MARPOL의 새로운 규정 때문에 정기용선계약서상에 허용된 화물을 운송할 수 없으므로 선박소유자가 책임을 져야 한다."라고 주장하였다. 선박소유자는 "MARPOL규정에 적합하도록 하는 조항은 단지 담보에 지나지 않기 때문에 선박의 구조를 변경하는 것을 요구하지는 않는다."라고 주장하였다. 1심 법원 Cooke판사는 "정기용선계약서 제3조 (i)의 「어떠한 경우에도(any event)」란 문구에 의하여 선박소유자가 정기용선자에게 인도한 선박은 새로운 MARPOL 규정에 일치하여야 한다. 「운항에 적합한 상태」는 물리적인 상태는 물론 법적인 상태가 화물을 선적하여 운송하고 양하하는 데 적합한 것을 의미한다."라고 판시하면서 정기용선자에게 승소판결을 하였다.[117)]

(6) 검 토

Pencarrow호 사건에서 선박이 스웨덴 측정증명서를 소지하고 있지 않더라도 감항능력이 있다는 1심 법원의 판시에는 의견을 같이 한다. 그러나 만약 정기용선자가 스웨덴 측정서를 발급받지 않아서 작업이 지연되었다면 선박소유자가 책임을 져야 했을 것이다. 따라서 감항능력 주의의무와 상관없이 스웨덴 측정증명서를 발급받기 위하여 정기용선자가 소요한 비용의 일부는 선박소유자가 부담하는 것이 타당하다고 본다. Aello호 사건에서 경찰허가서

Rep. 325 (C.A.); [1984] 1 Lloyd's Rep. 635 (Q.B.).

117) Golden Fleece Maritime v. ST Shipping & Transport Inc. – The Elli and The Frixos [2008] 2 Lloyd's Rep. 119 (C.A.); aff'g [2008] 1 Lloyd's Rep. 262.

제1편 제2편 제3편 제4편 제5편 제6편 제7편 제8편

는 단지 형식적인 절차에 불과하므로 선박이 경찰허가서를 소지하고 있지 않아도 선박소유자가 감항능력 주의의무를 위반한 것이 아니라는 귀족원의 판시에 필자는 동의한다. 그러나 선박이 구서면제증명서를 소지하고 있지 않다면 훈증소독을 하는 동안에 작업이 지연되므로 감항능력이 없는 것이다. 따라서 Madeleine호 사건에서 1심 법원의 판결은 타당성이 있다. 또한 Derby호 사건에서 ITF가 발급한 청색증명서는 선박이 감항능력을 유지하기 위하여 선적국가나 행정기관이 요구하는 서류가 아니므로 1심 법원과 항소법원의 판결에 필자는 동의한다. 만약 선박소유자가 ITF에서 발급한 청색증명서를 소지하지 않아서 발생한 손해에 대하여 책임을 지게 하려면 정기용선계약서에 "선박은 ITF가 발급한 청색증명서를 소지하여야 한다."라고 규정하여 선박소유자의 의무를 명시하고 있어야 한다. 그리고 Elli호/Frixos호 사건에서 선박은 화물의 운송에 있어 물리적 상태는 물론 법적인 상태가 적합하여야 하므로 MARPOL의 규정을 위반하면 선박이 운항에 적합하지 않다는 1심 법원의 판시는 타당하다고 본다.

감항능력 주의의무에 관한 영국판례를 검토하면서 Pencarrow호 사건에서는 스웨덴 측정증명서를, Aello호 사건에서는 경찰허가서를 그리고 Derby호 사건에서는 ITF 청색증명서를 선박이 소지하지 않아도 선박소유자는 감항능력 주의의무를 위반한 것이 아닌 것을 검토하였다. 그러나 Madeleine호 사건에서 선박이 구서면제증명서를 소지하고 있지 않았기 때문에 선박소유자가 감항능력 주의의무를 위반한 것을 확인하였다. 또한 Elli호/Frixos호 사건에서 선박이 MARPOL의 규정에 적합하지 않았기 때문에 선박소유자가 감항능력 주의의무를 위반한 것을 확인하였다.

판례연구 3-2 Silver Constelation호 사건

본 사건에서 1심법원은 "정기용선계약서를 검토해본 결과, 선박소유자는 선박에 대하여 RightShip의 승인을 얻고 그 상태를 유지해야 할 의무가 없다."라고 판시하였다. 본 사건에서 주요하게 다루어진 쟁점을 정리하면, 첫째 정기용선계약서의 체결약관 38줄 및/또는 제31조에 의하여 선박소유자가 용선기간 동안에 선박이 RightShip의 승인을 얻고 그 상태를 유지해야 할 의무가 있는지 여부, 둘째 선박소유자는 정기용선계약서 제8조 및/또는 묵시적 협력의무에 의하여 RightShip에 의하여 요구된 검사질문서(vetting questionnaire)와 선박의 검사절차를 이행할 의무가 있는지 여부로 요약된다.

Ⅰ. 사건의 개요

1. 사실관계

사건의 사실관계는 다음과 같다.

제1선박소유자 Orient사는 매도인 Swissmarine사로부터 선박을 매수하여 제1정기용선자 Swissmarine사와 2003년 6월 23일에 24개월 동안 선박에 대한 정기용선계약을 체결하였다. 또한 제1선박소유자 Orient사와 제2정기용선자 Glencore사는 2003년 11월 24일에 제1정기용선자 Swissmarine사와의 용선기간이 만료되는 2005년 5월 15일-9월 15일로부터 24개월 동안(2개월 신축 허용부조건) 선박에 대한 정기용선계약을 체결하였는데 제2정기용선자 Glencore사는 선박을 1년 동안 연장하여 사용할 수 있는 선택권이 있었다. 그러나 제2정기용선자 Glencore사에게 선박이 인도되기 전에 선박이 좌초되어 심한 손상을 입었기 때문에 제1정기용선자 Swissmarine사는 2006년 5월 4일이 되어서야 선박을 반선하였다. 반면에 제2정기용선자 Glencore사와 재정기용선자 Swissmarine사는 2006년 5월 8일에 제2정기용선자 Glencore사가 제1선박소유자 Orient사로부터 선박을 인도받은 후 18-24개월 동안 선박에 대한 정기용선계약을 체결하였다. 선박이 수리를 마친 2006년 9월 9일에 제1선박소유자 Orient사는 선박을 2003년 11월 24일자 정기용선계약서에 의하여 제2정기용선자 Glencore사에게, 제2정기용선자 Glencore사는 2006년 5월 8일자 정기용선계약서에 의하여 선박을 재정기용선자 Swissmarine사에게 인도하였다.[118)]

제2정기용선자 Glencore사와 재정기용선자 Swissmarine사 사이의 정기용선계약은 제1선박소유자 Orient사와 제2정기용선자 Glencore사 사이의 정기용선계약과 조건이 같았다. 2003년 11월 24일에 제1선박소유자 Orient사와 제2정기용선자 Glencore사가 정기용선계약을 체결 시 제2정기용선자 Glencore사는 "선박소유자는 선박이 RightShip의 승인을 얻도록 노력하여야 하는데, 만약 승인을 얻지 못하여 선박소유자가 30일 내에 조처를 취하지 않으면 정기용선자는 정기용선계약을 취소할 수 있다."라는 추가조항을 정기용선계약서에 삽입하기를 요구하였다. 제1선박소유자 Orient사는 "RightShip이 요구하는 검사질문서는 가끔 인위적이고 일관성이 없으므로 정기용선자가 요구하는 추가조항을 정기용선계약서에 삽입할 수 없다."라고 주장하였다. 제2정기용선자 Glencore사가 정기용선계약서에 RightShip에 대한 추가조항을 삽입하지 않는 것에 동의하였으므로 제1선박소유자 Orient사와 제2정기용선자 Glencore사 사이의 정기용선계약은 2003년 11월 24일에 체결되었다.

118) 정기용선계약서에 의한 선박의 인도기일은 2005년 5월 15일-9월 15일이었으나 지체되어 선박은 2006년 9월 9일에 인도되었다. 일반적으로 용선시황이 하락하였다면 선박이 인도기일 이후에 인도되었을 경우에 정기용선자는 정기용선계약을 해제한다. 그러나 용선시황이 상승하였다면 선박이 인도기일 이후에 인도되더라도 정기용선자는 용선료의 차액만큼 이득을 보기 때문에 선박을 인도 받는다.

2006년 8월 19일에 제1선박소유자 Orient사는 경개(novation)의 조건으로 제2선박소유자 Seagate사에게 선박을 매도하였으므로 제2정기용선자 Glencore사에 대하여 제1선박소유자 Orient사를 대신하여 제2선박소유자 Seagate사가 선박의 정기용선계약상 권리와 의무의 주체가 되었다. 지급정지의 기간을 고려하면 재정기용선자 Swissmarine사는 선박을 제2정기용선자 Glencore사에게 2008년 10월-11월에, 제2정기용선자 Glencore사는 제2선박소유자 Segate사에게 2009년 8월에 반선할 예정이었다.

선박은 2001년 12월 초에 RightShip으로부터 2등급으로 분류되었고 2002년과 2003년에는 3등급으로 분류되었으나, 선령이 18년이 되는 2004년에는 다시 2등급으로 분류되었다. 2007년 2월 8일에 재정기용선자 Swissmarine사의 요청으로 제2선박소유자 Seagate사는 RightShip에 의하여 요구된 검사질문서를 완성하여 RightShip에 제출하였으나, RightShip은 선박의 검사를 요청하였다. 제2선박소유자 Seagate사는 RightShip의 승인을 조건으로 제2정기용선자 Glencore사(와 재정기용선자 Swissmarine사)에게 용선료의 인상을 요구하였다. 제2정기용선자 Glencore사(와 재정기용선자 Swissmarine사)가 거절하였으므로 6월, 9월 및 10월에 RightShip의 요청에 의한 검사가 시행되지 않았다. 그 당시 선박은 RightShip에 의하여 1등급으로 분류되었다. 2007년 8월에 1항차를 이행하는 데 있어 RightShip의 승인을 얻었으나, 2008년 1월에는 RightShip의 승인이 거절되었다.

정기용선자는 선박이 RightShip의 승인을 얻지 못하였기 때문에 제한된 영업만을 함으로써 발생한 손해에 대하여 손해배상을 청구하였다. 그 당시 손해금액은 일당 용선료의 차이를 근거로 하여 월 미화 900,000.-불이었다.

2. 정기용선계약서상 관련 조항

위 사건과 관련하여 당사자가 합의한 정기용선계약서상 내용은 다음과 같다.

체결약관: 위의 선박소유자는 이 선박을 인도할 때부터 약 (기간) ○○동안 (제34조 참조) 다음과 같은 제한항해구역 안에서 용선할 것을 정기용선자와 서로 합의한다. 용선자는 이 계약에서 허용하는 기간의 전부 또는 일부에 대하여서 선박을 재용선할 자유권을 가지지만 정기용선자는 이 정기용선계약을 이행하는 데 있어서 책임을 져야 한다. 선박은 (인도장소) ○○에서 정기용선자의 지시에 따라서 정박시켜야 한다.(제33조 참조). 선박은 인도할 때에 제36조에 따라 준비를 하여야 하고, 그리고 선체는 견고하고 합법적인 화물을(제35조 참조) 정기용선자 또는 정기용선자 대리점의 지시에 의하여 안전항 사이에서(제35조 a항 참조) 합법적으로 운송하여야 한다.[119)]

119) 이 조항의 원문은 다음과 같다.

...That the said Owners agree to let and the said Charterers agree to hire the said vessel, from the time of delivery for about (See Clause 34) within below mentioned trading limits. Charterers to have liberty to sublet the vessel for all or any part of the time covered by this charter but Charterers remaining responsible for the fulfilment of this Charter Party. Vessel to be placed at the disposal of the charterers at (See Clauses

제1조120): 용선기간 동안 선박소유자는 선박이 선급과 감항능력을 유지하고, 선체, 선창과 선창덮개, 기관 및 설비를 충분하게 작동할 수 있는 상태로 유지하여야 하며 정박하는 항구나 운하에서 현재 요구하는 모든 증명서를 소지하고 있어야 한다.

제8조121): 선장은 최대한 신속히 항해를 완성하여야 하고, 또한 선박의 해원과 보트로써 관습상의 모든 지원을 제공하여야 한다. 선장은 (비록 선박소유자가 선임하였다고 하더라도) 취항에 대하여 정기용선자의 명령과 지시에 따라야 한다.

제31조122) (증서, 법규 및 규정)

a) 선박이 모든 면에서 이 용선계약에 명기되거나 배제되지 않은 항구들이나 장소들 또는 국가들을 항해할 수 있고 항해할 수 있는 상태이어야 하며, 언제든지 필요할 때 선박 그리고/또는 선박소유자는 모든 유효 증서들, 기록들 그리고 그러한 항해를 하는 동안 필요한 다른 서류들을 가지고 있어야 한다. 게다가, 선박은 이 용선계약에 명기되거나 배제되지 않은 항구들, 장소들 그리고 국가들에 적용되는 모든 법규나 규정을 따르고 계속 유지하여야 한다.

b) 선박은 필수적인 유효장비와 모든 증서들, 기록들 그리고 안전과 건강규정, 국제규정 그리고 수에즈 운하를 포함한 모든 기항지의 현재 요구사항에 따라 모든 필요한 서류들을 소지하여야 하고 이 용선계약이 행해지는 동안 계속 그러한 상태가 유지되어야 한다.

---

33). Vessel on her delivery to be ready as per Clause 36 and tight, staunch, strong and in every way fitted for the service... to be employed in carrying lawful merchandise... (See Clause 35) in such lawful trades between safe port and/or ports (See Clause 35a) as the Charterers or their Agents shall direct on the following conditions.

120) 이 조항의 원문은 다음과 같다.
That whilst on hire the Owners shall ...and maintain her class and seaworthiness and keep the vessel in a thoroughly efficient state in hull, holds and hatch covers, machinery and equipment with all certificates necessary to comply with current requirements of all ports of call and canals for the service and at all times during the currency of this Charter.

121) 이 조항의 원문은 다음과 같다.
That the Captain shall prosecute his voyages with the utmost despatch, and shall render all customary assistance with ship's crew and boats. The Captain (although appointed by the Owners) shall be under the orders and directions of the Charterers as regards employment... .

122) 이 조항의 원문은 다음과 같다.
Certificates, Laws and Regulations
a) It is a condition of this Charter that the vessel is and will remain in all respects eligible for trading to the ports, places or countries specified or not excluded in this Charter and that at all necessary times vessel and/or Owners shall have all valid certificates records and other documents required for such trade. Furthermore, it is a condition of this Charter that the vessel complies and will continue to comply with all applicable laws and regulations of the ports, places and countries specified or not excluded in this Charter.
b) It is a condition of this Charter that the vessel is and will remain during the currency of this Charter in possession of the necessary valid equipment and all certificates, records and documents necessary to comply with safety and health regulations, international regulations and all current requirements at all ports of call, Suez Canals included.

제66조[123] (호주기항규정)

선박이 호주항을 항해하는 경우에 선박소유자는 선박과 선박의 장비들이 현재의 호주항해규정에 적합할 것을 보증하여야 하고, 정기용선자의 다른 권리를 침해하는 일 없이, 선박소유자는 정기용선자에게 이 조항에 대한 부분적 또는 전체적인 계약불이행으로 인해 발생하는 어떠한 결과에 대하여서도 배상하여야 한다. 선박소유자는 선박에 항만노조연맹(WWF)[124]이 요구하는 호주의 항만노동자 또는 도선사가 이용하는 사다리가 유효하게 장착되어 있고, 이 용선계약 동안에 유지될 것을 보증한다. 선박소유자는 해외로부터 호주로 들어오는 밸러스트 물과 침전물의 하역에 대하여 통제하는 호주검역소의 임의적인 지침을 충분히 인지하였음을 확인한다.

3. 당사자의 주장

당사자인 선박소유자[125]와 정기용선자[126]의 주장은 다음과 같다.

(1) 선박소유자의 주장

체결약관 38줄은 선박이 선박의 감항능력과 관련하여 선급이나 등록지 국가가 요구하는 공식적인 증명서를 소지할 것을 규정하고 있다. 또한 정기용선계약서 제31조는, 선박이 공적 또는 법적으로 요구되는 서류를 소지할 것을 규정하고 있다. 그러나 RightShip의 승인에 관한 선박소유자의 의무는 쉽게 명시적으로 정기용선계약서에 규정될 수 있음에도 불구하고 체결약관 38줄, 제31조, 호주항에 관한 조항을 포함하여 정기용선계약서의 여러 조항을 검토하여 보아도 RightShip의 승인에 대하여 묵시적이라도 암시하고 있는 조항은 없다. 또한 RightShip은 증명서를 발급하지 않으므로, 선박이 증명서를 소지하여야 한다는 조항은 RightShip의 승인과 관련이 없다. 그리고 "모든 면에서 용선서비스에 적합한 상태"란 단지 선박의 물리적인 상태와 관련이 있다. 따라서 선박이 RightShip의 승인을 얻지 않았어도 용선서비스에 적합한 상태가 될 수 있다. 따라서 선박소유자는 RightShip의 승인을 얻어야 하는

123) 이 조항의 원문은 다음과 같다.
Australian-Port Call Clause
If the vessel proceeds to Australian ports, Owners guarantee that the vessel and her equipment shall comply with current Australian Navigation Regulations and without prejudice to Charters other rights Owners to indemnify Charterers for any consequences arising from partial or full non-compliance with this stipulation. Owners guarantee that the vessel is fitted with valid Australian Hold and Pilot Ladders in accordance with WWF requirements or any amendments thereto, and will remain so throughout the currency of this Charter. The Owners hereby confirm that the Owners duly acknowledge the voluntary guidelines for controls of the discharging of ballast water and sediments for entering Australia from overseas stipulated by Australian quarantine and inspection service.

124) 호주의 경우에 Waterside Workers Federation의 약어이다.

125) 제2선박소유자 Seagate사를 의미한다.

126) 제2정기용선자 Glencore사를 의미한다.

명시적 또는 묵시적 의무를 지지 않는다. 또한 RightShip의 검사는 선급검사와 유사하므로 정기용선자가 요청할 권한이 없다. 따라서 정기용선자의 요청에 의한 RightShip의 검사질문서와 선박의 검사절차를 이행할 의무도 없다.

(2) 정기용선자의 주장

선박이 운항에 적합하기 위하여 소지하고 있어야 하는 증명서의 개념에는 선박이 RightShip의 승인을 얻어야 한다는 의미를 포함하고 있다. 체결약관 38줄은 선급, 등록지 국가 및 모든 항구에서 요구하는 사항에 의하여 선박이 운항에 적합한 상태를 유지하여야 하므로 선박이 RightShip의 승인을 얻지 못하면 감항능력이 없는 것이다. 정기용선계약서 제31조의 제목은 제한적으로 선박이 공적 또는 법적으로 요구되는 서류만을 소지할 것을 규정한 것은 아니므로 정기용선계약서상 명시적으로 규정된 증명서에 RightShip의 승인이 제외되는 것이 아니다. RightShip의 승인여부는 온라인으로 확인할 수 있으므로 증명서의 발행여부는 중요하지 않다. "모든 면에서 용선서비스에 적합한 상태"란 선박의 물리적 상태뿐 아니라 RightShip의 승인도 포함한다. 또한 RightShip의 검사질문서와 선박의 검사절차는 정기용선자가 선박을 운항하는 데 있어 상사사항에 속하므로, 정기용선계약서 제8조에 의하여 선박소유자와 선장은 정기용선자의 지시에 따라야 한다.

Ⅱ. 판결요지

1. 중 재

첫 번째 쟁점사안에 대하여 살펴본다. 제1선박소유자 Orient사와 제2정기용선자 Glencore사 사이의 정기용선계약이 체결되기 전에 교환되었던 양당사자의 의견들은 각 당사자가 자기의 입장을 유리하게 하기 위한 주장에 불과할 뿐이지 양당사자가 일정 사실을 알고 있거나 예견할 수 있는 일반적인 사실을 확인하고 있는 것이 아니다. 따라서 정기용선계약이 체결되기 전 협상 시 정기용선자가 선박이 RightShip의 승인을 얻어야 할 것을 요청한데 대하여 선박소유자가 거절한 사실에 의하여 선박이 RightShip의 승인을 얻을 의무가 선박소유자에게 없는 것이 아니다. 철광석 또는 석탄의 운송에 관여하고 있는 일반적인 상인은 2001년 12월에 RightShip이 시행될 때부터 RightShip의 필요성에 대하여 알고 있다. RightShip의 승인은 일괄적이며 선박이 안전하게 운항할 수 있도록 선박의 결함을 미리 발견하여 수리하도록 하는 자의적이 아닌 일괄적인 선박관리시스템이다. 정기용선자의 입장에서는 RightShip의 승인여부가 영업수익에 많은 영향을 주게 되고, 선박소유자의 입장에서는 양심적인 선박소유자라면 선박이 운항에 문제가 발생하지 않도록 선박이 RightShip의 승인을 얻는 것이 선박소유자의 의무인 것이다. 따라서 정기용선계약서 제31조에 의하여 선박이 갖고 있어야 하는 증서는 정부, 항만당국이 요구하는 증서뿐만이 아니라 넓은 의미에서 온라인상 확인되는 RightShip의 승인도 포함된

제1편
제2편
제3편
제4편
제5편
제6편
제7편
제8편

다. 따라서 선박이 RightShip의 승인을 얻을 의무는 선박소유자가 부담한다.

두 번째 쟁점사안에 대하여는 첫 번째 쟁점사안을 검토한 결과로 미루어 보아 선박소유자는 정기용선계약서 체결약관 18줄, 제8조 그리고 묵시적 협력의무에 의하여 RightShip의 검사질문서와 선박의 검사절차를 이행할 의무를 진다. 정기용선계약서 제8조에서 "관습상의 지원"이 선창상태를 깨끗이 청소하는 것을 의미하는 반면에, "취항에 관한 정기용선자의 명령과 지시"는 선박소유자에게 RightShip의 검사질문서와 선박의 검사절차의 이행을 허락하도록 하는 의무를 부여한다고 하겠다.

2. 1심 법원(Queen's Bench Division: Commercial Court)

첫 번째 쟁점사안에 대하여 정기용선계약서의 체결약관 38줄 및/또는 제31조에 의하여 선박소유자가 용선기간 동안에 선박이 RightShip의 승인을 얻고 그 상태를 유지하여야 할 의무가 없다. 정기용선계약서 체결약관 38줄 및/또는 제31조에 의하여 선박이 소지하도록 선박소유자에게 요구되는 증서는 선적국 및 입항당국에서 법적으로 요구하는 증서를 의미한다. 따라서 RightShip의 승인은 단지 상업적인 선박의 이용에 있어서 요구되는 것이지 선적국 및 입항당국에서 법적으로 요구하는 증서가 아니므로 감항능력을 위하여 선박이 소지하도록 요구되는 증서가 아니다. 또한 RightShip의 승인여부는 온라인으로만 확인할 수 있을 뿐 RightShip은 체결약관 38줄 및/또는 제31조에 의한 증명서를 발급하지 않는다. 그리고 RightShip은 50여개 요소 가운데 10개만을 공개하고 있어서 등급의 형성과정이 명확하지 않다. 정기용선계약서상 내용이 분명하지 않은 경우, 그 계약서에 사용된 문구가 계약체결 전 협상내용에 의하여 문구를 사용한 의도를 파악할 수 있다면 협상 시 상황을 참조할 수 있다. 이 경우에 종전문언배제의 원칙은 적용되지 않으므로 협상내용의 증거능력이 인정된다. 본 사건의 협상내용을 참조하여 보면, 정기용선자는 "선박이 RightShip의 승인을 얻지 못할 경우에 선박소유자가 30일 내에 조처를 취하지 않으면 정기용선자가 정기용선계약을 취소할 수 있는 선택권을 갖는다."라는 조항을 요구하였다. 그러나 정기용선자의 이 제안에 대하여 선박소유자가 거절한 점을 미루어 볼 때, 선박소유자는 선박이 RightShip의 승인을 얻을 의무가 선박소유자에게 있다는 것에 동의하지 않았다.

두 번째 쟁점사안에 대하여 "취항에 관한 정기용선자의 명령과 지시"에 대한 정기용선계약서 제8조에 따른 정기용선자의 요청에 의하여 선박소유자는 RightShip의 검사질문서와 선박의 검사절차를 이행하여야 한다. 왜냐하면 선박이 RightShip의 승인을 얻어야 하는 의무와 상관없이, RightShip의 검사질문서와 선박의 검사절차는 정기용선자가 선박을 영업에 사용하기 위하여 현실적으로 필요한 사항이기 때문이다. RightShip의 검사는 선급검사와 유사한 것이 아니라 매 항차마다 송하인의 요청에 의한 선창의 청결상태를 조사하기 위한 검사와 유사하다.

Ⅲ. 사안의 검토

2001년 RightShip이 설립되기 이전에는 용선자가 용선시장에서 호주를 운항할 수 있는 선박을 용선할 경우에 "선박소유자는 선박이 ITF, AHL[127]과 WWF에 관한 증서를 소지하고 있으며 호주를 운항하는 데 문제가 없다는 것을 보증한다."라는 문구[128]를 주요내용의 합의서에 명시하였다. 그러나 RightShip이 설립된 이후에는 용선자는 그 외에도 선박이 RightShip의 승인을 얻었는지를 확인하여 "선박소유자는 용선기간 동안에 선박이 RightShip으로부터 최소 3등급 이상의 승인을 얻었다는 것을 확인한다."라는 문구[129] 또한 주요내용의 합의서에 명시하도록 하고 있다. 왜냐하면 호주 수출화물의 주요 송하인인 BHP Billiton사, Rio Tinto사와 FMG사는 모두 선박이 RightShip의 승인을 얻도록 요구하고 있기 때문이다.

선박소유자가 BHP Billiton사, Rio Tinto사, Cargill사, FMG사 또는 CVRD사와같이 선박이 RightShip의 승인을 얻을 것을 요구하는 적하이해관계인의 화물을 운송하는 용선계약을 체결하였을 경우에 적하이해관계인의 확인을 받기 위해서는 RightShip에 의하여 요구되는 검사질문서 절차를 거쳐야 한다. 따라서 선장은 정기용선자의 지시 또는 명령에 따라 RightShip 서식의 검사질문서에 답하여야 한다.

첫 번째 쟁점사안에 대하여 1심 법원 David Steel판사는 "정기용선계약서의 체결약관 38줄 및/또는 제31조에 의하여 선박소유자가 용선기간 동안에 선박이 RightShip의 승인을 얻고 그 상태를 유지하여야 할 의무가 없다."라고 판시하였다. RightShip은 주요한 적하이해관계인인 BHP Billiton사, Rio Tinto사와 Cargill사가 투자하여 설립한 개인회사이지 정부나 항만당국이 아니다. 정기용선계약서의 체결약관 38줄 및/또는 제31조에 규정된 선박의 감항능력 주의의무에 의하여 선박소유자가 선박이 RightShip의 승인을 얻도록 의무를 부담하는 것은 아니다. Derby호 사건에서 검토하였듯이 RightShip의 승인은 선박이 감항능력을 유지하기 위하여 선적국가나 행정기관이 요구하는 서류에 포함되지 않는다. 선박이 RightShip의 승인을 얻도록 선박소유자에게 의무를 부과하고자 했다면, 정기용선자는 그 취지를 정기용선계약서에 명시하였어야 했다. 그러나 계약체결 전 협상 시 양당사자 사이에서 교환된 전문을 참조하여 보면 선박소유자가 RightShip 승인에 대한 의무를 부인한 것을 알 수 있다. 결론적으로 본 사건에서 선박소유자는 RightShip의 승인을 얻고 그 상태를 유지할 의무가 없다. 따라서 선박이 RightShip의 승인을 얻지 못하였기 때문에 주요 적하이해관계인의 화물을 운송할 수 없게 되어 저렴한 운임이나 용선료를 받고 제한된 용선영업만을 하게 됨으로써 발생한 손해에 대하여 선박소유자는 책임이 없다.

127) Australian Hold Ladders의 약어이다.

128) 현재 실무상으로 사용하고 있는 문구는 다음과 같다.
Owners guarantee that vessel is suitable for calling Australia with ITF, AHL and WWF in order.

129) 현재 실무상으로 사용하고 있는 문구는 다음과 같다.
Owners confirm that vessel is RightShip approved for the currency of this charter party with minimum 3 star rating.

두 번째 쟁점사안에 대하여 1심 법원 David Steel판사는 "「취항에 관한 정기용선자의 명령과 지시」에 대한 정기용선계약서 제8조에 따른 정기용선자의 요청에 의하여 선박소유자는 RightShip의 검사질문서와 선박의 검사절차를 이행하여야 한다."라고 판시하였다. 정기용선자의 선장지휘권에서 검토하였듯이 화물의 선적 또는 양륙을 위하여 어느 항구로의 이동지시나 어느 항구에의 정박지시, 특정화물의 선적지시 등 상업적인 목적달성에 필요한 정기용선자의 명령이나 지시를 선장은 따라야 한다. RightShip의 승인을 얻기 위한 RightShip의 검사질문서 절차와 선박검사는 정기용선자가 관련 항차를 수행하여 영업이익을 얻기 위한 즉 상업적인 목적달성에 필요한 명령이나 지시이다. 그러나 RightShip의 요청에 의한 선박검사를 시행한 결과 RightShip의 승인이 거절되었다면 그 이후 선박의 운항이 제한될 것이다. 왜냐하면 RightShip에 등록한 회원사는 언제든지 RightShip의 데이터베이스를 통하여 선박에 대한 검사결과를 확인할 수 있기 때문이다. 본 사건에서 제2선박소유자 Seagate사는 정기용선자의 지시에 따라서 RightShip에 의하여 요구된 검사질문서를 완성하여 RightShip에 제출하였으나, RightShip은 선박의 검사를 요청하였다. Seagate사는 RightShip의 승인을 조건으로 제2정기용선자 Glencore사(와 재정기용선자 Swissmarine사)에게 용선료의 인상을 요구하였으나 제2정기용선자 Glencore사(와 재정기용선자 Swissmarine사)가 거절하였으므로 검사는 이루어지지 않았다. 그러나 용선료의 인상요구에 상관없이 정기용선자의 요청이 있었다면 선박소유자는 검사절차를 이행하여야 하는 의무를 진다. 따라서 만약 선박소유자가 정기용선자가 요청한 검사절차를 이행하지 않아서 손해가 발생하였다면, RightShip의 승인 여부와 상관없이 선박소유자는 그 손해에 대하여 책임을 져야 한다.

선박이 소지하고 있어야 하는 법정서류는 감항능력의 문제와 관련되므로 선박소유자는 선박이 공적 또는 법적으로 요구되는 서류를 소지하도록 하는 의무를 진다. 그러나 해운업계에서 현실적인 필요에서 관행적으로 요구되는 서류는 법정서류가 아니다. 따라서 선박소유자에게 이와같이 관행적으로 요구되는 서류들을 소지하여야 할 의무는 없다. 본 사건에서 1심 법원은 RightShip의 승인을 얻는 것은 선박이 법정서류를 소지하는 것과 같이 감항능력에 영향을 미치지 않으므로 선박소유자의 의무가 아니라고 판시하였다. 즉 RightShip은 현실적으로 해운업계에서 실무상 영향력이 크지만 법정기관이 아니라 특정 회사가 설립한 사적인 조직으로, 법적인 관점에서 보면 구속력이 없으므로 RightShip의 승인을 얻는 것은 선박소유자의 의무가 아닌 것이다. 따라서 정기용선계약서상 명시적으로 RightShip의 승인을 얻는 것에 대한 선박소유자의 의무가 규정되어 있지 않다면, 선박소유자에게 선박이 RightShip의 승인을 얻도록 요구하는 것은 법적으로 부당한 것이다.

결과적으로 실무자는 용선자의 입장에서 선박을 용선할 경우에 RightShip의 승인에 대한 선박소유자의 의무를 용선계약서에 명시적으로 규정하도록 하여야 한다. 그렇지 않다면, RightShip의 승인을 얻지 못한 경우에 RightShip의 승인을 요구하지 않는 적하이해관계인과 제한된 영업만을 하여야 하는 위험을 감수하여야 한다. 그러나 선박소유자의 입장에 있는 선주상호보험조합(P&I Club)에서는 RightShip과 관련된 분쟁에서 벗어나기 위하여, 회원사에게 가능하다면 정기용선계약서에 RightShip

의 승인과 관련된 규정을 넣지 않도록 권고하고 있다. 따라서 RightShip의 승인과 관련된 선박소유자의 의무는 선박소유자와 용선자가 용선계약을 협상 시 상황에 따라 명확하게 결정되어야 한다.

BIMCO Bulk Carrier Safety Clause

(a) The Charterers shall instruct the Terminal Operators or their representatives to co-operate with the Master in completing the IMO SHIP/SHORE SAFETY CHECKLIST and shall arrange all cargo operations strictly in accordance with the guidelines set out therein.

(b) In addition to the above and notwithstanding any provision in this Charter Party in respect of loading/discharging rates, the Charterers shall instruct the Terminal Operators to load/discharge the Vessel in accordance with the loading/discharging plan, which shall be approved by the Master with due regard to the Vessel' s draught, trim, stability, stress or any other factor which may affect the safety of the Vessel.

(c) At any time during cargo operations the Master may, if he deems it necessary for reasons of safety of the Vessel, instruct the Terminal Operators or their representatives to slow down or stop the loading or discharging.

(d) Compliance with the provisions of this Clause shall not affect the counting of laytime.

BIMCO 벌크선안전약관

(a) 용선자는 터미널운영자들이나 그들의 대표자들에게 IMO(국제해사기구) 선박/해안 안전점검표를 작성하는 데에 선장과 협력하도록 지시하여야 하고, 거기에 입안된 지침에 따라 모든 화물운영을 엄격하게 조정하여야 한다.

(b) 선적/양하비율에 관해 상기 규정뿐만 아니라 본 용선계약의 어떤 규정에도 불구하고, 선박의 안전에 영향을 미칠 수 있는 선박의 흘수, 균형, 안정성, 응력(변형력), 다른 요인 등을 상당히 고려하여 선장에 의해 승인되어야 하는 선적/양하계획에 따라 선박을 선적/양하하도록, 용선자는 터미널운영자에게 지시하여야 한다.

(c) 화물운영 중에 언제든지, 선장이 선박의 안전 때문에 필요하다고 간주할 경우, 선적 혹은 양하를 감속하거나 중단하도록 선장은 터미널운영자들이나 그들의 대표자들에게 지시하여야 한다.

(d) 본 조항의 규정에 대한 준수는 정박기간의 산정에 영향을 미치지 않는다.

해설: 선적 또는 양하작업 시 터미널운영자들은 단지 작업의 진행 속도에만 관심이 있으므로 화물의 잘못된 적부나 양하계획 때문에 선박이 손상될 수 있다. 따라서 선적 또는 양하작업 시 선박의 안전을 위하여 터미널운영자들이 선장과 상의하여 국제해사기구의 지침서를 준수하도록 하여야 한다. 본 약관은

BIMCO 서류위원회에 의하여 1996년 5월에 승인되었다.

BIMCO Standard ISM Clause for Voyage and Time Charter Parties

From the date of coming into force of the International Safety Management (ISM) Code in relation to the Vessel and thereafter during the currency of this charter party, the Owners shall procure that both the Vessel and "the Company" (as defined by the ISM Code) shall comply with the requirements of the ISM Code. Upon request the Owners shall provide a copy of the relevant Document of Compliance (DOC) and Safety Management Certificate (SMC) to the Charterers.

Except as otherwise provided in this charter party, loss, damage, expense or delay caused by failure on the part of the Owners or "the Company" to comply with the ISM Code shall be for the Owners' account."

BIMCO 항해용선계약과 정기용선계약의 표준국제안전관리약관

선박에 관한 국제안전관리(ISM) 규약의 발효기일로부터 그리고 그 이후 본 용선계약의 유효기간 동안에, 선박과 회사(국제안전관리규약에 의해 정의된) 모두가 국제안전관리규약의 요구사항을 준수한다는 것을 선박소유자는 보장하여야 한다. 요청에 의해, 선박소유자는 용선자에게 관련 안전관리적합증서(DOC)[130]와 안전관리증서(SMC)[131]의 사본을 제공하여야 한다.

본 용선계약에서 달리 규정된 것을 제외하고, 국제안전관리규약을 준수하지 못한 선박소유자나 회사 측의 실패에 의해 초래된 손실, 손상, 경비, 지연 등은 선박소유자의 부담으로 한다.

해설: 국제안전관리규약(ISM Code)은 국제해사기구(IMO)에서 채택하여 선박의 안전운항 및 오염방지를 위한 SOLAS협약[132]의 체약국 간에 강제적으로 적용되는 규약이다. 국제해사기구는 1995년 5월 SOLAS협약을 개정하면서 "선박의 안전운항을 위한 관리"에 관한 제 XI장을 신설하여 국제안전관리규약을 포함시켰다. 그 이후 1995년 11월 제19차 총회에서 개정된 SOLAS협약을 채택하여 1998년 7월 1일부터

130) DOC는 안전관리적합증서(Document of Compliance)를 의미하는데, 국제안전관리규약의 규정을 지키고 있는 회사에 발급되는 증서를 말한다.

131) SMC는 안전관리증서(Safety Management Certificate)를 의미하는데, 감독관청에서 인증한 안전관리시스템에 의하여 안전관리가 운영되고 있다고 확인된 선박에 대하여 발급되는 증서를 말한다.

132) 해상인명안전조약(International Convention for the Safety of Life at Sea)
선박의 구조 · 구명장비 · 통신장비 · 곡물 및 위험화물의 적부설비 또는 적재방법 등의 획일적인 원칙과 규칙을 설정, 해상에 있어서의 인명안전을 도모키 위한 국제조약을 말한다. 1914년 영국 런던에서 개최된 해상인명안전에 관한 국제회의에서 최초로 체결된 국제조약. 그 후 기술의 발전과 시대적 요청에 새로운 조약이 채택되었다. 우리나라는 1965년 5월에 1960년 개정조약을 수용하였다.

발효되었다. 이러한 국제안전관리규약은 해상에서 안전을 보장하고, 인명의 상해 및 사망을 예방하며, 해양 환경의 보호와 재산에 대한 손해의 가능성을 피하는 것을 목적으로 하고 있다.[133]

Ⅱ. 선박의 정비의무

선박의 정비의무에 대하여 뉴욕프로듀스서식(1993) 제6조는 "선박소유자는 선박의 선급을 유지하고, 선체, 기관 및 설비를 충분하게 작동할 수 있는 상태로 유지하고 또한 선박의 직원과 부원의 정원을 확보하여야 한다."라고 규정하고 있다. 그리고 볼타임서식(2001) 제3조는 "선박소유자는 모든 식품과 급료, 선박보험, 갑판부와 기관부의 선용품을 준비하고 비용을 지급하여야 한다. 그리고 서비스 기간 중에 선체와 기계를 완전하게 유효한 상태로 유지하여야 한다."라고 규정하고 있다. 이와같이 뉴욕프로듀스서식 및 볼타임서식의 정비약관에서 요구하는 정비의무의 정도는 용선기간 중에 발생한 성능불량을 합리적인 기간 안에 상당한 조치를 다하여 회복시킬 주의의무이다.

선박소유자의 정비의무는 선박의 성능을 정상적으로 유지시키는 데 그 목적을 두고 있기 때문에, 운항 중에 발생한 고장 또는 손상의 수선도 포함된다. 그러나 선박소유자는 이러한 고장의 수선이 가능한 경우에만 정비의무를 지게 된다.

선박소유자가 정비의무를 게을리 하였을 때, 정기용선자는 채무불이행으로서 용선료의 지급정지를 주장할 수 있고, 만일에 선박에 발생한 고장 또는 손상의 정도가 심한 경우에는 손해배상청구권과 해지권도 주장할 수 있다고 본다.[134]

Ⅲ. 선박의 감항능력 주의의무와 정비의무와의 관계

감항능력 주의의무는 용선계약의 효력이 시작할 때에 요구되는 의무이나, 정비의무는 선박이 통상적인 운송 업무를 위한 용선능력으로서 용선기간 중에 있어서 계속적으로 요구되는 의무이다.

133) 국제안전관리규약 제 1.2조.
134) 박용섭, 정기용선, 218쪽.

제1편 제2편 제3편 제4편 제5편 제6편 제7편 제8편

영국 보통법에서는 선박소유자의 감항능력 담보의무를 절대적 의무로 해석하나, 정비의무는 전 용선기간 중에 선박소유자가 지켜야 할 계속적인 상당한 주의의무로 본다. Tynedale Shipping Co. v. Angle-Soviet Shipping Co.사건[135]에서 1심 법원 Goddard판사와 항소법원(Roche판사, Scott판사와 Eve판사)은 "정비의무는 어떠한 해상의 위험이나 원인이 선박의 활동 목적을 위한 성능을 방해하더라도 반드시 그 선박을 정비한다는 절대적 약속이나 또는 보증을 한 것으로 해석하지 않아야 한다."라고 지적하였다.[136]

BIMCO Cargo Handling Gear Clause

Vessel is equipped with the following cargo handling gear in good working order: ______________, ______________ which are at Charterers' free disposal, whenever required, together with corresponding running gear and with the necessary motive power to work all gear simultaneously.

BIMCO 화물취급기어약관

선박은 양호하게 작동하는 다음과 같은 화물 취급 기어를 장착한다: ○○, ○○ 이러한 장비들은 해당 구동 기어와 모든 기어들을 동시에 작동하는 데에 필요한 동력 등과 함께 필요할 때마다 용선자에 의해 무료로 사용된다.

135) Tynedale Shipping v. Angle-Soviet Shipping [1936] 54 Ll.L.Rep. 341.
136) 박용섭, 정기용선, 216쪽.

제 4 절 신속한 항해 완성의무

Ⅰ. 의 의

뉴욕프로듀스서식(1993) 제8조는 "선장은 상당히 빨리 항해를 수행하여야 하고, 선박의 해원으로 하여금 관습상의 지원을 제공하도록 하여야 한다."라고 규정하고 있다. 그리고 볼타임서식(2001) 제9조는 "선장은 모든 항해를 최대한 신속하게 성취하고, 또 선원으로 하여금 관습상의 협력을 제공하도록 하여야 한다."라고 규정하고 있다. 이와같이 정기용선계약에서 항해성취를 최대한 신속하게 이행하도록 규정하여 선박소유자에게 신속한 선박운항의 의무를 부과시키고 있다. 이 조항은 선장으로 하여금 정기용선자의 지시에 따라서 항해를 최대한 신속하게 성취하도록 규정함으로써 정기용선자에게 경제석 이익을 적극적으로 지원하게 하는 가장 중요한 계약약관의 하나이다.[137]

Ⅱ. 효 과

만일 용선기간 중에 선장이 용선자의 합리적인 항해지시에도 불구하고 항해성취 의무를 게을리 한 경우에는 정기용선자가 사용자인 선박소유자에게 손해배상청구권을 주장할 수 있다. 그러나 선장이 항해성취를 최대한 신속하게 이행하지 못한 정당한 사유가 있는 경우에는 정기용선자는 계약위반을 주장할 수 없다. 이 경우의 입증책임은 면책을 주장하는 선박소유자가 부담하게 된다. 그리고 항해성취를 최대한 신속하게 이행하여야 할 선장의 의무와 관련하여 이 의무는 선장이 정상항로를 벗어나서 항해지연이 생긴 때에도 적용될 수 있다. 정기용선자는 선장으로 하여금 적절한 항로를 유지하여 최대한 신속하게 항해를 성취하도록 항로를 직접 지시할 수 있다. 또한 용선기간 중에 선장의 협력이 불만족스러운 경우에는 불만약관에 의하여 정기용선자가 선박소유자에게 선장의 교체를 요구할 수 있다. 항해지시에 있어서 정기용선자의 지시가 불합리하고 또 불안전한 때에 선장은 정기용선자의 항

137) 박용섭, 선박소유자의 속력유지 의무, 139쪽.

해지시를 거부하고, 안전하고 합리적인 항로를 선택할 수 있다.[138)]

항해의 신속한 완성의무를 위반한 경우에 그 위반의 효과는 당해 약관내용의 성질이 중간조건이라고 밝힌 바와같이 매 사안마다 개별적으로 판단하여야 할 것이다. 즉 그 위반이 계약의 근본적인 내용이 되는 경우에는 계약 자체를 해지할 수도 있을 것이나, 그 위반의 정도가 경미하여 계약의 근본적인 내용을 위반하였다고 보기 어려운 경우에는 단지 손해배상청구만이 인정될 것이다. 이와 관련하여 신속한 항해완성의무가 면책약관 규정과 충돌할 때에는 그 효력이 문제가 될 수 있다. 두 약관이 충돌하는 경우에는 당연히 면책약관이 우선적으로 적용된다.[139)]

BIMCO Putting Back Clause

Should the Vessel deviate or put back during a voyage for a reason which causes hire to be suspended under this Charter Party, hire shall cease to be payable from the commencement of such deviation until the time when the Vessel is again ready to resume her service from a position not less favourable to the Charterers than that at which the deviation commenced, provided always that due allowance shall be given for any distance made good towards the Vessel's destination and any bunkers saved. However, should the Vessel be driven into port or anchorage by stress of weather or by any cause for which the Charterers are responsible under this Charter Party the Vessel shall remain on hire and all costs thereby incurred shall be for the Charterers' account.

BIMCO 회항약관

본 용선계약에 의해 용선을 정지시키는 이유 때문에 선박이 항해 도중에 이로(항로이탈)하거나 회항할 경우, 그러한 이로(항로이탈)의 개시로부터, 이로가 개시된 위치에 비해 용선자에게 보다 더 불리하지 않은 위치로부터 선박이 서비스를 재개할 준비가 다시 되어 있는 시기까지, 용선료는 지급되지 않아도 된다. 단, 항상 선박의 도착지까지 보상되는 거리와 절약된 연료 등에 대하여 고려되는 경우에만 그러하다. 그러나 일기의 불순에 의해 혹은 본 용선계약 하에서 용선자가 책임을 져야 하는 원인에 의해 선박이 항구나 정박지로 진입된 경우, 선박은 계속해서 용선 중인 채로 남아 있고, 그로 인해 초래된 모든 비용은 용선자의 부담으로 한다.

138) 위의 논문, 141쪽.
139) 이승호, 앞의 논문, 76-77쪽.

Part 4

정기용선자의 지위

1 정기용선자의 권리

정기용선계약에서 정기용선자는 선박을 자유로이 이용할 수 있는 선박의 자유용익권과 선장지휘권이 있다. 또한 정기용선자는 인도지연에 대한 정기용선계약의 해제권, 용선료 지급에 대한 지급정지의 권리 그리고 회수할 수 없는 초과지급액에 대하여 선박에 리언할 수 있는 권리가 있다.

제 1 절 선박의 자유용익권

Ⅰ. 의 의

정기용선계약에서 정기용선자는 약정한 용선기간 동안 선박을 정기용선계약에서 약정한 범위 안에서 임의로 사용할 수 있다. 따라서 정기용선자는 선박을 재용선자에게 재용선할 수 있다.

선박의 자유용익권에 관하여 뉴욕프로듀스서식(1946) 체결약관 18-21줄은 "선박은 (인도장소)에서 정기용선자의 지시에 따라서 도크 또는 (제6조에서 별도로 규정한 것을 제외하고서 어떠한 조석에서도 항상 떠서 안전하게 정박할 수 있는) 부두 또는 장소에서 정기용선자가 자유로이 사용할 수 있도록 정박시켜야 한다."라고 규정하고 있다. 또한 뉴욕프로듀스서식(1946) 제7조는 "정기용선자는 선박의 직원, 부원, 태클, 장비, 비품, 식품, 선용품 및 연료를 위한 적당하고 충분한 장소를 제외하고서, 선박의 홀드, 갑판 및 통상적인 선적장소(이 선박이 합리적으로 적부 · 운송할 수 있는 한도를 초과하지 않게)의 전부와 만일 하역감독이 승선한 경우에 있어서 하역감독의 거주설비를 포함하여 자유로이 사용한다. 정기용선자는 여객설비가 허용하는 범위까지 여객운송의 특권을 가진다. 여객 1인에 대하여 설비 및 식비로서 하루 ○○을 지급한다. 그러나 여객운송의 결과로써 발생한 벌금 또는 초과비용의 경우에 정기용선자가 그러한 위험과 비용을 부담할 것을 합의한다."라고 규정되어 있다. 그리고 뉴욕프로듀스서식(1993) 제13조 (a)는 "선박의 직원, 부원, 색구, 장비, 비품, 식료품, 선용품 및 연료를 위한 충분한 구역을 확보하고서(선박이 상당히 안전한 적부 및 운송을 할 수 있는 한도를 초과하지 않게), 선박의 선창, 갑판 및 기타 운송물의 장소 또한 운송물 하역감독이 승선할 경우에 그의 거주시설 등을 모두 정기용선자가 자유롭게 사용할 수 있어야 한다."라고 규정하고 있다.

선박의 자유용익권에 관하여 볼타임서식(2001) 제1조는 "용선시작은 빈 칸 15란에 기재된 항만에서 정기용선자의 지시에 따라, 선박이 안전하게 떠서 정박할 수 있도록 이용이 가능한 선석에서 통상적인 화물운송을 위하여 모든 점에서 적합한 선박을 인도한 후, 그리고 정기용선자가 자유로이 사용할 수 있게 정박시킨 때부터이다."라고 규정하고 있다. 그리고 볼타임서식(2001) 제8조는 "정기용선자는 선박의 선장, 항해사, 선원, 태클,[1] 장비, 비품, 식품 및 선용품을 위한 적당하고 충분한 장소를 제외하고서 적법한 갑판 선적능력을 포함하여 선박의 만재능력을 자유로이 사용할 수 있다."라고 규정하고 있다.

Ⅱ. 재용선계약

1. 의 의

먼저 선박소유자와 용선계약을 체결하고 그 계약에 의해 물건을 운송할 권리를 취득한 다음 이번에는 제3자와 운송인으로 용선계약을 체결하고 먼저 체결한 용선계약상 권리를 이용하여 다음에 체결한 용선계약에서 인수한 운송을 실행할 때에, 선박소유자와 체결한 제1차적인 용선계약을 주용선계약, 주용선계약에 기해 제3자와 체결한 제2차적인 용선계약을 재용선계약이라고 한다.[2] 이러한 재용선계약에 의하여 용선자는 선박소유자 등에게 지급할 용선료 또는 운임과 자기가 재용선계약에 의하여 취득할 용선료 또는 운임과의 차액을 이득

1) 1개 또는 몇 개의 활차에 한줄 또는 여러 개의 rope가 걸린 양화장치로서 일종의 양화구이다. 이택영 편, 엄윤대 · 박명규 감수, 앞의 책, 839쪽.
2) 채이식, 앞의 책, 735쪽.

하게 된다. 그러나 용선계약을 체결 후 용선시황이 하락하였을 경우에는 용선자가 손해를 감수하여 재용선계약을 체결하기도 한다.

뉴욕프로듀스서식(1946) 체결약관 16-17줄은 "정기용선자는 이 계약에서 허용하는 기간의 전부 또는 일부에 대하여서 선박을 재용선할 자유권을 가진다. 그러나 정기용선자는 이 계약을 이행함에 있어서 책임을 져야 한다."라고 규정하고 있다. 그리고 뉴욕프로듀스서식(1993) 제18조는 "별도의 합의가 없는 한, 정기용선자는 이 용선계약 기간의 전부 또는 일부에 대하여 선박을 재용선할 수가 있다. 그러나 정기용선자는 이 용선계약을 충실하게 이행할 의무가 있다."라고 규정하고 있다. 재용선에 관하여 볼타임서식(2001) 제19조는 "정기용선자는 선박소유자에게 정당한 통지를 하고서 선박을 재용선할 선택권을 가진다. 그러나 원 정기용선자는 항상 정당한 정기용선의 실행에 관하여 선박소유자에게 책임을 져야 한다."라고 규정하고 있다.

1991년 개정 전 상법 제806조(재운송계약과 선박소유자의 책임)는 "용선자가 제3자와 운송계약을 체결한 경우에도 그 계약의 이행이 선장의 직무에 속한 범위 내에서는 선박소유자만이 그 제3자에 대하여 책임을 진다. 이 경우에도 선박소유자는 상법 제746조 또는 상법 제747조의 규정에 의한 권리를 행사할 수 있다."라고 규정하였다. 1991년 개정 후 상법 제806조(재운송계약과 선박소유자의 책임)는 "용선자가 자기의 명의로 제3자와 운송계약을 체결한 경우에는 그 계약의 이행이 선장의 직무에 속한 범위 안에서 선박소유자도 그 제3자에 대하여 제787조와 제788조의 규정에 의한 책임을 진다."라고 규정하였다. 그리고 2007년 개정상법은 제809조(항해용선자 등의 재운송계약시 선박소유자의 책임)에서 "항해용선자 또는 정기용선자가 자기의 명의로 제3자와 운송계약을 체결한 경우에는 그 계약의 이행이 선장의 직무에 속한 범위 안에서는 선박소유자도 그 제3자에 대하여 제794조와 제795조의 규정에 의한 책임을 진다."라고 규정하고 있다.

재운송계약에서 제3자에 대하여 책임을 지는 주체에 대하여 1991년 개정 전 상법 제806조에서는 선장의 직무에 속한 범위 내에서는 "선박소유자만"이 책임을 지게 되었으나, 1991년 개정 후 상법 제806조에서는 "선박소유자만"을 "선박소유자도"로 변경함으로써 용선자와 선박소유자가 연대책임을 지게 된다. 2007년 개정 상법 제809조는 용선자의 개념을 명확하게 하기 위하여 "용선자"를 "항해용선자 또는 정기용선자"로 변경하여 규정하고 있다. 이러한 상법규정은 용선자가 재운송인의 지위에 있다고 하더라도 선장에 대한 지휘 · 감독권은 여전히 선박소유자에게 있으므로 선박소유자에 대하여 제3자에 대한 직접적인 책임

제1편
제2편
제3편
제4편
제5편
제6편
제7편
제8편

을 인정하여 관련 당사자들 사이의 구상관계를 간이화하기 위한 것이라 할 수 있다. 위 상법 규정에 의하면 책임의 주체가 선박소유자와 용선자 양쪽이 되게 되어, 선장이 행하는 직무 관련 행위에 관하여 선박소유자도 책임을 부담하게 된다. 즉, 선박소유자는 자신의 피용자인 선장의 과실에 대하여 사용자로서 불법행위책임을 지는 것과 별개로 위 규정에 따라 본인으로서 채무불이행책임으로서의 법정책임을 부담하는 것으로 된다.[3)]

2. 성 질

재용선계약은 법률상 주용선계약과는 별개의 독립적인 제2의 용선계약이며, 용선자의 선박소유자에 대한 권리 · 의무가 재용선계약에 의하여 소멸하는 것이 아니므로 용선계약상의 채권양도나 단순한 운송주선계약으로 볼 것은 아니다.[4)]

3. 성립요건

재용선계약상의 선박소유자가 책임을 지기 위한 상법 제809조의 성립요건은 다음과 같다.

첫째, 주용선계약이 존재하여야 한다. 본조는 재용선의 경우에 주운송인에 해당하는 선박소유자에게 법정책임을 부과하는 것이므로, 주용선계약이 없으면 본조가 적용되지 않는다.

둘째, 주용선계약에서 상대방이 적하이해관계인 또는 용선자와 최종적으로 운송계약을 체결하여야 한다. 재용선의 경우에만 본조가 적용되기 때문이다. 주용선계약에서 상대방은 이제 재운송인이 된다.[5)]

셋째, 주용선계약에서 상대방은 용선자 및 이와 유사한 지위에 있는 자라야 한다. 주용선계약의 상대방에 정기용선자가 포함되는지에 대하여 학설의 대립이 있다. 제1설은 항해용선자는 물론 정기용선자도 포함하자는 견해[6)]이고 제2설은 정기용선자는 제외하자는 견해[7)]이다. 현 해운실무상 항해용선의 재용선계약에 못지않게 정기용선의 재용선계약이 빈번하

3) 정해덕, 앞의 책, 252쪽.
4) 임동철, "재운송계약과 선박소유자의 책임", 「한국해법학회지」 제15권 제1호, 한국해법학회 1993, 11-12쪽. (이하 "임동철, 재운송계약"이라고 한다.).
5) 김인현, 앞의 책, 144-145쪽.
6) 채이식, 앞의 책, 736쪽.
7) 김인현, 앞의 책, 145쪽.

게 성행되고 있다. 상법 제843조 제2항에는 "선장, 해원 그 밖의 선박사용인이 정기용선자의 정당한 지시에 위반하여 정기용선자에게 손해가 발생한 경우에는 선박소유자가 이를 배상할 책임이 있다."라고 규정하여 정기용선자의 지시 · 명령권을 인정하고 있다. 정기용선자의 이러한 지시 · 명령의 범위 내에서는 정기용선자가 책임을 지나, 그 이외에 상법 제794조(감항능력주의의무) 및 제795조(운송물에 관한 주의의무)의 규정에 의한 책임은 정기용선자가 아닌 선박소유자가 책임을 진다. 따라서 선박소유자와 정기용선자는 제3자에 대하여 연대책임을 지는 지위에 있으므로 정기용선자는 주운송계약의 상대방에 포함될 수 있다고 하겠다. 정기용선자가 주운송계약의 상대방에 해당한다는 우리나라 판례에는 "부산지판 1998. 6. 3, 96가합17786"이 있다.[8)] 주용선계약의 상대방에 선체용선자는 포함되지 아니한다고 하는 견해[9)]에 대하여 필자는 선체용선자도 주용선계약의 상대방에 포함된다고 본다. 항해용선이나 정기용선처럼 빈번히 계약이 체결되지는 않고 있지만, 선체용선계약이 실제로 체결되고 있다. 이는 선체용선이 선원비, 선박유지관리비에 부담을 느끼고 있는 선박소유자와 선복확충을 필요로 하는 용선자와의 이해관계를 충족시킬 수 있기 때문이다. 선체용선계약은 용선계약의 한 부류에 해당되며 실제로 거래가 이루어지고 있는 현재 실무관행상 책임문제는 별론으로 하고 개념상으로 선체용선자가 주용선계약의 상대방에 포함되는 것이 맞다고 생각된다. 다만, 선체용선자는 선박임차인으로 상법 제850조 제1항에 의하여 선박소유자와 동일한 권리 · 의무가 있으므로, 상법 제809조에서 선박소유자에 해당하는 것이다.

넷째, 용선자(재운송인)가 재운송계약을 체결한 경우에 그 계약의 이행이 선장의 직무에 속한 범위 안에서 상법 제794조(감항능력주의의무) 및 제795조(운송물에 관한 주의의무)의 규정에 의한 책임을 선박소유자가 부담한다. 선장의 직무에 속한 범위란 다소 추상적이지만 주로 운송계약의 실행과 관련될 것이다. 상법 제809조가 선장의 직무 내에서 책임을 지도록

8) 법원은 "상법 제806조는 주운송계약이 정기용선계약인 경우에는 적용되지 아니한다는 피고의 주장에 관하여 보건대, 구 상법 하에서는 선박소유자만이 책임을 지도록 하고 재운송인은 책임을 면하는 것으로 하였던 것을 현행 상법 제806조는 용선자가 자기의 명의로 제3자와 운송계약을 체결한 경우에는 그 계약의 이행이 선장의 직무에 속한 범위 안에서 선박소유자도 그 제3자에 대하여 책임을 지는 것으로 규정하고 있는바, 구 상법의 경우 운송물이 혹은 훼손된 때에는 상법 제806조의 규정이 없더라도 대개의 경우 실제 운송인인 선박소유자는 송하인 혹은 용선자에게 어차피 불법행위책임을 지게 되는데, 위 조항에 의하여 이처럼 재운송인의 책임을 면제하게 된다면, 입법의도와는 반대로 송하인 혹인 용선자의 지위는 오히려 불리해질 수 있었으므로 개정상법은 선박소유자와 재운송인이 공동으로 책임을 지는 것으로 하여 송하인의 지위를 더욱 보호하고 있음을 알 수 있는 바, 위와 같은 법 개정의 취지에 비추어 보면 위 피고 주장과 같은 법리를 인정할 만한 아무런 근거가 없음을 알 수 있으므로 결국 위 피고의 위 주장도 이유가 없다."라고 판시하였다.

9) 선박임대차 또는 선체용선은 재용선으로서 신박전대 즉, 재선체용선은 그 계약의 특질인 선박점유의 이전성 때문에 사실상 해운실무에서 잘 이루어지지 않으므로 재용선에 포함하지 아니 한다. 박용섭, 「해상법론」, (서울: 명신눈화사, 1991), 379쪽.

하고 있는 것은 상법 제794조와 795조의 책임에 대한 것인바, 여기서 상법 제794조는 감항능력 주의의무에 관한 것으로, 감항능력을 유지하기 위하여 선장이 취하는 안전에 대한 검사의무, 선창청소의무, 보급품 신청의무 등을 들 수 있고, 상법 제795조는 운송물에 대한 주의의무에 관한 것으로 선장이 화물관리를 잘못한 경우, 선하증권과 상환하지 않고 운송물을 인도한 경우 등을 들 수 있다.[10] 사실상 운송물과 관련한 사고에서 그 원인이 선장의 직무에 속하지 않는 범위를 찾기는 쉽지 않다.[11]

4. 효　　력

재용선계약의 이해관계인은 주용선계약의 당사자와 재용선계약의 재용선자 등이 있는데 이들 사이의 관계에서 나타나는 효력에 대하여 살펴본다.

(1) 주용선계약의 당사자 사이의 관계

선박소유자와 용선자와의 관계는 용선계약이 정하는 바에 의하는데, 용선자는 선박소유자와의 계약에서 다른 약정이 없거나 선박소유자를 해하지 않는 한 선박소유자의 승낙이 없어도 재용선계약을 당연히 체결할 수 있다.[12] 먼저 선박소유자 즉 주운송인과 용선자와의 관계는 용선계약이 정하는 바에 의한다. 용선계약의 표준양식에 따라서는 용선계약에 따른 책임을 다한다는 용선자의 지위에 변함이 없을 것을 전제로 하여 적극적으로 용선자에게 재용선할 권리가 있음을 명백히 하는 경우[13]도 있다.[14]

(2) 재용선계약의 당사자 사이의 관계

용선자와 그 상대방인 재용선자와의 관계는 재용선계약이 정하는 바에 의한다. 따라서 용선자는 그 상대방인 재용선자에 대하여 운임의 청구권 등 재용선계약상 운송인으로서의 권리를 취득하고, 운송의무 등 재운송계약상 운송인으로서의 의무를 부담한다. 이때 용선자가 그의 의무를 이행하지 않아 상대방에 대하여 손해배상책임을 부담하는 경우에는 운

---

10) 정해덕, 앞의 책, 254쪽.

11) 김인현, 앞의 책, 145쪽.

12) The Ely, 110 F. 563, 570 (S.D.N.Y. 1901), aff' d, 122 F. 447 (2d Cir. 1903), *cert. denied,* 189 U.S.514 [1903]; Hyundai Corp. v. Hull Insurance Proceeds of M/V Vulca, 800 F. Supp. 124, 127 (D.N.J.,1992).

13) Cardinal Shipping Corporation v. M/S Seisho Maru, 744 F.2d 461, 463 (5th Cir. 1984); Joo Seng Hong Kong Co. v. SS. Unibulkfir, 493 F. Supp. 35, 38 (S.D.N.Y. 1980).

14) 임동철, 재운송계약, 12-13쪽.

송인의 면책을 주장할 수 있을 뿐만 아니라(상법 제796조), 또한 선박에서 또는 선박의 운항과 직접 관련하여 상대방 또는 제3자에게 인적 · 물적 손해를 입힌 경우에는 이러한 손해를 배상하여야 하는데 이 경우에 용선자는 선박소유자책임제한의 경우와 동일하게 자기의 책임제한을 주장할 수 있다(상법 제774조 제1항 제1호).

(3) 선박소유자 등과 재용선계약의 상대방과의 관계

선박소유자와 재용선계약의 상대방인 재용선자는 불법행위에 의한 책임관계[15] 이외에 원칙적으로 아무런 법률관계가 없다.[16] 따라서 선박소유자는 재용선계약의 재용선자에 대하여 운임의 청구를 할 수 없다.[17] 다만, 상법 제807조 제2항(선장의 유치권)과 제808조(선박소유자의 운송물경매권)는 선박소유자에게 운송물유치권과 경매권을 인정하고 있으며, 상법 제844조는 "제807조 제2항(선장의 유치권)과 제808조(선박소유자의 운송물경매권)의 규정은 정기용선자가 선박소유자에게 용선료, 체당금 기타 이와 유사한 정기용선계약에 의한 채무를 이행하지 아니하는 경우에 준용한다."라고 규정하여 정기용선계약상의 선박소유자에게도 유치권과 경매권을 인정하고 있다. 선박소유자는 용선자 소유의 화물 또는 용선자가 집화한 제3자의 화물을 운송하는 도중, 용선자가 용선료 · 운임 등의 비용지급을 지체하거나 용선계약에 의한 채무를 이행하지 않는 경우에 선박소유자가 선박에 운송 중인 화물을 유치하거나 재운임의 질권을 설정할 수 있다. 정기용선계약의 유치권약관이 선하증권에 편입(incorporation by reference)되어 그 내용이 명확하게 선하증권에 기입되고 당사자들의 의사가 확인된다면, 제3자 소유의 해당 운송물에 대하여도 선박소유자가 유치권을 행사할 수 있을 것이다. 그러나 선하증권상의 이러한 편입약관의 유효성에 대하여 많은 논란이 있다. 또한 과거에 은행들은 "용선계약에 따르는 선하증권(용선계약부 선하증권, B/L subject to a charter party)"의 수령을 그 위험 때문에 거절하는 경우가 많이 당사자들 시이에 많은 분쟁이 발생하였다. 그러나 국제상업회의소(ICC)의 1993년 신용장통일규칙(Uniform Customs and

15) The Pioneer Container [1994] A.C 324; sub nom. The K.H. Enterprise [1994] 1 Lloyd's Rep. 593.

16) Saxis S.S. Co. v. Multifacs International Traders Inc., 375 F.2d 577, 582n.7 (2d Cir. 1967); Flat-Top Fuel Co., Inc. v. Martin, 85 F.2d 39, 1936 A.M.C. 1296 (2d Cir. 1936); Perez v. Cia Tropical Exportadora. 182 F.2d 874, 1950 A.M.C. 1264 (5th Cir. 1950).

17) 용선계약의 경우에는 선박소유자와 용선자 사이의 주운송계약과 용선자와 재용선자 사이의 재운송계약은 각각 독립된 운송계약으로서 선박소유자와 재운송계약의 운송의뢰인(재용선자)과의 관계에서는 아무런 직접적인 관계가 없으므로 선박소유자가 직접 재용선자에 대하여 주운송계약상의 운임 등을 청구할 수는 없고, 수하인에 대한 관계에서도 수하인이 화물을 수취하여도 수하인은 재용선계약의 운송인인 용선자에 대하여 운임지급의무를 부담하는 것일 뿐 선박소유자가 수하인에 대하여 주운송계약의 운임 등을 직접 청구할 수는 없다. 대판 1998. 1. 23, 97다31441.

Practice For Documentary Credits, UCP) 제5차 개정안에서는 제25조에서 신용장(L/C)이 용선계약부 선하증권을 요구하거나 허용한 경우에는, 은행은 이러한 서류도 수리하도록 하였다. 그러나 신용장에 용선계약부 선하증권을 별도로 요구하거나 허용하지 아니한 경우에는, 은행은 일반적으로 이러한 서류의 수리를 거절하고 있다.[18] 용선계약의 내용을 선하증권에 편입하는 경우에 발생하는 가장 큰 문제점은 용선자 아닌 선하증권소지인이 편입되는 용선계약의 규정들을 잘 모르는 경우가 많다는 점이다. 그러나 편입문구의 존재는 화물운송에 관한 모든 요건이 반드시 선하증권상의 문구에 의하여 규율되는 것만은 아니라는 점에 대한 강력한 경고에 해당하는 것이고, 화물의 선적, 운송, 양하에 관한 용선계약내용이 선하증권에 편입되는 것은 해상운송에서 매우 보편적인 현상이므로 선하증권소지인이 용선계약의 내용을 모르는 것이 반드시 정당화되거나 보호되어야 한다는 의미는 아니다.

이러한 여러 가지 사정을 감안하여 법원은 선하증권의 편입문구를 해석함에 있어 다음과 같은 세 가지 원칙을 제시하고 있다. 첫째, 편입문구는 선하증권에 기재되어야 한다. 즉 용선계약의 내용이 선하증권에 편입되기 위하여서는 선하증권의 기재에서 편입의 의도가 분명히 드러나야 한다. 둘째, 편입문구는 편입하려는 용선계약의 규정을 적절히 나타내어야 한다. 셋째, 편입문구에 의하여 편입되는 용선계약의 규정들은 선하증권의 다른 내용들과 조화되어야 한다.[19]

제3자의 화물을 운송하는 도중 사고가 발생하면 재용선계약의 상대방은 선하증권에 근거하여 선박소유자에게 손해배상을 청구할 수 있고, 선박소유자는 본 사고와 관련하여 다시 용선자에게 구상을 청구할 수 있다. 또한 용선자가 자기명의로 상대방과 용선계약을 체결한 경우에는, 그 용선계약의 이행이 선장의 직무에 속하는 범위 안에서 선박소유자도 재용선계약의 상대방인 재용선자에 대하여 감항능력주의의무(상법 제794조) 및 운송물에 관한 주의의무(상법 제795조)를 부담한다(상법 제809조). 선박소유자가 이러한 의무위반을 한 경우에는 재용선계약의 상대방에 대하여 실제운송인으로서 손해배상책임을 부담하는데(상법 제794조, 제795조), 이때에 선박소유자는 주용선계약상 항변사유뿐만 아니라 재용선계약상 항변사유로도 제3자에게 대항할 수 있다고 본다. 따라서 이러한 선박소유자는 운송인의 면책을 주장할 수 있을 뿐만 아니라(상법 제796조), 선박소유자 유한책임의 경우와 동일하게 자기의 책임제한을 주장할 수 있다(상법 제774조 제1항 제1호). 따라서 선박소유자 및 용선자가 선박소유자 유한책임을 주장하는 경우, 동일한

18) 이창희, 개정방안, 88-89쪽.

19) 서영화, "용선계약의 선하증권에의 편입", 「한국해법학회지」 제14권 제1호, 한국해법학회, 1992, 355-357쪽.

사고에서 발생한 선박소유자 및 용선자의 책임제한의 총액은 선박마다 법정한도액(상법 제770조)을 초과하지 못한다(상법 제774조 제2항). 이러한 선박소유자의 책임은 법정책임으로 재운송인과 연대책임을 진다.[20] 연대채무의 내용에 대하여 민법 제413조는 "수인의 채무자가 채무 전부를 각자 이행할 의무가 있고 채무자 1인의 이행으로 다른 채무자도 그 의무를 면하게 되는 때에는 그 채무는 연대채무로 한다."라고 규정하고 있다. 연대채무의 제도적 의의는, 채권의 효력을 강하게 하는 작용을 하는 데에 있다. 연대채무의 특질은 복수의 채무자가 동일한 내용의 급부에 관하여 각자 전부의 급부를 하여야 할 채무를 부담하는 데에 있으나, 이 특질은 채권의 변제를 확보하는 책임재산의 범위가 넓게 모든 채무자의 일반재산에 확장된다는 것을 의미하고, 그것은 또한 이 제도가 채권담보의 작용을 한다는 것을 의미한다.[21] 재용선계약에서 연대책임을 지는 당사자는 선박소유자 또는 관리선박소유자(disponent owners)[22]와 최종의 적하이해관계인 또는 용선자와 항해운송계약을 체결한 재운송인이다.[23]

제 2 절 선장지휘권

Ⅰ. 의 의

정기용선계약에서 정기용선자는 용선기간 동안 약정한 범위 내에서 당해 선박을 자유로이 사용할 수 있다. 이러한 선박의 서비스를 효과적으로 하기 위하여 정기용선자가 선장에게 지시나 명령을 할 수 있는 것이 정기용선자의 선장지휘권이다. 사용약관에 있어서 정기용선자에게 인정되고 있는 지시 · 명령권의 범위를 어떻게 해석할 것인가의 문제에 대하여 일반적으로 지시 · 명령권의 범위를 무제한적인 것이 아닌 제한된 범위의 것, 즉 정기용

20) 정찬형, 앞의 책, 820-822쪽.

21) 곽윤직, 「채권총론」, (서울: 박영사, 2004), 161쪽.

22) 선박의 소유권자는 아니지만 정기용선한 선박으로 화물운송업을 하며 자체 선하증권을 발행하는 선박회사를 통상적으로 shipowners와 구별하여 disponent owners라고 한다. disponent owners는 입항할 항구와 운송할 화물을 책임지고 결정하며 선박운항을 통제하는 개인이나 회사이다. 이택영 편, 엄윤대 · 박명규 감수, 앞의 책, 350쪽.

23) 주용선계약상의 용선자에 해당한다.

선자가 용선을 한 상업적인 목적 달성에 필요한 범위 내의 지시 · 명령권만을 가질 뿐이라고 하고 있다. 그리고 사용약관에서 사용하고 있는 사용의 의미도 선박의 사용을 의미하는 것이지 사람의 사용을 의미하는 것은 아니며, 나아가 선박의 사용은 선박에 의해 이행하도록 지시된 업무를 말하는 것이고 지시를 실행하기 위해 필요한 항해상의 사항은 포함하지 않는다. 예를 들면, 화물의 선적 또는 양하를 위하여 어느 항구로의 이동지시나 어느 항구에의 정박지시, 특정화물의 선적지시 등은 모두 정기용선자의 상업적인 목적달성에 필요한 지시이다. 그러나 선박의 운항 및 관리는 전적으로 선박소유자의 고유한 책임범위에 속하는 것으로 정기용선자의 지시 · 명령권에는 포함되지 않는다.[24] 또한 화물이나 선박에 즉각적으로 물리적인 손상의 위험이 없더라도 전쟁상태인 경우와같이 특수한 경우, 선장은 정기용선자의 지시가 합법적인지를 검토할 수 있는 권리가 있다.[25]

이와같이 정기용선자는 선장지휘권을 갖는 반면에 선박의 사용으로 인하여 선박소유자에게 손해가 발생한 경우에 보상책임을 부담하게 된다. 예를 들어, 정기용선자의 지시로 선장 등이 서명한 선하증권 기타의 서류로 인해 발생한 모든 결과와 책임에 대하여 정기용선자는 선박소유자에게 보상책임을 진다.

Ⅱ. 정기용선계약서상 규정

정기용선자의 지시 · 명령권에 대하여 뉴욕프로듀스서식(1993) 제8조는 "선장은 (비록 선박소유자가 선임하였다고 하더라도) 취항과 대리업무에 관하여 정기용선자의 명령과 지시에 따라야 한다."라고 규정하고 있다. 그리고 볼타임서식(2001) 제9조는 "선장은 취항, 대리점 또는 기타의 준비와 관련하여 정기용선자의 지시를 따라야 한다. 정기용선자는 선장, 항해사 또는 대리점이 선하증권 또는 기타의 서류에 서명함으로써 혹은 그 명령을 지켰기 때문에 생긴 모든 결과 또는 책임에 대하여, 선박의 서류가 부정확하였거나, 혹은 운송물의 초과

24) 우리나라 법원은 정기용선된 선박의 선장이 항해상의 과실로 충돌사고를 일으켜 제3자에게 손해를 가한 경우에 손해배상책임의 귀속주체에 대하여 "정기용선계약에 있어서 선박의 점유, 선장 및 선원에 대한 임면권, 그리고 선박에 대한 전반적인 지배관리권은 모두 선박소유자에게 있고, 특히 화물의 선적, 보관 및 양하 등에 관련된 상사적인 사항과 달리 선박의 항행 및 관리에 관련된 해기적인 사항에 관한 한 선장 및 선원들에 대한 객관적인 지휘 · 감독권은 달리 특별한 사정이 없는 한 오로지 선박소유자에게 있다고 할 것이므로, 정기용선된 선박의 선장이 항행 상의 과실로 충돌사고를 일으켜 제3자에게 손해를 가한 경우에 용선자가 아니라 선박소유자가 선장의 사용자로서 상법 제878조 또는 제879조에 의한 배상책임을 부담한다."라고 판시하였다. 대판 2003. 8. 22, 2001다65977.

25) Coghlin Terence, W. Baker Andrew, Kenny Julian and Kimball John D., *op. cit.*, p.335.

운송으로 생긴 모든 결과 및 책임과 마찬가지로 선박소유자에게 보상하여야 한다."라고 규정하고 있다.

Ⅲ. 영국판례

영국법상 정기용선자의 선장지휘권에 관하여 연구하기 위하여 시대적 순서에 입각하여 영국판례를 중심으로 검토하기로 한다.

1. Anastassia호 사건

선박소유자 Midwest Shipping사와 정기용선자 D.I. Henry사는 1968년 9월 23일에 Anastassia호에 대한 정기용선계약을 체결하였다. 선박은 Chalna 항에서 황마(jute)를 선적하였다. 선장은 선박이 유럽으로 항해하여야 한다고 알고 있었지만, 정기용선자는 "선박이 Singapore 항으로 항해한다고 항만당국에게 통지하라."라고 선장에게 지시하면서 절대로 사실대로 이야기해서는 안 된다고 하였다. 선박이 화물을 선적한 후에 이미 Chalna 항을 출항한 상태에서 정기용선자는 "추가 선적할 화물이 있으니 Chalna 항으로 돌아오라."라고 1968년 10월 10일에 선장에게 지시하였다. 선장은 선박이 이미 500마일이나 항해하였고, 10월 20일까지 선적이 가능한 흘수를 맞출 수 없고, 또한 이미 선박의 항해일지에 목적지로 항해하고 있다고 기재하였고 그리고 기상상태가 나쁜 점 등을 언급하면서 Chalna 항으로 돌아오라는 정기용선자의 지시를 거부하였다. 그러나 정기용선자는 선장에게 Chalna 항으로 돌아오라고 다시 지시하였다. 결국, 선박은 정기용선자의 지시에 따라 10월 19일에 Chalna 항에 도착하였다.

정기용선자는 "선장이 정기용선자의 지시를 위반하여 지체된 5일 동안은 지급정지를 이유로 용선료를 지급할 수 없다."라고 주장하였다. 선박소유자는 정기용선계약의 위반을 부인하면서 정기용선자가 지체된 5일 동안의 용선료 전액을 지급할 것을 주장하였다. 중재인은 선박소유자에게 승소판정을 하였다. 또한 1심 법원 Donaldson판사는 "정기용선자의 지시를 받은 후에 선장은 즉시 그 지시에 따라야 한다. 그러나 경우에 따라서는 선장이 정기용선자의 지시를 따르기 전에 상당히 숙고를 하여야 하는 경우가 있다. 본 사건의 경우에는 선장이 선박을 Chalna 항으로 되돌려 항해하라는 정기용선자의 지시에 따르기 전에 그 지시가 합리적으로 타당한지 여부를 검토하는 데 시간이 소요되었으므로 지체된 5일 동안의 기간에 대하여 정기용선자는 용선료를 지급하여야 한다."라고 판시하면서 중재인의 판정을 확인 · 지지하였다.[26]

2. Aquacharm호 사건

선박소유자 Actis사와 정기용선자 Sanko사는 Baltimore 항에서 석탄을 선적하여 동경항에서 양하하는 항차에 사용하고자 1974년에 Aquacharm호에 대한 정기용선계약을 체결하였다. 정기용선계약서는 "정기용선자는 선장의 감독 하에 화물을 선적하고 양하한다."라고 규정하고 있었다. 정기용선자는 선장에게 파나마 운하를 통과할 수 있는 흘수까지만 화물을 선적할 것을 지시하였다. 그러나 선장은 파나마 운하를 통과할 수 있는 기준을 초과하여 화물을 선적하였기 때문에, 선박이 파나마 운하를 통과할 수 없었다. 결과적으로 636톤의 석탄이 양하되었고 선박이 파나마 운하를 통과한 후에 다시 선적되었다. 이와 관련하여 미화 71,470.-불의 환적비용과 지체된 8일 23시간 45분 동안의 용선료에 해당하는 미화 86,345.-불의 지급정지가 발생하였다.

선박소유자는 "정기용선계약서상의 명시적 또는 묵시적 조항에 의하여 환적비용 미화 71,470.-불을 정기용선자가 보상하여야 한다."라고 주장하였다. 정기용선자는 "선장이 화물을 선적할 때 정기용선자의 지시를 따르지 않아서 선박이 파나마 운하를 통과할 수 없었다. 따라서 지체된 8일 23시간 45분 동안의 용선료에 해당하는 미화 86,345.-불은 지급정지를 이유로 선박소유자에게 지급할 수 없다."라고 주장하였다. 1심 법원 Lloyd판사는 "선박은 환적작업을 하는 동안에 아무런 문제없이 가동할 수 있는 상태였으므로 지체된 8일 23시간 45분은 정기용선계약서상의 지급정지가 아니다. 또한 환적비용은 선적할 때 정기용선자의 지시를 따르지 않은 선박소유자 또는 선박소유자의 고용인의 과실로 인하여 발생하였으므로 선박소유자는 환적비용을 보상받을 수 없다."라고 판시하였다. 이에 대하여 항소법원(Denning M.R.판사, Show판사와 Grifliths판사)은 1심 법원 Lloyd판사의 판결을 확인 · 지지하였다.[27]

---

26) Midwest Shipping Co., Inc. v. D.I. Henry (Jute) Ltd. [1971] 1 Lloyd's Rep. 375 (Q.B.).

27) Actis Co., Ltd. v. The Sanko Steamship Co., Ltd. – The Aquacharm [1982] 1 Lloyd's Rep. 7; [1982] 1 W.L.R. 119; [1982] 1 All E.R. 390 (C.A.); aff'g [1980] 2 Lloyd's Rep. 237 (Q.B.).

3. Houda호 사건

선박소유자 I & D사와 정기용선자 Kuwait Petroleum사는 1990년 8월 2일에 Houda호에 대한 정기용선계약을 체결하였다. 그 당시 이라크가 쿠웨이트를 침공하였기 때문에 정기용선자는 사무실을 런던으로 이전하였다. 선박은 Mina Al Ahmadi 항에서 원유를 선적하였다. 정기용선자는 선박소유자와 선장에게 8월 8일에 양하항 Ain Sukhna 항으로 항해할 것과 8월 13일에 본선에 선적된 화물을 검사하기 위하여 검사인(surveyor)의 탑승을 허락할 것을 각기 요청하였다. 또한 선하증권이 전쟁 중에 소실되었으므로, 정기용선자는 선하증권 없이 화물을 양하할 것을 선장에게 지시하였다.

정기용선자는 "선박소유자가 정기용선자의 합법적인 지시를 위반했기 때문에 지체된 36일 동안은 지급정지이다. 따라서 선박소유자는 정기용선계약의 위반으로 정기용선자에게 발생한 손해에 대하여 책임을 져야 한다."라고 주장하였다. 선박소유자는 "지체된 기간은 선박소유자가 정기용선자의 지시가 합법적인지 여부를 검토하기 위하여 소요되었다. 따라서 선박소유자는 지체된 기간에 대하여 책임이 없다."라고 주장하였다. 1심 법원 Phillips판사는 "선박소유자/선장이 정기용선자의 지시를 거부하여 지체된 36일에 대하여 책임을 져야 한다. 따라서 지체된 36일은 정기용선계약서상의 지급정지에 해당하므로 정기용선자는 용선료를 지급하지 않아도 된다."라고 판시하면서 정기용선자에게 승소판정을 하였다. 그러나 항소법원(Neill판사, Leggatt판사와 Millett판사)은 "일반적인 경우에 선장은 정기용선자의 지시를 즉시 따라야 하지만, 정기용선자의 지시가 보통 분별력이 있는 선장의 견지에서 판단할 때 명확하지 않고 모호할 경우에는 그 지시가 법률적으로 합법적인가를 검토할 수 있다."라고 판시하면서 항소를 인정하였다.[28)]

4. Hill Harmony호 사건

선박소유자 Whistler사와 정기용선자 Kawasaki사는 최소 7개월/최대 9개월 동안 Hill Harmony호에 대한 정기용선계약을 체결하였다. 정기용선자 Kawasaki사는 약 30/35일 동안 Tokai사에게 1994년 3월 10일에 재정기용선하여 주었다. 선박은 1994년 3월 17일에 Vancouver 항에서 인도되었고 1994년 5월 16일에 Shiogana 항에서 양하완료 후 반선되

28) Kuwait Petroleum Corporation v. I & D Oil Carriers Ltd. – The Houda [1994] 2 Lloyd's Rep. 541 (C.A.); rev'g [1993] 1 Lloyd's Rep. 333 (Q.B.).

었다. 재정기용선된 기간 중에 Kawasaki사와 Tokai사는 선장이 기상정보전문기관인 오션루트(Ocean route)의 권고에 따라 선박을 대권항로(Great Circle Route)에 따라 항해할 것을 지시하였다. 그러나 선장은 럼브라인(rhumb line)에 따라 항해하였다. 결과적으로 Kawasaki사와 Tokai사는 지체된 기간에 해당하는 용선료를 공제하고 추가 사용된 유류대금(미화 89,000.-불)에 대하여 Whistler사에게 손해배상을 청구하였다.

정기용선자는 "선장이 선박의 사용에 있어서 항로선정에 대한 정기용선자의 명령과 지시를 따르지 않아서 손해가 발생하였으므로 선박소유자는 정기용선자에게 발생한 손해에 대하여 책임을 져야 한다."라고 주장하였다. 선박소유자는 "항로선정은 정기용선자가 선장에 지시할 수 있는 사항이 아니라 선장이 독자적으로 판단하여야 하는 사항이다. 또한 정기용선계약서에서 준용하기로 되어 있는 헤이그-비스비규칙 제4조 제2항(a)호에 의하여 선박소유자는 항해과실에 대하여 면책이다."라고 주장하였다. 중재인은 "선장은 최대한 신속하게 항해를 완성하여야 하고 선박의 취항에 관하여 정기용선자의 명령과 지시에 따라야 하는 의무를 위반하였으므로 선박소유자는 발생한 손해에 대하여 정기용선자에게 책임을 져야 한다."라고 판정하였다. 그러나 1심 법원 Clarke판사는 선박소유자에게 승소판결을 하였다. 또한 항소법원(Nourse판사, Thorpe판사와 Potter판사)은 "선장이 신의에 의하여 선박의 안전을 위하여 항로를 선정하였으므로 선박소유자는 발생한 손해에 대하여 정기용선자에게 책임을 지지 않는다."라고 판시하였다. 이에 대하여 귀족원(Bingham of Cornhill경, Nicholls of Birkenhead경, Hoffmann경, Hope of Craighead경과 Hobhouse of Woodborough경)은 "항로의 결정은 상사사항에 해당되므로 선장은 항로를 결정하는 데 정기용선자의 명령과 지시를 따라야 한다. 따라서 선장이 항로선정에 관한 정기용선자의 명령과 지시를 위반하였으므로 발생한 손해에 대하여 정기용선자에게 책임을 져야 한다."라고 중재인의 판정을 확인 · 지지하였다.[29)]

5. 검　　토

Anastassia호 사건에서 추가로 화물을 선적하기 위하여 선적항으로 되돌아오라는 정기용선자의 지시는 상사사항에 속하므로 선장은 그 지시에 따라야 한다. 그러나 경우에 따라서 선장은 정기용선자의 지시에 따르기 전에 그 지시가 합리적으로 타당한지 여부를 검토

29) Whistler International v. Kawasaki Kisen Kaisha – The Hill Harmony [2001] 1 Lloyd's Rep. 147.

해야 한다. 따라서 "선장이 정기용선자의 지시가 합리적으로 타당한지 여부를 검토하는 데 소요된 기간에 대하여 선박소유자는 책임이 없다."라는 1심 법원의 판결과 필자는 의견을 달리 한다. Aquacharm호 사건에서 "선장이 정기용선자의 상사적 지시를 위반하여 파나마 운하를 통과할 수 있는 선박의 흘수를 초과하여 선적하였기 때문에 발생한 환적비용에 대하여 선박소유자가 책임을 진다."라는 1심 법원과 항소법원의 판결은 타당하다고 본다. 또한 Houda호 사건에서 선장은 정기용선자의 지시가 합법적인지 여부를 검토할 수 있다. 따라서 "정기용선자의 지시가 모호할 경우에 선장은 그 지시가 법률적으로 합법적인가를 검토할 수 있다."라는 항소법원의 판결에 필자는 동의한다. 그리고 Hill Harmony호 사건에서 상사사항에 해당하는 항로의 결정에 대하여 선장은 정기용선자의 지시를 위반하였으므로 선박소유자는 정기용선자에게 발생한 손해에 대하여 책임을 져야 한다는 귀족원의 판시는 타당하다고 본다.

정기용선자의 선장지휘권에 관한 영국판례를 검토하면서 Anastassia호 사건과 Houda호 사건에서 정기용선자의 지시가 명확하지 않고 모호한 경우에 선장이 그 지시가 합법적인가의 여부를 검토할 수 있다는 것을 확인하였다. 또한 Aquacharm호 사건에서 선박소유자 또는 선박소유자의 고용인의 과실로 정기용선자의 지시를 따르지 않아서 발생한 손해에 대하여 선박소유자가 책임을 진다는 것을 검토하였다. 그리고 Hill Harmony호 사건에서 항로의 결정은 상사사항에 속하므로 선장은 정기용선자의 지시를 따라야 한다는 것을 검토하였다.

제 3 절 인도지연에 대한 해제권

I. 서 언

정기용선계약서에는 선박이 해제일까지 인도되지 못한 경우에 정기용선자는 선박소유자에게 통지함으로써 정기용선계약을 해제할 수 있는 선택권을 갖는다는 내용의 해제약관을 가지고 있다.

정기용선계약 하에서 선박소유자는 정기용선계약서에 명시된 대로의 선박이 합의된 인도장소에서 해제일까지 도착하여 정기용선자가 사용 · 수익할 수 있는 상태로 정기용선자에 인도하여야 한다. 만약 선박이 해제일까지 인도되지 않았을 경우에 정기용선자는 용선시황이 상승하였다면 정기용선계약을 해제하지 않고 계속 사용할 것이지만, 용선시황이 하락하였다면 선박소유자와 용선료를 재협상하거나 정기용선계약을 해제하고 보다 저렴한 용선료를 지급하고 다른 선박을 용선할 것이다. 이와 관련하여 정기용선계약서에는 해제약관을 규정하고 있다.

정기용선계약의 해제약관과 도착예정시간에 관하여 먼저 살펴보고 인도지연의 효과에 관하여 검토한다.

Ⅱ. 정기용선계약의 해제약관

1. 인도기일

인도기일은 "Laydays"와 "Cancelling date"의 약어인 "Lay/can"으로 표현한다. Laydays란 선박이 인도준비를 하여야 하는 일자를 의미하며, Cancelling date는 선박이 인도항에서 인도가 되지 않아서 정기용선자가 정기용선계약을 해제할 수 있는 일자를 말한다. 따라서 "인도기일"은 정기용선의 경우에 선박소유자가 선박을 정기용선자에게 인도하기 위하여 약속한 합의된 기간을 의미한다. 이러한 인도기일은 보통 1주일, 10일 또는 15일 정도 간격이 보편적으로 사용된다. 선박소유자는 해제에 대한 부담 때문에 가능한 인도기일을 장기로 요구하고, 정기용선자는 선적항에서 화물보관비용 등을 감안하여 단기를 주장한다. 인도기일의 간격은 정기용선계약의 체결 시와 선박의 도착예정시간 사이의 기간에 따라서 결정되는 경향이 있다. 일반적으로 인도기일까지 여유가 있을 때는 간격을 넓게 정하였다가 기일이 가까워지면 일정시점에 좁게 정하는 소위, "spread/narrow 기법"을 정기용선계약서에 삽입한다.[30]

Niizuru호 사건[31]에서 선박소유자 Karander Maritime사와 정기용선자 현대상선(주)

30) 이광희 · 이원정, 앞의 책, 76쪽.

는 40일 가감 정기용선자 신축허용부 조건으로 18개월 동안 Niizuru호에 대한 정기용선계약을 1991년 11월 16일에 체결하였다. 뉴욕프로듀스서식으로 체결된 정기용선계약의 인도기일은 1992년 2월 20일-4월 28일이었고, 용선계약서 제14조에 의하면 선박소유자는 인도기일을 15일 간격으로 줄여 인도기일의 개시일을 기준으로 25일 전에 통지하도록 되어 있었다. 또한 제29조에 의하면 선박소유자는 30/20/15/10일 전에 예정된 선박의 도착예정시간과 인도항구를 통지하고 5일 전에는 도착예정시간과 확정된 인도항을 통지하도록 되어 있었다. 그러나 선박소유자는 정기용선자에게 정기용선계약과는 일치되지 않게 1992년 1월 20일에 도착예정시간을 3월 25일-30일로, 2월 7일에 4월 15일로, 2월 12일에 4월 14일로, 3월 4일에 4월 17일로 그리고 3월 12일에 4월 18일로 통지하였다. 1992년 3월 16일에 선박소유자는 정기용선자에게 선박이 Mizushima 항에서 작업이 지연되어 도착예정시간이 4월 23일이므로 인도기일을 4월 22일-5월 6일로 하든가, 인도기일을 3월 26일-4월 9일로 하여 Mizushima 항에서 작업완료 후 바로 선박을 인도받을 것을 요청하면서, 10일 전 인도통지를 하였다. 정기용선사는 "선박소유자로부터 용선계약시에 따른 인도통지를 받지 못하였다."라고 주장하면서 선박소유자의 요청을 거절하였다. 선박소유자는 선박을 3월 26일에 인도하였고 정기용선자는 인도를 거부하다가 4월 17일에 선박을 인도받았다. 선박소유자는 "정기용선자는 3월 26일 선박의 인도 시부터 용선료를 지급하여야 한다."라고 주장하였다. 정기용선자는 "선박소유자는 용선계약서 제14조에 의하여 인도기일의 개시일을 기준으로 25일 전에 인도기일을 15일 간격으로 줄여 통지하지 않았고, 용선계약서 제29조에 의하여 인도통지를 적법하게 하지 못했다. 또한 선박소유자는 용선계약서를 위반하여 3월 26일에 선박을 인도하였다. 따라서 선박소유자는 30일 전에 인도통지의 의무가 있으므로 정기용선자는 도착예정시간을 통지받은 3월 16일로부터 30일이 경과된 4월 17일 이후부터 용선료를 지급할 의무가 있다."라고 주장하였다. 중재인은 "인도기일약관은 조건이 아니라 중간조건에 해당하므로, 용선료는 3월 26일 인도시점부터 지급되어야 한다. 그러나 1992년 3월 16일자의 선박소유자 통지는 25일 전 통지로 간주될 수 있으므로 정기용선자는 선박소유자로부터 3월 26일에서 4월 11일까지의 용선료에 대한 손해배상금액을 구상 받을 수 있다."라고 판정하였다. 1심 법원 Mance판사는 "인도기일약관은 선박이 인도되기 위한 조건에 해당한다. 또한 1992년 3월 16일자의 선박소유자 통지는 25일 전 통지로 간주될 수 없다. 따라서

31) Hyundai Merchant Marine Co., Ltd. v. Karander Maritime Inc. - The Niizuru [1996] 2 Lloyd's Rep. 66; [1996] C.L.C. 749 (Q.B.).

선박소유자가 조건을 위반하였으므로 정기용선자는 30일 전 인도통지에 관한 선박소유자의 의무를 고려할 때 3월 16일로부터 30일 이후인 4월 17일부터 용선료를 지급할 의무가 있다."라고 판시하였다.

2. 정기용선계약의 해제약관

(1) 의 의

대부분의 용선계약은 특정한 인도보다는 일정한 기간을 정하여 선박소유자가 선박을 인도하도록 약정하고 있다. 이 기간 동안 선박의 인도가 없으면 정기용선자는 계약을 해제할 수 있는 해제일을 명시하여, 통상 해제일까지 선박의 인도가 없으면 정기용선자는 용선계약을 해제할 수 있도록 해제약관을 약정하고 있다.[32)]

해제약관의 취지는 용선계약서상 법적 근거를 마련하여 선박소유자로 하여금 선박이 인도항으로 최대한 신속하게 항해해야 할 의무를 부담하게 하는 데 있다. 또한 선박소유자의 과실 없이 선박이 해제일까지 인도가 되지 않은 경우에 용선자가 선의의 선박소유자에게 손해배상청구의 소송을 하지 못하게 하여 해상거래의 신속과 안정성을 추구하는 데 있다.[33)]

해제약관은 프러스트레이션(frustration)[34)]과 관련하여 용선계약이 종료되는 것과는 별개의 권리이므로, 해제약관과는 상관없이 프러스트레이션의 사유가 발생하면 용선계약이 종료된다.

또한 용선계약서상 면책약관과 해제약관도 별개의 개념으로, 선박소유자가 면책약관에 의하여 선박이 지연된 데 대하여 책임을 지지 않더라도 정기용선자는 해제약관에 의하여 선박이 해제일까지 인도가 되지 않으면 용선계약을 해제할 수 있는 선택권을 행사할 수 있다.[35)]

(2) 성 질

해제약관은 실효약관(forfeiture clause)으로서의 성질을 가지므로 가볍게 적용되어서는 안 된다. 해제약관은 선박소유자가 과실에 관계없이 선박을 해제일까지 제공하지 아니하

32) 이창희, 개정방안, 38쪽.
33) 박용섭, 정기용선, 358쪽.
34) 제6편 제3장 용선계약의 프러스트레이션 참조.
35) Cooke Julian, Kimball John D., Young Timothy, Martowski David, Taylor Andrew & Lambert LeRoy, *op. cit.*, p.536.

면, 그 사실만으로 해제요건은 성립한다. 해제약관에 별도의 특약 문언이 없는 한, 해제의 요건이 성립함과 동시에 정기용선자는 자동적 해제권을 행사할 수 있다.

Democritos호 사건[36]에서 선박소유자 Marbienes사와 정기용선자 Ferrotaal사는 1969년 11월 8일에 약 4-6개월 동안 Democritos호에 대한 정기용선계약을 체결하였다. 선박의 인도기일은 1969년 12월 1일-20일이었고, 일당 용선료는 미화 1,450.-불이었다. 선박은 1969년 12월 16일에 인도 더반 항에 도착하였으나 2번 선창(hold) 중갑판(Tween Deck)이 손상된 상태였다. 선급은 2번 중갑판에 화물을 선적하지 않는 조건으로 감항능력을 확인하였다. 선박은 더반 항에서 철제제품을 선적하여 Los Angeles/Portland지역 1개 또는 2개 항구에서 양하할 예정이었다. 선장은 2번 중갑판에 화물을 선적하지 않는다고 보증하였다. 선박은 1969년 12월 18일에 선적을 개시하여 1970년 1월 26일에 선적을 마치고 Portland 항으로 출항하였다. 정기용선자는 "선박이 손상된 상태로 인도되었고 더반 항에서 Portland 항으로 항해 중 선박이 감속운항을 하였으므로 선박소유자는 신속항해의무를 위반하였다."라고 주장하였다. 선박소유자는 "선박이 손상된 상태임에도 불구하고 정기용선자가 선박을 인도받았기 때문에 정기용선자는 손해배상을 청구할 수 있는 권리를 포기하였다."라고 주장하였다. 중재인은 "정기용선자가 손해배상을 청구할 수 있는 권리를 포기하였다는 선박소유자의 주장은 타당하다. 그러나 선장이 더반 항에서 Portland 항으로 항해 중 신속항해의무를 위반하였으므로 추가 소요된 3일 간의 기간에 대하여 선박소유자가 책임을 진다."라고 판정하였다. 1심 법원 Kerr판사는 "정기용선자가 권리를 포기하였다는 증거가 확실하지 않다. 그러나 신속항해의무를 위반한 데 대하여 선박소유자는 책임을 진다."라고 판시하였다. 항소법원(Denning판사, Lawton판사와 Bridge판사)은 "선박소유자는 선박이 인도기일에 인도될 수 있도록 합리적으로 주의의무를 다하면 되는 것이지, 선박이 인도기일에 인도되도록 해야 하는 절대적인 의무가 있는 것이 아니다."라고 판시하였다. 해제약관에서 선박소유자는 선박이 인도기일의 해제일까지 인도가 되도록 보증하는 것이 아니다. 만약 선박이 인도기일의 해제일까지 인도가 되지 않을 경우, 정기용선자는 용선계약을 해제할 수 있는 선택권을 행사할 수 있을 뿐이다.

만일에 용선계약서에 해제약관이 규정되어 있지 않은 경우에 정기용선자는 운송서비스에 부적합하다고 주장하면서 손해배상을 청구할 수 있을 뿐이다. 그러나 해제약관이 용선

36) Marbienes Cia. Nav. v. Ferrostaal A.G. - The Democritos [1976] 2 Lloyd's Rep. 149 (C.A.); aff'g [1975] 1 Lloyd's Rep. 386 (Q.B.).

계약서에 명시되어 있다면, 정기용선자는 용선계약서에 따라서 손해배상을 청구할 수 있을 뿐만 아니라 용선계약을 해제할 수 있는 선택권을 가지므로 해제약관은 특별약관의 성질을 가진 약관이다.[37)]

(3) 용선계약서상 내용

뉴욕프로듀스서식(1946) 제14조는 "만일 정기용선자가 요구한다면 용선개시시간은 (○○년 ○○월 ○○일) 이전에는 개시하지 아니 한다. 만일 선박이 (○○년 ○○월 ○○일)의 오후 4시까지 용선개시의 준비완료가 서면으로 통지되지 아니하면, 정기용선자 또는 그 대리인은 선박의 준비가 완성되는 날 이전에 언제라도 정기용선계약을 해제할 수 있는 선택권을 가진다."라고 규정하고 있다. 그리고 뉴욕프로듀스서식(1993) 제16조는 "정기용선자의 요구가 있으면 용선기간은 ○○보다 전에는 개시하지 아니 한다. 선박이 ○○년 ○○월 ○○일 ○○시 전에 제공준비가 안 된 경우, 정기용선자는 이 계약을 해제할 수 있는 선택권을 가진다."라고 규정하고, 해제일의 연기에 대하여 "선박소유자가 상당한 주의를 다 하였으나 해제일까지 선박의 인도준비가 되지 아니할 것으로 판단하고 선박의 새로운 준비예정일을 합리적으로 확정할 수 있는 경우, 선박소유자는 빨리 선박의 인도항 또는 인도지로 향하여 발항예정일 7일 전에 정기용선자에게 이 정기용선계약을 해제할 것인가의 여부의 선언을 요구할 수 있다. 정기용선자가 해제하지 않거나 또는 2일 이내 또는 해제일 가운데 빠른 시기에 회답이 없는 경우, 선박소유자가 통지한 새로운 인도준비 예정일의 7일 후가 최초의 해제일을 대신한다. 선박이 다시 연기되었을 때에는 선박소유자는 이 조항에 따라서 정기용선자의 해제권행사의 선언을 다시 요구할 수 있다."라고 규정하고 있다.

볼타임서식(2001) 제1조는 "선박소유자가 선박을 인도하여 정기용선자가 용선하는 기간은 용선을 시작한 때로부터 14번 란에 기재된 달력의 기간으로 한다. 용선시작은 (정기용선자가 인수하지 않는 한 일요일과 법정휴일은 제외한다.) 오전 9시부터 오후 6시 사이에, 만일 토요일인 때에는 오전 9시부터 오후 2시 사이에 15번 란에 기재된 항만에서 정기용선자의 지시에 따라서 선박이 항상 안전하게 떠서 정박할 수 있도록 이용이 가능한 선석에서 통상적인 화물운송을 위하여 모든 점에서 적합한 선박이 인도되어 정기용선자가 자유로이 사용할 수 있게 정박시킨 때부터이다. 선박은 16번 란에 기재된 시간에 인도된다."라고 규정하고 있다. 또한 볼타임서식(2001) 제21조는 "정기용선자는 선박을 22번 란에 명기된 날짜까지 인

37) 박용섭, 정기용선, 359쪽.

도받지 못하면 정기용선계약을 해제할 수 있는 선택권을 가진다. 만일 선박이 해제일까지 인도가 불가능한 경우에는 정기용선자는 그 통지를 받은 후 선박소유자의 요구가 있으면, 48시간 내에 해제할 것인가 또는 인도받을 것인가의 의사를 표시하여야 한다."라고 규정하고 있다.

Ⅲ. 도착예정시간

용선계약의 체결 시 선박소유자는 정기용선자에게 인도준비를 위하여 선박의 현재 위치와 인도기일 내에서 인도항 도착예정시간을 통보해야 한다.[38] 그러나 선박이 도착예정시간보다 늦게 인도항에 도착하였을 경우에 해제일을 위반할 수도 있고 위반하지 않을 수도 있다. 이와 관련된 법적 문제를 연구하기 위하여 우선 도착예정시간의 의의를 살펴보고 도착예정시간과 해제약관을 비교 검토한다.

1. 의 의

선박소유자는 정기용선자에게 인도항 도착예정시간을 용선계약에 의하여 통지(예를 들면 15/10/7/5/3/2/1일 전)를 하여야 한다. 도착예정시간에 관한 약관의 취지는 정기용선자가 미리 화물과 선적서류를 준비할 수 있게 하기 위함이다. 항만당국은 일반적으로 도착예정시간을 기준으로 순서대로 선적할 수 있는 부두를 제공하므로 도착예정시간은 정확하게 통지되어야 한다. 정기용선자는 항해를 준비하기 위하여 선박의 도착예정시간을 정확하게 알고싶어 하는 반면, 선박소유자는 도착예정시간에 의하여 구속되기를 원하지 않는다. 왜냐하면 예상치 못한 상황에서 선박이 지연되면 용선계약의 위반으로 책임을 질 경우도 있기 때문이다. 이러한 선박소유자와 정기용선자의 상반되는 이해관계를 해결하고자 도착예정시간에 관한 약관이 규정되었다.

선박소유자는 합리적인 근거를 기반으로 신의에 의하여 도착예정시간을 정확하게 기재하여야 한다. 도착예정시간은 선박소유자가 선박의 인도항에서 선박의 도착이 예상되는

38) 도착예정시간은 영어로 ETA(expected time of arrival)이다. 실무상 도착이 예정되는 시간의 언급 없이 일자만을 표기한다. 왜냐하면 도착예정시간은 예기치 못한 사정에 의하여 항상 변하기 때문이다. 그러나 도착예정시간에 근접하여서는 도착이 예정되는 일자 외에 시간도 예정하여 통지한다.

예정시간의 표시이다. 도착예정시간은 용선계약을 체결 시 선박의 동정에서 예상되므로, 선박의 동정을 용선계약서에 기재하기도 한다. 이 경우에 선박소유자는 선박의 동정 또한 도착예정시간과 마찬가지로 합리적인 근거를 기반으로 신의에 의하여 정확하게 기재하여야 한다. 만약 선박의 도착예정시간 또는 동정이 잘못 기재되어 있다면, 선박의 도착예정시간 또는 동정에 관한 약관은 조건의 성질을 가지므로 용선자는 해제일 전이라도 용선계약을 해제할 수 있다.[39] 그러나 선박의 도착예정시간 또는 동정에 관한 명시적 약관이 없다면 도착예정시간이 잘못 기재되어 있더라도 용선자는 조건의 위반을 이유로 해제일 전에 용선계약을 해제할 수 없다.

도착예정시간에 관한 약관은 해제약관과 마찬가지로 선박소유자가 선박이 도착예정시간까지 인도항에 도착해야 하는 것을 보증하는 것이 아니다. 예를 들어 선박의 지연이 선박소유자의 과실이 아닌 악천후에 기인하여 발생하였다면, 선박소유자는 책임이 없다. 그러나 선박소유자가 도착예정시간을 비현실적으로 통지하였거나, 고의로 선박을 지연시켰거나 또한 선박의 지연에 대하여 통지하지 않은 경우, 용선자는 선박소유자에게 손해배상을 청구할 수 있다.[40] 또한, 이런 경우에 용선자는 조건의 위반을 이유로 용선계약을 해제할 수 있다.[41]

Indianapolis호 사건[42]에서 매도인 Sanday사와 매수인 Keighley사는 커리와 옥수수에 대한 매매계약을 1920년 9월 20일에 체결하였다. 매매계약서에는 "선박의 선적항 도착예정시간은 9월 말까지"란 약관이 있었다. 매도인은 매매계약의 체결 전 1920년 8월 26일에 Indianapolis호에 대한 용선계약을 체결하였는데 용선계약서에는 "선박은 8월 10일에 석탄을 선적한 후 미국을 출항한 뒤에 Rio de Janeiro 항에 도착하여 양하한 후 남미 Plate 항으로 공선항해할 예정이다."라고 기재되어 있었다. 예정에 의하면 선박의 선적항 도착예정시간은 9월 말이었다. 그러나 선박은 엔진고장으로 지연되어 11월에 선적항에 도착하였다. 매도인은 "매매계약의 체결 시 선박의 선적항 도착예정시간은 9월 말이었으나 그 후 발생한 엔진고장으로 선박이 지연되었으므로 매도인은 매매계약을 위반하지 않았다."라고 주장하였다. 매수인은 "도착예정시간에 관한 약관은 담보의 성질을 가지므로 선박은 도착예정시간에 선적항에 도착하여 선적준비를 해야 한다. 선박이 이러한 도착예정시간에 관한 약관을 위반하였으므로 계약은 해제되었다. 따라서 매수인은 매매계약에 구속되지 않는다."라고 주

39) Wilson John F., *op. cit.*, p.63.
40) Gorton Lars, Hillenius Patrick, Ihre Rolf, Sandevarn Arne, *op. cit.*, p.247.
41) Wilson John F., *op. cit.*, p.64.
42) Sanday & Co. v. Keighley Maxsted & Co. – The Indianapolis [1922] 10 Ll.L.Rep. 738.

장하였다. 중재인은 "선박이 도착예정시간에 선적항에 도착하여 선적준비를 하지 않았다고 매매계약을 위반한 것은 아니다."라고 판정하였다. 1심 법원 McCardie판사와 항소법원(Sterndale판사, Scrutton판사와 Warrington판사)은 "선박이 선적항에 도착해야 할 월을 정한 약관은 조건의 성질을 가진다. 만약 선박소유자가 도착예정시간에 관한 약관을 위반하였다면 선박의 지연에 대하여 계약은 해제될 수 있고, 또한 선박소유자는 선박의 지연이 선박소유자의 과실에 의하여 발생하였다면 계약위반에 대하여 책임을 져야 한다. 본 사건에서 사실관계를 검토해 본 결과 선박소유자는 합리적 근거에 입각하여 도착예정시간을 통지하지 않았으므로 계약을 위반하였다."라고 판시하였다.

2. 도착예정시간과 해제약관

선박이 인도준비기일의 해제일까지 인도준비는 되어 있었으나 선박소유자가 통지한 도착예정시간보다 지연되었을 경우가 문제가 된다. 선박이 해제일까시 인도준비가 되어 있었으므로 정기용선자는 용선계약의 해제약관에 의하여 해제권을 행사할 수는 없다. 그러나 정기용선자는 선박소유자가 도착예정시간에 관한 약관을 위반하였다면 조건을 위반한 것으로 용선계약을 해제할 수 있으며, 경우에 따라서 선박의 지연이 선박소유자의 과실에 의하여 발생하였다면 선박소유자는 정기용선자에게 손해배상의 책임을 져야 한다. 왜냐하면 도착예정시간과 해제약관은 서로 연관되어 있기는 하지만 별개의 규정이기 때문이다. 따라서 도착예정시간에 관한 명시적인 약관이 없고 선박이 해제일까지 인도준비가 되지 않은 것이 분명한 경우에 정기용선자는 단지 해제약관에 의하여 해제권을 행사할 수 있을 뿐이지 해제일 전에 용선계약을 해제할 수는 없다.

Ⅳ. 인도지연의 효과

선박이 해제일까지 인도가 되지 않은 경우에 용선자는 단지 용선계약을 해제할 수 있는 것인지, 또한 선박의 지연으로 인하여 발생한 손해배상을 청구할 수 있는 것인지 여부에 대하여 검토한다.

1. 해 제 권

정기용선계약 하에서 선박이 인도기일의 해제일까지 인도준비가 되지 않았다면, 정기용선자는 용선계약을 해제할 수도 있고, 해제권을 포기하고 선박을 사용할 수도 있다.

(1) 의 의

해제권이란 선박이 인도항 또는 선적항에 해제일보다 늦게 도착하였을 경우에 용선계약을 해제할 수 있도록 정기용선자에게 수여된 권리를 의미한다. 해제권은 정기용선자가 선박소유자에게 용선계약을 해제한다는 의사표시를 선언함으로써 효력이 발생하므로 형성권이다. 해제약관에 의한 해제권은 선박소유자가 과실 또는 용선계약을 위반하여서 선박을 지연시켰는지 여부에 관계없이 발생한다.[43] 바꾸어 말하면 선박소유자의 과실에 관계없이 선박이 해제일까지 인도되지 않았다는 사실만으로 해제권이 발생하므로 정기용선자에게 수여된 해제권은 절대적인 권리이다.

(2) 해제권의 발생요건

정기용선자는 해제권의 발생요건에 해당하면 용선계약을 해제할 수 있다. 그러나 정기용선자가 해제권을 행사하기 이전에 용선계약서상 이행해야 할 의무가 있다면, 이러한 의무를 이행하여야 해제권의 효력이 발생한다. 예를 들어 정기용선자가 인도항을 적기에 지명하지 않아서 선박이 해제일까지 인도항에 도착하지 못한 경우에 정기용선자는 해제권을 행사할 수 없다.

Shipping Corporation of India v. Naviera Letasa S.A. 사건[44]에서 선박소유자 SCI사와 정기용선자 Naviera Letasa사는 신조선박에 대한 정기용선계약을 1974년 4월 11일에 체결하였다. 선박은 페르시아 만의 1항구에서 인도예정이나 정기용선자는 선택적으로 U.S.N.H./ St.Laorence/Brazil/West Africa/US Gulf 지역의 1항구를 인도장소로 지명할 수 있었으며, 인도기일은 1974년 5월 1일–6월 30일이었다. 정기용선자는 선박을 US Gulf로 항해할 것을 지시하였으나, 마음이 바뀌어 이로지점을 경과하였으나 다시 브라질의 Rio de Janeiro 항으로 항해할 것을 지시하였다. 선박이 해제일을 경과하여 인도항에 도착하자, 정기용선자는 정기용선계약을 해제하였다. 선박소유자는 "정기용선자가 이로지점을 경과하였

43) Hill Christopher, *Maritime Law*, 6th ed., (London: Informa, 2003), p.215.
44) Shipping Corporation of India v. Naviera Letasa S.A. [1976] 1 Lloyd's Rep. 132.

으나 인도장소를 변경하였다. 이러한 정기용선자 자신의 과실에 의하여 선박이 해제일까지 인도항에 도착하지 못하였으므로 정기용선자는 해제권을 행사할 수 없다. 따라서 정기용선자는 선박소유자에게 정기용선계약의 해제로 인하여 발생한 손해배상을 하여야 한다."라고 주장하였다. 정기용선자는 "선박이 해제일에 인도되지 않았기 때문에 정기용선자는 해제권을 행사할 수 있다."라고 주장하였다. 중재인은 선박소유자에게 승소판정을 하였다. 1심 법원 Kerr판사는 "선박이 해제일을 지나 늦게 인도항에 도착하였더라도 정기용선자는 해제권을 행사할 수 없다. 왜냐하면 선박의 지연은 정기용선자가 정기용선계약을 위반하여 발생하였기 때문이다. 따라서 선박소유자는 정기용선자로부터 손해배상을 받을 수 있다."라고 판시하였다.

그러나 용선자의 의무이행과 상관없이 선박이 해제일에 인도준비가 되지 않았을 것이라면 용선자는 해제권을 행사할 수 있다. 예를 들어 용선자가 인도항을 적기에 지명하지 않은 경우에 만약 적기에 지명하였더라도 선박이 해제일까지 인도항에 도착할 수 없는 것이 명확할 경우에 용선자는 해제권을 행사할 수 있다.

Ailsa Craig호 사건[45]에서 선박소유자 Troon Storage사와 정기용선자 Mansel Oil사는 30일 가감 정기용선자 신축허용부 조건으로 24개월 동안 Ailsa Craig호에 대한 정기용선계약을 2007년 5월 31일에 체결하였다. 선박은 서아프리카 가나/나이지리아 지역 가운데 정기용선자가 선택한 장소에서 인도하도록 되어 있었다. 인도기일은 2007년 9월 25일-10월 31일이었고, 양당사자의 합의에 의하여 해제일이 2007년 11월 15일까지 연장되었다. 인도/반선통지는 선박의 인도 또는 반선 약 30일/25일/15일 전에 그리고 확실하게 10일/7일/5일/3일/2일/1일 전에 하도록 되어 있었다. 해제일인 11월 15일까지 선박은 인도되지 않고 Piraeus의 드라이도크에 있었으므로 정기용선자는 정기용선계약을 해제하였다. 선박소유자는 "정기용선자는 선박소유자가 약 30일 전 인도통지를 하기 전에 인도항을 지명하여야 한다. 따라서 정기용선자는 인도항을 지명하지 않았기 때문에 정기용선계약을 해제하고 선박의 인도를 거부할 수 없다."라고 주장하였다. 정기용선자는 "선박이 인도기일의 해제일까지 인도될 수 없었으므로 인도항의 지명은 무의미하다."라고 주장하였다. 1심 법원 Christopher Clarke판사는 "용선계약서에 정기용선자가 인도항을 지명해야 하는 기한에 대한 명시가 없다면 정기용선자는 선박이 인도기일에 이로 없이 도착할 수 있는 합리적인 기간 내에 인도항을 지명해야 한다. 그러나 본 사건에서, 선박은 인도기일의 해제일에 Piraeus

45) Mansel Oil Ltd. v. Troon Storage Tankers S.A. - The Ailsa Craig [2008] 1 Lloyd's Rep. Plus 58.

의 드라이도크에 있었으므로 정기용선자의 인도항 지명에 상관없이 인도기일의 해제일을 지킬 수 없었다. 따라서 정기용선자의 인도항 지명이 없었더라도 선박소유자는 선박을 인도기일의 해제일까지 인도시키는 데 어떠한 장애도 받지 않았다. 따라서 정기용선자는 해제권을 행사하고 선박의 인도를 거부할 수 있다."라고 판시하였다.

또한 North Sea 사건에서 Hobhouse판사는 용선자의 의무이행과 관련하여 "용선자는 인도장소를 지명하기로 한 의무를 이행하지 않았다면 인도장소에 대한 권리를 포기한 것이다. 따라서 선박소유자는 용선계약서상 인도항구 내의 임의의 장소에서 선박을 인도할 수 있다."라고 판시하였다.[46]

1) 선박이 인도항에 해제일까지 도착하지 않아야 한다

용선계약서에 해제일을 미리 확정적으로 약정한 경우에는 그 해제일이 도래하여야만 인도준비의 지연이 발생한다. 따라서 해제일을 확정하지 아니한 경우에는 합리적으로 빨리 인도준비를 할 것을 약속한 것으로 해석한다.

선박이 인도항에 도착하면 선박소유자는 일반적으로 정기용선계약 하에서 인도준비완료통지를 서면으로 통지하여 선박이 인도준비가 되었음을 용선자에게 통지한다.

2) 인도준비가 되어 있지 않아야 한다

인도준비완료란 용선선박이 용선서비스를 이행할 수 있는 능력을 완전하게 갖춘 것을 의미하는 것이라 하겠다. 해석론상 이 능력은 감항능력을 갖춘 상태를 묵시적으로 의미하는 것이다.[47] 선박소유자가 용선계약에서 합의한 내용과 다르게 운송물을 운송하기에 부적합한 상태로 선박을 인도하는 경우, 정기용선자는 해제권을 행사할 수 있다.[48] 영국법원은 해제일까지 선박이 검역소독증명서를 보유하고 있지 않다면 선박은 선적준비가 되지 않았으므로 정기용선자는 용선계약을 해제할 수 있다고 판시하였다.[49]

시기적으로는 인도준비완료통지 시에 인도준비가 되어야 하며, 선장은 정기용선자가

---

46) Georgian Maritime Corporation v. Sealand Industries (Bermuda) Ltd. – The North Sea [1999] 1 Lloyd's Rep. 21 (C.A.); aff'g [1997] 2 Lloyd's Rep. 324 (Q.B.).

47) 운송물을 운송하기에 적합한 상태에 있다고 할 수 있기 위해서 선박은 선창을 비우고 화물의 선적을 위해 용선자에게 할당된 선박의 모든 부분이 선적에 이용할 수 있는 상태로 되어 있어야 함은 물론, 필요한 서류(선박국적증서, 국적만재흘수선증서, 안전무선전신증서, 공용항해일지, 법정비품목록, 해원고용계약서, 용선계약서, 선하증권, 적하목록 등)를 비치하고 있어야만 한다. 뿐만 아니라 선박이 선적을 행할 수 있는 장소에 정박하고, 선박과 육상의 연락이 언제든지 가능한 상태에 있지 않으면 안 된다. 또한 선적준비완료를 위하여 이러한 물리적인 면 이외에도 법률적인 면에서도 모든 준비가 되었어야 한다. 한국해사문제연구소 편, 배병태 감수, 앞의 책, 88쪽.

48) 박용섭, 정기용선, 360쪽.

49) The Austin Friars (1894) 71 L.T. 27.

원하는 때에 언제든지 인도할 준비가 되어 있으며, 준비사항 때문에 인도가 지연되지 않을 것을 보증하여야 한다.[50] 그러나 인도준비완료통지를 낼 때에 선박이 반드시 이와 같은 조건을 모두 갖추고 있어야 하는 것은 아니다. 정기용선자가 분담하여야 하는 작업을 개시할 때에 완료상태를 구비함과 동시에, 통지 시에도 선박소유자가 분담하여야 할 의무에 영향을 미칠 것 같은 장해가 없다는 것이 확실하면 완료상태에 있는 것으로 인정된다.[51]

Arianna호 사건[52]에서 선박소유자 Pyrena사와 정기용선자 Athenian Tankers사는 2개월 가감 정기용선자 신축허용부 조건으로 10년 동안 Arianna호에 대한 정기용선계약을 1980년 10월 3일에 체결하였다. 선박소유자는 1982년 6월에 선박을 인도하려 하였으나 정기용선자는 선박의 탱크 청소설비에 결함이 있다고 주장하여 선박의 인도를 거부하였다. 중재인은 "정기용선자는 선박의 인도를 거부할 수 없다."라고 판정하였다. 1심 법원 Webster 판사는 "선박의 결함이 심각한 상태가 아니라면 정기용선자는 이런 결함을 주장하여 선박의 인도를 거부할 수 없다."라고 판시하였다.

또한 North Sea호 사건[53]에서 선박소유자 Georgian Maritime사와 정기용선자 Sealand사는 15-25일 동안 1항차를 사용하는 North Sea호에 대한 정기용선계약을 1995년 8월 2일에 체결하였다. 선박은 정기용선자의 지시에 따라 홍콩 항의 정기용선자 부두나 도선지점에서 인도하도록 되어 있었다. 인도기일은 8월 5일 00:01시-8월 10일 12:00시이었고, 선박이 인도기일의 해제일 8월 10일 12:00시까지 인도되지 않으면 정기용선자는 정기용선계약을 해제할 수 있는 선택권이 있었다. 용선계약서상 인도 시 연료량은 MFO 700톤과 MDO 111톤이었고, 반선시 연료량은 인도시와 동일량이었다. 선장은 1995년 8월 9일에 도착예정시간은 8월 10일 10:00시라고 24시간 전 인도통지를 하였다. 그러나 선박소유자의 요청에도 불구하고 정기용선자는 선박이 인도될 장소를 지시하지 않았기 때문에 선박은 8월 10일 12:00에 외항에서 대기하고 있었다. 정기용선자는 "정기용선자가 선박의 인도를 거부할 수 있는 8월 10일 12:00시에 선박은 용선계약서상의 인도장소에 없었고, 인도시 선박은 용선계약서상의 연료를 가지고 있지 않았다. 따라서 정기용선자는 해제권을 행사할 수 있다."라고 주장하였다. 선박소유자는 "정기용선자가 선박이 인도될 장소를 지시하지 않아서

50) 박길상 · 양정호, "항해용선계약에서 정박기간의 개시요건", 「한국해법학회지」 제28권 제1호, 한국해법학회, 2006, 283-284쪽.

51) 한국해사문제연구소 편, 배병태 감수, 앞의 책, 88쪽.

52) Athenian Tankers Management S.A. v. Pyrena Shipping Inc. - The Arianna [1987] 2 Lloyd's Rep. 376.

53) Georgian Maritime Corporation v. Sealand Industries (Bermuda) Ltd. - The North Sea [1999] 1 Lloyd's Rep. 21 (C.A.); aff'g [1997] 2 Lloyd's Rep. 324 (Q.B.).

선박을 인도장소에서 인도할 수 없었다. 그리고 연료약관은 해제약관과 관련이 없다. 따라서 정기용선자가 해제권을 행사한 것은 부당하다."라고 주장하였다. 중재인은 "정기용선자의 지시가 없어서 선박이 인도장소에서 인도되지 않았다면 선박소유자의 주장에는 동의하나, 인도시 연료량이 용선계약서상과 달라서 인도될 상태가 되지 못하였다. 따라서 정기용선자는 해제권을 행사할 수 있다."라고 판정하였다. 1심 법원 Mance판사는 "정기용선자가 선박이 인도될 장소를 지시하지 않아서 선박을 인도장소에서 인도할 수 없었다는 중재인의 판정에 동의한다. 그러나 연료량이 계약상 수치와 다르다고 하여 정기용선자가 해제권을 행사할 수 있는 것은 아니다. 정기용선자가 해제권을 행사할 수 있으려면, 연료량의 차이로 영업상 막대한 손실을 초래할 수 있음을 입증하여야 한다. 그러나 정기용선자는 영업상 막대한 손실을 입었다는 입증 없이 단지 계약상 수치와 다르다는 이유로 해제권을 행사하였다. 따라서 정기용선자가 해제권을 행사한 것은 정당화될 수 없다."라고 판시하였다. 항소법원(Hobhouse판사, Waller판사와 Robert Walker판사)은 "연료약관을 위반하였다고 정기용선자는 해제권을 행사할 수 없다."라고 판시하면서 항소를 기각하였다.

선박의 결함상태의 심각성 여부에 따라서 선박은 인도할 준비가 되어 있는지 여부를 결정하는 영국법원의 태도는 정당하다고 필자는 생각한다.

3) 해제권의 행사는 해제일 후에 합리적인 시간 내에 통지로써 행사하여야 한다

가. 해제일 후에

해제권은 해제일 전에는 발생하지 않고 해제일 후에 발생한다. 만약 정기용선자가 해제일 전에 해제권을 행사하였다면 용선계약을 위반한 것이다.[54] 그러나 용선계약이 이행불능이 되거나 또는 용선계약을 해제할 수 있는 권한이 주어진 것으로 예견되는 기한 전 위반(anticipatory breach)이 있다면, 해제일 전이라도 용선계약은 종료될 수 있다. 또한 선박이 해제일까지 인도가 되지 않을 것이 확실하여 해제일 전에 정기용선자가 해제권을 행사할 경우에 선박소유자가 정기용선자의 해제통지를 이의 없이 수락하였다면, 양당사자의 새로운 합의에 대하여 용선계약은 해제된다.

해제일 전에 해제일까지 인도가 되지 않을 것이 확실하게 예견되거나 해제일 후에 해제일까지 인도가 되지 않은 경우, 해제여부의 통지에 대한 명시적 규정이 없는 한 선박소유자는 정기용선자에게 용선계약을 유지할 것인지 또는 해제권을 행사할 것인지 여부를 통지

54) Hill Christopher, *op. cit.*, p.215.

해 줄 것을 요청할 수 없다. 만약 선박소유자의 요청이 있는 경우에 정기용선자는 회신할 의무가 없다.

선박이 인도가 되어야 될 시간이 해제일에 정하여져 있다면 해제일의 약정된 시간이 지나야만 정기용선자가 해제권을 행사할 수 있다. 그러나 해제일의 약정된 시간이 정하여져 있지 않다면 해제일의 24:00시 이후에 정기용선자는 해제권을 행사할 수 있다. 유효한 통지에 관한 영국판례인 Afovos호 사건[55]에서 항소법원(Denning판사, Griffiths판사와 Kerr판사)과 귀족원(Hailsham of St. Marylebone경, Diplock경, Keith of kinkel경, Roskill경과 Brightman경)은 선박소유자의 선박회수통지는 지급기일 24:00시까지는 할 수 없다고 판시하였다.

나. 합리적인 시간 내에

일반적으로 해제권행사의 시기에 관하여 용선계약서에 미리 규정되어 있다. 정기용선자가 해제일 후에 24시간[56] 또는 48시간[57] 내에 용선계약을 해제할 수 있는 선택권을 행사하도록 규정된 용선계약서도 있다. 정기용선계약 하에서 Gencon서식(1976) 제10조에 의하면 선박소유자의 요청이 있으면 정기용선자는 선박이 인도항에 도착하기 전 48시간 내에 해제권을 행사하도록 규정하고 있다.

Helvetia-S호 사건[58]에서 선박소유자 MTESAEH사와 정기용선자 Christie & Vesey사는 12개월 동안 신조선 Helvetia-S호에 대한 정기용선계약을 1956년 2월 8일에 체결하였다. 용선계약서 제22조에 의하면 선박이 1956년 7월 15일까지 인도되지 않으면 정기용선자는 정기용선계약을 해제할 수 있는 선택권이 있었다. 용선계약서에는 볼타임 해제약관이 있었다. 선박소유자가 6월 12일에 인도기일을 8월까지 연장해 줄 것을 요청하자 6월 18일에 정기용선자는 해제권을 행사하였다. 1심 법원 Pearson판사는 "선박소유자가 인도기일의 연장을 요청한 것은 정기용선자에게 해제권의 행사여부에 대한 답변을 요청한 것이 아니다. 따라서 정기용선자는 정기용선계약에 대하여 해제일 전에 해제권을 행사할 수 없다."라고 판시하였다.

정기용선자가 해제권을 늦게 행사하였으나 선박소유자가 그 해제권을 수락한 경우에 선박소유자는 해제지연과 관련한 권리를 포기한 것이 된다. 이 경우에 선박소유자는 손해배

55) Afovos Shipping Co. S.A. v. R. Pagnan & F. Lli – The Afovos [1982] 1 Lloyd's Rep. 562.
56) ASBA 1977서식 제2부 제5조.
57) EXXONMOBIL VOY(2000) 서식 제2부 제12조.
58) Christie & Vesey Ltd. v. Mastschappij tot Exploitatie Van Schepen en Andere Zaken – The Helvetia-S [1960] 1 Lloyd's Rep. 540.

제1편
제2편
제3편
제4편
제5편
제6편
제7편
제8편

상을 청구할 수 없다. 그러나 선박소유자가 손해배상을 청구할 수 있는 권리를 유보하였을 경우에는 손해배상을 청구할 수 있다.

다. 통 지

해제권 행사의 통지는 문서 또는 구두로 가능하다.59) 그러나 확실한 통지를 위하여서는 문서로 하는 것이 바람직하다.60)

(3) 해제권의 포기

선박소유자가 선박이 인도기일 내에 인도될 수 없다고 정기용선자에게 통보하였고, 실제로 선박이 인도기일을 지나서 정기용선자에 인도되었을 경우에 정기용선자는 해제권을 포기하고 선박을 인도할 수 있다.

2. 손해배상청구권

(1) 의 의

선박소유자는 선박을 인도항으로 최대한 신속하게 항해시켜야 할 신속항해의무를 부담한다. 이러한 의무는 반대의 특약이 없으면 명시적인 약정이 없더라도 선박소유자가 부담하는 묵시적 의무이다.61) 신속항해의무와 도착예정시기에 관한 약관은 서로 밀접하게 관련되어 있으나 신속항해의무와 해제약관은 서로 상관이 없이 별도로 작용한다. 또한 선박소유자는 선박이 통상 항해 시 해제일까지 인도가 될 수 있도록 그 이전 항구를 출항하여 예비항해를 개시해야 할 예비항해개시의 의무를 부담한다.62)63) 그리고 해제약관과 관련하여 선박소유자는 선박이 해제일까지 인도에 적합한 상태를 유지하여 인도를 할 수 있도록 합리적으로 주의를 다 하여야 하는 의무를 부담한다.64)

---

59) Coghlin Terence, W. Baker Andrew, Kenny Julian and Kimball John D., *op. cit.*, p.435.

60) Cooke Julian, Kimball John D., Young Timothy, Martowski David, Taylor Andrew & Lambert LeRoy, *op. cit.*, p.537.

61) 항해용선계약 하에서 선박소유자는 내항성 있는 선박을 제공할 것, 선박이 상당한 속도로 항해할 것 그리고 선박이 부당한 이로 없이 항해할 것을 묵시적으로 보증하고 있다. 그러나 이러한 보증은 계약서에 명확한 조항을 삽입시킴으로써 변경 또는 제외시킬 수 있음은 물론이다. 이용근, "항해용선계약의 법리에 관한 연구", 「한국해운학회지」 제11호, 한국해운학회, 1990, 104쪽.

62) Cooke Julian, Kimball John D., Young Timothy, Martowski David, Taylor Andrew & Lambert LeRoy, *op. cit.*, p.537.

63) 연속항해용선계약의 경우에 매 항차마다 이러한 예비항해에 대한 의무가 적용된다.

64) Sanday v. United States Shipping Board Emergency Fleet Corp., 6 F.2d 384 (2d Cir. 1925).

선박이 해제일까지 인도가 되지 않았다고 해서 그것이 곧 계약위반을 의미하는 것은 아니다. 그러나 선박이 해제일까지 인도가 되었으나 선박소유자가 신속항해 등의 의무를 위반하였다면 선박소유자는 계약위반에 의한 손해배상의 책임을 져야 하지만, 정기용선자는 해제권을 행사할 수 없다. 단지 선박소유자가 신속항해의무를 위반한 것이 용선계약의 목적을 달성할 수 없도록 프러스트레이션에 해당한다면 용선계약은 종료된다.[65] 결론적으로 해제약관에 의하여 정기용선자가 용선계약을 해제할 수 있는 선택권을 행사할 것인지 여부와 상관없이 선박의 지연이 선박소유자가 용선계약을 위반하여 발생하였다면 정기용선자는 입증함으로써 선박소유자에게 손해배상을 청구할 수 있는 것이다.[66][67] 그러나 선박소유자가 대체선을 투입할 권리가 있는 경우에 선박소유자가 해제일까지 도착할 수 있는 대체선을 지명하였다면, 정기용선자는 해제권을 행사할 수 없다.

한편 정기용선자가 선박소유자의 요청에 의하여 인도기일을 연장하여 줄 때 손해배상을 청구할 수 있는 권리를 유보한다고 통지하는 것이 중요하다. 그렇지 않으면 용선자가 손해배상의 청구에 대한 권리를 포기한 것으로 간주되기 때문이다.

(2) 면책약관

일반적으로 용선계약은 통상의 면책위험으로부터 선박소유자를 면책시켜 주는 규정을 명시하고 있다. 이러한 면책위험들이 운송인으로서 선박소유자가 지는 정기용선자에 대한 책임에만 적용되는 것인지, 아니면 선박이 인도항에 도착하지 못한 책임에까지 연장되는지는 용선계약의 내용에 따라 결정된다. 그러나 새로운 계약을 이행하기 위해 인도항으로 항해하고 있는 기간 동안에는 적용되는 것으로 해석된다.[68] 용선계약서상의 면책약관을 예비항해와 중간용선계약의 경우로 나누어 검토한다.

우선 예비항해는 관련 용선항차의 부분을 이루고 있는 부수적인 것으로서 항해 중의 면책위험에 의해 인도항에 도착이 지연되거나 도착할 수 없게 된 경우에 면책약관이 적용된다.[69] 따라서 선박의 지연이 선박소유자의 과실 없이 발생하였거나 면책약관의 적용을 받는

65) Wilson John F., *op. cit.*, p.63.
66) 강남호, 앞의 책, 167쪽.
67) Cooke Julian, Kimball John D., Young Timothy, Martowski David, Taylor Andrew & Lambert LeRoy, *op. cit.*, p.537.
68) 이용근, 앞의 논문, 102-103쪽.
69) 예비항해개시의 의무는 마지막 항구에서 인도항 또는 선적항까지 걸리는 항해일수를 감안하여 해제일까지 선박이 인도항 또는 선적항까지 도착하기 위하여 마지막 항구에서 출항해야 하는 시간에 개시된다.

경우[70]에 정기용선자는 단지 해제권을 행사할 수 있을 뿐이지, 손해배상을 청구할 수 없다. 이와같이 면책약관이 선박의 지연에 관한 손해배상청구에 대한 좋은 방어가 될 수 있으나 정기용선자의 해제권에 영향은 미치지 못한다. 왜냐하면 정기용선자의 해제권은 절대적인 것으로 면책약관에 대한 조건부권한이 아니기 때문이다.

만약 선박이 해제일까지 인도항에 도착하기 위하여 즉시 이전 항구를 출항할 필요가 없을 경우, 선박소유자는 중간용선계약을 체결할 수 있다. 이러한 중간용선계약은 계약의 위반은 아니지만, 항차 이행 중 해상고유위험(perils of the seas)으로 인하여 선박이 해제일까지 인도가 되지 않았다면 원래 용선계약서상 면책약관에 의하여 선박소유자는 통상 보호되지 못한다. 따라서 선박소유자가 인도기일 이전에 추가로 짧은 1개의 항차를 이행하고자 한다면 해제약관에 의하여 용선계약이 해제될 수 있고 신속항해의무를 위반하였다면 손해배상의 책임을 지는 위험을 선박소유자가 부담해야 한다.

V. 결　　어

용선계약의 체결과정에서 선박의 동정과 도착예정시간은 선박이 인도기일의 해제일까지 인도항에 도착할 수 있는지 여부를 확인하기 위하여 정기용선자에게 중요한 정보가 된다. 선박소유자는 정기용선자의 요청에 의하여 선박의 동정과 도착예정시간을 통지하면서 단지 정기용선자를 위한 참고자료로 사용하게 하거나 주요내용의 합의 시 성약확인서에 기재하고 용선계약서에 명시하기도 한다. 후자의 경우에 이러한 선박의 동정과 도착예정시간은 조건의 성질을 가지므로 용선계약서에 잘못 기재되었다면 정기용선자는 용선계약을 해제하거나 용선계약서를 위반한 것을 이유로 선박소유자에게 손해배상을 청구할 수 있다. 따라서 정기용선자는 선박소유자에게 선박의 동정과 도착예정시간을 성약확인서에 기재하고 용선계약서에 명시하도록 요청해야 한다. 한편 이러한 경우에 선박소유자는 선박의 동정과 도착예정시간을 성약확인서와 용선계약서에 합리적으로 정확하게 기재하여야 한다.

해제약관에서 선박소유자는 선박이 인도기일의 해제일까지 인도가 되도록 보증하는 것이 아니다. 만약 선박이 인도기일의 해제일까지 인도가 되지 않을 경우, 정기용선자는 해제권을 행사할 수 있을 뿐이다. 선박이 해제일까지 인도가 되지 않은 경우에 정기용선자는

70) Harrison v. Garthorne [1872] 26 L.T.(N.S.) 508; Hudson v. Hill [1874] 43 L.J.C.P. 273.

해제권과 또한 선박의 지연이 선박소유자의 과실에 의하여 발생하였다면, 손해배상청구권을 가진다. 선박소유자는 이러한 손해배상의 책임을 부담하지 않기 위하여 신속항해의무 등 해제약관과 관련된 선박소유자의 의무를 위반하지 않도록 노력해야 한다.

제 4 절 용선료지급에 대한 지급정지의 권리

Ⅰ. 서 언

정기용선계약에서 정기용선자는 수익을 목적으로 선박을 용선하므로 선박은 정기용선자가 기대하는 정도로 감항능력이 있어야 하나, 정기용선계약의 기간 중에 정기용선자 측의 책임 없는 사유로 인하여 선박이 가동력을 일시 상실하여 정기용선자가 선박을 사용 · 수익할 수 없게 된 경우, 선박의 이용이 중단되는 기간에 대하여 용선료의 지급이 면제되는 것을 지급정지(off-hire)라고 한다. 이와 같은 중단사유에는 선박의 감항능력의 부족 등 선박소유자가 책임져야 할 사유로 인하여 정기용선자가 선박을 사용할 수 없게 된 경우, 정기용선자가 선박을 사용하여 수익목적을 달성할 수 없기 때문에 지급정지로 된다. 또한 정기용선자가 책임져야 할 이유로 인하여 선박을 사용할 수 없게 된 경우, 공평의 측면에서 볼 때, 지급정지가 성립하지 않는 것이 당연하다. 그리고 불가항력에 의한 경우에 아무도 책임지지 않는 사유에 기인하여 선박을 사용할 수 없게 된 경우, 약관에서 당사자가 별도로 합의하여 개별적으로 규정하고 있다.

정기용선계약은 선박의 항해효율성을 담보로 하여 선박소유자가 선박을 일정 기간 동안 정기용선자에게 수익을 위하여 사용하게 할 의무를 부담하는 계약이므로 담보약관(warranty clause)[71]의 성질을 진다. 정기용선자 측의 책임 없는 사유로 인하여 정기용선자가 선박을 사용 · 수익할 수 없는 경우, 만약 정기용선자가 지급정지로 인하여 일반원칙에 따라

71) 위반의 효과가 사전에 결정되어 있지 않고 사후에 위반의 정도와 결과의 중대성에 따라 판단하여, 위반이 중대하고 그로 인한 결과가 심대한 경우에는 계약을 해제 또는 해지할 수 있으나, 반대로 위반이 사소한 것이고 결과 또한 미미한 것이라면 계약의 해제 또는 해지는 불가능하고 손해배상만 청구할 수 있다.

손해배상을 청구하거나 계약을 해제 또는 해지하는 것은 계속적인 선박의 사용을 목적으로 하는 정기용선계약의 성질상 선박소유자에게는 가혹한 처사이므로, 형평에 맞게 그 기간 중에 용선료를 면제하여 주는 것이 본 약관의 취지라고 하겠다. 이러한 지급정지를 주장하기 위한 입증책임은 정기용선자에게 있다.[72)]

지급정지약관에 열거된 사유에 의하여 정기용선자가 선박을 사용하지 못한다면, 선박소유자의 과실여부에 관계없이 정기용선자는 용선료의 지급을 정지할 수 있다. 이러한 지급정지약관에 의하여 정기용선자는 용선료의 지급만을 정지할 수 있는 것이지, 지급정지기간 동안 다른 의무에 대한 책임까지 면제되는 것은 아니다.

Ⅱ. 지급정지의 사유

선박을 사용 · 수익할 수 없게 된 사유가 다음에 해당하는 경우에 정기용선자는 선박의 이용이 중단되는 기간 동안 용선료의 지급이 면제된다.

1. 선박소유자의 속력유지의무의 위반

선박소유자가 제공하여야 하는 선박의 명세 중 속력과 연료소모량은 정기용선자가 선박을 사용 · 수익하는 데 중요한 요소이므로 선박소유자는 목적물인 선박의 성능을 유지시켜야 할 상당한 주의(due diligence)의무를 갖게 되는데 이 가운데 선박의 성능보장 즉 정기용선계약에서 규정하고 있는 감항능력 및 항해의 효율로서 속력을 유지하고 연료소모량을 유지하는 것은 해상운송의 경제성을 보장하는 기본적인 요건이므로 이것이 선박소유자가 정기용선자에게 부담하여야 할 가장 중요한 채무이다. 선속의 감소현상은 항해시간을 연장시켜서 시간상실의 불이익을 가져오는 한편 연료소비량의 감소라는 경제적 이익도 동시에 가져오는 양면성을 가지고 있다. 여기에서 선박소유자는 시간상실에 대한 손해배상책임을 지는 반면에 정기용선자는 감속에 의한 연료절약의 효과를 상계(set-off)로서 처리하는 방법이 있다.[73)]

---

72) Royal Greek Government v. Minister of Transport - The Ilissos [1948] 82 Ll.L.Rep. 196.
73) 제3편 제2장 제2절 선박의 속력과 연료소모량 유지의무 참조.

2. 선박의 수리

정기용선기간 중에 선박의 자체결함 또는 선박의 충돌, 좌초[74], 화재의 사고 등에 의하여 선박의 기관이 파손되거나 선체가 손상을 입어 항해를 중단하였을 경우, 선박소유자는 선박의 감항능력을 회복시켜 운항에 지장이 없도록 수리 · 조처하여야 하는데, 이와같이 선박이 수리 등의 목적으로 입거(drydocking)하면 정기용선자는 그 기간에 대한 용선료의 지급을 정지한다.[75]

3. 선원요건의 결여

선박소유자가 충분한 정원을 고용하지 못하여 인원의 부족으로 상실시간이 발생한 경우에 정기용선자가 선박을 사용 · 수익하는 데 방해를 주게 되므로, 정기용선자는 그 기간에 대한 용선료의 지급을 중지한다. 그러나 선원이 결여되었어도 선박의 운항에 지장이 없다면, 선원의 결여로 인한 지급정지는 없다고 한 판례[76]가 있다.

4. 하역작업의 방해

정기용선기간 중에 선박의 하역기구에 고장 또는 손상이 발생하여 그 결과로서 운송물의 적양하작업에 지장을 초래하는 경우에는 하역의 방해가 되므로, 정기용선자는 그 기간을 지급정지로 할 수 있다.

하역의 방해는 선박에 장치된 여러 개의 하역기구의 전체가 완전사용불능(total inefficiency)이 되는 경우와 그 가운데 일부의 고장으로 일부사용불능(partial inefficiency)이 되는 두 기지 경우로 나눌 수 있다. 이때의 완전사용불능은 당연히 하역의 방해로 될 수 있으나 일부사용불능의 경우는 어떻게 해석하여야 할지 의문이 생긴다. 선박이 업무를 재개하는 데 충분히 회복될 때까지는 용선료는 정지된다고 규정한 약관에서는 부분적 업무불능은 완전한 업무불능과 동일한 효과를 가지고 있다. 어떠한 경우에도 선박이 완전히 지급정지되는 것이며, 선박의 부분적 가동상태에 대하여서는 어떠한 고려도 할 필요가 없다.[77] 이에 대하

74) Actis Co., Ltd. v. The Sanko Steamship Co., Ltd. – The Aquacharm [1982]1 Lloyd's Rep. 7.
75) Giertsen v. George Turnbull & Co., 1908 S.C. 1101.
76) Royal Greek Government v. Minister of Transport – The Ilissos [1948] 82 Ll.L.Rep. 196.

여 정지사유에 의해 용선자가 상실한 전체의 시간에 대하여 지급정지를 인정하는 것을 순상실시간이라고 하는데, 지급정지약관에서는 선박능력의 회복시간에 관계없이 용선자가 실제로 시간상실을 하지 않게 된 때에 지급정지는 종료된다.[78]

이는 용선자의 입장을 고려할 때 합리적인 내용이라 할 수 있는데, 여기서는 부분적 불가동상태가 있는 경우에 실제적인 시간상실의 존부에 따라 선박사용의 재개여부가 결정되며, 선박이 완전한 가동능력을 회복한 후에도 정지사유에 의한 시간의 상실이 있는 한 지급정지는 종료되지 않는다.[79] 뉴욕프로듀스서식(1993) 제28조(동 약관을 순상실약관으로 간주함.)에서는 부분적 업무불능의 경우에는 이에 따라 현실적인 시간의 상실이 있는 경우에는 그 범위 내에서 용선료를 공제하게 되어 있다.[80]

5. 선박의 법정비품 및 보급선용품의 부족

선박소유자가 선박의 법정비품이나 보급선용품을 적기에 보급하지 못하여 선박의 운항에 필요한 법정비품이나 선용품의 부족이 생기면 그 선박은 감항능력을 상실하게 된다. 따라서 정기용선자는 이로 인한 사용방해를 받게 되므로 정기용선자는 그 기간을 지급정지로 할 수 있다.

6. 기타 원인

선박의 정기검사 및 중간검사, 정기적인 소독, 선원들의 승선 및 하선 절차, 공기관이 행하는 선박의 압류[81] 또는 방해조치 등이 있는데, 이로 인해 운항이 정지되었을 경우에 정기용선자는 그 기간을 지급정지로 할 수 있다.

---

77) 옥선종, "정기용선계약서에 있어서 휴항약관에 관한 법률관계", 명대논문집 15, 1984, 221쪽.

78) Hogarth v. Alexander Miller, Brothers & Co. [1891] 64 L.T. 205.
Halsbury경은 선박이 Hamburg항에 도착 후 기관고장이 났으나 부두에서 선박의 증기윈치와 하역기구를 사용하여 양하를 유효하게 수행하였기 때문에 그 시점에서 선박을 요구된 업무를 수행할 능력을 가졌다고 보아 그 기간 중에도 선박소유자는 용선료의 지급을 청구할 수 있다고 판시한 사건이다. Ivamy E. R. Hardy, *Casebook on Shipping Law*, 4th ed., (London: Lloyd's of London Press Ltd., 1987), p.40.

79) 김동훈, "정기용선계약상 용선정지약관(off hire Clause)에 관한 고찰", 「한국해법학회지」 제9권, 1987, 133쪽.

80) 옥선종, 앞의 논문, 221쪽.

81) Bellcore Maritime Corporation v. F.Lli. Moretti Cereali S.p.A. – The Mastro Giorgis [1983] 2 Lloyd's Rep. 66 (Q.B.).

Ⅲ. 지급정지의 기간

1. 지급정지의 개시

지급정지는 관련 조항에 열거한 사유 또는 선박의 가동이 방해되어 정기용선자가 선박을 사용 · 수익할 수 없는 때로부터 시작한다.

2. 상실시간의 계산

상실시간이라 함은 선박이 정기용선기간 중에 지급정지약관에 열거한 사유가 발생하거나 완전한 가동상태를 하지 못함으로써 정기용선자의 사용 · 수익목적을 달성할 수 없는 시간의 상실을 말한다. 그러나 여기서 유의할 것은 시간의 상실이 지급정지약관에 열거한 어떤 사유가 발생하였다고 하여 자동적으로 용선이 중지되지 않는다는 점이다. 예를 들어 기관의 고장과 같은 사유가 발생하였다 하여 무조건 지급정지의 기간으로 되는 것이 아니고 그 결과로서 정기용선자에게 시간의 상실을 가져올 때에 비로소 지급정지의 기간으로 보는 것이다. 다시 말해서 선박이 항해 중에 기관의 고장으로 정기용선자로서 당장 필요한 항해의 계속을 방해하면 시간의 상실이 생기고 자동적으로 지급정지의 기간이 적용될 것이다. 그러나 운송물의 적양하작업 중에 기관의 고장이 생기면 계약의 목적에 당장 지장을 주지 아니하므로 하역작업을 완료할 때까지는 기간의 상실이 없다고 보아야 할 것이다. 정기용선자는 정기용선계약서에 명시적으로 규정하지 아니하는 한 정기용선기간 중에 지급정지로 인하여 손실된 시간만큼 정기용선기간의 연장을 요구할 권리는 없다. 만약 이런 규정을 계약에 삽입하고자 할 때에는 동시에 정기용선자가 이런 선택권을 행사하고자 할 때에 사전에 이를 통지할 것을 의무화하는 것이 바람직하다.

3. 지급의 재개

선박의 지급정지의 사유에 해당되어 지급이 중단되었던 용선료가 선박이 다시 완전한 가동상태로 회복되면 정기용선자는 용선료를 다시 지급하여야 한다.[82)]

82) Smailes (Thomas) & Sons v. Evans & Reid [1917] 2 K.B. 54.

판례연구 4-1 **Laconian Confidence호 사건**

항만당국의 출항금지조치가 지급정지(off-hire)로 되는지의 여부에 관한 영국의 판결[83]에 대하여 검토하였다.

1. 사실관계

피고인 선박소유자와 원고인 정기용선자는 1995년 4월 6일에 양공 항에서 방글라데시 항까지 1항차 동안 뉴욕프로듀스서식(1993)을 사용하여 Laconian Confidence호에 대한 정기용선계약을 체결하였다. 정기용선자는 50kg 포대에 든 쌀 1만 165톤을 선적하고 치타공 항에 도착하여 5월 5일에서 5월 26일까지 양하를 하였다. 5월 26일 23시 25분에 양하작업이 끝났고 합동검사를 실시하였으나 15.75톤의 잔존물(rejected residue sweeping)이 있음이 발견되었다. 방글라데시 항만당국은 잔존물이 본선에 남아있다는 이유로 다음 항차를 위하여 본선이 출항하는 것을 금지시켰다. 그 결과로 이 잔존물을 바다에 투하하고 출항이 허락될 때까지 대략 18일 동안의 지연이 발생하였다.

2. 판결요지

(1) 중 재

중재인들은 5월 26일 이후의 지연은 화물손상에서 기인하는 것이 아니라 항만당국이 화물에 대하여 취한 이상한 조치 때문인 것이라고 하였다. 해손(average accidents)에 의한 억류에 의하여 본 지연이 발생하였다는 정기용선자 측의 신청에 대하여 중재인은 화물에 대한 해손에는 물리적 손상을 발생시킬 만한 상당한 크기의 우연한 외력(fortuity)이 필요하다고 하면서 정기용선자 측의 신청을 거부하였다. 중재인들은 또한 본 사고가 "어떠한 다른 원인(any other cause)"에 포함된다는 정기용선자들의 주장도 "whatsoever"라는 추가문구가 없다는 이유로 동종제한의 원칙[84]에 근거하여 거부하였다. 중재인들은 "어떠한 다른 원인"은 다음 3가지와 동종인 것이어야 한다고 하였다. 즉, ① 선박의 선원에 관련된 사항, ② 심각한 크기의 고장 혹은 손상사고, ③ 필요한 드라이도킹이다. 중재인들은 또한 "어떠한 다른 원인"은 "선박의 완전한 가동을 방해하는"이라는 문장에 의하여 수식받기 때문에 선박이 요구되는 용역을 완전히 제공할 수 있는 상태에 있다면 어떠한 외적 사유가 정기용선자로 하여금 선박의

---

83) Andre & Cie S.A. v. Orient Shipping (Rotterdam) B.V. – The Laconian Confidence [1997] 1 Lloyd's Rep. 139.

84) **동종제한의 원칙**(principle of ejusdem generis)
담보위험, 면책위험 기타에 관한 약관에서 앞에 여러 가지 구체적인 사항을 열거하고 마지막에 "기타 일체의" 물건, 위험, 사항이라고 하는 총괄적인 문언을 기재한 경우, 그 포괄적인 문언을 문자 그대로 망라적으로 해석해서는 안 되고, 그에 앞선 구체적인 열거사항과 "같은 종류의" 사항으로서 열거에 빠진 것만을 포괄한다. 이러한 해석원칙을 동종제한의 원칙이라고 한다. 해운 · 물류 큰사전 편찬위원회, 앞의 책, 338쪽.

사용을 못하게 한다고 하더라도 용선료는 계속 지급되어야 한다고 하였다.

(2) 1심 법원

Rix판사는 선박의 완전한 가동은 선박이 물리적으로는 비록 완전히 가동이 가능한 상태일지라도 즉, 항만당국의 출항금지로 인하여 선박이 출항이라는 다음 서비스에 투입되지 못한 것은 완전한 가동이 외부적인 원인에 의하여서도 방해받을 수 있으나, whatsoever라는 단어가 없는 이 사안에서는 항만당국의 개입은 정기용선자가 예견할 수 없는 완전히 외부적인 요인이므로 명시된 지급정지 사유에 해당되지 않고, 따라서 지급정지가 아니라고 판시하였다. 즉, 지급정지가 아니라는 중재의 판정과 결론은 같으나 선박의 완전한 가동은 외부적인 원인에 의하여도 방해받을 수 있다는 판시를 한 점에서 다르다.

3. 사안의 검토

뉴욕프로듀스서식(1946) 제15조에는 지급정지(off hire)에 대한 사유가 제한적으로 기술되어 있는데 이러한 제한사유에는 "어떠한 다른 원인"이라는 사유가 포함되어 쓴다. 영국에서는 "어떠한 다른 원인"이라는 사유를 뉴욕프로듀스서식(1946) 제15조에 명시된 사유와 동 종류의 것으로 해석하므로 선박소유자에게 책임이 있더라도 뉴욕프로듀스서식(1946) 제15조에 해당하는 사유임을 정기용선자가 입증하여야만 지급정지로 용선료를 지급하지 않아도 된다.

항만당국이 출항정지명령을 하여 "선박의 완전한 가동"이 방해된 것으로 판시한 부분에 대하여는 의견을 같이한다. "선박의 완전한 가동"이 방해를 받았어도 이것이 뉴욕프로듀스(1946) 제15조에 기술된 명시적인 사유가 아닐 경우에는 지급정지가 되지 않으나, "whatsoever"를 추가하게 되면 동종제한의 원칙이 배제되어 지급정지의 사유가 확대되므로 선박의 내부문제와 관계가 없는 외부적인 경우까지도 지급정지의 사유가 된다는 것이 Rix판사의 견해이다. 그러나 이 견해는 "whatsoever"를 추가한 경우 적용범위를 너무 넓게 확장한 것이 아닌가에 대한 의문이 제기된다. 필자의 견해로는 "whatsoever"를 추가하지 아니하더라도, "항만당국에 의한 억류"의 근본적인 사유가 본선 자체의 결함으로 발생하였다면 이는 기술된 명시적인 사유에 해당되어 지급정지가 된다고 할 것이다.

제 5 절 정기용선자리언

정기용선자는 선박을 사용하는 대가로 선박소유자에게 용선료를 선지급한다. 용선기간 동안에는 용선료 또는 선박소유자비용 등으로 선지급되었으나 초과 지급된 경우에 정기용선자는 차기 용선료에서 공제할 수 있으므로 선박에 대하여 정기용선자는 리언을 행사할 필요가 없다. 그러나 반선 시, 차기 지급할 용선료가 없는 경우에 정기용선자는 선지급된 용선료 등의 비용에 대한 채권을 확보하는 데에 정기용선자리언의 취지가 있다. 이와같이 정기용선자리언은 용선기간의 만료 시 정기용선자가 선박소유자에게 초과 지급한 용선료 또는 선지급한 금액을 회수하지 못하였거나, 즉시 반환받아야 할 초과금이 현실적으로 존재할 경우에 정기용선자의 채권을 확보하기 위하여 용선한 선박을 리언할 수 있는 권리를 말한다. 뉴욕프로듀스서식(1946) 제18조와 뉴욕프로듀스서식(1993) 제23조는 "정기용선자는 선급금과 미수익금 총액 및 즉시 환급받아야 할 초과지급용선료 또는 초과예치금에 대하여 선박에 리언을 행사할 수 있는 권리를 가진다."라고 규정하고 있다. 그리고 볼타임서식(2001) 제18조는 "정기용선자는 선급금 및 미수익금 총액에 대하여 선박에 리언을 행사할 수 있는 권리를 가진다."라고 규정하고 있다.

제 6 절 기타 권리

이제까지 정기용선자의 권리인 선박의 자유용익권, 선장지휘권과 배상책임, 인도지연에 대한 해제권, 용선료지급에 대한 지급정지의 권리 그리고 정기용선자의 리언에 대하여 검토하였다. 그 이외에 정기용선자의 권리는 적하이해관계인의 입장에서 운송물을 하역할 수 있는 권리를 가진다. 이와 관련하여 뉴욕프로듀스서식(1946) 제8조는 "정기용선자는 자기의 비용으로써 선장의 감독 아래에서 운송물을 선적, 적부 및 트림을 실행하여야 한다. 선장은 운송물에 관하여 발행된 선하증권에 대하여 운송물수령증 또는 검량 서류에 따라서 서명하여야 한다."라고 규정하고 있다. 그리고 뉴욕프로듀스서식(1993) 제8조는 "정기용선자는 자기의 위험과 비용으로써 선장의 감독 아래에 제한 없이 운송물의 선적, 적부, 고르기, 묶기, 고정, 던니징[85], 풀기, 양하 및 검수를 포함하여 모든 운송물의 취급을 실행하여야 한다."라고 규정하고 있다.

85) 화물을 선체 또는 타 화물로부터 보호하기 위하여 사용하는 재료, 즉 화물보호재를 말하며 오손, 압손, 마찰로 인한 손상방지, 화물의 이동방지목적 이외에도 통풍을 용이하게 하고 여러 종류의 화물을 동일 장소에 선적할 경우에 분리시키는 목적으로도 사용할 수 있다. 이택영 편, 엄윤대 · 박명규 감수, 앞의 책, 365쪽.

2 정기용선자의 의무

정기용선계약에서 정기용선자는 안전항 지정의무, 제한구역의 항해금지의무 그리고 적법한 운송물의 선적의무가 있다. 또한 정기용선자는 선박을 사용하는 대가로 용선료를 지급하고, 선박을 반선기일 안에 반선할 의무가 있다.

제 1 절 안전항 지정의무

Ⅰ. 의 의

정기용선계약서에 의하면 일반적으로 선박소유자는 1개의 안전항에서 정기용선자에게 선박을 인도하며, 정기용선자는 1개의 안전항에서 선박소유자에게 선박을 반선한다. 1개의 안전항은 이미 정하여져 있거나, 인도 시에는 선박소유자의 선택에 의하여, 반선 시에는 정기용선자의 선택에 의하여 결정되도록 하기도 한다. 그러나 안전항에서 인도 또는 반선이 이루어지지 않아서 일방당사자가 손해를 입었을 경우에 인도 시에는 선박소유자가 반선 시에는 정기용선자가 책임을 진다. 선박의 인도 후 용선기간 동안에 정기용선자는 선박의 사용수익권이 있으나, 선박을 안전항에 운항할 의무를 진다.

인도항에 관해서 뉴욕프로듀스서식(1946) 체결약관 18-21줄은 "선박은 ○○(인도장소)에서 정기용선자의 지시에 따라서 도크 또는 부두 혹은 장소(제6조에서 별도로 규정한 것을 제외하고서 어떠한 조석에도 항상 떠서 안전하게 정박할 수 있는)에 정기용선자가 자유롭게 용익할 수 있도록 정박시켜야 한다."라고 규정하고 있다. 그리고 볼타임서식(2001) 제1조에서는 "선박소유자는 정기용선자의 지시에 따라서 선박이 항상 안전하게 정박이 가능한 선석에서 인도하여야 한다."라고 인도항의 안전성을 규정하고 있다.

안전항에 관해서 뉴욕프로듀스서식(1946) 체결약관 21-27줄은 선박의 취항과 관련하여 정기용선자는 약정한 항행구역 안에서 선박을 안전항 사이에 적법한 물건의 운송에 취항시킬 것을 명시하고 있다. 또한 뉴욕프로듀스서식(1946) 제6조는 안전항의 요건에 관해서는 "운송물은 정기용선자 또는 그 대리인이 지시하는 어느 도크나 또는 어느 부두 또는 장소에서 선적 및/또는 양륙되어야 한다. 다만, 선박은 같은 크기의 선박이 관습적으로 안전하게 얹혀 있을 수 있는 곳을 제외하고서 어떠한 조석에서도 항상 안전하게 정박할 수 있어야 한다."라고 명시하고 있다. 그리고 볼타임서식(2001) 제2조는 "선박은 빈 칸 17란에 명기한 제한구역 안에서 항상 안전하게 뜰 수 있고 정박할 수 있는 안전항 또는 장소 사이에서만 적법한 상품을 운송하기 위하여 적법한 거래에 취항시켜야 한다."라고 규정하고 있다.

Ⅱ. 판단기준

1. 안전항의 판단기준

(1) 항의 물리적 요인

1) 항 및 접근 수로의 수심

당해 선박이 운항하기에 항 및 접근 수로의 수심이 얕으면 그 항은 당해 선박에 대하여 안전항이 아니다.

2) 부두시설

특정 항에서 예상되는 바람 및 풍랑(swell)을 막을 수 있는 방파제 등의 시설이 적절하게 갖추어져 악천후에 대비되어 있지 않으면 그 항은 안전항이 아니다. 또한 펜더 등 항만시설이 부적절하여 선박의 손해가 예상되는 항도 안전항이 아니다.

3) 운항수역

"운항수역"이란 수로의 폭 및 선회장의 크기 등을 말한다. 당해 선박이 운항하기에 수로의 폭이 충분하지 않다든지, 당해 선박을 회두시키기에 선회장의 크기가 작다면 그 항은 안전항이 아니다.

4) 수로의 표시 및 유지

수로의 표시 및 유지가 적절히 이루어지지 않는 항은 안전항이 아니다. 수로의 표시라 함은 부표, 등부표, 등대, 레이콘 등의 항로표지가 적절히 배치되어 있고 또한 적절히 관리되는 것을 말한다. 수로의 적절한 유지라 함은 항만당국이 측심과 준설 등의 방법으로 수로의 수심을 유지하거나, 수로상의 장해물을 제거하거나 부표 등을 이용하여 표시하는 등의 조치가 적절히 이루어지는 것을 말한다.

5) 수로 위에 놓인 다리의 높이

특정 항의 접근수로 위를 지나는 다리의 높이 때문에 선체 상부를 절단하지 않으면 수로를 통과할 수 없다면 그 항은 안전항이 아니다.

6) 적합한 도선사 및 예인선

당해 선박의 입출항 및 긴급피항에 필요한 충분한 성능의 예인선이 준비되어 있지 않다면 그 항은 안전항이 아니다. 또한 당해 선박에 부적절한 도선사만 있는 항도 안전항이 아니다.

(2) 항의 기상적 요인

1) 바람 및 풍랑

특정 항의 안전항 여부를 판단하는 데 고려하는 기상요소로는 우선 바람 및 풍랑을 들 수 있다. 그러나 특정 항에서 해당 기간에 강한 바람이나 풍랑이 예상된다고 해서 그 항이 비안전항이 되는 것은 아니며, 그러한 바람이나 풍랑을 막을 수 있는 방파제 등의 시설이 잘 갖추어져 악천후에 대비되어 있으면 그 항은 안전항이다.

2) 결 빙

특정 항에 접근함에 있어 결빙에 의하여 선박 손상의 위험이 있는 항은 안전항이 아니다.

3) 항의 정치적 요인

정치적인 이유로 특정 선박이 나포되거나 억류될 가망성이 있는 항은 안전항이 아니다. 또한 당해 화물의 수출입이 관할 국가의 법으로 금지되어 해당 선박의 수색, 억류 혹은 나포의 위험이 있는 항 역시 비안전항으로 간주된다.[1)]

1) 이창희, "용선자의 안전항 지정의무에 대한 소고", 「한국해법학회지」 제27권 제1호, 한국해법학회, 2005, 49-52쪽.

2. 위반효과

(1) 선장의 입항거부권

정기용선자가 선장에게 항행구역 밖의 항에 입항하도록 지시한 경우, 그러한 명령은 선박소유자가 동의한 용선구역(chartererd limit)의 범위 밖에 있는 비안전항에 항해를 요구하는 것으로서 계약 위반이기 때문에 선장은 입항거부권을 가진다. 안전한 항구가 아닌 경우에 선박소유자는 그 항구에 들어갈 것을 거절할 수 있고 이로 인하여 손해가 발생한 경우에 손해배상을 청구할 수 있다. 선장이 그 항구가 명백히 위험하다는 사실을 알고도 들어갔다면 이는 새로운 개입행위(new intervening event) 또는 자의적인 위험부담행위(voluntary assumption of risk)로 평가되어 인과관계가 없어 정기용선자에게 책임을 물을 수 없다. 그러나 선장으로서는 정기용선자가 안전항 지정의무를 성실히 준수할 것이라고 기대하고 행동할 수밖에 없기 때문에 위와 같이 인과관계가 단절될 정도가 되려면 선박소유자 또는 선장이 항구가 위험하다는 사실을 명백히 알면서도 들어가는 아주 예외적인 경우이어야 한다.[2)]

(2) 선박의 회수권

만일에 정기용선자가 계속적으로 비안전항에 입항할 것을 주장하는 경우에는 이는 정기용선자가 명시적 또는 묵시적 안전항 지정의무를 위반한 것이고, 따라서 이 경우는 뉴욕 프로듀스서식(1946) 제5조에서 규정한 선박소유자의 회수권에서 규정한 "이 계약의 위반(any breach of this Charter)"의 사항이다. 그러므로 선박소유자는 용선선박을 곧 바로 회수시켜 계약을 해지할 수 있다.

(3) 손해배상의 범위

비안전항의 입항과 관련하여 발생한 선박소유자의 손해배상청구권은 첫째 정기용선자가 용선선박을 비안전항에 입항하도록 지시하였고, 둘째 용선선박의 선장이 그 지시에 복종한 것이 부당한 것이 없었고, 셋째 그 지시에 따라 입항한 결과 선박의 손상 또는 추가비용이 발생할 것을 요건으로 한다.[3)]

2) 김창준, "해적행위의 위험관리", 「해양한국」 통권 제427호, 한국해사문제연구소, 2009, 101쪽.
3) 박용섭, 정기용선, 264-265쪽.

제1편 제2편 제3편 제4편 제5편 제6편 제7편 제8편

제 2 절 제한구역의 항해금지의무

정기용선계약에 의하여 정기용선자는 용선기간 동안에 선박을 사용할 수 있는 용익권이 있으나, 사고의 위험이 높은 전쟁위험지역이나 빙하지역으로 선박을 항해시킬 수 없다. 왜냐하면 만약 정기용선자가 선박을 제한구역에 항해시킨다면, 선박소유자가 예기치 않은 손해를 입을 가능성이 높기 때문이다. 따라서 당사자는 형평성을 도모하기 위하여 정기용선계약서를 체결 시, 정기용선자에게 선박을 전쟁 또는 빙하 등의 제한구역에 항해할 수 없도록 의무를 부과하고 있다.

Ⅰ. 전쟁위험지역의 항해금지의무

선박소유자는 전쟁위험지역에서는 선박을 운항할 수 없도록 정기용선자에게 의무를 부과하고 있다. 전쟁에 대하여 볼타임서식(2001)은 제20조에 규정하고 있다.

Ⅱ. 빙하위험지역의 항해금지의무

선박은 일반적으로 IWL(Institute Warranty Limits)[4] 내의 지역을 운항하는 것이 원칙이다. 뉴욕프로듀스서식(1993) 제33조는 "정기용선자는 선박을 얼음으로 폐쇄된 항 또는 지역에, 또 얼음 때문에 등대선을 철수시켰거나 또는 철수시키려고 하는 경우, 또한 통상적인 현상으로 얼음 때문에 선박이 안전하게 항 또는 지역에 입항하여 정박할 수 없거나 또는 양하를 마치고 출항할 수 없는 위험이 있어서 출항할 수 없는 경우에는 입항하여 정박을 요구할

4) 런던보험자협회(Institute of London Underwriters)에서 제정하여 선박보험약관에 삽입하고 있는 특별약관으로서, 위험이 많은 세계 바다의 일정한 부분을 항행구역에서 제외하고, 이러한 구역에 대하여서는 추가보험료(additional premium)를 받고 항행을 허가하고 있는데, 이를 협회담보라고 한다. 정기용선계약서에는 당사자 사이에 항행구역을 제한하는 약관을 삽입하여 협회항로제한구역에 대한 취항을 금지하고 있다. 이를 해운업계에서는 보통 Institute Warranty Limits(IWL)이라고 부른다. 항로제한약관은 대체로 "Worldwide trading within IWL"라는 문구로 되어 있다. 해운 · 물류 큰사전 편찬위원회, 앞의 책, 1399쪽.

수 없다. 다만 선박소유자의 사전 승인을 조건으로 하여 선박의 크기, 구조 및 얼음의 등급과 관련하여 합리적으로 요구될 경우에 쇄빙선을 따라가야 한다."라고 규정하고 있다.

BIMCO Ice Clause for Time Charter Parties

(a) The Vessel shall not be obliged to force ice but, subject to the Owners' prior approval having due regard to its size, construction and class, may follow ice-breakers.

(b) The Vessel shall not be required to enter or remain in any icebound port or area, nor any port or area where lights, lightships, markers or buoys have been or are about to be withdrawn by reason of ice, nor where on account of ice there is, in the Master's sole discretion, a risk that, in the ordinary course of events, the Vessel will not be able safely to enter and remain at the port or area or to depart after completion of loading or discharging. If, on account of ice, the Master in his sole discretion considers it unsafe to proceed to, enter or remain at the place of loading or discharging for fear of the Vessel being frozen in and/or damaged, he shall be at liberty to sail to the nearest ice-free and safe place and there await the Charterers' instructions.

(c) Any delay or deviation caused by or resulting from ice shall be for the Charterers' account and the Vessel shall remain on-hire.

(d) Any additional premiums and/or calls required by the Vessel's underwriters due to the Vessel entering or remaining in any icebound port or area, shall be for the Charterers' account.

BIMCO 정기용선계약의 결빙약관

(a) 선박은 결빙을 강행 돌파할 필요가 없고, 결빙의 크기, 구조, 등급 등을 상당히 고려한 선박소유자의 사전승인에 따라 쇄빙선을 뒤따를 수 있다.

(b) 결빙된 항구나 지역, 등대, 등대선, 위치표지, 부표 등이 결빙 때문에 철수했거나 막 철수하려고 하는 항구나 지역, 선장의 독자적인 자유재량으로 결빙 때문에 통상적인 추세에서 선박이 안전하게 항구나 지역에 진입할 수 없고 잔류할 수 없거나 선적이나 양하이 완료 후에 출항할 수 없을 것이라는 위험이 존재하는 장소 등에, 선박은 진입하거나 잔류할 필요가 없다. 결빙 때문에, 선박이 동결되고 그리고/혹은 손상될 것을 우려하여, 선적 혹은 양하의 장소로 진행하거나 진입하거나 잔류하는 것이 안전하지 않다고 선장이 자신의 독자적인 자유재량으로 간주할 경우, 선장은 얼지 않고 안전한 가장 근접한 장소로 항해하여, 거기에서 정기용선자의 지시를 기다릴 자유를 가진다.

(c) 결빙에 의해 초래되거나 결빙으로부터 결과하는 지연이나 이로는 정기용선자의 부담으로 하고, 선박은 계속해서 용선 중인 채로 남아 있다.

(d) 결빙된 항구나 지역으로 진입하거나 잔류하는 선박 때문에 선박의 보험업자에 의해 요구되는 추가보험료 그리고/혹은 납입청구액 등은 정기용선자의 부담으로 한다.

해설: 선박은 IWL 내 지역을 운항하는 것이 원칙이므로 IWL 외 결빙지역으로 운항할 수 없다. 그러나 선박소유자가 IWL 외 결빙지역의 운항을 허락하도록 선박소유자와 정기용선자가 합의한 경우에도 선장이 결빙지역의 운항이 위험하다고 판단한 경우에는 운항을 거부할 수 있다. 또한 선박이 결빙지역을 운항하여 발생하는 지연, 이로 또는 기타 비용은 정기용선자가 부담하여야 한다.

BIMCO Seaway and Great Lakes Trading Clause

(a) Without prejudice to any conditions in this Charter Party applicable to ice, the Charterers shall have the privilege of trading the Vessel to the Great Lakes in the open season but the Vessel shall not be required to enter the St. Lawrence Seaway without the prior consent of the Owners less than 20 days before the officially declared closing date. Even in the event of accident, stranding, collision, engine breakdown or any other cause whatsoever occurring without any personal fault of the Owners, their Managers or Agents, if the Vessel is unable to gain access to the sea because of ice conditions in the Lakes or the St. Lawrence Seaway and/or delays in port or ports and/or locks hindering departure prior to the closing date, hire shall continue during the time of the detention. (b) The Charterers shall be responsible for any penalties imposed by the US/Canadian Authorities for leaving the Seaway after the official closing date unless delay is caused by the Owners. (c) Extra Insurance

The Charterers shall pay any additional insurance premiums required on hull, machinery, freight and disbursements to operated outside Institute Warranty Limits. If the Vessel is re-delivered in the Lakes, and provided it carries any cargo out of the Lakes, the Charterers shall only be liable for 50 per cent, of such premiums. The Owners shall pay additional premiums being reimbursed by the Charterers with next instalment of hire.

BIMCO 세인트로렌스 해로 및 5대호 무역약관

(a) 결빙에 적용가능한 본 용선계약의 모든 조건들과 상관없이, 용선자는 개방기간에 선박을 5대호에 항해시킬 수 있는 특권을 가진다. 그러나 공식적으로 선언된 폐쇄기일로부터 적어도 20일 이전에 선박소유자의 사전 동의가 없을 경우, 선박이 세인트로렌스 해로로 진입하도록 요구되어서는 안 된다. 선박소유자, 선박소유자의 관리자, 선박소유자의 대리인 등의 개인적 과실 없이 발생하는 사고, 좌초, 충돌, 엔진고장, 기타 다른 모든 원인들의 경우에도, 5대호 또는 세인트로렌스 해로의 결빙 조건 때문에, 그리고/또는 폐쇄기일 이전에 출항을 방해하는 항구 또는 항구들 그리고/또는 갑문들에서의 지연 때문에 선박이 해양에 접근할 수 없을 경우, 그러한 억류의 기간 동안은 용선기간으로 용선료가 지급된다.

(b) 지연이 선박소유자에 의해 초래되지 않은 경우, 공식적인 폐쇄기일 이후에 세인트로렌스 해로를 출항했기 때문에 미국/캐나다 당국에 의해 부과된 모든 위약금들에 대하여, 용선자가 책임을 져야 한다.

(c) 추가보험

IWL이외의 지역을 항해하기 위하여 선체, 기계류, 화물, 지급 등에 요구되는 모든 추가보험료를 용선자가 지급해야 한다. 선박이 5대호에서 반선되는 경우, 그리고 그러한 선박이 5대호 외부에서 화물을 운송하는 경우, 용선자는 그러한 보험료의 50%에 대해서만 책임을 진다. 차기 용선료의 지급 시 용선자에 의해 상환되는 추가보험료를 선박소유자가 지급해야 한다.

Ⅲ. 항해제한지역

정기용선계약서에는 당사자 사이의 합의에 의하여 선박이 항해할 수 없는 지역을 정한다. 뉴욕프로듀스서식(1946) 체결약관 27-31줄은 "그리고 선박을 인도할 때에 마그달레나 강, 10월 31일에서 5월 15일 사이에 있어서 세인트토렌스 강, 허드슨 만 및 모든 비안전항, 또한 계절이 지난 백해, 흑해 및 볼틱 해(기타 제외해역)의 해역을 제외하고서, 영령 부아메리카 및/또는 미국 및/또는 서인도제도 및/또는 중앙아메리카 및/또는 카리비아 해 및/또는 멕시코 만 및/또는 멕시코 및/또는 남아메리카 및/또는 유럽 및/또는 아프리카 및/또는 아시아 및/또는 오스트레일리아 및/또는 타스마니아 및/또는 뉴질랜드에 있는 안전항 및/또는 여러 항 사이의 적법한 항로에 취항시켜야 한다."라고 규정하고 있다. 뉴욕프로듀서서식(1946) 체결약관 31줄의 "제외하고(excluding)"라는 단어 뒤에 당사자가 합의한 항해제한지역을 기재한다. 항해제한지역은 적법한 화물과 같이 계약체결 시 주요사항에 포함된다.

BIMCO Piracy Clause for Time Charter Parties

(a) The Vessel, unless the written consent of the Owners be first obtained, shall not be ordered to or required to continue to or through, any port, place, area or zone (whether of land or sea), or any waterway or canal, where it appears that the Vessel, her cargo, crew or other persons on board the Vessel, in the reasonable judgement of the Master and/or the Owners, may be, or are likely to be, exposed to any actual, threatened or reported acts of piracy, whether such risk of piracy existed at the time of entering into this charter party or occurred thereafter. Should the Vessel be within any such place as aforesaid, which only becomes dangerous, or is likely to be or to become dangerous, after her entry into it, she shall be at liberty to leave it.

(b) If the Owners do not give their consent they shall immediately inform the Charterers and the Charterers shall be obliged to issue alternative voyage orders and any time lost due to compliance with such orders shall not be considered off-hire. The Charterers shall indemnify the Owners for any claims from holders of Bills of Lading or third parties caused by such orders.

(c) If the Owners consent or if the Vessel proceeds to or through an area exposed to risk of piracy the Owners shall have the liberty:

(i) to take reasonable preventive measures to protect the vessel, her crew and cargo including but not limited to taking a reasonable alternative route, proceeding in convoy, using escorts, avoiding day or night navigation, adjusting speed or course, or engaging security personnel or equipment on or about the vessel,

(ii) to comply with the orders, directions or recommendations of any underwriters who have the authority to give the same under the terms of the insurance;

(iii) to comply with all orders, directions, recommendations or advice given by the Government of the Nation under whose flag the Vessel sails, or other Government to whose laws the Owners are subject, or any other Government, body or group, including military authorities, whatsoever acting with the power to compel compliance with their orders or directions;

(iv) to comply with the terms of any resolution of the Security Council of the United Nations, the effective orders of any other Supranational body which has the right to issue and give the same, and with national laws aimed at enforcing the same to which the Owners are subject, and to obey the orders and directions of those who are charged with their enforcement; and the Charterers shall indemnify the Owners for any claims from holders of Bills of Lading or third parties caused by such orders.

(d) Costs

(i) If the Vessel proceeds to or through an area where due to risk of piracy additional costs will be incurred including but not limited to additional insurance, additional personnel and preventative measures to avoid piracy attacks, such costs shall be for the Charterers' account. Any time lost waiting for convoys, following recommended routing, timing, or reducing speed or taking measures to minimise risk, shall be for the Charterers' account and the Vessel shall remain on hire;

(ii) If the Owners become liable under the terms of employment to pay to the crew any bonus or additional wages in respect of sailing into an area which is dangerous in the manner defined by the said terms, then the actual bonus or additional wages paid shall be reimbursed to the Owners by the Charterers at the same time as the next payment of hire is due, or upon redelivery, whichever occurs first;

(iii) If the underwriters of the Owners' insurances should require payment of additional premiums and/or calls because, pursuant to the Charterers' orders, the Vessel is within, or is due to enter and remain within, or pass through any area or areas which are specified by such Underwriters as being subject to additional premiums because of piracy risks, then the actual additional premiums and/or calls paid shall be reimbursed by the Charterers to the Owners at the same time as the next payment of hire is due, or upon redelivery, whichever occurs first.

(e) If the Vessel is attacked or seized by pirates any time lost shall be for the account of the Charterers and the Vessel shall remain on hire. If the Vessel is seized the Owners shall keep the Charterers closely informed of the efforts made to have the Vessel released.

(f) If in compliance with this Clause anything is done or not done, such shall not be deemed a deviation, but shall be considered as due fulfilment of this Charter Party.

BIMCO 정기용선계약의 해적약관

(a) 선박소유자의 서면동의가 먼저 획득되지 않은 경우, 선박, 선박의 화물, 선박에 승선한 선원 혹은 다른 사람들이 선장 그리고/혹은 선박소유자의 합리적인 판단으로 실제적이거나, 위협받고 있거나, 보고되고 있는 해적행위에 노출될 수 있거나 노출될 가능성이 높은 것으로 보이는 항구, 장소, 지역 혹은 구역(육지든지 아니면 바다든지에 관계없이), 수로 혹은 운하 등을 계속해서 향하거나 통과하도록, 선박은 명령받거나 요구받아서는 안 된다. 단, 그러한 해적위험이 본 용선계약을 체결할 당시에 존재하든지 아니면 그 이후에 발생하든지 그것은 관계가 없다. 선박이 그러한 장소에 진입한 이후에 단지 위험하게 되거나 혹은 위험할 가능성이 높거나 위험하게 될 가능성이 높은 전술한 그러한 장소 내에 선박이 존재할 경우, 그러한 선박은 그러한 장소를 출항할 자유를 가진다.

(b) 선박소유자가 동의하지 않을 경우, 선박소유자는 정기용선자에게 즉각 통보하여야 하고, 정기용선자는 대안적인 항해명령을 내릴 의무를 지며, 그러한 명령의 준수로 인해 손실된 시간은 지급정지로 간주되어서는 안 된다. 그러한 명령에 의해 초래된 선하증권의 보유자나 제3자로부터 제기된 청구권에 대하여서 정기용선자는 선박소유자에게 배상하여야 한다.

(c) 선박소유자가 동의할 경우, 혹은 선박이 해적의 위험에 노출된 영역을 향하거나 통과하여 진행할 경우, 선박소유자는 다음을 행할 자유를 가진다.

(i) 합리적인 대안항로를 취하기, 호위 하에 진행하기, 호위대를 사용하기, 주간 혹은 야간항해를 피하기, 속도 혹은 항로를 조절하기, 선박 내에 혹은 선박 주위에 보안요원을 고용하거나 설비를 투입하는 등에 국한하지 않고 포함하여, 선박, 선박의 선원과 화물을 보호할 합리적인 예방조치를 취할 자유

(ii) 보험의 조건에 의해 명령, 지시, 권고 등을 제공할 권한을 가진 보험업자의 명령, 지시, 권고 등을 준수할 자유

(iii) 선박이 항해하면서 게양한 국기의 국가의 정부, 혹은 선박소유자가 복종하는 법의 다른 정부, 혹은 자신의 명령이나 지시에 대한 준수를 강제할 권력을 가지고 행동하는 군사당국을 포함한 다른 정부, 단체, 집단 등에 의해 제공되는 명령, 지시, 권고, 조언 등을 준수할 자유

(iv) 국제연합의 안전보장이사회가 채택한 결의의 조건, 유효한 명령을 발하고 제공할 권리를 보유한 다른 초국가적 단체의 유효한 명령, 선박소유자가 복종하는 국법을 집행하는 것을 목표로 삼는 국법

등을 준수할 자유, 명령과 지시의 집행을 책임지고 있는 사람들의 명령과 지시를 복종할 자유 그리고 그러한 명령에 의해 초래된 선하증권의 보유자나 제3자로부터 제기된 청구권에 대하여서 정기용선자는 선박소유자에게 배상하여야 한다.

(d) 비용

(i) 해적의 위험으로 인하여 해적공격을 피할 추가보험, 추가요원, 예방조치 등에 국한되지 않고 포함하여, 추가비용이 초래될 지역을 향하거나 통과하여 선박이 진행할 경우, 그러한 비용은 정기용선자의 부담으로 한다. 호위대를 기다리거나 권고된 우회를 따르거나 시기를 조정하거나 속도를 조절하거나 위험을 최소화할 조치를 취하는 데에 손실된 시간은 정기용선자의 부담으로 하고 선박은 계속해서 용선 중인 것으로 남아 있다.

(ii) 전술한 조건에 의해 정의된 방식으로 위험한 지역으로 항해한 대가로서 보너스나 추가임금을 선원에게 고용의 조건에 의해 선박소유자가 지급할 책임을 지게 될 경우, 용선료의 차기 지급기일과 동시에 혹은 반선 시에 어느 것이든지 먼저 발생하는 시기에 지급된 실제 보너스나 추가임금은 정기용선자에 의해 선박소유자에게 변상되어야 한다.

(iii) 정기용선자의 명령에 따라, 해적위험 때문에 추가보험금에 종속되는 것으로 그러한 보험업자에 의해 명시된 지역 혹은 구역 내에 선박이 존재하거나 그러한 지역 혹은 구역 내에 진입하고 잔류할 예정이거나 그러한 지역 혹은 구역을 통과하기 때문에, 선박소유자의 보험을 인수한 보험업자가 추가보험료 그리고/혹은 납입청구 등을 요구하여야 할 경우, 용선료의 차기 지급기일과 동시에 혹은 반선 시에 어느 것이든지 먼저 발생하는 시기에 지급된 실제 추가보험료 그리고/혹은 납입청구 등은 선박소유자에게 정기용선자에 의해 변상되어야 한다.

(e) 선박이 해적에 의해 공격받거나 억류된 경우, 손실된 시간은 정기용선자의 부담으로 하고, 선박은 계속해서 용선 중인 것으로 한다. 선박이 억류된 경우, 선박소유자는 선박을 해방시키기 위해 경주된 노력을 정기용선자에게 상세하게 통보하여야 한다.

(f) 본 조항을 준수하여 어떤 것이 행해지거나 행해지지 않을 경우, 그것은 이로로서 간주되지 않고, 본 용선계약의 합당한 이행으로서 간주된다.

해설: 해적에 관한 위험은 이전에는 단지 전쟁약관에 의하여 취급되었으나, 최근 해적행위가 빈번하게 발생함에 따라서 2009년 3월에 BIMCO는 정기용선계약을 위한 해적약관을 작성하였다. 본 약관은 해적행위와 관련하여 발생하는 비용의 분배를 선박소유자와 정기용선자 사이에서 명확하게 하였고, 선박소유자 또는 선장의 판단으로 해적행위의 위험이 있는 지역은 운항을 거부할 수 있도록 하였다.

BIMCO Piracy Clause for Time Charter Parties 2009

(a) The Vessel shall not be obliged to proceed or required to continue to or through, any port, place, area or zone, or any waterway or canal (hereinafter "Area") which, in the reasonable judgement of the Master and/or the Owners, is dangerous to the Vessel, her cargo, crew or other persons on board the Vessel due to any actual, threatened or reported acts of piracy and/or violent robbery and/or capture/seizure (hereinafter "Piracy"), whether such risk existed at the time of entering into this charter party or occurred thereafter. Should the Vessel be within any such place as aforesaid which only becomes dangerous, or is likely to be or to become dangerous, after her entry into it, she shall be at liberty to leave it.

(b) If in accordance with sub-clause (a) the Owners decide that the Vessel shall not proceed or continue to or through the Area they must immediately inform the Charterers. The Charterers shall be obliged to issue alternative voyage orders and shall indemnify the Owners for any claims from holders of the Bills of Lading caused by waiting for such orders and/or the performance of an alternative voyage. Any time lost as a result of complying with such orders shall not be considered off-hire.

(c) If the Owners consent or if the Vessel proceeds to or through an Area exposed to the risk of Piracy the Owners shall have the liberty:

(i) to take reasonable preventative measures to protect the Vessel, her crew and cargo including but not limited to re-routeing within the Area, proceeding in convoy, using escorts, avoiding day or night navigation, adjusting speed or course, or engaging security personnel or equipment on or about the Vessel;

(ii) to comply with the orders, directions or recommendations of any underwriters who have the authority to give the same under the terms of the insurance;

(iii) to comply with all orders, directions, recommendations or advice given by the Government of the Nation under whose flag the Vessel sails, or other Government to whose laws the Owners are subject, or any other Government, body or group, including military authorities, whatsoever acting with the power to compel compliance with their orders or directions; and

(iv) to comply with the terms of any resolution of the Security Council of the United Nations, the effective orders of any other Supranational body which has the right to issue and give the same, and with national laws aimed at enforcing the same to which the Owners are subject, and to obey the orders and directions of those who are charged with their enforcement;

and the Charterers shall indemnify the Owners for any claims from holders of Bills of Lading or third parties caused by the Vessel proceeding as aforesaid, save to the extent that such claims are covered by additional insurance as provided in sub-clause (d)(iii).

(d) Costs

(i) If the Vessel proceeds to or through an Area where due to risk of Piracy additional costs will be incurred including but not limited to additional personnel and preventative measures to avoid Piracy, such reasonable costs shall be for the Charterers' account. Any time lost waiting for convoys, following recommended routeing, timing, or reducing speed or taking measures to minimise risk, shall be for the Charterers' account and the Vessel shall remain on hire;

(ii) If the Owners become liable under the terms of employment to pay to the crew any bonus or additional wages in respect of sailing into an area which is dangerous in the manner defined by the said terms, then the actual bonus or additional wages paid shall be reimbursed to the Owners by the Charterers;

(iii) If the underwriters of the Owners' insurances require additional premiums or additional insurance cover is necessary because the Vessel proceeds to or through an Area exposed to risk of Piracy, then such additional insurance costs shall be reimbursed by the Charterers to the Owners;

(iv) All payments arising under Sub-clause (d) shall be settled within fifteen (15) days of receipt of Owners' supported invoices or on redelivery, whichever occurs first.

(e) If the Vessel is attacked by pirates any time lost shall be for the account of the Charterers and the Vessel shall remain on hire.

(f) If the Vessel is seized by pirates the Owners shall keep the Charterers closely informed of the efforts made to have the Vessel released. The Vessel shall remain on hire throughout the seizure and the Charterers' obligations shall remain unaffected, except that hire payments shall cease as of the ninety-first (91st) day after the seizure and shall resume once the Vessel is released. The Charterers shall not be liable for late redelivery under this Charter Party resulting from seizure of the Vessel by pirates.

(g) If in compliance with this Clause anything is done or not done, such shall not be deemed a deviation, but shall be considered as due fulfilment of this Charter Party. In the event of a conflict between the provisions of this Clause and any implied or express provision of the Charter Party, this Clause shall prevail to the extent of such conflict, but no further.

BIMCO 정기용선계약을 위한 해적약관(2009)

(a) 선장 그리고/혹은 선박소유자의 합리적인 판단으로, 실제적이거나, 위협받고 있거나, 보고되고 있는 해적 그리고/혹은 폭력적 약탈 그리고/혹은 포획/억류(이하 "해적") 행위로 인하여, 선박, 선박의 화물, 선박에 승선한 선원 혹은 기타 다른 사람들에게 위험한 모든 항구, 장소, 모든 지역 혹은 구역, 모든 수로 혹은 운하(이하 "지역") 등을 선박이 향하거나 통과하도록 강제되거나 계속해서 향하거나 통과하도록 요구되어서는 안 된다. 단, 그러한 위험이 본 용선계약을 체결할 당시에 존재했든지 아니면 그 이후에 발생했든지 간에, 그것은 관계가 없다. 단지 선박이 그러한 장소에 진입한 이후에만, 위험하게 되거나, 혹은 위험할 가능성이 높거나, 위험하게 될 가능성이 높은 전술한 장소 내에 선박이 존재할 경우에도, 선박은 그러한 장소를 출항할 자유를 가진다.

(b) 하위약관 (a)에 따라서, 선박이 그러한 지역으로 향하거나 통과하거나 혹은 계속해서 향하거나 통과해서는 안 된다고 선박소유자가 결정할 경우, 선박소유자는 정기용선자에게 즉각 통지하여야 한다. 정기용선자는 대안적인 항해명령을 내릴 의무를 지며, 그러한 명령을 기다림으로써 그리고/혹은 대안적인 항해를 이행함으로써 초래되어 선하증권의 소지인으로부터 제기된 모든 청구에 대하여서 정

기용선자가 선박소유자에게 배상하여야 한다. 그러한 명령을 준수한 결과로서 손실된 모든 시간은 지급정지로 간주되어서는 안 된다.

(c) 선박소유자가 동의할 경우, 혹은 선박이 해적의 위험에 노출된 지역을 향하거나 통과할 경우, 선박소유자는 다음을 수행할 자유를 가진다.

(i) 선박, 선박의 선원과 화물을 보호할 합리적인 예방조치를 취할 자유. 이러한 조치는 그러한 지역 내에서 재항로지정하기, 호위 하에 항진하기, 호위대를 사용하기, 주간 혹은 야간항해를 피하기, 속력 혹은 노선을 조정하기, 선박 내에 혹은 선박 주위에 보안요원이나 보안장비를 투입하기 등에 국한하지 않고 포함한다.

(ii) 보험의 조건에 의해 명령, 지시, 권고 등을 제공할 권한을 가진 보험업자의 그러한 명령, 지시, 권고 등을 준수할 자유

(iii) 선박이 항해하면서 게양한 국기를 보유하는 국가의 정부, 혹은 선박소유자가 복종하는 법을 보유하는 기타 다른 정부, 혹은 자신의 명령이나 지시에 대한 준수를 강제할 권력을 가지고 행동하는 군사당국을 포함한 기타 다른 모든 정부, 단체, 집단 등에 의해 제공되는 모든 명령, 지시, 권고, 조언 등을 준수할 자유

(iv) 국제연합의 안전보장이사회가 채택한 결의의 조건, 그리고 유효한 명령을 선포하고 제공할 권리를 보유한 기타 다른 초국가적 단체의 그러한 유효한 명령, 선박소유자가 복종하는 국법을 집행하는 것을 목표로 삼는 국법 등을 준수할 자유와, 그리고 명령과 지시의 집행을 책임지고 있는 사람들의 그러한 명령과 지시에 복종할 자유.

그리고 전술한 대로 항진하는 선박에 의해 초래되어 선하증권의 소지인이나 제3자로부터 제기된 모든 청구에 대하여서 정기용선자가 선박소유자에게 배상하여야 한다. 단, 그러한 청구가 하위약관 (d)(iii)에 규정된 추가보험에 의해 보상되는 것은 제외된다.

(d) 비용

(i) 해적의 위험으로 인하여, 추가요원, 해적을 피할 예방조치 등에 국한되지 않고 포함하여, 추가비용이 초래될 지역을 선박이 향하거나 통과할 경우, 그러한 합리적인 비용은 정기용선자의 부담으로 한다. 호위대를 기다리거나, 권고된 항로지정을 따르거나, 시기를 조정하거나, 속력을 감속하거나, 위험을 최소화할 조치를 취하는 데에 손실된 시간은 정기용선자의 부담으로 하고, 선박은 계속해서 용선 중인 채로 남아 있다.

(ii) 전술한 조건에 의해 정의된 방식으로 위험한 지역으로 항해한 대가로서 보너스나 추가임금을 선원에게 지급할 책임을 고용의 조건에 의해 선박소유자가 지게 될 경우, 실제로 지급된 보너스나 추가임금은 정기용선자에 의해 선박소유자에게 변상되어야 한다.

(iii) 선박이 해적의 위험에 노출된 지역을 향하거나 통과하기 때문에 선박소유자의 보험을 인수한 보험업자가 추가보험료를 요구하거나 추가보험담보가 필요할 경우, 그러한 추가보험비용은 선박소유자에게 정기용선자에 의해 변상되어야 한다.

(iv) 하위약관 (d)에 의해 발생하는 모든 지급들은 선박소유자의 입증된 송장을 수령한 지 15일 이내에 혹은 반선 시에 어느 것이든지 먼저 발생하는 시기에 결제되어야 한다.

(e) 선박이 해적에 의해 공격받을 경우, 손실된 시간은 정기용선자의 부담으로 하고, 선박은 계속해서 용선 중인 채로 남아 있다.

(f) 선박이 해적에 의해 억류될 경우, 선박소유자는 선박을 석방시키기 위해 경주된 노력을 정기용선자에게 상세하게 통지하여야 한다. 선박은 억류기간 동안에 계속해서 용선 중인 채로 남아 있고, 이와 상관없이 정기용선자는 의무를 이행하여야 한다. 단, 용선료 지급은 억류된 후 91일부터 정지되어, 선박이 석방됨과 동시에 용선료의 지급은 재개된다.

(g) 본 약관을 준수함으로써 어떤 것이 수행되거나 수행되지 않을 경우, 그러한 것은 이로로서 간주되지 않고, 본 용선계약의 합당한 이행으로서 간주된다. 본 약관의 규정과 용선계약의 묵시적 혹은 명시적 규정 사이에 상충이 발생할 경우, 그러한 상충의 한도까지만 본 약관이 우선하고, 그 이상은 아니다.

해설: 개정된 해적약관은 해적행위가 발생하였을 경우, 정기용선자에게 90일 동안 용선료를 지급할 의무를 부과하고 억류된 기간이 90일을 초과할 경우에는 억류된 후 91일부터 지급정지가 되어 선박이 석방됨과 동시에 용선료의 지급이 재개되는 것으로 규정하였다. 또한 해적행위의 개념을 확장하여 폭력적 약탈행위도 해적행위에 포함시켰다.

제 3 절 적법한 운송물의 선적의무

항해용선계약에는 선적될 화물이 결정되어 있지만 정기용선계약에는 선박을 사용할 수 있는 용익권을 선박소유자가 정기용선자에게 부여하므로 정기용선자는 여러 종류의 화물을 선적할 수 있는 선택권을 가진다. 그러나 정기용선자가 위험한 화물을 선적하여 선박에 손상이 발생하면 안 되므로, 정기용선자는 정기용선계약서에 명시된 적법한 화물만을 운송하여야 한다.

뉴욕프로듀스서식(1993) 제4조는 "(a) 선박은 모든 위험성, 유해성, 가연물 또는 부식성을 가진 물건을 제외하고서 적법한 운송물의 운송에 사용할 수 있다. 다만 선박의 선적국,

선적항과 양하항의 국가 및 선박이 반드시 통과하여야 할 중간국 또는 항의 관할청이 요구하거나 권고하는 방법에 따라서 운송할 경우에는 제외한다. 앞에 언급한 일반규정을 침해하지 않지만 추가하여 특히 다음의 운송물을 제외한다. 모든 종류의 산 동물, 무기, 탄약, 폭발물, 핵물질 및 방사능물질,…. (b) 국제해사기구에서 지정한 운송물을 운송할 것을 합의한 경우에 그 운송물의 양은 ㅇㅇ톤으로 제한하여야 한다. 정기용선자는 국제해사기구의 규칙에 따라서 포장, 표시, 선적 및 적부되었는가를 알 수 있게 하기 위하여 선장이 정당하게 요구하는 증거를 제출하여야 한다. 만일 이를 어길 경우에 선장은 운송물의 선적을 거부할 수 있고, 이미 선적된 운송물은 정기용선자의 위험과 비용으로써 양하할 수 있다."라고 규정하고 있다. 그리고 볼타임서식(2001) 제2조는 "산 동물 또는 손상하기 쉽고, 인화되기 쉽거나 혹은 위험한 화물(예를 들면 산성물, 폭발물, 칼슘카바이드, 규소철, 납사, 휘발유, 타르 또는 이들 제품)을 선적하지 못한다."라고 규정하고 있다.

BIMCO Carriage of Nuclear Materials

Notwithstanding any provision whether written or printed contained in this Charter Party, it is agreed that nuclear fuels or radioactive waste or products are specifically excluded from the cargo permitted to be loaded or carried under this Charter Party. This exclusion does not apply to radio isotopes used or intended to be used for any industrial, commercial, agricultural, medical or scientific purpose, provided Owners' prior approval has been obtained to the loading thereof.

BIMCO 핵물질의 운송

본 용선계약에 포함되어 있는, 문서화되거나 인쇄된 규정에도 불구하고, 핵물질 또는 방사성폐기물 또는 방사성제품 등이 본 용선계약에 의해 선적되거나 운송되도록 허가된 화물로부터 제외된다는 것이 합의되었다. 이러한 제외는 그것의 선적에 대하여 선박소유자의 사전 승인이 획득되었다면, 산업적, 상업적, 농업적, 의학적, 과학적 목적을 위해 사용되거나 사용되도록 예정된 방사성동위원소들에는 적용되지 않는다.

제 4 절 용선료의 지급의무

Ⅰ. 의 의

용선료의 지급의무는 선박이용의 대가로 약정용선료를 지급할 의무로서 이는 정기용선자의 가장 중요한 의무이다. 또한 이것은 용선기간 중의 계속적인 의무로서 용선계약의 명시적 규정(지급정지약관 등)에 의해 정지된 경우, 선박소유자가 계약에 위반하여 계약상의 용역제공을 하지 않는 경우, 용선계약이 프러스트레이션 등으로 되어 면제된 경우 외에는 필수적으로 부담하여야 하는 절대적 의무이다. 뉴욕프로듀스서식(1993) 제11조는 "용선료는 선박소유자 또는 선박소유자가 지정한 ○○곳에 있는 수령인에 대하여 ○○의 통화 또는 미화로, 지급기일에 선박소유자가 사용이 가능한 자금으로서, 15일 전에 지급하여야 한다. 마지막 달 또는 만기되지 아니한 기간의 용선료는 동일한 요율로써 지급하여야 한다. 그리고 그 액이 실제기간의 용선료보다 부족한 경우, 그 부족액은 선박소유자의 요구에 따라서 변제기가 도래한 날까지 지급한다. 용선료가 지체 없이 그리고 정기적으로 지급되지 아니할 경우에 또는 이 용선계약의 기본을 위반하였을 때에 선박소유자는 자유로이 정기용선자의 업무로부터 선박을 회수시킬 권리(회수권)를 가진다. 이 경우 선박소유자가 정기용선자에 대하여 가진 청구권을 침해하지 아니 한다."라고 규정하고 있다. 그리고 볼타임서식(2001) 제6조는 "정기용선자는 선박소유자에게 제1조에 따라서 용선을 시작하여 반선할 때까지 빈 칸 19란에서 정한 요율로써 용선료를 매 30일마다 지급하여야 한다."라고 규정하고 있다.

Ⅱ. 지급방법

정기용선계약에는 정기용선자가 용선료를 정기적으로 정확하게 지급하여야 한다는 조항이 있다. 용선료는 현금으로 미리 지급되는 것이 일반적이나, 선박소유자가 현금 및 현금과 대등한 가치의 지급수단을 수령하였을 때에 여기에서 언급한 정확한 지급이 이루어지는 것이다.[5] 따라서 현금은 화폐만을 의미하는 것이 아니고, 일반의 상거래계에서 이용하고 있는 지급송금방법을 말하는 것인 바, 지급의 결과 그 지급수단(화폐, 수표 등)을 곧바로 사용할 권한이 제공되는 지급방법도 포함한다.

일반의 상거래에서 이용되는 지급방법에는 송금수표나 송금환어음이 있고, 보통송금이나 우편대체가 있으며, 전신송금이 있고, 이 밖에도 신용장이나 약속어음 등에 의한 경우도 있다. 그러나 실무상 전신송금이 가장 많이 사용되고 있는데 이는 송금의 신속성에 기인한 것으로, 송금의 구성은 보통송금이나 우편대체의 경우와 꼭 같으나 지급지시가 전신으로 이루어진다는 점에서 다르다. 이 방법을 구체적으로 설명하면, 예를 들어 송금의뢰인(정기용선자)이 런던의 송금은행에 일정액의 용선료를 뉴욕에 있는 지급은행에 송금하도록 지시하면, 그 지시에 따라서 송금은행이 지급은행에 대하여 수령인(선박소유자)의 계정에 그 금액을 지급하도록 전신으로 지시하고, 그 전신을 받은 지급은행이 그 금액을 송금은행 계정의 차변에, 그리고 수령인(선박소유자) 계정의 대변에 각각 기장하는 절차에 따라 이루어진다.

이와 같은 절차에서 용선료의 지급이 유효하게 이행되는 것은 전신에 의하여 지급지시가 지급은행에 수신되었을 때가 아니라, 지급은행이 지급지시에 근거하여 송금은행 명의 계정에서 떨고, 수령인(선박소유자)의 예금계좌에 입금을 결정한 때이다.[6] 정기용선자가 용선료의 지급을 지체함으로써 선박소유자가 선박회수권을 사용코자 할 때, 정기용선자에게 통지를 하는데, 이때 정기용선자는 용선료를 지급기일 내에 송금하였다는 증빙으로 송금은행이 지급은행에 지시한 전신을 제시하여 의무의 이행을 주장하고 있다.

제 5 절 반선의무

I. 서 언

정기용선자는 용선기간이 끝나면 정기용선계약에 약정한 대로 선박을 선박소유자에게

5) Gaskell N J J, Debattista C & Swatton R J, Chorley and Giles' Shipping Law, 8th ed., (Edinburgh: Pearson Education Limited, 2003), p.311.

6) 한국해사문제연구소 편, 앞의 책, 66-69쪽.

제1편
제2편
제3편
제4편
제5편
제6편
제7편
제8편

반선하여야 한다. 그러나 실제로 선박은 선박소유자의 점유 하에 있으므로 정기용선은 항해용선과 마찬가지로 최종항해(last voyage)의 운송물이 인도될 때 선박은 반선되고 정기용선은 종료한다. 정기용선계약은 선박의 인도와 같이 선박의 반선장소에 관하여 특정항을 지정하기보다는 일련의 항을 정하여 반선하도록 하고 있다. 이러한 경우에 대개 정기용선자가 그 중 하나의 항을 정하여 선박소유자에게 통지한다. 정기용선자가 약정한 장소 이외의 곳에서 반환할 경우, 이는 계약위반으로 선박소유자는 이에 대한 손해배상을 청구할 수 있다.[7)]

선박의 반선에 관하여 뉴욕프로듀스서식(1946) 제4조는 "정기용선자는 선박의 사용과 용선에 관하여 하기건현에 있어서 연료와 선용품을 포함하여 선박의 총 적하중량 운송톤수의 매 1톤당 달력 1월에 미국통화(톤당의 용선료) ○○의 요율로써 앞에서 말한 선박의 인도일로부터 시작하여, 1개월 미만의 기간에 대하여서도 동일한 요율로써 그 후에도 지급하여야 한다. 용선료는 통상적이고 자연적인 소모를 제외하고서 동일하게 양호한 상태로서, 별도의 상호 합의가 없다면 (약정한 반선항) ○○에서 선박소유자에게(해당 선박이 멸실되지 않는 한) 반선하는 날까지 계속 지급되어야 한다. 정기용선자는 선박의 예정반선일과 반선항을 ○○일 전에 선박소유자에게 통지하여야 한다."라고 규정하고 있다. 그리고 뉴욕프로듀스서식(1993) 제10조는 "정기용선자는 매 30일마다 해당 선박의 용선료로 1일당 ○○불의 비율로써, 혹은 연료나 선용품 등의 무게를 포함한 하기건현에서의 총 재화중량톤수에서 톤당 ○○불을 곱한 금액을 선박의 인도일로부터 지급한다. 1개월 미만의 기간에 대하여서도 동일한 비율에 따른다. 용선료는 통상적이고 자연적인 소모를 제외하고서 동일하게 양호한 상태로써, 별도의 상호 합의가 없다면 (약정한 반선항) ○○에서 선박소유자에게(해당 선박이 멸실되지 않는 한) 반선하는 날까지 계속되어야 한다. 용선자는 예정반선일 및 반선항을 늦어도 ○○일 전까지 선박소유자에게 통지하여야 한다. 용선료의 계산을 위하여 해당 선박의 인도시점, 반선시점 혹은 용선의 종료시점은 세계표준시로 환산한다."라고 규정하고 있다.

선박의 반선에 관하여 볼타임서식(2001) 제7조에서는 "선박은 이 계약이 만료될 때에 정기용선자에게 인도될 때와 마찬가지로 양호한 상태로(단, 자연적인 마모는 제외한다.) 정기용선자의 선택에 따라 21란에 명기된 장소 또는 구역 안의 부동항에서, 평일은 오전 9시부터 오후 6시 사이에, 그리고 토요일은 오전 9시부터 오후 2시 사이에 반선하여야 한다. 단 반선일은 일요일과 법정휴일이 아니어야 한다. 정기용선자는 선박의 예정반선항과 반선일에 대하여 적어도 10일 이전에 선박소유자에게 통지하여야 한다. 당해 선박에 용선기간을 초과

7) 강남호, 앞의 책, 176쪽.

할 수 있는 항해가 지시된 경우, 당해 항해가 이 계약에서 약정한 용선기간의 만료시점 부근에 반선할 수 있다고 정기용선자가 합리적으로 계산하였을 것을 조건으로, 정기용선자는 당해 항해를 완성하기 위하여 해당 선박을 이용할 수 있다. 용선기간 만료일 이후의 기간에 대하여서는 시황용선료가 약정용선료보다 높을 경우에는 정기용선자는 시황용선료를 지급하여야 한다."라고 규정하고 있다.

Ⅱ. 정기용선계약상 반선기일의 위반

정기용선계약상 반선기일의 위반에 대하여 연구하기 위하여 우선 정기용선기간에 대하여 알아보고 법률적으로 논쟁의 여지가 많은 최종항해를 포함하여 선박의 반선에 대하여 검토한다.

1. 정기용선기간

일반적으로 정기용선기간은 정기용선자가 선박소유자로부터 선박을 인도받는 시점에서 선박소유자에게 반선하는 시점까지의 기간에서 지급정지기간을 제외한 기간을 말한다.

정기용선기간을 초과 또는 단축하여 반선하는 것이 인정되는 경우에 그 초과 또는 단축된 기간을 허용기간(margin)이라 하며, 정기용선자에게 허용기간이 인정되는가의 여부, 허용기간이 인정되는 경우에 그 인정범위, 허용기간에 대하여 지급되어야 할 용선료의 결정기준 등은 정기용선기간을 정하는 사용문언에 따라 각기 다르게 결정된다. 정기용선계약의 체결 시 정기용선기간을 정하는 방식에는 여러 가지가 있는데, 단순확정기간, 신축허용부 확정기간, 선택허용부 범위기간, 최단 · 최장의 제한부 범위기간, 이들 각 기간의 앞에 "약(about)"이란 어구를 삽입하는 경우 등이 그것이다.[8]

(1) 정기용선기간의 종류

1) 단순확정기간

단순확정기간이란 정기용선기간이 단일한 확정기간으로 정해져 있는 경우의 기간을 말한다. 단순확정기간에는 묵시적으로 일정한 합리적인 허용기간이 인정된다.

8) 김동훈, 최종항해, 104쪽.

제1편
제2편
제3편
제4편
제5편
제6편
제7편
제8편

2) 신축허용부 확정기간

"12 month 20 days more or less"란 문구는 12개월 20일 신축허용부 확정기간을 나타낸다. 정기용선자는 12개월에서 20일이 적은 일자까지 적어도 선박을 사용하여야 하고, 12개월에서 20일이 많은 기일을 초과하여 선박을 사용해서는 안 된다. 신축허용부 확정기간은 허용기간이 인정되지 않는다.

3) 선택허용부 범위기간

"3개월 내지 6개월" 등과 같이 정기용선기간 또는 반선기일이 일정범위에 의한 선택기간으로 되어 있는 경우를 말하는데, 영국법은 단순확정기간의 경우와같이 허용기간을 묵시적으로 인정하고 있다. 또한 이러한 약정기간에 "약(about)"의 어구가 부가되어 있는 경우에 기간초과의 묵시적 허용이 더욱 강하게 인정된다.[9)10)] 그러나 "4월 1일 내지 5월 31일까지"라고 기간을 정한 경우에 묵시적 적용이 인정되지 않는다.

4) 최단 · 최장의 제한부 범위기간

"minimum 11 months/maximum 13 months"와같이 최단 · 최장의 기간 동안 정기용선자의 선택에 의하여 정기용선자가 선박을 사용할 수 있는 기간을 말한다. 최단 · 최장의 제한부 범위기간은 허용기간이 인정되지 않는다.

5) 기타 약간 변형된 유형

앞서 이미 설명한 기간의 종류를 약간 변형하여 "about X to about Y month", "about X to maximum Y month", "minimum X to about Y month"와같이 표시하기도 한다. "약"은 분쟁의 소지가 있으므로 그 의미를 명확하게 하기 위하여, 계약의 체결 시 7일, 10일 또는 15일 등을 의미하는 것으로 당사자 사이에 합의하기도 한다.

(2) 영국판례

영국법상 정기용선기간에 대하여 연구하기 위하여 시대적 순서에 입각하여 영국판례를 검토한다.

1) Blytheville호 사건

정기용선자는 Blytheville호를 1880년 6월 26일부터 3개월 동안 정기용선하였다. 정

9) Marbienes Cia. Nav. v. Ferrostaal A.G. – The Democritos [1976] 2 Lloyd's Rep. 149 (C.A.).
10) 김동훈, 최종항해, 107쪽.

기용선자는 반선기일인 9월 26일보다 4일이 늦게 반선이 예상되는 최종항해를 지시하였다. 본 사건에서 1심 법원 Mathew판사는 "정기용선자가 반선기일보다 4일이 늦게 반선이 예상되는 최종항해를 지시한 것은 정기용선계약을 위반한 것이 아니다."라고 판시하였다. 본 사건은 정기용선기간이 단순확정기간일 경우에 정기용선자가 최종항해의 기간을 정확하게 산정할 수 없다는 상사적 이유로 합리적으로 반선기일이 초과되었을 경우에 초과기간을 허용기간으로 인정한다는 것을 확인한 판례이다.[11)]

2) Hugin호 사건

1심 법원 Atkin판사는 "Hugin호는 1912년 5월 15일/31일부터 1912년 10월 15일/31일까지 정기용선되었는데 정기용선계약서에 반선기일인 10월 15일/31일이 수기로 기재되어 있었다. 정기용선자가 반선기일 내에 선박을 반선하지 못했다면, 반선기일을 초과한 기간 동안 시황용선료를 지급하여야 한다. 왜냐하면, 수기로 기재된 10월 15일/31일은 정기용선자가 선박을 반선하여야 할 기간을 명확하게 표시하고 있으므로 허용기간이 인정될 수 없기 때문이다."라고 판시하였다. 본 사건은 당사자가 반선기일을 명확하게 확인하고 있는 경우에 허용기간이 인정되지 않는다는 것을 확인한 판례이다.[12)]

3) London Explorer호 사건

원고인 선박소유자 London and Overseas Freighters Ltd.사와 피고인 정기용선자 Timber Shipping Co. S.A.는 1967년 12월 29일부터 12개월 동안, 15일 간은 정기용선자의 신축허용부 확정기간의 조건으로 London Explorer호에 대한 정기용선계약을 1967년 10월 25일에 체결하였다. 선박은 1968년 10월 최종항해를 출항하여 순조롭게 항해가 이루어지면 약정한 반선기일 내에 반선될 수 있을 예정이었다. 그러나 도착항에서 항만노동자들의 파업으로 인해 하역작업이 지연된 결과, 반선은 약정한 반선기일보다 3개월 이상 지연되어 1969년 4월 24일까지 선박소유자에게 반선되지 않았다. 선박은 일본에서 철강제품 화물을 선적하였다. 화물의 일부는 뉴올리언즈 항 인도분이었고 일부는 휴스턴 항에서 인도될 예정이었다. 모든 것이 순조롭게 진행되었다면 화물은 이 두 항구에서 양하된 후에 선박은 예정된 시간 내에 선박소유자에게 반선될 수 있었을 것이다. 선박은 1968년 12월 11일에 뉴올리언즈 항에 도착하였고 양하작업은 12월 18일에 시작되었다. 문제는 이후에 시작되었다. 12월 20

11) Gray & Co. v. Christie & Co. [1889] 5 T.L.R. 577 (Q.B.).
12) Watson Steamship Co. v. Merryweather & Co. [1913] 18 Com Cas 294.

일에 부두노동자의 파업이 있었으며 1969년 2월 22일까지 계속되었다. 1969년 2월 22일부터 2월 25일까지 양하가 속개되어 2월 25일에 선박은 휴스턴 항으로 출항하였다. 이것은 정기용선자의 지시에 따른 것이었다. 선박은 2월 27일에 휴스턴 항에 도착하였으나 휴스턴 항에서도 부두노동자의 파업이 있었기 때문에 양하는 4월 18에 시작되었다. 양하는 4월 24일에 종료되고 그날 선박은 반선되었다.

선박소유자는 반선일까지 약정용선료의 지급을 청구하였으나, 정기용선자는 "약정한 반선기일 이후에 해당하는 정기용선자의 책임은 용선계약의 위반에 기한 손해배상책임이고, 그 배상액은 당시의 시황용선료(약정용선료보다 낮았다.)에 의해 산정하여야 한다."라고 주장하였다. 중재인은 선박소유자에게 승소판정을 내렸고, 1심 법원 Mocatta판사 역시 선박소유자에게 승소판결을 하였다. 정기용선자가 항소하였으나, 항소법원에서 다수의 판사(Salmon판사와 Phillimore판사는 찬성, Edmund Davies판사는 반대)는 중재판정과 1심 법원의 판결을 존중하여 항소를 기각하였다. 귀족원의 Reid경은 Blytheville호 사건을 인용하면서 "반선기일이 확정되었더라도 정기용선자가 반선기일을 꼭 지키지 않고 반선기일이 초과된 후에 합리적인 기간 내에 선박을 반선한다면 반선기일 내에 선박을 반선한 것으로 간주한다."라고 판시하였다. 또한 Morris경은 "뉴욕프로듀스서식 제4조는 「용선료는 ……반선하는 날까지 계속되어야 한다.」라고 규정하여 정기용선자에 대하여 반선 시까지 약정용선료를 지급할 의무를 말하고 있다. 또한 반선시기는 계약의 본질이 아니므로 정기용선자는 선박의 반선일까지 약정용선료를 지급하여야 한다."라고 판시하였다. 시황용선료가 약정용선료보다 높은 경우에 대하여 Morris경(Guest경과 Donovan경이 동의함.)은 "정기용선자는 반선기일까지는 약정용선료를 반선기일 이후부터 반선 시까지는 시황용선료를 지급하여야 한다."라고 설시한 반면, Reid경(Cross경이 동의함.)은 "정기용선자는 반선 시까지 약정용선료를 지급하면 된다."라고 설시하였다. 결과적으로, 귀족원(Reid경, Morris경, Guest경, Donovan경과 Cross경)은 "선박의 반선기일을 초과하여 반선된 것은 당사자의 고의가 아닌 파업에 의하여 발생하였으므로 정기용선자는 반선기일을 초과한 기간에 대하여 약정용선료를 지급하여야 한다."라고 판시하였다. 본 사건은 당사자의 고의가 아닌 예견할 수 없는 사유로 선박이 반선기일에 반선될 수 없었을 경우에 정기용선자는 반선 시까지 약정용선료(시황용선료가 약정용선료보다 낮은 경우에)의 지급의무가 있음을 확인한 판례이다.[13)]

13) London & Overseas Freighters v. Timber Shipping – The London Explorer [1971] 1 Lloyd's Rep. 523; [1972] A.C. 1; [1971] 2 W.L.R. 1360; [1971] 2 All E.R. 599 (H.L.).

4) Dione호 사건

선박소유자 Alma Shipping사와 정기용선자 Otello Mantovani사는 6개월 동안 (20일 동안 정기용선자의 신축허용부 확정기간의 조건) 유조선 Dione호에 대한 정기용선계약을 1970년 3월 6일에 체결하였다. 선박은 Savannah 항에서 1970년 3월 8일에 인도되었으므로 6개월의 기간은 선박의 인도일로부터 계산하여 1970년 9월 8일이고, 여기에 20일을 연장하면 반선기일은 1970년 9월 28일이었다. 선박은 2 항해를 이행한 후 1970년 8월 2일에 3번째 항해에 투입되어 Genoa 항에서 반선기일보다 8.416일이 늦은 1970년 10월 7일에 반선되었다.

선박소유자는 "정기용선자가 반선기일을 초과할 것이 예상되는 최종항해를 지시하였다면 계약을 위반한 것이므로 반선기일인 1970년 9월 28일을 초과한 기간에 대하여 약정용선료보다 높은 시황용선료를 지급하여야 한다."라고 주장하였다. 정기용선자는 정기용선계약에서 기간은 반선예정기일을 의미하므로 허용기간을 인정하여야 된다."라고 주장하였다. 중재인은 "8일 동안의 기간이 초과되어 반선된 것은 허용기간에 해당하므로 정기용선계약의 위반이 아니다."라고 판정하였다. 1심 법원 Mocatta판사는 "반선기일을 초과한 8일은 합리적인 허용기간에 해당한다."라고 판시하면서, 중재인의 판정을 지지하였다. 이에 대하여 항소법원에서 다수의 판사(Denning판사와 Browne판사는 찬성, Orr판사는 반대)는 "9월 28일은 확정기간이므로 허용기간을 인정할 수 없으므로 계약위반이다. 따라서 정기용선자는 본 사건에서 반선기일까지 약정용선료를 지급하고 초과기간에 대하여는 시황용선료를 지급하여야 된다."라고 판시하였다. 반면에, 항소법원 Orr판사는 "중재판정에 따라서 계약위반이 아니다."라고 판시하였다. 본 사건은 정기용선기간이 신축허용부 확정기간일 경우에 허용기간이 인정되지 않는다는 것을 확인한 판례이다.[14)]

5) Johnny호 사건

선박소유자 Arta사와 정기용선자 Thai Europe Tapioca Service사는 1973년 8월에 최단 11개월/최장 13개월 제한부 범위기간으로 Johnny호에 대한 정기용선계약을 볼타임서식에 의하여 체결하였다. 선박은 1973년 10월 7일 17시 15분에 인도되었고 반선기일은 1974년 11월 7일이었으나 29일이 늦은 12월 7일에 반선되었다. 정기용선자는 1974년 9월 19일에 최종항해로 Rotterdam 항에서 선적하여 Karachi 항에서 양하하는 항해용선계약을 체결하였는데 선적항인 Rotterdam 항에서 10월 2일에서 18일까지 선적하였다. 정기용선계

14) Alma Shipping Corporation v. Mantovani – The Dione [1975] 1 Lloyd's Rep. 115 (C.A.); rev'g [1974] 1 Lloyd's Rep. 86 (Q.B.).

제1편 제2편 제3편 제4편 제5편 제6편 제7편 제8편

약은 볼타임서식으로 체결되었는데 제7조에 의하면 반선기일을 초과한 기간에 대하여 시황용선료가 약정용선료보다 높으면 초과기간 동안 정기용선자는 시황용선료를 지급하게 되어 있었다. 문제는 시황용선료의 적용기준을 관련 1항해를 기준으로 하여야 하는지 또는 11개월/13개월을 기준으로 하여야 하는지의 여부였다.

선박소유자는 "반선기일을 초과한 29일 동안의 용선료는 최종항해에 해당하는 시황용선료가 지급되어야 한다."라고 주장한 반면, 정기용선자는 "반선기일을 초과한 29일 동안의 용선료는 11개월/13개월의 시황용선료에 해당하는 용선료가 지급되어야 한다."라고 주장하였다. 중재인은 선박소유자의 주장을 지지하여 판정하였다. 1심 법원 Donaldson판사와 항소법원 다수의 판사(Orr판사와 David Cairns판사는 찬성, Denning판사는 반대)는 "볼타임서식 제7조에서 「기재된 용선료보다 높을 경우」란 관련 용선계약과 동일한 기간에 해당하는 시황용선료가 적용되는 것이 타당하므로 11개월/13개월의 용선료에 해당하는 용선료가 지급되어야 한다."라고 판시하였다. 반면에 Denning판사는 "볼타임서식 제7조에서 선급된 용선료는 변호사의 관점이 아닌, 일반 상인의 관점에 판단하여야 하므로 최종항해에 해당하는 용선료가 지급되어야 한다."라고 판시하였다. 본 사건은 정기용선자가 반선기일을 초과한 기간 동안 시황용선료를 지급하는 경우에 관련 1항해를 기준으로 하는 것이 아니라, 11개월/13개월을 기준으로 한다고 확인한 판례이다.[15)]

2. 선박의 반선

정기용선자는 정기용선기간이 끝나면 정기용선계약에 약정된 대로 선박을 선박소유자에게 반선하여야 한다. 그러나 실제로는 선박은 선박소유자의 점유 하에 있으므로 정기용선은 항해용선과 마찬가지로 최종항해의 운송물이 인도될 때 선박은 반선되고 정기용선은 종료한다. 정기용선계약은 선박의 인도와같이 선박의 반선장소에 관하여 특정 항을 지정하기보다는 일련의 항을 정하여 반선하도록 하고 있다. 이러한 경우에는 대개 정기용선자가 그 중 하나의 항을 정하여 선박소유자에게 통지한다. 정기용선자가 약정된 장소 이외의 곳에서 반환할 경우에 이는 계약위반으로 선박소유자는 이에 대한 손해배상을 청구할 수 있다.[16)]

15) Arta Shipping Co., Ltd. v. Thai Europe Tapioca Service Ltd. –The Johnny (C.A.) [1975] 1 Lloyd's Rep. 115.
16) 강남호, 앞의 책, 176쪽.

(1) 반선기일

정기용선자는 정기용선계약에 따라서 선박을 사용 후 선박을 반선기일 내에 선박소유자에게 반선하여야 한다. 이때 정기용선자는 선박소유자에게 선박의 반선 전에 정기용선계약에 의해 반선지역과 함께 반선통지(예를 들면 15일/10일/5일/3일/2일/1일 전)를 하여야 한다. 그러나 정기용선자가 정기용선계약상의 반선기일을 위반하여 선박을 선박소유자에게 반선할 때에 선박소유자는 정기용선자에게 어떤 법적 대응을 취할 수 있는가가 문제가 된다.

영국판례에 의하면 "정기용선기간은 정기용선계약에서 중요한 조건이 아니므로 약간의 반선기간의 위반은 계약취소의 원인이 되지 않는다."라고 하였다.[17] 정기용선자가 약정한 반선기일을 초과하여 선박을 늦게 반선한 때에는 반선항에 회항할 때까지의 기간 동안 약정용선료를 지급하고 선박을 사용할 수 있다는 약정을 한 경우를 제외하고는 시황용선료와 약정용선료 중 높은 용선료를 정기용선자가 선박소유자에게 약정한 반선기일의 익일로부터 지급하여야 한다.

(2) 최종항해

정기용선기간의 만료 전에 이행되는 항해를 최종항해(last voyage)라고 하는데 이 최종항해가 정기용선기간에서 약정한 반선기일을 초과하여 늦게 완료되는 것이 예상되는 때에도 정기용선자가 이 최종항해를 이행할 수 있는가가 문제가 되는데 이는 최종항해(last voyage)의 적법성을 판단해보아야 한다. 최종항해가 묵시적 또는 명시적으로 허용되는 기간을 감안하여 약정한 반선기일까지 완료될 것이 합리적으로 예상되는 때에는 정기용선자는 이러한 최종항해를 적법하게 이행할 수 있는데 이를 적법한 최종항해(legitimate last voyage)라고 한다. 최종항해가 묵시적 또는 명시적으로 허용되는 기간을 감안하여 약정한 반선기일까지 완료될 것이 합리적으로 예상되지 않는 때에는 정기용선자는 이러한 최종항해를 적법하게 이행할 수 없는데 이를 부적법한 최종항해(illegitimate last voyage)라고 한다.

정기용선자가 부적법한 최종항해를 개시하고자 할 때에는 선박소유자는 이를 거부할 수 있으므로, 선박소유자는 정기용선자에게 다른 적법한 항해를 요구하거나 정기용선자와 새로운 용선료를 협상하여 다시 새로운 정기용선계약을 체결하여 정기용선자가 의도한 최종항해를 이행할 수 있도록 한다. 선박소유자가 간과해서 정기용선자의 부적법한 최종항해

17) Torvald Klaverness v. Arni Maritime – The Gregos [1995] 1 Lloyd's Rep. 1; [1994] 4 All E.R. 998; [1994] 144 New L.J. 1550 (H.L.); rev'g [1992] 2 Lloyd's Rep. 40 (Q.B.).

의 지시에 따른 경우에도 그 이후에 선박소유자가 정기용선자의 지시가 부적법하다는 것을 알았을 경우에는, 더 이상 정기용선자의 부적법한 지시를 따르지 않아도 되고, 정기용선자의 계약위반으로 정기용선자에게 손해배상을 청구할 수 있다.[18] 그러나 정기용선자가 정기용선계약기간의 만료 직전에, 약정된 정기용선기간 내 또는 약정된 반선 시까지 선박을 반선할 수 있는 예정에 의해 선박을 새로운 항해에 출항시켰는데, 정기용선자에게 책임 없는 사유로(예컨대 악천후로 인한 피난항에서의 장기체박, 도착항에서의 작업원의 파업 등) 선박운항이 지연됨으로써 당초 예정한 일시보다 반선이 지체된 경우 등에는, 이를 당사자의 책임으로 돌릴 수 없는 사유에 의한 이행지체로 생각하여, 정기용선자는 계약위반에 대한 책임을 지지 않는다고 하겠다. 그리고 당사자가 정기용선계약 중에 반선시기에 미달하거나 초과하여 반선이 이루어진 경우에 대한 처리방법에 관하여 특별한 합의[19]를 하고 있는 때에는 그 특약의 내용에 따라 기간 미경과 또는 기간초과의 허용문제를 처리하여야 한다는 데에는 이론의 여지가 없다.[20]

최종항해의 적법성은 해상거래의 상사적 목적상 합리적으로 타당한 경우에만 인정될 수 있다. 판정시점에 대하여 정기용선자가 최종항해를 지시한 시점이 아니라 불합리하게 빨리 최종항해를 지시를 한 경우에 선박이 최종항해를 수행하기 위해 선적항으로 공선항해(ballast voyage)[21]를 시작한 날이라는 법원의 판례[22]가 있다. 그러나 최종항해의 적법성 여

18) Motor Oil Hellas (Corinth) Refineries S.A. v. Shipping Corporation of India – The Kanchenjunga [1990] 1 Lloyd's Rep. 391 (H.L.); aff'g [1989] 1 Lloyd's Rep. 354; [1989] 132 S.J. 19 (C.A.); aff'g [1987] 2 Lloyd's Rep. 509(Q.B.).

19) 참고로 실무상 사용되고 있는 문구의 예를 들면 다음과 같다.
Employment orders for last voyage:
Prior to the commencement of loading cargo for the last voyage before redelivery, Charterers shall make thorough investigations and every arrangement to ensure that the employment orders given to the vessel are lawful orders and to ensure that the voyage is reasonably expected to allow the vessel to be redelivered within the maximum period of the charter.
In the event that Charterers fail to comply with such obligations, and provided the market rate is above the charter rate, then the charter rate will be adjusted to compensate owners for performing the unlawful last voyage.
The charter rate will be adjusted for a period ending with and including the actual redelivery date and beginning with (whichever is latest)
(i) the date of commencement of loading for the final voyage;
or
(ii) the date 30 days before the actual redelivery date.
The foregoing is without prejudice to Owners' rights to refuse unlawfull employment orders and to compensation if the vessel is redelivered late.

20) 김동훈, 최종항해, 121-122쪽.

21) 선박이 화물을 선적하지 않고 또는 항구에서 화물을 선적하기 위하여 목적지까지 공선으로 항해하는 것을 말한다.

22) Marbienes Cia. Nav. v. Ferrostaal A.G. – The Democritos [1976] 2 Lloyd's Rep. 149 (C.A.).

부는 Gregos호 사건에서 귀족원이 판시하였듯이 선박이 양하를 완료한 후에 최종항해를 이행하기 위하여 준비된 시점, 즉 선적을 시작하는 시점을 기준으로 판단하여야 한다고 하겠다.

영국법상 최종항해에 대하여 연구하기 위하여 시대적 순서에 입각하여 영국판례를 검토한다.

1) Black Falcon호 사건

선박소유자 NSB사와 정기용선자 Shipping Corporation of India사는 1986년 5월 14일에 약 9개월+3개월+3개월 동안 추가기간은 정기용선자의 선택으로, 15일 간은 정기용선자의 신축허용부 확정기간의 조건으로 Black Falcon호에 대한 정기용선계약을 체결하였다. 1987년 8월 17일에 정기용선기간 만료 후 추가로, 추가기간은 1987년 9월 30일 01시부터 6개월 또는 8개월의 기간을 15일 간은 정기용선자의 신축허용부 확정기간의 조건으로 연장하였다. 6개월 또는 8개월의 기간선택에 대하여 정기용선자는 1987년 12월 21일까지 결정하여 통지하여야 했는데, 정기용선자는 1987년 12월 22일에 8개월의 기간을 선택한다고 선박소유자에게 통지하였다. 선박소유자는 정기용선자가 선택할 수 있는 기간이 경과하였으므로, 정기용선기간은 6개월만 연장되었다고 하면서 정기용선자의 선택을 거절하였다. 1988년 1월 9일에 정기용선자는 정기용선계약의 반선기일인 1988년 4월 14일을 초과하는 최종항해를 지시하였으나 선박소유자는 최종항해에 반대하였다. 그러나 항해는 이행되었고, 본 선박은 1988년 5월 23일에 반선되었다.

선박소유자는 "부적법한 최종항해를 이행하지 않았다면 선박이 반선되어야 할 시점인 1988년 3월 9일부터 실제 반선기일인 1988년 5월 23일까지 시황용선료와 약정용선료의 차액에 대하여 정기용선자가 손해배상을 하여야 한다."라고 주장하였다. 정기용선자는 "6개월 또는 8개월의 기간선택을 1일 늦게 하였지만 선박소유자에게 아무런 피해도 발생하지 않았기 때문에, 정기용선기간은 정기용선자가 선택한 8개월의 기간이 연장되었다."라고 주장하였다. 중재인은 "최종항해는 부적법한 항해였으므로 최종항해가 수행되지 않았다면 반선되었어야 하는 1988년 3월 15일의 익일인 1988년 3월 16일부터 5월 23일까지 정기용선자는 시황용선료를 지급하여야 한다."라고 판정하였다. 이에 대하여 1심 법원 Steyn판사는 "선박소유자가 최종항해가 부적법한 것을 알고 정기용선자에게 손해배상청구권을 유보하면서 항해를 허용하였다면, 정기용선자는 반선기일까지 약정용선료를 반선기일을 초과한 기간에 대하여 시황용선료를 지급하면 된다."라고 판시하였다. 본 사건은 선박소유자가 부적법한 최종항해를 허락하였다면, 정기용선자는 반선기일까지는 약정용선료를 반선기일 이후에는 시황용선료를 지급하여야 한다는 것을 확인한 판례이다.[23)]

2) Peonia호 사건

선박소유자 현대상선과 정기용선자 Gesuri사는 1987년 4월 3일에 최단 10개월/최장 12개월 동안 Peonia호에 대한 정기용선계약을 체결하였다. 정기용선자는 최종항해를 완료할 수 있는 선택권을 보유하고 있었다. 선박은 1987년 6월 11일에 인도되었다. 정기용선자는 1988년 5월 6일에 River Plate 항에서 soyabeans를 선적하여 Singapore 항과 Butterworth 항에서 양하하는 항해용선계약을 체결하였다. 1988년 5월 12일에 선박소유자는 정기용선자가 체결한 최종항해는 정기용선기간을 초과하는 부적법한 최종항해이므로 정기용선기간 내에 이행할 수 있는 새로운 최종항해(정기용선계약 line 14에 "약「about」"란 표현이 있으므로 반선기일은 1988년 6월 25일이 된다.)를 지시하거나 정기용선기간을 초과하는 최종항해에 대하여 약정용선료보다 높은 시황용선료를 지불할 것을 요청하였다. 정기용선자가 선박소유자의 제안을 거절하자 선박소유자는 본 선박을 회수하였다. 중재인은 "정기용선자는 최종항해를 완료할 수 있는 선택권을 보유하고 있으므로 반선기일 전에 언제라도 최종항해를 지시할 수 있다."라고 판정하였다. 그러나 1심 법원 Saville판사는 "정기용선자가 적법한 최종항해를 완료할 수 있는 선택권을 보유하고 있는 것이지, 부적법한 최종항해를 완료할 수 있는 선택권은 보유하고 있는 것이 아니다."라고 판시하였다. 항소법원(Slade판사, Balcombe판사와 Bingham판사)은 1심 법원의 판결을 지지하면서 "정기용선자가 적법한 최종항해를 지시하였더라도, 최종항해가 반선기일을 초과하였다면 계약을 위반한 것이다."라고 설시하였다. 선박의 반선에 있어서 정기용선자가 부담하는 의무는 이 사건 전에는 적법한 최종항해를 지시하면 되었으나 이 사건 이후에는 적법한 최종항해를 지시하여야 하고 또한 선박을 반선기일 내에 반선하여야 하였다.[24)] 본 사건은 최종항해의 적법성 여부를 불문하고 선박이 허용기간을 감안하여 반선기일을 초과하여 반선되었다면 계약을 위반한 것이란 것을 확인한 판례이다.[25)]

---

23) Shipping Corporation of India Ltd. v. NSB Niederelbe Schiffahrtsgesellschaft m.b.H. & Co. – The Black Falcon [1991] 1 Lloyd's Rep. 77 (Q.B.).

24) Baughen Simon, *op. cit.*, p.258.

25) Hyundai Merchant Marine Co., Ltd. v. Gesuri Chartering Co., Ltd. – The Peonia [1991] 1 Lloyd's Rep. 100 (C.A. & Q.B.).

3) World Renown호 사건

선박소유자 Liberian Jaguar사와 정기용선자 Iranian Tanker사는 1988년 6월 2일에 15일 가감 신축허용부 확정기간으로 6개월 동안 World Renown호에 대한 정기용선계약을 체결하였는데 반선일자는 1988년 12월 24일 22시 50분이었다. 1988년 10월 4일에 World Renown호는 Sirri 항에서 선적을 마치고 Rotterdam 항으로 항해 중이었는데 정기용선자는 선장에게 Rotterdam항에서 양하 후 최종항해를 수행하기 위하여 Sirri 항으로 돌아올 것을 지시하였다. 선박소유자는 정기용선자가 반선기일을 초과하는 부적법한 최종항해를 지시하여 선박을 반선기일보다 늦은 1989년 1월 18일에 반선한 데 대하여 손해배상을 청구하였다. 반면에 정기용선자는 "최종항해는 적법하다."라고 주장하였다. 1심 법원 Hobhouse판사는 "정기용선계약서 Shelltime 3 서식 제18조[26)]에 의해 정기용선자는 반선기일 전에 시작하는 최종항해를 동일한 용선료로 초과기간 동안 사용할 수 있으므로 정기용선자가 반선기일 전에 지시한 최종항해는 적법한 항해이다"라고 판시하였다. 항소법원(Donaldson판사, Butler-Sloss판사와 David Croom Johnson판사)은 1심 법원의 판결을 지지하며 항소를 기각하였다. 본 사건은 부적법한 최종항해라도 당사자 사이에 다른 약정이 있다면 적법한 최종항해라는 것을 확인한 판례이다.[27)]

4) Gregos호 사건

선박소유자 Arni사와 정기용선자 Klaveness사는 1987년 12월 30일에 약 50일/최대 70일 동안 Gregos호에 대한 정기용선계약을 체결하였다. 선박은 1988년 1월 8일에 인도되었고 반선기일은 1988년 3월 18일이었다. 첫 번째 항해는 브라질 Trembetas 항에서 보크사이트를 선적하여 베네주엘라의 Matazas 항에서 양하하였다. 1988년 2월 9일에 정기용선자는 Palua 항에서 철광석을 선적하여 Fos 항에서 양하하는 두 번째 항해를 선장에게 지시하였다. 예정대로 운항이 되었다면 두 번째 항해는 1988년 3월 18일 이전에 완료될 수 있었으나, Philippine Roxas호가 1988년 2월 12일에 좌초되어 수로를 방해함으로써 1988년 2월 25일에나 Palua 항에서 선적을 시작할 수 있었다. 정기용선자가 반선기일을 지킬 수 없게 되자, 선박소유자는 2번째 항해를 허락하지 않았다. 결국, 선박소유자와 정기용선자는 소송에서 선박소유자가 승소하면 정기용선자가 미화 300,000불을 지급하는 조건으로 합의하여

26) 볼타임서식에도 제7조에 같은 취지의 조항이 있으나, Shelltime 3 서식과 내용상의 차이는 반선기일 이후에는 시황용선료가 약정용선료보다 높으면 시황용선료가 지급되는 것으로 규정되어 있다.

27) Chiswell Shipping and Liberian Jaguar Transports Inc. v. National Iranian Tankers Co. – The World Symphony and the World Renown [1992] 2 Lloyd's Rep. 115 (C.A.); aff' g [1991] 2 Lloyd's Rep. 251 (Q.B.).

항해가 이행되었다. 선박은 반선기일보다 8일이 늦은 1988년 3월 26일에 양하를 완료하였다. 본 사건에서 선박소유자가 승소하였기 때문에 정기용선자는 합의한 미화 300,000불을 지급하여야 했다. 만약 선박소유자가 Palua 항에서 선적을 허락하였다면 반선기일을 초과한 기간에 대한 시황용선료와 약정용선료와의 차액인 미화 35,000불만 지급하면 되는 상황이었다. 합의된 미화 300,000만불은 정기용선자가 반선기일을 위반하여 선박소유자가 차항의 계약을 체결할 수 없게 된 데 대한 예상 손해배상금액이었다. 선박소유자가 체결하고자 한 차항은 실제로 체결되지는 않았지만 선적하기만 하면 공선항해를 하지 않아도 되는 본 선박에 아주 적합한 항해였다.

정기용선자는 “두 번째 항해를 선장에게 지시할 때에는 최종항해가 적법하였으므로 다른 사고 때문에 항해가 지연되었다면 최종항해는 적법한 것이다.”라고 주장한 반면, 선박소유자는 “두 번째 항해는 정기용선기간 내에 반선이 불가능하여 부적법하므로, 적법한 다른 항해를 지시하지 않으면 선박을 회수하겠다.”라고 주장하였다. 중재인은 선박소유자의 주장이 옳다고 판정하였다. 1심 법원 Evans판사는 중재판정을 지지하였다. 항소법원(Hirst판사, Russel판사와 Simon Brown판사)은 1심 법원의 판결과는 다르게 “최종항해의 적법성 여부는 정기용선자가 최종항해를 지시한 시점을 기준으로 판단하여야 하며 반선기일은 조건이 아니다.”라고 설시하면서 정기용선자의 주장이 옳다고 판시하였다. 귀족원은 다시 항소법원의 판결과는 다르게 “최종항해의 적법성 여부는 최종항해를 수행하기 위하여 준비된 시점(Palua 항에서 선적을 시작한 1988년 2월 25일)을 기준으로 판단하여야 한다.”라고 하면서 중재판정과 Evans판사의 판결을 지지하였다. 또한 반선기일에 대하여 Templeman경은 조건(condition)이라고 하였으나 Mustill경(Ackner경, Slynn경 그리고 Woolf경이 동의함.)은 중간조건(innominate term)이라고 하였다. Mustill경은 “정기용선계약에서 시황이 상승한 경우, 정기용선자는 가능하면 오래 선박을 사용하고자 할 것이다. 정기용선자가 만약 반선기일을 초과하는 최종항해를 지시하였거나 반선기일 내에 반선이 가능하다고 예상되었던 최종항해가 예기치 않은 상황이 발생하여 반선기일을 지킬 수 없게 된 경우에는 선박소유자가 차항의 계약을 체결하는 데 문제가 발생한다. 정기용선자가 반선기일 내에 선박을 반선할 의무는 조건이 아니라 중간조건이므로 선박소유자가 정기용선계약을 부인할 수는 없다. 그러나 정기용선자가 계속하여 부적합한 최종항해를 지시한다면 계약위반에 해당한다. 반선기일을 며칠 초과한 것이 큰 손해의 결과를 초래할 수 있다.”라고 반선 시의 문제점에 대하여 언급하고 있다. 본 사건은 최종항해의 적법성 여부는 최종항해를 위해 준비된 시점을 기준으로

판단하여야 한다는 것을 확인한 판례이다.[28)]

Ⅲ. 손해배상

손해배상에는 명목적 손해배상과 실질적 손해배상이 있는데, 명목적 손해배상(nominal damages)은 단순히 법적 권리의 존재만을 입증하고 청구할 수 있지만, 실질적 손해배상(substantial damages)을 받으려면 손해가 발생한 것을 입증하여야 한다. 계약위반에 의한 손해란 계약위반의 결과로 사람 또는 재산에 발생한 부의 가치의 감소를 뜻한다. 이와같이 손해란 피해의 정도를 말하는데, 손해의 발생여부 및 정도는 계약위반의 결과 처하게 되는 총체적인 상황을 참작하여야 한다. 손해배상청구의 원인에는 의무위반에 따른 불법행위와 계약을 준수하여 이행하지 않는 계약위반이 있다. 계약위반에 의한 손해배상은 계약의 체결 시 계약이 이행되지 않는 경우에 발생되는 손해에 대하여, 미리 예견하여 계약조건을 상의할 수 있다는 점에서 불법행위에 의한 손해배상과는 차이가 있다.[29)] 손해배상에 있어서 검토되어야 하는 것은 첫째, 손해배상의 발생, 즉 소원성(remoteness)과 인과관계(causation)의 문제와 둘째, 손해배상의 범위, 즉 손해배상금액의 문제이다. 화물이 인도되지 않거나, 손상되거나, 또는 늦게 인도되었을 경우에 적하이해관계인은 화물을 자신이 사용할 경우가 있고 제3자에게 재매매할 경우도 있다. 전자는 Hadley v. Baxendale사건, Victoria Laundry 사건, Pegase호 사건 등에서, 후자는 Bence Graphics사 사건, Sanix Ace호 사건, William v. Agius 사건, Hall v. Pim 사건, Arpad호 사건, Kwei Tek Chao 사건 등에서 검토하고자 한다.

1. 손해배상의 발생

피해당사자는 상대방이 계약을 위반하여 발생된 모든 손해에 대하여 전부 배상을 받을 수 있는 것은 아니다. 발생된 손해가 계약위반의 행위와 너무 소원(too remote)한 경우와 충분히 강한 인과관계를 가지고 있지 않은 경우에 손해를 배상받을 수 없는데 용선계약의

28) Torvald Klaverness v. Arni Maritime – The Gregos [1995] 1 Lloyd's Rep. 1; [1994] 1 W.L.R. 1465; [1994] 4 All E.R. 998; [1994] 144 New L.J. 1550 (H.L.); rev'g [1994] 1 Lloyd's Rep. 335 (C.A.); rev'g [1992] 2 Lloyd's Rep. 40 (Q.B.).
29) Baughen Simon, *op. cit.*, p.265.

위반 시에도 유사한 기준이 적용된다고 하겠다.[30]

(1) 소원성(remoteness)

소원성이란 계약위반으로 발생한 손해가 계약의 체결 시[31] 당사자가 발생가능하다고 예견할 수 있느냐의 정도를 말한다. "발생된 손해가 계약위반과 너무 소원(too remote)한 경우에는 손해배상이 인정되지 않는다."라는 원칙은 Hadley v. Baxendale의 판결에서 유래되었다. 불법행위에서는 "의무위반 시 합리적으로 예견되는 결과"가 소원성의 기준이지만, 계약위반에서는 "계약의 체결 시 계약위반자와 같은 합리적인 사람에게 「발생할 가능성이 없지 않은(not unlikely)」 결과"가 소원성의 기준이 된다.[32]

영국법상 소원성에 대하여 연구하기 위하여 시대적 순서에 입각하여 영국판례를 검토한다.

1) Hadley v. Baxendale 사건

제분공장 주인인 원고는 제분기의 회전축이 파손되자 고장난 회전축을 새로 주문하기 위해 고장난 회전축을 Gloucester에서 기계제조공장인 W. Joyce사가 소재한 Greenwich까지 피고인 Bakendale사에게 운송을 부탁하였으나, 운송인의 과실로 늦게 발송되었다. 결과적으로 새로운 회전축이 5일 늦게 제분공장에 도착하였기 때문에 그 기간 동안 조업의 중단으로 손해가 발생하였다. 1심 판사 Alderson판사는 "계약의 위반 시 손해배상금액은 공정하고 합리적인 관점에서 계약위반의 통상적 결과(usual consequence of the breach)인 통상적 손해(usual loss) 즉 자연적으로, 즉 사물의 통상적 과정에 따라 계약위반 자체로부터 발생한(naturally, ie, according to the usual course of things, from such breach of contract itself) 손해(제1의 배상원칙) 또는, 계약의 체결 시 당사자가 계약을 위반하면 발생이 가능(probable)하다

30) *Ibid.*, p.269.

31) 우리나라 법제에 있어 특별사정에 대한 채무자의 예견가능성의 유무를 가리는 시기에 관하여 통설적 견해는 "이행기"를 기준으로 한다. 즉 이행기까지 채무자가 특별사정의 존재에 대하여 알았거나 알 수 있었으면 그 배상책임을 져야 하는 것으로 해석한다. 이에 대하여 "계약의 체결 시"를 기준으로 하여야 한다는 소수설이 있다. 즉 계약의 체결 시에 채무자가 특별사정을 예견하고 있었다면 계약조건을 더 유리하게 하거나 계약체결을 거부함으로써 이에 적절히 대처할 수 있는 것인데, 계약의 체결 시에 전혀 예견할 수 없었던 사정을 채권자가 나중에 채무자에게 통고함으로써 알게 된 경우에까지 채무자에게 그 배상책임을 지우는 것은 공평에 반한다는 것이다. 이에 대하여 판례(대판 1985. 9. 10, 84다카1532)는 통설적 견해대로 채무의 이행기까지를 기준으로 한다. 특별사정의 존재 및 채무자의 예견가능성은 채권자가 입증책임을 진다는 것이 통설의 견해이다. 특별손해에 따른 손해배상의 범위는 그 발생된 손해 전부가 아니라 그러한 특별사정 하에서 통상 생기는 손해를 그 한도로 한다. 김준호, 「민법강의」, (서울: 법문사, 2005), 940-941쪽.

32) Baughen Simon, *op. cit.*, p.265.

고 예견되는, 즉 계약의 체결 시 당사자 쌍방이 마음속으로 계약위반의 가능한 결과로서 발생할 수 있을 것이라고 합리적으로 생각할(예견할) 수 있었던 그러한(such may reasonably be supposed to have been in minds of both parties at the time they made the contract as the probable result of the breach) 손해(제2의 배상원칙)이다. 만약 계약의 체결 시 당사자가 특별한 상황을 다른 당사자에게 통보하여 당사자가 계약위반으로 발생이 가능한 손해금액을 예견할 수 있다면 일반적으로는 발생되지 않는 손해금액도 손해배상금액에 포함된다. 따라서 계약의 체결 시 당사자가 특별한 상황을 통지받지 않았다면, 일반적으로는 발생하지 않는, 즉 예견할 수 없는 손해금액은 손해배상을 청구할 수 없다. 이 사건에서 피고 운송인은 계약의 체결 시 새로운 회전축이 제분공장에 늦게 도착하여 수익에 따른 손해가 발생할 것을 예견할 수 없었기 때문에 원고가 주장하는 특별한 손해에 대하여 책임이 없다."라고 판시하였다.[33)]

본 사건에서 대부분의 경우에 방앗간의 회전축을 늦게 인도하였을 경우에 방앗간 주인들은 보통 예비 회전축을 가지고 있거나 또는 구할 수 있기 때문에 방앗간을 쉬게 하지 않는다. 따라서 제1의 배상원칙은 적용되지 않는다. 또한 피고는 새 회원축이 도착할 때까지 방앗간이 쉬게 되리라는 것을 몰랐으므로 제2의 배상법칙도 적용되지 않는다.

2) Parana호 사건

Parana호는 Manilla 항, lio-lio 항과 Singapore 항에서 마(hemp)와 설탕을 선적하여 London 항에서 양하하였다. 항해는 보통 65일에서 70일이 소요되나 선박의 엔진결함으로 127일이 소요되었다. 수하인은 운송 도중에 발생한 설탕의 누손과 화물의 인도지연으로 인하여 시황이 하락하여 발생한 수익손실에 대하여 선박소유자에게 손해배상을 청구하였다. 1심 법원 Robert Phillimore판사는 선박소유자의 과실로 발생한 시황하락에 의한 수익손실을 인정하였다. 그러나 항소법원(Mellish판사, Baggallay판사와 James판사)은 "선박소유자는 운송계약의 체결 시 시황의 등락은 합리적으로 확실한(reasonably certain)것이 아니므로, 화물의 인도지연으로 인하여 시황이 하락하여 발생한 수익손실에 대하여 책임을 지지 않는다."라고 판시하였다.[34)]

33) Hadley v. Baxendale [1854] 9 Exch 341.
34) The Parana (C.A.) [1877] 2 PD 118.

3) Victoria Laundry 사건

세탁과 염료를 영업으로 하는 Victoria사는 영업을 확장하고자 공급사 Newman사에게 보일러를 주문하였으나 예상보다 인도가 늦게 되어 세탁소를 확장할 수 없게 되어서 수익손실을 보게 되었다. 1심 법원 Streatfeild판사는 손해배상이 청구된 금액 중 일부는 인정하였으나 수익손실은 인정하지 않았다. 그러나 항소법원 Asquith판사는 "세탁과 염료의 업종에 근무하는 자는 보일러가 늦게 공급되어 수익손실이 발생할 수 있다는 것을 알고 있으므로 피고는 원고가 손해를 본 합리적으로 예견되는(reasonably expected) 일반적인 수익손실을 배상하여야 한다."라고 판시하였다. 본 사건에서 손해의 개연성은 Hadley v. Baxendale 사건보다 크다고 할 수 있다.[35)]

4) Heron II호 사건

선박소유자 C.Czarnikow사와 항해용선자 Koufos사는 1960년 10월 15일에 Constanza 항에서 3,000톤의 설탕을 선적하여 Basrah 항에서 양하하는 조건으로 Heron II호에 대한 항해용선계약을 체결하였다. 선박은 10월 27일에 Constanza 항에 도착하여 선적을 완료한 뒤 11월 1일에 20일이 소요될 것으로 예상되는 항해를 시작하였다. 그러나 선박소유자는 항해용선계약을 위반하여 도중에 Berbera 항, Bahrein 항과 Abadam 항을 경유하여 예정도착시간은 11월 22일이었으나 9/10일 늦게 12월에 2일에 양하지인 Basrah 항에 도착하여 설탕을 늦게 인도하였다. 설탕가격은 10월과 11월에는 하락하다가 12월에 저점을 기록하는 추세였다.

11월 22일–28일과 12월 2일–4일 사이의 설탕가격 차이는 톤당 GBP 1 7s. 3d.이었으므로, 정기용선자는 총 GBP 4,183 16s. 8d.의 수익손실에 대하여 선박소유자에게 손해배상을 청구하였다. 그러나 선박소유자는 총 설탕가격의 10일 동안에 해당하는 6% 이자(GBP 159 9s. 6d.)에 대하여만 책임이 있다고 주장하였다. Anthony Evans 중재인은 "Basrah 항에는 설탕의 매매가 이루어지고 있고, 가격의 반등이 심하다. 또한, 선박소유자는 설탕이 급하게 인도되어야 한다는 것을 알고 있으면서 설탕을 늦게 인도하였다. 따라서 선박소유자가 계약을 위반하였으므로 용선자에게 시장가격의 차이에 대한 손실 GBP 4,183 16s. 8d.를 배상하여야 한다."라고 판정하였다. 1심 법원 McNair판사는 "수익손실이 인정되기 위하여 Hadley v. Baxendale 제2의 배상원칙이 적용되어야 한다. 그러나 선박소유자는 수익손실을 예견할 수

35) Victoria Laundry (The Windsor) Ltd. v. Newman Industries Ltd.(C.A.) [1949] 2 K.B. 528.

없었으므로 총 설탕가격의 10일 동안에 해당하는 6% 이자에 대하여만 책임이 있다."라고 판시하였다. 항소법원에서 다수의 판사(Diplock판사, Salmon판사는 찬성, Sellers판사는 반대)와 귀족원(Reid경, Morris경, Hodson경, Pearce경과 Upjohn경)은 중재인의 판정을 지지하였다. Reid경은 "양당사자가 계약의 체결 시 「발생할 가능성이 없지 않은(not unlikely)」경우에 선박소유자가 화물을 늦게 인도함으로써 발생할 수 있는 수익에 대한 손해에 대하여 책임을 져야 한다. 「발생할 가능성이 없지 않은(not unlikely)」이란 「상당한 우연성보다는 적지만 드물지 않게 쉽게 예견될 수 있는 가능성의 정도(a degree of probability, considerably less than an even chance but nevertheless not very unused and easily foreseeable)」를 의미한다. 본 사건에서 설탕의 인도가 지연되어 Basrah 항에서 형성되고 있는 설탕가격이 인도되어야 할 시점보다 인도된 시점이 하락하였으므로 그 차액에 대하여 선박소유자는 책임을 져야 한다."라고 판시하였다. Reid경은 또한 Parana호 사건 판결문에서 사용된 「합리적으로 확실한(reasonably certain)」이란 문구를 인용하면서 "이전에는 Hadley v. Baxendale의 규칙이 엄격하게 적용되었으나 이제는 「발생할 가능성이 없지 않은(not unlikely)」이란 문구를 사용하게 되었다."라고 설명하면서 Parana호 사건의 판결을 따르지 않았다. 또한 귀족원은 "합리적인 예견가능성(reasonable foreseeability)은 불법행위에서의 소원(remoteness)의 기준이 되는 것이다. 계약의 위반에서 예견가능성의 정도는 불법행위의 기준보다 높다."라고 판시하고 있다. 이와같이 본 사건에서 귀족원은 "합리적인 예견가능성(reasonable foreseeability)"은 소원성의 판단에 있어 불법행위의 기준이 되는 것이므로, 계약의 위반에는 "발생할 가능성이 없지 않은(not unlikely)" 경우가 소원성의 기준이 된다는 것을 확인하였다.[36)]

5) H. Parsons사 사건

원고 H. Persons사는 Derbyshire의 농장에서 돼지 700마리를 사육하고 있었다. 원고는 사료로 한 달에 10톤의 땅콩을 소비하였다. 땅콩을 저장 및 보관하기 위하여 원고는 1968년에 피고 Uttley Ingham사로부터 £270을 지급하고 저장호퍼(storage hopper)를 구입하였다. 첫 번째 호퍼에 만족한 원고는 1971년에 £275의 가격에 두 번째 저장호퍼를 주문하였는데, 피고는 1971년 8월 2일에 인도하였다. 문제는 인도해 준 직원이 통풍기를 조절하여야 하는 것을 잊어버리고, 통풍기가 닫힌 상태로 인도하였다. 통풍기는 28 feet의 높이에 설치되어 있어, 아무도 통풍기가 닫힌 상태인 것을 인식하지 못하고 사용하여 사료가 부패되었

36) C. Czarnikow Ltd. v. Koufos – The Heron II (HL) [1967] 2 Lloyd's Rep. 457; [1969] 1 A.C. 350.

다. 결과적으로, 부패된 사료를 먹은 254마리의 돼지는 병에 걸려 죽었다. 1심 법원 Swanwick판사는 "원고는 계약위반의 결과로 발생한 손해, 즉 죽은 돼지의 가치와 돼지가 죽지 않았다면 시장에서 얻을 수 있는 이익에 대하여 피고로부터 손해배상을 받을 수 있다." 라고 판시하였다. 항소법원(Scarman판사, Orr판사와 Denning판사)은 "계약의 체결 시 호퍼에 결함이 있었다면 원고가 피해를 본 손해가 발생하리라는 것을 예견할 수 있었으므로, 피고는 손해를 배상하여야 한다."라고 판시하면서 항소를 기각하였다. 이 사건에서는 계약위반과 불법행위에 의한 손해배상이 모두 가능한데, 계약위반의 소원성기준이 충족되었기 때문에 소원성기준이 낮은 불법행위는 문제가 되지 않았다.[37)]

6) Pegase호 사건

수하인 Satef-Huttenes사는 1974년 6월 24일에 3,100톤의 크롬모래(chromite sand)를 톤당 미화 44불 FOB Lourenco Marques 조건으로 구입하였다. FOB조건임에도 불구하고, 추가합의에 의하여 매도인은 Pegase호의 선박소유자와 1974년 8월 19일에 Lourenco Marques 항에서 크롬모래를 선적하여 Porto Marghera 항에서 양하하는 항해용선계약을 체결하였다. 선박은 예정도착시간보다 늦은 1975년 1월 17일 이후에 화물인 크롬모래를 수하인에게 인도하였다. 수하인은 화물의 인도가 지체되어 발생된 수익손실에 대하여 선박소유자에게 손해배상을 청구하였다. 선박소유자는 "수익손실은 운송기간 동안 충분한 재고를 준비하지 못한 수하인의 책임이고, 계약의 체결 시 화물의 인도지체로 수익손실이 예상된다는 사실을 통지받은 것이 없으므로 책임을 질 수 없다."라고 주장하였다. 중재인이 수하인이 제기한 수익손실에 대한 손해배상의 청구를 인정하지 않자, 수하인은 1심 법원에 제소하였다. 1심 법원 Robert Goff판사는 "이제는 Hadley v Baxendale의 2가지 규칙이 더 이상 적용되지 않고, 계약의 체결 시 피고가 손해의 발생에 대하여 예견할 수 있는 정도에 따라서 사안별로 해결되어야 한다. 본 사건에서 선박소유자는 계약의 체결 시 수하인이 수익손실에 대한 손해를 볼 수 있다는 가능성이 없지 않은(not unlikely)것을 예견할 수 있었으므로 책임을 져야 한다."라고 판시하였다.[38)]

7) Transworld Oil v. North Bay 사건

선박소유자 North Bay사와 항해용선자 Transworld Oil사는 1980년 11월 21일에

37) Parsons v. Uttley Ingham & Co. (C.A.) [1977] 2 Lloyd's Rep. 522; [1978] Q.B. 791.
38) Sate-Huttenes Albertus SpA v. Paloma Tercera Shipping Co. S.A. - The Pegase [1981] 1 Lloyd's Rep. 175.

55,000톤의 crude oil을 이집트 Ras Shukeir 항에서 선적하여 유럽 Fiumicino 항에서 양하하는 조건으로 Rio Claro호에 대한 항해용선계약을 체결하였다. 용선계약에 의하면 선박은 그리스에서 선적항으로 가기 위해 1980년 11월 22일에 출항하기로 되어 있었으나 11월 26일까지 출항하지 못했다. 용선자는 50,000톤씩 10월, 11월, 1월 인도조건으로 3항해를 정부고시가격(그 당시의 가격은 배럴당 미화 3불)에 구입하였다. 그러나 12월 1일부터 배럴당 가격이 미화 2불 인상되었다. 선박소유자가 화물의 인도를 지연시켜 손해를 보게 된 항해용선자는 정부고시가격의 인상으로 인한 손해 미화 733,144불의 배상청구를 하였다. 선박소유자는 "용선계약서상 선박소유자의 실제적인 과실이 없으면 어떤 손해도 책임을 지지 않는다."라는 면책약관을 언급하면서 책임이 없다고 주장하였다. 중재인은 "「선박이 그리스에서 늦게 출항한 것」과 「용선자에게 발생한 손해」는 그 관계가 너무 소원(too remote)하기 때문에 선박소유자는 책임이 없다."라고 판정하였다. 1심 법원 Staughton판사는 중재인의 판정을 확인 · 지지하였다.[39)]

8) Bence Graphics사 사건

피고 Fasson사는 원고 Bence Graphics사에게 Fasson 940 필름을 컨테이너에 인쇄할 용도로 5년 동안 변질되지 않고 읽을 수 있는 상태를 유지하는 조건으로 판매하였다. 1981년과 1985년 사이에 판매된 총 대금은 £564,328이었다. 원고는 Fasson 940 필름을 SCL사에게 재판매하였다. 그러나 필름은 충분한 자외선차단 재료를 사용하지 않아 변질이 되었다. 원고는 인도 시 결함된 물품의 가격과 품질보증된 물품의 가격의 차이(본 사안에서는 물품매매대금 전액)에 대하여 손해배상을 청구하였다. 반면에, 피고는 반품된 물품의 가격 £22,000에 대하여만 책임을 진다고 주장하였다. 본 사건에서 쟁점사안은 손해배상금액의 산정방법을 시장가치의 차이에 근거하여야 하는지 또는 재매매계약의 위반으로 하여 실질적으로 발생한 손해에 근거하여야 하는지의 문제이다. 1심 법원 Morland판사는 1979년 동산매매법(Sale of Goods Act 1979) 제53(3)조[40)]에 의해 원고에서 £564,328의 승소판결을 하였다. 그러나 항소법원 다수의 판사(Otton판사와 Auld판사는 찬성, Thorpe판사는 반대)는 "매매계약의 체결 시 매도인은 매수인이 제3자에게 필름을 판매할 것이라는 것을 예견할 수 있었

39) Transworld Oil v. North Bay Shipping Corp. – The Rio Claro [1987] 2 Ll.L.Rep. 173.

40) 1979년 동산매매법(Sale of Goods Act 1979) 제53(3)조의 원문은 다음과 같다.
In the case of breach of warranty of quality such loss is prima facie the difference between the value of the goods at the time of delivery to the buyer and the value they would have had if they had fulfilled the warranty.

으므로 매수인이 제3자에게 부담하여야 하는 손해배상에 대하여 매도인이 책임이 있는 것이지, 물품의 약정가격과 인도 시 시장가격의 차이에 대하여 책임을 지는 것이 아니다."라고 판시하면서 1심 법원의 판결을 인정하지 않고 피고에게 승소판결을 하였다. 이 사건은 매매계약의 체결 시 매수인이 제3자에게 물품을 재매매할 것이라는 것을 매도인이 예견할 수 있었다면, 재매매계약의 위반으로 실질적으로 발생한 손해에 근거하여 손해배상금액이 산정된다는 것을 확인한 판례이다.[41]

9) 이제까지 영국판례를 검토한 결과 인도지연으로 발생한 시황변동에 의한 수익손실이 너무 소원하여(too remote) 인정되지 않은 판례에는 Hadley v. Baxendale사건 외에 Parana호 사건과 Transworld Oil v North Bay사건 등이 있다. 반면에 인도지연으로 발생한 시황변동에 의한 수익손실이 소원하지 않아서 인정된 판례에는 Victoria Laundry사건, Heron II호 사건, H. Parsons사 사건과 Pegase호 사건 등이 있다. Bence Graphics사 사건에서는 매매계약의 체결 시 매수인이 제3자에게 물품을 재매매할 것이라는 것을 매도인이 예견할 수 있었다면 재매매계약의 위반으로 실질적으로 발생한 손해에 근거하여 손해배상금액이 산정된다는 것을 확인하였다.

(2) 인과관계(causation)

타인 사이의 행위원칙(*Res inter alios acta*)이란 "어떤 사람도 타인과의 사이의 행위에 의하여 불리한 영향을 받지 않는다."라는 증거법상의 배제원칙이다.[42] 그러나 타인 사이의 행위도 계약위반과 그로 인하여 발생한 손해 사이에 인과관계가 있다면 손해배상을 청구할 수 있다. 손해배상을 청구하는 자는 손해가 계약위반을 원인으로 하여 발생하였다는 것을 입증하지 않으면 손해를 배상받을 수 없다.[43]

영국법상 인과관계에 대하여 연구하기 위하여 시대적 순서에 입각하여 영국판례를 중심으로 검토하기로 한다.

1) Elena d' Amico호 사건

선박소유자 D'Amico사와 정기용선자 Koch사는 1979년 12월 14일에 3년 동안 Elena

41) Bence Graphics International Ltd. v. Fasson UK Ltd. [1998] Q.B. 87.
42) 鴻常夫 편수, 앞의 책, 629쪽.
43) Cooke Julian, Kimball John D., Young Timothy, Martowski David, Taylor Andrew & Lambert LeRoy, *op. cit.*, p.589.

d'Amico호에 대한 정기용선계약을 체결하였다. 용선료는 1년 동안은 월 톤당 £1.30, 2년째는 월 톤당 £1.32 1/2, 3년째는 월 톤당 £1.35이었다. 선박은 이탈리아 국적으로 그 당시 이탈리아 연안수송은 단지 이탈리아 국적의 선박만이 운송할 수 있었으므로 이탈리아 국적의 선박은 용선료가 상대적으로 비쌌다. 선박은 1972년 1월 10일에 인도되어 14개월 동안 운항되었는데 1973년 3월 2일에 선박의 결함이 발견되어 수리가 요구되었다. 3월 6일에 선박소유자는 정기용선자에게 수리계획을 통보할 수 없다고 통지하였고, 3월 29일에 선박이 수리되어 다시 운항될 수 없다고 통지하자 3월 30일에 정기용선자는 정기용선계약이 종료된 것으로 판단하였다. 그 당시, 정기용선자는 대체선을 정기용선하지 않았을 뿐만 아니라, 선박소유자가 다른 이탈리아 선박을 제공하겠다는 제의를 거절하였다. 1973년 3월 유사선형의 시황은 월 톤당 $4.05이었는데 이탈리아 항해가 가능한 이탈리아 국적의 선박의 시황은 월 톤당 $5.30이었다. 선박소유자는 본 선박을 수리하지 않아서 정기용선계약 기간인 3년 중 14개월 동안 정기용선하고 계약이 만료되었다. 정기용선자는 계약만료 후 바로 대체선을 정기용선하지 않았다. 계약완료 1년이 경과 후 시황이 많이 상승하자 정기용선자는 시황상승에 따른 수익손실에 대하여 손해배상을 청구하였다.

정기용선자는 "선박소유자가 계약을 위반하여 이탈리아 연안수송을 포함하여 시황이 상승한 데 대하여 수익손실로 인한 손해가 발생하였다."라고 주장하였다. 선박소유자는 "정기용선계약이 종료되었을 당시 정기용선자는 손해의 감소를 위하여 대체선을 정기용선하여야 했으므로, 선박소유자는 계약이 종료되었을 당시 유사선형의 선박의 시황용선료와 약정용선료와의 차이에 대하여만 책임을 진다."라고 주장하였다. 중재는 정기용선자의 주장을 받아들이지 않았다. 또한 1심 법원 Robet Goff판사는 "계약의 위반 시 시황가격이 있다면 선박소유자는 잔여 정기용선기간에 해당하는 시황용선료와 약정용선료의 차익에 대하여 책임을 진다. 정기용선자가 대체선을 정기용선할지 또는 하지 않을지이 여부는 정기용선자의 영업판단에 의하여 결정되는 것이기 때문에 선박소유자의 계약위반과 정기용선자의 청구는 인과관계가 없다. 따라서 선박소유자는 정기용선자의 수익손실에 대한 청구에 대하여 책임이 없다."라고 판시하였다.[44]

2) Sanix Ace호 사건

선박소유자 Obestain사와 용선자 NMDC(National Mineral Development Corporation

44) Koch Marine Inc. v. D'Amica Societa di Navigazione A.R.L. – The Elena d'Amico [1980] 1 Lloyd's Rep. 75 (Q.B.).

제1편
제2편
제3편
제4편
제5편
제6편
제7편
제8편

Ltd)사는 1981년 5월 14일에 7,558톤의 DIR pellets를 인도네시아 Cigading 항에서 선적하여 인도의 Visakhapatnam 항에서 양하하는 조건으로 Sanix Ace호에 대한 용선계약을 체결하였다. 용선자는 송하인으로부터 FOB조건으로 물품을 구매하여 11개의 실수요자에게 재판매하였는데 11개의 실수요자는 1981년 6월 10일에서 7월 2일 사이에 물품대금을 모두 용선자에게 지급하였다. 선박은 1981년 5월 30일에 선적항을 출항하여 6월 8일에 양하항에 도착하였는데 항해 도중 6월 4일과 7일 사이에 악천우를 만나 해수침수로 인하여 화물이 손상되었다. 총 운송화물 중 손상되지 않은 화물은 약 2,000톤뿐이었다. 용선자는 화물의 손상에 대하여 손해배상을 청구하였다. 선박소유자는"용선자는 이미 물품의 대금을 재매수인으로부터 지급을 받았으므로 단지 명목적손해(nominal damages)만 배상받을 수 있다."라고 주장하였다. 중재인은 "선박소유자가 용선자에게 화물의 손상에 대하여 배상을 하여야 한다."라고 판정하였다. 1심 법원 Hobhouse판사는 "용선자가 제3자와 체결한 재매매계약은 화물의 손상과는 너무 소원(too remote)하여 인과관계를 인정할 수 없으므로, 용선자는 운송계약에 의하여 선박소유자로부터 화물의 손상에 대하여 손해배상을 받을 수 있다."라고 판시하였다.[45)]

3) North Sea Energy Holdings NV사건

PTT사는 5년 동안 70M 배럴의 Saudi Aramco 원유를 구입하기로 1993년 7월 23일에 MSH사(NSEH사의 이전회사)와 계약을 체결하였다. 본 계약에는 MSH사가 원유를 제공하는 데 아무런 제약조건을 요구하지 않도록 하는 선결조건이 있었다. 그런데 Saudi Aramco는 1993년에 원유를 판매하는 데 목적지를 변경할 수 없게 제한을 두도록 결정하였다. MSM사는 PTT사와의 매매계약을 이행하기 위하여 5년 동안 70배럴에 대하여 Magil사가 1994년 7월 11일에 저렴하게 제시한 가격제안을 받아들였다. 그러나 PTT사는 MSH사가 목적지 제한을 자유롭게 하는 데 대하여 확인을 해 달라고 요청하였다. MSH사는 PTT사가 고의로 계약을 파기한다고 주장하면서 배럴당 95센트의 수익손실에 대하여 손해배상을 청구하였다. 1심 법원 Thomas판사는 "사우디의 일반적인 정책은 1년 이상 계약을 하지 않는 것이다. 5년 동안 70배럴의 판매계약은 사우디 고관의 관여 없이는 어렵다는 사실로 미루어 볼 때 Magil의 제안은 과도하거나 유별난(extravagant or unusual)제안으로 실현가능성이 없다. 따라서 MSH사의 수익손실은 인정할 수 없고, 그 이외의 특별한 손실을 본 것이 없으므로, MSH사

45) Obestain Inc. v. National Mineral Development Corp. Ltd. – The Sanix Ace [1987] 1 Ll.L.Rep. 465.

의 손해배상청구는 이유가 없다."라고 판시하였다.[46] 이 사건은 전개된 상황이 "과도하거나 유별난(extravagant or unusual)"이란 표현을 잘 설명하고 있다. 다시 말해서 형성되어 있는 시장가격보다 과도한 가격으로 체결된 계약은 상당인과관계 부존재의 법칙에서 주요한 "일반적인 현상"을 벗어난 것이다.

4) Louis Dreyfus 사건

2001년 8월 10일에 원고 Louis Dreyfus사는 피고 Reliance사에게 7,000톤의 설탕을 C&FFO Banjul 조건으로 톤당 미화 257.43불에 판매하였다. 한편 Reliance사는 Boule사에게 5,000톤의 설탕을 톤당 미화 290불에 매매하는 계약을 이미 체결한 상태였고 추가로 2,000톤의 설탕에 대하여는 톤당 미화 253불에 매매하는 계약을 체결하였다. Reliance사가 Boule사와 체결한 매매계약상 설탕은 Bahia호에 의하여 운송하도록 되어 있었으나, 선박이 지연되자 Dawn호에 선적되어 있는 설탕을 구매하기로 추가로 합의하였다. 2001년 8월 17일에 3,000톤에 대한 대금을 Boule사는 Reliance사에게, Reliance사는 Louis Dreyfus사에게 지급하였다. 한편, 2001년 8월 29일에 제3자인 Madı사는 "2001년 5월 말 또는 6월 초에 Louis Dreyfus사는 Dawn호에 선적되어 있는 설탕 7,000톤을 Madi사에게 판매하는 독점계약을 체결하였는데, Louis Dreyfus사가 매매계약을 위반하여 Reliance사에게 매매하였으므로 Louis Dreyfus사가 독점계약을 위반하였다."라고 주장하면서 법원에 신청하여 양하작업을 중단시켰다. Madi사와 Louis Dreyfus사 간의 분쟁 때문에 지연된 양하작업은 2001년 10월 12일이 되서야 비로소 시작되었다. Dawn호에 선적되어 있는 화물 중 우선 이미 지불된 3,000톤이 양하되었다. Louis Dreyfus사는 나머지 4,000톤에 대한 대금의 지급을 Reliance사에게 요청하였다. 그러나 Reliance사는 화물의 인도지연으로 시장가격이 톤당 미화 224불로 하락하여 수익손실이 발생하였으므로, 전체 계약물량에 대한 가격을 인하하여 주지 않으면 잔여 일부 물량을 인수하지 않겠다고 하였다.

원고 Louis Dreyfus사는 "Reliance사는 재매매계약에 의하여 손해를 보지 않았으므로 Reliance사가 화물의 인수를 거부한 것은 계약의 위반이다."라고 주장하였다. 반면에, Reliance사는 "매도인의 귀책사유로 화물의 인도가 지연되어 시장가격이 하락하였으므로, 매도인은 계약가격과 시장가격의 차이에 대하여 손해배상을 하여야 한다."라고 주장하였다. 중재인은 Reliance에게 승소판정을 하였다. 그러나 1심 법원 Andrew Smith판사는 "매도인

46) North Sea Energy Holdings N.V. v. Petroleum Authority of Thailand [1977] 2 Lloyd's Rep. 418.

의 귀책사유로 발생한 매수인의 수익손실에 대하여 중재인의 판정과 같은 취지이나, 매매계약의 체결 시 매수인이 재매매계약을 한다는 사실을 매도인이 알고 있었으므로, 손해배상금액을 결정함에 있어서 매수인의 재매매계약이 검토되어야 한다."라고 판시하였다.[47)]

5) 이제까지 영국판례를 검토한 결과 타인 사이의 행위로 계약위반과 그로 인하여 발생된 손해 사이에 인과관계가 있다면 손해배상을 청구할 수 있다. Elena d'Amico호 사건과 Sanix Ace호 사건, North Sea Energy Holdings N.V. 사건은 인과관계가 인정되지 않았으나 Louis Dreyfus사건에서는 인과관계가 인정되었다.

2. 손해배상의 범위[48)]

법원이 손해배상을 명하기 위해서는 원고의 손해가 금전으로 환산되지 않으면 안 된다. 이러한 손해의 금전으로의 환가, 즉 손해배상액 산정의 과정은 많은 문제를 내포하고 있다. 계약위반으로 인한 손해배상에 있어 일반적인 피해자는 금전배상이 가능한 한, 계약이 이행되었을 경우에 상응하는 배상이 이루어져야 한다는 것이다. 따라서 계약에 있어서의 손해배상의 원칙은 "불법행위 전에 피해자가 향유할 수 있는 이익은 모두 배상하여야 한다."라는 원상회복(restitution in integram)[49)]의 원칙과는 다른 것이다.[50)] 손해배상금액을 산정할 때 우선 그 산정의 기초로 되는 것을 먼저 결정하여야 한다. 신뢰손해의 배상청구가 있는 경우에 배상금액 산정의 기초는 원고가 계약을 신뢰하고 행한 작위 또는 부작위의 비용이다. 청구가 원상회복인 경우에 그 기초는 피고가 얻은 이익이다. 그러나 청구가 기대손해 또는 결과적 손해의 배상인 경우에는 적어도 두 개의 산정의 기초가 존재한다. 즉, 가치의 차액(difference in value)과 치유비용(cost of cure)이 그것이다. 가치의 차액과 치유비용은 같은 결과를 가져오기도 한다. 그러나 언제나 그런 것은 아니다. 따라서 원고가 두 기초 중에 어느 것을 산정의 기초로 선택하느냐는 매우 중요한 의미를 가진다. 그 선택을 규율하는 확정된 규칙이나 일반원칙은 존재하지 않는다. 다만, 그에 관한 일응의 추정규칙(prima facie rule)이

47) Louis Dreyfus Trading Ltd. v. Reliance Trading Ltd. [2004] 2 Lloyd's Rep. 243.

48) 손해배상의 범위에 대하여 우리나라 민법 제393조는 "① 채무불이행으로 인한 손해배상은 통상의 손해를 그 한도로 한다. ② 특별한 사정으로 인한 손해는 채무자가 그 사정을 알았거나 알 수 있었을 때에 한하여 배상의 책임이 있다."라고 규정하고 있다.

49) 원상회복의무는 형평법상의 주요원칙 중 하나로서, 부당이득 방지를 위하여 사용되는 것이다. 鴻常夫 편수, 앞의 책, 631쪽.

50) Wilson John F., *op. cit.*, p.350.

있을 뿐이다. 그러나 법원은 이 규칙을 경직적으로 적용하고 있지는 않다.[51] 매도인이 계약을 위반하여 물건을 인도하지 않은 경우에 매수인은 물건의 시장가치에서 그가 아직 지급하지 않은 대금을 뺀 물건의 가치를 손해배상으로 받을 수 있다. 시장이 존재하지 않는 경우에 법원은 최선을 다하여 그 가치를 산정하여야 한다. 이때 참작하여야 할 요소에는 합리적인 대체비용, 매수인이 매도인의 위반시점 또는 그 근처의 시점에서 물건을 전매하였다면 얻었을 가격이 포함된다. 그러나 시장이 존재하는 경우에 물건의 가치는 일응의 추정(*prima facie*)에 의한 시장가격을 참작하여 산정된다.[52]

비용과 가격은 유동적이기 때문에 손해배상액의 산정에 있어서 그 산정의 시기가 중요한 의미를 가진다. 영국법은 위반 시(the time of breach)를 기준으로 하는 손해산정을 원칙으로 하고 있다. 예컨대, 이 원칙은 1979년 동산매매법(Sale of Goods Act 1979)에 규정되어 있다. 동법 제50조 제3항과 제51조 제3항은 매수인이 물건의 수령과 대금지급을 거절한 경우에 또는 매도인이 물건을 인도하지 않은 경우, 손해배상은 물건이 수령되거나 또는 인도되어야 할 시점에서의 시장가격에 기초하여 산정되어야 하고, 그 시기가 확정되어 있지 않을 때에는 수령거절 또는 인도거절의 시점에서의 시장가격에 기초하여 산정되어야 한다고 규정하고 있다.[53] 시장가격에 대하여 Hague-visby규칙 제4조 제5항(b)[54]은 "배상하여야 할 총액은 계약에 따라 선박에서 양륙되거나 또는 양륙되었어야 할 장소 및 때의 화물의 가액을 참조하여 산정한다. 화물의 가액은 상품거래소의 가격에 따라 또는 이러한 가격이 없는 경우에 그때의 시장가격에 따라 결정된다. 상품거래소의 가격도 시장가격도 없는 경우에 동종 또는 동일 품질의 물건의 통상가액을 참조하여 결정하여야 한다."라고 규정하고 있다. 시장가격의 입증책임은 손해배상을 청구하는 자가 부담하지만 Hague-visby규칙 제4조 제5항(b)가 적용된다면 손해배상을 청구하는 자는 시장가격에 대한 입증책임이 없다.[55] 손해배상의 발생과 손해배상의 범위는 구별되어야 하는데 손해배상의 범위는 계약을 위반한 당사자가 계약의 체결 시 예견이 가능한 범위에 해당하여야 한다.

51) 이호정, 앞의 책, 526-527쪽.
52) 위의 책, 530쪽.
53) 위의 책, 534쪽.
54) Hague-visby규칙 제4조 제5항(b)의 원문은 다음과 같다.
(b) The total amount recoverable shall be calculated by reference to the value of such goods at the place and time at which the goods are discharged from the ship in accordance with the contract or should have been so discharged. The value of the goods shall be fixed according to the commodity exchange price, or if there be no such price, according to the current market price, or if there be no commodity exchange price or current market price, by reference to the normal value of goods of the same kind and quality.
55) Baughen Simon, *op. cit.*, p.267.

영국법상 손해배상의 범위에 대하여 연구하기 위하여 시대적 순서에 입각하여 영국판례를 중심으로 검토한다.

(1) William v. Agius 사건

매도인 Agius사는 4,000/5000톤의 석탄을 1911년 1월부터 격월마다 6개 항해를 수행하여 매수인 William사에게 인도하는 매매계약을 톤당 16s. 3d.으로 체결하였다. William사는 11월 선적분을 Ghiron사에게 톤당 19s.에 재매매하였다. 11월 선적분의 인도가 지연되자, 원고 William사는 "피고는 화물의 인도지연으로 원고에게 계약가격 톤당 16s. 3d.와 계약의 위반 시 시장가격 톤당 23s. 6d.의 차액을 배상하여야 한다."라고 주장하였다. 피고 Agius사는 "원고는 계약가격 톤당 16s. 3d.와 재계약가격 19s.의 차액만을 배상받을 수 있다."라고 주장하였다. 중재인은 피고에게 승소판정을 하였으나 1심 법원 Bailhache판사는 원고에게 승소판결을 하였다. 항소법원에서 다수의 판사(Vaughan판사와 Bray판사는 찬성, Hamilton판사는 반대)는 중재판정이 옳다고 판결하였다. 귀족원(Haldane경, Dunedin경, Atkinson경, Moulton경과 Parker of Waddington경)은 항소를 인정하면서 "원고는 시장이 존재하는 경우에는 계약가격을 초과하는 시장가격의 부분에 대하여 손해배상을 받을 수 있다."라고 판시하였다.[56)]

(2) Hall v. Pim 사건

Pim사는 Indianic호에 선적된 호주산 밀을 구입하여 Hall사에게 매매하였다. Hall사는 Williams사에게 Williams사는 Suzuki사에게 재매매하였는데 Pim사는 관련 당사자로부터 본 매매가 재매매라는 것에 대한 동의를 받았다. 그러나 Pim사는 Rank사에게 동 화물을 쿼터당 59s. 11 1/2에 판매하였다. Hall사는 "Pim사가 계약을 위반하였으므로 구입가격(51s. 9d.)과 Williams사에게 재매매한 가격(56s. 9d.) 차액의 손해배상을 하여야 한다."라고 주장하였다. Pim사는 "구입가격(51s. 9d.)과 시장가격(53s. 9d.)의 차액만 손해배상을 하면 된다."라고 주장하였다. 1심 법원에서 Rowlatt판사는 Hall사의 주장을 인정하였으나 항소법원(Hewart판사, Bankes판사와 Scrutton판사)은 Pim사의 주장을 인정하였다. 그러나 귀족원(Haldane경, Dunedin경, Shaw경, Phillimore경과 Blanesburgh경)은 "재매매계약의 구조는 관련당사자 모두가 알고 있었으므로 Pim사는 구입가격과 재매매가격의 차이를 Hall사에게 손

56) Williams Bros. v. Edward T Agius Ltd. (H.L.) [1914] A.C. 510.

해배상을 하여야 한다."라고 다시 1심 법원 Rowlatt판사의 판결을 인정하였다.57)

(3) Arpad호 사건

원고 수하인 Spear & Thorpe사는 베를린의 E. Kawpffmeyer사로부터 1930년 8월 11일에 1,000톤의 루마니아산 밀을 구매하여 1930년 8월 11일과 12일에 재매매계약을 체결하였다. 화물은 Arpad호에 의하여 운송되어 양하지인 Hull 항에 도착하여 1931년 1월 10일에 인도되었는데 밀이 보리와 통합되어 47톤의 밀이 부족한 것이 발견되었다. 1930년 8월에 비하여 1930년 말에는 밀의 가격이 하락하였다. 원고는 "피고 선박소유자 Thomas Cooper사는 양하지에 인도되지 않은 밀의 시장가격이 형성되어 있으면 시장가격에 의하여 보상하면 되나, 밀의 시장가격이 형성되어 있지 않으므로 재매매계약에 의한 수익손실(원고가 재매매계약을 체결한 1930년 8월 11일과 12일의 재매매계약의 가격)을 보상하여야 한다."라고 주장하였다. 선박소유자는 "선박소유자는 인도되지 않은 47톤의 밀에 대하여 화물이 인도된 시점인 1931년 1월의 시장가격에 의하여 손해배상책임을 진다."라고 주장하였다. 1심 법원 Bateson판사는 원고에게 승소판결을 하였다. 항소법원(Greer판사와 Maugham판사)은 "재매매계약에 대하여 선박소유자에게 통지된 바가 없으므로 손해금액의 산정에 재매매계약이 참조되어서는 안 된다."라고 판시하였다. 그러나 항소법원에서 Scrutton판사는 Greer판사와 Maugham판사의 판결내용과는 다르게 "손해의 범위는 매도인의 계약위반으로 직접적이고 자연적으로 사물의 통상적 과정에 따라 발생한 예견되는 손해이다. 따라서 본 사건에서 손해배상금액을 산정하는 기준을 원래의 매매계약에 의한 가격에 의하여야 하므로 본 항소는 기각되어야 한다."라고 판시하였다. 결과적으로, 항소법원에서 다수의 판사(Greer판사와 Maugham판사는 찬성, Scrutton판사는 반대)는 선박소유자에게 승소판결을 하였다. 본 사건은 화물의 인도보다 상당히 이른 시점에 체결된 재매매계약은 시장가격에 대치하여 손해배상의 산정에 기준이 될 수 없다는 것을 확인한 판례이다.58)

(4) Kwei Tek Chao 사건

매도인 British사(피고)와 매수인 Kwei Tek Chao사(원고)는 1951년 8월에 화학제품 20톤에 대한 매매계약을 체결하였다. 선적만기일은 Antwerp 항에서 1951년 10월 31일이었고 양하지는 홍콩 항이었다. 피고는 매매계약을 이행하기 위하여 1951년 8월 23일 제3자인

57) R & H Hall Ltd. v. W H Pim Junr & Co., Ltd. [1928] 30 Ll. L. Rep. 159.
58) The Arpad [1934] 49 Ll.L.Rep. 313.

네덜란드회사 Smits사로부터 화학제품을 구입하였다. 원고는 8월 27일 홍콩의 Nam Hua사와 재매매계약을 체결하였다. 물품가격이 하락하자, Nam Hua사는 화물은 1951년 10월 31일까지 선적되어야 한다고 주장하였고, 피고는 이러한 요구사항을 Smits사에게 전달하였다. 실제로 화물은 1951년 11월 3일까지 Tarn호에 선적이 되지 않았으나, 선하증권상에는 화물이 1951년 10월 31일에 선적된 것으로 기재되어 있었다. Nam Hua사는 화물이 실제로 1951년 10월 31일까지 선적되지 않은 것을 확인하고, 재매매계약의 취소를 요구하였다. 화물이 홍콩 항에 12월 17일에 도착하자, 원고는 화물을 인도받았는데 그 당시 화물의 가격은 9월부터 급속히 하락하였다. 매수인인 원고는 "매도인이 선하증권을 위조하여 계약을 위반했기 때문에 매도인은 재매매계약에 의하여 매수인에게 실제로 발생한 수익손실을 배상하여야 한다."라고 주장하였다. 매도인 피고는 "원고는 화물을 인도받았고 합리적인 시간 내에 계약을 무효로 거절하지 않았기 때문에 원고는 피고의 계약위반에 대한 권리주장을 포기하였다."라고 주장하였다. 1심 법원 Devlin판사는 "피고는 원고가 상인이므로 물건을 구입한 후 재매매할 것이라는 것을 알고 있다. 물건이 늦게 인도되면 시장이 형성되어 있는 경우에 원고는 재매매계약을 이행하기 위하여 시장에서 물건을 구입할 것이다. 시장가격이 하락하였다면 원고는 손해가 발생하지 않지만, 시장가격이 상승하였다면 구입할 물건가격과 시장가격의 차이만큼 손해를 보게 된다. 그러나 본 사건의 경우와같이 만약, 특수물품을 구입하였는데 매도인이 인도를 지연시켰다면, 매수인은 시장에서 동일한 물품을 구매할 수 없으므로 매수인이 제3자와 체결한 매도계약을 이행할 수 없게 된다. 이와같이 시장이 형성되어 있지 않은 경우, 매수인이 실제로 손해 본 수익손실에 대하여 매도인은 매수인에게 책임을 지게 된다."라고 판시하였다.[59)]

(5) 이제까지 영국판례를 검토한 결과 William v. Agius 사건과 Hall v. Pim 사건에서 시장이 존재하는 경우에 대하여 검토하였다. William v. Agius 사건에서는 화물이 지연되어 인도된 시점에 화물의 시장이 존재하였으므로 계약가격과 시장가격의 차액이 손해배상의 기준이 되었다. Hall v. Pim 사건에서는 시장가격이 존재하였으나, 재매매계약의 구조를 계약당사자가 알고 있었으므로 재매매가격이 손해배상의 기준이 되었다. Arpad호 사건과 Kwei Tek Chao 사건에서 시장이 존재하지 않는 경우에 대하여 검토하였다. 시장이 형성되어 있지 않은 경우에 재매매계약이 손해배상의 기준이 되는 것이 원칙이지만 Arpad호 사

59) Kwei Tek Chao v. British Traders and Shippers Ltd. [1954] 1 Lloyd's Rep. 16; [1954] 2 Q.B. 459.

건에서는 재매매계약에 의하여 선박소유자에게 통지된 바가 없고, 화물의 인도보다 상당히 이른 시점에 재매매계약이 체결되었으므로 재매매계약은 손해배상의 산정의 기준이 될 수 없었다. Kwei Tek Chao 사건에서는 특수물품의 구입과같이 시장이 형성되어 있지 않은 경우, 재매매계약 등에 의하여 매수인에게 실제로 발생된 수익손실에 대하여 매도인이 매수인에게 책임을 지게 된다는 것을 확인하였다.

판례연구 4-2 Achilleas호 사건

본 사건에서 정기용선자는 Achilleas호를 선박소유자로부터 정기용선하여 2004년 5월 2일까지 반선하기로 되어 있었다. 선박소유자가 정기용선자의 반선통지를 믿고 Cargill사와 정기용선계약을 체결하였으나, 정기용선자가 선박을 반선기일보다 늦게 반선함으로써 차기 계약의 인도기일을 지키지 못하게 되었다. 당시 용선시황은 계약의 체결 시보다 하락하여 Cargill사는 더 경쟁적인 용선료로 선박을 확보할 수 있었으므로, 차기 정기용선계약을 취소할 수 있었다. 결과적으로 일당 용선료를 미화 8,000불 낮게 하는 조건으로 인도기일을 연장하여 재계약이 체결되었다. 본 사건은 정기용선자가 반선기일을 위반하여 늦게 선박을 반선한 경우에 발생할 수 있는 분쟁으로, 해운실무상 실제로 빈번하게 발생하는 분쟁이다.

본 사건에서 주요하게 다루어진 쟁점을 정리하면, 첫째, 정기용선자가 선박을 반선기일보다 늦게 반선한 경우에 정기용선계약의 위반으로 선박소유자에게 책임을 지는가에 대한 여부, 둘째, 차기 정기용선계약의 취소로 인하여 발생한 수익손실에 대한 손해배상이 가능한지에 대한 여부로 요약된다.

1. 사건의 개요

본 사건의 사실관계와 당사자의 주장은 다음과 같다.

(1) 사실관계

선박소유자 Mercator사는 69,000dwt Bulk Carrier인 Achilleas호를 정기용선자 Transfield사에게 약 5개월/7개월("약"은 15일의 가감을 의미한다) 동안 일당 미화 13,500불의 용선료로 2003년 1월 22일에 정기용선하였다. 본 정기용선계약은 추가로 최단 5개월/최장 7개월 동안 일당 미화 16,750불의 용선료로 사용하도록 2003년 9월 12일에 연장계약이 체결되었다. 추가로 연장된 기간은 2003년 10월 2일부터 2004년 5월 2일까지였으나, 실제로 8일이 늦은 현지시간 2004년 5월 11일 8시 15분에 반선되었다. 정기용선계약은 뉴욕프로듀스서식(1946)으로 체결되었는데, 정기용선자는 선박소유자에게 선박의 반선 전에 반선지역과 함께 약 20일/15일 진 그리고 10일/5일/3일 전에 확정된 반선통지(반선일자 및 항구)를 하도록 규정되어 있었다. 정기용선자는 선박이 4월 30일과 5월 2일 사이에 반선될 것이

제1편 제2편 제3편 제4편 제5편 제6편 제7편 제8편

라고 2004년 4월 8일에 약 20일 전, 4월 15일에 약 15일 전 그리고 4월 20일에 확정된 10일 전 반선통지를 하였다.

선박소유자는 정기용선자의 반선통지에 근거하여 차기 정기용선자 Cargill사에게 약 4개월/6개월 동안 일당 미화 39,500불의 용선료로 선박이 4월 28과 5월 8일 사이에 인도되는 조건으로 2004년 4월 21일에 정기용선하였다. 정기용선자는 선박이 4월 28일과 5월 2일 사이에 Oita 항에서 반선될 것이라고 4월 23일에 확정된 7일 전 반선통지를 하였다. 정기용선자가 체결한 최종항차는 Qingdao 항에서 석탄을 선적하여 Tobata 항과 Oita 항에서 양하하는 항해였다. 4월 24일에 Qingdao 항에서 석탄(66,799톤)의 선적이 완료되었다. 정기용선자는 4월 26일 선박이 지연되어 Oita 항에서 5월 6일 또는 7일에 반선예정이라고 통지하였고, 4월 27일에는 5월 4일 또는 5일에 반선예정이라고 수정 통지를 하였다. 선박은 Tobata 항에서 양하를 완료하고 4월 30일에 Oita 항에 도착하였으나 Oita 항에서 양하작업이 지연되었다. 선박소유자는 5월 5일에 선박이 5월 8일까지 반선되지 못할 것이라는 사실을 알고 차기 정기용선자인 Cargill사에게 인도기일을 5월 11일까지 연장해 달라고 요청하였다. 선박소유자는 일당 용선료인 미화 39,500불을 당시 시황용선료인 미화 31,500불로 조정하는 조건으로 인도기일을 5월 11일로 연장하여 주겠다는 차기 정기용선자 Cargill사의 제안을 받아들였다. 결과적으로 차기 정기용선자 Cargill은 선박을 5월 11일 8시 15분에 인도받아서 2004년 11월 18일 8시 15분까지 191일 11시간을 사용하였다.

선박소유자는 차기 정기용선자 Cargill사와 체결한 정기용선계약에서 선박의 반선이 지연됨으로써 발생한 일당 미화 8,000불의 용선료에 해당하는 미화 1,364,584.37불의 손해배상을 청구하였다.

(2) 당사자의 주장

당사자인 정기용선자와 선박소유자의 주장은 다음과 같다.

1) 정기용선자(원고, 항소인)의 주장

정기용선자는 "선박소유자가 주장하는 계약위반에 대한 손해배상금액은 Hadley v. Baxendale 사건의 일반논리의 개념을 벗어난다. 정기용선자가 반선기일을 위반하여 선박을 반선하였을 경우, 손해배상금액은 반선기일과 실제로 선박이 반선된 기간 동안 약정용선료와 시황용선료의 차이를 기준으로 산정되는 이미 확립된 방법이 있다. 만약 선박소유자가 취소된 정기용선계약으로 인하여 발생한 손해를 배상받으려면 이러한 손해는 Hadley v. Baxendale의 제2법칙에 해당되므로 정기용선자와 추가로 최단 5개월/최장 7개월의 기간연장계약을 체결할 때, 선박소유자가 「선박의 차기 계약은 현재 정기용선계약과 유사한 정기용선계약을 Cargill과 체결하고자 하니, 반선기일을 준수하는 것이 중요하다.」라고 통지했어야 하는데, 선박소유자가 관련 통지를 하지 않았으므로 정기용선자는 책임이 없다. 또한 선박소유자가 Cargill사와 체결한 정기용선계약에 대하여 「어떤 사람도 타인과의 사이의 행위에 의하여 불리한 영향을 받지 않는다.」라는 「타인 사이의 행위원칙(*res inter alios acta*)」에 의하여 관련이 없다. 따라서 정기용선자는 반선기일이 초과된 기간 동안에 해당하는 약정용선료와 시황용선료의 차이인 미화 158,301.17불에 대하여만 책임을 진다."라고 주장하였다.

2) 선박소유자(피고, 피항소인)의 주장

선박소유자는 "정기용선자가 반선기일을 위반하여 선박을 늦게 반선하였을 경우에 선박소유자는 Hadley v. Baxendale 사건에서 정의된 제1법칙에 의한 일반적인 손해만을 배상받을 수 있으며, 손해배상금액은 반선기일과 실제로 선박이 반선된 기간에 해당하는 약정용선료와 시황용선료의 차이를 기준으로 한다고 정기용선자의 주장과같이 확립된 규칙은 없다. 또한 선박소유자에게 발생한 손해는 정기용선자가 계약을 위반함으로써 발생할 가능성이 없지 않은, 당사자가 예견할 수 있는 손해에 해당한다. 정기용선자는 「타인 사이의 행위원칙」을 주장하면서 계약취소에 의하여 발생한 손해에 대하여 책임을 부인하고 있으나, 이는 이미 중재인과 1심 법원에 의하여 최종적으로 판단된 인과관계의 문제로 더 이상 논의의 가치가 없다. 인과관계의 문제에 있어서 차기 정기용선계약은 인과관계가 없다고 할 수 없고, 문제가 되는 것은 소원성의 문제뿐이다. 따라서 정기용선자는 반선기일을 지키지 않고 선박을 늦게 반선하여 이미 선박소유자가 제3자와 체결한 차기 정기용선계약이 취소되어 발생한 수익손실에 해당하는 미화 1,364,584.37불을 선박소유자에게 손해배상 하여야 한다."라고 주장하였다.

2. 판결요지

중재에서 다수의 중재인은 "정기용선자는 선박소유자에게 차기 정기용선계약이 취소되어 발생된 수익손실 미화 1,364,584.37불을 손해배상하여야 한다."라고 판정하였다. 이에 정기용선자는 소를 제기하였는데, 1심 법원에서 Christopher Clarke판사 또한 정기용선자의 책임을 인정하였다. 정기용선자는 다시 항소하였는데 기각되었다. 그러나 귀족원은 수익손실에 대한 정기용선자의 책임을 부인하였다. 중재, 1심 법원, 항소법원 및 귀족원의 판결요지는 다음과 같다.

(1) 중　재

다수의 중재인(Mr. David Farrington와 Mr. Bruce Buchan)은 "이 사건의 손해는 정기용선자가 예견할 수 있는 원인에 해당하는 일반손해에 해당하므로, 정기용선자는 선박소유자에게 차기 정기용선계약이 취소되어 발생된 수익손실 미화 1,364,584.37불의 손해배상을 하여야 한다."라고 판정하였다. 그러나 Moss 중재인은 "정기용선자가 선박을 늦게 반선하여 선박소유자가 이미 차기 정기용선자 Cargill사와 체결한 계약이 취소되어 발생한 손해는 특별 손해로서, 선박소유자가 정기용선자로부터 손해배상을 받으려면 선박소유자는 정기용선자에게 통지를 하였어야 했다. 선박소유자가 배상받을 수 있는 금액은 초과기간에 대한 약정용선료와 시황용선료의 차이에 한정되는 것이 일반 상사적 관행에

제1편 제2편 제3편 제4편 제5편 제6편 제7편 제8편

해당한다. 만약 선박소유자가 체결한 차기 정기용선계약의 취소로 인한 손해를 정기용선자가 배상하여야 한다면, 부지의 상황에 대하여 예상을 초과하는 금액을 책임지게 되어 정기용선자에게는 너무 가혹한 처사인 것이다."라고 판정하였다. 결과적으로 다수 중재인의 판정에 의하여, 선박소유자에게 승소판정을 하였다.

(2) 1심 법원(Queen's Bench Division: Commercial Court)

Christopher Clarke판사는 "선박을 반선기일보다 늦게 반선한 경우에 이제까지 확립된 법칙은 손해배상금액은 Hadley v. Baxendale의 제1법칙에 의하여 초과된 기간 동안에 해당하는 약정용선료와 시황용선료의 차이에 한정된다는 것이다. 이러한 법칙은 차기 정기용선계약의 취소와는 관련이 없는 경우에 해당하는 것이었는데, 차기 정기용선계약이 취소되어 수익손실이 발생한 경우에 차기 정기용선계약의 취소에 의하여 발생한 손해가 Hadley v. Baxendale의 제1법칙에 의해 구상될 수 없다는 것을 의미하지는 않는다. 최근에 소원성의 문제에 대하여, Hadley v. Baxendale 사건과같이 제1법칙과 제2법칙으로 분류하여 판단하는 법칙은 더 이상 적용되지 않고, 두 법칙을 함께 고려하여 판단한다. 본 사건에서 반선 자체에 따른 차기 정기용선계약의 취소문제는 당사자가 계약을 체결할 때 예견할 수 있는 「발생할 가능성이 없지 않은」 그리고 「자연스럽게(natural)」 발생될 수 있는 경우에 해당하므로, 근인성이 없다고 할 수 없다. 또한 선박소유자는 차기 정기용선계약의 취소로 인한 수익손실을 배상받기 위하여 계약서상에 명시적이든 암시적이든 「계약위반자가 상대방에게 차기 계약의 취소로 인한 수익손실을 배상하여야 한다.」라고 규정되어 있다는 것을 입증할 필요는 없다. 차기 정기용선계약의 체결 시, 시장가격이 존재하더라도 차기 정기용선자 Cargill사와의 정기용선계약서에 선박대체약관(substitution clause)이 없다면, 어떠한 경우라도 선박소유자는 차기 정기용선자 Cargill사와의 정기용선계약을 이행할 방법이 없으므로, 이 사건의 경우는 시장가격이 부존재하는 것으로 취급된다. 따라서 본 사건의 경우는 특수한 상황에 속하므로, 손해배상금액을 약정용선료와 시황용선료의 차이로 한정시킬 수 없다. 시황가격이 형성되어 있지 않거나, 대체물품을 구입할 수 없을 경우에 실제로 발생된 손해를 산정하기 위하여 개별적으로 체결된 계약에 의하여 판단하여야 한다."[60]라고 판시하면서, 선박소유자에게 승소판결을 하였다.[61]

(3) 항소법원(Court of Appeal)

Rix판사(Ward판사와 Tuckey판사가 동의함.)는 "선박소유자는 정기용선자의 반선통지에 기인하여

60) R & H Hall Ltd. v. W H Pim Junr & Co., Ltd. [1928] 30 Ll.L.Rep. 159; Bence Graphics International Ltd. v. Fasson UK Ltd. [1998] Q.B. 87; Louis Dreyfus Trading Ltd. v. Reliance Trading Ltd. [2004] 2 Lloyd's Rep. 243.

61) Transfield Shipping Inc. v. Mercator Shipping Inc. – The Achilleas [2006] 2 C.L.C. 1069.

Cargill사와 정기용선계약을 체결하였다. 그러나 선박소유자는 정기용선자가 선박을 반선기일보다 늦게 반선하여 차기 정기용선자 Cargill사와 체결한 정기용선계약의 인도기일을 지킬 수 없게 되었다. 이러한 상황에서 선박소유자가 차기 정기용선자 Cargill사와 정기용선계약을 체결한 시점보다 시황이 하락하였기 때문에 차기 정기용선자 Cargill사는 인도기일 안에 선박이 인도되지 않았으므로 정기용선계약을 취소할 것이다. 그러나 재협상을 하여, 차기 정기용선자 Cargill사는 선박이 지연되었으므로 인도기일을 연장하여 주고, 선박소유자는 당시 시황을 반영하여 일당 용선료를 미화 39,500불에서 미화 31,500불로 미화 8,000불을 삭감하여 재정기용선계약을 체결하였다. 이와같이 선박이 반선기일까지 선박을 반선하지 못했다면 반선기일(본 사건에서는 5월 2일 자정)에 계약을 위반한 것이다.

계약위반의 경우에 피해자는 계약의 체결 시 발생할 가능성이 없지 않은, 합리적으로 예견할 수 있는 손해에 대하여 배상받을 수 있다. 합리적으로 예견할 수 있는 것은 계약의 체결 시, 계약위반자가 통지를 받았거나 예견할 수 있었는가를 기준으로 한다. 계약위반자는 계약을 위반함으로써 통상적인 경우에 발생할 수 있는 손해를 예견할 수 있어야 한다. 또한 통상적인 경우 이외의 특수한 상황에서는 보다 큰 손해가 발생할 수 있다는 것을 실제적으로 알고 있어야 한다. 따라서 「정기용선계약의 체결 시 선박소유자가 정기용선자에게 반선 후의 계약에 대하여 통지를 했어야 한다.」라는 정기용선사의 주장은 맞지 않다. 왜냐하면 이는 시황이 상승하였을 경우에 단지 초과기간 동안 약정용선료와 시황용선료와의 차이만을 지급하면서 마지막 기간까지 혜택을 보려고 최종항해의 위험도 감수하고자 하는 정기용선자를 너무 배려하는 것이고, 선박소유자에게는 부담이 되는 것이기 때문이다. 또한 정기용선자는 이미 용선기간이 만료되면 선박소유자가 새로운 계약을 체결할 것이라는 것을 알고 있으므로, 선박소유자가 정기용선자에게 별도로 새로운 계약이 체결될 것이라는 것을 통지하여야 한다는 것은 상사적 관행을 벗어나는 것이다. 정기용선자는 해운용선시장에 대하여 잘 알고 있는 상인으로서, 선박의 반선 후에 선박소유자가 선박을 제3자에게 용선할 것이라는 것을 알고 있다. 또한 정기용선자는 선박의 반선이 지연되어 선박소유자가 체결한 차기 정기용선계약이 취소되면, 변화된 시황에서 선박소유자는 새로운 정기용선계약을 다시 체결하여야 한다는 것도 알고 있다. 본 사건에서 발생한 차기 정기용선계약의 취소로 인한 손해와 정기용선사가 선박을 반선기일보다 늦게 반선한 계약위반과의 사이에 소원성은 없으나 인과관계는 있다.

반선지연으로 인하여 발생한 손해는 선박소유자가 정기용선자에게 차기 정기용선계약에 대하여 정기용선계약의 체결 시 통지하지 않았다면, 초과된 기간에 한정되어야 한다는 규칙은 없다. 차기 계약이 취소되어 발생되는 손해는 선박을 늦게 반선하여 발생하였으므로, 정기용선자가 책임을 져야 하는 손해이며, 정기용선자가 선박을 늦게 반선할 경우에 발생할 가능성이 없지 않는, 정기용선자가 합리적으로 예견할 수 있는 유형의 손해에 해당한다.

본 사건에서 손해배상금액의 타당성에 대하여 살펴보면, 선박소유자가 체결한 차기 정기용선자 Cargill사와의 정기용선계약의 용선기간은 4개월/6개월인데, 정기용선자와의 용선기간이 처음에는 약

제1편 제2편 제3편 제4편 제5편 제6편 제7편 제8편

5개월/7개월이었으나 추가로 최단 5개월/최장 7개월이 연장된 것을 감안하여 볼 때, 정기용선자가 예견할 수 있는 「발생할 가능성이 없지 않은」 경우에 해당된다고 하겠다."라고 판시하면서 항소를 기각하였다.[62)]

(4) 귀족원 (House of Lords)

계약의 위반에 대하여 정기용선자가 선박을 반선기일까지 반선하지 못하였으므로 반선기일에 계약을 위반한 것이다.

손해배상금액에 대하여 모든 계약은 자의적으로 체결되므로 계약위반으로 발생하는 손해는 법원이 객관적으로 판단하여야 한다. 예견가능성은 계약당사자가 정기용선계약의 체결 시, 계약위반으로 손해가 발생할 것을 미리 알 수 있어야 한다는 것이다. 본 사건에서 정기용선자는 정기용선계약의 체결 시, 선박소유자가 변동이 심한 용선시황에서 차항에 대하여 어떤 계약을 체결할지 미리 알 수 없었다. 따라서 정기용선자는 초과된 기간 동안에 해당하는 약정용선료와 시황용선료 사이의 차이에 대하여 책임을 지는 것이지 당사자가 일반적으로 예견할 수 없었던 초과수익손실에 대하여는 책임을 지지 않는다.[63)]

3. 사안의 검토

이상에서 살펴본 이론적 배경을 토대로 하여 본 사안에 관한 법원의 판결을 검토해 보면 다음과 같다.

첫째, 허용기간, 최종항해의 적법성에 대하여 검토한다. 용선기간에서 허용기간을 인정해 준다면 계약의 위반이 아니다. 이미 검토한 영국판례에 의하면 Gregos호 사건에서는 반선기일의 위반에 대하여 "용선기간은 정기용선계약에서 중요한 조건이 아니므로 약간의 반선기일의 위반은 계약취소의 원인이 되지 않는다."라고 하였다. 최종항해의 적법성 여부는 최종항해를 이행하기 위하여 준비된 시점을 기준으로 판단하여야 하는데, 본 사건에서 4월 24일에 Qingdao 항에서 선적이 완료되었으므로 통상의 경우에 항해소요기간을 고려하여 볼 때, 최종항해를 이행하기 위하여 준비된 시점에서는 적법하였으므로 부적법한 최종항해는 아니다. 본 사건에서 최종항해는 적법하였고, 영국판례에서 과거의 주된 경향은 반선기일의 위반을 조건으로 보지 않아 계약취소의 원인으로 보지 않았다. 그러나 Peonia사건 이후에는 최종항해의 적법성 여부를 불문하고 선박이 허용기간을 감안하여 반선기일을 초과하여 반선되었다면 계약을 위반한 것으로 판단하였다. 본 사건에서, 용선기간이 최단 5개월/최장 7개월의 제한부 범위기간으로 정기용선계약이 체결되었으므로 최단 · 최장의 제한부 범위기간은 허용기간이

62) Transfield Shipping Inc. v. Mercator Shipping Inc. – The Achilleas [2007] 2 Lloyd's Rep. 555.
63) Transfield Shipping Inc. v. Mercator Shipping Inc. – The Achilleas [2008] 2 Lloyd's Rep. 275.

인정되지 않는다. 결과적으로 본 사건은 정기용선자가 선박을 반선기일보다 늦게 반선하였기 때문에, 계약위반으로 선박소유자에게 책임을 지게 된다. 따라서 본 사건에서 최종항해는 적법하였으나, 최단 5개월/최장 7개월의 제한부 범위기간은 허용기간이 인정되지 않으므로 "정기용선자가 선박을 반선기일까지 반선하지 못했다면 반선기일(본 사건에서는 5월 2일 자정)에 계약을 위반한 것이다."라는 항소법원과 귀족원의 판결내용에 뜻을 같이한다.

둘째, 소원성과 인과관계 및 손해배상금액을 검토해 본다. 정기용선자는 해운용선시장에 대하여 잘 알고 있는 상인으로서, 선박소유자가 차항 정기용선계약의 체결 시, 현재 용선시장에서 체결되는 유형의 정기용선계약을 체결할 것이며 선박이 반선기일보다 늦게 반선되면 차항이 취소될 것이라는 것을 알고 있다. 따라서 "정기용선계약의 체결 시 정기용선자는 선박소유자가 차항에 대하여 어떤 계약을 체결할지 미리 알 수 없었다."는 귀족원의 판시는 다시 한 번 검토되어야 하며 "본 사건에서 발생한 차기계약의 취소로 인한 손해는 정기용선자가 선박을 반선기일보다 늦게 반선한 계약위반과의 사이에 소원성은 없으나 인과관계는 있다."라는 항소법원의 판결내용에 대하여 필자는 타당성이 있다고 본다.

다음은 손해배상금액에 대하여 검토해 본다. 최근 시황용선료는 영국의 볼틱해운거래소가 발행하는 지수에 의하여 판단하는 것이 해운업계에서 보편화되고 있다. 본 사건에서 문제가 된 선박인 Achilleas호는 69,000dwt Bulk Carrier로서, 영국의 볼틱해운거래소가 발행하는 BDI지수 가운데 BPI를 참조하면 된다. 시황용선료는 선박의 운항항로에 따라서 4가지 항로로 나누어진다. 4가지 항로에는 유럽 간 항로(Transatlantic RV), 유럽/동남아 항로(Skaw-Gib/Far East), 태평양 항로(Pacific RV) 및 동남아/유럽 항로(Far East/Nopac/Skaw-Pass)가 있다. BPI는 4항로별로 시황이 각기 따로 형성되는

〈BPI 평균용선료와 약정용선료의 차이〉

2004/일자	시황용선료(BPI의 평균용선료)	약정용선료	차 액
5월 3일	미화 30,134불	미화 16,750불	미화 13,384불
5월 4일	미화 30,708불	미화 16,750불	미화 13,958불
5월 5일	미화 31,468불	미화 16,750불	미화 14,718불
5월 6일	미화 32,140불	미화 16,750불	미화 15,390불
5월 7일	미화 32,656불	미화 16,750불	미화 15,906불
5월 8일	미화 32,656불	미화 16,750불	미화 15,906불
5월 9일	미화 32,656불	미화 16,750불	미화 15,906불
5월 10일	미화 32,825불	미화 16,750불	미화 16,075불
5월 11일	미화 32,729불	미화 16,750불	미화 5,492불[64]
합 계	-	-	미화 126,735불

64) 선박은 2004년 5월 11일 8시 15분에 반선되었으므로, 5월 11일에 해당하는 평균용선료와 약정용선료의 차이는 8시 15분/24시인 미화 5,492불이 된다.

데, 영국의 볼틱해운거래소는 4항로별 지수와 4항로를 평균한 평균용선료의 지수를 공휴일을 제외하고 매일 발표하고 있다.

본 사안에서 반선기일을 초과한 5월 3일에서 5월 12일까지의 BPI의 평균용선료와 약정용선료의 차이는 위와 같다.

본 사건에서 정기용선자가 주장하듯이, 정기용선자가 반선기일을 위반하여 선박을 늦게 반선하였을 때, 선박소유자에게 책임을 져야 하는 약정용선료와 시황용선료의 차액은 미화 126,735불이다.

선박소유자가 차기 정기용선자 Cargill사와 정기용선계약을 체결한 2004년 4월 21일의 BPI는 4,815로 평균용선료는 미화 39,249불이었고, The Baltic Exchange Daily Fixture에 의하면 Double Fortune호(69,118dwt 1997년 건조 Bulk Carrier)가 Sakaide항에서 5월 8일/9일 인도조건으로 3개월/5개월 동안 미화 39,500불에 정기용선계약이 체결된 것으로 보도되었다. 선박소유자가 Cargill사와 다시 정기용선계약을 체결한 2004년 5월 5일의 BPI는 3,992로 평균용선료는 미화 31,468불이었고, The Baltic Exchange Daily Fixture에 의하면 Clipper Surrey호(73,791dwt 1998년 건조 Bulk Carrier)가 대만에서 5월 인도조건으로 5개월/7개월 동안 미화 33,000불에 정기용선계약이 체결된 것으로 보도되었다. 본 사건의 선박인 Achilleas호는 69,000dwt 1994년 건조 Bulk Carrier인 점을 감안할 때 2004년 4월 21일과 5월 5일에 The Baltic Exchange Daily Fixture에서 보도된 자료에 의하여 판단하여 보면, Achilleas호의 4개월/6개월의 용선료가 4월 21일에는 미화 39,500불, 그리고 5월 5일에는 미화 31,500불인 것은 당시 용선시황의 용선료 수준인 것을 확인할 수 있다. 2004년 5월 11일에 Oita 항에서 반선된 Achilleas호의 차항은 선박소유자의 선택에 따라 태평양 항로(Pacific RV)및 동남아/유럽 항로(Far East/ Nopac/ Skaw-Pass)의 1항차, 3개월/5개월에서 5개월/7개월의 단기기간의 정기용선, 또는 1년/2년/3년/4년/5년의 장기기간의 정기용선을 할 수 있다. 본 사건에서 문제가 되고 있는 차항의 4개월/6개월의 용선기간은 용선시장에서 자주 계약이 체결되고 있으므로 당사자는 정기용선계약의 체결 시, 선박이 반선된 후에 선박소유자가 차기 정기용선계약으로 체결할 수 있다는 것을 예견할 수 있다. 따라서 "본 사건에서 4개월/6개월 동안의 용선기간은 정기용선자와의 정기용선계약기간이 처음에는 약 5개월/7개월이었으나 추가로 최단 5개월/최장 7개월이 연장된 것을 감안하여 볼 때, 정기용선자가 예견할 수 있는 「발생할 가능성이 없지 않은」 경우에 해당된다."라는 항소법원의 판결내용에 뜻을 같이 한다.

그 밖에 반선통지에 관하여 검토하여 보면, 정기용선자가 4월 30일과 5월 2일 사이에 반선될 것이라고 약 20일/15일 전 그리고 확정된 10일/7일 전 반선통지를 하였으나, 4월 26일에 선박이 지연되어 Oita항에서 5월 6일 또는 7일에 반선예정이라고 통지하였고, 4월 27일에는 5월 4일 또는 5일 반선예정이라고 수정 통지를 하였다. 정기용선자는 선박소유자에게 선박의 반선 전에 반선지역과 함께 약 20일/15일 전 그리고 10일/5일/3일 전에 확정된 반선통지(반선일자 및 항구)를 하도록 규정되어 있었다. 정기용선자는 선박이 4월 30일과 5월 2일 사이에 반선될 것이라고 4월 20일에 확정된 10일 전, 4월 23

일에 확정된 7일 전 반선통지를 하였지만, 실제로 선박은 8일이 늦은 현지시각 2004년 5월 18일 8시 15분에 반선되었으므로, 정기용선자는 계약을 위반하였다. 이러한 사실로 미루어 보아 정기용선자가 알려준 반선통지의 신뢰성이 의심된다. 항소법원이 "정기용선계약의 체결 시, 선박소유자가 정기용선자에게 반선 후의 계약에 대하여 통지를 했어야 한다는 정기용선자의 주장은 맞지 않다. 왜냐하면 시황이 상승하였을 경우에 단지 초과기간 동안 약정용선료와 시황용선료와의 차이만을 지급하면서 마지막 기간까지 혜택을 보려고 최종항해의 위험도 감수하고자 하는 정기용선자를 너무 배려하는 것이고 선박소유자에게 부담이 되는 것이기 때문이다."라고 판결하였을 때, 영국법상 형평법과 신뢰이론이 고려되었다고 생각된다. 최종적으로, 귀족원은 "정기용선자는 초과된 기간 동안에 해당하는 약정용선료와 시황용선료의 차이에 대하여 책임을 지는 것이지 당사자가 일반적으로 예견할 수 없었던 초과수익 손실에 대하여는 책임을 지지 않는다."라고 판시하였으나, 필자는 항소법원의 판시 내용이 더 타당성이 있다고 본다.

본 판례를 연구하면서 정기용선자가 반선기일을 위반하여 발생할 수 있는 손해배상금액이 매우 클 수 있다는 것을 검토하였다. 따라서 정기용선자의 입장에서는 최종항해를 결정할 때에 반선기일을 위반하지 않도록 신중히 판단하여야 한다. 그리고 선박소유자의 입장에서는 정기용선자가 선박을 반선기일보다 늦게 반선하여 차항이 취소될 위험이 있다는 것을 알게 된 시점에서 선박소유사는 정기용선자에게 모든 책임을 전가시키는 경고성 통지를 하는 것이 법적으로 확실한 조치가 될 것이다.

제1편
제2편
제3편
제4편
제5편
제6편
제7편
제8편

Part 5

제3자와의 관계

1 운송인의 확정

용선계약에서 운송 중 발생한 손상 및 손해에 대하여 책임을 져야 할 주체를 결정하기 위해서는 운송인을 확정하는 문제가 중요하다.

제 1 절 법적 성질에 따른 운송인의 확정

용선계약의 법적 성질을 검토하는 실익은 대외적 책임을 논할 경우, 선박소유자와 용선자 중에 누가 피해를 입은 제3자에 대하여 책임을 지느냐의 문제이다.

해상기업의 주체는 선박소유자이며 정기용선자는 선박소유자에 대하여 운송을 청구할 수 있는 운송의뢰인에 불과하다는 운송계약설[1]에 의하면 정기용선자는 제3자에 대하여 책임을 지지 않고 선박소유자가 책임을 진다. 그러나 선박임대차계약의 성질을 가지는 혼합계약설 또는 특수계약설에 의하면 정기용선자가 제3자에 대하여 책임을 진다.

이러한 견해는 정기용선계약의 법적 성질을 먼저 규명하고 나서 그 논리적인 귀결로 운송인을 확정하려는 입장이다. 그러나 이는 타당하지 않다고 생각된다. 왜냐하면 누가 운송계약상 책임의 주체인가 하는 점은 누가 운송계약을 체결하였는가 하는 점에 따라 구체적인 사안별로 개별적으로 결정될 문제이기 때문이다. 따라서 정기용선계약에서 발행된 선하증권상 책임의 주체를 결정하기 위해서는 우선 선하증권에 표시된 당사자의 의사가 무엇이었는지를 확인하여야 하고, 만일 당사자의 의사가 불명확하다면 그 단계에서 거래의 안전이나 관행 등을 고려하여 합목적적으로 운송인을 결정하여야 할 것이다.[2]

1) 선박소유자의 입장에서 보면 선박은 정기용선되었다가 결국은 항해용선 등의 운송계약으로 화물이 운송되므로, 정기용선은 운송계약이라고 보는 견해이다. 그러나 선박이 정기용선되었다가 다시 항해용선이 되지만, 논의의 대상이 되는 것은 정기용선이다. 즉 정기용선이라는 선박을 빌리는 임대차가 있고 그 임차인이 다시 운송계약을 체결하므로, 선행의 행위인 임대차적인 성격을 간과하여서는 아니 된다고 본다. 김인현, 앞의 책, 130쪽.

제 2 절 선하증권과 운송인

선박소유자로부터 선박을 정기용선한 정기용선자는 제3자와 항해용선계약을 체결하여 화물을 운송하는 것이 보통인데, 이때 관련 용선계약서 외에 선하증권이 발행된다. 선하증권은 운송인이 운송을 위하여 화물을 수령 또는 선적하였다는 것을 인정하고, 이를 약정한 장소까지 운송하여 목적지에서 그 정당한 소지인에게 인도할 의무를 부담하는 증권, 환언하면 증권의 정당한 소지인의 운송급부청구권을 표창하는 유가증권이다.[3] 이 경우에 정기용선자는 항해용선자에 대하여는 관리선박소유자(disponent owners)의 지위에서 제3자인 항해용선자와 항해용선계약을 체결하는 것이다. 항해용선계약상의 운송인(선박소유자)란에는 정기용선자가 실제 선박소유자가 아님을 명시하기 위하여 용선자의 명칭 뒤에 관리선박소유자(disponent owners) 또는 용선선박소유자(chartered owners)라고 기재하기도 한다. 운송인을 확정하는 데 있어 선하증권에 서명한 자, 선박소유자와 정기용선자 중 누구의 권한으로 선하증권을 발행했는지 등을 참작할 수 있다. 현행 상법상 선하증권의 원칙적인 발행의무자는 운송인 및 선장 기타의 대리인으로 규정되어 있으므로(상법 제852조), 선장의 선하증권 발행의무와 발행권이 명문으로 인정되어 있다.

정기용선계약에서 선장이 선하증권에 서명하는 경우로는 선박소유자의 대리인으로서 서명하는 경우와, 정기용선자를 대리하여 서명하는 경우가 있을 것이다. 우선 선박소유자의 대리인으로 서명하는 경우에 관해 보면, 상법상 선박소유자의 대리인지위에 있고 그 대리권 범위 내에서의 행위의 효과는 선박소유자에게 귀속되며, 특히 선하증권의 발행에 대한 대리권은 명시되어 있다(상법 제749조 내지 제751조). 따라서 선장이 선박소유자를 위해 서명한 선하증권에 선박소유자가 구속되는 것은 현행 상법규정에 비추어 당연한 것이다.[4] 다만 정기용선자를 대리

---

2) 최종현, “정기용선계약의 대외적 법률관계”, 「상사판례연구[VI]」, (서울: 박영사, 2006), 456쪽.

3) 엄윤대, 「선하증권론」, (서울: 한국해사문제연구소, 2006), 3-4쪽.

4) 상법규정은 용선계약에 대한 규제를 예상하지 않은 것이므로, 이 계약 하에서도 선장은 선박소유자를 위해 선하증권을 발행할 수 있는가가 문제될 것이다. 재운송계약의 이행에 관해서 선박소유자의 책임주체성을 인정하고 있는 상법 제809조의 규정에 비추어 보더라도 이 경우에 굳이 선장의 선박소유자를 위한 선하증권 서명권을 부인할 필요는 없을 것이다. 그러므로 용선계약에서도 선장은 선박소유자를 위해 선하증권을 발행할 수 있으며, 재운송계약에 기하여 선장이 선박소유자를 위해 서명한 선하증권에 관한 채무는 선박소유자에게 귀속된다고 할 것이다. 김동훈, “정기용선계약 하의 선하증권 소지인에 대한 선주와 용선자의 책임관계”, 「한국해법학회지」 제11권 제1호, 한국해법학회, 1990. 4, 219쪽.

하여 서명하는 경우에 관해서 보면, 정기용선자는 운송인으로서 선하증권을 발행할 수 있는가가 문제로 된다. 이를 부인하는 한, 선장이 정기용선자의 대리인으로 선하증권에 서명할 여지가 없기 때문이다. 현행 상법상 선하증권의 발행권자는 운송인, 선장 또는 기타의 대리인(상법 제852조). 따라서 정기용선자도 운송인이 될 수 있으므로 선하증권을 발행할 수 있다. 그러나 선장이 누구를 대리하여 서명한 것이 불분명할 경우에는 선장은 선박소유자의 대리인이 될 수도 있고 정기용선자의 대리인이 될 수도 있기 때문에 선장이 선하증권에다 서명하였다고 하여 선박소유자를 대리하였다고 할 수 없다.

해상운송계약은 선박을 점유하지 않은 경우에도 선박의 점유자를 자기의 이행보조자로 이용할 방법이 있는 한 누구라도 이행할 수 있는 것이므로, 선박을 점유하지 않는 정기용선자도 자기의 명의로 운송계약을 체결할 수 있다(상법 제809조 참조). 따라서 정기용선자가 선하증권에 서명을 하였을 경우에는 서명한 정기용선자는 운송인으로 책임을 질 수 있다.

제 3 절 디마이즈약관과 운송인

정기용선계약 하에 발행되는 선하증권에는 "정기용선계약 하에 체결되는 화물운송계약에서 운송인은 정기용선자가 아니고 선박소유자이므로 운송물의 손해에 대하여는 선박소유자가 책임을 진다."라는 취지의 "디마이즈약관"[5] 또는 "운송인특정약관(identity of carrier clause)"[6]이 삽입된다.

---

5) 정기용선자가 용선한 선박으로 다른 사람의 화물을 자신의 선하증권을 사용하여 운송하는 경우, 그가 실제의 운송인임에도 불구하고, 선하증권을 발행할 때 자기나 그의 대리인이 "선장을 대리하여(for the master)"라는 문언 아래에 서명하여, 정기용선자가 운송인인 선박소유자의 대리인으로 행위함으로써 운송책임을 지지 않는다는 사실을 명기하는 경우가 있다. 선하증권에 그 발행회사가 정기용선으로 빌린 다른 사람의 선박으로 적하이해관계인의 물품을 운송할 경우, 운송계약상의 운송인은 선박소유자이지 정기용선자가 아님을 나타낸다. 이러한 약관을 디마이즈약관 또는 운송인특정약관(identity of carrier clause)이라고 한다. 해사문제연구소, 앞의 책, 346쪽.

6) **콘라인빌서식(Conlinebill)의 운송인특정약관**(identity of carrier clause):
The Contract evidenced by this Bill of Lading is between the Merchant and the Owner of the vessel named herein (or substitute) and it is therefore agreed that said Shipowner only shall be liable for any damage or loss due to any breach or nonperformance of any obligation arising out of the contract of carriage whether or not relating to the vessel's seaworthiness. If, despite the foregoing, it is adjudged that any other is the Carrier and/or bailee of the goods shipped hereunder, all limitations of, and exonerations from, liability provided for by law or by this Bill of Lading shall be available to such other(이 선하증권에 의해 증명되는 계

정기용선자가 이러한 약관을 운송계약에 기하여 발행하는 선하증권에 삽입시키는 목적은 무엇보다도 선박소유자에게 인정되는 책임제한의 이익을 자기도 간접적으로 누리고자 함이고, 그 밖에 적하이해관계인으로부터의 청구를 방어하는 증거의 이용 등에 관하여 선박소유자의 협조를 구할 수 있으며, 동일한 사안에 관한 소송의 중복을 피하고 실물손해에 대한 선박소유자와 정기용선자 사이의 부담부분을 분별하여 그 내부 구상관계를 간략히 할 수 있다는 점에서도 그 실익을 찾을 수 있다. 이러한 "디마이즈약관"에서 문제가 되는 것은, 선박이 정기용선되어 있다는 사실을 모르고 있는 선하증권소지인이나, 선하증권에 이 조항이 삽입되는 데 동의하지 않는 선박소유자도 구속되느냐의 여부이다. 디마이즈약관은 운송주체를 불분명하게 하므로 선하증권소지인에게 예기치 않은 손해를 발생시킬 수 있다. 따라서 운송인의 면책특약을 금지하고 있는 상법 제799조의 규정에 비추어 본다면 효력이 없다고 할 수 있다. 그러나 선하증권의 유통성을 고려할 때 선하증권에 기재되어 있는 디마이즈약관의 효력을 인정하여야 할 것이다.[7)]

판례연구 5-1 **Starsin호 사건**

정기용선계약에서 운송인의 확정에 대하여 연구하기 위하여 Starsin호 사건을 검토한다. 본 사건에서 주요하게 다루어진 쟁점을 정리하면, 첫째 손상된 화물의 소유자인 원고 적하이해관계인이 운송계약에 의하여 손해배상을 청구할 수 있는 운송인은 선박소유자인지 또는 정기용선자인지 여부, 둘째 원고는 선박소유자에게 불법행위에 의한 손해배상을 청구할 수 있는지 또한 선박소유자가 불법행위에 의하여 책임을 질 경우에 선박소유자는 선하증권 제5조 히말라야약관[8)]에 의하여 적하이해관계인에 대한 책임이 면제되는지 여부로 요약된다.

약은 상인과 이 선하증권 전면에 명시된 선박[또는 그 대체선]의 선박소유자 사이의 계약이며, 따라서 운송계약상 의무의 위반 또는 불이행으로 인한 손해에 대하여 선박소유자만이 책임을 부담한다. 앞의 규정에도 불구하고 선박소유자 이외의 사람이 운송인 또는 수탁자라고 판결되는 경우에는 그 자는 법 또는 이 선하증권에 따른 책임제한이나 면책규정을 원용할 수 있다.).

7) 이 약관은 많은 나라에서 법적으로 무효라고 보았으나, 영국이나 네덜란드의 경우에 이 약관은 기본적으로 유효하다고 보았다.

8) 운송인의 이행보조자나 사용인이 적하이해관계인이나 여객으로부터 개인적인 불법행위책임을 추궁 당할 경우, 운송계약에 의하여 운송인에게 인정되는 면책이나 책임제한을 주장하여 원용할 수 있다는 것을 내용으로 하는 특약이나 약관, 또는 법규 등을 말한다. 영국의 히말라야 호에 관한 애들러 대 딕슨 사건(Adler v. Dickson – The Himalaya [1955] Q.B. 158 (C.A.))의 판결을 계기로 붙여진 명칭으로 "애들러 대 딕슨약관"이라고도 한다. 해사문제연구소, 앞의 책, 1438쪽.

1. 사건의 개요

본 사건의 사실관계, 정기용선계약서와 선하증권상 관련 조항 그리고 당사자의 주장은 다음과 같다.

(1) 사실관계

선박소유자 Argosia사와 정기용선자 CPS사는 Starsin호에 대한 정기용선계약을 체결하였다. 선박은 앤트워프 항과 아본마우스 항에서 양하하기 위하여 말레이시아에서 목재와 합판을 선적한 후 1995년 12월 8일에 출항하였다. 정기용선계약서는 뉴욕프로듀스서식이 사용되었고 1995년 11월 10일과 11월 28일자로 발행된 선하증권은 정기용선자의 서식이 사용되었다. 선하증권은 정기용선자로부터 권한을 위임받은 대리점이 서명하였는데 선하증권 서명란에는 "CPS(운송인)의 대리점으로서(As Agent for Continental Pacific Shipping [the Carrier])"라고 기재되어 있었다. Starsin호에 선적된 목재와 합판은 운송 중 손상되었는데 그 원인은 선적 시 잘못된 적부에 기인한 것으로 판명되었다.

(2) 관련 조항

1) 정기용선계약서

제8조[9)]

선장은 선박의 이용과 대리에 대하여는 용선자의 명령과 지시에 복종하여야 한다. 그리고 용선자는 자신의 비용으로, 선장의 감독 하에, 화물을 선적, 적부하여야 하고, 선장은 본선수취증 또는 검수인의 수령증에 따라 제시된 선하증권에 서명을 한다.

2) 선하증권

제1조 (정의)[10)]

본 선하증권의 전면과 이면에서 아래의 표현은 아래와같이 각각 지정된 의미를 가진다.

(c) 운송인은 본 선하증권에 자신을 위하여 서명한 당사자를 의미한다.

---

9) 이 조항의 원문은 다음과 같다.
The Captain ... shall be under the orders and directions of the charterers as regards employment and agency and Charterers are to load, stow... the cargo at their expense under the supervision of the Captain who is to sign bills of lading for cargo as presented, in conformity with Mate's or Tally Clerks receipts.

10) 이 조항의 원문은 다음과 같다.
DEFINITIONS
In this Bill of Lading both on the front and on the back the following expressions shall have the meanings hereby assigned to them respectively, that is to say
(c) "Carrier" means the party on whose behalf this Bill of Lading has been signed.

제5조 (히말라야약관)[11]

제1항 이 문서에 의해 분명하게 합의된 것은, 운송업자의 고용인이나 대리인은 (화물이 운송되는 선박, 운송업자의 다른 선박들의 어떤 것, 선박들의 화물, 선박들의 승객, 선박들의 수화물 등을 위해 작업을 수행하는 모든 사람을 포함하고, 선박들의 예선, 선박들에 대한 지원, 선박들에 대한 수리 등을 포함하고, 운송업자에 의해 때때로 고용되는 모든 독립계약자들을 포함하는) 어떤 모든 상황에서 고용인이나 대리인의 고용 중에 혹은 고용인이나 대리인의 고용과 관련하여 행동하는 동안에, 고용인이나 대리인의 태만이나 불이행의 행위로부터 발생하거나 결과하는, 어떤 모든 손실, 손상, 지연에 대하여 송하인에게 어떤 책임도 부담하지 않고,

제2항 이 선하증권에 규정된 조항들의 일반성을 손상하지 않고, 이 문서에 포함된 모든 면제, 제한, 조건, 자유와 운송업자 혹은 이 문서에 의해 지칭된 운송업자에게 적용이 가능한, 책임으로부터의 모든 정당한 면제, 모든 종류의 변호 및 면제는 운송업자의 모든 그러한 고용인이나 대리인에게도 역시 유효하여야 하고, 운송업자의 모든 그러한 고용인이나 대리인을 보호하기 위해 확대되어야 하며, 운송업자는 그의 고용인이거나 대리인이거나 그의 고용인이거나 대리인(화물이 운송되는 선박, 운수업자의 다른 선박들의 어떤 것, 선박들의 화물, 선박들의 승객, 선박들의 수화물 등을 위해 작업을 수행하는 모든 사람을 포함하고, 선박들의 예선, 선박들에 대한 지원, 선박들에 대한 수리 등을 포함하고, 운송업자에 의해 때때로 고용되는 모든 독립계약자들을 포함하는)일 수 있는 모든 사람들을 위하

11) 이 조항의 원문은 다음과 같다.

(1) It is hereby expressly agreed that no servant or agent of the carrier (including any person who performs work on behalf of the vessel on which the goods are carried or of any of the other vessels of the carrier, their cargo, their passengers or their baggage, including towage of and assistance and repairs to the vessels and including every independent contractor from time to time employed by the carrier) shall in any circumstances whatsoever be under any liability whatsoever to the shipper, for any loss, damage or delay of whatsoever kind arising or resulting directly or indirectly from any act neglect or default on his part while acting in the course of or in connection with his employment and,

(2) without prejudice to the generality of the provisions in this Bill of Lading, every exemption limitation, condition and liberty herein contained and every right exemption from liability, defence and immunity of whatsoever nature applicable to the carrier or to which the carrier who is entitled hereunder shall also be available to and shall extend to protect every such servant or agent of the carrier is or shall be deemed to be acting on behalf of and for the benefit of all persons who are or might be his servants or agents (including any person who performs work on behalf of the vessel on which the goods are carried or of any of the other vessels of the carrier, their cargo, their passengers or their baggage, including towage of and assistance and repairs to the vessels and including every independent contractor from time to time employed by the carrier)

(3) and all such persons shall to this extent be deemed to be parties to the contract contained in or evidenced by this Bill of Lading.

(4) The shipper shall indemnify the carrier against any claim by third parties against whom the carrier cannot rely on these conditions, in as far as the carrier's liability would be excepted if said parties are bound by these conditions.

여 그리고 그러한 모든 사람들을 대표하여 행동하는 것으로 간주되어야 하고,

제3항 그리고 이러한 정도로 모든 그러한 사람들은 이 선하증권에 포함되거나 이 선하증권에 의해 입증된 계약에 대한 당사자들인 것으로 간주된다는 것이다.

제4항 전술한 당사자들이 이러한 조건들에 의해 구속될 경우, 운송업자의 책임이 제외되는 한에서는, 운송업자가 이러한 조건들에 의존할 수 없는 제3자들에 의한 청구에 대하여 송하인은 운송업자에게 배상하여야 한다.

제33조 (운송인특정약관)[12)]

이 선하증권에 의해 입증되는 계약은 이 선하증권에서 기재된 상인과 선박소유자(혹은 대리인) 사이에 체결된 것이다. 따라서 합의된 것은, 전술한 선박소유자는 선박의 내항성(감항성)에 관한 것에 관계없이 운송계약으로부터 발생하는 의무의 위반이나 불이행으로 인한 손상이나 손실에 대하여서 책임을 진다는 것이다. 전문에도 불구하고, 어떤 다른 사람이 이 선하증권에 의해 선적된 화물의 운송인 및 수탁자인 것으로 판정될 경우, 법에 의해 혹은 이 선하증권에 의해 규정된 책임의 모든 제한이나 책임으로부터의 모든 면제는 그러한 다른 사람에게 유효하다. 추가로 선장을 위해 그리고 선장을 대표하여 이 선하증권을 작성한 운송인, 회사, 대리인 등은 거래의 주채무자가 아니기 때문에, 전술한 운송인, 회사, 대리인 등은 화물의 운송인 및 수탁자로서 운송계약으로부터 발생하는 책임을 지지 않는다고 양해되고 합의되었다.

제35조 (디마이즈약관)[13)]

선박이 이 선하증권을 발행하는 회사 또는 운송인에 의해 소유되거나 선체용선되지 않을 경우(경우에 따라서 정반대로 보이는 어떤 것에도 불구하고), 이 선하증권은 단지 대리인으로서 어떤 모든 개인적 책임을 지지 않는 전술한 회사나 운송인의 대리점을 통해 선박소유자 혹은 선체용선자를 주채무자

---

12) 이 조항의 원문은 다음과 같다.
Identity of Carrier
The Contract evidenced by this Bill of Lading is between the Merchant and the Owner of the vessel named herein (or substitute) and it is therefore agreed that said Shipowner only shall be liable for any damage or loss due to any breach or non-performance of any obligation arising out of the contract of carriage, whether or not relating to the vessel's seaworthiness. If, despite the foregoing, it is adjudged that any other is the Carrier and/or bailee of the goods shipped hereunder, all limitations of, and exonerations from liability provided for by law or by this Bill of Lading shall be available to such other. It is further understood and agreed that as the Line, Company or Agents who has executed this Bill of Lading for and on behalf of the Master is not a principal in the transaction and the said Line, Company or Agents shall not be under any liability arising out of the contract of carriage, nor as Carrier nor bailee of the goods.

13) 이 조항의 원문은 다음과 같다.
If the ocean vessel is not owned by or chartered by demise to the Company or Line by whom this Bill of Lading is issued (as may be the case notwithstanding anything that appears to the contrary) this Bill of Lading shall take effect only as a contract of carriage with the Owners or Demise Charterer as the case may be as Principal made through the Agency of the said Company or Line who act solely as Agents and shall be under no personal liability whatsoever in respect thereof.

로서 체결된 운송계약으로서만 효력을 발생한다.

(3) 당사자의 주장

당사자인 원고와 피고의 주장은 다음과 같다.

1) 원고의 주장

원고 적하이해관계인은 "선하증권 이면 제1조에 선박소유자가 운송인이라고 정의되어 있으므로 선박소유자가 운송인이다. 따라서 선박소유자가 적하손해에 대하여 운송계약에 의한 책임을 져야 한다. 만약 정기용선자가 운송인으로 판명되어 선박소유자가 운송계약에 의한 책임을 지지 않는다면, 선박소유자는 적하손해에 대하여 불법행위에 의한 책임을 져야 한다. 왜냐하면 Mahkutai호 사건[14)]의 판결에 따라서 선박소유자는 독립계약자가 아니기 때문이다. 만약 선하증권 제5조 히말라야약관이 적용된다고 하더라도 제1항이 아니라 제2항에 의하여 책임의 면제나 제한이 가능하다. 그러나 적부불량과 같이 주의의무의 위반으로 발생한 적하손해에 대한 책임은 헤이그-비스비규칙 제3조 제8항[15)]에 의하여 책임의 면제나 제한 사항이 아니다. 따라서 선박소유자는 적하손해에 운송계약과 불법행위에 의한 책임을 져야 한다."라고 주장하였다.

2) 피고의 주장

피고 선박소유자는 "선하증권은 이면보다는 전면이 더욱 중요시된다. 따라서 선하증권 전면에 정기용선자의 지시를 받고 대리점이 서명하였음으로 이 사건의 계약상 운송인은 정기용선자이다. 선적 시 화물의 적부에 대하여는 정기용선자가 책임을 질 사항이지 선박소유자가 개입할 사항이 아니다. 또한 선박소유자는 운송인인 정기용선자의 독립계약자이므로 선하증권 제5조 히말라야약관이 적용되어 손상된 화물의 소유자인 적하이해관계인에 대하여 책임이 없다."라고 주장하였다.

2. 판결요지

1심 법원, 항소법원 및 귀족원의 판결요지는 다음과 같다.

14) 본 사건에서 홍콩의 항소법원은 선박소유자가 정기용선자의 독립계약자가 아니라고 판시하였다. The Mahkutai [1996] 2 Lloyd's Rep. 1.

15) 이 조항의 원문은 다음과 같다.
Any clause, covenant, or agreement in a contract of carriage relieving the carrier or the ship from liability for loss or damage to or in connection with, goods arising from negligence, fault, or failure in the duties and obligations provided in this article, or lessening such liability otherwise than as provided in this convention, shall be null and void and of no effect(이 조항에 규정된 의무와 책임의 태만, 과실, 불이행 등으로 발생하는 화물에 대한 혹은 화물과 관련된 손실이나 손상에 대한 책임으로부터 운송인이나 선박을 경감시키거나 이 협정에 규정된 것과 다르게 그러한 책임을 경감시키는 운송계약의 어떤 조항, 계약, 합의도 무효이고, 효력이 없다).

(1) 1심 법원(Queen's Bench Division: Commercial Court)

Colman판사는 "운송계약에 의하여 발생한 책임에 관하여 선하증권 이면 제35조 디마이즈약관에도 불구하고 전면 서명란에 정기용선자 CPS의 권한을 위임받은 대리점이 서명하였으므로 운송인은 정기용선자이다. 이는 선하증권의 전면 서명란에 한 서명은 정기용선자를 대리하여 한 것이 확실하므로 디마이즈약관에 우선하여 운송인을 확정하는 해석의 기준이 된다. 따라서 본 사건에서 운송인은 정기용선자이므로 선박소유자는 운송계약에 의하여 발생한 적하손해에 대하여 책임을 지지 않는다. 불법행위에 의하여 발생한 책임에 관하여 적하손해는 감하능력이 없는 선창에 선적되었기 때문에 발생하였음으로 선박소유자는 주의의무를 다하지 못하였다. 그러나 선박소유자는 선하증권 이면 제5조 히말라야약관에 의하여 독립계약자로 운송인이 누릴 수 있는 정도로 책임이 면제 또는 제한되는데, 제1항은 단지 제소금지약관에 지나지 않으므로 제2항에 근거하여 운송인에게 부여된 책임이 면제 또는 제한되는 혜택을 누릴 수 있다. 이와 관련하여 적부불량과 같이 주의의무의 위반으로 발생한 적하손해에 대한 책임은 선하증권의 준거법인 헤이그-비스비규칙 제3조 제8항에 의하여 선박소유자의 책임이 면제 또는 제한되지 않는다. 따라서 불법행위로 인한 적하손해에 대한 책임은 선박소유자에게 있다."라고 판시하였다.[16)]

(2) 항소법원(Court of Appeal)

항소법원 다수의 판사(Andrew Morritt판사와 Chadwick판사는 찬성, Rix판사는 반대)는 "운송계약에 의하여 발생한 책임에 관하여 제35조 디마이즈약관은 제33조 운송인특정약관이 적용되지 않는 부분을 보충하고 있다. 따라서 제35조는 선박소유자를 대리하여 선하증권에 서명할 권한이 있는 정기용선자가 운송인으로 서명하였을 경우에 적하이해관계인이 선하증권에 의하여 선박소유자와 운송계약을 체결한 것으로 효력이 발생한다. 결과적으로 본 사건에서 선박소유자가 운송인이 되어 적하손해에 대하여 책임을 진다. 불법행위에 의하여 발생한 책임에 관하여 선박소유자는 독립계약자로 선하증권 이면 제5조 히말라야약관 제1항이 아니라 제2항에 의한 면책혜택을 누릴 수 있다는 1심 법원의 판결에 동의한다. 그러나 적부불량은 항해과실 등과 같이 선박소유자에게 부여된 면책의 범위에 해당하지 않는다. 따라서 선박소유자는 적하손해에 대하여 운송계약과 불법행위에 의한 책임을 진다."라고 판시하였다.[17)]

(3) 귀족원(House of Lords)

귀족원(Bingham of Cornhill경, Steyn경, Hoffmann경, Hobhouse of Woodborough경과 Millett

16) Homburg Houtimport B.V. v. Agrosin Private Ltd. – The Starsin [1999] C.L.C. 1769 (Q.B.).
17) Homburg Houtimport B.V. v. Agrosin Private Ltd. – The Starsin [2001] C.L.C. 696 (C.A.).

경)은 "운송계약에 의하여 발생한 책임에 관하여 상업거래에 있어 은행을 포함한 관련 거래당사자들은 선하증권을 검토할 경우에 이면보다는 전면을 중심으로 판단하는 것이 현재의 실정이다. 따라서 선하증권 전면에는 선장이 서명하기로 되어 있었음에도 불구하고 정기용선자의 권한을 위임받은 대리점이 정기용선자의 서식에 서명한 점 등으로 미루어 보아 본 사건에서 선하증권에 의하여 계약상 책임을 지는 운송인은 정기용선자이다. 불법행위에 의하여 발생한 책임에 관하여 선박소유자는 정기용선자의 독립계약자가 되므로 선하증권 제5조 히말라야약관에 의하여 운송인의 면책사유에 해당되면 책임이 면제 또는 제한된다. 선하증권 제5조 히말라야약관의 적용에 있어 1심 법원과 항소법원은 운송인이 독립계약자를 대리하여 적하이해관계인과 직접 계약을 체결하지 않았으므로 제1항을 제소금지약관으로 보아서 제2항을 적용하여 판단하였다. 그러나 제2항에 의하여 운송인은 독립계약자를 위하여 적하이해관계인과 계약을 체결한 것이 되고 결과적으로 독립계약자와 적하이해관계인이 계약을 체결한 것이 되므로 제1항에 의하여 독립계약자는 면책의 혜택을 누리게 된다. 그러나 적부불량과같이 주의의무의 위반으로 발생한 적하손해에 대한 책임은 헤이그-비스비규칙 제3조 제8항에 의하여 책임이 면제 또는 제한되지 않으므로 선박소유자는 적부불량에 의하여 발생한 적하손해에 대하여 불법행위에 의한 일부 책임을 진다."라고 판시하였다.[18]

3. 사안의 검토

운송계약에 의하여 발생한 책임에 관한 쟁점사안에 대하여 검토한다. 정기용선자가 선박소유자로부터 정기용선한 선박을 항해용선하여 운송 중 발생한 적하손해와 같이 적하이해관계인에게 손해가 발생할 경우에 정기용선자와 선박소유자 가운데 누가 운송인이 되어 책임을 져야 하는가의 문제는 매우 중요하다. 본 사건에서 1심 법원은 전면에 정기용선자가 지시한 대리점이 서명하였음으로 정기용선자가 운송인이라고 판시한 반면 항소법원은 디마이즈약관에 우선권을 부여하여 선박소유자가 운송인이라고 판시하였다. 그러나 귀족원은 다시 1심 법원의 판결을 확인 · 지지하면서 정기용선자가 운송인이라고 판시하였다. 운송계약에 의하여 운송인을 확정하는 문제는 법적 성질, 선하증권의 발행과정 및 디마이즈약관, 운송인특정약관 등의 선하증권약관을 종합적으로 검토하여 결정하여야 한다. 과거에는 운송인을 확정하는 데 법적 성질이 중요시되었으나, 최근에는 선하증권 및 그 발급 시 상황에 의하여 운송인을 확정하는 경향이 있다. 우리나라 폴사도스 호 사건에서 디마이즈약관에 대하여 고등법원은 무효로 판단하였으나 대법원은 판단을 하지 않았다. 선하증권의 유통성을 고려할 때 선하증권에 기재되어 있는 디마이즈약관의 효력을 전적으로 인정하지 않을 수는 없다. 그러나 본 사건에서 선하증권으로 정기용선자서식이 사용되었고 정기용선자의 권한을 위임받은 대리점이 선하증권에 서명하였으므로, 이면조항인 디마이즈약관에도 불구하고 정기용선자가 운송인이라는 귀족원의 판결에 동의한다.

18) Homburg Houtimport B.V. v. Agrosin Private Ltd. – The Starsin [2003] 2 W.L.R. 711 (H.L.).

불법행위에 의하여 발생한 책임에 관한 쟁점사안에 대하여 검토한다. 본 사건에서 선박소유자가 독립계약자로 인정되어 히말라야약관의 혜택을 받을 수 있는지 또한 히말라야약관이 적용될 경우에 인정되는 면책의 범위가 논의의 쟁점이었다. 정기용선자가 운송인으로 적하이해관계인에게 책임을 지는 경우에 선박소유자가 운송인이 누리는 책임의 면제 또는 제한의 혜택을 누릴 수 있기 위하여서는 선박소유자가 독립계약자에 해당하는가를 검토하여야 한다. 즉 선하증권은 운송인인 정기용선자가 적하이해관계인과 체결된 것이기 때문에 계약당사자가 아닌 선박소유자가 운송인이 누리는 책임의 면제 또는 제한의 혜택을 누릴 수 있는가 문제가 된다. 히말라야약관은 이러한 문제를 대리의 법리를 통하여 독립계약자에게 혜택을 주도록 효력을 부여하였다. 영국법원은 모두 정기용선자가 운송인이 되는 경우에 선박소유자는 독립계약자가 된다고 하였다. 또한 귀족원은 히말라야약관 제2항의 취지에 의하여 독립계약자가 적하이해관계인과 계약을 체결한 것이 되어 제1항에 의하여 독립계약자인 선박소유자에게 운송인의 면책사유가 적용된다고 판시하였다. 그러나 적부불량은 선하증권의 준거법인 헤이그-비스비규칙 제3조 제8항에 의하여 책임면제사항이 아니어서 선박소유자는 결과적으로 불법행위에 의해 발생한 손해에 대하여 책임을 지게 된다고 판시하였는데 귀족원의 판결내용은 타당하다고 생각된다.

BIMCO Himalaya Clauses

(A) For Inclusion in Passenger Tickets:

"By accepting or receiving this ticket, each passenger agrees without prejudice to its other provisions and both on his or her behalf and on behalf of any person or child travelling with him or her or in his or her care that neither the Captain, Officers, Crew and other personnel of the vessel named in this ticket or of any vessel owned or in the service of the Company nor any person employed by the Company at any time before, during or after the contemplated voyage shall be liable in respect of anything he may negligently do or omit to do in the course of or in connection with his employment which shall cause loss, damage or injury (whether fatal or otherwise) to the person and/or property of such passenger, person or child as aforesaid. For the purpose of the agreement expressed in this Clause, the Company shall be deemed to contract on behalf of and for the benefit of all persons who are or may be its servants or agents from time to time and all such persons shall to this extent be or be deemed to be parties to the Contract contained in or evidenced by this ticket."

(a) For inclusion in Passenger Tickets:

"All limitations, exceptions and conditions herein contained as to the liability of the Carrier shall apply also to the liability, if any, of his agents, vessels, employees and other representatives, and also to the liability, if any, of the owners, vessels, agents, employees and other representatives of any substituted vessel."

(B) For inclusion in Bills of Lading:

Either

"It is hereby expressly agreed that no servant or agent of the carrier (including every independent contractor from time to time employed by the carrier) shall in any circumstances whatsoever be under any liability whatsoever to the Shipper, Consignee or Owner of the goods or to any holder of this Bill of Lading for any loss, damage or delay of whatsoever kind arising or resulting directly or indirectly from any act, neglect or default on his part while acting int the course of or in connection with his employment and, without prejudice to the generality of the foregoing provisions in this Clause, every exemption from liability, defence and immunity of whatsoever nature applicable to the carrier or to which the carrier is entitled hereunder shall also be available and shall extend to protect every such servant or agent of the carrier acting as aforesaid and for the purpose of all the foregoing provisions of this Clause the carrier is or shall be deemed to be acting as agent or trustee on behalf of and for the benefit of all persons who are or might be his servants or agents from time to time (including independent contractors as aforesaid) and all such persons shall to this extent be or be deemed to be parties to the contract in or evidenced by this Bill of Lading."

Or

"The terms of this Bill of Lading constitute the contract of carriage, which is between the shipper and the owner or demise charterer of the ship designated to carry the goods. It is understood and agreed that, other than said shipowner or demise charterer, no person, firm or corporation or other legal entity whatsoever (including the master, officers and crew of the vessel and all agents and independent contractors) is, or shall be deemed to be, liable with respect to the goods as carrier, bailee or otherwise howsoever in contract or in tort. If however, it shall be adjudged that any other than said shipowner or demise charterer is carrier or bailee of the goods or under any responsibility with respect thereto, all limitations of and exonerations from liability provided by law or by the terms hereof shall be available to such other."

(b) For inclusion in Bills of Lading:

"All limitations of liability and other provisions herein contained shall inure not only to the benefit of the Carrier, his agents, vessels, employees and other representatives but also to the benefit of any independent contractor performing services to the goods."

BIMCO 히말라야 약관

(A) 승객승차권에 포함시키기 위한 약관

"본 승차권을 인수하거나 수령함으로써, 본 승차권의 기타 다른 규정들을 손상시키지 않고, 그리고, 각 승객 자신을 위해, 그리고, 각 승객과 함께 여행하거나 각 승객의 보호 하에 있는 사람이나 아동 등을 위해, 각 승객은 본 승차권에 해당된 선박 또는 선박소유자에 의해 소유되거나 고용되고 있는 다른 모든 선박들의 선장, 고급 선원, 선원, 기타 다른 직원들이나 계획된 항해 이전이나 도중이나 이후의 모든 시기에 선박소유자에 의해 고용된 다른 모든 사람들은, 고용 동안에 또는 고용과 관련하여 태만하게 수행하거나 수행하는 것을 망각함으로써, 그러한 승객이나 전술한 사람이나 아동 등의 신체 그리고/또는 재산 등에 손실이나 손상이나 부상(치명적이든지 그렇지 않든지 간에 관계없이) 등을 초래할 수 있는 것에 대해 책임을 지지 않는 것에 동의한다. 본 약관에 명시된 동의의 목적을 위해, 선박소유자는 때때로 고용인들이거나 대리인들이거나 그럴 수 있는 모든 사람들을 대표하여, 그리고, 그러한 모든 사람들을 위하여, 계약하는 것으로 간주되고, 그러한 모든 사람들은 이러한 한도까지 본 승차권에 포함되거나 본 승차권에 의해 증명된 계약의 당사자이거나 당사자인 것으로 간주된다."

(a) 승객승차권에 포함시키기 위한 약관

"운송인의 책임에 관해 여기에 포함된 모든 제한, 예외, 조건 등은, 만일 있다면, 운송인의 대리인, 선박, 고용인, 기타 다른 대표자들의 책임에도 역시 적용되고, 만일 있다면, 선박소유자, 선박, 대리인, 고용인 기타 다른 대체 선박의 대표자에게도 역시 적용된다."

(B) 선하증권에 포함시키기 위한 약관

"운송인의 고용인이나 대리인(운송인에 의해 때때로 고용되는 모든 독립계약자를 포함하여)은, 어떤 모든 상황들에서도 고용 동안에 행동하면서 또는 고용과 관련하여 행동하면서, 자신의 행위, 태만, 불이행으로부터 직집직으로 또는 간접적으로 발생하거나 결과하는 모든 종류의 손실, 손상, 지연 등에 대해, 화물의 송하인, 수하인, 소유자에 대한 또는 본 선하증권의 소지인에 대한 어떤 모든 책임도 지지 않고, 또한, 본 약관에서 전술한 규정들의 일반성을 손상하지 않고, 운송인에게 적용가능하거나 운송인이 이것에 의해 권리를 부여받는, 책임으로부터 모든 면제, 모든 성격의 변호와 면책 등은, 전술한 대로 행동하는 운송인의 모든 그러한 고용인이나 대리인을 보호하기 위해 역시 이용가능하고 확장되며, 또한 본 약관의 모든 전술한 조항들의 목적을 위해, 운송인은 때때로 운송인의 고용인 또는 대리인(전술한 독립계약자들을 포함하여)이거나 그러한 고용인 또는 대리인일 수 있는 모든 사람들을 대표하여 그리고 모든 그러한 사람들을 위하여 대리인이나 수탁자로서 행동하는 것으로 간주되거나 간주되어야 하고, 또한 모든 그러한 사람들은 이러한 한도까지 본 선하증권에 포함되거나 본 선하증권에 의해 증명된 계약의 당사자이거나 그러한 당사자로서 간주된다는 것을 이 약관에 의하여 명백하게 합의한다."

또는

"본 선하증권의 조건은 화물을 운송하도록 지정된 선박소유자 또는 선박임차인과 송하인 사이에 체결된 운송계약을 구성한다. 전술한 선박소유자나 선박임차인이 아닌 어떤 개인, 기업, 법인, 기타 다른 모든 법적 실체(선박의 선장, 항해사, 선원 그리고 모든 대리인들과 독립계약자들을 포함하여)도, 계약에서 또는 불법행위에서 운송인이나 수탁자로서 또는 달리 어떤 방식으로든지 화물에 대해 책임을 지거나 책임을 지는 것으로 간주되지 않는 것으로 양해되고 합의되었다. 그러나 전술한 선박소유자나 선박임차인이 아닌 다른 사람이 화물의 운송인이나 수탁자이거나 또는 그러한 화물에 대해 책임을 진다고 판결될 경우, 법에 의해 또는 본 선하증권의 조건에 의해 규정된 책임의 모든 제한들과 그러한 책임으로부터의 모든 면제들이 그러한 다른 사람에게 이용이 가능하다."

(b) 선하증권에 포함시키기 위한 약관

"여기에 포함된 책임의 모든 제한들과 기타 다른 규정들은, 운송인, 운송인의 대리인, 선박, 고용인 기타 다른 대표자들의 이익에 적용될 뿐만 아니라, 화물에 대한 용역을 이행하는 모든 독립계약자의 이익에도 적용된다."

판례연구 5-2 **샤리아티 호 사건**

정운송인의 확정과 관련된 우리나라 판례에는 샤리아티 호 사건[19]이 있다.

1. 사실관계

원고는 소외 D철강에게 취소불능신용장을 발행한 은행이고, 피고는 이란 샤리아티 호(이하 "이 사건 선박")를 소유하고 국제해상물건운송업에 종사하는 이란국 법인인데, 피고는 이 사건 선박을 소외 스타쉽핑에게, 스타쉽핑은 소외 링크베스트에게, 링크베스트는 칵스에게 순차로 정기용선하여 주었다. 이 사건 화물이 포항항으로 운송되고 있던 중인 1994년 6월 22일경 칵스는 링크베스트에게, 링크베스트는 스타쉽핑에게, 스타쉽핑은 피고에게 순차로, 이 사건 화물을 이 사건 선하증권과 상환함이 없이 D철강에게 인도하여 줄 것을 요청하면서 그로 인하여 상대방에게 발생될 손해를 모두 배상하여 주겠다는 내용의 각서를 각각 제공하였고, D철강 역시 1994년 7월 15일에 피고에게 이 사건 화물을 이 사건 선하증권과 상환함이 없이 인도하여 줄 것을 요청하면서 그로 인하여 피고에게 발생되는 손해를 모두 배상하여 주겠다는 내용의 각서를 제공하였다. 이 사건 선박의 선장은 이 사건 선하증권을 회수하지 아니한 채 1994년 7월 20일부터 같은 달 22일까지 사이에 D철강이 선임한 하역회사에게 이 사건 화물을 인도하여 주었고, D철강은 이 사건 화물을 D철강 내에 있던 타소장치장에 보관하다가 1994년 7월 26일경 이를 임의로 처분한 후, 같은 해 8월 22일경 부도를 내고 도산하였다.

2. 판결요지

본 사건에서 법원은 "피고는 먼저, 이 사건 선하증권은 이 사건 선박의 정기용선자인 칵스에 의하여 발생되었으므로 이 사건 화물 및 선하증권의 인도 및 회수의무는 오로지 이 사건 화물의 운송인이자 선하증권의 발행인 칵스만이 부담하는 것일 뿐만 아니라, 정기용선계약이 체결된 경우에 화물의 운송에 관한 사항은 전적으로 정기용선자의 권한에 속하는 것으로서 선박소유자 또는 선장은 화물의 인도 등에 관하여 정기용선자의 지시를 거부할 수는 없는 것이므로, 피고가 칵스의 요청에 따라 이 사건 선박의 선장에게 이 사건 화물을 이 사건 선하증권과 상환함이 없이 인도하도록 지시하였다고 하더라도

19) 서울고판 1998. 2. 6, 96나26885.

이는 정기용선자인 칵스의 지시에 따른 것에 불과하여 불법행위를 구성하지 아니 한다고 다투나, 인정 사실에서 본 바와같이 피고와 스타쉽핑과의 정기용선계약에 따라 정기용선자에게 선하증권 원본과의 상환으로 화물을 인도할 의무를 부과하였고, 이 사건 화물에 관하여 순차 정기용선자인 칵스에 의하여 선하증권이 발행된 사실을 잘 알고 있었던 피고가 그의 피용자인 이 사건 선박의 선장으로 하여금 이 사건 화물을 위 선하증권 원본과 상환함이 없이 인도하도록 지시한 이상, 피고가 이 사건 선하증권의 발행인인지 여부 및 정기용선계약에 있어 선박소유자와 정기용선자 사이의 지위관계 여하와 상관없이 이 사건 선하증권의 정당한 소지인인 원고에 대하여 불법행위를 구성한다 할 것이고, 피고가 칵스의 지시에 따라 행동한 것에 불과하다고 하더라고 그러한 사정만으로 원고에 대한 관계에서 불법행위가 되지 아니 한다고 볼 수 없다."라고 판시하여 선박소유자에게 불법행위책임을 인정하고 있다.

3. 사안의 검토

상법 제809조의 취지로 보아 선박소유자와 최종 정기용선자인 칵스가 원고인 제3자에 대하여 연대책임을 져야 한다고 생각된다. 본 법원의 판결에 따른 경우에도 피고인 선박소유자는 원고에게 손해배상을 한 후에, 용선계약 및 각서에 의하여 스타쉽핑과 소외 D철강에게 손해배상을 청구할 수 있다고 하겠다. 또한 스타쉽핑은 링크베스트에게, 링크베스트는 칵스에게 정기용선계약에 의하여 손해배상을 청구할 수 있을 것이다.

제1편
제2편
제3편
제4편
제5편
제6편
제7편
제8편

2 적하손해

제 1 절　적하손해에 대한 책임분배

Ⅰ. 서　　언

정기용선자가 선박소유자로부터 정기용선한 선박에 화물을 선적하여 운항하던 도중에 적하손해가 발생하였다면 선박소유자 또는 정기용선자 가운데 누군가 책임을 져야 한다. 이에 대하여 운송인의 확정에서 이미 검토하였듯이 운송인으로 취급되는 당사자가 손상된 운송물의 소유자인 적하이해관계인에게 책임을 진다고 하겠다. 그러나 이러한 문제는 사건이 발생할 경우마다 쉽게 결정될 수 있는 문제가 아니다. 따라서 1970년 2월에 16개의 선주상호보험조합(P&I Club)은 합의에 의하여 적하손해에 대한 해결기준을 정하였는데, 이를 "Inter-Club NYPE Agreement"라고 한다.

선주상호보험[1]은 선박소유자가 선박을 소유하거나 운항하는 도중에 발생한 사고에 의해 제3자에 대하여 책임을 지게 된 경우, 선박소유자가 상호보험조합을 구성하여 상호 간에 이를 담보해 주기로 약정한 비영리 상호보험을 말한다. 1906년 영국해상보험법 제85조는 "2인 또는 그 이상이 해상손해에 대하여 상호 간에 보상하기로 합의하였을 경우, 이를 상호보험이라고 한다."라고 규정하고 있다. 최근 용선영업의 경우에 용선자는 선박이 선주상호보험에 가입되어 있는 것을 확인하고 선박을 용선한다. 따라서 선박이 선주상호보험에 가입되지 않고서는 선박소유자가 용선영업을 할 수 없다.

1) 선박보험자들이 제3자에 대한 선박의 충돌배상책임의 4분의 3까지만 부보하는 것이 불충분하였으므로, 일종의 상호보험조합인 P&I 클럽이 충돌배상책임의 나머지 4분의 1을 인수하기 위하여 설립되었다. P&I 클럽은 점차 제3자에 대한 모든 배상책임과 선박보험자가 인수하지 않는 기타 위험을 포함하도록 그 위험인수범위를 확대했다. P&I 보험은 오늘날 선박보험증권에 의해 보호되지 않는 거의 모든 위험을 인수한다. 송상현 · 김현, 앞의 책, 601쪽.

Ⅱ. Inter-Club NYPE Agreement

1. 의　　의

뉴욕프로듀스서식(1993) 제27조는 "선박소유자와 정기용선자 사이에 운송물의 손해배상청구는 1984년 5월 개정된 1970년의 인터클럽뉴욕프로듀스익스체인지 협정 또는 그 후의 개정에 따라서 정산한다."라고 규정되어 있다.

Inter-Club NYPE Agreement는 1970년에 시행되어 소멸시효(time limit)의 문제점을 보완하기 위하여 1984년에 개정되었다. 그리고 1996년 일부 조항의 내용을 현실에 맞게 개정하여야 할 필요성이 있어 새로이 재개정되어 1996년 9월 1일부로 시행되고 있다.[2)]

2. 책임의 분배

(1) Inter-Club NYPE Agreement(1984)

Inter-Club NYPE Agreement(1984) 제2조에 의하면 화물클레임은 다음과 같이 선박소유자와 정기용선자 사이에 분할된다.

화물클레임	분담
선박의 감항능력 결여로 인한 화물의 멸실과 손상	선박소유자 100%
화물의 취급상의 부주의로 인한 손해, 선적불량 및 자연감소 등 포함	정기용선자 100%
화물의 인도부족, 좀도둑과 초과운송 포함	선박소유자 50% 정기용선자 50%

2) Inter-Club NYPE Agreement(1996)에 서명한 국제그룹에 해당하는 선주책임상호보험조합의 명단은 다음과 같다.
The American Steamship Owners' Mutual Protection and Indemnity Association, Inc.
Assuranceforeningen Gard (Gjensidig)
Assuranceforeningen Skuld (Gjensidig)
The Britannia Steam Ship Insurance Association Limited
The Japan Ship Owners' Mutual Protection and Indemnity Association
Liverpool and London Steamship Protection and Indemnity Association Limited
The London Steam-Ship Owners' Mutual Insurance Association Limited
The Newcastle Protection and Indemnity Association
The North of England Protecting and Indemnity Association Limited
The Shipowners' Mutual Protection and Indemnity Association (Luxembourg)

(2) Inter-Club NYPE Agreement(1996)

Inter-Club NYPE Agreement(1996) 제8조에 의하면 화물클레임은 다음과같이 선박소유자와 정기용선자 사이에 분할된다.

1) 클레임이 선박이 감항능력이 없거나 혹은 선박의 항해/경영상의 문제에 의해 발생했을 경우에 100% 선박소유자가 부담하나, 선박소유자가 불감항성이 선적, 적하, 고박, 양하 또는 기타 화물취급과 관련하여 발생했다는 것을 증명할 수 있다면 그 클레임은 아래 2)항에 따라 처리된다.

2) 클레임이 화물의 선적, 선적, 고박, 양하, 저장, 기타 취급방법에 의해 발생했을 때, 100% 정기용선자가 부담하게 된다. 그러나 뉴욕프로듀스서식(1993) 제8조에 "그리고 책임(and responsibility)"이라는 어구가 삽입되거나, 선장이 화물취급방법에 대하여 책임을 진다는 수정문구가 있다면, 선박소유자와 정기용선자가 50%씩 분담한다.

3) 화물부족이나 과도한 경우의 클레임은 선박소유자와 정기용선자가 반반씩 부담한다. 그러나 그 같은 화물의 부족분이 어느 일방이나 그의 하수인 또는 대리계약자에 의한 도둑, 태만 등에 의해 야기되었다면, 그 일방이 클레임의 100%를 책임지게 된다.

4) 상기에 명시된 경우를 제외한 모든 경우의 클레임은(화물지연클레임을 포함하여) 선박소유자와 정기용선자가 50:50으로 분담하게 된다. 그러나 어느 한 당사자 측의 행위 또는 태만으로 인하여 발생한 것이 분명한 증거가 있는 경우, 그 당사자가 청구의 100%를 분담한다.

Skuld Mutual Protection and Indemnity Association (Bermuda) Limited
The Standard Steamship Owners' Protection and Indemnity Association Limited
The Standard Steamship Owners' Protection and Indemnity Association (Bermuda) Limited
The Standard Steamship Owners' Protection and Indemnity Association (Europe) Limited
The Steamship Mutual Underwriting Association Limited
The Steamship Mutual Underwriting Association (Bermuda) Limited
The Steamship Mutual Underwriting Association (Europe) Limited
Sveriges Angfartygs Assurans Forening (The Swedish Club)
The United Kingdom Mutual Steam Ship Assurance Association (Bermuda) Limited
The West of England Ship Owners' Mutual Insurance Association (Luxembourg)

제 2 절 판례검토

적하손해에 대한 책임분배를 연구하기 위하여 시대적 순서에 입각하여 영국판례를 검토한다.

I. Benlawers호 사건

선박소유자 Ben Line사와 정기용선자 PSNC사는 1977년 7월 22일에 1항차(영국/남미) 동안 Benlawers호에 대한 정기용선계약을 체결하였다. 정기용선계약은 1977년 11월 24일에 정기용선자가 추가로 1항차를 더 사용할 수 있도록 연장되었다. 정기용선계약은 뉴욕프로듀스서식으로 체결되었으며 적하손해에 대하여는 Inter-Club NYPE Agreement에 의하여 해결하도록 규정되어 있었다. 운송 도중에 적하화물인 양파가 발아되어 손해가 발생하자 적하이해관계인은 선박소유자와 정기용선자를 상대로 손해배상을 청구하였다. 선박소유자는 적하이해관계인에게 손해배상금액을 지급하고 정기용선자에게 구상을 청구하였다. 선박소유자는 "양파의 발아는 정기용선자의 과실에 의하여 발생하였으므로 Inter-Club NYPE Agreement에 의하여 정기용선자가 손해배상금액의 전액 또는 50%에 대하여 책임을 져야 한다."라고 주장하였다. 정기용선자는 "양파의 운송은 특별한 경우가 아니라 영국과 남미 간 통상 이루어지므로 선박소유자는 선박이 양파의 운송에 적합하도록 상태를 유지할 의무가 있다. 따라서 양파의 발아는 전적으로 선박소유자의 책임이다."라고 주장하였다. 중재인은 선박소유자에게 패소판정을 하였다. 1심 법원 Hobhouse판사는 "선박소유사는 양파가 발아하지 않도록 열을 차단시킬 의무가 있다. 이와 같은 감하능력의 결여는 불감항능력에 해당하므로 선박소유자가 적하손해에 대하여 책임을 져야 한다."라고 판시하면서 선박소유자에게 패소판결을 하였다.[3)]

제1편
제2편
제3편
제4편
제5편
제6편
제7편
제8편

---
3) Ben Line Steamers v. Pacific Steam Navigation Co. – The Benlawers [1989] 2 Lloyd's Rep. 51 (Q.B.).

Ⅱ. Labrador호 사건

선박소유자 Control사와 정기용선자 Chantara사는 1987년 7월 27일에 1항차(페루/알제리아) 동안 Labrador호에 대한 정기용선계약을 체결하였다. 선박소유자는 선박을 NPIA 선주상호보험조합에 가입하였고 정기용선자는 Gard 선주상호보험조합에 가입하였다. 적하이해관계인 ONAB는 적하보험을 CAAT사에 부보하였다. 운송물인 포장어분이 Oran 항에서 양하작업 중 4번과 5번 화물실에서 과열로 화재가 발생하여 화물이 손상을 입게 되었다. 이에 적하이해관계인은 미화 1,411,115불의 손해배상을 청구하여 선박을 압류하려 하자, 선박소유자는 NPIA 선주상호보험조합의 보증서(letter of guarantee)를 발급하고 선박을 해방시켰다. 한편, NPIA 선주상호보험조합은 Gard 선주상호보험조합으로부터 보증서(letter of guarantee)를 받았는데 보증서에 의하면 NPIA 선주상호보험조합은 손해배상을 해결하기 위한 어떠한 제의도 Gard 선주상호보험조합에게 통지하기로 되어 있었다. 적하손해의 원인이 정기용선자에게 있다고 판명되어 NPIA 선주상호보험조합은 CAAT사와 합의가 이루어졌으나 Gard 선주상호보험조합에 통지하지 않았다. NPIA 선주상호보험조합이 Gard 선주상호보험조합에게 구상을 청구할 시점에는 이미 정기용선자가 파산한 상태였다. 원고 NPIA 선주상호보험조합은 "정기용선자의 파산으로 정기용선계약이 프러스트레이션이 되었으므로 Gard 선주상호보험조합의 보상문제는 1심 법원에 의하여 해결되어야 한다."라고 주장하였다. 피고 Gard 선주상호보험조합은 "정기용선자의 파산으로 중재약관은 의미가 없어졌다. Gard 선주상호보험조합은 손해배상의 판정이나 합의가 있어야만 책임을 진다. 그런데 NPIA 선주상호보험조합은 보증서에 규정된 데로 합의사실을 통지하지 않았으므로 조건을 위반하였다."라고 주장하였다. 1심 법원 Colman판사는 "정기용선자의 과실로 화물이 손상되었을 경우에 Gard 선주상호보험조합은 보증서에 의하여 NPIA 선주상호보험조합에 책임을 진다. 합의사실의 통지여부는 본 사건에서 조건이 될 수 없다."라고 판시하면서 NPIA 선주상호보험조합에게 승소판결을 하였다.[4)]

4) Newcastle Protection and Indemnity Association Ltd. v. Assurance Fornigen Gard Gjensidig – The Labrador [1998] 2 Lloyd's Rep. 387.

Ⅲ. Goodpal호 사건

정기용선자 Boesen사는 선박소유자 Merit Shipping사로부터 Goodpal호를 1항차(남미/중국) 동안 1995년 3월 1일에 정기용선하여, 동일한 조건으로 Finagrain사에게 재정기용선하였다. 첫 번째 양하지인 Zhangjiagang 항에서 선하증권상의 양하량은 19,006.01톤이었다. 그러나 선장은 수하인의 요청에 의하여 수하인으로부터 보증서 (letter of indemnity)를 받고 약 450톤이 초과된 19,445톤을 양하하였다. 두 번째 양하지인 Fangcheng 항에서 첫 번째 양하지에서 초과량을 양하하였기 때문에 선하증권상의 양하량인 13,993.90톤 대신에 13,451.50톤만을 양하할 수 있었다. 이에 적하이해관계인은 선박을 압류하였고 선박소유자는 미화 280,000불에 해당하는 선주상호보험조합의 보증서를 발급하고 선박을 해방시켰다. 결과적으로 선박소유자는 미화 140,000불을 수하인에게 지급하고 정기용선자에게 구상을 청구하였고 정기용선자는 재정기용선자에게 구상을 청구하였다. 선박소유자는 "첫 번째 양항에서 수하인은 정기용선자의 대리인자격으로 추가양하를 선상에세 지시하였으므로 두 번째 양항에서의 화물부족에 대한 손해배상에 대하여 정기용선자가 책임을 져야 한다."라고 주장하였다. 정기용선자는 "정기용선자는 수하인에게 초과량의 양하를 지시한 적이 전혀 없으므로 선박소유자가 책임을 져야 한다."라고 주장하였다. 중재인은 선박소유자에게 패소판정을 하였다. 1심 법원 Colman판사는 "수하인은 정기용선자의 대리점이 아니므로 선박소유자는 정기용선자가 아니라 보증서를 제공한 수하인에게 손해배상의 구상을 청구하여야 한다."라고 중재판정을 확인 · 지지하면서 선박소유자에게 패소판결을 하였다.[5)]

Ⅳ. Elpa호 사건

선박소유자 Transpacific Discovery사와 정기용선자 Cargill사는 흑해에서 멕시코 동해안으로 항해하는 1항차 동안 Elpa호에 대한 뉴욕프로듀스서식에 의한 정기용선계약을 체결하였다. 항해 도중에 선박이 감항능력이 없어 화재가 발생하여 화물이 손상하였다. 선박소유자는 적하이해관계인에게 적하손해에 대하여 손해배상을 한 후에 정기용선자에게 구상

5) Merit Shipping Inc. v. T.K. Boesen A/S – The Goodpal [2000] 1 Lloyd's Rep. 638 (Q.B.).

을 청구하였다. 선박소유자는 "선하증권은 선적일 전에 선일자로 본선수취증과 일치하지 않게 발행되었으므로 Inter-Club NYPE Agreement는 적용되지 않는다. 따라서 적하손해가 선박의 불감항성에 의하여 발생하였지만 책임이 없다."라고 주장하였다. 정기용선자는 "선하증권이 본선수취증과 일치하지 않더라도 Inter-Club NYPE Agreement는 적용되므로 선박의 불감항성으로 인하여 발생한 손해는 선박소유자가 책임을 진다."라고 주장하였다. 중재인은 "선하증권에 결함이 있더라도 Inter-Club NYPE Agreement는 적용된다."라고 판정하였다. 1심 법원 Morison판사는 "선하증권에 결함이 있더라고 화물이 선적되고 선하증권에 헤이그-비스비규칙이 적용된다면 Inter-Club NYPE Agreement는 적용된다."라고 판시하면서 정기용선자에게 승소판결을 하였다.[6)]

V. 검토 결과

이제까지 영국판례를 검토한 결과, Benlawers호 사건에서 선박소유자가 선박의 감항능력 주의의무를 위반하여 적하손해가 발생하였다면 선박소유자가 책임을 진다는 것을 확인하였다. Labrador호 사건에서는 적하손해의 원인이 정기용선자에게 있는 경우, 선박소유자에게 정기용선자의 선주상호보험조합이 보증서를 제공하였다면, 정기용선자가 파산하여도 정기용선자의 선주상호보험조합이 책임을 진다는 것을 확인하였다. 또한 Goodpal호 사건에서 수하인이 선박소유자에게 보증서를 제출하고 첫 번째 양하지에서 선하증권상 양하량보다 초과되어 양하하였다면, 이에 대하여 책임을 지는 자는 정기용선자가 아니라 보증서를 제출한 수하인이라는 것을 확인하였다. 그리고 Elpa호 사건에서 적하손해의 원인이 선박의 불감항성이라면 선하증권에 결함이 있더라도, 화물이 선적되고 선하증권에 헤이그-비스비규칙이 적용된다면 Inter-Club NYPE Agreement가 적용된다는 것을 확인하였다.

6) Transpacific Discovery S.A. v. Cargill International S.A. - The Elpa [2001] 2 Lloyd's Rep. 596; [2001] 1 All E.R. (Comm.) 937 (Q.B.).

3 해상 위험

제 1 절 선박충돌

Ⅰ. 서 언

우리나라 상법 제876조는 선박충돌에 대하여 제2항에서 "선박충돌이란 2척 이상의 선박이 그 운용상 작위 또는 부작위로 선박 상호 간에 다른 선박 또는 선박 내에 있는 사람 또는 물건에 손해를 생기게 하는 것을 말하며, 직접적인 접촉의 유무를 묻지 아니한다."라고 규정하고 있다.

선박충돌로 인하여 발생하는 손해배상의 책임관계는 다양하게 발생하지만 주로 선박소유자의 불법행위 또는 채무불이행에 관한 책임관계가 문제가 된다. 선박소유자의 채무불이행책임은 해당 운송계약의 당사자인 운송인으로서의 선박소유자와 운송물에 대한 권리자 간에 성립할 것이나, 이때는 대부분 운송인의 항해과실에 대하여 면책이 성립된다. 즉, 선박충돌로 인하여 당해 선박에 선적되어 있는 운송물에 손해가 발생한 경우, 운송인으로서의 당해 선박소유자는 선하증권에 나타난 운송계약의 조건 및 관련 법규에 의해 항해과실 면책의 적용을 받는다. 또한 정기용선자가 자기의 명의로 인수한 운송계약이라 하더라도 선박소유자는 실제 운송인으로서 불법행위책임을 지며 이때도 운송계약 또는 상법규정의 면책약관이나 책임제한규정의 적용을 받으므로, 당해 선박소유자는 대부분 책임을 면한다. 따라서 선박충돌로 인한 손해배상책임에 관하여는 주로 충돌한 선박 상호 간, 또는 상대 선박소유자 및 상대 선박에 선적된 운송물의 권리자, 그리고 선박과의 충돌로 인하여 손해를 입은 부두시설, 교량, 해저파이프 등의 권리자 등 다양한 제3자와 선박소유자 혹은 당해 선박 간의 불법행위에 관한 책임관계가 논의된다.[1] 그러나 선박이 정기용선된 경우, 정

1) 이창희, 개정방안, 132-133쪽.

기용선자가 운항 중 다른 선박 또는 기타 구조물 등과 충돌하여 발생된 손해에 대하여 선박소유자와 정기용선자 중 누가 책임을 부담하는가의 여부가 문제가 되는데, 이에 대하여 살펴본다.

Ⅱ. 선박 간의 충돌

선박 간의 충돌에 의한 손해배상의 국제적 기본원칙은 국제해법회(CMI)가 1910년 채택한 선박충돌협약이다. 또한 국제해법회는 선박충돌의 결과 발생한 손해배상금의 산정을 위한 구체적이고 통일된 원칙을 제공하기 위하여 1987년에 "선박충돌에 있어서 손해배상금의 산정에 관한 리스본규칙"을 채택하기도 하였으나, 이것은 법적 강제력을 지니지 않고 당사자들 간의 합의에 의하여 자발적으로 사용할 수 있는 산정방법의 성격을 지닌 것이다.[2]

우리나라 상법은 선박충돌에 대하여 제877조[3]에서 불가항력으로 인한 충돌, 제878조[4]에서 일방의 과실로 인한 충돌, 제879조[5]에서 쌍방의 과실로 인한 충돌 그리고 제880조에서 도선사의 과실로 인한 충돌을 규정하고 있다.

1. 선원의 과실로 인한 선박충돌

선원의 과실로 인하여 발생한 선박충돌에 대하여 정기용선자가 책임을 진다는 견해와 선박소유자가 책임을 진다는 견해가 있다.

(1) 정기용선자가 책임을 진다는 견해

정기용선계약의 법적 성질을 혼합계약으로 파악하는 견해[6]에 의하면, 정기용선자는

2) 위의 논문, 134쪽.

3) 상법 제877조는 "선박의 충돌이 불가항력으로 인하여 발생하거나 충돌의 원인이 명백하지 아니한 때에는 피해자는 충돌로 인한 손해의 배상을 청구하지 못한다."라고 규정하고 있다.

4) 상법 제878조는 "선박의 충돌이 일방의 선원의 과실로 인하여 발생한 때에는 그 일방의 선박소유자는 피해자에 대하여 충돌로 인한 손해를 배상할 책임이 있다."라고 규정하고 있다.

5) 상법 제879조는 "① 선박의 충돌이 쌍방의 선원의 과실로 인하여 발생한 때에는 쌍방의 과실의 경중에 따라 각 선박소유자가 손해배상의 책임을 분담한다. 이 경우 그 과실의 경중을 판정할 수 없는 때에는 손해배상의 책임을 균분하여 부담한다. ② 제1항의 경우에 제3자의 사상에 대한 손해배상은 쌍방의 선박소유자가 연대하여 그 책임을 진다."라고 규정하고 있다.

6) 박세민, 앞의 논문, 415쪽; 서돈각 · 서정항, 앞의 책, 399쪽; 서돈각 · 정완용, 앞의 책, 563쪽; 손주찬, 앞의 책, 777쪽.

선박임차인에 준하는 해상기업의 주체로 취급되므로 선박의 운항과 관련한 선장 등의 불법행위에 대하여도 그 사용자로서 책임을 지는 것은 당연하다고 한다. 또한 정기용선계약을 선박의 점유 · 이전이 없는 특수한 계약으로 보는 견해[7]에서도 선원의 불법행위로 인한 충돌 책임은 당연히 기업자인 정기용선자가 부담한다.[8]

일본의 한 해운회사가 볼타임서식에 의거하여 정기용선한 Liberia선적 Full Moon호가 일본 어선과 충돌한 결과로 생긴 어선원의 사망사고라는 제3자 손해에 대하여, 1974년 6월 하급심(동경지방재판소)에서 정기용선자인 일본해운회사의 책임을 인정한 사건이 있었다. 이 하급심의 판결에 대하여 그 결론에 찬성하는 견해도 있었지만 일본선주협회 등 해운실무계나 일부학자들은 세계적인 해운관행에 반한 판결이라고 비판하였다. 비판하는 견해는 정기용선된 선박의 충돌로 인한 대외적 책임은 선박소유자가 부담하여야 한다는 것으로 영미법에서의 해석과 같은 결론이다. 그 논거로는 감항능력 주의의무가 있는 선박소유자가 부적격한 선장이나 선원을 승무시키는 것은 선박불감항의 원인이 되며, 더욱이 선박의 충돌, 좌초 등은 항해기술상의 문제이며 안전한 항해의 견지에서 당연히 고용주인 선박소유자의 책임이라는 것이다.[9]

(2) 선박소유자가 책임을 진다는 견해

정기용선계약에 관한 표준약관의 해석에 의하면, 정기용선자는 선박의 운항에 관해 선장에 대한 완전한 지휘 · 명령권이 아니라 상사적 사항의 범위 내에서만 지시권을 가질 뿐이므로 선박의 점유가 이전되어 선장이 정기용선자의 점유보조자가 되는 것은 아니다. 또 선박충돌과 같은 불법행위의 경우에 정기용선자를 선박소유자로 인식하는 피해자의 외관신뢰가 성립할 여지가 없으므로 이를 특별히 보호할 필요도 없는 것이다. 그리고 정기용선자와 선박임차인 간의 유사성을 근거로 선박충돌에 의한 책임을 정기용선자에게 지워야 한다고 본다면 순수한 의미의 정기용선자의 경우에는 선박의 안성항해에 관해 선원을 지휘 · 감독할 의사도 능력도 없는 것이 보통인데, 그런 경우에까지 선박임차인과의 유사성을 이유로 충돌사고에 대한 외부적 책임을 지운다는 것은 불합리하다고 할 수밖에 없다. 따라서 정기용선계약서 표준약관의 해석으로는 적어도 해기사항에 관하여 선장에 대한 지도력을 갖는

7) 양승규 · 박길준, 앞의 책, 621쪽; 정동윤, 앞의 책, 824-825쪽.
8) 이승호, 앞의 논문, 160-161쪽.
9) 임동철, "정기용선계약과 선주 · 용선자의 대외적 책임에 관하여", 「한국해법학회지」 제8권 제1호, 한국해법학회, 1986, 127쪽.

것은 선박소유자라고 할 수 있는데, 선박소유자가 부적격한 선원을 승선시키는 것은 선박불감항의 원인이 되며, 더욱이 선박의 충돌 · 좌초 등은 항해기술상의 문제로서 안전항해의 견지에서 당연히 선원의 고용주인 선박소유자가 책임을 져야 할 사항인 것이다. 그런데도 충돌손해에 대한 책임을 정기용선자에게 지운다면, 이는 해기사항에 관해 선장에 대한 지시권이 없는 자에게 선박의 항해상의 과오에 기한 책임을 전가시키는 결과가 되어 부당하다고 하지 않을 수 없다. 그러므로 운송계약설에서와같이 선박충돌에 대한 책임은 선박소유자에게 속한다고 보는 선박소유자가 책임을 진다는 견해는 타당하다고 한다.[10] 선박충돌의 경우에 정기용선자가 자신의 선원을 고용하지 않은 이상 선박소유자가 책임을 진다는 것은 해운실무에서는 당연한 법감정이라고 여겨진다.[11]

한편 영미의 해상법에서는 선박충돌이 발생한 경우에 피해자는 선박을 상대로 대물소송을 제기할 수 있으므로 선박소유자는 자기의 책임유무와 관계없이 일단 손해배상을 하게 된다. 그리고 인적책임과 대물책임은 전혀 별개의 것이므로 정기용선된 선박이 충돌사고를 일으킨 경우에 선박소유자와 정기용선자 중 누가 인적책임을 지는가를 판단하여 만일 정기용선자에게 책임이 있다고 인정되면 선박소유자가 정기용선자에 대하여 구상권을 행사하게 된다.[12]

(3) 우리나라 판례의 견해

우리나라 대법원은 "정기용선계약에 있어서 선박의 점유, 선장 및 선원에 대한 임면권, 그리고 선박에 대한 전반적인 지배관리권은 모두 선박소유자에게 있고, 특히 화물의 선적, 보관 및 양하 등에 관련된 상사적인 사항과 달리 선박의 항행 및 관리에 관련된 해기적인 사항에 관한 한 선장 및 선원들에 대한 객관적인 지휘 · 감독권은 달리 특별한 사정이 없는 한 오로지 선박소유자에게 있다고 할 것이다. … 정기용선된 선박의 선장이 항행상의 과실로 충돌사고를 일으켜 제3자에게 손해를 가한 경우에 정기용선자가 아니라 선박소유자가 선장의 사용자로서 … 배상책임을 부담하는 것이고 … 다만 정기용선자에게 민법상의 일반 불법행위책임 내지는 사용자책임을 부담시킬 만한 귀책사유가 인정되는 때에는 정기용선자도 그에 따른 배상책임을 별도로 부담할 수 있다고 할 것이다."라고 판시하였다.[13]

---

10) 김동훈, "정기용선의 외부적 법률관계에 관한 소고", 「한국해법학회지」 제13권 제1호, 한국해법학회, 1991, 121-123쪽. (이하 "김동훈, 외부적 법률관계"이라고 한다.).

11) 김인현, "정기용선 중인 선박의 충돌사고에 대한 책임주체", 「한국해법학회지」 제19권 제1호, 한국해법학회, 1997, 202쪽.

12) 이승호, 앞의 논문, 164쪽.

(4) 검 토

정기용선자의 선장지휘권은 상사적 사항에 대하여 갖는 것이고 선박의 운항에 관한 항해상 사항은 선박소유자의 고유한 책임범위에 속하는 것이다. 따라서 선박의 항해상 사항에 대한 선장 또는 선원의 과실로 인하여 발생한 충돌사고에 대하여 선박소유자가 책임을 지는 것이 타당하다.

2. 도선사의 과실로 인한 선박충돌

정기용선된 선박의 선박충돌과 관련하여 도선사가 승선하고 있는 동안에 발생한 사고의 경우에도 선박소유자와 정기용선자 중에서 누가 책임을 부담하는가에 대하여 논의가 있을 수 있다. 여기서 정기용선된 선박의 선장 등 선원의 과실에 의한 충돌에 대한 책임이 정기용선자에게 있다고 보는 입장에서는 도선사를 누가 수배했느냐에 관계없이 당연히 정기용선자가 책임을 진다고 볼 것이나, 선원의 과실에 의한 충돌의 책임이 선박소유자에게 있다고 보는 입장에서는 도선이 해기사항임에는 틀림이 없으나, 그 수배와 비용부담이 정기용선자의 몫이라는 점에서 도선사가 누구의 피용자로 되는지의 판단이 어렵게 되는 것이다.[14]

우리나라 상법 제880조는 도선사의 과실로 인한 충돌에 대하여 "선박의 충돌이 도선사의 과실로 인하여 발생한 경우에도 선박소유자는 제878조 및 제879조를 준용하여 손해를 배상할 책임이 있다."라고 규정하고 있다. 이때의 도선사는 임의도선사이든 강제도선사이든 묻지 않으며, 이들을 선박사용인으로 보아 사용자인 선박소유자에게 책임을 지우고 있다.[15]

도선사가 승선 중에 발생한 사고에 대하여는 판단의 어려움이 예상된다. 입항이나 출항 시 도선사의 수배와 도선료는 정기용선자의 부담이 대부분이다. 도선이 해기사항임에는 틀림이 없으나 그 수배와 비용부담이 정기용선자의 몫이라는 점에서 도선사가 선박소유자의 피용자로 되는지 아니면 정기용선자의 피용자로 되는지의 판단이 쉽지 않다. 그러나 정기용선자가 도선사를 수배하고 도선료를 지급하는 것은 이것이 선박의 운항(영업)과 관련한 사항이기 때문인 것이고 도선행위는 선박의 안전에 관련되고 그 자체는 선장을 보좌하는 것으로 보는 것이 일반적이다. 이러한 관점에서 본다면 도선사 승선 중의 사고도 여전히 선박

13) 대판 2003. 8. 22, 2001다65977.
14) 이승호, 앞의 논문, 168-169쪽
15) 위의 논문, 169쪽.

소유자의 책임이 될 것이다.[16)]

영국의 경우에도 도선사의 과실에 의한 책임은 선박소유자가 책임을 지는 것으로 해석하고 있으나, 다만 미국의 경우는 강제도선사의 경우에는 사용자책임의 법리가 적용되지 않는다는 입장으로 선박소유자는 강제도선사의 과실로 인한 경우에는 책임을 지지 않는다고 하고 있다.[17)]

Ⅲ. 선박과 기타 구조물과의 충돌

항해 중인 선박과 기타 구조물 간의 충돌, 즉 우리 상법의 선박충돌에 관한 규정이 규율하고 있는 사항이 아닌, 해당 선박과 부두시설물 혹은 해상유전에 관한 굴착시설 등과의 충돌에 의한 손해의 경우에 손해를 입은 제3자는 해당 선박의 소유자를 상대로 불법행위책임에 기인한 손해배상을 청구하든지, 혹은 영미법에서는 대물소송에 의하여 해당 선박을 상대로 손해배상을 청구할 수 있다. 한편 이러한 사고가 정기용선기간 중에 발생한 경우, 해운실무의 관행과 영미의 판례가 기본적으로 해기사항은 선박소유자의 책임으로 보고 있으므로, 선박충돌과 관련한 손해의 책임은 기본적으로는 선박소유자의 것이 된다.[18)]

BIMCO Both-to-Blame Collision Clause

If the Vessel comes into collision with another ship as a result of the negligence of the other ship and any act, neglect or default of the Master, Mariner, Pilot or the servants of the Carrier in the navigation or in the management of the Vessel, the owners of the cargo carried hereunder will indemnify the Carrier against all loss or liability to the other or non-carrying ship or her Owners in so far as such loss or liability represents loss of, or damage to, or any claim whatsoever of the owners of said cargo, paid or payable by the other or non-carrying ship or her Owners to the owners of said cargo and set-off, recouped or recovered by the other or non-carrying ship or her Owners as part of their claim against the carrying Vessel or Carrier. The foregoing provisions shall also apply where the Owners, operators or those in charge of any ship or ships or objects other than, or in addition to, the colliding ships or objects are at fault in respect of a collision or contact.

16) 김인현, 앞의 논문 202-203쪽.
17) 이승호, 앞의 논문, 169쪽.
18) 이창희, 개정방안, 139쪽.

BIMCO 쌍방과실충돌약관

선박의 항해나 관리에서 다른 선박의 과실, 선장, 선원, 도선사, 운송인의 고용인 등의 행위, 부주의, 태만의 결과로서 선박이 다른 선박과 충돌할 경우, 본 계약에 의해 운송되는 화물의 소유자는 다른 선박, 비운송선박, 그러한 선박의 선박소유자 등에 의한 모든 손실, 책임 등에 대하여 운송인에게 배상할 것이다. 단, 그러한 손실이나 책임이 전술한 화물의 소유자의 손실, 손상, 모든 청구권을 나타내고, 그러한 손실, 손상, 청구권 등이 전술한 화물의 소유자에게 다른 선박, 비운송선박, 그러한 선박의 선박소유자 등에 의해 지급이 되거나 지급이 가능하고, 운송선박이나 운송인에 대한 그들의 청구권의 일부로서 다른 선박, 비운송선박, 그러한 선박의 선박소유자 등에 의해 상계되거나 보상되거나 배상될 경우에 그러할 것이다. 충돌선박들이나 대상들을 제외하거나 포함하여, 어떤 선박이나 선박들이나 대상들의 선박소유자, 운영자, 책임자 등이 충돌이나 접촉에 대하여 과실이 있는 경우에도, 전술한 조항들이 역시 적용된다.

해설: 선박 간의 충돌사고로 화물을 운송중인 운송인과 다른 선박소유자가 적하이해관계인에게 불법행위로 인한 연대책임을 지게 되는 경우에 사용되는 약관이다. 적하이해관계인은 충돌사고로 인하여 발생한 화물에 대한 손해배싱을 다른 선박소유자에게 청구하여 구상을 받는다. 또한 다른 선박소유자는 적하이해관계인에게 지급한 손해배상금액 중 과실비율에 근거하여 화물의 운송인으로부터 구상을 받는다. 결과적으로 운송인은 적하이해관계인에 의하여 간접적으로 화물손상에 대한 손해배상을 하게 된다. 그러나 화물을 운송 중인 운송인은 대부분 항해과실에 대하여 면책이므로 모순이 발생한다. 이러한 모순을 해결하기 위하여 "쌍방과실충돌약관"은 "화물손상에 대한 손해배상금액 중 운송인이 다른 선박의 선박소유자에게 지급한 과실비율에 해당하는 손해배상금액을 적하이해관계인이 운송인에게 보상하여야 한다."라고 규정하고 있다.

제 2 절 공동해손

Ⅰ. 의 의

공동해손(General Average)이라 함은 절박한 위험에 처하여 선박 및 기타 이익의 보존을 위하여 고의로 선박 및 적하에 행하여진 희생 또는 공동의 이익을 위하여 지출된 비상한 비용을 보상하기 위하여 해상모험의 당사자 전원이 이를 분담하는 제도이다.[19]

Ⅱ. 공동해손의 연혁

공동해손제도는 기원전 916년에 공포된 세계 최초의 해상법이라고 하는 Rhodian Law of General Average에 규정된 것으로 보이나, 그 이전부터 시행되어온 제도이다. Rhodian Law를 인용한 유스티니아 법전에 의하면 공동해손은 "만일 선박의 무게를 가볍게 하기 위해 화물의 일부를 해중에 투하하였을 때 이에 대한 희생은 전체가 분담하여야 한다." 라고 정의된다.[20] 선박에 내습한 해난으로부터 탈출하는 방법으로, 본능적으로 적하를 해상으로 던져 선체를 가볍게 하는 것을 고대인들도 알고 있었고, 그것이 관습으로 행하여지게 되었던 것이다. 이 경우에 선박과 적하가 동일인의 소유에 속하였다면 공동해손의 문제는 생기지 않는 것이고, 그 양자가 서로 다른 경우에 투하라고 하는 특정 개인의 소유권에 대한 침해행위가 정당화되는 반면, 이해관계자에 의한 분담이라는 문제가 발생하여, 그것이 관습으로 정착되고 나아가 법을 형성하기에 이르게 된 것이다.[21]

Ⅲ. 성립요건

1. 공동의 위험이 있어야 한다

공동해손이 성립하기 위해서는 해상사업 단체를 구성하는 선박과 적하의 공동안전을 위협하는 현실적인 공동의 위험이 존재하여야 한다. 그 위험의 종류와 발생원인의 종류에 관계하지 않고 위험이 현실적으로 반드시 존재하여야 한다.

19) 최용춘, "공동해손에 관한 소고", 「한국해법학회지」 제13권 제1호, 한국해법학회, 1991, 135쪽.
20) 김정수, 「해상보험론」, (서울: 박영사, 2003), 435쪽.
21) 최용춘, 앞의 논문, 136쪽.

2. 공동해손의 행위가 있어야 한다

공동해손이 성립하기 위해서는 선박과 적하를 공동의 위험으로부터 보호하기 위하여 공동안전을 위한 고의적이고 합리적인 처분행위가 있어야 한다. 이를 공동해손행위(general average act)라고 한다.[22)]

3. 희생 또는 비용이 발생하여야 한다

공동해손이 발생하기 위해서는 공동위험을 피하기 위한 선장의 처분에 의하여 희생 또는 비용이 실제로 발생하여야 한다. 여기에서 희생 또는 비용은 선장의 처분에 의해 발생된 것에 한하므로 선장의 처분이 아닌 공동위험 자체에 의하여 발생된 손해 예컨대 악천후로 인한 적하의 멸실, 화재로 인한 적하의 소실 등은 공동해손이 되지 못한다.

4. 처분이 주효하여야 한다

공동해손이 발생하기 위해서는 선장의 처분이 주효하여 선박소유자 또는 적하소유자가 실제로 이익을 받았어야 한다.[23)]

Ⅳ. 정기용선계약 하에서의 공동해손

정기용선계약 하에서 발생된 공동해손의 법적 효과는 표준약관에서 요크-앤트워프규칙(York Antwerp Rules)에 따라 처리하도록 규정하고 있지만 동 규칙 자체에서도 정기용선계약에 있어서의 공동해손의 처리에 관해 특별한 규정을 두고 있지 않다.

1. 선　　박

정기용선자도 선박의 이해관계인으로서 선박이 입은 손해에 대하여 공동해손의 분담

22) 박용섭, 「해상보험법」, (부산: 효성출판사, 1995), 499-500쪽.
23) 강남호, 앞의 책, 258-259쪽.

청구를 하거나 적하손해에 대하여 선박에 의한 분담의무만을 지는가의 여부가 문제가 된다. 운송계약설의 처지와같이 정기용선자를 선박용역의 이용권만을 갖는 운송인으로 보는 경우, 정기용선자는 그러한 분담청구권 또는 분담의무를 갖지 않게 된다고 보는 것이 당연하다. 또한 혼합계약설이나 특수계약서에서와같이 정기용선자는 선박임차인에 준하는 지위에 선다고 보더라고, 그 자는 선박에 관해 소유권적 이익을 갖는 자는 아니므로 선박의 이익관계인이라 할 수 없고 따라서 그러한 이익 · 의무를 갖는다고 볼 수도 없을 것이다. 결국 이 점에 관한 한 정기용선계약의 성질에 대하여 어떤 견해를 취하든 동일한 결론에 이른다고 할 수 있다.

2. 적하 및 운임

정기용선자가 적하의 소유자인 경우에는 그 적하에 관하여, 그리고 정기용선자가 제3자와 운송계약을 체결한 경우에는 그 운임 및 기타의 비용에 관하여 이익관계인이 된다고 할 수 있고, 따라서 이들이 공동손해처분의 대상이 되거나 처분으로 잔존한 경우에는 분담청구권 또는 분담의무를 진다고 보아야 한다.

예컨대 정기용선자가 적하이해관계인으로부터 취득하게 될 운임이 공동해손처분으로 상실된 경우에는 그 운임의 상실은 공동해손의 손해가 되고, 공동해손처분에 의해 적하이해관계인의 적하가 잔존한 때에는 운임은 그 희생손해에 대하여 분담재단의 특성부분이 되는 것이다.

3. 용 선 료

용선료도 공동해손의 분담 또는 청구의 목적물이 될 수 있는가의 여부가 문제가 된다. 혼합계약설이나 특수계약설에 의하면 용선료는 선박임대료이고 운임이 아니기 때문에 이를 부인하게 될 것이나, 운송계약설에 의하면 용선료도 운임으로 볼 수 있으므로 이를 긍정할 여지가 있다. 용선료는 공동해손이 발생한 당해 항해로 인하여 취득되는 것이 아니고 일정기간의 선박용역의 이용에 의하여 취득되는 것인데, 당해 항해의 공동위험을 정기용선자의 운임이 이미 부담하고 있음에도 이와는 별도로 선박소유자의 용선료도 함께 그 위험을 부담하도록 한다면 이중의 위험부담을 지우는 것이 될 것이므로 이를 부인하여야 할 것이다.

BIMCO General Average

General Average shall be adjusted, stated and settled according to York-Antwerp Rules 1994 or any subsequent modification thereof, in London unless another place is agreed in the Charter.

Cargo's contribution to General Average shall be paid to the Carrier even when such average is the result of a fault, neglect or error of the Master, Pilot or Crew.

BIMCO 공동해손

다른 장소가 용선계약에서 합의되지 않은 경우에 런던에서, 1994년의 요크-앤트워프 규칙 혹은 그것의 후속 수정에 따라, 공동해손은 조정되고, 지정되고, 해결된다.

그러한 해손이 선장, 도선사, 선원 등의 과실, 부주의(태만), 오류 등의 결과인 경우에도, 공동해손에 대한 화물의 분담금은 운송인에게 지급되어야 한다.

해설: 요크-앤트워프규칙은 2004년에 수정되었는데 1974년 또는 1994년 요크-앤트워프규칙에 비하여 선박소유자에세 불리하게 수정되었다. 따라서 1994년 요크-앤트워프규칙을 적용하고자 하는 당사자는 "혹은 그것의 후속 수정(or any subsequent modification)"이란 문구를 삭제해야 한다.

BIMCO New Jason Clause

In the event of accident, danger, damage or disaster before or after the commencement of the voyage, resulting from any cause whatsoever, whether due to negligence or not, for which, or for the consequence of which, the Carrier is not responsible, by statute, contract or otherwise, the goods, Shippers, Consignees or owners of the goods shall contribute with the Carrier in general average to the payment of any sacrifices, losses or expenses of a general average nature that may be made or incurred and shall pay salvage and special charges incurred in respect of the goods.

If a salving ship is owned or operated by the Carrier, salvage shall be paid for as fully as if the said salving ship or ships belonged to strangers. Such deposit as the Carrier or his agents may deem sufficient to cover the estimated contribution of the goods and any salvage and special charges thereon shall, if required, be made by the goods, Shippers, Consignees or owners of the goods to the Carrier before delivery.

BIMCO 신제이슨약관

과실로 인한 것이든지 아니든지 여부에 관계없이, 법령, 계약, 기타 등에 의해 운송인의 책임이 아

제1편 제2편 제3편 제4편 제5편 제6편 제7편 제8편

닌 모든 원인으로부터 결과하여, 항해의 이전이나 이후에 발생하는 사고, 위험, 손상, 재난 등의 경우, 화물, 송하인, 화물의 수탁자 혹은 소유주 등은 발생하거나 초래될 수 있는 공동해손과 같은 성격의 희생, 손실, 비용 등을 공동해손에서 운송인과 분담하고, 화물에 대하여 초래된 구조료와 특별비용을 지급한다.

구조선박이 운송인에 의해 소유되거나 운영될 경우, 전술한 구조선박 혹은 선박들이 타인에게 속한 경우만큼, 충분히 구조료가 지급된다. 운송인이나 그의 대리인들이 화물의 추정된 분담금, 화물에 대한 구조료와 특별비용 등을 보상하기에 충분한 것으로 간주하는 공탁금은, 요구될 경우, 인도 전에 운송인에게 화물, 송하인, 화물의 수탁자 혹은 소유자 등에 의해 지급된다.

해설: 원래 공동해손이 성립할 수 있는 해난사고가 선원의 과실에 기인하는 것일 경우에 그러한 항해과실에 대해서는 운송인이 면책되므로, 공동해손은 유효하게 성립된다. 따라서 적하이해관계인은 그 공동해손을 분담해야 한다. 그러나 미국의 법률에는 자기(또는 사용인)의 책임으로 공동해손이 초래된 경우, 책임을 져야 할 당사자는 그 항해에 관계되는 다른 이해관계자로부터 공동해손분담금을 징수할 수 없다는 공동해손에 대한 기본 원칙이 있었다. 따라서 선장이나 해원의 항해상의 과실로 인하여 공동해손이 발생한 경우, 선박소유자는 항해에 관계되는 다른 당사자로부터 공동해손분담금을 회수할 수 없고, 선박소유자 이외의 당사자가 손해를 입은 때에는 선박소유자는 자기 사용인의 부주의를 이유로 그 손해를 배상해야 한다. 그런데 하터법 제3조는 선박소유자가 감항성을 지닌 선박을 제공하기 위해 상당한 주의를 다 하였다면, 선박소유자는 항해상이나 관리상의 과실로 인한 멸실이나 손상에 대해 면책되는 것으로 규정하고 있다.

이 규정에 따라 선박소유자는 "선박소유자의 면책을 규정하고 있는 하터법 제3조는 곧 선박소유자가 공동해손분담금을 적하이해관계인 측으로부터 수령하는 것을 허용하는 것"이라고 주장하였다. 이와 관련하여 미국법원은 1897년 Irrawaddy호 사건과 1900년 Stragdone호 사건에서 이러한 선박소유자의 주장을 부인하였다. 그러나 미국법원은 1912년 Jason호 사건에서 선박소유자의 주장에 대하여 합법성을 인정하게 되었다. 이를 계기로 "제이슨약관"이라 부르게 되었다. 그 뒤 이 약관은 1936년의 미국해상물건운송법이 인정하는 면책의 이익을 운송인이 향유할 수 있도록 수정되고, 또 자매선에 의해 구조된 경우의 구조비도 공동해손으로 인정한다는 취지의 약관을 추가하게 되었는데, 이를 "신제이슨약관"이라고 한다.[24)]

BIMCO Average Bond Clause Revised

On presentation of this bill of lading and
(i) payment of any freight due; and
(ii) provision of a satisfactory security in respect of General Average, Salvage and Special

24) 해운 · 물류 큰사전 편찬위원회, 앞의 책, 286-287쪽.

Charges,

it is agreed that, in consideration of the delivery of the cargo described on the face of this bill of lading ("the cargo") to the presenter of the bill of lading, or to order, without providing an average bond, the party or parties which present(s) this bill of lading, or their assigns, shall:

a) pay the proper proportion of any salvage and/or general average and/or special charges which may be ascertained to be properly due from the cargo or the shippers or owners thereof,

b) where appropriate, contribute to salvage and/or general average and/or special charges in accordance with an adjustment prepared pursuant to the non-separation wording contained in Rules G and XVII of the York-Antwerp Rules 1994,

c) (i) at the time of presentation of the bill of lading, furnish a copy of the commercial cargo invoice rendered to the receiver, and;

(ii) as soon as is reasonably practicable following delivery of the cargo, notify the Carrier, their Agent or appointed average adjusters of the nature and value of any damage to or loss of the cargo. d) following delivery of the cargo make a payment on account of such sum as is certified by the average adjusters to be properly due from the cargo and is payable in respect of such cargo by the shippers or owners thereof.

Except when the adjustment is made in accordance with the York-Antwerp Rules 2004, rights to claim under this Clause shall be extinguished, unless an action is brought by the party claiming within a period of six years from the date of issue of the general average adjustment.

BIMCO 공동해손맹약서 개정약관

본 선하증권의 제시, (i) 지급기일이 된 운임의 지급, (ii) 공동해손비용, 구조비용, 특별 비용에 관한 만족스러운 보증의 제공 등에 있어, 본 선하증권의 액면에 기재된 화물("화물")이 본 선하증권의 제시자에게 또는 지시에 따른 자에게 공동해손맹약서의 제시없이, 인도하는 것을 고려하는데 있어, 본 선하증권을 제시하는 당사자 혹은 당사자들 또는 당사자들의 양수인(수탁자)들은 다음을 수행할 것을 합의한다.

a) 화물 또는 하물의 송하인 또는 화주 등으로부터 적절하게 지급되어야 하는 것으로 확인되는 구조비용 그리고/또는 공동해손비용 그리고/또는 특별비용 등의 적절한 비율을 지급해야 한다.

b) 그리고 적절한 경우, 1994년 요크-앤트워프규칙의 규칙 G와 제17조에 포함된 불분리 문구에 의하여 작성된 정산서에 따라서, 구조비용 그리고/또는 공동해손비용 그리고/또는 특별 비용 등을 분담해야 한다.

c) (i) 그리고 선하증권의 제시 시에 수하인에게 교부된 상업화물송장의 사본을 제출해야 한다.

(ii) 그리고 화물의 인도 후에, 합리적으로 실행가능한 한 조속히, 운송인 또는 그들의 대리인 혹은 지정된 해손정산인들에게 화물에 대한 손상 또는 화물의 손실 등의 성격과 가액을 통지해야 한다.

d) 그리고 화물의 인도 후에, 화물 때문에 적절하게 지급되어야 하는 것으로 해손정산인에 의해 공

인된 금액과 화물의 송하인 또는 화주 등에 의하여 그러한 화물의 대가로서 지급되어야 할 금액 등을 지급해야 한다.

2004년 요크-앤트워프규칙에 따라서 정산이 이루지는 경우를 제외하고, 공동해손정산서의 발행일로부터 6년의 기간 이내에, 당사자에 의해 소송이 제기되지 않을 경우, 본 약관에 의해 청구할 수 있는 권리는 소멸된다.

해설: 본 약관은 공동해손의 경우에 화물의 인도지연과 처리비용을 줄이고자 작성되었다.

제 3 절 해난구조

I. 의 의

해난구조란 "항해선 상호간 또는 항해선과 내수항해선 간에 선박 또는 그 적하 그 밖의 물건이 어떠한 수면에서 위난에 조우한 경우에 이를 구조하는 것"을 말하는데 이에는 구조의무 없이 구조를 행하는 해난구조(임의구조)[25]와 구조계약에 기하여 행하는 해난구조(계약구조)의 두 가지가 있다. 좁은 의미의 해난구조는 임의구조만을 말하고, 넓은 의미의 해난구조란 임의구조와 계약구조를 포함한다.[26]

1. 해난구조에 관한 국제협약

해난이 발생한 경우에 대하여 19세기 이후 약탈금지의 소극적인 입장에서 해난구조

25) 상법 제882조는 해난구조의 요건에 대하여 "항해선 또는 그 적하 그 밖의 물건이 어떠한 수면에서 위난에 조우한 경우에 의무 없이 이를 구조한 자는 그 결과에 대하여 상당한 보수를 청구할 수 있다."라고 규정하고 있다. 또한 상법 제883조는 보수의 결정에 대하여 "구조의 보수에 관한 약정이 없는 경우에 그 액에 대하여 당사자 사이에 합의가 성립하지 아니한 때에는 법원은 당사자의 청구에 의하여 구조된 선박 · 재산의 가액, 위난의 정도, 구조자의 노력과 비용, 구조자나 그 장비가 조우했던 위험의 정도, 구조의 효과, 환경손해방지를 위한 노력, 그 밖의 제반사정을 참작하여 그 액을 정한다."라고 규정하고 있다.

26) 최종현, 앞의 책, 554쪽.

를 장려하는 적극적인 입장으로 사상이 발전하게 되었다. 또 해난구조는 국적이 다른 선박 상호 간에 발생되기 때문에 복잡한 섭외관계를 초래한 경우가 적지 않았다. "1910년 해난에서의 구원 · 구조에 대한 규정의 통일에 관한 국제협약(International Convention for the Unification of Certain Rules of Law relating Assistance and Salvage at Sea, signed at Brussels, Sep. 23, 1910)"이 성립할 때까지의 각국의 법제는 저마다 다른 내용을 규정하고 있었고, 그 내용도 불충분한 것이었다. 1967년에는 군함에 대한 해난구조 또는 군함이 행한 해난구조에 대하여도 "「1910년 해난에서의 구원 · 구조에 대한 규정의 통일에 관한 협약」을 적용할 것을 내용으로 하는 개정의정서(Protocol to amend International Convention for the Unification of Certain Rules of Law relating Assistance and Salvage at Sea, singed at Brussels, Sep. 23, 1910)"가 채택되었다. 또 1989년에는 국제해사기구 (International Maritime Organization)에 의하여 "해난구조에 관한 국제협약(International Convention on Salvage, London, 1989)"이라는 새로운 협약이 채택되었다.[27)]

2. 성립요건

(1) 해난으로 인하여 해산이 멸실 또는 훼손될 위험에 처하여야 한다

인명에 대한 구조는 해양사고구조의 대상이 아니다. 구조의 목적물은 항해선이므로, 내수항해선의 구조는 상법상의 해양사고구조가 아니다. 해상법에서 전통적으로 고려대상으로 삼는 해난구조의 예로는 조난선, 난파선이나 침몰선을 구조자가 구조한 다음 보수를 소유자에게 청구하는 경우이다. 예컨대, 침몰직전의 선박에는 선장도 퇴선하고 없는 상태이다. 이때 구조자가 위험을 무릅쓰고 선박에 대한 구조에 나서는 경우가 있다.[28)] 국제적으로 통상운임도 해난구조의 목적물로 인정되어 예컨대, 선박과 적하가 구조되어 항해를 계속한 결과 선박소유자가 양륙항에서 운임을 획득한 경우 구조자는 이에 대한 구조료를 청구할 수 있다.

(2) 구조자가 자발적으로 해난구조를 행하여야 한다

해난구조계약이 없는 경우에 구조자가 구조료를 청구할 수 있느냐 여부는 그 구조행

27) 정영석, 앞의 책, 447-448쪽.
28) 김인현, 앞의 책, 278쪽.

위가 자발적이었는가, 즉 구조행위가 기존의 계약적 또는 법적인 의무 없이 행하여졌느냐 여부에 달려 있다. 자발적인 구조행위가 있는 한, 그 동기는 문제 삼지 않는다. 구조행위가 자발적이 아니더라도 예상치 못한 긴급상황으로 인하여 당초 예상한 의무의 범위를 넘어선 경우에는 구조료를 청구할 수 있다.[29)]

(3) 해양사고구조가 성립되기 위하여 반드시 구조에 성공하여야 한다

구조료는 구조된 재산으로부터 변제되므로 구조행위가 주효하지 못하여 구조된 재산이 없으면 구조료를 지급할 수 없게 된다. 따라서 구조료를 청구하기 위해서는 구조행위가 주효하였어야 하며 구조행위가 주효하지 않으면 구조료를 청구할 수 없다는, 이른바 부성공 무보수의 원칙(no cure-no pay)이 적용된다.[30)]

Ⅱ. 정기용선계약 하에서의 해난구조

1. 정기용선계약서상 내용

정기용선계약 하에서 해난구조로 인하여 수령한 구조료는 선박소유자와 정기용선자가 모든 비용을 공제한 후에 균등하게 분배한다.

해난구조에 대하여 뉴욕프로듀스서식(1993) 제24조는 "모든 해상유기물 및 해난구조료는 선박소유자와 정기용선자의 비용과 선원의 배당금을 공제한 후에 선박소유자와 정기용선자가 균등한 이익으로 한다."라고 규정하고 있다. 그리고 볼타임서식(2001) 제18조는 "다른 선박에 제공한 모든 구조와 구원에 대하여서는 선장, 항해사 및 해원에게 배당될 분배액 그리고 모든 법정비용과 구조를 위하여 상실한 시간에 대하여 이 계약에서 지급하는 용선료 및 손상수선비, 소모한 연료비를 포함한 기타 비용을 공제한 후에 선박소유자와 정기용선자가 균등하게 분배한다. 정기용선자는 선박소유자가 구조료의 지급보증과 구조료의 총액을 결정하기 위하여 취한 모든 조치에 따라야 한다."라고 규정하고 있다.

정기용선기간 중에는 선박 및 선장 기타의 선원의 모든 작업시간은 정기용선자에게 구속되고, 정기용선자는 그 대가로서 일정 기간마다 약정용선료를 선박소유자에게 지급하

29) 강남호, 앞의 책, 238쪽
30) 위의 책, 239쪽.

는 것이다. 그런데 해난구조행위는 용선계약에 정해진 선박용역의 급부목록에 속하지 않는 행위이므로 본래는 계약위반에 해당하며, 계약에 정해진 목록의 달성을 위해 필요한 시간이 계약 외의 목록을 위해 소비되는 행위이므로, 이를 정기용선자 측에서 보면 자신이 이용할 수 있는 시간이 그만큼 상실되는 것이다. 그러므로 정기용선자는 구조작업과 관련하여 소비된 연료의 상실에 대하여서는 구조비용에 의해 비록 상환을 받는다고 하더라도, 구조작업으로 인한 시간의 상실에도 불구하고 그 상실된 시간에 대하여 용선료를 지급하여야 하는 등의 손해를 입게 된다.

따라서 위와 같은 조항의 취지는, 구조작업의 수단으로 사용된 선박소유자에게 지급되는 보수인 구조료를 운송인으로서의 정기용선자가 입게 되는 손해의 전보방법으로서 당사자 사이에 균분하기로 합의하는 것이고 이는 형평의 이념에 합치하는 것이다. 이것은 또한 실제로 구조가 실패하여 구조료지급을 받지 못하게 된 경우, 소비된 연료비 및 선박지연으로 인한 손실은 정기용선자가 부담하고 선박이 입은 손해와 기타의 추가비용은 선박소유자의 부담으로 하고 있는 국제해운의 실무관행에도 부합된다.[31]

2. 구조료청구권자와 구조료채무자

정기용선계약 하에서의 해난구조에서 구조료청구권자와 구조료채무자에 대하여 검토한다.

(1) 구조료청구권자

정기용선계약 하에서의 해난구조에 있어 선박소유자와 정기용선자 중 누가 제3자에 대하여 구조료청구권을 가지느냐가 문제가 된다. 구조료청구권자는 구조자이다. 구조선박이 선체용선된 경우에는 선체용선자가 구조료청구권자가 될 것이다. 선박임대차유사설에서는 정기용선된 경우에 정기용선자가 구조료청구권자가 된다고 볼 수 있으나 구조작업이 이루어졌을 때 우연히 정기용선자였다는 이유로 구조료를 받는 것은 적절하지 않으므로, 정기용선자는 구조료청구권을 가지지 않는다. 한편 정기용선자가 대외적인 구조료채권 · 채무의 주체가 된다고 볼 여지가 없는 것도 아니다. 그러나 구조작업에 실제로 사용되어 위험을 부담하는 선박은 선박소유자의 재산이며, 구조작업을 수행하는 선원들도 선박소유자의 피용

31) 김동훈, 외부적 법률관계, 128쪽.

제1편 제2편 제3편 제4편 제5편 제6편 제7편 제8편

자로서 선박소유자가 그들에 대한 지시권을 갖고, 또한 그들의 노무제공도 선박소유자를 위하여 계약상의 의무를 구체화하는 것이라고 할 수 있다. 그리고 정기용선자도 구조작업으로 인한 기업위험을 부담하지만 그것은 경제적인 것으로서, 선박 자체가 멸실할지도 모르는 선박소유자의 위험에 비하면 상대적으로 적은 위험부담이라고 할 수 있으므로 운송계약의 해석에 의하여 구조료청구권자는 선박소유자가 된다고 보는 것이 타당하다.

영미에서도 이러한 견지에서 실제의 처리가 행해지고 있다. 즉 영미의 해석에 의하면, 구조작업을 행한 선박의 정기용선자는 특약이 없는 한 당해 선박계약이 선체용선계약으로서 용선자가 구조작업 당시에 선박을 점유하고 있었다고 인정되지 않으면 구조료청구권을 갖지 못한다고 보고 있다.[32)]

(2) 구조료채무자

구조료채무자는 구조된 목적물의 이해관계자이다. 구조된 선박의 소유자, 적하의 소유자는 물론 질권자, 저당권자도 구조료채무자가 된다. 피구조선박이 비록 선체용선이 되어 있다고 하더라도 구조료채무자는 선박소유자가 될 것이다. 왜냐하면 선박의 소유권을 갖는 자가 자산의 재산을 구조받은 대가를 지급하여야 하는 것이기 때문이다.

정기용선된 선박이 구조된 경우에 당해 선박에 선적된 적하가 정기용선자의 소유일 때에는 그가 구조료 채무를 부담하는 것은 당연하다. 영국에서는 구조된 적하가 정기용선자가 체결한 재운송계약의 적하이해관계인의 소유인 경우에도 정기용선자가 그 구조료를 지급할 채무가 있다고 해석하고 있다. 그 이유는 당해 적하의 구조에 의해 정기용선자가 이익을 받기 때문이다.[33)]

32) 위의 논문, 127쪽.
33) 위의 논문, 127쪽.

제 4 절 해양오염

Ⅰ. 서 언

선박으로부터 배출되는 물질 특히, 유류에 의해 해양이 오염되는 경우는 크게 선박의 운항상 배출되는 경우와 유조선의 충돌 등 사고에 의해 유출되는 경우로 나눌 수 있다. 전자의 예로는 유조선의 저하수(ballast)나 탱크세척수 등의 배출 등을 들 수 있다. 실제로 해상에 배출되는 전체적인 유류의 양에 관하여 전자의 경우가 후자의 경우의 약 4배 정도가 되나, 전자는 성질상 다수의 선박에 의해 오랜 기간에 걸쳐 조금씩 배출되는 데 반하여 후자의 경우에는 일시에 막대한 양의 유류가 유출된다.[34)]

석유자원의 지역적 편중 및 소비의 급속한 증가는 해상을 통한 원유의 대량운송을 요구하게 되었는바, 이는 필연적으로 대형 기름오염사고를 유발하게 되었다. 기름오염사고는 피해액이 엄청날 뿐 아니라 한번 발생하면 단시간에 광범위한 해역으로 기름이 확산되어 해양환경에 치명적인 파괴를 초래하며, 원상회복을 위해 많은 장비와 시간이 소요된다. 1989년 미국 알래스카에서 발생한 엑손발데즈 호 오염사고의 경우, 방제비용만 22억 달러가 지출되었다.

Ⅱ. 국제조약

바다는 전세계가 공동으로 사용하는 공유물인 만큼 각국이 분야별 국제기구를 결성하여 협력하고 있다. 중요한 조약으로는 1954년 해양오염방지조약 및 동 조약을 대치한 1973년 선박에 의한 오염방지조약(MARPOL), 1969년 기름오염공법조약, 1969년 기름오염손해에 대한 민사책임에 관한 국제조약(International Convention on Civil Liability for Oil Pollution Damage), 1971년 기름오염손해배상을 위한 국제기금설립을 위한 국제조약(International Convention on the Establishment of an International Fund for Compensation for Oil Pollution),

34) 강남호, 앞의 책, 323쪽.

1972년 해양에서의 폐기물 투기를 규제하기 위한 런던덤핑협약(Convention on the Prevention of Marine Pollution by Dumping of Wastes and Other Matters), 1996년 유해 · 위험물질에 관한 해상운송책임조약(International Convention on Liability and Compensation for Damage in Connection with the Carriage of Hazardous and Noxious Substances by Sea) 등이 있다. 또 2000년 4월에 국제해사기구는 연료유의 오염손해에 관하여 별도로 연료유의 오염손해에 관한 민사책임조약초안(Draft International Convention on Civil Liability for Bunker Oil Pollution Damage)을 작성하였으며, 2001년 3월에 국제해사기구의 외교회의에서 정식조약으로 채택하였다.

Ⅲ. 정기용선계약 하에서의 해양오염

정기용선계약 하에서 선박의 유류유출로 해양이 오염되어 손해를 본 피해자는 선박소유자와 정기용선자 중 누구에 대하여 손해배상을 청구할 것인지가 문제가 된다. 정기용선된 선박에 대하여 정기용선자에게 선박의 점유가 이전되는 것이 아니고 선박의 사용권만 인정되므로 선박의 점유와 관련되어 발생된 유류사고에 대하여 정기용선자는 책임이 없다고 할 것이다.

BIMCO Oil Pollution Charter Party Clause (Non Tankers)

Financial responsibility in respect of pollution (all ships other than self propelled tank vessels and non self propelled tank vessels carrying more than 2,000 tons of persistent oil in bulk as cargo)

(1) Owners warrant that throughout the currency of this charter they will provide the vessel with the following certificates:

Certificates issued pursuant to Section 1016 (a) of the Oil Pollution Act 1990, and Section 108 (a) of the Comprehensive Environmental Response, Compensation and Liability Act 1980, as amended, in accordance with Part 138 of Coast Guard Regulations 33 CFR, from (indicate the earliest date upon which the owners may be required to deliver the vessel into the charter), so long as these can be obtained by the owners from or by (identify the applicable scheme or schemes).

(2) Notwithstanding anything whether printed or typed herein to the contrary,

(a) save as required for compliance with paragraph (1) hereof, owners shall not be required to establish or maintain financial security or responsibility in respect of oil or other pollution damage to enable the vessel lawfully to enter, remain in or leave any port, place, territorial or contiguous waters of any country, state or territory in performance of this charter.

(b) Charterers shall indemnify owners and hold them harmless in respect of any loss, damage, liability or expense (including but not limited to the costs of any delay incurred by the vessel as a result of any failure by the charterers promptly to give alternative voyage orders) whatsoever and howsoever arising which owners may sustain by reason of any requirement to establish or maintain financial security or responsibility in order to enter, remain in or leave any port, place or waters, other than to the extent provided in paragraph (1) hereof.

(c) Owners shall not be liable for any loss, damage, liability or expense whatsoever and howsoever arising which charterers and/or the holders of any bill of lading issued pursuant to this charter may sustain by reason of any requirement to establish or maintain financial security or responsibility in order to enter, remain in or leave any port, place or waters, other than to the extent provided in paragraph (1) hereof.

(3) Charterers warrant that the terms of this clause will be incorporated effectively into any bill of lading issued pursuant to this charter.

BIMCO 유류오염약관(비유조선)

오염에 대한 재정적 책임(자력추진 유조선과 화물로서 비포장 지속성유를 2,000톤 이상 운송하는 비자력추진 유조선 등을 제외한 모든 선박)

(1) 본 용선계약의 유효기간 동안에 선박소유자는 다음과 같은 증명서들을 제공할 것이라는 점을 선박소유자는 보장한다.

증명서들이 선박소유자에 의해 획득될 수 있는 경우에(적용이 가능한 도식을 확인한다.) 연방규정 법전 제33편, 해안경비대규정 제138부에 따라 그리고 개정된 1990년 유류오염법의 제1016조 (a)조항, 1980년 종합환경대응보상책임법의 제108조 (a)조항 등에 따라 발행된 증명서(선박소유자가 선박을 용선계약에 의하여 인도하여야 하는 최초기일을 나타낸다.).

(2) 정반대로 이 조항에 인쇄되거나 타자된 어떤 것에도 불구하고,

(a) 이 조항의 단락 (1)을 준수하기 위해 요구받는 것을 제외하고, 본 용선계약의 이행에서 국가, 주, 지역의 항구, 장소, 영토적 혹은 인접적 수역에 선박으로 하여금 합법적으로 진입하거나 잔류하거나 출항할 수 있게 하기 위해, 유류 혹은 다른 오염손해에 대하여 재정적 보증이나 책임을 확립하거나 유지하도록 선박소유자는 요구받아서는 안 된다.

(b) 이 조항의 단락 (1)에서 규정된 정도를 제외하고, 항구, 장소, 수역에 합법적으로 진입하거나 잔류하거나 출항하기 위해, 재정적 보증이나 책임을 확립하거나 유지하는 요구 때문에, 선박소유자가 받을 수 있는 손실, 손상, 책임, 경비(대안적인 항로명령을 즉각적으로 제공하지 않은 용선자에 의한 실패

제1편
제2편
제3편
제4편
제5편
제6편
제7편
제8편

의 결과로서 선박에 의해 초래된 지연의 비용에 국한되지 않고 포함해서) 등에 대하여, 무엇이 발생하든지 그리고 어떻게 발생하든지, 용선자는 선박소유자에게 배상하고 선박소유자를 면책하여야 한다.

(c) 이 조항의 단락 (1)에서 규정된 정도를 제외하고, 항구, 장소, 수역에 합법적으로 진입하거나 잔류하거나 출항하기 위해, 재정적 보증이나 책임을 확립하거나 유지하는 요구 때문에, 용선자가 그리고/혹은 본 용선계약에 따라 발행된 선하증권의 보유자가 받을 수 있는 손실, 손상, 책임, 경비 등에 대하여, 무엇이 발생하든지 그리고 어떻게 발생하든지, 선박소유자는 책임을 지지 않는다.

(3) 본 조항의 조건들이 본 용선계약에 따라 발행된 선하증권에 유효하게 포함될 것이라는 점을 용선자가 보증한다.

BIMCO New Oil Pollution Charter Party Clause

Financial responsibility in respect of pollution

(1) Owners warrant that throughout the currency of this charter they will provide the vessel with the following certificates:

(a) If the vessel is over 1,000 gross tons and is registered in, or is required to enter a port or offshore facility in the territorial sea of, a State Party to the International Convention on Civil Liability for Bunker Oil Pollution Damage 2001, a Certificate issued pursuant to Article 7 of that Convention.(b) If the vessel is constructed or adapted for the carriage of persistent oil in bulk as cargo and is carrying more than 2,000 tons of such cargo, a Certificate issued pursuant to Article 7 of the International Convention on Civil Liability for Oil Pollution Damage, 1992, as applicable.(c) If the vessel is over 300 gross tons and is required to enter US navigable waters or any port or place in the US, a Certificate issued pursuant to Section 1016 (a) of the Oil Pollution Act 1990, and Section 108 (a) of the Comprehensive Environmental Response, Compensation and Liability Act 1980, as amended, in accordance with US Coast Guard Regulations, 33 CFR Part 138.

(2) Notwithstanding anything whether printed or typed herein to the contrary,

(a) save as required for compliance with paragraph (1) hereof, owners shall not be required to establish or maintain financial security or responsibility in respect of oil or other pollution damage to enable the vessel lawfully to enter, remain in or leave any port, place, territorial or contiguous waters of any country, state or territory in performance of this charter. (b) Charterers shall indemnify owners and hold them harmless in respect of any loss, damage, liability or expense (including but not limited to the costs of any delay incurred by the vessel as a result of any failure by the charterers promptly to give alternative voyage orders) whatsoever and howsoever arising which owners may sustain by reason of any requirement to establish or maintain financial security or responsibility in order to enter, remain in or leave any port, place or waters, other than to the extent provided in paragraph (1) hereof. (c)

Owners shall not be liable for any loss, damage, liability or expense whatsoever and howsoever arising which charterers and/or the holders of any bill of lading issued pursuant to this charter may sustain by reason of any requirement to establish or maintain financial security or responsibility in order to enter, remain in or leave any port, place or waters, other than to the extent provided in paragraph (1) hereof.

(3) Charterers warrant that the terms of this clause will be incorporated effectively into any bill of lading issued pursuant to this charter.

BIMCO 신유류오염 용선계약약관

오염에 대한 재정적 책임

(1) 본 용선계약의 유효기간 동안에, 선박소유자는 다음과 같은 증명서들을 선박에 제공할 것이라는 것을, 선박소유자가 보증한다.

(a) 선박이 총톤수 1,000톤 이상이고, 2001년 선박연료유 오염손해에 대한 민사책임에 관한 국제협약의 국가 당사자에 선박이 등록되거나, 그러한 국가 당사자의 영해에 속한 항구나 연안시설에 선박이 진입할 필요가 있는 경우, 그러한 협약의 제/조에 따라 발행된 증명서.

(b) 선박이 화물로서 지속성유의 운송을 위해 건조되거나 개조되고, 그러한 화물의 2,000톤 이상을 운송하고 있는 경우, 적용이 가능한 1992년 선박연료유 오염손해에 대한 민사책임에 관한 국제협약의 제7조에 따라 발행된 증명서.

(c) 선박이 총톤수 300톤 이상이고, 미국 가항수역 혹은 미국의 항구 혹은 장소 등에 진입할 필요가 있는 경우, 연방규정법전 제33편, 해안경비대규정 제138부에 따라 개정된 1990년 유류오염법의 제1016조 (a)조항, 1980년 종합환경대응보상책임법의 제108조 (a)조항 등에 의해 발행된 증명서.

(2) 정반대로 이 조항에 인쇄되거나 타자된 어떤 것에도 불구하고,

(a) 이 조항의 단락 (1)을 준수하기 위해 요구받는 것을 제외하고, 본 용선계약의 이행에서 국가, 주, 지역의 항구, 장소, 영토적 혹은 인접적 수역에 선박으로 하여금 합법적으로 진입하거나 잔류하거나 출항할 수 있게 하기 위해, 유류 혹은 다른 오염손해에 대하여 재정적 보증이나 책임을 확립하거나 유지하도록 선박소유자가 요구받아서는 안 된다.

(b) 이 조항의 단락 (1)에서 규정된 정도를 제외하고, 항구, 장소, 수역에 합법적으로 진입하거나 잔류하거나 출항하기 위해, 재정적 보증이나 책임을 확립하거나 유지하는 요구 때문에, 선박소유자가 받을 수 있는 손실, 손상, 책임, 경비(대안적인 항로명령을 즉각적으로 제공하지 않은 용선자에 의한 실패의 결과로서, 선박에 의해 초래된 지연의 비용에 국한되지 않고 포함해서) 등에 대하여, 무엇이 발생하든지 그리고 어떻게 발생하든지, 용선자는 선박소유자에게 배상하고 선박소유자에게 손해가 발생하지 않도록 하여야 한다.

(c) 이 조항의 단락 (1)에서 규정된 정도를 제외하고, 항구, 장소, 수역에 합법적으로 진입하거나 잔류하거나 출항하기 위해, 재정적 보증이나 책임을 확립하거나 유지하는 요구 때문에, 용선자가 그리고/혹은 본 용선계약에 따라 발행된 선하증권의 보유자가 받을 수 있는 손실, 손상, 책임, 경비 등에 대하여, 무엇이 발생하든지 그리고 어떻게 발생하든지, 선박소유자는 책임을 지지 않는다.

(3) 본 조항의 조건들이 본 용선계약에 따라 발행된 선하증권에 유효하게 포함될 것이라는 점을 용선자가 보증한다.

제 5 절 제3자의 사망 및 부상

선박에서 해당 선박의 선원 이외의 제3자의 신체적 피해는 매우 다양한 양상으로 나타나는데, 이와 관련한 피해배상의 청구소송에서는 정기용선계약서의 관련 내용, 하역회사와 용역계약을 체결한 당사자 및 계약내용, 피해자의 과실과 선박 측의 과실여부 등에 따라 책임관계를 판단하게 된다. 기본적 원칙으로는 넓은 의미의 감항능력에 속하는 선박의 정비 및 수리는 선박소유자의 책임이고, 또한 선원의 과실로 인한 경우에도 선박소유자는 선원의 과실에 대하여 사용자책임을 지므로, 당해 사고가 선박설비의 미비나 선원의 과실로 발생했다면 이는 선박소유자의 책임이 된다. 만약 선박이 임차된 경우에는 선장 및 해원이 선박임차인의 사용인이므로 이 경우에는 선박임차인이 선박소유자와 같은 책임을 진다. 정기용선자는 선박설비의 정비 및 수리를 포함한 선박의 감항능력이나 선원의 관리 및 감독에 대한 책임이 없으므로, 이에 의한 사고는 원칙적으로 책임이 없다.[35]

선박에서 일어난 제3자의 신체적 피해 사고의 대표적인 경우는 하역인부의 사고이다. White Rose호 사건[36]에서 선박소유자 A/B Helsingfors사와 정기용선자 R. Rex사는 1959년 4월 23일에 White Rose호에 대한 정기용선계약을 체결하였다. 1959년 5월 27일에 선박이 미국 미네소타 Duluth 항에서 곡물을 선적하는 도중 하역회사 American Grain

35) 이창희, 개정방안, 144-145쪽.

36) A/B Helsingfors S.S. Co., Ltd. v. Rederi A/B Rex – The White Rose [1969] 2 Lloyd's Rep. 52; [1969] 1 W.L.R. 1098; [1969] 3 All E.R. 374 (Q.B.).

Trimmers, Inc사에 의하여 고용된 하역인부 De Chambeau씨는 개인용무로 작업장을 이탈한 상황에서, 난간이 설치되어 있지 않은 3번 하단 선창에서 떨어져 부상을 당하였다. De Chambeau씨는 미네소타 1심 지방법원에 미화 100,000불의 손해배상에 대하여 소를 제기하였는데 당사자 사이의 협의에 의하여 본 사건은 미화 25,000불에 합의되었다. 하역회사가 미화 22,000불을, 선박소유자가 미화 3,000불을 부담하였는데 선박소유자는 미화 3,000불에 대하여 정기용선자로부터 구상받고자 정기용선계약서에 따라서 영국법원에 소를 제기하였다. 선박소유자는 "하역회사의 수배와 지급은 정기용선자의 책임이라는 정기용선계약서 약관에 의하여 하역인부의 부상에 대하여 정기용선자가 책임을 져야 한다."라고 주장하였다. 정기용선자는 "하역인부의 부상은 하역작업과는 관련 없이 발생하였으므로 정기용선자는 책임이 없다."라고 주장하였다. 1심 법원 Donaldson판사는 "하역인부의 부상에 대하여 정기용선자가 책임을 지기 위하여 사고의 원인이 정기용선자의 지시 때문에 발생하였다는 것을 선박소유자가 입증하여야 하는데 선박소유자는 이러한 입증을 하지 못하였다. 또한 사고를 방지할 수 있는 선창의 난간이 설치되지 않은 것은 정기용선자의 책임이 아니므로 정기용선자는 하역인부의 부상에 대하여 책임이 없다."라고 판시하면서 선박소유자의 소를 기각하였다.

실질적으로 피해자는 불법행위 혹은 계약채무에 기인하여 정기용선자나 선박소유자를 상대로 손해배상을 청구할 수 있고, 이에 의하여 배상을 한 당사자는 다시 정기용선계약서의 내용에 따라 이를 구상할 수 있다. 따라서 모든 책임원칙은 개별적인 사건의 모든 사실관계와 관련 계약서들의 내용을 종합적으로 판단하여 정하여야 할 것이다.[37)]

37) 이창희, 개정방안, 148–149쪽.

4 제3자 채권의 실행

제 1 절 서 언

제3자가 정기용선자에게 필요품(necessaries) 또는 용역을 제공하였으나 정기용선자가 대금 등을 지급하지 아니하였거나 다른 채무를 이행하지 않은 경우, 제3자가 관련 선박 등을 합법적으로 강제집행할 수 있는가에 대한 의문이 생긴다. 제3자 채권의 실행[1]은 영미법에서 필요품 또는 용역을 제공한 당해 선박에 대물소송을 제기하여 선박을 압류하여 이루어진다. 정기용선자와의 계약으로 필요품 또는 용역을 제공한 제3자가 직접적인 계약관계가 없는 선박소유자의 선박을 강제집행할 수 있다면 선박소유자는 불의의 피해를 입을 수 있다.

제 2 절 정기용선계약 하에서의 제3자 채권의 실행에 관한 개관

정기용선계약 하에서의 제3자 채권의 실행은 제3자가 정기용선자에게 필요품 또는 용역을 제공하였으나 정기용선자가 대금 등을 지급하지 아니하거나 다른 채무를 이행하지 않은 경우, 필요품 또는 용역을 제공한 제3자가 관련 선박 등을 강제집행할 수 있는 권리를 말한다. 정기용선계약 하에서의 제3자 채권의 실행에 대하여 검토하기 위하여 정기용선계약서상 규정과 종류를 살펴본다.

1) 제3자 채권의 실행은 영국법에서 제정법상의 대물적 권리에 해당하여 선박우선특권이 아니므로 선박우선특권으로 표기할 수 없으나 미국법에서는 선박우선특권에 해당하므로 선박우선특권으로 표기한다.

Ⅰ. 정기용선계약서상 규정

뉴욕프로듀스서식(1946) 제18조와 개정된 뉴욕프로듀스서식(1993) 제23조에는 선박소유자 채권의 실행과 정기용선자 채권의 실행과 함께 제3자 채권의 실행도 규정되어 있다. 그러나 이 규정만으로는 선박에 행사되는 강제집행을 금지할 수 없어, 유치권 또는 담보 설정금지약관을 별도로 규정하고 있다. 그러나 볼타임서식에는 선박소유자 채권의 실행과 정기용선자 채권의 실행은 규정되어 있으나, 제3자 채권의 실행은 규정되어 있지 않다. 정기용선자가 정기용선기간 동안 많은 강제집행이 발생하게 하면, 선박의 가치가 감소되는 효과를 가져 오기 때문에 선박소유자의 이익을 보호하고자 대부분의 경우에 정기용선계약에는 제3자가 선박을 강제집행할 수 없도록 하는 취지의 유치권 또는 담보 설정금지약관을 규정하고 있다.

Ⅱ. 종　　류

정기용선계약 하에서의 제3자 채권의 실행에는 선박에 필요품 또는 용역을 제공한 제3자에게 의한 채권의 실행(이하 "보급업자의 채권"이라고 정의한다.)과 운송계약의 위반으로 운송 중에 발생한 화물손상에 관하여 화물의 소유자인 적하이해관계인에 의한 채권의 실행(이하 "적하손해에 의한 채권"이라고 정의한다.)이 있다.

1. 필요품 또는 용역을 제공한 보급업자의 채권

필요품의 의미는 나라별로 다르다. 영국은 프랑스, 캐나다와 더불어 제정법상 필요품에 대한 규정이 없으나, 미국법에는 필요품이 규정되어 있다. 일반적으로 필요품은 선박이 일반항해를 수행하는 데 도움이 되는 연료유, 선용품, 수리 및 하역업무, 부선, 예선, 해상보험, 도선장비 기타 물품 또는 용역을 말한다.

보급업자에는 선박에 필요품 또는 용역을 제공한 자로서 연료유보급업자, 수리업자, 선용품보급업자 또는 선박대리점 등이 포함된다. 예를 들어 연료유보급업자의 채권에 대하여 살펴본다. 정기용선자는 선박과 선원만을 인도받으므로 본선에 이미 보급되어 있는 연료유와 반선 시의 연료유에 대하여 선박소유자와 협상하여 연료유약관을 합의하게 된다. 보통 선박의 인도와 반선 시의 연료유량과 연료유가격은 같은 양과 같은 가격으로 협상되는데, 상황에 따라서는 다른 양과 다른 가격으로 결정되기도 한다. 연료유가격은 상황에 따라 등락이 있으므로 연료유량과 가격이 인도 시와 반선 시에 같지 않으면 당사자 사이에 이해가 상반된다. 이와같이 인도와 반선 시의 연료유량과 연료유가격을 당사자가 신중히 협상하는 것은 선박이 정기용선자에게 정기용선된 기간 동안 선박을 운항하기 위하여 소요되는 연료유는 정기용선자가 부담한다는 전제가 있기 때문이다. 따라서 정기용선자는 정기용선된 기간 동안 선박의 운항에 필요한 연료유를 보급하기 위하여 연료유보급업자와 계약을 체결하여 연료유보급을 요청하게 된다. 주로 연료유거래는 대금지급이 후불로 이루어지는데, 정기용선자가 연료유보급을 받은 후에, 파산 등의 이유로 연료유대금을 지급하지 않는 경우, 연료유보급업자가 선박을 강제집행할 수 있는가가 문제가 된다.

선박에 용역을 제공한 제3자에는 선박대리점을 예로 들 수 있다. 정기용선계약에서 선박이 항구에 정박하고 있는 동안 선박에 관한 업무를 대행하는 선박대리점을 선박소유자가 지정하기도 하고, 정기용선자가 지정하기도 한다. 또한 정기용선자가 항해용선하였을 경우에 항해용선자 또는 적하이해관계인이 선박대리점을 지정하기도 한다. 정기용선자가 정기용선한 선박에 의하여 운송을 하는 경우, 정기용선자는 정기용선한 선박이 항구에 정박하고 있는 동안 선박대리점을 지정하여 정기용선자를 위한 업무를 대행하도록 한다. 이 경우 선박대리점은 용역의 대가로 대리점료를 정기용선자로부터 받게 된다. 또한 정기용선자를 대신하여 공과금을 포함한 관련 항비를 선급하기도 하는데 정기용선자가 선박대리점에게 대리점료를 포함하여 선급된 항비를 지급하지 않는 경우, 선박대리점이 선박을 강제집행할 수 있는가가 문제가 된다.

2. 운송계약 위반으로 인한 적하손해에 의한 채권

정기용선된 선박에 의하여 운송이 이루어지는 경우를 살펴보면, 정기용선자는 선박소유자로부터 선박을 정기용선하여 항해용선자와 항해용선계약을 체결하여 화물을 운송하게 된다. 이와 같은 운송계약에서 이루어지는 계약에는 2가지가 있는데 용선계약서와 선하증권이다. 용선계약은 약정계약으로 선박소유자와 용선자 당사자 사이에만 효력이 있다. 따라서 정기용선계약은 선박소유자와 정기용선자의 당사자 사이에만 효력이 있으므로, 정기용선자와 항해용선계약을 체결한 항해용선자는 정기용선계약을 기준으로 하여 선박소유자와의 관계는 제3자에 해당한다. 이러한 제3자에는 항해용선자 이외에도 항해용선자와 운송계약을 체결한 적하이해관계인도 포함이 된다. 선박소유자와 이러한 제3자와의 관계는 선하증권이 발행되었을 경우와 선하증권이 발행되지 않았을 경우에 법적 관계에 차이가 생긴다. 전자의 경우는 선박소유자와 제3자와의 관계는 선하증권이란 운송계약서에 의한 관계가 성립이 되나, 후자의 경우는 계약에 의한 관계가 아니라 불법행위에 관한 관계만이 형성될 뿐이다. 이와같이 정기용선계약 하에서 이루어지는 운송에서 정기용선자가 제3자인 항해용선자와 체결한 항해용선계약을 이행하는 도중에 발생한 손해에 대하여 제3자인 항해용선자가 계약당사자가 아닌 선박소유자가 소유한 선박을 강제집행할 수 있는가가 문제가 된다.

BIMCO Redress Clause 1968 (Code Name: REDRESS)

If one of the parties to this charter party has been obliged to make payment or institute defence in respect of a claim by a third party, under a Bill of Lading or otherwise, of a nature which, as between the parties, would have been the responsibility of the other party under the terms of this charter party, the latter should indemnify the former for all loss, damage or expenses resulting therefrom. However, the indemnity payable under this Clause in respect of discharge of such claim shall be reduced to the extent the party in question could have limited his liability if he had been held liable directly to the claimant in the jurisdiction in which the claimant proceeded against the other party.

BIMCO 1968년 구제약관(코드명: REDRESS)

본 용선계약의 일방당사자가 본 용선계약의 조건에 의해 당사자들 사이에서 상대방당사자의 책임이었을 성격의 제3자에 의한 청구에 대하여 선하증권 혹은 기타 등등 하에서 지급을 행하거나 항변을 제기할 수밖에 없었던 경우, 후자인 상대방당사자는 그로부터 결과하는 모든 손실, 손상, 경비 등에 대하여 전자인 일방당사자에게 배상하여야 한다. 그러나 그러한 청구의 이행에 대하여 본 조항에 의해 지급하여야 할 배상금은, 청구자인 원고가 상대방당사자에게 소송을 제기한 관할권에서 문제의 당사자가 청구자인 원고에게 직접 책임을 졌더라면 문제의 당사자가 자신의 책임을 제한할 수 있었던 정도로 삭감되어야 한다.

제 3 절 영미법의 검토

Ⅰ. 서 언

대륙법계에서는 채권 · 채무관계가 성립되려면, 그것이 계약에 의한 것이건 혹은 불법행위에 의한 것이건 간에 자연인 혹은 법인이 어떠한 행위를 하여야 하는 것이 원칙이다. 그리고 그러한 행위는 자연인 또는 법인만이 이를 할 수 있다고 본다.[2] 그런데, 영미법상의 대물소송(action in rem)은 대륙법상의 소송원칙인 대인소송(action in personam)과 다르다.

영미법에서 두드러진 특징의 하나는 소송절차에서 선박소유자를 상대로 하는 대인소송(action in personam) 이외에 선박 등 물건 자체를 상대로 하는 대물소송이 인정된다는 점이다. 이러한 대물소송은 해사재판관할권(admiralty jurisdiction)에 속하는 채권에 대하여서만 인정된다. 해사채권에 관한 소송은 영국의 경우는 해사법원(admiralty court)에 그리고 미국에서는 원칙적으로 주법원(state court)이 아닌 연방법원(federal court)에 제소하도록 되어 있다. 그리고 이러한 대물소송절차는 대물영장(writ in rem) 또는 선박가압류영장(warrant for the arrest of the vessel)이 발부됨으로써 개시된다.[3] 대인소송의 경우에는 손해배상을 청구한 원고는 선박이 아닌 선박소유자를 상대로 소를 제기한다. 원고는 승소판결을 받은 후 선박을 압류하여 강제집행을 하는데 그 당시 선박에 이미 행사한 선박우선특권(maritime lien)에 대항할 수 없다.

Ⅱ. 영 국 법

영국법상 정기용선계약 하에서의 제3자 채권의 실행을 연구하기 위하여 제정법상의 대물적 권리(statutory rights in rem)와 제3자 채권의 실행에 대하여 검토하고 대물소송절차를 살펴본다.

2) 서동희, 「사례별로 본 실무해상법 · 해상보험법」, (파주: 법문사, 2007), 211-212쪽.

3) 임동철, “선박우선특권(maritime liens)과 statutory rights in rem에 관하여”, 「한국해법학회지」 제12권 제1호, 한국해법학회, 1991, 80쪽. (이하 “임동철, 선박우선특권”이라고 한다.).

1. 제정법상의 대물적 권리

영국법상 정기용선계약 하에서의 제3자 채권의 실행은 선박우선특권(maritime lien)에 해당되지 않고 제정법상의 대물적 권리에 해당한다. 제정법상의 대물적 권리란 "대물소송으로 제소할 수 있는 제정법상의 권리"를 말한다. 제정법상의 대물적 권리는 선박우선특권의 경우와같이 손해가 발생한 때부터 형성되는 것이 아니라 대물소송을 제기한 때에 동시에 선박을 압류하고, 그 이동을 봉쇄할 수 있다는 점에서 선박우선특권과 차이점이 있다.[4] 또한 선박우선특권은 소유권의 이전과 상관없이 효력이 발생하나, 제정법상의 대물적 권리는 소유권의 이전이 있기 전에 소송을 제기하였을 경우에만 효력이 발생한다.[5]

영국에서는 1840/1861년의 해사법원법(Admiralty Court Act 1840/1861)[6]에 처음으로 선박집행에 관한 규정이 도입되었는데 1982년 1월 1일부터 시행된 1981년 대법원법(Supreme Court Act 1981)에는 대물소송이 제기될 수 있는 경우에 관하여 제20조 제2항에서 다음과같이 따로 규정하고[7] 있다.

---

4) Davies Martin & Dickey Anthony, *op. cit.*, p.124.

5) Gaskell N J J, Debattista C & Swatton R J, *op. cit.*, p.75.

6) 원래 영어의 "어드미럴(admiral)"이란 연안을 감독하는 장관으로서, 휘하의 함선만이 아니라 해상에서 포획한 재산과 관련된 분쟁을 해결하는 업무를 관장하는 직책을 말하는 것이었다. 그러했던 것이 점차 변모되어 1360년에는 해사분쟁을 해결하는 판정자라는 직책으로 되었으며, 1875년 무렵에 이르러서는 영국의 법원구성법에 의해 해사법원이라는 뜻으로 쓰이게 되었다. 이러한 연혁을 거쳐 오늘날에는 용선계약, 물건의 운송, 선박충돌, 공동해손 및 공해 및 발생한 항만에서 사망 등 인적 상해 등에 관한 사건을 심의하는 기관으로 기능하고 있다. 영국의 법원은 1심 법원인 High Court, 2심 법원인 Court of Appeal, 그리고 대법원격인 House of Lord로 구성되어 있다. High Court는 Chancery Division과 Family Division, 그리고 Queen's Bench Division으로 나뉘고, Queen's Bench Division에는 해사법원(Admiralty Court)과 상사법원(Commercial Court)이 있다. 해운 · 물류 큰사전 편찬위원회, 앞의 책, 1330쪽.

7) 1981년 대법원법(Supreme Court Act 1981) 제20조 제2항이 제정법상의 대물적 권리에 해당한다.

(e) any claim for damage done by a ship

(f) any claim for loss of life or personal injury sustained in consequence of any defect in a ship or in her apparel or default of-

(i) the owners, charterers or persons in possession or control of a ship or

(ii) the master or crew of a ship, or any other person for whose wrongful acts, neglects or defaults the owners, charterers or persons in possession or control of a ship are responsible, being an act, neglect or default in the navigation or management of the ship, in the loading, carriage or discharge of goods on, in or from the ship, or in the embarkation, carriage or disembarkation of persons on, in or from the ship

(g) any claim for loss of or damage to goods carried in a ship

(h) any claim arising out of any agrement relating to the carriage of goods in a ship or to the use or hire of a ship

(j) any claim in the nature of salvage(including any claim arising by virtue of the application, by or under section 51 of the Civil Aviation Act 1949, of the law relating to salvage to aircraft and their apparal and cargo)

(k) any claim in the nature of towage in respect of a ship or an aircraft

(e) 선박에 의한 손해에 관한 청구

(f) 선박 또는 장비 등의 결함의 결과로 또는 선박소유자, 용선자, 선박의 점유자 또는 선장, 해원 등의 과실 또는 항해상의 과실로 인한 인명의 사상에 관한 청구

(g) 운송물의 멸실 또는 손상으로 인한 청구

(h) 선박에 의한 물건의 운송 또는 선박의 이용 또는 대차에 관한 계약으로부터 생긴 청구

(j) 해난구조의 성질을 가진 청구

(k) 선박 또는 항공기의 예선의 성질을 가진 청구

(l) 선박 또는 항공기의 도선의 성질을 가진 청구

(m) 선박의 운항 또는 유지를 위하여 보급된 물건 또는 재료에 관한 청구

(n) 선박의 건조, 수리, 희장 또는 입거사용료에 관한 청구

(o) 선장 또는 선원의 임금채권

(p) 선장, 송하인, 용선자 또는 대리점이 선박을 위하여 지급한 체당금에 관한 청구

(q) 공동해손 또는 공동해손이라고 주장되는 행위로부터 생긴 청구 및

(r) 모험대차(bottomary)[8]에서 생긴 청구권 등

이와같이 영국은 "제정법상의 대물적 권리"를 규정하고 있다. 1840년 해사법원법(Admiralty Court Act 1840) 제6조에서 예선료와 외국선박에 보급된 필수품 등 이른바 필요품채권에 대물소권을 인정한 이래 해를 거듭할수록 이러한 권리 즉 제정법상의 대물적 권리가 증가하게 되었다.[9] 그러나 최근 스코틀랜드 사례에서 귀족원은 제20조 제2항 제h호를 좁게

(l) any claim in the nature of pilotage in respect of a ship or an aircraft
(m) any claim in respect of goods or materials supplied to a ship for her operation or maintenance
(n) any claim in respect of the construction, repair or equipment of a ship or in respect of dock charges or dues
(o) any claim by a master or member of the crew of a ship for wages(including any sum allotted out of wages or adjudged by a superintendent to be due by way of wages
(p) any claim by a master, shipper, charterer or agent in respect of disbursements made on account of a ship
(q) any claim arising out of an act which is or is claimed to be a general average act
(r) any claim arising out of bottomry.

8) 항해자금조달을 위해 선박소유자가 선박을 담보로(선박과 함께 태짐과 운송비가 담보로 잡힌 적도 있었다.) 대금업자로부터 돈을 빌리는 계약으로서, 만일 선박의 침몰 등 항해가 무사히 끝나지 않았을 경우는 빌린 돈을 반환할 필요가 없지만, 항해가 무사히 끝나면 높은 이자를 붙여서 빌린 돈을 변제하기로 했던 것을 말한다. 이 변제채무가 이행되지 않을 때, 모험대차의 채권자는 선박(그리고 태짐)을 매각하여 그 돈에서 우선적으로 변제 받을 수 있었다. 鴻常夫 편수, 앞의 책, 101쪽.

9) 임동철, 선박우선특권, 84-85쪽.

해석하면서 "미지급된 보험료는 제정법상의 대물적 권리에 해당하지 않는다."라고 판시하였다.[10)11)] 1981년 대법원법(Supreme Court Act 1981) 제20조 제2항 제e호 내지 제r호에 열거된 청구가 선박과 관련하여 생기고, 그 청구에 관하여 대인소송(action in personam)에 책임질 사람이, 소송의 원인이 생겼을 때에, 그 선박의 소유자 또는 용선자이거나 혹은 선박을 점유하거나 지배하고 있을 때, 소송의 제기 시 당해 선박의 선체용선자 또는 사실상의 소유자였던 자의 선박에 대물소송을 제기할 수 있다(동법 제21조 제4항 제a호, 제b호). 대물소송을 제기하는 경우에 대상이 되는 선박은, 소송이 제기되었을 때에, 위의 청구에 대하여 대인소송(action in personam)에서 책임질 사람이 지분 전체에 대하여 수익을 얻는 소유자(beneficial owner)인 다른 선박(other ship)에 대하여도 대물소송을 제기할 수 있는데(동법 제21조 제4항 제b호, ii), 이것은 이른바 자매선(sister ship)에 관한 규정이다.[12)] 제정법상의 대물적 권리는 채권을 강제하기 위하여 인적소송(action in personam)을 대신하는 하나의 다른 수단이다. 책임이 없는 선박소유자의 선박에 대물소송이 제기되었다면 부적절한 소송이 될 것이다. 1988년 해사법원법(Admiralty Court Act 1988) 제17조에는 "계약의 위반 시 및 소송제기 시에 선박소유자, 또는 선박 등을 지배하고 있는 자로 인적책임을 지는 자에게 대물소송을 제기할 수 있다."라고 규정하고 있다. 특이한 점은 인적책임을 지는 자가 실제적으로 대물소송의 당사자가 되지 않는다는 점이다.[13)]

영국에서 한때는 오직 선박우선특권에 한하여 대물소송의 권한이 부여되었으나, 해운산업의 발전과 함께 해사채권자에게는 선박우선특권[14)]이 인정되는지 여부에 관계없이 대물

---

10) Gatoil Intenational Inc. v. Arkwright-Boston, Mutual Insurance Co. & Others - the Sandrina [1985] 1 Lloyd's Rep. 181.

11) Gaskell N J J, Debattista C & Swatton R J, *op. cit.*, p.76.

12) 1981년 대법원법 제21조 제4항의 원문은 아래와 같다.

SUPREME COURT ACT 1981

(4) In the case of any such claim as is mentioned in section 20(2)(e) to (r), where--

(a) the claim arises in connection with a ship; and

(b) the person who would be liable on the claim in an action in personam ("the relevant person") was, when the cause of action arose, the owner or charterer of, or in possession or in control of, the ship, an action in rem may (whether or not the claim gives rise to maritime lien on that ship) be brought in the High Court against-

(i) that ship, if at the time when the action is brought the relevant person is either the beneficial owner of that ship as respects all the shares in it or the charterer of it under a charter by demise; or

(ii) any other ship of which, at the time when the action is brought, the relevant person is the beneficial owner as respects all the shares in it.

13) Davies Martin & Dickey Anthony, *op. cit.*, p.124-125.

14) 영국의 선박우선특권이 인정되는 채권에는 다음과 같은 것들이 있다.

① 선박에 의한 손해배상채권(damage done by a ship)

② 해난구조료(salvage)

③ 해원의 임금(seamen's wages)

소송이 인정되게 되었다. 1981년 대법원법(Supreme Court Act 1981)은 1952년 선박가압류조약(International Convention for the Unification of certain Rules relating to the Arrest of Sea-going ships 1952)을 비준한 후 영국의 해사관할이 떠맡은 국제적 책무의 완수를 향한 진일보를 만들었다는 데 그 의의가 있다고 한다.[15)]

영국판례에서는 뉴욕프로듀스약관에서 규정한 유치권 또는 담보 설정금지약관 문언의 효력에 대하여서 제3자는 선박소유자의 권익에 우선하여 용선선박을 압류할 수 있기 때문에 정기용선자는 압류를 해방시키기 위해서 상당한 담보를 제공할 의무가 있다고 해석하고 있다. 제3자 채권 실행의 효력은 해난구조의 구조료청구권 및 선박충돌의 손해배상청구권에 수반하는 보통법상의 선박우선특권 및 해상운송계약과 관련하여 발생하는 채권을 인정한 제정법상의 유치권 즉 대물소송에 있어서 제정법상의 권리(statutory rights in rem)도 포함하는 넓은 뜻의 채권을 의미하는 것이다. 다만 대인청구권은 손해배상소송을 제기했을 때, 사고 선박이 손해배상책임을 지는 사람의 소유일 경우에만 그 효력을 인정하고 있다.

영국의 담보물권인 보통법상의 점유리언(possessory lien of common law), 제정법상의 대물적 권리, 선박우선특권, 선박저당권(ship mortgage) 간의 우선순위는 중요한 의미를 갖는다. 영국법상 선박담보물권의 우선순위를 규정한 제정법은 없으므로, 순위문제는 판례법에 따라 사건의 구체적 상황을 참작하여 법원이 판결한다. 지금까지 성립된 영국법상의 일반적 원칙을 살펴보면 다음과 같다.[16)]

첫째, 선박우선특권은 채권의 발생시기에 관계없이 등기된 선박저당권에 우선한다.

둘째, 제정법상의 대물적 권리는 선박의 압류에 의하여 성립하므로, 압류 전에 성립된 선박우선특권과 등기된 선박저당권이 우선한다.

셋째, 보통법상의 점유리언(possessory lien of common law)은 점유 전에 성립된 선박우선특권에는 뒤지나 점유 이후의 선박우선특권에 대하여는 점유의 효력상 우선한다.

넷째, 제정법상의 대물적 권리 사이의 우선순위는 선박의 압류시기에 의하지 아니하고 승소판결을 받은 시기에 의한다.

---

④ 모험대차채권(bottomary and respondentia)
⑤ 선장의 임금 및 체당금(master's wages and disbursements)
Meeson Nigel, Admiralty Jurisdiction and Practice, (London: Lloyd's of London Press Ltd., 1993), p.71.

15) 정해덕, 앞의 책, 450-451쪽.

16) 박홍진, "선박담보제도에 관한 연구", 박사학위논문, 원광대학교, 2000, 110-111쪽.

2. 제3자 채권의 실행 및 판례검토

영국법상 제3자 채권의 실행에 대하여 먼저 알아보고 판례를 검토한다.

(1) 제3자 채권의 실행

영국법상 제3자 채권의 실행은 보급업자의 채권과 적하손해에 의한 채권으로 구분된다.

1) 필요품 또는 용역을 제공한 보급업자의 채권

보급업자의 채권에는 재화 · 용역 등의 필요품을 제공한 제3자의 채권, 선박수리업자의 채권, 하역업자의 채권 등이 있다.

영국법상 선박수리업자는 선박우선특권을 가지지 않으며 제정법상의 대물적 권리와 유치권을 가질 뿐이다. 선박수리업자는 선박에 대하여 필요한 재화 · 용역을 보급하는 자와 동일시된다. 선박수리업자는 수리대금을 지급받을 때까지 선박을 점유할 수 있으나, 선박을 실제로 점유하고 있는 동안에는 보통법상의 점유리언을 행사할 수 있을 뿐이며 점유를 상실하면 보통법상의 점유리언도 상실된다.

영국법은 하역업자의 채권에 선박우선특권을 부여하지 않는다. 하역업자는 자신이 하역작업을 수행한 화물에 대하여 보통법상의 점유리언(possessory lien of common law)을 행사할 수 있을 뿐이다. 선박에 필요한 재화 · 용역을 제공한 자는 선박에 대하여 대물적 권리를 가지는데, 하역업자의 채권도 필요한 용역으로 본다. 따라서 선박소유자가 하역작업을 지시한 경우에 하역업자는 당해 선박에 보통법상의 점유리언 등 대물적 권리를 가진다.

검토한 바와같이 "손해가 발생하였을 때 인적소송에서 책임을 져야 할 자가 선박소유자, 용선자 또는 선박을 사실상 지배하고 있는 자이거나"라고 규정된 1981년 대법원법(Supreme Court Act 1981) 제21조 제4항 제b호에 근거하여 제3자는 제정법상의 대물적 권리에 의하여 제3자 채권을 실행할 수 있는 것이다.

정기용선계약에서 보급업자는 정기용선계약이 만료된 후에는 이전의 정기용선자와 현재의 선박소유자는 다르므로 선박에 대물소송을 제기할 수가 없다. 또한 저당권설정자에게 필요품이나 용역을 제공한 보급업자는 선박의 소유권이 저당권자에 이전되면 보급업자는 대물소송을 제기할 권리를 잃는다. 이와같이 제정법상의 대물적 권리는 선박우선특권에 비하여 대물소송을 제기하는 데 제한이 있다.[17)]

2) 운송계약 위반으로 인한 적하손해에 의한 채권

적하소유자의 선박에 대한 채권에 관하여 영국법은 미국법에 비하여 대단히 제한적인데, 그 이유는 미국이 전통적인 적하이해관계인국인 반면 영국은 전통적으로 선박소유자의 이익을 중시하는 선주국이기 때문이다. 오늘날 영국법은 선박에 의한 적하의 손해에 대하여 계약 또는 불법행위로 인한 선박우선특권 자체를 인정하지 않고 있다.[18] 1925년 최고법원법(Supreme Court of Judicature (Consolidation) Act 1925) 제22조는 "선박이 운송한 적하에 대한 불법행위로 인한 모든 손해배상청구권"에 관하여 해사관할을 인정하였다. 그러나 1956년 사법행정법(Administration of Justice Act 1956)은 적하에 대한 불법행위손해배상청구권에 대하여 언급하고 있지 않으며, 1981년 대법원법(Supreme Court Act 1981) 제20조도 "선박이 운송한 적하의 멸실 또는 훼손에 대한 배상청구권"이라고 규정할 뿐 적하소유자의 불법행위 손해배상청구권에 대한 규정은 없다. 이것으로 미루어보아 적하에 대한 손해배상청구권은 불법행위에 의한 선박우선특권의 대상이 아니라고 할 수 있다.[19] 따라서 적하이해관계인은 선박에 의한 적하의 손해에 대하여 제정법상의 대물적 권리에 근거하여 선박을 강제집행할 수 있다.

(2) 판례검토

영국법상 제3자 채권의 실행은 대륙법에 비하여 주로 판례에 의하여 형성되어 왔으므로, 영국법상 정기용선계약 하에서의 제3자 채권의 실행에 대하여 연구하기 위하여 시대적 순서에 입각하여 영국판례를 검토한다.

1) Vestland호 사건

피고 선박소유자와 원고 정기용선자 Richmond Shipping사는 1972년 10월 24일에 3년 동안 Vestland호에 대한 정기용선계약을 체결하였다. Linertime form인 용선계약서 제20조에는 뉴욕프로듀스서식에서와 마찬가지로 유치권 또는 담보 설정금지약관이 있었다. Vestland호는 Jebsens사에게 항해용선되어 캐나다의 Sorel 항에서 slag를 선적하여 영국의 Middlesbrough 항 등에서 양하할 예정이었다. 양항의 체선이 심해지자 선박소유자는 선하

17) Davies Martin & Dickey Anthony, *op. cit.*, p.125.
18) Tetley William, Marine Cargo Claims 3rd ed., (Montreal: International Shipping Publications, 1988), p.238-239.
19) 송상현 · 김현, 앞의 책, 456-467쪽.

증권상의 양항이 아닌 Antwerp 항에 slag을 양하하였다. 이에 대하여 항해용선자 Jebsens 사와 수하인이 1973년 1월 4일에 몬트리올 항에서 선박을 압류하자, 선박소유자는 선박소유자의 P&I Club인 Skuld사가 보증서를 제출하고 1973년 1월 8일에 선박을 해방시켰다. 1973년 1월 16일과 2월 3일 사이에 3번에 걸쳐 정기용선자는 slag를 Antwerp 항에서 West Hartlepool 항으로 운송하였는데, 양하 후 slag은 석탄과 fresh water에 의해 손상된 것이 발견되었다. 이에 대하여 선박은 1973년 5월 14일에 캐나다의 Quebec 항에서 다시 압류되었다. 선박소유자의 P&I Club과 Montreal 은행이 보증서를 제출하고 1973년 6월 8일에 선박은 해방되었다. 이 사건의 정기용선계약은 뉴욕프로듀스서식으로 체결되었으므로 동 서식 제18조에 유치권 또는 담보 설정금지약관이 있었다.

정기용선자는 "선박소유자가 선박을 해방시키지 않아서 손해가 발생하였으므로, 정기용선계약을 위반하였다."라고 주장하였다. 선박소유자는 "용선계약서 제20조에 의하여 선박이 압류된 것은 정기용선자가 책임을 져야 한다."라고 주장하였다. 중재인은 "정기용선자가 항해용선하는 과정에서 선박이 압류되었는데, 본 선박의 압류는 정기용선계약서 20조의 유치권 또는 담보에 해당하므로 유치권 또는 담보 설정금지약관에 위반되어 정기용선자가 선박의 압류에 대하여 책임을 져야 한다."라고 판정하였다. 1심 법원 Mccatta 판사는 "정기용선계약서 제20조의 「리언」이란 단어는 선박의 압류를 포함하므로 정기용선자가 선박의 압류에 대하여 책임을 져야 한다."라고 중재인의 판정을 확인하였다.[20)]

2) Yuta Bondarovskaya호 사건

선체용선자 Scanarctic사는 선박소유자 Murmansk사로부터 Yuta Bondarovskaya호를 1996년 2월 19일에 선체용선하여 본 선박을 1996년 4월 19일에 정기용선자 Emel사에게 정기용선하여 주었다. 연료유보급업자 Ims사는 정기용선자 Emel사의 요청으로 볼로스(Volos) 항에서 1997년 3월 18일과 19일에 연료유를 선박에 보급하였으나, 정기용선자가 미화 32,547.62불의 연료유대금을 지급하지 않자, 1997년 7월 17일에 선박을 압류하였다. 본 사건에서 선체용선계약에 유치권 또는 담보 설정금지약관이 있었으나, 정기용선계약에는 볼타임서식을 사용하였으므로 유치권 또는 담보 설정금지약관이 없었다.

원고 Ims사는 "선체용선자 Scanarctic사에게는 인적소송을, 그리고 선박에 대하여 대물소송을 제기할 수 있다."라고 주장하였다. 피고 선박소유자 Murmansk사는 "연료유는 정

20) Richmond Shipping Ltd. v. D/S and A/S Vestland [1980] 2 Lloyd's Rep. 171 (Q.B.).

기용선자의 요청으로 보급되었으므로 선체용선자 Scanarctic사는 인적책임이 없고, 선박소유자도 물적책임이 없다."라고 주장하였다. 1심 법원 Clarke판사는 "정기용선계약에서 정기용선자가 연료유보급을 요청했다면 이는 정기용선자가 사용하기 위하여 요청한 것으로 간주되므로 정기용선자가 연료유대금을 지급하여야 한다. 정기용선자는 선박소유자를 대신하여 연료유를 매입할 권리가 없다. 만약, 연료유보급업자가 선체용선자 Scanarctic사나 선박소유자 Murmansk사에게 연료유대금을 청구하려면, 연료유보급 시에 선체용선자나 선박소유자로부터 확인을 받았어야 했다. 따라서 선체용선자나 선박소유자는 연료유대금에 대하여 책임이 없으므로 연료유보급업자 Ims사는 선박을 압류할 권한이 없다."라고 판시하였다.[21)]

3) Saetta호 사건

선박소유자 Silver Shipping사로부터 Saetta호를 1990년 7월 10일자 정기용선계약에 의해 정기용선한 정기용선자 Petroblobe사는 연료유보급업자 Forsythe사와 연료유보급계약을 체결하여 11월 27일에 349.779톤의 FO와 50톤의 DO를 선박에 주유하였다. 정기용선자 Petroblobe사가 용선료를 지급기일 내에 지급하지 않자 선박소유자는 1991년 1월 3일에 7일 간의 지급유예기간을 주어 선박회수의 통지를 하였다. 정기용선자가 7일 간의 지급유예기간 내에 용선료를 지급하지 않자, 선박소유자는 1991년 1월 11일에 선박을 회수하였다. 한편, 연료유보급계약에 의해 정기용선자가 지급기일인 1991년 1월 11일까지 연료유대금을 지급하지 않자 연료유보급업자 Forsythe사는 미지급된 연료유대금 미화 79,395.98불에 대하여 선박소유자와 정기용선자를 상대로 소를 제기하고, 1991년 1월 26일에 나폴리 항에서 선박을 압류하였다.

연료유보급업자 Forsythe사는 연료유보급계약서에 있는 소유권유보약관(retention of title)을 언급하면서 "연료유대금이 지급될 때까지는 연료유보급업자가 연료유의 소유권을 유보한다."라고 주장하였다. 또한 연료유보급업자는 "선박소유자는 본선에 보급된 연료유를 불법으로 사용하였기 때문에 미지급된 연료유대금을 지급하여야 한다."라고 권리를 주장하였다. 이에 대하여 선박소유자는 "1991년 1월 11일에 선박이 회수되었을 때 선박에 보급된 연료유에 대하여 소유권을 취득하였으므로 미지급된 연료유대금에 대하여 책임이 없다."라고 주장하며, 오히려 연료유보급업자가 선박을 압류하여 발생한 손해배상을 청구하였다. 1심 법원 Clarke판사는 "본 선박이 회수되었을 때 정기용선자나 연료유보급업자가 소유권이

21) The Yuta Bondarovskaya [1982] 2 Lloyd's Rep. 278 (Q.B.).

전에 동의하지 않았고, 선박소유자가 소유권을 주장하려면 연료유대금을 지급하여야 하는데 미지급되었으므로 소유권은 선박소유자에게 이전되지 않았다. 더욱이, 선박이 회수된 후 선박소유자가 소유권이 없는 연료유를 사용한 것은 위법하므로 선박소유자는 연료유대금에 대하여 책임을 져야 한다. 정기용선자는 연료유보급계약을 위반하였으므로 연료유대금에 대하여 책임을 져야 한다. 선박압류로 인하여 발생한 손해에 대한 선박소유자의 배상청구에 대하여, 연료유보급자는 소유권유보약관(retention of title)에 의거하여 권리가 있다고 믿고 선의로 본선을 압류하였으므로, 연료유보급업자는 책임이 없다."라고 판시하였다.[22]

4) 검 토

Vestland호 사건에서 정기용선계약 하에서의 제3자 채권의 실행은 계약리언이므로, 계약의 내용에 따라 선박의 압류에 대하여 정기용선자가 책임을 져야 한다는 것을 확인하였다. 그리고 Yuta Bondarovskaya호 사건에서 정기용선계약 하에서의 제3자 채권의 실행은 미국에서 선박에 대하여 선박우선특권을 인정하는 것과는 대조적으로 영국에서는 계약리언(contract lien)만 형성시키지, 선박우선특권은 형성하지 못한다는 것을 확인하였다. 또한 Saetta호 사건에서 정기용선자가 용선료를 지급하지 않아서 선박소유자가 선박을 회수하였을 경우, 선박 안에 있는 연료유는 대금이 미지급되었다면 연료유에 대한 소유권은 연료유보급업자에 있는 것이지 아직 소유권이 이전된 것이 아니라는 것을 확인하였다.

(3) 대물소송절차

영국은 선박집행을 하기 가장 쉬운 장소로 인식되고 있으며 상대적으로 저렴한 비용으로 선박집행이 가능하다. 채권자는 선박집행 전에 집행에 대한 절차중지명령이 등록되었는지 여부를 확인하기 위하여 런던소재 해사등기소(Admiralty Registry)에서 절차중지명부를 조사하여야 하나 자신의 위험부담 하에 조사 없이 선박을 집행할 수는 있다. 절차중지명령이 영장발부 후 집행 전에 이루어진 경우에 원고의 변호사는 계속 집행할 의사가 있는지 질문 받게 된다. 선박의 집행해방을 위하여 보석금, 은행보증서, 선주상호보험조합(P&I Club)의 보증서 등이 법원이나 채권자에게 제공될 수 있다. 영장에 의하여 집행된 선박은 오직 법원의 명령 하에서 매도되거나 해방을 위한 서면에 의하여서만 해방될 수 있다. 영국법상 집행의 단점은 채권자가 위법집행에 대한 소송을 제기하는 것이 불가능하지는 않더라도 실제

22) Forsythe International (U.K.) Ltd. v. Silver Shipping Co., Ltd. and Petroglobe International Ltd. – The Saetta [1993] 2 Lloyd's Rep. 268.

로는 매우 어렵다는 점이다. 채권자는 이를 위하여 중과실 또는 악의를 입증하여야 하며, 만일 입증에 실패하면 오히려 피고로부터 명예훼손으로 인한 소송을 당할 수 있다.[23)]

Ⅲ. 미 국 법

미국의 경우에 대물소송절차의 근거 내지 기초는 선박우선특권에 있다. 즉 미국법에서 선박 등 해산에 대한 대물소송의 본질적인 필요조건은 선박우선특권이 존재한다는 사실이다. 말하자면 미국법의 경우 선박우선특권이 있는 채권의 경우에만 선박에 대한 대물소송을 제기할 수 있으며 선박우선특권이 없는 채권을 위하여 대인소송(action in personam)을 제기할 수 있을 뿐이다.[24)]

1. 선박우선특권

미국법상 정기용선계약 하에서의 제3자 채권의 실행을 연구하기 위하여 선박우선특권과 제3자 채권의 실행에 대하여 검토하고 대물소송절차를 살펴본다.

미국법상 대부분의 선박우선특권은 일반해상법에 의거하여 발생하나 선박저당권법(Ship Mortgage Act)이나 연방선박우선특권법(Federal Maritime Lien Act) 등에 의거하여 인정되는 경우도 있으므로 어느 나라보다도 광범위하게 선박우선특권을 인정하고 있다. 이는 적하이해관계인국으로서의 미국의 입장을 반영한 것이다.

미국법상 선박우선특권을 생기게 하는 채권에는 ① 선장을 포함하는 선원의 임금채권, ② 해난구조 보수채권, ③ 공동해손의 분담에 관한 채권, ④ 용선계약 불이행에 대한 손해배상청구권, ⑤ 우선선박저당권(preferred ship mortgages), ⑥ 선박과 속구의 수리비 · 식량 · 연료 · 예선료 · 선박의 세금에 관한 채권, ⑦ 선원이나 여객의 생명 · 신체에 대한 손해배상채권, 선박충돌 또는 해양오염으로 인한 손해배상채권, ⑧ 화물의 멸실 또는 훼손에 관한 손해배상채권, ⑨ 운송인이 적하이해관계인에 대하여 가지는 미지급운임 및 체선료청구권 등이 있다.

미국의 선박담보제도로는 선박우선특권과 선박저당권(ship mortgage)이 있다.[25)] 미국

23) 정해덕, 앞의 책, 451-453쪽.
24) 임동철, 선박우선특권, 83쪽.

법상 선박우선특권은 우선적 담보물권(privileged claim)으로서 저당권, 점유리언(possessory lien) 등의 담보권 및 그 밖의 일반채권에 우선한다.[26] 선박우선특권은 우선적 지위(preferred status)가 인정되는 것과 비우선적 지위(non-preferred status)가 인정되는 것으로 양분되었고, 선박저당권도 우선적 선박저당권(preferred ship mortgage)과 비해사선박저당권(non-maritime ship mortgage)으로 양분되었다. 영국의 경우에 모든 선박우선특권이 선박저당권에 우선하는 데 반하여, 미국의 경우 법령에 의하여 선박저당권보다 앞에 발생한 모든 선박우선특권은 저당권보다 우선하지만, 우선적 선박우선특권(preferred maritime lien)만은 선박저당권보다 후에 발생하였더라도 선박저당권에 우선한다.[27]

2. 제3자 채권의 실행 및 판례검토

미국법상 제3자 채권의 실행에 대하여 먼저 알아보고 판례를 검토한다.

(1) 제3자 채권의 실행

미국법상 제3자 채권의 실행은 영국법과 마찬가지로 보급업자의 채권과 적하손해에 의한 채권으로 구분된다.

1) 필요품 또는 용역을 제공한 보급업자의 채권

보급업자의 제3자 리언을 규율하고자 제정된 1910년 연방선박우선특권법(Federal Maritime Lien Act 1910) 제971조는 "선박소유자 또는 선박소유자의 위임을 받은 자의 지시에 따라서 국내 또는 국외에서 선박에 수리, 선용품, 예항행위, 드라이도크나 해상선로의 사용을 제공 또는 기타 필요품을 제공한 사람은 대물소송에 의해 강제력을 가지는 선박우선특권을 가지며, 선박에 용역이 제공되었다는 사실을 입증할 필요가 없다."라고 1971년에 개정되었다. 따라서 선에 정기용선계약서의 유치권 또는 담보 설정금지약관에 의하여 부정되었던 제3자 채권의 실행이 정기용선계약서에 유치권 또는 담보 설정금지약관이 있더라도 제3자인 보급업자가 유치권 또는 담보 설정금지약관이 정기용선계약서에 있다는 사실을 선의로 몰랐다면, 제3자인 보급업자는 선박우선특권을 행사할 수 있다. 1971년 연방선박우선특권법(Federal Maritime Lien Act 1971) 제971조는 1988년 11월 23일에 수정되어, "또는 기타 필

25) 박홍진, 앞의 논문, 31쪽.
26) 위의 논문, 37쪽.
27) 위의 논문, 41-42쪽.

요품"이 삭제되고 "필요품"은 "수리, 선용품, 예항행위와 드라이도크나 해상선로의 사용"을 포함하는 것으로 정의되었는데, 법적으로 실질적인 변화가 의도되었던 것은 아니었다. 따라서 필요품을 제공한 보급업자는 선박우선특권을 행사할 수 있다.

선박에 필요한 재화와 용역을 제공한 자는 선박우선특권을 가지며, 필요한 재화와 용역의 범위는 해석상 계속 확장되어 왔다. 필요품은 일반적으로 선박의 영업에 필요하거나 선박이 위험한 상황에 처하였을 때 이러한 상황에서 벗어나기 위해 필요한 사항을 의미한다.[28] 이러한 필요품에 해당하는 것으로는 하역업무,[29] 연료유,[30] 도선업무, 선식, 수선, 선원임금, 레이더 및 기타설비, 드라이도크 및 광고, 담배,[31] 콘테이너,[32] 보험료,[33] 선박수리와 관련하여 본선에 서비스 및 필수품을 제공한 특수대리점(special agent)의 용역 등이 있는데 그러나 변호사비용[34]은 포함되지 않는다.[35] 필요한 재화와 용역이 되기 위하여 선박을 계속 운항하게 하는데 당해 재화와 용역이 필요하거나 유익한 것으로 충분하며, 그 재화와 용역이 선박의 운항에 필수 불가결할 필요는 없다. 미국법상 필요한 재화 · 용역에 의한 선박우선특권은 전통적인 영국법상의 선박우선특권과같이 재화 · 용역의 보급 시에 발생하며 소멸하지 아니하는 특성을 가진다.

선박수리업자는 선박에 대하여 선박우선특권을 가지나 적하에 대하여는 선박우선특권을 가지지 아니한다. 또 선박수리업자는 선박수리를 행한 특정항해에서 선박이 얻을 것으로 예상되는 운임에 대하여도 선박우선특권을 가진다. 정기용선자가 선박수리업자에게 수리를 요청한 경우에 정기용선자에게 선박수리요청권이 없음을 선박수리업자가 알거나 알았어야 하는 때를 제외하고 정기용선자의 행위는 선박을 구속하므로 선박수리업자는 선박에 대하여 선박우선특권을 가진다. 즉 선박수리업자는 선박수리를 하기 전에 정기용선자가 정기용선계약상 선박수리계약의 체결권이 있는지를 반드시 확인할 필요는 없다. 정기용선계약상 정기

28) Chi Sun Hua Steel Co., Ltd. v. Crest Tankers Inc., 708 F. Supp. 18, 1989 A.M.C. 2551 (D.N.H. 1989).
29) Atlanctic & Gulf Stevedores Inc. v. The Rosa Roth. 587 F. Supp. 103, 1985 A.M.C. 718 (S.D.N.Y 1984).
30) Galehead Inc. v. M/V Anglia, 1999 A.M.C. 2952 (11th Cir. 1999); Gulf Trading & Transp. Co. v. The Hoegh Shield, 658 F.2d 363, 1982 A.M.C. 1138 (5th Cir. 1981); Exxon Corp. v. Central Gulf Lines Inc., 780 F. Supp. 191, 1992 A.M.C. 1660 (S.D.N.Y. 1991); Re Queen Ltd., 361 F. Supp. 1009 (E.D.Pa. 1973).
31) Allen v. The Contessa, 196 F. Supp. 649, 1961 A.M.C. 2190 (S.D. Tex. 1961).
32) Foss Launch & Tug Co. v. Char Ching Shipping U.S.A. Ltd., 808 F.2d 697, 1987 A.M.C. 913 (9th Cir. 1987) *cert. denied* 486 U.S. 828 [1987].
33) Equilease Corp. v. The Sampson, 793 F.3d 598, 1986 A.M.C. (5th Cir.) (en banc), *cert. denied* 479 U.S.984 [1986]; Flagship Group v. Peninsula Cruise, 771 F. Supp. 756, 1992 A.M.C. 815 (E.D.Va. 1991).
34) In Bradford Marine Inc. v. M/V Sea Falcon, 64 F.3d 585 (11th Cir. 1995).
35) Coghlin Terence, W. Baker Andrew, Kenny Julian and Kimball John D., *op. cit.*, p.587–590.

용선자가 선박수리의 권한을 가지지 않는다는 것을 선박수리업자가 알았기 때문에 선박우선특권을 가지지 않는 경우에도 선박수리업자는 선박소유자에 대하여 부당이득반환청구권을 가진다. 선박수리업자는 선박에 재화 · 용역을 보급한 자와 동일한 순위의 선박우선특권을 가지며, 우선선박저당권이 등기되기 전에 발생한 선박수리업자의 선박우선특권은 선박저당권에 우선한다. 우선선박저당권을 등기하기 전에 선박수리작업이 완료된 경우에도 선박수리업자의 선박우선특권은 저당권에 우선한다.[36] 미국법원은 a. 선원임금채권, b. 구조료채권, c. 선원의 신체상해배상청구권 및 상병보상청구권, d. 선박수리채권의 순서로 선박우선특권의 순위가 결정된다고 판시한 바 있다. 선박수리업자의 채권 상호 간에서는 후에 발생한 채권이 우선하므로, 선박이 여러 항구에서 수리를 하였다면 최후의 항구에서 행한 수리채권이 최우선순위를 가진다. 그러나 동일한 항해를 위하여 동일 항구에서 행한 수리작업에 대하여는 그 선후를 불문하고 동일한 순위의 선박우선특권을 가지는 것으로 본다.[37]

미국법상 하역업자의 채권에 선박우선특권이 부여된 것은 1910년 연방선박우선특권법(Federal Maritime Lien Act 1910)이 1920년에 개정된 이후이므로, 하역업자의 선박우선특권은 비교적 최근에 이르러 인정되었다. 하역업무는 독립된 계약자로서의 하역업사에 의하여 이행되는 것과 선박소유자나 선장에 의하여 직접 고용된 하역인부에 의하여 이행되는 두 가지 범주로 나누어지는데 모두 선박우선특권에 의하여 보호된다.[38] 하역업자는 선박에 대하여만 선박우선특권을 가질 뿐이고 적하에 대하여는 선박우선특권을 가지지 않는다. 미국법원은 운임채권을 위하여도 선박우선특권을 인정하나, 하역작업을 수행한 항해에서 선박이 얻을 것으로 예상되는 운임에 한한다. 이것은 하역작업이 당해 항해를 수행하는 데 도움을 주었기 때문이므로, 그 후의 항해에서 발생한 운임에 대하여는 하역업자의 선박우선특권이 미치지 않는다. 미국에서 하역업자의 선박우선특권은 선박에 필요한 재화 · 용역을 보급한 자의 선박우선특권과 동일한 효력을 가진다. 하역회사의 선박우선특권이 우선선박저당권의 등기 전에 발생하였다면 우선선박저당권에 우선하고, 우선선박저당권 등기 후에 발행하였다면 그보다 후순위가 된다.[39]

36) Halcyon Isle호 사건에서는 영국 선박을 미국 선박수리업자가 수리한 후 수리비를 지급받지 못하였다. 선박이 싱가포르에서 경매에 부쳐졌는데 선박수리업자의 채권과 저당권과의 우선순위가 문제되었다. 수리채권이 발생한 미국법상 선박수리업자는 선박우선특권을 가지나, 법정지법인 싱가포르법에서는 선박수리업자에게 선박우선특권을 인정하지 않기 때문이다. 싱가포르 대법원은 선박수리업자의 선박우선특권을 부인하고 저당권자가 우선한다고 판시하였다. Bankers Trust International Ltd. v. Todd Shipyards Corporation – The Halcyon Isle [1980] 2 Lloyd's Rep. 325; [1981] A.C. 221; [1980] 3 W.L.R. 400; [1980] 3 All E.R. 197 (P.C.).

37) 송상현 · 김현, 앞의 책, 458–459쪽.

38) The Henry S. Grove, 285 F.60, 61 (W.D.Wash.1922).

2) 운송계약 위반으로 인한 적하손해에 의한 채권

미국법은 선박에 의한 적하의 손해에 대하여 계약 및 불법행위에 의하여 선박우선특권이 성립한다.[40]

적하소유자가 용선자와 운송계약을 체결한 경우에도 적하소유자는 선적선에 대하여 불법행위에 의한 선박우선특권을 가진다. 운송인은 선하증권 또는 용선계약서에 유치권 또는 담보 설정금지약관을 기재함으로써 적하소유자의 계약상 선박우선특권을 사전에 포기시킬 수 없다. 왜냐하면 미국해상물건운송법(American Carriage of Goods by Sea Act) 제1303조 제8항은 운송인이 자신의 과실에 대하여 면책되는 것을 금지하기 때문이며, 판례의 태도도 이와 같다. 한편 동법은 용선계약에는 적용되지 않으므로 용선자는 선하증권이나 재용선계약서에 유치권 또는 담보 설정금지약관을 기재함으로써 적하소유자가 선적선에 대하여 가질 수 있는 계약상 선박우선특권을 사전에 박탈할 수 있다. 그러나 당해 선하증권이나 재용선계약서가 헤이그규칙(International Convention for the Unification of certain Rules of Law relating to Bill of Lading 1924)의 적용을 받는다면, "본 협약에 규정된 의무를 태만, 과실 또는 불이행하여 발생된 화물의 멸실, 손상 또는 화물에 관련된 멸실, 손상에 대한 책임으로부터 운송인 또는 선박을 면제시키거나, 본 협약의 규정과 달리 이러한 책임을 경감시키는 운송계약상의 일체의 조항, 계약 또는 합의사항은 효력이 없다."라고 규정된 동규칙 제3조 제8항[41]이 과실약관을 금지하고 있으므로 유치권 또는 담보 설정금지약관은 무효가 된다. 용선자는 적하소유자가 선적선에 대하여 가지는 불법행위에 의한 선박우선특권을 사전에 포기시킬 수 없다.[42]

(2) 미국판례

미국법상 제3자 채권의 실행은 대륙법에 비하여 주로 판례에 의하여 형성되어 왔으므로, 미국법상 정기용선계약 하에서의 제3자 채권의 실행에 대하여 연구하기 위하여 시대적

39) 송상현 · 김현, 앞의 책, 461–462쪽.

40) Tetley William, Maritime Liens and Claims, 1st ed., (London: Business Law Communications Ltd., 1985), p.239.

41) 이 규정의 원문은 다음과 같다.
Any clause, covenant, or agreement in a contract of carriage relieving the carrier or the ship from liability for loss or damage to or in connection with, goods arising from negligence, fault, or failure in the duties and obligations provided in this article, or lessening such liability otherwise than as provided in this convention, shall be null and void and of no effect.

42) 송상현 · 김현, 앞의 책, 465–466쪽.

순서에 입각하여 미국판례를 검토한다.

1) Lucie Schulte호 사건

정기용선자 Three Bays Corporation사는 선박소유자 Schulte & Bruns사로부터 Lucie Schulte호를 1957년 중 정기용선하여 Port Canaveral 항에서 British West Indies로 화물을 운송하기 위해 미국정부와 항해용선계약을 체결하였다. 정기용선계약은 뉴욕프로듀스서식으로 체결되었는데 유치권 또는 담보 설정금지약관이 있었다. 선하증권은 운송인이 정기용선자인 Three Bays Lines, Inc.으로 기재되어 있었고, 정기용선자의 대리점이 선하증권에 서명하였다. 미국정부는 약정운임보다 미화 4,288.86불을 초과하여 지급하였다. 정기용선자가 초과 지급된 운임을 반환하지 않자 3년 6개월에 지나서 선박에 대물소송을, 정기용선자에게 인적소송을 제기하였으나, 정기용선자는 실제로 파산된 상태였다. 1심 지방법원 Archie O. Dawson판사는 "미국정부가 정기용선되어 운항된 Lucie Schulte호에 선박우선특권을 행사할 수 있다."라고 판결하였다. 이에 선박소유자는 항소하였는데 항소법원(Friendly판사, Hays판사와 Marshall판사)은 1심 지방법원의 판결과는 다르게 "미국정부가 선적 전에 합당한 주의를 기울였다면 정기용선계약서에 유치권 또는 담보 설정금지약관이 있다는 것을 알았을 것이므로 미국정부는 Lucie Schulte호에 선박우선특권을 행사할 수 없다."라고 판결하였다.[43]

Lucie Schulte호 사건에서 뉴욕프로듀스서식 제18조는 정기용선자와의 계약으로 선박에 선용품 또는 연료유를 보급하였거나 선박을 수리한 제3자 등이 미지급된 물품 또는 용역대금 등의 이유로 선박우선특권을 행사하지 못하게 하는 데 목적이 있다. 1910년 연방선박우선특권법(Federal Maritime Lien Act 1910)이 1971년에 개정되기 전에 미국판례는 정기용선계약서에 유치권 또는 담보 설정금지약관이 있으면 일반적으로 정기용선선박에 행사하는 제3자의 선박우선특권을 제한하는 경향을 보였다.

2) Seisho Maru호 사건

정기용선자 Nakamura사는 선박소유자 Aizawa사로부터 1979년 8월 17일에 Seisho Maru호를 정기용선하여, 1980년 11월 17일에 재정기용선자 Clover사에게 2년 동안 재정기용선하여 주었다. 두 개의 정기용선계약서는 모두 유치권 또는 담보 설정금지약관이 있었다. 1981년 10월 5일에 재정기용선자 Clover사는 항해용선자 Cardinal사와 6,000톤의 철제

43) Unites States v. The Lucie Schulte, 343 F.2d 897 (2d Cir. 1965).

제1편
제2편
제3편
제4편
제5편
제6편
제7편
제8편

코일을 스웨덴의 Dxeloesund 항에서 선적하여 Detroit 항과 Chicargo 항에서 양하하는 항해용선계약을 체결하였다. 재정기용선자 Clover사가 용선료를 지급하지 않자 정기용선자 Nakamura사는 11월 중순경 선하증권이 서명되지 않은 상태에서 이미 선적되어 있던 6,000톤의 화물을 양하하고 Seisho Maru호를 회수하였다. 항해용선자 Cardinal사는 선박소유자에게 대물소송을 제기하였다.

Cardinal사는 "화물이 선박에 선적되었다면 적하이해관계인도 선박소유자 선박을 상대로 선박우선특권을 행사할 수 있다."라고 주장하였다. 선박소유자 Aizawa사는 "Cardinal사가 유치권 또는 담보 설정금지약관을 상당한 주의를 다하였다면 확인할 수 있었으므로 선박우선특권을 행사할 수 없다."라고 주장하였다. 1심 지방법원 Ross N. Sterling판사는 "정기용선계약서에서 유치권 또는 담보 설정금지약관이 있었으므로, 재재항해용선자 Cardinal사는 선박우선특권을 행사할 수 없다."라고 판결하자 항해용선자 Cardinal사는 항소하였다. 항소법원(Goldberg판사와 Alvin B. Rubin판사)은 "화물이 선적되고 선하증권이 발행되었다면 적하이해관계인은 선박에 선박우선특권을 행사할 수 있다.[44] Nakamura사와 Clover사의 정기용선계약에 의하여 Clover사가 용선료 지급을 지체하였으므로, Nakamura사는 선박을 회수할 수 있다. Nakamura사가 선박을 회수하려면 이미 선적되어 있는 화물을 모두 양하하여야 한다. 만약, Cardinal사가 선박우선특권을 행사할 수 있다면, Nakamura사가 정기용선계약에 의하여 선박회수권을 행사할 수 없으므로, Cardinal사는 선박우선특권을 행사할 수 없다. 또한 정기용선계약서에 유치권 또는 담보 설정금지약관이 있다는 것을 상당한 주의를 갖고 조사하였다면 알 수 있었으므로 Cardinal사는 선박우선특권을 행사할 수 없다."라고 판시하였다.[45]

본 사건에서 연방선박우선특권법(Federal Maritime Lien Act)이 1971년에 개정된 후에는 정기용선계약서에 유치권 또는 담보 설정금지약관이 있다는 것을 제3자가 알고 있었다는 입증책임을 선박소유자가 부담하는데 이는 정박 중 시간이 촉박한 상황에서 선용품 등을 보급하는 자에 해당하는 것이지 시간의 제약이 없는 항해용선자들에게는 입증책임이 전환된다는 것을 확인하였다.

---

44) The Capiaine Faure, 10 F.2d 950, 954, 961 (2d Cir. 1926); Tube Products of India v. S.S. Rio Grande, 334 F. Supp. 1039, 1041 (S.D.N.Y. 1971).
45) Cardinal Shipping Corp. v. The Seisho Maru, 744 F.2d 461, 469, 1985 A.M.C. 2630, 2641 (5th Cir. 1984).

3) Freedom호 사건

선체용선자 Intermar사는 선박소유자 Apollo사로부터 Freedom호를 1982년 3월 17일에 선체용선하여, 선박을 정기용선자 Phoenix사에게 정기용선하여 주었다. 정기용선자는 이탈리아 Augusta 항에서 1982년 12월 23일에 Gulf사로부터 연료유를 보급받았다. 선박은 연료유를 받고 수취증에 "본 선박은 정기용선되어 운항되고 있으며, 정기용선자는 어떠한 보급물 또는 용역으로 인하여 유치권 또는 담보를 발생시켜서는 안 된다."라는 취지의 도장을 찍어서 연료유보급업자 Gulf사에 전달되었다. 정기용선자가 미화 120,391.95불에 해당하는 연료유대금을 지급하지 않자, 연료유보급업자는 선박우선특권을 행사하려고 했다. 연료유보급업자 Gulf사는 "미지급된 연료유대금을 보상받고자 선박우선특권을 행사할 수 있는 권한이 있다."라고 주장하였다. 선박소유자는 "연료유보급업자는 유치권 또는 담보 설정금지약관을 조사할 의무가 있으므로 연료유보급업자 Gulf사는 선박우선특권을 행사할 수 있는 권한이 없다."라고 주장하였다. 1심 지방법원은 "연료유보급업자 Gulf사가 본 선박에 연료유를 보급하고 받은 수취증에 유치권 또는 담보 설정금지약관이 표시되었다고 할지라도, 수취증은 단지 연료유대금 청구의 목적으로 발행되는 것이고, 또한 연료유보급업자 Gulf사가 유치권 또는 담보 설정금지약관을 조사할 의무가 없고, 선박소유자가 유치권 또는 담보 설정금지약관에 대하여 연료유보급업자 Gulf사에게 충분한 사전통지를 하지 않았으므로 연료유보급업자 Gulf사는 선박우선특권을 행사할 수 있다."라고 판시하였다. 또한 1심 지방법원은 "「정기용선계약서상에 유치권 또는 담보 설정금지약관을 규정하고 있다는 사실을 제3자인 연료유보급업자 Gulf사가 알고 있다.」라는 입증책임은 선박소유자에게 있다."라고 판시하였다.[46)]

단지, 수취증에 유치권 또는 담보 설정금지약관에 대하여 표시한 것만으로는 연료유보급업자 Gulf사에게 충분한 통지를 하였다고 볼 수 없다. 본 사건에서 정기용선계약에서 정기용선자와의 계약으로 제3자가 선박에 연료유를 보급하였으나 정기용선자가 연료유대금을 지급하지 않을 경우, 정기용선계약에 규정된 유치권 또는 담보 설정금지약관을 제3자가 알고 있을 경우에만 제3자는 선박우선특권을 행사할 수 없다는 사실을 확인하였다. 또한 본 사건에서 정기용선계약에 규정된 유치권 또는 담보 설정금지약관은 제3자가 알고 있다는 입증책임을 선박소유자가 부담하여야 한다는[47)] 사실도 확인하였다.

46) Gulf Oil Trading Co. v. The Freedom, 1985 A.M.C. 2738 (D. Or. 1985).
47) Gulf Oil Trading Co. v. The Caribe Mar, 757 F.2d 743, 1985 A.M.C. 2726 (5th Cir. 1985); Lake Union Drydock Co. v. The Polar Viking, 446 F. Supp. 1286, 1978 A.M.C. 1477 (W.D. Wash. 1978).

4) Mermaid I호 사건

Mermaid I호의 정기용선자인 Logos사는 J&L사에게 Georgia주 소재 Savannah 항에서 선박에 급유를 요청하였다. J&L사는 연료유브로커인 Tramp사에게 급유요청을 하였고, Tramp사는 Exxon사와 연료유보급계약을 체결하여 최종적으로 Exxon사의 요청을 받은 Colonial사가 선박에 급유하였다. Tramp사는 Exxon사에게 연료유대금으로 미화 91,360.14불을 지급하고 J&L사에게 연료유대금을 청구하였다. J&L사는 Logos사로부터 연료유대금 전액을 지급받았으나, Tramp사에게는 단지 미화 45,000불만을 지급하였다. 잔액을 받지 못한 Tramp사는 Mermaid I호를 상대로 대물소송을 제기하였다. 이 사건의 1심 지방법원 Raymond L. Acosta판사는 Tramp사에게 패소판결을 하였다. 이에, Tramp사는 항소하였다. 항소법원(Coffin판사, Wisdom판사와 Aldrich판사)은 "Tramp사가 지급한 연료유대금이 법적인 효력을 가지려면, 첫째 대금이 당해 선박을 위하여 사용되고, 둘째 선장이나 이와 동일한 권한을 갖은 자의 지시에 의하여 선급되어야 하며 셋째 미지급금이 전액 지급되어야 한다. 본 사건에서 Tramp사가 지급한 금액은 첫째와 셋째 요건은 충족하지만, 둘째 요건은 충족하지 못한다. Tramp사는 당해 선박과 직접적으로 관계가 없고 선박소유자로부터 권한을 위임받은 자에 해당되지 않으므로, Tramp사는 선박우선특권을 행사할 수 없다."라고 판시하여 지방법원의 판결을 확인하였다.[48)]

Mermaid I호 사건 또한 Freedom호 사건과 마찬가지로 정기용선자는 선박소유자로부터 권한을 위임받은 자에 해당한다. 만약 보급업자가 정기용선자의 직접 지시에 의하여 연료유보급을 신청했으면 선박우선특권을 행사할 수 있으나, 선박과 직접적인 권한 위임관계가 없는 자로부터 요청을 받았다면 선박우선특권을 행사할 수 없다. 그러나 정기용선자와 연료유보급계약을 체결한 보급업자가 하청을 주어서 다른 회사가 실제로 본 선박에 급유하였다면, 실제로 급유한 회사는 비록 정기용선자와 계약을 체결한 보급업자를 통하여 급유를 하였더라도 선박우선특권을 행사할 수 있다.[49)]

5) Ken Lucky호 사건

정기용선자 Continental Grain사는 선박소유자 Ken Hieng사로부터 Ken Lucky호를 정기용선하여 재정기용선자 Bulkferts사에게 재정기용선하여 주었다. 1984년 9월 재정기용

48) Tramp Oil and Marine Ltd. v. The Mermaid I, 630 F. Supp. 630, 1987 A.M.C. 129 (D.P.R. 1986), aff'd 805 F.2d 42, 1987 A.M.C. 866 (1st Cir. 1986).

49) Ceres Marine v. Harmen Oldendorff, 1995 A.M.C. 2709 (D.Md. 1995).

선자 Bulkferts사의 관리대리점 Eurostem사는 Brook사에게 Gray사를 통하여 연료유보급업자 Marine Fuel사에게 선박이 Tampa 항에 도착하면 급유하여 줄 것을 요청하였다. Marine Fuel사가 연료유대금 선불을 요구하자 Gray사는 1984년 9월 3일에 이루어진 선박에 대한 연료유 보급요청은 Ken Lucky의 선박소유자가 지시한 것이라고 Marine Fuel사에게 전문을 보내면서 대금결제 전에 연료유를 보급할 것을 요청하였다. 1984년 9월 6일에 Marine Fuel사는 미화 223,480.10불에 해당하는 연료유를 선박에 보급하고 Gray사를 통해 Brook사에게 연료유대금을 청구하였으나, 1984년 10월에 파산한 Brook사로부터 연료유대금을 받을 수 없었다. Marine Fuel사는 Oregon주 Portland에서 Ken Lucky호를 압류하자 선박소유자는 현금을 은행에 공탁하고 선박을 해방하였다.

연료유보급업자 Marine Fuel사는 "Brook사는 연방선박우선특권법(Federal Maritime Lien Act)에 의하여 선박에 대하여 선박우선특권을 발생시킬 권한이 있는 자이므로 연료유보급업자는 선박우선특권을 행사할 수 있다."라고 주장하였다. 선박소유자는 "정기용선계약서에 유치권 또는 담보 설정금지약관이 있으므로 선장은 연료유를 수령하여 선박우선특권을 발생시킬 권한이 없다."라고 주장하였다. 1심 지방법원 Owen M. Panner판사는 "Bulkferts사가 Brook사에게 요청하여 선박에 급유를 하였으나, Brook사가 Bulkferts사는 별개의 독립된 회사로 Brook사는 선박우선특권을 발생시킬 정도의 권한을 위임받지 못하였으므로 연료유보급업자 Marine Fuel사는 선박우선특권을 행사할 수 없다."라고 판시하였다. 이에 대하여 항소법원(Hug판사, Fletcher판사와 Nelson판사)은 "정기용선자는 법적으로 선박을 지배하며 Brook사와 Bulkferts사와의 관계는 연방선박우선특권법에서 규정된 권한이 있는 관계에 해당한다. Ken Lucky호의 1등 기관사가 선장의 허락 하에 연료유를 수령하여 확인하였으므로 선박은 연료유 보급으로부터 확실하게 이득을 취하였다. 선박의 선장은 연방선박우선특권법 규정에 의해 선박우선특권을 발생시킬 권한이 있다. 만약 연료유보급업자가 정기용선계약서에 유치권 또는 담보 설정금지약관이 있다는 것을 알았으면 선박우선특권을 행사할 수 없다. 연료유보급업자가 유치권 또는 담보 설정금지약관을 알고 있었느냐의 입증책임은 연방선박우선특권법에 의하면 선박소유자에 있다. 본 사건에서 선박소유자는 정기용선계약서에 유치권 또는 담보 설정금지약관이 있다는 것을 연료유보급업자에게 통지하지 않았으므로, 연료유보급업자는, 유치권 또는 담보 설정금지약관이 정기용선계약서에 있다는 것을 모르는 것으로 간주되어, 선박우선특권을 행사할 수 있다."라고 판시하였다.[50)]

제1편 제2편 제3편 제4편 제5편 제6편 제7편 제8편

6) Anglia호 사건

정기용선자 Genesis사는 다음과 같이 3번 Anglia호에 급유하였다. 첫째, 1995년 8월 25일에 Florida의 Evrglades 항에서 급유해 달라고 Polygon사에게 요청하였는데 Polygon사는 다시 Asamar사에 요청하였고 실제로 급유는 Coastal사가 하였다. 둘째, 1995년 9월 8일에 Texas의 Houston 항에서 급유해 달라고 Polygon사에게 요청하였는데 Polygon사는 다시 Asamar사에게 요청하였고 실제로 급유는 Chemoil사와 Marsh사가 하였다. 셋째, 1995년 10월 27일에 Texas의 Houston 항에서 급유해 달라고 Polygon사에게 요청하였는데 실제로 급유는 Chemoil사와 Tesoro사가 하였다. 연료유대금이 지급되지 않자, 미수금 회수를 위하여 첫째와 둘째의 경우 Asamar사로부터 셋째의 경우 Polygon사로부터 권한을 위임받은 Galehead사는 1997년 4월 24일에 소송을 제기하였다. 1심 지방법원 James Lawrence King판사와 항소법원(Edmondson판사, Marcus판사와 Alarcon판사)은 "정기용선자는 급유를 하는 데 있어 선박소유자의 권한을 위임 받은 자에 해당한다.[51] 그러나 정기용선자가 재연료유보급계약에 의하여 요청한 연료유보급업체가 직접 급유하지 않고 다른 회사가 급유한다는 사실을 알고 있더라도, 그 회사가 직접 연락하여 작업을 감시하는 등의 사실이 없다면 그 회사는 선박소유자로부터 직접 지시를 받은 회사가 아니다. 본 사안에서 Polygon사는 정기용선자 Genesis사와 계약에 의해 급유를 하여야 하는 회사이지 급유를 하는 데 있어 선박소유자의 권한을 위임 받은 자가 아니므로[52] 첫째, 둘째의 경우에 Asamar사는 본 선택에 대물소송에 의한 선박우선특권을 행사할 수 없다. 반면에, 셋째의 경우에 Polygon사는 실제로 본 선박에 자신이 직접 급유를 하지 않고 다른 회사에 의하여 급유를 하였더라도 Polygon사는 급유를 하는 데 있어 권한을 위임받은 정기용선자의 지시에 의하여 본 선박에 급유를 하였으므로 연료유보급계약에 의하여 급유한 것으로 간주된다.[53] 따라서 Polygon사로부터 권한을 위임받은 Galehead사는 선박우선특권을 행사할 수 있다."라고 판시하였다.[54]

본 사건에서 선박소유자 A로부터 권한을 위임받은 정기용선자 B와 연료유보급계약을 체결하고 정기용선자의 지시에 의하여 본 선박에 급유한 자 C는 대물소송에 의하여 선박우

50) Marine Fuel Supply & Towing Inc. v. The Ken Lucky, 859 F.2d 1405, 1989 A.M.C. 390 (9th Cir. 1988).
51) Trico Marine Operators, Inc. v. Falcon Drilling Co., 116 F.3d 159, 161–62 (5th Cir. 1977).
52) Port of Portland v. M/V Paralla, 892 F.2d 825, 828 (9th Cir. 1989).
53) The Golden Gate Knutsen v. Associated Oil Co., 52 F.2d 397, 400 (9th Cir. 1931); A/S Dan-Bunkering Ltd. v. M/V Zamet, 945 F. Supp. 1576, 1578–79 (S.D.Ga.1996).
54) Galehead, Inc. v. M/V Anglia, 1999 A.M.C. 2952 (11th Cir. 1999).

선특권을 행사할 수 있지만, C와 재 급유계약을 체결한 D사는 대물소송에 의하여 선박우선특권을 행사할 수 없다. 단지, B가 D사와 연락을 취하여 작업등을 지시 · 감독하였다면 D사는 대물소송에 의하여 선박우선특권을 행사할 수 있다.

7) 검 토

Lucie Schulte호 사건에서 1971년에 연방선박우선특권법(Federal Maritime Lien Act)이 개정되기 전에 정기용선계약서에 유치권 또는 담보 설정금지약관이 있으면 제3자가 일반적으로 선박우선특권을 행사할 수 없었다는 것을 확인하였다. 그러나 1971년에 연방선박우선특권법(Federal Maritime Lien Act)이 개정된 후에 Freedom호 사건에서 정기용선계약에서 정기용선자와의 계약으로 제3자가 선박에 연료유를 보급하였으나 정기용선자가 연료유대금을 지급하지 않을 경우, 정기용선계약에 규정된 유치권 또는 담보 설정금지약관을 제3자가 알고 있을 경우에만 제3자는 선박우선특권을 행사할 수 없다는 사실을 확인하였다. 또한 Freedom호 사건과 Ken Lucky호 사건에서 정기용선계약에 규정된 유치권 또는 담보 설정금지약관은 제3자가 알고 있다는 입증책임을 선박소유자가 부담하여야 한다는 사실도 확인하였다. 또한 입증책임에 대하여 Seisho Maru호 사건에서 정기용선계약 하에서의 유치권 또는 담보 설정금지약관의 입증책임은 적하이해관계인의 경우에 입증책임이 전환되어 선박소유자가 아니라 적하이해관계인이 입증책임을 져야 한다는 것을 확인하였다.

Mermaid I호 사건에서 제3자가 선박우선특권을 행사하려면 선박소유자로부터 권한을 위임받은 자와 계약을 체결하여야만 한다는 것을 확인하였고 Anglia호 사건에서 제3자가 선박소유자로부터 권한을 위임받지 못한 자와 계약을 체결하였더라도 권한을 위임받은 자의 지시 · 감독이 있었다면 선박우선특권을 행사할 수 있다는 것을 확인하였다.

(3) 대물소송절차

미국법에 있어서는 사실상 모든 해사채권에 선박우선특권이 인정되므로 선박우선특권이 존재한다는 것은 대물소송이 가능하다는 말과 사실상 동의어라고 할 수 있다. 대물소송은 채권자의 소장제출에 의하여 시작된다. 채권자는 피고가 선박 자체이기 때문에 소장에 선박소유자를 기재할 필요가 없다. 채권자는 선박이 입항하기 전이라도 선박이 입항하자 마자 곧바로 선박을 집행하여 소송이 진행될 수 있도록 하기 위하여 미리 제소할 수 있다. 위 채권자의 소장에 기하여 법원서기가 연방집행관(U.S. Marshal)에게 선박의 집행을 명하는 집행영장을 발부한다. 선박에 이해관계가 있는 사람은 선박의 압류가 위법하다고 주장하면서,

또는 선박에 대신하는 담보를 제공하면서 선박의 해방을 신청할 수 있다.[55)]

Ⅳ. 결 어

영미해사법에서 두드러진 특징의 하나는 소송절차에서 선박소유자를 상대로 하는 대인소송 이외에 선박 등 물건 자체를 상대로 하는 대물소송이 인정된다는 점이다.

영국법상 정기용선계약 하에서의 제3자 채권의 실행은 선박우선특권에 해당되지 않고 제정법상의 대물적 권리에 해당한다. 제정법상의 대물적 권리란 "대물소송으로 제소할 수 있는 제정법상의 권리"를 말하는 것으로, 대물소송을 제기하면 동시에 선박을 압류하고, 그 이동을 봉쇄할 수 있다. 이러한 제정법상의 대물적 권리는 1981년 대법원법(Supreme Court Act 1981)에 대물소송이 제기될 수 있는 경우에 관하여 제20조 제2항에서 규정하고 있다. 영국법은 정기용선계약 하에서의 제3자 채권의 실행에 대하여 계약상의 리언을 인정하나 선박우선특권은 인정하지 않는다. 뉴욕프로듀스서식에는 유치권 또는 담보 설정금지약관이 있으나 볼타임서식에는 유치권 또는 담보 설정금지약관이 없다. 영국법에서는 정기용선계약에 유치권 또는 담보 설정금지약관의 유무에 불구하고 정기용선자의 과실에 의하여 선박이 압류되었으면 정기용선자가 선박의 압류에 대하여 책임을 진다. 또한 보급물의 대금이 미지급되었다면 선박에 보급된 보급물의 소유권이전은 일어나지 않으므로, 보급물이 선박에 있더라도 보급물의 소유권은 보급업자에게 있는 것이다.

미국법의 경우 선박우선특권이 있는 채권의 경우에만 선박에 대한 대물소송을 제기할 수 있으며 선박우선특권이 없는 채권을 위하여 대인소송을 제기할 수 있을 뿐이다. 미국법에서는 정기용선계약 하에서의 제3자 채권의 실행은 대물소송에 의해 강제되는 선박우선특권을 형성시킨다. 1910년 연방선박우선특권법이 1971년에 개정되기 전에 미국판례는 정기용선계약서에 유치권 또는 담보 설정금지약관이 있으면 일반적으로 제3자가 행사하는 선박우선특권을 제한하는 경향을 보였다. 그러나 1971년 연방선박우선특권법이 개정된 후에는 선의로 유치권 또는 담보 설정금지약관을 알 수 없었다면, 제3자인 보급업자는 선박우선특권을 행사할 수 있다. 또한 정기용선계약에 유치권 또는 담보 설정금지약관이 있다는 것을 알고 있다는 사실의 입증책임은 선박소유자의 부담이다. 정기용선계약에 유치권 또는 담보

55) 정해덕, 앞의 책, 453-454쪽.

설정금지약관이 있다는 사실을 선박에 제공된 보급물의 수취증에 기재한 것만으로는 충분하지 않고 대금청구서에 기재하여야만 충분한 통지를 하였다고 볼 수 있다. 영국법에 비하여 미국법은 정기용선계약서에 유치권 또는 담보 설정금지약관이 있는 것과 없는 것의 효과는 분명하고, 더 나아가서 제3자가 유치권 또는 담보 설정금지약관을 알고 있었는가의 문제가 선박우선특권을 행사할 수 있느냐의 여부를 판단하는 데 중요한 기준이 된다. 선박소유자 또는 선박소유자의 위임을 받은 자의 지시에 따라서 선박에 용역을 제공한 자는 선박우선특권을 행사할 권한이 있다. 보급업자가 행사한 선박우선특권이 법적인 효력을 가지려면, 첫째, 대금이 본 선박을 위하여 사용되어지고, 둘째, 선장이나 이와 동일한 권한을 갖은 자의 지시에 의하여 선급되어야 하며 셋째, 미지급금이 전액 지급되어야 한다. 연방선박우선특권법이 1971년에 개정된 후에는 정기용선계약서에 유치권 또는 담보 설정금지약관이 있다는 것을 제3자가 알고 있었다는 입증책임을 선박소유자가 부담하는데, 이는 정박 중 시간이 촉박한 상황에서 선용품 등을 보급하는 자에 해당하는 것이지 적하손해에 의한 채권에서와같이 시간의 제약이 없는 재항해용선자들에게는 입증책임이 전환된다.

제 4 절 우리나라 법제와의 비교 검토

Ⅰ. 우리나라 법제의 현황

우리나라 상법에서 정기용선계약에 관한 제842조에서 제846조까지[56]의 조항에는 영미법상 정기용선계약 하에서의 제3자 채권의 실행과 유사한 규정이 없다. 또한 우리나라 상법에는 보급업자의 채권과 적하손해에 의한 채권과 관련된 채권이 선박우선특권에서 제외되어 있다.[57] 선박우선특권에 관하여 규정되어 있는 상법 제777조 제1항에 의하면 다음의

56) 2007년 개정전 상법 제812조의 2에서 제812조의 6에 해당한다.

57) 보급업자의 채권과 적하손해에 의한 채권이 선박우선특권에 해당하는가의 문제는 각 나라별로 법 규정이 다르기 때문에 문제가 발생하였을 경우, 준거법에 따라서 검토하여야 한다. 우리나라 국제사법 제60조는 "선박우선특권은 선적국법에 의한다."라고 규정하고 있다. 이는 선박에 관한 채권이 선박우선특권에 해당하는가의 여부는 선적국법에 의하므로 선적국이 우리나라일 경우에만 우리나라 상법이 적용되게 되는 것이다. 우리나라에 입출항하는 선박

채권을 가진 자는 선박 · 그 속구, 그 채권이 생긴 항해의 운임, 그 선박과 운임에 부수한 채권에 대하여 우선특권이 있다.

1. 채권자의 공동이익을 위한 소송비용, 항해에 관하여 선박에 과한 제 세금, 도선료와 예선료, 최후입항 후의 선박과 그 속구의 보존비와 검사비
2. 선원 기타의 선박사용인의 고용계약으로 인한 채권
3. 선박에 대한 해난구조로 인한 구조료채권과 공동해손의 분담에 대한 채권
4. 선박의 충돌 그 밖의 항해사로고 인한 손해, 항해시설 · 항만시설 및 항로에 대한 손해와 선원이나 여객의 생명 · 신체에 대한 손해의 배상채권

이전에는 적하 및 수하물에 대한 손해도 비록 사고와 관련이 없다고 하더라도 그 배상채권이 여기에 포함되었다.[58] 그리하여 운송계약불이행을 주장하는 수하인이 대부분 선박우선특권을 향유하고 그로 인해 양수인과 저당권자의 지위가 매우 불안하게 되었다. 1991년 상법 개정시에 이러한 문제점을 해결하기 위해 이를 채권의 종류에서 제외하였다. 그리하여 이제 이러한 손해는 선박충돌로 인한 것이 아닌 한 더 이상 여기에 해당되는 채권이 아니게 되었다.[59] 따라서 선박우선특권에 해당하지 않는 채권은 채무자인 정기용선자에게 손해배상을 청구하여 채무자의 소유인 선박에 한하여만 강제집행에 의한 압류가 가능하다. 채무를 발생하게 한 선박이 정기용선자의 소유가 아닐 경우에는 선박을 압류할 수 없다.

강제집행에 의한 선박의 압류에는 두 가지로 나누어서 볼 수 있다. 하나는 채무명의(집행권원)로서 하는 일반경매절차(강제경매)이고 다른 하나는 선박우선특권을 이용하는 임의경매절차이다. 강제경매절차는 본안소송을 하여 채권자가 승소한 경우 집행권원을 얻은 다음 이를 집행관에게 제출하고 선박을 압류하여 경매절차를 개시하는 것을 말한다. 선박우선특권을 이용하는 임의경매절차는 집행권원을 필요로 하지 않고 선박우선특권이 있다는 것을 증명하는 서류를 제출하면서 임의경매를 법원에 신청한다(민사집행법 제269조). 채권자가 특별한 긴급의 조치를 취하지 아니하면 판결을 집행할 수 없거나 판결을 집행하는 것이 매우 곤란한 염려가 있는 경우, 금전채권이나 금전으로 환산할 수 있는 채권에 대하여 동산이나 부동산

은 선적국이 우리나라일 경우는 물론 전 세계의 다양한 국가가 선적국인 선박이 많으므로 선박우선특권에 관한 사건이 발생하면 선적국법에 의하여야 한다.

58) 대판 1982. 7. 13, 80다2318.

59) 채이식, 앞의 책, 777쪽.

에 대한 강제집행을 보전하기 위하여 하는 것이 가압류이다(민사집행법 제276조 및 제277조). 선박우선특권을 이용하는 임의경매의 경우에는 채권자는 채권을 보전하기 위하여 구태여 선박을 가압류할 필요가 없어 보전의 필요성이 인정되지 아니하기 때문에 선박우선특권자가 선박을 가압류할 수는 없다.[60][61]

정기용선계약 하에서의 정기용선자와의 계약으로 발행하는 제3자가 갖는 선박에 제공된 보급물과 적하와 관련된 채권은 우리나라 상법규정상 선박우선특권에 해당하지 않고, 1999년 선박가압류협약(The International Convention on Arrest of Ships 1999)에도 규정되어 있지 않다. 따라서 우리나라와 대부분의 국가에서는 정기용선계약 하에서의 제3자 채권의 실행을 행사할 수 없다. 우리나라에는 정기용선계약 하에서의 제3자 채권의 실행에 관한 상법상 규정이 특별히 없고 다만 일반채권의 법리에 따를 뿐이다. 따라서 정기용선자와 계약을 체결한 제3자는 정기용선자가 계약을 위반하였을 경우, 제3자는 정기용선계약 하에서의 선박소유자가 소유한 관련 선박 등을 가압류할 수 없고, 법원의 판결을 받아 채무자인 정기용선자의 재산에만 강제집행이 가능하다.

Ⅱ. 영미법과의 비교 검토

정기용선계약 하에서의 제3자 채권의 실행은 영국법상 1981년 대법원법(Supreme Court Act 1981) 제20조 제2항에 규정되어 있는 제정법상 대물적 권리(statutory rights in rem)에 해당하며, 효력은 소송의 제기 시에 발생한다. 정기용선계약에서 보급업자는 정기용선계약이 만료된 후에는 이전의 정기용선자와 현재의 선박소유자의 관계가 변화되었으므로 선박에 대물소송을 제기할 수가 없다. 또한 저당권설정자에게 필요품이나 용역을 제공한 보급업자는 선박의 소유가 저당권자에 이전되면 보급업자는 대물소송을 제기할 권리를 잃는다. 이와같이 제정법상의 대물적 권리(statutory rights in rem)는 선박우선특권에 비하여 대물소송을 제기하는 데 제한이 있다. 오늘날 영국법은 선박에 의한 적하의 손해에 대하여 계약 또는 불법행위로 인한 선박우선특권 자체를 인정하지 않고 있다.

미국법상 정기용선계약 하에서의 제3자 채권의 실행은 선박우선특권에 해당하여 대

60) 대판 1988. 11. 22, 87다카671.
61) 김인현, 앞의 책, 326쪽.

물소송을 제기할 수 있으며 효력은 채권이 발생할 때부터 발생한다. 영국법과는 달리 정기용선계약이 만료되거나 저당권자에게 선박의 소유권이 이전되어도 정기용선계약상 제3자는 선박에 선박우선특권을 행사할 수 있다. 미국법은 선박에 의한 적하의 손해에 대하여 계약 및 불법행위에 의하여 선박우선특권이 성립한다.

반면에 우리나라는 상법상 정기용선계약 하에서의 제3자 채권의 실행에 관한 규정이 없고 선박우선특권에 해당하지 않기 때문에 정기용선자의 계약위반에 따른 채권 · 채무관계에 의하여 제3자는 정기용선계약 하에서의 선박소유자가 소유한 관련 선박 등을 가압류할 수 없고, 법원의 판결을 받아 채무자인 정기용선자의 재산에만 강제집행이 가능하다.

대물소송은 외견상 우리나라의 담보권 실행의 제도와 매우 유사하여 보인다. 각각의 절차의 마지막 단계에는 해당물건에 대한 경매와 배당이 있다는 점이 특히 유사하다. 선박에 대한 압류로부터 대물소송이 시작하는 것은 저당권에 기한 선박 경매절차, 혹은 선박우선특권에 기한 선박 경매절차에서 압류로부터 시작된다는 점과 역시 동일한 점이다. 대표적인 차이점은 대물소송이 소위 본안문제, 실체문제, 달리 말하면 채권의 존재여부를 다투는 절차인 데에 비하여, 우리나라의 담보권실행의 절차는 그러한 채권(우리 표현대로 하면 피담보채권)의 존재여부에 대한 재판을 하는 것이 아니라는 데 있다. 대물소송을 할 수 있는 경우로서 미국연방민사소송규칙은 선박우선특권이 있는 경우와 기타 법에서 인정되는 경우를 규정하고 있다. 아마 저당권의 실행을 위한 대물소송이 여기서 말하는 기타 법에서 인정되는 경우에 해당될 것이다. 실제적인 효용의 측면에서 본다면 대물소송은 선박우선특권을 실행해 관할권을 확보하기 위한 것이라고 할 수 있다. 우리나라에서는 선박을 가압류하면, 채권자는 본안소송으로 진행할 것인지 여부에 대하여 시간을 가지고 판단할 수 있다. 그러나 영미법계에서 대물소송에 의하여 선박을 압류한 경우에는 그러한 선택권이 없으며 해당절차는 반드시 채권의 존재여부를 다투는 절차로 진행하게 된다.[62)]

62) 서동희, 앞의 책, 212-213쪽.

제 5 절 결 어

이제까지 정기용선계약 하에서의 제3자 채권의 실행에 대하여 영미법을 검토하면서 살펴보았다.

정기용선계약서식인 뉴욕프로듀스서식에 규정된 유치권 또는 담보 설정금지약관은 선박소유자와 정기용선자의 당사자가 합의한 조항으로 제3자와는 상관없는 조항이다. 이러한 유치권 또는 담보 설정금지약관에 대한 영국과 미국의 해석은 제3자에 대한 효력면에서 다르다. 영국법은 제3자 채권의 실행은 제정법상의 대물적 권리에 해당하면 유치권 또는 담보 설정금지약관의 존부에 상관없이 선박을 강제집행할 수 있으므로 제3자에 대하여 효과가 없다. 다만, 정기용선자에게 책임이 있는 사유로 선박이 압류된 경우에 정기용선자는 담보를 제공하고 선박을 압류로부터 해방시키는 의무를 진다. 그러나 미국법은 선박소유자가 제3자가 유치권 또는 담보 설정금지약관에 대하여 알고 있음을 입증하면 제3자는 리언을 행사할 수 없지만, 정기용선계약서상에 유치권 또는 담보 설정금지약관이 없거나 선박소유자가 제3자가 유치권 또는 담보 설정금지약관에 대하여 알고 있음을 입증하지 못하면 제3자는 선박우선특권을 행사할 수 있다.

정기용선자에게 필요품이나 용역을 제공한 제3자가 정기용선자가 정기용선계약을 위반하여 채무를 이행하지 않았을 경우, 필요품이나 용역이 제공된 선박을 강제집행할 수 있느냐는 각 나라의 법제에 따라서 다르다. 예를 들어 영국법은 1981년 대법원법(Supreme Court Act 1981)에 규정된 필요품이나 용역을 제공한 제3자만이 선박을 강제집행할 수 있으나, 미국법은 선박우선특권에 해당하는 모든 필요품이나 용역을 제공한 제3자는 선박우선특권을 행사할 수 있다. 적하손해에 의한 채권에 대하여 영국법은 계약 또는 불법행위로 인한 선박우선특권은 인정하지 않고, 제정법상의 대물적 권리에 의하여 선박에 의한 적하의 손해에 대하여 선박을 강제집행할 뿐이다. 미국법은 적하소유자가 용선자와 운송계약을 체결한 경우에도 적하소유자는 선적선에 대하여 불법행위에 대한 선박우선특권을 가진다. 따라서 선박이 입항한 항구를 지배하고 있는 그 나라의 법제에 따라, 선박우선특권이 행사될 수 있는지 여부가 결정된다고 하겠다.

제3자 채권의 실행여부는 각국의 법제에 따라 상이하지만, 선박소유자는 선박을 정기용선하였을 경우에 정기용선자가 제3자와 체결한 계약으로 인한 제3자 채권의 실행으로부터 법적인 책임을 벗어나기 위하여 다음과 같은 조처를 취하는 것이 도움이 될 것이다.

첫째, 선박소유자나 선박소유자의 대리점이 서명한 후 항구에서 정기용선자와 계약을 체결한 연료나 기타 필요품 또는 용역을 보급한 자에게 유치권 또는 담보 설정금지약관과 같은 취지의 서신[63]을 수령증과 함께 등기우편으로 송부하여야 한다.

둘째, 선박소유자의 계산으로 주문되지 않은 연료나 기타 필요품 또는 용역의 보급업자가 제시하는 수령증 또는 기타 서류에 선장, 일항사, 일기사 및 모든 본선 사관이 서명할 때에 유치권 또는 담보 설정금지약관과 같은 취지의 고무인 또는 스탬프[64]를 알아보기 쉽게 찍어야 한다.

셋째, 뉴욕프로듀스서식(1946) 제18조의 마지막 두 개의 문구나 이와 같은 취지의 다른 정기용선계약서 조항의 문구(유치권 또는 담보 설정금지약관)가 연료나 기타 필요품 또는 용역의 제공을 요청한 정기용선자와 선박소유자 사이의 정기용선계약서에 규정되어 있다는 것을 제3자에게 등기우편으로 통보하거나, 수령증 또는 기타서류에 표시하여야 한다.

---

63) 볼틱국제해운동맹이 권고하는 문구는 다음과 같다.

"Dear Sirs,

(date)

We have recently chartered out (nationality) flag (type) vessel named the (name) to Messrs. (name) of (place) as charterers.

It has come to our attention that in your capacity of (type of furnisher) at the port(s) of (name of port) where our said vessel may be trading, you may be called upon by said charterers to furnish (type of supplies or services) for their use in connection with the vessel.

We wish to advise for your guidance that under the terms of the charter between us, as owners of said vessel, and said charterers, neither the charterers nor the Master nor any other person has power or authority to pledge either our or our said vessels credit, or to create, or permit to be created, any liens on our said vessel, and that accordingly any such (type of supplies or services) furnished by you to our said vessel will be so furnished solely upon the credit of Messrs. (name) as charterers, and not on the credit of the vessel or ourselves as her owners". (signed)

64) 볼틱국제해운동맹이 권고하는 문구는 다음과 같다.

"Important Notice"

The goods and/or services being hereby acknowledged, receipted for, and/or ordered are being accepted and/or ordered solely for the account of charterers of the S/S/M/S ○○ and not for the account of said vessel or her owners. Accordingly, no lien or other claim against said vessel or her owners can arise therefor.

Part 6

책임의 면제

1 책 임

정기용선계약에서 정기용선자는 용선료를 지급하는 대가로 선박을 사용할 수 있으며, 선박소유자는 선박을 정기용선자가 사용할 수 있게 허락하는 대가로 용선료의 수입을 얻게 된다. 정기용선계약은 선박소유자와 정기용선자 사이에 체결되는 계약으로서, 양당사자는 채권 · 채무 관계를 갖게 된다. 만약, 일방당사자가 채무를 이행하지 않는다면 상대방당사자에게 책임을 지게 된다. 여기에서 채무란 이제까지 검토하였던 당사자의 의무에 해당한다고 하겠다. 따라서 일방당사자가 정기용선계약서상의 의무를 이행하지 못하여 발생하는 손해에 대하여 상대방당사자에게 책임을 지게 되는 것이다.

제 1 절 정기용선계약서상의 조항

Ⅰ. 뉴욕프로듀스서식

뉴욕프로듀스서식(1946)상 제26조는 "…선박소유자는 선박의 항해, 보험, 선원 및 기디의 모든 사항에 대하여 선박소유자 자신의 계산으로 항해할 때와 동일하게 책임을 져야 한다."라고 규정되어 있다. 또한 뉴욕프로듀스서식(1993)상 제26조는 "…선박소유자는 선박의 항해, 도선과 예항 행위, 보험, 선원 기타 일체의 사항에 대하여 자기의 계산으로 항해하는 것과 동일한 책임을 진다."라고 규정되어 있다. 뉴욕프로듀스서식(1946 또는 1993) 제26조의 둘째 줄에 "화물에 대한 손해배상청구"라는 문구를 삽입하면 선박소유자가 적하손해에 대한 책임을 져야 한다. 따라서 정기용선자가 "화물에 대한 손해배상청구"의 문구를 삽입하도록 요청한다면, 선박소유자는 동 문구를 제26조에 삽입하지 않도록 노력하여야 한다.

Ⅱ. 볼타임서식

볼타임서식(2001) 제12조는 책임과 면책에 대하여 "선박소유자는 선박의 인도지연, 용선기간 중에 있어서 지연 및 선적된 운송물의 멸실 또는 손해에 대하여 만일 그 지연 또는 멸실이 선박소유자 또는 선박관리인 측이 선박의 감항능력과 항해에 적합하도록 함에 있어서 상당한 주의를 부족하게 한 원인으로 생긴 경우, 또는 선박소유자 혹은 선박관리인 자신의 작위 또는 부작위 혹은 게으름에 의하여 생긴 경우에만 책임을 진다. …정기용선자는 이 계약의 조건에 위반하여 선적한 운송물에 의하여, 또는 연료공급 혹은 운송물의 선적, 적부 또는 양륙에 있어서 부적당하고 또는 부주의한 작업에 의하여, 또는 정기용선자나 그 사용인의 과실 또는 부주의에 의해 선박이나 선박소유자에게 발생시킨 멸실 또는 손해에 관해 책임을 진다."라고 규정하고 있다. 동조는 제1문에서 선박의 인도지연, 선적화물의 멸실이나 손상에 대한 선박소유자의 책임을 명시하고 있고, 제4문에서는 선박 또는 선박소유자에게 입힌 손실이나 손해에 대한 정기용선자의 책임을 규정하고 있다.[1)]

제 2 절 책임관계

정기용선계약의 법률관계는 당사자 사이의 내부관계와 제3자와의 외부관계가 있는데 볼타임서식과 뉴욕프로듀스서식에서 규정된 책임과 면책약관은 내부관계는 물론 외부관계에 있어 책임분배를 결정하는 데 중요한 의미를 가진다.

대내적인 관계에서 일반적인 책임원칙을 정리하자면 선박소유자는 넓은 의미의 감항능력을 용선기간 동안 유지할 책임이 있고, 또한 선원의 과실에 대하여 원칙적으로 사용자책임을 지므로, 당해 사고가 감항능력 부족이나 선원의 과실로 발생했다면 이는 선박소유자의 책임이 된다. 정기용선자는 선박의 상업적 사용과 관련한 손해에 대하여 책임을 지며, 또한 정기용선자의 지시에 따른 결과, 선박소유자가 피해를 입었다면 이에 대하여 선박소유자

1) 이승호, 앞의 논문, 114-115쪽.

에게 배상하여야 한다. 그러나 대내적인 책임원칙은 당사자 사이의 합의에 의해 얼마든지 변경할 수 있고, 많은 정기용선계약이 부속조항을 삽입하거나 혹은 계약서의 약관을 수정하여 사용하기도 하므로, 결국 각각의 사안에서 특정 계약의 내용, 당사자들의 의사, 관련 법규정 및 실무에서의 관행 등에 의하여 책임주체를 결정하여야 할 것이다.[2)]

2) 이창희, 개정방안, 165쪽.

2 면책약관

제1절 의 의

정기용선계약의 당사자는 정기용선계약의 내용에 따라서 권리를 가지는 반면에 또한 의무를 부담하게 된다. 그러나 정기용선계약서에 명시된 일정한 사유가 발생하였을 경우에 당사자는 책임을 면하게 된다. 이러한 정기용선계약서상 조항을 면책약관이라고 한다. 프러스트레이션은 정기용선계약의 체결 시 예견할 수 없는 사정의 변경에 의하여 발생하나, 면책사유는 조항에 명시적으로 규정되어 있다.

통상 정기용선계약서에는 당사자의 책임을 면제하는 약관(exception clause)이 삽입되어 있는데, 이는 면책의 주체가 누구인가에 따라 선박소유자만을 면책시키는 것과 선박소유자와 정기용선자 쌍방을 면책시키는 것으로 구분할 수 있다. 후자의 경우를 상호면책약관(mutual exception clause)이라고 한다. 상호면책약관은 계약법의 제 원칙에 기하여 해석될 수 있음은 물론이고, 아울러 특히 감항능력을 갖춘 선박을 인도하고 유지할 선박소유자의 의무, 뉴욕프로듀스서식의 용선계약에 포함된 지급정지약관, 지상약관(Paramount clause)을 통해 미국해사물품운송법(Carriage of Goods by Sea Act: COGSA) 또는 이와 유사한 법률을 용선계약 중에 포섭함으로써 당사자에게 부과된 의무와의 조화를 꾀할 수 있도록 해석되어야 한다.[1)]

1) 김동훈, "정기용선계약상 상호면책약관에 관한 고찰", 「관대논문집」, 1988, 529-530쪽. (이하 "김동훈, 상호면책약관"이라고 한다.).

제 2 절　면책사유

정기용선계약에서 일반적으로 인정되는 면책사유는 다음과 같다.

Ⅰ. 정기용선계약서상 면책사유

1. 뉴욕프로듀스서식

뉴욕프로듀스서식(1946) 제16조와 뉴욕프로듀스서식(1993) 제21조는 "이 용선기간 중에 천재, 공적, 화재, 군주, 지배자 및 인민에 의한 억류, 해상, 강, 기계, 보일러 및 항해의 모든 위험 및 사고, 그리고 항해과실에 관하여 계약당사자 상호 사이에서는 면책이다."라고 규정하고 있다. 뉴욕프로듀스서식에서의 규정은 "면책사유(exception)"라는 제목 하에 특정한 위험을 구체적으로 열거하며 이에 관하여는 각 당사자가 상호면책 되는 것으로 규정하고 있다. 이것은 볼타임서식에 비하여 선박소유자의 면책범위가 상대적으로 좁다고 할 수 있겠다. 그리고 이러한 면책약관에는 면책사유를 헤이그-비스비규칙에서와같이 구체적으로 규정하지 않고 일정사유만을 한정적으로 들고 있으나, 그 내용들은 어디까지나 예시적인 것으로 해석하여야 할 것이다.[2] 다음은 뉴욕프로듀스서식상 면책사유를 살펴본다.

(1) **천재지변**(act of God)

천재지변은 첫째, 인간행위와 관계없이 발생하고, 이때 인간은 완전히 수동적이어야 하고, 둘째, 선박소유자가 합리적인 수단으로써 피할 수 없거나 또는 예견할 수 없는 해난을 말한다.

(2) **공적**(public enemies)

헤이그-비스비규칙과 미국해사물품운송법에서 규정한 공적(public enemies)에 상당한다. 공적은 선박의 기국과 적대관계에 있거나, 또는 선박소유자 혹은 정기용선자가 영업

2) 이승호, 앞의 논문, 115쪽.

제1편 제2편 제3편 제4편 제5편 제6편 제7편 제8편

등록지 국가와 적대관계에 있는 국가를 말한다. 이 면책사유에는 강도행위를 포함하지 않고 공적에게만 적용한다. 물론 해적의 경우도 포함되지 아니 한다.

(3) 화재(fire)

화재는 계약당사자의 과실 없이 발생한 경우에만 이 면책약관에 의하여 면책을 인정받을 수 있다. 여기서 계약당사자의 과실은 그 사용인의 과실을 포함한다.

(4) 국왕 · 통치자 · 인민에 의한 억류(restraint of princes, rulers and people)

정기용선계약의 이행에 있어서 정부 또는 국가의 강제력에 의한 금지를 말한다. 이 금지조치는 공익을 위한 것이든 또는 국제법을 위반한 것이든 관계없이 용선서비스를 방해하거나 금지하는 행위이면 충분하다. 이러한 행위에는 통상 금지조치, 세관 또는 검역조치, 운송물에 대한 국가소유권의 보호 혹은 정치적인 이유로 인한 조치 등을 말한다.

(5) 해상, 강, 기계, 보일러 및 항해의 모든 위험 및 사고(all dangers and accidents of the seas, rivers, machinery, boilers, and navigation)

이 사항은 해상과 하천의 고유한 위험 또는 해상과 하천항해의 고유한 위험으로서, 상당한 주의를 다 하여도 피할 수 없는 위험과 사고를 말한다. 해상의 고유한 위험의 적용범위는 천재지변(act of God)의 것보다 넓고, 그리고 자연력에 의한 손해 이외의 것도 포함할 수 있다. 즉 해상의 고유한 위험의 면책사유는 천재지변과 동질성을 가진 사유와 인간의 작위 또는 과실에 의하여 발생한 손해도 포함될 수 있다.[3] 기계, 보일러 및 항해의 모든 위험 및 사고란 “실제적인 위험으로 양호한 날씨와 평온한 상태일지라도 엔진, 추진장치 등의 고장에 기인한 위험 및 사고”를 의미한다.[4]

(6) 항해과실(errors of navigation)

헤이그-비스비규칙 제4조 제2항(a)에서 규정된 것과 마찬가지로 뉴욕프로듀스서식에서도 항해과실을 면책사유로 규정하고 있다.

3) 박용섭, 정기용선, 386-392쪽. 참조.
4) Mercantile S.S. Co., Ltd. v. Tyser (1881) 7 Q.B.D, 73.

2. 볼타임서식

볼타임서식(2001) 제12조는 "…선박소유자는 기타의 경우에 있어서 자기의 사용인의 부주의 또는 게으름에 의하여 발생한 어떠한 손해 또는 지연에 대하여서도 책임을 지지 아니 한다. 선박소유자는 부분적이거나 또는 전체적이거나 간에 스트라이크, 직장폐쇄 또는 노동(선장, 직원 또는 부원을 포함한다.)의 중지 또는 제한으로부터 생긴 멸실 또는 손해에 대하여 책임을 지지 아니 한다.…"라고 규정하고 있다. 동조는 제2문, 제3문에서 선박소유자 자신의 고의 또는 과실이 아닌 사유로 인한 손해에 대하여서 선박소유자의 면책을 규정하고 있다. 즉 동 조항에서는 선박소유자와 정기용선자의 책임에 대하여서도 규정을 하고 있으나, 선박소유자에게 광범위한 면책을 인정하고 있는 것이 특색이다.[5)]

Ⅱ. 미국해사물품운송법상 면책사유

뉴욕프로듀스서식의 지상약관에 의하여 적용되는 약관으로, "운송인이나 선박은 다음 각호에 기인하여 발생한 멸실이나 손상에 대하여 면책된다."라고 규정된 헤이그-비스비 규칙 제2조[6)]와 내용이 같다.

---

5) 이승호, 앞의 논문, 114-115쪽.

6) 이 조항의 원문은 다음과 같다.

Neither the carrier nor the ship shall be responsible for loss or damage arising or resulting from:

(a) Act, neglect, or default of the master, mariner, pilot or the servants of the carrier in the navigation or in the management of the ship

(b) Fire, unless caused by the actual fault or privity of the carrier

(c) Perils, dangers and accidents of the sea or other navigable waters

(d) Act of God

(e) Act of war

(f) Act of public enemies

(g) Arrest or restraint of princes, rules or people, or seizure under legal process

(h) Quarantine restrictions

(i) Act or omission of the shipper or owners of the goods, his agent or representative

(j) Strikes or lockouts or stoppage or restraint of labour from whatever cause, whether partial or general

(k) Riots and civil commotions

(l) saving or attempting to save life or property at sea

(m) Wastage in bulk or weight or any other loss or damage arising from inherent defect, quality or vice of the goods

(n) Insufficiency of packing

(o) Insufficiency or inadequacy of marks

(p) Latent defects not discoverable by due diligence

(a) 항해 또는 선박관리에 있어서 선장, 선원, 도선사 또는 운송인의 고용인의 행위와 태만 또는 과실
(b) 화재. 단, 운송인의 고의 또는 과실에 의한 경우 제외
(c) 해상 또는 기타 항해가능 수면에서의 재해, 위험, 사고
(d) 천재지변
(e) 전쟁행위
(f) 공적의 행위
(g) 군주, 관헌 또는 인민에 의한 억류 또는 재판상의 차압
(h) 검역상의 제한
(i) 송하인, 소유권자 또는 이들의 대리인이나 지정인의 태만행위
(j) 원인여하를 불문하고 부분 또는 전면적 동맹파업, 직장폐쇄, 노동의 정지 또는 방해
(k) 폭동 및 내란
(l) 해상에서의 인명 및 재산의 구조 또는 구조의 기도에 의한 것
(m) 화물고유의 하자, 품질 또는 결함에 의한 용적이나 중량의 감손 및 기타 일체의 멸실 또는 손상
(n) 포장의 불충분에 의한 것
(o) 하인의 불충분 또는 부적당
(p) 상당한 주의를 하여도 발견할 수 없는 숨은 하자
(q) 운송인의 사실상의 고의나 과실 또는 그의 대리인이나 고용인의 과실이나 태만에 의하지 않은 그 밖의 모든 원인. 그러나 화물의 멸실이나 손상이 운송인의 과실이나 고의 또는 그의 대리인이나 고용인의 과실이나, 태만에 의하여 발생하지 않았다는 입증책임은 이러한 면책의 혜택을 주장하는 자에게 있다.

(q) Any other cause arising without the actual fault or privity of the carrier, or without the fault or neglect of the agents or servants of the carrier, but the burden on proof shall be on the person claiming the benefit of this exception to show that neither the actual fault or privity of the carrier nor the fault or neglect of the agents or servants of the carrier contributed to the loss or damage.

제3절 효 과

면책약관들 중 이른바 “상호면책약관”의 취지는 요컨대 정기용선계약의 어느 쪽 당사자도 여기에 열거되어 있는 면책사유로부터 발생된 결과에 관하여 일방당사자에 대하여 책임을 지지 않는다는 것이다. 즉 이 면책약관은 선박소유자와 함께 정기용선자도 보호하는 것이며, 따라서 선박소유자와 정기용선자 모두 조항에 열거된 면책사유를 완용할 수 있는 것이다. 그런데 면책약관이 완용되는 경우의 대부분은 선박소유자를 위한 것이다. 여기서 유의할 것은 이 조항이 정기용선계약의 다른 조항에 의거한 선박소유자 또는 정기용선자의 권리나 책임관계까지 변동시키거나 영향을 미치는 것은 아니라는 것이다. 즉 특별한 규정이 없는 한 선박의 감항능력 보호의무에 대한 선박소유자의 정기용선계약이행에 관한 책임은 변함없이 지속될 뿐 아니라 선박소유자의 이권에도 변함이 없다. 따라서 상호면책사유 중에 열거된 사유 중의 하나 혹은 수인의 사유에 의하여 계약의 이행이 실제로 방해를 받지 않는 한, 정기용선계약에 포함된 별개의 의무를 이행함에 있어 불이행의 구실로 완용될 수 없다. 그리고 실제로 이러한 조항에 의한 이익을 보는 측은 정기용선자보다 선박소유자인 경우가 대부분이고, 정기용선계약서에 이 조항이 삽입되는 것도 선박소유자의 주장에 의하는 경우가 보통이므로, 이 조항의 해석에 관하여는 그만큼 선박소유자에게 불리한 방향으로 해석되는 경향이 있다는 것도 유의할 점이다.[7] 지급정지약관과 관련하여 생기는 문제는 이 조항에 열거된 사유가 원인으로 되어 발생한 지연에 대하여 선박소유자는 용선료의 상실 이외의 책임을 지는가에 대한 것, 혹은 이 약관은 지연에 대한 선박소유자의 책임도 정지시키게 되는가에 대한 것이다. 이에 관하여는 용선계약상의 다른 약속 및 법의 일반원칙에 따라, 선박소유자가 부담하는 의무위반에 대한 책임에 관하여 지급정지약관 중에는 선박소유자가 용선료를 상실하는 이외의 책임을 지게 됨을 의미하는 것은 없다고 생각된다. 그 이유는 고장의 경우에 정기용선자는 일반적으로 선박의 이용을 상실하는데 이에 대하여 정기용선자가 용선료를 지급하지 아니 한다는 조항은 확정손해배상의 성질을 가지는 것은 아니고, 단순히 정기용선자가 수취하지 못한 것에 대하여 지급의무를 지지 않는다는 것을 보증한 것에 불과하다. 그러나 여기서 유의하여야 할 점은 정기용선계약이 상호면책약관을 포함하는 경우,

7) 김동훈, 상호면책약관, 543쪽.

제1편
제2편
제3편
제4편
제5편
제6편
제7편
제8편

선박소유자는 자신의 과실에 의해 손해를 초래한 것이 아닌 한, 상호면책약관에 열거된 사유에 의하여 생기는 손해에 관하여 책임을 지게 되는 것은 아니라는 것이다.[8)]

또한 용선료의 지급정지약관은 용선계약서상의 면책약관에 의하여 영향을 받지 않는다. Santona호 사건[9)]에서 선박소유자와 정기용선자는 6개월 동안 Santona호에 대한 정기용선계약을 체결하였다. Santona호는 Colon 항에서 양하를 완료한 후에 선원이 걸린 열병 때문에 선박이 항해할 수 없어서 18 1/2시간이 지체되었다. 또한 선박은 Sabine 항에서 실행된 훈증소독 때문에 10일과 20시간이 지체되었다. 당시 Sabine 항의 항만규정에 의하여 Colon 항과 같이 북위 25도보다 북쪽에 위치한 지역을 경유한 선박은 오염된 것이 우려되므로 훈증소독의 실행이 강제되었다. 1심 지방법원은 "정기용선자는 훈증소독으로 지체된 기간에 대하여 용선료를 지급할 의무가 없다."라고 판시하였다. 그러나 항소법원(Lacombe판사, Ward판사와 Noyes판사)은 "면책약관은 당사자가 언급된 면책사유로 인하여 계약을 위반하였을 경우에 적용되는 것이지, 용선료의 지급정지사유에는 영향을 미치지 않는다. 따라서 정부의 제한조치로 실행된 검역은 면책약관에 해당하지만 용선료의 지급정지사유에는 해당하지 않으므로 정기용선자는 Sabine항에서 검역으로 지체된 기간 동안의 용선료를 지급하여야 한다."라고 판시하면서 1심 지방법원의 판결을 파기하였다.

지급정지약관은 정기용선계약에서 담보조항의 성질을 가지므로 면책약관은 적용이 배제된다.

8) 위의 논문, 532-533쪽.
9) Clyde Commercial S.S. Co. v. West India S.S. Co., 169 F. 275 (2d Cir. 1909), *cert, denied* 214 U.S. 523 [1909].

3 용선계약의 프러스트레이션

제1절 서 론

영국에서는 불가항력에 의한 계약상 채무면책의 모든 것을 포괄하는 상위개념으로서 프러스트레이션(frustration)이라는 말을 사용한다. 따라서 이것은 목적물의 멸실 등 원래가 이행불능인 경우와, 예측하지 않았던 사태발생 등으로 일방의 급부가 불가능하지는 않더라도 무가치해지는 계약목적이 좌절된 경우의 양자를 포함하는 개념이다.[1] 이와 유사한 제도로서 미국에서는 이행불능과 프러스트레이션이 있다. 미국의 이행불능에는 계약이 체결된 후에 발생한 사유로 그 이행이 당사자의 주관적으로 불가능한 것이 아니라 객관적으로 불가능하게 된 경우인 후발적 이행불능(supervening impossibility)과 이행은 가능하지만 이행을 하기 위해서는 극단적이고 비합리적인 어려움이나 비용의 증가를 초래하는 경우인 실행불능(impracticability)이 있다. 또한 미국의 프러스트레이션이란 계약의 이행은 가능하지만 어떠한 사유로 인하여 계약의 목적이 전혀 가치가 없거나 거의 가치가 없게 된 경우에 적용되는 사유이다. 영미법상의 프러스트레이션은 이행불능, 계약목적의 달성불능, 계약목적좌절 또는 프러스트레이션이란 단어를 그대로 사용한다.[2]

용선계약이 체결된 후에 용선계약의 체결 시 예측하지 못한 사유가 발생하여 당사자가 용선계약을 이행하지 못한 경우에 계약의 불이행사유에 따라서 적법여부가 결정된다. 따라서 신의성실이 중요시되는 해운업계에서 당사자는 용선계약을 성실하게 준수하여야 함에도 불구하고 용선계약의 이행을 거부하였을 경우에 계약의 불이행사유에 대하여 적법성여부를 판단하여야 한다. 한 예로, 최근 유류가격의 급등으로 이전에 이미 연속항해용선계약(consecutive voyage charter)[3]이나 장기항해용선계약을 체결한 선박소유자는 화물의 운송비

1) 鴻常夫 편수, 앞의 책, 328쪽.

2) 영미법에서 프러스트레이션을 검토할 때 영미법상 프러스트레이션의 의미에 대한 오해를 방지하고 정확하게 전달하고자 프러스트레이션이란 단어를 그대로 사용한다. 그러나 그 밖의 경우에는 경우에 따라서 이행불능이라고 표기한다.

용이 증가되어 많은 손해를 보게 되었다. 이와 관련하여 유류가격의 급등은 용선계약의 체결 시 당사자가 예측할 수 없었으므로 용선계약은 프러스트레이션이 되어 선박소유자는 용선계약의 이행을 거부할 수 있는가의 여부가 문제가 된다.

제 2 절 영미법상 용선계약 하에서의 프러스트레이션에 관한 일반이론

Ⅰ. 프러스트레이션

사람의 생활관계는 당사자의 의사에 기해서 규율된다고 하는 의사이론적인 발상은 근대 대륙법계의 특색이라고 할 수 있다. 그러나 영미의 계약법에서는 당사자 개인의 의사보다는 오히려 당사자 사이의 관계를 중요하게 여기는 경향이 강하다.[4] 용선계약의 체결 시 준거법과 중재지는 대부분의 경우에 영국이나 미국으로 되어 있으므로 영미법상 프러스트레이션에 대하여 검토한다.

1. 영 국 법

계약의 이행불능은 크게 나누어 원시적 불능과 후발적 불능으로 나눈다. 그리고 후발적 불능은 계약당사자의 귀책사유에 의한 불능, 즉 계약위반과 당사자의 귀책사유가 아닌 불능 즉 프러스트레이션으로 구분한다.

영국의 보통법에서 계약상의 채무자는 계약이 당사자 사이의 합의에 의하여 성립한 법률행위이기 때문에 명시적 예외를 인정한 특약이 있는 경우를 제외하고서, 어떠한 경우에

3) 연속항해용선계약(consecutive voyage charter)은 항해용선이 한 항해에 그치는 것이 아니고 두 항해 이상을 반복적 또는 계속적으로 용선이 이루어지는 것을 말한다. 적하이해관계인 측에서 보면 장기의 안전한 선복제공이 기대될 수 있고 선박소유자 측에서도 안전한 경영이 기대될 수 있는 장점이 있다. 이택영 편, 엄윤대 · 박명규 감수, 앞의 책, 281쪽.

4) 정우용, "Standard Form Contracts의 법적구조에 관한 연구", 박사학위논문, 성균관대학교, 1994, 18-19쪽.

도 계약을 이행할 절대적인 의무가 있다고 해석하였다. 이것은 보통법의 엄격주의를 적용하여 Paradine v. Jane 사건[5]의 판결에서 확립하였다.

Paradine v. Jane 사건에서 토지의 임대차계약이 성립되었으나 그 후 일정기간 동안 그 토지가 외국군대에 의해 점거되었다. 따라서 임차인은 그 토지로부터 어떤 수익도 얻지 못하였다. 그러나 임대인은 임차인에 대하여 이 기간에 해당하는 미지급된 지대를 청구하였다. 1심 법원은 "계약상 이러한 경우에 관해서 미리 약정을 한 것이 아니므로 특별한 약정이 없는 이상 이러한 불가피한 사고가 발생하여도 면책되지 않는다."라고 판시하였다.

그러나 보통법상의 엄격주의는 계약당사자의 책임 없는 사유에 대하여 적용하는 것은 계약의 채무자에게 매우 가혹한 것이고, 또한 공평의 원칙에 반하는 것이다. 따라서 19세기에 약인(consideration)의 법리가 그 엄격함을 완화하여 예외를 인정하게 되어, 판례법상 계약당사자의 책임 없는 사유에 대하여서는 점차 그 적용을 배제하게 되었다. 이러한 판례의 흐름에는 서로 상이한 두 가지가 있었다. 첫째는 목적물의 멸실 또는 훼손에 의해 해당 계약이 물리적으로 이행불능이 된 경우로 비해상법상의 이행불능이 여기에 속하고, 둘째는 해상법상의 계약목적이 달성불능으로 되어 계약이 소멸하는 경우이다. 이러한 서로 상이한 두 개의 판례의 흐름이 후에 서로 합해져 오늘날의 프러스트레이션 법리가 정착하게 된 것이다.[6]

영국판례를 검토해 보면 Taylor v. Caldwell 사건[7]에서 원고는 연주회장으로 Surrey Garden과 Music Hall을 1861년 6, 7, 8월 중 지정된 네 날에 네 개의 콘서트를 개최할 목적으로 피고로부터 임대하였다. 이 네 날 중 첫 날이 도래하기 전에 Music Hall이 화재로 소실되었다. 원고는 낭비된 광고비용의 손해배상을 청구하는 소를 제기하였다. 1심 법원은 "Music Hall의 파괴에 의하여 계약은 프러스트레이션이 되었다."라고 하는 이유로 낭비된 광고비용의 배상을 요구하는 원고의 청구를 배척하였다.

Krell v. Henry 사건[8]에서 1902년 6월 26일과 27일에 에드워드 7세의 대관식행렬이 벌어질 예정이었는데, 그 행렬을 보기 위하여 길가에 있는 건물의 방실을 임대하고자 하는 임대차계약이 1902년 6월 20일에 서면으로 체결되었다. 그러나 6월 24일에 국왕의 병세로 인하여 대관식행렬이 연기될 것이라는 발표가 있었다. 임차인은 계약체결 시 임료의 일부를

5) Paradine v. Jane [1647] Aleyn 26.

6) 정영석 · 우보연, "정기용선계약상의 프러스트레이션 법리에 관한 연구", 「국제거래법연구」 제16권 제2호, 국제거래법학회, 2007, 315쪽.

7) Taylor v. Caldwell (1863) 3 B & S 826.

8) Krell v. Henry [1903] 2 K.B. 740.

지급하였으나 대관식행렬이 연기되자 잔금을 지급하지 않았다. 원고 Paul Krell은 미지급된 잔금에 대하여 소송을 제기하였다. 피고 C.S. Henry는 "예정되었던 대관식행렬이 연기되었으므로 약인이 부인되었다."라고 주장하면서 선급된 임료를 반환해 달라고 청구하였다. 1902년 8월 11일에 1심 법원 Darling판사는 피고에게 승소판결을 하였다. 항소법원(Vaughan Williams판사, Romer판사와 Stirling판사)은 "에드워드 7세의 대관식 행렬이 행해지는 것은 계약의 기초적 전제인데 그것이 취소됨으로 인하여 계약의 목적을 달성할 수 없게 되었다. 그러므로 후발적 이행불능의 경우에서와같이 채무자는 자신의 채무로부터 면책된다."라고 판시하면서 1심 법원의 판결을 확인 · 지지하였다.

프러스트레이션이란 계약체결 시 계약의 기초가 되었던 사정을 양당사자가 모두 인지하고 있었으나, 양당사자의 귀책 없는 사유로 인하여 계약의 기초가 되었던 사정이 변경되어 계약 내용에 따른 이행은 가능하나 그에 따른 급부를 이행하더라도 계약목적을 달성할 수 없는 경우, 채무의 이행을 면할 수 있다는 이론이다.[9] 프러스트레이션 법리(doctrine of frustration)의 이론적 근거에는 묵시적 조건설(theory of the implied term), 계약기초상실설(theory of disappearance of the foundation of the contract), 정당해결설(theory of just solution) 및 채무변경설(theory of the change in the obligation)이 있다.[10]

영국법에 있어서 프러스트레이션 법리(doctrine of frustration)의 효력은 계약당사자의 의사표시 또는 작위 · 부작위와 전혀 관계없이 그 계약의 이행이 불가능할 것을 요건으로 한다. 그러므로 계약의 이행이 단지 어렵다 또는 불편하다는 사유만으로 발생하지 아니한다. 즉 계약당사자의 이행의사와 관계없는 사유로서 후발적으로 이행이 불가능할 것을 요건으로 한다. 이 말은 계약체결 시 예측할 수 없었고, 또한 계약당사자의 귀책사유가 아닌 사건이 발생하여 계약당사자가 계약을 전혀 이행할 수 없는 경우로서 대륙법에 있어서 사정변경에 의하여 후발적 이행불능에 해당하는 것이다. 이러한 사유가 법률상의 문제인가 아닌가를 판단하는 것은 그 사유가 상관습과 상인의 이해로써 확인할 수 있는가에 따라서 결정된다. 바꾸어 말하면 프러스트레이션의 원인은 상사적 관점에서 그 기준을 판단하여야 한다. 물론 그 원인은 계약을 체결한 후에 발생하여야 하며, 동시에 계약을 이행하여야 한다는 기본적인 전제, 즉 묵시적 조건을 좌절 또는 파괴시켜야 한다.[11]

---

9) 최현숙, "사정변경의 원칙에 관한 연구", 박사학위논문, 부경대학교, 2006, 47-48쪽.

10) 김진권, "영국법상의 프러스트레이션 법리에 관한 고찰", 「해사법연구」 제12권 제2호, 한국해사법학회, 2000, 240-245쪽. (이하 "김진권, 프러스트레이션"이라고 한다.).

11) 박용섭, 정기용선, 152쪽.

2. 미 국 법

미국법에서 계약위반에 대한 법규범을 지배하는 것은 엄격책임의 원리이다. 그러나 이 원칙의 중대한 예외로서 이행불능과 프러스트레이션의 개념을 사용하고 있다. 미국에서는 계약을 체결할 당시에 예측하지 못했던 사건이 발생하여 채무를 이행하는 것이 불가능하게 된 것을 이행불능이라고 하며, 계약목적이 좌절된 것을 프러스트레이션이라고 한다.[12] 이러한 법리는 미국통일상법전(UCC)에 규정되어 있다.

(1) 이행불능

이행불능이란 채무의 이행이 불가능하게 된 것을 말한다. 이행채무의 면책사유인 이행불능은 객관적인 것이어야 한다. 이행불능에는 후발적 이행불능과 실행불능이 있다. 후발적 이행불능이란 계약이 체결된 후에 발생한 사유로 그 이행이 당사자의 주관적으로 불가능한 것이 아니라 누구도 이행할 수 없는 객관적으로 불가능하게 된 경우에 적용된다. 실행불능이란 이행은 가능하지만 이행을 하기 위해서는 극단적이고 비합리적인 어려움이나 비용의 증가를 초래하는 경우에 적용되는 사유이다. 미국통일상법전에서는 상업적 실행불능이라고 하여 이에 해당하는 예로 경제봉쇄, 수확량의 현저한 감소, 전쟁, 노동파업 등을 들고 있다.[13] 2차계약법 리스테이트먼트(Second Restatement of Contract) 제261조[14]에 의하면 이행불능이 면책사유로 되기 위한 요건은 첫째, 채무이행의 실행이 곤란하게 되었어야 한다. 채무이행의 실행이 곤란하게 된다는 것은 채무를 이행하는 것이 불가능하게 되었다는 것을 말한다. 채무의 이행에 필요한 특정물에 대한 물리적인 파괴 · 멸실이 대표적인 것이나, 공용수용, 몰수 등의 공권력행사 등에 의해서 소멸되는 경우를 포함한다. 단순히 이행비용이 중대한 것만으로는 이행의 실행이 곤란하게 되었다고 할 수는 없다. 둘째, 사건이 발생하지 않는 것이 계약체결 시 기초적 전제이어야 한다. 기초적 전제에 해당하는 대표적인 유형을 살펴보면 채무의 이행을 위하여 있어야 할 사람의 사망 또는 능력상실(2차계약법 리스테이트먼트 제262조),[15] 정부

12) 鴻常夫 편수, 앞의 책, 328쪽.

13) 서철원, 「미국 비즈니스 법」, (서울: 법원사, 2000), 62-63쪽.

14) Second Restatement of Contract Rule(261)
Where, after a contract is made, a party's performance is made impracticable without his fault by the occurrence of an event the non-occurrence of which was a basic assumption on which the contract was made, his duty to render that performance is discharged, unless the language or the circumstances indicate the contrary.

15) Second Restatement of Contract Rule(262)

의 법규나 명령에 의한 금지(2차계약법 리스테이트먼트 제264조),[16] 계약성립 후 법률의 변경이나 정부 · 법원의 명령에 의한 금지, 그리고 채무이행에 필요한 특정물의 파괴 또는 멸실(2차계약법 리스테이트먼트 제263조)[17] 등이 계약체결 시의 기초적 전제가 된 사건이다. 마지막으로 채무자의 과실이 없어야 한다.

(2) 프러스트레이션

프러스트레이션에 대하여 2차계약법 리스테이트먼트 제265조[18]는 "계약체결 후 일방당사자의 주된 목적이 어느 사정의 발생으로 인하여 과실 없이 실질적으로 달성될 수 없게 되고, 그 사건의 불발생이 계약체결의 기초적 전제로서 되어 있는 경우에 잔존의 이행의무는 면책된다. 그러나 계약의 문언 또는 정황으로 보아 반대의 취지가 나타나 있는 경우에 그러하지 않다."라고 설명하고 있다. 또한 미국통일상법전도 프러스트레이션을 이행불능과 동일하게 다루고 있다(미국통일상법전 제2-615조). 프러스트레이션에 대한 법률효과는 계약관계의 비소급적 소멸이다. 즉, 프러스트레이션이라고 판단되는 사유가 발생하면 계약관계가 장래에 향하여 소멸한다. 그리고 이때의 계약관계의 소멸은 당연소멸로서 계약당사자의 의사표시 또는 법원의 판결을 요하지 않는다. 또한 프러스트레이션으로 인한 계약관계의 소멸의 경우에 손해배상의 문제도 발생하지 않는다.[19]

If the existence of a particular person is necessary for the performance of a duty, his death or such incapacity as makes performance impracticable is an event the non-occurrence of which was a basic assumption on which the contract was made.

16) Second Restatement of Contract Rule(264)
If the performance of a duty is made impracticable by having to comply with a domestic or foreign governmental regulation or order, that regulation or order is an event the non-occurrence of which was a basic assumption on which the contract was made.

17) Second Restatement of Contract Rule(263)
If the existence of a specific thing is necessary for the performance of a duty, its failure to come into existence, destruction, or such deterioration as makes performance impracticable is an event the non-occurrence of which was a basic assumption on which the contract was made.

18) Second Restatement of Contract Rule(265)
Where, after a contract is made, a party's principal purpose is substantially frustrated without his fault by the occurrence of an event the non-occurrence of which was a basic assumption on which the contract was made, his remaining duties to render performance are discharged, unless the language or the circumstances indicate the contrary.

19) 명순구, 「미국계약법입문」, (파주: 법문사, 2004), 170쪽.

Ⅱ. 용선계약 하에서의 프러스트레이션

1. 의 의

용선계약 하에서의 프러스트레이션이란 용선선박의 멸실 · 행방불명 등 예측할 수 없는 사유가 발생하여 용선계약의 목적을 달성할 수 없는 경우에 그 용선계약은 소멸되며, 계약당사자는 계약이행의 채무를 면하는 것을 의미한다. 용선계약과 관련된 프러스트레이션의 문제는 주로 1차 세계대전시 정부에 의한 선박징발, 이스라엘과 이집트의 전쟁으로 인하여 1956-1967년에 발생한 수에즈 운하의 폐쇄 및 1980년에 발생한 이란과 이라크의 전쟁에 따른 Basrah에서의 선박억류 등과 관련하여 제기되었다.[20]

정기용선계약 하에서의 프러스트레이션에 대하여 뉴욕프로듀스서식(1946) 제16조와 뉴욕프로듀스서식(1993) 제20조는 "용선선박이 멸실되면 선급하고서 그리고 반대급부를 받지 못한 금액 (멸실일 또는 마지막 소식을 들은 날로부터 계산한다.)을 바로 정기용선자에게 반환하여야 한다."라고 규정하고 있다. 또한 볼타임서식(2001) 제16조는 "용선선박이 멸실되었거나 행방불명이 된 경우에 그 멸실의 날로부터 용선료의 지급을 중지한다. 멸실의 날이 확인되지 아니한 경우에 용선선박의 마지막 통신이 있은 날로부터 목적항 도착예정일까지 용선료의 반액을 지급하여야 한다."라고 규정하고 있다. 따라서 선급 용선료가 있으면 이에 따라서 정산하여야 한다. 이 약관에서 말하는 용선선박의 멸실은 계약당사자의 고의 또는 과실에 의한 경우뿐만 아니라, 계약당사자의 행위와 관계없이 생긴 경우도 포함한다고 해석하는 것이 합리적이라고 본다.[21]

이와같이 정기용선자가 지급한 용선료를 반환받는 경우에 선박이 멸실되어 프러스트레이션이 성립하는 경우 외에도 지급정지(off-hire)가 있다.

2. 성립요건

용선계약 하에서의 프러스트레이션은 당사자 사이의 계약위반에 기인하는 것이 아니라, 용선계약이 체결된 후, 다음의 성립요건을 갖추면 성립한다.

20) Baughen Simon, *op. cit.*, p.272.
21) 박용섭, 정기용선, 153쪽.

(1) 계약당사자가 계약체결 시 프러스트레이션 사유의 발생을 예측할 수 없어야 한다

계약체결 시 당사자가 프러스트레이션의 원인이 된 사건을 합리적으로 예측할 수 있었던 경우에 프러스트레이션의 성립이 배제된다. 이는 그러한 경우에 사고를 미리 대비할 수 있었기 때문에 스스로 위험을 인수한 결과로 해석되는 데 기인한다. 여기서 계약당사자 사이에 분쟁발생의 예측가능성에 대한 판단기준은 계약서상 명시적 규정의 유무에 따라 결정되는 것이 아니며, 분쟁발생 시의 제반 주위사정의 모든 증거물에 의하여 판단되게 된다.[22] 계약체결 시 예측가능성에 대하여는 유류가격의 급등으로 인한 용선계약 하에서의 프러스트레이션을 검토할 때 자세히 살펴본다.

(2) 프러스트레이션이 후발적으로 발생하여야 한다

계약이 체결되기 전에 이미 프러스트레이션의 상태에 있다면 이는 프러스트레이션이 아니라 원시적 불능에 해당하는 것이다.

(3) 용선계약에 프러스트레이션에 관한 규정이 없어야 한다

계약체결 시 명시적으로 프러스트레이션 법리를 적용하지 않거나, 또는 그 적용을 한정한다는 특약은 강행규정이나 사회질서에 반하지 않는 한 유효하다. 용선계약서 조항에 명시적으로 프러스트레이션이 적용되지 않도록 규정된 사건은 프러스트레이션이 성립하지 않는다. 그러나 발생한 사건의 정도가 조항에 규정되어 있는 정도보다 지나치게 과다한 경우에 프러스트레이션의 적용을 한정하는 범위를 초과하므로 프러스트레이션을 형성한다.[23] 그러나 후발적 불법성을 프러스트레이션의 원인으로 인정하지 아니한다는 뜻의 특약은 당연히 무효이다. 예컨대 전쟁이 발생하여도 계약당사자 일방이 적국인과 거래를 한다는 계약은 영국법에서는 사회질서에 반하는 것으로 해석하여 그러한 특약을 인정하지 아니한다.[24] 후발적 사건의 발생에도 불구하고 계약의 명시적인 약정이 당사자의 이행을 구속하고 있다면 계약은 소멸하지 않고 이행되어야 한다. 또한 명시적인 약정은 없더라도 모든 사정을 고려하여 법원은 이런 의무가 묵시적으로 부담하게 되어 있는지를 판단할 수 있다. 이러한 경우에 프러스트레이션이 되면 손해배상의 문제가 제기되게 된다. 실제로 매매계약에서 계약

22) 정영석 · 우보연, 앞의 논문, 319쪽.

23) Cooke Julian, Kimball John D., Young Timothy, Martowski David, Taylor Andrew & Lambert LeRoy, *op. cit.*, p.647.

24) 김진권, 프러스트레이션, 237쪽.

당사자들은 그들이 통제할 수 없는 사건으로 인하여 이행이 방해되는 경우에 책임을 면하기 위하여 계약서에 명시적 규정을 설정하고 있다. 프러스트레이션 법리의 적용에 있어서 가장 중요한 문제 중의 하나가 바로 당사자가 위험을 인수했는가 하는 것이다. 당사자는 법에 의하여 부과되는 위험뿐 아니라 자의에 의하여 그 이상의 위험도 인수할 수 있기 때문이다. 당사자가 위험을 인수한 것인지에 대한 판단은 물론 계약내용을 중심으로 하게 되나, 법원은 모든 사정을 고려하여 일방당사자가 위험을 인수한 것으로 볼 수도 있다.[25)]

프러스트레이션이 되려면 명시적으로나 관습상 선박소유자와 정기용선자 사이에 위험이 배분되어 있지 않아야 한다. Kinaros V호 사건[26)]에서 Reefer사와 GWF사는 1990년 12월 7일에 2년 동안 Kinaros V호에 대한 정기용선계약을 체결하였고, 1991년 10월 4일에 2년 동안 추가로 연장하는 정기용선계약을 체결하였다. 정기용선기간 중 선박의 감항성이 결여된 것으로 판단되어 정기용선자는 1993년 1월 8일에 정기용선계약을 종료한다고 선박소유자에게 통보하였다. 1993년 2월 16일에 선박소유자는 정기용선자가 부당하게 정기용선계약을 종료하였다고 주장하면서 선박의 조기반선으로 발생된 손해에 대하여 소를 제기하였다. 1심 지방법원 Kram판사는 "정기용선자 GWF사는 선박의 감항성이 결여되었다는 선급보고서에 근거하여 정기용선계약을 종료하지 않았으므로, 정기용선자가 정기용선계약을 종료하고 선박을 조기반선한 데 대하여 책임을 져야 한다."라고 선박소유자에게 승소판결을 하였다. 용선계약에는 선박이 불감항상태가 되면 용선자가 계약을 해제할 수 있는 감항성약관이 기재되어 있었고, 계약체결 후 12개월 내에 선박이나 기관이 고장나면 계약을 해제할 수 있는 지급정지약관과 기관고장약관이 기재되어 있었다. 이 같은 약관이 기재되어 있다는 것은 선박소유자와 용선자가 예상치 못한 위험에 대한 위험을 배분하였다는 것을 의미하므로, 프러스트레이션의 항변이 받아들여지지 않았다.[27)]

(4) 용선계약의 이행이 불가능하거나 상업적으로 실행불가능하여야 한다

용선계약의 이행이 불가능하거나 상업적으로 실행불가능하다고 인정되는 경우와 인정되지 않는 경우를 구분하여 판례를 유형화하여 살펴본다.

---

25) 정영석 · 우보연, 앞의 논문, 318-319쪽.

26) Reefer and General Shipping Co., Inc. v. Great White Fleet Ltd., 1996 A.M.C. 1254 (S.D.N.Y. 1995), aff'd w/o opinion 107 F.3d 4 (2d Cir. 1996).

27) 송상현 · 김현, 앞의 책, 465쪽.

1) 프러스트레이션이 인정되는 경우

가. 행정조치에 의한 이행의 금지

행정조치에 의한 이행의 금지에 대하여 Quito호 사건, Florida호 사건과 F.A. Tamplin호 사건을 검토하면서 연구한다.

Quito호 사건[28]에서 선박소유자 Bank Line사와 정기용선자 Arthar Capel사는 1915년 2월 16일에 12개월 동안 Quito호에 대한 정기용선계약을 체결하였다. 선박은 1915년 4월 30일과 5월 11일 사이에 인도하기로 되어 있었으나, 정부의 징발로 9월에 인도되었다. 정기용선자는 선박소유자가 인도기일을 위반하면 정기용선계약을 해제할 수 있는 선택권이 있었으나, 선택권을 행사하지 않고 선박을 인도받았다. 정기용선자는 인도의 지연으로 발생한 손해배상을 청구하였고 선박소유자는 정부의 징발로 계약은 프러스트레이션이 되었다고 주장하였다. 1심 법원 Rowlatt 판사는 "정부의 징발로 정기용선계약은 프러스트레이션이 되었다."라고 판시하였다. 항소법원에서 다수의 판사(Pickford판사와 Warrington판사는 찬성, Scrutton판사는 반대)는 원고 정기용선자에게 승소판결을 내렸다. 귀족원(Finlay경, Haldame경, Shaw경, Summer경과 Wrenbury경)은 "프러스트레이션이 계약조건에 의해 배제되지 않았다. 실제로 계약내용은 1915년 4월에서 1916년 4월까지의 정기용선이었는데 정부가 선박을 징발하여 억류하였기 때문에 당사자를 1915년 9월에서 1916년 9월까지 구속하는 것은 약속한 의무와는 상당히 다른 의무를 부여하는 것이다. 따라서 정기용선계약은 프러스트레이션이 되었다."라고 1심 법원 Rowlatt판사의 판결을 확인 · 지지하였다.

Florida호 사건[29]에서 선박소유자 Valdo SA사와 항해용선자 Select Commodities사는 2003년 1월 30일에 2003년 3월 14일과 29일을 정박개시일과 해제일로 하여 Dumai 항과/또는 Kuala Tanjun 항에서 식물성 유지를 선적하여 나이지리아의 라고르 항에서 양하하는 Florida호에 대한 항해용선계약을 체결하였다. 항해용선자는 2003년 3월 21일과 27일 두 번에 걸쳐 "나이지리아 정부가 2003년 3월 1일자로 식물성 유지의 수입을 금지하였으므로 항해용선계약은 취소할 수밖에 없다."라고 선박소유자에게 통지하였다. 항해용선자가 항해용선계약을 이행하지 않을 것을 인정하고 선박을 다른 용선자와 계약을 체결하여 손해를 입은 선박소유자는 항해용선자의 계약위반을 이유로 중재를 신청하였다. 중재인(Mr. Michael Baker-Harber)은 "불가항력인 사유로 선박소유자의 책임을 완화시키는 내용의 항해용선계

28) Bank Line Ltd. v. Capel(A) & Co. [1919] A.C. 435.
29) Select Commodities Ltd. v. Valdo S.A. - The Florida [2007] 1 Lloyd's Rep. 1.

약서 제29조 (a)항이 없다면 나이지리아 정부의 수입금지조치로 항해용선계약은 프러스트레이션이 되나, 제29조 (a)항에 의하여 항해용선계약은 프러스트레이션이 아니므로, 항해용선자는 선박소유자의 손해배상을 하여야 한다."라고 판정하였다. 1심 법원 Tomlinson판사는 "제29조 (a)항의 규정과는 상관없이 나이지리아 정부의 수입금지조치로 항해용선계약은 프러스트레이션이 되었으므로 항해용선자는 선박소유자의 손해를 배상할 책임이 없다."라고 판시하였다.

그러나 F.A. Tamplin호 사건[30]에서 F.A. Tamplin호는 1912년 12월 4일부터 1917년 12월 4일까지 5년 동안 정기용선되었다. 그러나 1915년 2월에 정부는 군대수송선으로 사용하기 위해 F.A. Tamplin호를 징발했고 이 목적을 위해 선박의 구조를 변경했다. 정기용선자는 용선계약서상에 합의한 용선료를 계속 지급할 의사가 있었으나 선박소유자는 왕으로부터 많은 보상을 받기를 희망했기 때문에 용선계약은 프러스트레이션이 되었다고 주장했다. 중재인(David Calder Leck, K.C.)은 "용선계약은 선박이 정부에 의해 징발된 1915년 2월 15일부터 종료되었다."라고 판정하였다. 1심 법원 Atkin판사와 항소법원(Cozens-Hardy판사, Bankes판사와 Warrington판사)은 "단지 선박이 징발되었다고 용선계약이 종료되는 것은 아니다."라고 판시하였다. 귀족원(Buckmaster경, Loreburn경, Haldane경, Atkinson경과 Parker of Waddington경)은 "방해는 당사자가 계속해서 이행하려는 것을 비합리적으로 만들 만큼 충분한 기간이 아니었다. 5년의 기간이 만료 전에 상업적 목적을 위해 이용이 가능한 많은 기간이 있었으므로 용선계약은 여전히 유용하다."라고 판시했다.

BIMCO Requisition Clause

Should the Vessel be requisitioned by the government of the Vessel's flag during the period of this Charter Party, the Vessel shall be deemed to be off-hire during the period of such requisition, and any hire paid by the said government in respect of such requisition period shall be retained by Owners. The period during which the Vessel is on requisition to the said government shall count as part of the period provided for in this Charter Party.

If the period of requisition exceeds ○○months either party shall have the option of cancelling this Charter Party and no consequential claim may be made by either party.

30) F.A. Tamplin Steamship Co., Ltd. v. Anglo-mexican Patroleum Product Co., Ltd. - F.A. Tamplin [1916] 2 A.C. 397.

BIMCO 징발약관

선박이 본 용선계약의 기간 동안에 선박국기의 정부에 의해 징발된 경우, 선박은 그러한 징발기간 동안은 지급정지인 것으로 간주되어야 한다. 그리고 그러한 징발기간에 대하여 전술한 정부에 의해 지급된 용선료는 선박소유자에 의해 보류되어야 한다. 선박이 전술한 정부에 징발되고 있는 기간은 본 용선계약에서 규정된 기간의 일부로 간주되어야 한다.

징발의 기간이 ○○개월을 초과할 경우, 어느 당사자라도 본 용선계약을 해제할 선택권을 가져야 하고, 그에 따른 어떤 간접 청구는 어느 당사자에 의해서도 제기될 수 없다.

나. 후발적 불법성(supervening illegality)

계약체결 뒤에 발생한 사정의 변경 때문에 불법적인 것이 된 경우이다. 즉, 계약체결 시 당사자는 합법적으로 의무를 이행할 것이라고 생각하였는데 결과적으로 그렇지 않다면 당사자는 이행의 의무를 부담하지 않게 된다.[31] 법령의 변경은 당사자 가운데 1개 당사자가 속하여 있는 국가의 법령이 변경되면 프러스트레이션이 된다.[32] 전쟁으로 인하여 화물의 운송이 불법이 된 경우가[33] 후발적 불법성에 해당한다. 이 경우에 계약의 주 목적의 이행이 계약당사자의 의사에 관계없이 불법일 것을 요건으로 한다. 그러나 계약의 부차적인 채무의 이행이 불법인 경우에는 계약 소멸의 효과가 발생하지 아니한다. 그러나 채무자는 불법이 된 부분만 그 이행의무를 면한다.[34]

다. 기타 예측하지 않은 사건

행정조치 이외에 전쟁, 선박의 좌초, 충돌 및 침몰 등의 기타 예측하지 않은 사건을 검토하면서 연구한다.

전쟁[35]과 관련된 Andriana호 사건[36]에서 선박소유자 Embirocos사와 항해용선자 Sydney Reid사는 1912년 9월 11일에 Azoff해에서 곡물을 선적하여 Dardanelles를 통과하

31) Wilson John F, *op. cit.*, p.38-39.
32) Ralli Bros. v. Compania Naviera Sota y Aznar [1902] 2 K.B. 287; Societe Co-operative Suisse v La Plata [1947] 80 LlLR 530.
33) Atkinson v. Ritchie [1809] 10 East 530; Fibrosa Spolka Akcyina v. Fairbairn, Lawson Combe, Barbour Ltd. [1943] A.C. 332.
34) 박용섭, 정기용선, 156쪽.
35) 1980년 이란과 이라크 사이에 발생한 전쟁으로 인하여 프러스트레이션이 된 경우의 판례에는 Kodros Shipping Corp. v. Empresa Cubana de Fletes - The Evia (No. 2) [1983] 1 A.C. 736; Um-Ocean Line Pty., Ltd. v. C-Trade S.A. - The Lucille [1983] 1 Lloyd's Rep. 387 등이 있다.
36) Embirocos v. Sydney Reid & Co. [1914] 3 K.B. 45.

여 운송하는 Andriana호에 대한 항해용선계약을 체결하였다. 그러나 1912년 9월 30일에 터키정부는 그리스 국적의 선박이 Dardanelles를 통과하지 못하게 함으로써, 선박소유자는 항해용선계약을 이행할 수 없었다. 항해용선계약의 정박기일의 만료일은 1912년 10월 22일이었는데 1912년 10월 18일에 그리스와 터키 사이에 전쟁이 선포되었다. 피고 항해용선자는 전쟁으로 인하여 계약이 종료되었다고 주장하였다. 원고 선박소유자는 계약의 종료를 인정하지 않았다. 1심 법원 Scrutton판사는 "전쟁이 선포된 후에 터키 당국이 계약상의 항해를 가능하게 하는 면책기간 동안 그 해협을 통한 그리스 선박의 항해를 허용한다는 예상외의 발표를 할지라도 용선계약자는 계약이 프러스트레이션이 되어 책임이 면제된다."라고 판시하였다.

선박의 좌초에 대하여 Spirit of the Dawn호 사건[37]에서 선박소유자 Jackson사는 Spirit of the Dawn호에 iron rails를 선적하여 Newport 항에서 San Francisco 항으로 운송하는 항해용선계약을 1871년 11월에 체결하고 Union Marine보험회사에 운임을 부보하였다. 선박은 1872년 1월 2일에 Liverpool 항을 출항하여 Carnarvon Bay에서 1872년 1월 3일에 좌초되었다. 선박의 수리는 1872년 8월 말까지 진행되었다. 선박소유자는 보험회사를 상대로 용선계약에 의한 운임의 전손을 주장하면서 부보된 항해운임을 보험회사에 청구하였다. 1심 법원은 "선박의 좌초로 인하여 생긴 지연은 상업적 의미에서 상업적 투기에 종지부를 찍을 만큼 장기에 걸친 것이라고 인정함으로써 용선계약의 상업목적은 프러스트레이션이 되었고 그 계약은 소멸되었다. 따라서 보험회사는 원고의 청구대로 보험금을 지급하여야 한다."라고 판시하였다.

선박의 충돌과 관련하여 O.Tarmac호 사건[38]에서 선박소유자 Enterprise사와 정기용선자 Asphalt International사는 유조선 O.Tarmac호에 대한 정기용선계약을 체결하였다. 1977년 7월 29일에 Curacao 항에서 선적 중 Elektra호가 충돌사고를 일으켜 O.Tarmac호는 전손으로 처리되었다. 정기용선자는 충돌사고로 선박소유자가 계약을 이행하지 못하여 발생한 수익손실 등의 손해배상을 청구하였다. 그러나 선박소유자는 "충돌사고로 선박이 전손된 것은 상업적 실행불능에 해당하므로 책임이 없다."라고 주장하였다. 1심 지방법원 Leonard B.Sand판사는 "충돌사고로 인하여 선박이 전손되어 계약을 이행하지 못하였으므

37) Jackson v. Union Marine Insurance Co. [1874] L.R.10.C.P.125.

38) Asphalt Int'l v. Enterprise Shipping Corp., 514 F. Supp. 1111, 1981 A.M.C. 2235 (S.D.N.Y.), aff'd 667 F.2d 261, 1982 A.M.C. 333 (2d Cir. 1984).

로 선박소유자는 계약을 위반하지 않았다."라고 판시하였다. 항소법원 Kaufman판사는 "선박의 수리비용이 선가를 초과하므로 본 사건은 상업적인 실행불능으로 프러스트레이션에 해당하여 선박소유자는 계약상의 책임을 지지 않는다."라고 판시하면서 1심 지방법원의 판결을 확인 · 지지하였다.

선박이 침몰된 Super Servant Two호 사건[39]에서 선박소유자 Wijsmuller사와 항해용선자 Lauritzen사는 1980년 7월 7일에 Aryake 소재 Hitachi 조선소에서 로테르담(Rotterdam) 항까지 1981년 6월 20일과 8월 20일 사이에 운송하는 시추선 Dan king호에 대한 항해용선계약을 체결하였다. 본 항차를 이행할 선박은 Super Servant One호 또는 Super Servant Two호였는데, 1981년 1월 29일에 Super Servant Two호는 침몰되었다. 그 당시 Super Servant One호는 다른 계약이 이미 체결되어 있었으므로 1980년 7월 7일자 계약을 이행할 수 없었다. 당사자는 1981년 4월에 시추선을 예인선이 이끄는 부선에 의해 운송하기로 합의하였다. 원고 항해용선자는 "시추선의 운송이 1980년 7월 7일자 계약에 의하여 이행되지 않고, 예인선과 부선에 의하여 운송되어 발생한 손해에 대하여 선박소유자는 배상하여야 한다."라고 주장하였다. 피고 선박소유자는 "Super Servant One호는 이미 계약이 체결되었고, Super Servant Two호는 침몰되어 계약을 이행할 수 없었으므로 계약은 프러스트레이션이 되었다."라고 주장하였다. 1심 법원 Hobhouse판사는 "선박소유자는 프러스트레이션을 이유로 계약을 파기할 수 없다."라고 판시하였다. 항소법원(Dillon판사와 Bingham판사)은 "계약에 의하면 Super Servant Two가 침몰되었더라도 선박소유자는 대체선을 이용하여 계약을 이행할 의무가 있으므로, 계약은 프러스트레이션이 되지 않는다."라고 판시하였다.

선적예정인 화물의 소실과 관련된 Faro호 사건[40]에서 선박소유자 Aaby's Rederi사와 항해용선자 Lep Transport사는 1947년 10월 15일에 울(wool)을 Goole 항에서 선적하여 Rostock 항에서 양하하는 Faro호에 대한 항해용선계약을 체결하였다. 선박이 1947년 10월 17일에 Goole 항에 도착하였으나 울(wool)이 화재로 소실되었기 때문에 항해용선자는 화물을 선적할 수 없었다. 선박소유자는 화물을 선적할 수 없어서 발생한 손해배상을 청구하였고 항해용선자는 화물이 화재로 소실되었기 때문에 용선계약은 프러스트레이션이 되었다고

39) Laurizen (J.) A/S v. Wijsmuller B.V. – Super Servant Two [1990] 1 Lloyd's Rep. 1 (C.A.); aff'g [1989] 1 Lloyd's Rep. 148 (Q.B.).
40) E. B. Aaby's Rederi A/S. v. Lep Transport, Ltd. – The Faro [1947–48] Ll.L.Rep. 81.

주장하였다. 1심 법원 Sellers판사는 "항해용선자는 화물을 수배하여 선박에 선적하여야 하는 절대적 의무를 부담한다. 항해용선자는 용선계약서상 항해용선자를 면책하게 하는 조항이 있거나 화재가 선박소유자의 과실에 기인하여 발생하였다는 것을 입증하지 않는 한 책임을 진다. 항해용선자는 이러한 점을 입증하지 못하였으므로 선적할 화물을 수배하지 못한 것에 대하여 책임을 진다. 따라서 용선계약은 프러스트레이션이 되지 않았다."라고 판시하였다. 본 사건에서 울(wool)은 화재로 소실되었더라고 수배가 가능하므로 항해용선자는 책임을 면할 수 없다. 단지 화물이 대체 수배가 가능하지 않는 특정화물이었고, 화물의 소실에 용선자의 귀책사유가 없는 경우라면 프러스트레이션의 주장이 가능하다.[41]

2) 프러스트레이션이 인정되지 않는 경우

용선계약 하에서의 프러스트레이션이 인정되지 않는 경우에는 단순히 비용이 증가되었거나, 계약이 분리되거나, 단기간 이행불능, 당사자 일방이 스스로 프러스트레이션을 유발한 경우 또는 계약이행에 선택적 방법이 가능한 경우 등이 있다.

가. 비용의 증가

단순히 계약이행에 예측했던 것보다 비용이 증가하더라도 프러스트레이션이 성립되지 않는다.[42] 비용의 증가로 인한 상업적 실행가능성에 대하여는 유류가격의 급등으로 인한 용선계약 하에서의 이행불능을 검토할 때 자세히 살펴본다.

나. 계약분리

법원은 계약의 일부가 프러스트레이션이 발생하기 전에 이미 완성되었고, 또 그 부분이 계약의 이행이 불가능한 부분과 분리가 가능하고, 또 완성된 부분을 마치 별개의 독립된 계약으로 분리할 것을 결정한 경우에 분리된 부분은 프러스트레이션이 발생하지 아니한 계약으로 취급하여야 한다.[43]

Larrinaga v. Phosphates 사건[44]에서 선박소유자 Larringa사와 항해용선자 SFAPM사는 1913년 4월 5일에 Tampa 항에서 Dunkirk 항으로 인산염을 1918년, 1919년과 1920년의 봄과 가을에 모두 6항차를 운송하는 장기항해용선계약을 체결하였다. 6개 항차를 이행

41) Wilson John F, *op. cit.*, p.38.
42) O'Sullivan Janet & Hilliard Jonathan, *op. cit.*, p.350-351.
43) 한국해사문제연구소 편, 배병태 감수, 앞의 책, 162쪽.
44) Larrinaga & Co., Ltd. v. The Societe Franco-Americaine des Phosphates de Medulla [1923] 14 Ll.L.Rep. 457; 92 L.J.K.B. 455; 129 L.T. 65; 39 T.L.R. 316; 29 Com. Cas. 1; 16 Asp. M.L.C. 133 (H.L.).

제1편 제2편 제3편 제4편 제5편 제6편 제7편 제8편

하여야 하는 장기항해용선계약에서 전쟁으로 인하여 처음 3개 항차가 이행되지 않았다. 문제는 남아있는 3개 항차의 이행여부였다. 중재인은 "선박소유자는 마지막 3항차를 이행하지 않은 것에 대하여 항해용선자에게 £29,137.10s의 손해배상을 하여야 한다."라고 판정하였다. 1심 법원 McCardie판사, 항소법원 다수의 판사(Bankes판사와 Scrutton판사는 찬성, Atkin판사는 반대)와 귀족원(Viscount Finlay경, Atkinson경, Sumner경, Wrenbury경과 Carson경)은 중재인의 판정을 인정하였다. 귀족원의 Atkinson경은 "장기항해용선계약은 분리되어 각자 서로 독립적으로 1개를 형성하므로, 선박소유자는 남아있는 3개의 항차를 이행할 의무가 있다."라고 판시하였다. 또한 귀족원의 Sumner경은 "상업적 계약에서 금전과 관련되는 모든 불확실성이 정확하지는 않더라도 표시될 수는 있지만, 일방당사자가 심하게 금전적으로 손실을 입었더라도 프러스트레이션이 되는 경우는 거의 없다."라고 설시하였다.

Nema호 사건[45]에서 선박소유자 Pioneer사와 항해용선자 BTPT사는 1978년 11월 2일에 1979년 4월에서 12월까지 캐나다의 Sorel 항에서 유럽까지 티탄용재를 운송하는 Nema호에 대한 7항차 연속항해용선계약을 체결하였다. 1항차를 이행한 후 선적항에서 발생한 파업(strike) 때문에 선적이 지연되었다. 선박소유자와 항해용선자는 선박소유자가 대서양 내에서 1항차를 이행한 후에 본 계약을 이행하며, 1980년 4월에서 12월까지 7항차를 추가로 이행하는 추가계약(2)을 1979년 6월 28일에 체결하였다. 추가계약(2)에서 합의된 대서양 내에서의 1개 항차를 이행한 후에도 파업이 계속되자 양당사자는 "항해용선자는 파업이 종료될 때까지 일당 2,000불을 선박소유자에게 지급하거나, 선박소유자는 대서양 내에서의 추가항차를 수행할 수 있다."라고 추가계약(3)을 1979년 7월 11일에 합의하였다. 항해용선자는 선박소유자에게 대서양 내에서의 추가항차를 수행한 후 계약상 항차의 이행을 요구하였으나 선박소유자는 대서양 내에서 또 다른 1항차를 수행코자 이미 계약을 체결하였다. 중재인(Donald Ashford Davies Esq)은 "1978년 11월 2일자 연속항해용선계약은 파업으로 인하여 프러스트레이션이 되었으나, 추가계약(2)은 별개의 계약이므로 이행되어야 한다."라고 판정하였다. 1심 법원 Goff판사는 "계약과 추가계약은 분리될 수 없다. 설사 계약과 추가계약이 분리될 수 있는 경우에도 파업은 계약을 프러스트레이션으로 만들 만큼 근본적인 원인이 되지 못한다."라고 판시하였다. 그러나 항소법원(Denning M.R.판사, Templeman판사와

45) Pioneer Shipping Ltd. v. B.T.P. Tiozide Ltd. – The Nema [1981] 2 Lloyd's Rep. 239; [1982] A.C. 724; [1981] 3 W.L.R. 292; [1981] 2 All E.R. 1030 (H.L.); aff'g [1980] 2 Lloyd's Rep. 339; [1980] Q.B. 547; [1080] 3 W.L.R. 326; [1980] 3 All E.R. 117 (C.A); rev'g [1980] 2 Lloyd's Rep. 83 (Q.B.).

Watkins판사)과 귀족원(Diplock경, Fraser of Tullybelton경, Russel of Killowen경, Keith of Knkel경과 Roskill경)은 중재인의 판정을 확인 · 지지하였다.

다. 단기간 이행불능

이행불능을 야기시키는 사건이 일시적으로 진행되는 경우에는 계약의 프러스트레이션이 성립되지 않는 것으로 판결되어 왔다. 예를 들어, 전쟁 등 돌발사건이나 정부의 수출입금지조치 등 후발적 위법이 발생한 사실만으로 반드시 프러스트레이션이 성립하는 것은 아니다. 즉 전쟁의 발발이나 정부의 수출입금지조치가 일시적인 경우에 프러스트레이션 법리가 적용되지 않는 것이다.[46]

용선계약에는 일반적으로 파업약관이나 파업을 면책으로 하는 규정이 있어서, 많은 경우에 이에 의하여 처리되고 있으므로, 파업으로 인한 프러스트레이션이 문제로 되는 일은 비교적 많지 않다. 파업기간은 불확정적이지만 파업은 언제든지 끝날 수 있는 것이므로 파업 때문에 계약이 프러스트레이션이 되었다고 판시하지만은 않을 것이다. 그럼에도 불구하고 특수한 상황 하에서의 파업이 프러스트레이션을 성립시켰으나, 파업을 예로 인용한 대부분의 시도들은 과거에 실패하여 왔다.[47]

The Penelope호 사건[48]에서 선박소유자는 1926년 3월 24일에 1926년 5월 20일/6월 20일 인도조건으로 12개월 동안 South Wales 항에서 지중해에 위치한 양항까지 석탄을 계속하여 운송하는 Penelope호에 대한 연속항해용선계약을 체결하였다. 그러나 선적항에서 1926년 5월 1일에 파업이 발생하여 1926년 12월 말까지 계속되었다. 파업기간 동안 선박소유자는 2항차를 다른 항해에 투입했는데 1항차는 용선자의 동의 없이 진행하였다. 파업이 끝나자, 항해용선자는 선박에 석탄을 선적하고자 선박소유자에게 요청하였으나, 선박소유자는 "파업으로 인하여 용선계약은 프러스트레이션이 되었다."라고 주장하였다. 1심 법원 Merrivale판사는 "용선계약서에 파업약관이 있으나 8개월 동안의 파업은 예측할 수 없었으므로 용선계약은 프러스트레이션이 되었다."라고 판시하였다. 파업에 따른 지연은 계약을 명백히 완전히 프러스트레이션으로 만든다고 보기는 어려운 바, 적어도 "지연이 대단히 오래 지속되는 경우"에 한정되어야 프러스트레이션이 된다고 할 것이다.[49]

46) 정영석 · 우보연, 앞의 논문, 320쪽.
47) 위의 논문, 323쪽.
48) The Penelope [1928] 31 Ll.L.Rep. 96.
49) 한국해사문제연구소 편, 배병태 감수, 앞의 책, 157쪽.

라. 스스로 유발한 프러스트레이션의 경우

계약당사자 일방의 행위로 말미암아 계약이행이 불가능하게 되었거나, 또는 불법으로 저지른 행위가 있었던 경우에 그 계약은 프러스트레이션에 의하여 소멸하지 아니한다. 이러한 원인을 일으킨 계약당사자는 계약위반의 책임을 질 뿐이다.[50]

Hannah Blumenthal호 사건[51]에서 매도인 Paal Wilson사와 매수인 PHB (Partenreederei Hannah Blumenthal)사는 1969년에 Hannah Blumenthal호에 대한 매매계약을 체결하였다. 매매계약서상 분쟁의 발생 시 분쟁은 런던중재에 의하여 해결하도록 되어 있었다. 1972년 2월 매수인은 엔진결함을 발견하고 중재를 개시하였다. 1974년 매수인은 "선박매매 시 매도인은 주로 구두상으로 선박의 제원을 설명하였는데, 엔진의 성능이 표시된 제원과 상이하게 결함이 있다."고 주장한 반면 매도인은 "엔진에 대하여 매수인이 주장하는 선박의 제원을 표시한 적이 없다."라고 주장하였다. 매수인은 1980년 7월 30일 중재날짜를 매도인에게 통보하자 매도인은 "매매계약상의 중재약관은 계약이행의 거절, 합의에 의한 해제 또는 프러스트레이션에 의하여 소멸되었다."라고 주장하면서 소를 제기하였다. 1심 법원 Staughton판사는 "매수인이 계약이행을 거절하지는 않았지만 프러스트레이션에 의하여 중재약관에 대한 합의는 소멸되었다."라고 판시하였다. 항소법원(Denning판사, Griffiths판사와 Kerr판사)은 "매매계약을 체결한 후 오랜 시간이 경과되어 공정한 중재가 어려우므로 프러스트레이션에 의하여 중재약관에 대한 합의는 소멸되었다."라고 판시하였다. 그러나 귀족원(Diplock경, Keith경, Roskill경, Brandon경과 Brightman경)은 "중재절차가 오랜 기간 동안 진행되지 않은 것은 당사자의 귀책사유에 의하여 스스로 유발한 경우에 해당하고, 매수인이 중재약관을 포기한 증거가 없으므로 선박매매계약은 프러스트레이션이 되지 않았다."라고 판시하면서 1심 법원과 항소법원의 판결을 파기하였다.

당사자가 자신의 작위 또는 부작위에 의하여 또는 자신이 책임을 져야 하는 자의 행위에 의하여 초래된 프러스트레이션의 경우에 계약의 소멸을 주장할 수 없다. 이 경우는 자신의 행위로 인하여 이행을 불능케 하는 사건이 발생하였기 때문에 프러스트레이션의 적용을 주장할 수 없다는 점에서 전술한 프러스트레이션의 적용을 스스로 포기하는 것인 위험의 인수와는 차이가 있다.[52]

---

50) 김진권, 프러스트레이션, 237-238쪽.

51) Paal Willson & Co. A/S v. Partenreederal Hannah Blumenthal - The Hannah Blumenthal [1983] 1 A.C. 854.

52) 정영석 · 우보연, 앞의 논문, 319면.

마. 선택적 방법이 가능한 경우

계약의 이행방법이 선택적 방법에 따라 결정되어 있는 경우에 하나의 이행방법이 불가능한 경우는 다른 방법에 따라 이행하여야 한다.[53]

St. Cuthbert호 사건[54]에서 선박소유자 Ocean Trawlers사와 용선자 Maritime National Fish사는 1928년 10월 25일에 12개월 동안 트롤선 St. Cuthbert호에 대한 용선계약을 체결한 후, 계속 1년씩 자동 연장하여 사용하였다. 트롤선은 「other trawl」이란 어구를 사용하여 어획작업을 할 수 있었는데, 이 어구의 사용에는 캐나다 정부의 허가를 받아야 했다. 1983년 3월 11일에 용선자는 사용중인 4척의 트롤선과 St. Cuthbert호에 대하여 캐나다 정부에 운항허가를 신청하였으나, 캐나다 정부는 3척만 허가해주겠다고 하였다. 용선자는 사용 중인 3척에 대한 허가를 받았고, 척수의 제한 때문에 St. Cuthbert호는 정부로부터 허가를 받지 못했다. 용선자는 "St. Cuthbert호가 정부로부터 허가를 받지 못했으므로 용선계약은 프러스트레이션이 되었다."라고 주장하였다. 선박소유자는 1933년 6월 19일에 소를 제기하였다. 1심 법원 Supreme Court판사는 선박소유자에게 승소판결을 하였다. 항소법원 Privy Council판사는 "용선자의 선택에 의하여 캐나다 정부로부터 허가를 받을 수 없었기 때문에 St. Cuthbert호의 용선계약은 프러스트레이션이 되지 않았다."라고 판시하면서 1심 법원의 판결을 확인 · 지지하였다.

(5) 계약당사자의 귀책사유가 없어야 한다

당사자의 부주의한 행위로 인하여 계약이행이 불가능하여진 경우에 프러스트레이션이 성립하지 않는다.

3. 효　과

(1) 서　언

용선계약이 프러스트레이션이 되면 양당사자는 더 이상의 계약이행을 하지 않아도 되나, 프러스트레이션이 발생한 시점까지 용선계약은 유효하다. 따라서 프러스트레이션이 발생하기 전에 이미 용선계약상 발생한 채무나 계약위반으로 인한 손해배상금은 프러스트레

53) 김진권, 프러스트레이션, 238면.
54) Maritime National Fish, Limited v. Ocean Trawlers, Limited – The St. Cuthbert [1935] A.C. 524.

이션에도 불구하고 지급하여야 하나, 프러스트레이션 이후에 발생한 채무나 손해배상금에 대하여는 지급의무가 없다. 또한 계약이 프러스트레이션이 되면 계약의 종료와 관련하여 상대방에게 손해배상을 청구할 수 없다.[55] 이 같은 원칙에는 몇 가지 예외가 있다. 첫째, 프러스트레이션으로 인하여 당사자가 상대방에게 이미 지급한 금액의 대가성(consideration)이 완전히 없어진 경우에 당사자는 그 금액을 반환할 것을 요구할 수 있고, 아직 지급하지 않았다면 지급할 의무를 면한다(용선료는 제외함.). 둘째, 기존에 발생한 계약위반에 대한 손해배상청구는 유효하지만, 계약위반 이후에 프러스트레이션이 발생함으로써 손해배상금액에 영향을 주고 명목적인 손해배상액만을 청구할 수 있는 경우도 있다. 물론 체선료와 같이 손해배상액을 일정하게 예정한 경우는 프러스트레이션에 영향받지 아니한다. 셋째, 용선계약이 프러스트레이션된 후 선박소유자는 묵시적 계약이나 준계약논리에 근거하여 자신이 제공한 용선업무에 대하여 합리적인 보상을 용선자에게 청구할 수 있다.[56]

프러스트레이션의 효과에 대하여 Singaporean호 사건[57]에서 선박소유자 Cheong Yue사와 정기용선자는 1916년 11월 17일에 1917년 3월 인도예정으로 10개월 동안 Singaporean호에 대한 정기용선계약을 체결하였다. 선박은 인도 전 정부에 의하여 징발되었다. 수개월 내에 징발된 선박이 해방될 것으로 예상하고 선박소유자는 1917년 4월 5일에 정기용선자에게 선박이 징발로부터 해방 후 사용할 의향이 있느냐고 묻자 정기용선자는 선박을 사용할 의향이 있다고 대답하였다. 1917년 가을까지 선박이 해방되지 않자 정기용선자는 언제 선박이 해방될 것인가를 통보해 달라고 선박소유자에게 요구하였다. 선박소유자는 상황이 불확실하였으므로 통지해 줄 수가 없었다. 선박은 1919년 2월 말에 해방되었는데 정기용선자가 인도를 거부하였다. 1심 법원 Privy Council판사는 "정기용선계약은 선박이 징발됨으로써 프러스트레이션이 되었다. 당사자의 추가협의에도 불구하고 당사자의 의사와는 관계없이 법의 작용(operation of law)[58]에 의하여 계약은 소멸되었다. 더 이상 새로운 계약은 존재하지 않는다. 당사자가 계약이 아직도 존재한다고 생각하는 것은 별개의 문제이다."라고 판시하였다.

항해용선계약이 프러스트레이션에 의하여 소멸되어도 선급운임의 특약이 있는 경우

55) Baughen Simon, *op. cit.*, p.272.
56) 송상현 · 김현, 앞의 책, 467쪽.
57) Hirji Mulji and Others v. Cheong Yue S.S. Co. [1926] A.C. 497.
58) 이 말은 어떤 권리 또는 의무가 사람의 법률행위 또는 협력행위가 없어도 관계법률을 적용한 결과, 그 사람에게 자동적으로 이전되는 경우, 그 이전방법을 나타내는 데 쓰이는 것. 鴻常夫 편수, 앞의 책, 516쪽.

에 용선자는 선급운임의 지급을 거절할 수 없고, 또 용선자가 이미 선급하였을 경우에 그 반환을 청구할 수 없다. 비율운임에 대하여서 선박소유자가 프러스트레이션에 의해 그 항해를 성취할 수 없게 된 경우에 그것이 면책으로 되어 있는 원리에 의해 불능하게 되었다고 하더라도, 선박소유자는 운임의 전액은 물론, 운송의 비율에 따른 비율운임의 지급을 청구할 수 없다.[59] 그런데 정기용선계약에 관해서는 이와 같은 원칙이 확립되어 있지 않다.[60] 따라서 정기용선계약의 경우에 영국 1943년에 제정된 프러스트레이션 법에 의하여 해결하여야 한다. 프러스트레이션의 원인이 되는 사건이 발생하면 계약이 당사자의 일방 또는 상대방의 계약소멸을 주장하는 의사표시가 없어도 장래에 있어 자동적으로 소멸한다. 따라서 계약당사자는 장래에 있어서 계약내용에 따른 이행의무에서 벗어난다. 프러스트레이션의 효과는 계약자체를 파괴하여 무효로 하는 것이 아니라, 계약당사자의 장래이행의 채무를 면제하는 것이므로 약인을 전면적으로 부정하지 아니한다. 만약 용선계약이 프러스트레이션이 되면 용선계약서 조항의 효력이 소멸되므로 정기용선계약에서 선급된 용선료는 반환받을 수 없다.[61] 그러나 1942년 영국판례[62]는 약인이 부인되면 정기용신계약에시 선급된 용선료를 반환받을 수 있다고 판시하였다. 프러스트레이션의 시점 이전에 이미 이행된 계약이 있을 경우, 당사자 사이의 이해관계를 조정하기 위하여 영국은 1943년에 프러스트레이션 법을 제정하였다. 동법은 프러스트레이션의 해당여부를 판단하는 법이 아니라, 프러스트레이션이 된 사건에서 당사자의 지위에 대하여 다루는 법이다.[63] 동법은 용선계약 가운데 정기용선계약과 선체용선계약에만 적용되고 기타 용선계약에는 적용되지 않으며 해상물품운송계약에 대하여서도 그 적용이 배제된다.[64] 따라서 용선계약과 해상물품운송계약의 경우는 보통법에 의하여 분쟁을 해결하여야 한다.[65]

59) 우리나라 상법 제810조 제2항은 선박이 침몰 또는 멸실되거나 수선할 수 없게 된 때 또는 선박이 포획된 때에는 현존하는 운송물의 가액의 한도에서 운송의 비율에 따라 운임을 지급하여야 한다고 규정하고 있으므로, 운임지급의무가 아직 도래하지 않았더라도 항해용선자는 이에 행하여진 운송에 대한 운임을 지급하여야 한다. 반면에, 운임이 선급된 경우에는 선박소유자는 이미 행하여진 운송에 대한 운임을 공제한 금액을 용선자에게 반환하여야 할 것이다.

60) 박용섭, 정기용선, 159쪽.

61) Lloyd Royal v. Stathatos [1917] 34 T.L.R. 70.

62) Fibrosa v. Fairbairn [1943] A.C. 32 (H.L.).

63) Coghlin Terence, W. Baker Andrew, Kenny Julian and Kimball John D., *op. cit.*, p.490.

64) Law Reform (Frustrated Contracts) Act, 1943 제2조 제5항 (a)호.

65) Wilson John F., *op. cit.*, p.44.

(2) 영국 1943년 프러스트레이션법상의 효과

1) 입법 목적

이 법은 계약에 대한 약인의 전면적 불이행과 관련하여 보통법상 프러스트레이션 법리(doctrine of frustration)의 두 가지 문제점을 해결하기 위하여 제정한 법으로 계약당사자의 권리와 의무를 규율하는 법이다. 이 법의 기본적인 특징은 계약이 프러스트레이션으로 말미암아 해소될 때에 수반하는 위험을 법원 또는 중재원의 재량으로써 계약당사자에게 합리적으로 분담시키는 것이다.

2) 법원의 재량 범위

가. 선급하였거나 지급할 금전

계약이 해소되기 전에 계약이행상 일방당사자가 선급하였던 금전은 반환받아야 하고, 또 지급할 금전의 경우에 그 지급의무가 소멸한다. 다만 계약의 이행과정에서 또는 계약을 위하여 금전을 지급받았거나 혹은 지급받아야 할 상대방당사자가 비용을 부담하였을 경우에 법원은 그 상대방당사자에게 사정을 고려하여서 그 비용을 초과하지 않은 범위에서 지급받았거나 지급할 금전의 전부 또는 일부를 유보하거나 혹은 회수할 수 있게 허용할 수 있다.

나. 가치 있는 이익의 향유

일방당사자가 그 계약에 프러스트레이션이 발생하기 전에 상대방당사자가 실시한 계약의 이행과정에서 또는 그 계약을 위하여 이행한 일에 의하여 금전 이외의 가치 있는 이익을 받았을 경우에 그 법원은 그 일방당사자가 향유하는 가치 있는 이익을 초과하지 않는 범위 안에서 그때의 사정을 고려하여 정당하다고 생각한 바의 금전을 지급하도록 재량권을 행사하여 결정할 수 있다. 일방당사자가, 상대방당사자가 지출한 계약이행의 비용으로 말미암아 일정한 이익을 향유하면서도, 프러스트레이션을 이유로 그 상대방당사자에게 반대급부를 지급하지 아니하는 것은 부당이득을 취하는 것으로서 형평의 원칙에 벗어나는 행위이다. 이 규정은 이 부당이득을 방지하는 데 입법취지가 있다.

다. 분리 가능한 계약

법원은 계약의 일부가 프러스트레이션이 발생하기 전에 이미 완성되었고, 또 그 부분이 계약의 이행이 불가능한 부분과 분리가 가능하고, 또 완성된 부분을 마치 별개의 독립된 계약으로 분리할 것을 결정한 경우에는 분리된 부분은 프러스트레이션이 발생하지 아니한 계약으로 취급하여야 한다. 이 규정은 계약내용의 일부가 완성되었고 그 완성부분이 전체 계약 내용에서 분리된 계약으로 법원이 판단한 경우에 적용한다. 이 규정은 법원의 조정적 재량권으로써 거래의 안정과 균형을 유지하여 상거래에서 형평의 원칙을 실행시키는 데 입법취지를 두고 있다.[66]

(3) 입증책임

프러스트레이션의 입증책임은 계약법상의 일반적인 입증책임과 같이 프러스트레이션의 이익을 주장하는 쪽에서 부담한다.

Kingswood호 사건[67]에서 원고 선박소유자 Joseph Constantine사와 피고 Imperial Smelting사는 1936년 8월 5일에 남호주 Pirie 항에서 철광석을 선적하여 유럽까지 운송하는 Kingswood호에 대한 항해용선계약을 체결하였다. 원고 선박소유자는 "보일러에 발생한 폭발이 선박소유자의 과실에 의하여 발생하였다는 입증책임은 손해배상을 청구하는 피고에게 있다. 그러나 피고는 선박소유자의 과실을 입증하지 못하였으므로, 항해용선계약은 프러스트레이션이 되었다."라고 주장하였다. 피고는 "선박소유자는 선박을 선적항에 선적하기 위해 접안시킬 의무가 있으므로 보일러 폭발 사건에 과실이 없다는 입증책임은 선박소유자에게 있다."라고 주장하였다. 중재인은 "과실의 입증책임은 프러스트레이션을 주장하는 자에게 있다."라고 판정하였다. 그러나 1심 법원 Atkinson판사는 "과실의 입증책임은 손해배상을 청구하는 피고에게 있다."라고 판시하였고, 다시 항소법원(Scott판사, Rolld판사와 Goddard판사)은 다시 중재인의 판정을 지지하였다. 최종적으로 귀족원(Simon경, Maugham경, Russel of Killowen경, Wright경과 Porter경)은 "항해용선자가 그 폭발이 선박소유자의 과실에 기인한 것임을 입증할 수 없기 때문에 계약이 프러스트레이션이 되었다는 선박소유자의 주장은 인정된다."라고 판시하면서 다시 1심 법원 Atkinson판사의 판결을 확인·지지하였다. 계약의 이행불능이 상대방당사자의 과실 때문에 발생하였다고 주장할 경우에는 그 과실을 주장한 쪽에서 상대방의 과실을 입증할 책임이 있다. 이 경우에 있어서 만일 상대방당사자의 과실을 입증하지 못하면 프러스트레이션 법리(doctrine of frustration)를 적용함은 물론이다.

66) 김진권, 프러스트레이션, 248-251쪽.
67) Joseph Constantine SS Line v. Imperial Smelting Corp Ltd. [1942] A.C. 154.

제 3 절 유류가격의 급등에 관한 프러스트레이션의 적용

Ⅰ. 서 언

선박소유자는 선박의 유지·관리를 위한 비용 및 연료비, 항비, 하역인부비용, 던니지 비용, 도선사, 예선비용 등의 선박의 운항에 필요한 운항비를 부담하면서 운송물을 운송하여 운임수익을 얻는다. 선박소유자가 연속항해용선계약이나 장기항해용선계약에서 운임이 결정되어 있는 상황에서 최근과같이 유류가격이 급등한다면 운항비용이 증가하여 많은 손실을 입게 될 것이다.

선박소유자는 운항원가 중 중요한 유류가격이 급격히 변화하는 것을 대비하기 위하여 유류가격변동의 일정부분을 용선자에게 부담시키고자 용선계약을 체결할 때 용선계약서에 유류조정약관(bunker escalation/de-escalation clause)[68]을 규정한다. 유류조정약관은 기준유류가격을 정해놓고 유류가격이 미화 1불 변동하는 데 따라서 운임이 유류할증료(bunker adjustment factor)[69]에 의하여 상승 또는 하락하도록 규정되어 있다.[70] 그러나 유류할증료가 적어서 유류가격의 변동폭을 운임에 충분하게 반영하지 못하거나, 유가변동의 위험을 감수하고 유류조정약관이 없이 연속항해용선계약이나 장기항해용선계약을 체결하였을 경우가 문제가 된다.

최근에 선박소유자는 예견하지 못했던 국제유류가격의 급격한 상승으로 매우 어려움을 겪었다. 선박은 주로 MFO[71]와 MDO[72]를 연료로 하여 운항되는데 MFO와 MDO의 국제

68) 항해용선계약에서 계약기간 동안 유가의 인상으로 선박소유자가 계약서에 기재된 유가보다 많이 또는 적게 지급했을 경우, 추후에 용선자로부터 추가유류대금의 환불 또는 부담을 허용하는 약관을 말한다.

69) 해상화물운임 할증의 하나로서 bunker surcharge라고도 한다. 중동 산유국들의 석유무기화로 가장 큰 타격을 입고 있는 산업이 바로 외항해운업이라고 할 수 있는데, 즉 유가상승은 선박의 운항비에 직접 영향을 미치게 된다. 정기선사들이 운임을 산정할 시에는 예상치 않았던 유가가 갑작스레 인상되는 경우, 상승하는 운항원가를 보전하기 위해 적하이해관계인에게 부과하는 추가할증료이다.

70) 참고로 실무상 사용되고 있는 문구의 예를 들면 다음과 같다.
If Platts oilgram bunkerwire mean price of IFO 180 CST at Singapore, effective on the date of 20 days prior to the Bill of Lading date, is above USD 160.00 or below USD 120.00 per metric ton, the freight rate shall be increased or respectively decreased by USD 0.015 per metric ton in proportion to the change of the price. If no Platts oilgram bunkerwire is published on the date of 20 days prior to the B/L date, then the next published Platts oilgram bunkerwire shall be applied.

71) MFO(Fuel Oil): 선박엔진의 연료로서 사용된다. 선박용 엔진은 크기 및 종류, 제원 등이 매우 다양하여 여러 가지

유류가격[73]을 보면 알 수 있듯이 2007년 1월 5일에 MFO는 미화 278불/톤, MDO는 미화 501불/톤이었으나 2008년 7월 4일에는 MFO는 미화 732.50불/톤, MDO는 미화 1,363불/톤까지 2배 이상 급등한 것을 알 수 있다. 또한 향후, 유류가격이 다시 하락할 것인지, 보다 상승할 것인지는 누구도 예측할 수 없다. 만약, 선박소유자가 유류가격이 상승하기 이전인 2007년도 1사분기 이전에 1년 이상의 장기항해용선계약이나 연속항해용선계약을 체결하였다면, 급등한 유류가격으로 인하여 운항상 많은 손실을 보게 된다. 이러한 상황에서, 선박소유자는 장기항해용선계약이나 연속항해용선계약을 체결한 시점에서 유류가격이 2배 이상 급등할 것을 예측할 수 없었기 때문에 계약을 소멸시킬 수 있는지, 아니면 계속 계약이행을 하여야 하는지의 여부가 문제이다. 앞서 검토한 영미법에서의 프러스트레이션의 법리를 참조하여 유류가격의 급등으로 인한 용선계약 하에서의 프러스트레이션에 관하여 검토한다.

점도등급의 해상용 연료를 제조 공급하고 있다. MFO등급의 나중에 쓰이는 숫자에는 50℃에서의 최대허용 점도수치(cst)를 나타낸다. 이러한 해상용 연료의 품질은 통상 점도로서만 규정해 왔으나, 세계적으로 각종 분해공성으로부터 얻어지는 품질이 낮은 연료의 공급 추세가 증가함에 따라 영국규격협회 및 국제표준화기구(ISO: International Organization for Standardization) 등에서 주최가 되어 국제적으로 통용될 수 있는 품질규격을 각 등급별로 선정해 놓고 있다.

72) MDO(Diesel Oil): 점도 규격 100℉(37.8℃)에서 6센티스토크(cst)이하로 그 품질을 규정하고 있으며, 국제적으로 통용되는 MDO에 맞는 선박용 연료제품이다.

73) Bunker Price ($ / Tonne, Singapore)

Date	380cst bunker price MFO	380cst bunker price MDO
2007. 1. 5	278.00	501.00
2007. 2. 2	300.50	521.00
2007. 3. 2	299.00	532.00
2007. 4. 6	338.50	568.00
2007. 5. 4	348.50	591.00
2007. 6. 1	325.00	598.00
2007. 7. 6	369.50	607.00
2007. 8. 3	393.00	639.00
2007. 9. 7	384.00	642.00
2007. 10. 5	401.00	686.00
2007. 11. 2	503.50	775.00
2007. 12. 7	458.50	756.00
2008. 1. 4	503.00	797.50
2008. 2. 1	466.00	772.00
2008. 3. 7	488.00	909.00
2008. 4. 4	502.00	995.00
2008. 5. 2	527.00	1,071.00
2008. 6. 6	579.50	1,186.00
2008. 7. 4	732.50	1,363.00
2008. 8. 1	713.50	1,159.00
2008. 9. 5	667.50	969.00

BIMCO Bunker Price Adjustment Clause

This Contract is concluded on the basis of a bunker price of USD _____ per metric ton for _____ oil* of _____ grade. If the bunker price per metric ton at _____** on the first day of loading is higher than USD _____ or lower than USD _____, any amount in excess of such increase or decrease shall be payable to Owners or Charterers as the case may be. The agreed bunker consumption for each voyage is as follows: _____

* Indicate whether gas oil, diesel or fuel oil.

** Port or place (supplier or published index) to be agreed between the parties.

BIMCO 연료가격조정약관

본 계약서는 ㅇㅇ 등급의 ㅇㅇ 유*에 대해 톤당 미국달러 ㅇㅇ불의 가격에 기초하여 체결된다. 만약 선적의 개시일에 ㅇㅇ**에서 톤당 연료가격이 미국달러 ㅇㅇ불보다 높거나 미국달러 ㅇㅇ불보다 낮을 경우, 그때의 경우에 따라서, 그러한 인상 또는 인하를 초과한 금액은 선박소유자 또는 용선자에게 지급되어야 한다.

각 항해에 대해 합의된 연료소모량은 다음과 같다:

* 가스유인지 아니면 경유인지 아니면 중유인지를 표시하라.

** 당사자들 사이에 합의된 항구 혹은 장소

Ⅱ. 검　　토

유류가격의 급등으로 용선계약 하에서 프러스트레이션이 성립하는지 여부를 알아보기 위하여 앞서 살펴본 성립요건을 검토한다. 유류가격의 급등은 후발적으로 발생하였고, 용선계약에 프러스트레이션에 관한 규정이 없으며, 계약당사자의 귀책사유가 없이 발생한 것에 대하여는 의문이 없다. 그러나 계약당사자가 계약체결 시 프러스트레이션 사유의 발생을 예측할 수 없었는지, 또한 이행이 불가능하거나 상업적으로 실행이 불가능한지의 여부를 판단하기 위하여 영미판례를 검토한다.

1. 예측 가능성

계약당사자가 프러스트레이션 사유의 발생을 예측할 수 없는 경우와 예측할 수 있는 경우를 나누어 검토한다.

예측할 수 없는 경우를 살펴보면, Krouprinzessin Cecilie호 사건[74]에서 1914년 7월 27일에 Krouprinzessin Cecilie호는 뉴욕 항에서 금을 선적한 후 Plymouth 항과 Cherbourg 항에서 인도해주기 위하여 7월 28일에 선적항을 출항하였다. 항해 도중 1914년 7월 31일에 독일이 전쟁을 선포하자 선장은 선적항인 뉴욕 항으로 다시 돌아왔다. 1심 지방법원은 선박소유자에게 승소판결을 하였다. 항소법원(Dodge판사와 Bingham판사)은 1심 지방법원의 판결을 파기시켰다. 그러나 대법원은 "전쟁의 선포로 포획되는 위험을 당사자가 요구하지도 예측할 수도 없기 때문에, 선박소유자는 선박을 뉴욕 항으로 다시 반환할 수 있다."라고 판시하였다.

예측할 수 있는 경우를 살펴보면, Madeirense Do Brasil S/A v. Stulman-Emrick Lumber Co.사건[75]에서 매도인 Madeirence Do Brasil사와 매수인 Stulman-Emrick사는 1940년 10월에 재목(lumber)의 매매계약을 체결하였는데 선박수배의무는 매도인에게 있었다. 그러나 매도인은 선박의 부족으로 선박을 수배할 수 없어서 매매계약을 이행할 수 없었다. 매도인은 운송할 선박을 수배할 수 없었으므로 이는 불가항력에 해당한다며 프러스트레이션을 주장하였다. 매수인은 계약이행위반으로 손해배상을 청구하였다. 1심 지방법원은 매수인의 주장을 인정하였다. 항소법원(Swan판사, Clark판사와 Frank판사)은 "매매계약의 체결 시 선박의 부족은 예측할 수 있었으므로 매도인이 선박을 수배할 수 없는 것이 프러스트레이션에 해당한다는 주장은 인정할 수 없다."라고 판시하면서 1심 지방법원의 판결을 확인 · 지지하였다.

United States v. Buffalo Coal Mining Co. 사건[76]에서 Buffalo사는 미국정부와 광산 재건사업에 관하여 계약을 체결하였으나 터널공사가 예상보다 어려워 프러스트레이션을 주장하면서 책임을 부인하였다. 1심 지방법원 Walter H. Hodge판사는 "본 사건은 프러스트레이션에 해당하지 않으므로 광산업자가 책임을 져야 한다."라고 판시하였다. 항소법원(Chambers판사, Merrill판사와 Koelsch판사)은 "전혀 예측할 수 없는 원인에 의하여 계약의 목적을 달성할 수 없게 되지 않는 한 계약은 프러스트레이션이 아니다. 예측가능성의 기준도 주관적인 것이 아니라 객관적인 것이다. 터널공사가 예측보다 어려웠지만 이는 광산사업자

74) The Krouprinzessin Cecilie, 244 U.S. 12, 22 [1917].
75) Madeirense Do Brasil S/A v. Stulman-Emrick Lumber Co., 147 F.2d 399 (2d Cir.), *cert. denied* 325 U.S. 861 [1945].
76) United States v. Buffalo Coal Mining Co., 345 F.2d 517, 518 (9th Cir. 1965).

제1편 제2편 제3편 제4편 제5편 제6편 제7편 제8편

가 져야 할 위험의 범주에 포함되므로 광산업자는 책임을 져야 한다."라고 1심 지방법원의 판결을 확인 · 지지하였다.

또한 Poznan호 사건[77]에서 정기용선자 Acme사는 Poznan호를 선박소유자 PANC사로부터 1920년 9월 6일에 정기용선하여 뉴욕 항에서 아바나 항으로 화물을 운송하는 운송계약을 적하이해관계인과 체결하였다. 선박은 1920년 10월 8일에 양하항인 아바나 항에 도착하였으나, 체선이 심하여 선박소유자는 선박을 뉴욕 항으로 다시 회항시켰다. 적하이해관계인은 화물을 인도하지 않은 데 대하여 Poznan호에 대물소송(action in rem)을 그리고 선박소유자와 정기용선자에게 대인소송(action in personam)을 제기하였다. 선박소유자는 "양항인 아바나 항에서 체선으로 인하여 접안할 부두를 6주 동안 수배할 수 없었으므로 본 계약은 프러스트레이션이 되었다."라고 주장하였다. 1심 지방법원 Learned Hand판사는 "10월 및 11월에 발생한 아바나 항에서의 체선은 계약체결 시 예측할 수 있었으므로 프러스트레이션이 아니다."라고 판시하였다.

영미판례를 검토해 본 결과 대부분의 판례에서 예측할 수 없는 사건이 발생한 경우 프러스트레이션이 성립하는 것으로 판시해 왔다.

2. 상업적 실행가능성

채무의 내용 및 성질변경과 관련된 Cameron-Hawn v. Albany사건과 David v. Fareham사건을 검토한다.

Cameron-Hawn v. Albany사건[78]에서 원고 Cameron-Hawn사와 피고 Albany사는 1905년 4월에 포장도로의 건설 및 유지에 관한 계약을 체결하였다. 본 계약에 의하면 원고는 포장도로를 건설한 후 10년간 유지보수를 하도록 되어 있었는데, 보증금조로 피고는 계약금액의 5%를 2년 동안 보유하도록 되어 있었다. 원고는 "계약에 의하여 포장도로를 건설하였고 2년이 경과되었으므로 피고는 보유하고 있는 5%의 잔금을 반환하여야 한다."라고 주장하였다. 피고는 "포장도로의 유지보수에 5% 이상의 금액이 요구되므로 5%의 잔금은 반환할 수 없다."라고 주장하였다. 1심 지방법원은 원고의 주장을 인정하였으나 항소법원 다수의 판사(Chester판사, Kellogg판사와 Cochrane판사는 찬성, Smith판사와 Sewell판사는 반대)는

77) The Poznan, 276 F. 418, 425 (S.D.N.Y. 1921).
78) Cameron-Hawn Realty Co. v. City of Albany, 207 N.Y. 377, 101 N.E. 162 [1913].

"계약은 그 이행이 어렵거나 가능성이 없더라도 계약의 내용대로 준수되어야 한다. 따라서 피고는 포장도로가 유지, 보수되는 데 비용이 요구되므로 유지보수비의 보증금조로 보유하고 있는 5%의 잔액을 원고에게 반환할 의무가 없다."라고 판시하면서 1심 법원의 판결을 파기하였다.

David v. Fareham사건[79]에서 계약당사자는 1946년 7월 9일에 78동의 가옥을 건축하는 계약을 체결하였다. David사는 1946년 3월 18일에 "건축계약의 가격은 필요 시 노무자의 수배가 가능하다는 조건이다."라고 Fareham UDC에게 서신을 보냈다. 공사가 시작된 후 당사자의 과실 없이 예기치 않았던 노무자의 부족 때문에 8개월에 완공할 예정이 22개월 걸렸고, 추가비용이 발생하였다. David사는 원래의 "건축계약은 노무자의 수배가 가능한 조건으로 체결되었는데 노무자의 수배가 어려워서 공사기간이 연장되었으므로 계약은 프러스트레이션이 되었다. 따라서 피고는 실제로 발생한 이행상당금액(£94,424 7s. 9d.)의 손해배상을 하여야 한다."라고 주장하였다. Fareham UDC는 "1946년 3월 18일자 서신은 계약내용으로 간주될 수 없으므로 David사는 계약을 준수하여야 한다."라고 주장하였다. 중재인 Mr. Lawson Scott-White와 1심 법원 Goddard판사는 원고 David사에게 각기 승소판정 및 승소판결을 하였다. 그러나 항소법원(Denning판사, Morris판사와 Parker판사)은 피고 Fareham UDC에게 승소판결을 내렸고 귀족원(Simonds경, Morton of Henryton경, Reid경, Radcliffe경과 Somervell of Harrow경)은 "프러스트레이션이 적용되기 위하여 예상치 않았던 사정이 발생하여 계약이행이 지체된 것만으로는 부족하고 그러한 사정이 채무의 본질을 변질시킴으로써 원래의 계약을 이행케 하는 것이 계약체결 시 생각하였던 계약의 이행과는 근본적으로 다른 것이 되는 경우이어야 한다. 따라서 본 사건에서 노무자의 부족으로 인하여 공사기간이 연장되었다는 이유만으로는 계약이 소멸하지 않는다. 또한 1946년 3월 18일자 서신은 협상과정에서 해당하는 문서일 뿐, 계약의 일부가 될 수 없다."라고 판시하면서 원고의 주장을 배척하였다.

해운시황의 급등락과 관련된 Siboen호/Sibotre호 사건[80]에서 피고 선박소유자(Skibs A/S Avanti, Skibs A/S Glarona and Skibs A/S Navalis)와 원고 정기용선자 OWIC사는 1970년 8월 3일에 톤당 미화 4.40불/월의 용선료로 3년 동안 유조선 Sibotre호에 대한 정기용선계약을 체결하였다. 1970년 8월 정기용선계약의 체결 시 유조선 시황은 강세였으나 1970년

79) Davis Contractors v. Fareham U.D.C. [1956] A.C. 696.
80) Occidental World Wide Investment Corporation v. Skibs A/S Avanti [1976] 1 Lloyd's Rep. 293 (Q.B.).

10월에는 290이었던 Word Scale이 30으로 추락하였다. 그러나 1973년 여름에는 다시 430으로 반등하여 초강세를 유지하였다. 1971년 가을 시황이 하락하자 정기용선자는 허위로 "만약 리비아에서 석유공급이 중단된다면 본 정기용선계약은 프러스트레이션이 되어 정기용선자는 계약이행의 의무가 없다."라고 용선계약의 프러스트레이션을 주장하면서 용선료를 1972년 4월 1일부터 미화 3.95불/월로 재협상하여 추가계약(addendum)을 체결하였다. 선박소유자는 "추가계약은 정기용선자의 허위 · 기만으로 체결되었으므로 무효이다. 따라서 정기용선자는 1972년 4월 1일부터 미화 4.40불과 미화 3.95불의 차이에 해당하는 용선료를 추가로 지급하여야 한다."라고 주장하였다. 선박소유자는 1973년 5월 7일과 14일에 각각 선박을 회수하였다. 원고 정기용선자는 "선박소유자가 선박을 부당하게 회수하였으므로, 선박회수 후에 강세 시황에서 발생된 수익손실에 대하여 손해배상을 하여야 한다."라고 주장하였다. 피고 선박소유자는 정기용선자가 허위 · 기만 등으로 용선료를 재협상하여 저렴한 요율로 추가합의계약을 체결하였으므로 발생한 손해 즉 계약상 용선료(미화 4.40불)와 1972년 4월 1일부터 적용된 추가합의된 용선료(미화 3.95불)와의 차이에 대하여 손해배상을 청구하였다. 1심 법원 Kerr판사는 "본 사건은 프러스트레이션에 해당하지 않으므로 추가계약은 무효이다. 그러나 또한 정기용선자의 허위진술과 기만은 강압의 정도에는 해당하지 않으므로 선박소유자는 선박을 회수할 수 없다. 따라서 선박소유자는 원래의 용선료인 미화 4.40불을 기준으로 산정된 수익손실을 정기용선자에게 배상하여야 한다."라고 판시하였다. 또한 "정기용선자는 시황이 폭락하여 입은 수익손실에 대하여, 반대의 경우에 시황이 폭등할 수도 있기 때문에, 프러스트레이션을 주장할 수 없다."라고 설시하였다.

수에즈 운하가 폐쇄된 경우에 대하여 Eugenia호 사건, Christos호 사건과 Washington Trader호 사건을 검토한다.

Eugenia호 사건[81]에서 선박소유자 OTTC(Ocean Tramp Tankers Corporation)사와 정기용선자 Sovfracht사는 1956년 9월 9일에 제노아 항에서 흑해를 경유하여 인도로 항해하는 Eugenia호에 대한 정기용선계약을 체결하였다. 선박은 Port Said 항에서 양하하기 위하여 철제제품을 흑해에서 선적하였다. 정기용선자가 선박을 수에즈 운하를 통과하여 운항하고자 하였으므로, 1956년 10월 30일에 선박소유자는 정기용선자의 대리점을 통하여 정기용선자가 선박을 전쟁위험지역에 해당하는 Port Said 항과 수에즈 운하를 통과하여 운항하지

81) Ocean Tramp Tankers Corp. v. V/O Sovfracht – the Eugenia [1963] 2 Lloyd's Rep. 381; [1964] 2 Q.B. 226; [1964] 2 W.L.R. 114; [1964] 1 All E.R. 161.(C.A.); reversing [1963] 2 Lloyd's Rep. 155 (Q.B.).

않도록 요청하였다. 그러나 정기용선자는 1956년 10월 31일에 선박을 수에즈 운하를 통과하여 운항하도록 지시하였고, 같은 날 이집트 정부는 수에즈 운하를 폐쇄하여 선박을 1957년 1월까지 억류하였다. 정기용선자는 "수에즈 운하가 폐쇄되어 선박이 억류되었으므로 프러스트레이션에 해당한다."라고 주장하였다. 반면에, 선박소유자는 "선박이 수에즈 운하에서 억류된 것은 프러스트레이션이 아니라, 「선박소유자의 동의 없이는 선박을 전쟁위험지역에 운항시킬 수 없다.」라는 정기용선계약을 정기용선자가 위반한 것이다."라고 주장하였다. 중재인 T.G. Roche가 제기한 「수에즈 운하의 폐쇄로 정기용선계약은 프러스트레이션에 해당되는가.」의 문제에 대하여, 1심 법원 Megaw판사는 프러스트레이션에 해당된다고 하였으나, 항소법원(Denning판사, Donovan판사와 Danckwerts판사)은 "정기용선자가 선박을 수에즈 운하를 통과하여 운항시킨 것은 전쟁위험지역에 관한 정기용선계약을 위반한 것이다. 선박이 억류된 것은 정기용선자의 과실에 의한 것이므로 프러스트레이션에 해당하지 않는다. 선박이 수에즈 운하 대신에 희망봉을 경유하여 항해를 이행할 수 있음에도 불구하고, 비용이 더 들고 항해기간이 연장된다는 이유로 선박을 수에즈 운하를 통과하여 운항하도록 지시한 것은 프러스트레이션에 해당하지 않는다."라고 판시하였다.

Christos호 사건[82]에서 관리선박소유자 TFC사와 미국정부는 곡물을 Galveston 항에서 선적하여 Bandar Shapur 항에서 양하하는 Christos호에 대한 항해용선계약을 체결하였다. 1956년 10월 29일에 이스라엘이 이집트를 침공하자 1956년 11월 2일에 이집트정부는 수에즈 운하를 폐쇄하였다. TFC사는 희망봉을 경유하여 Bandar Shapur 항에 1956년 12월 30일에 도착하였다. TFC사는 수에즈 운하가 폐쇄되어 용선계약은 프러스트레이션이 되었으므로 발생한 추가비용에 대하여 소를 제기하였다. 1심 지방법원 Howard F.Corcoran판사는 원고의 소송을 기각하였다. 항소법원(Danaher판사, Wright판사와 Mcgowan판사)은 "프러스트레이션이 성립되려면 첫째 계약체결 시 예측이 가능하지 않고, 둘째 계약서에 언급되지 않고, 셋째 상업상 실행불능에 해당하여야 한다. 본 사건은 상업상 실행불능하지 않으므로 프러스트레이션에 해당하지 않는다."라고 판시하면서 1심 지방법원의 판결을 지지하였다.

Washington Trader호 사건[83]에서 선박소유자 American Trading사와 항해용선자 Shell사는 1967년 3월 23일에 Texas 항에서 lube oil을 선적하여 Bombay 항에서 양하하는 Washington Trader호에 대한 항해용선계약을 체결하였다. 그러나 중동에서 발발한 전쟁으

82) Transatlantic Financing Corp. v. United States, 363 F.312, 1966 A.M.C 1717 (D.C. Cir. 1966).
83) American Trading & Production Corporation v. Shell International Marine Ltd., 453 F.2d 939 (3d Cir. 1972).

로 인하여 수에즈 운하가 폐쇄되었다. 선박소유자는 아프리카 희망봉을 경유하여 항해하였다. 선박소유자는 수에즈 운하의 폐쇄로 인하여 항해용선계약은 프러스트레이션이 되었으므로 발생한 추가비용 미화 131,978.44불의 손해배상을 항해용선자에게 청구하였다. 1심 지방법원 Harold판사는 소를 기각하였다. 항소법원(Smith판사, Kaufman판사와 Mulligan판사)은 "항해용선계약서에는 특정 항로가 명시되어 있지 않으므로 수에즈 운하를 통하여 운항하는 것이 조건을 형성하지 않으므로 상업적 실행불능(commercial impracticability)에 해당하지 않는다. 따라서 선박소유자는 수에즈 운하의 폐쇄로 발생한 추가비용(미화 131,978.44불)을 구상 받을 수 없다. 왜냐하면 추가비용이 프러스트레이션에 해당하려면 그 비용이 매우 과다하고 비합리적이어야 하는데 본 사건에서는 운임의 33%에 불과하기 때문이다."라고 판시하면서 1심 지방법원의 판결을 지지하였다. 그러나 만약 용선계약서에 특정 항로가 명시되어 있거나[84] 화물이 부패할 우려가 있어 기간이 오래 걸리는 다른 항로를 운송될 수 없는 경우에는 프러스트레이션이 성립되는 경우도 있다.

물가의 상승 및 화폐가치의 하락은 각국(특히 제1차 세계대전 이후의 독일)에서 전후의 인플레이션 아래 「사정변경의 원칙」이 적용되어야 하는 경우로서, 더욱 문제가 되었던 것이다. 경제상태가 안정되어 큰 인플레이션을 경험하지 못한 영국에는 이 문제를 직접 다룬 판례가 없는 듯하다. 단지 독일 마르크로 지급되어야 할 생명보험계약의 피보험자가 1922년 사망한 경우, 독일판례에 따라서 증액하는 것을 부인한 Anderson v. Equitable Assurance Society of the United States 사건(1926)으로 미루어, 영국에서는 이와 같은 경우에 프러스트레이션의 원칙을 적용하지 않는 것으로 보이고 있다.[85]

BIMCO Currency Clause

It is mutually agreed that the monthly hire due under Clause ○○ is based upon the mean of the present Bank of England's selling and buying rate for the U.S. dollar, viz: $ ○○ to the Pound Sterling. Should this mean rate fluctuate it is understood and agreed that the Sterling hire payments shall be adjusted upwards or downwards and the amount actually payable in Sterling shall be the hire calculated at the agreed rate in Sterling of ○○ multiplied by $ ○○ and divided by the new mean rate in force on the due date of payment.

84) The Massalia [1960] 1 Lloyd's Rep. 594.
85) 한국해사문제연구소 편, 배병태 감수, 앞의 책, 157쪽.

BIMCO 통화약관

○○조항에 의해 지급되어야 하는 월 용선료는 미화 ○○불에 대한 현행 영국은행의 매도비율과 매수비율의 평균에 의거하기로 상호 합의된다. 이러한 평균비율이 변동할 경우, 영국파운드 용선료 지급액은 상향 혹은 하향 조정되고, 영국파운드로 실제로 지급하여야 할 금액은 미화 ○○불에 의해 곱해지고, 지급만기일에 유효한 새로운 평균비율에 의해 나누어진 ○○의 영국파운드로 합의된 비율에 의해 계산된 용선료로 하기로 양해되고 합의된다.

3. 소 결

문제의 제기에서 언급된 유류가격의 급등으로 이미 연속항해용선계약이나 장기항해용선계약을 체결한 선박소유자는 화물의 운송비용이 증가되어 많은 손해를 보게 되었다. 이러한 경우에 유류가격의 급등은 용선계약의 체결 시 당사자가 예측할 수 없었으므로 용선계약은 프러스트레이션이 되어 선박소유자는 용선계약의 이행을 거부할 수 있는가에 대하여 검토한다.

"유류가격의 급등은 프러스트레이션을 성립한다."는 견해에 의하면, "유류의 급등은 첫째, 계약체결 시 당사자가 유류가격의 급등을 예측할 수 없었고 둘째, 2배의 유류가격의 급등은 그 정도가 매우 과다하거나 비합리적이여서 상업상 실행이 불가능하다. 따라서 선박소유자는 유류가격의 급등으로 추가적인 비용을 일방적으로 부담하게 되어 많은 손실을 보게 되므로, 프러스트레이션이 성립되어 계약은 종료되고 프러스트레이션 이후의 책임을 지지 않는다."라고 한다.

그러나 필자의 견해이기도 한 "유류가격의 급등은 프러스트레이션을 성립시키지 않는다."라는 견해에 대하여 설명한다. 영미판례를 분석하여 Cameron-Hawn v. Albany사건에서는 계약은 그 이행이 어렵거나 가능성이 없더라도 계약의 내용대로 준수되어야 한다는 것을 검토하였다. David v. Fareham사건에서는 프러스트레이션이 적용되기 위하여 예측하지 않았던 사정이 발생하여 계약이행이 지체된 것만으로는 부족하고, 그러한 사정이 채무의 본질을 변질시킴으로써 원래의 계약을 이행케 하는 것이 계약체결 시 생각하였던 계약의 이행과는 근본적으로 다른 것이 되는 경우이어야 한다는 것을 검토하였다. 해운시황의 급등락과 관련된 Siboen호/Sibotre호 사건에서 정기용선자는 시황이 폭락하여 입은 수익손실에 대하여, 반대의 경우에 시황이 폭등할 수도 있기 때문에, 프러스트레이션을 주장할 수 없다는 것을 검토하였다. 수에즈 운하가 폐쇄된 경우에 대하여 법원은 Eugenia호 사건에서는 "선박이 수에즈 운하 대신에 희망봉을 경유하여 항해를 이행할 수 있음에도 불구하고, 비용이 더 들고 항해기간이 연장된다는 이유로 선박을 수에즈 운하를 통과하여 운항하도록 지시한 것은 프러스트레이션에 해당하지 않는다."라고 판시했다. 그리고 Christos호 사건에서는 "프러스트레이션이 성립되려면 첫째 계약체결 시 예측할 수 없고, 둘째 계약서에 언급되지 않고, 셋째 상업상 실행불능에 해당하여야 한다. 본 사건은 상업상 실행불능에 해당하지 않으므로 프러스트레이션에 해당하지 않는다."라고 판시했다. Washington Trader호 사건에서는 "항해용선계약서에 특정 항로가 명시되어 있지 않으면 수에즈 운하를 통하여 운항하는 것이 조건을 형성하지 않으므로 수에즈 운하의 폐쇄로 발생한 추가비용이 매우 과다하고 비합리적이지 않아서 구상 받을 수 없다."라고 판시하였다. 결론적으로, 수에즈 운하의 폐쇄로 인하여 발생한 추가비용은 단지 이행이 불가능하지 않고, 선박소유자의 비용부담만 증가시킬 뿐이므로 프러스트레이션에 해당하지 않는다.

최근 해운업계는 2003년 3/4분기부터 시황이 급등하여 호황을 맞이하였다. 그러나 2008년 5월 20일을 정점으로 급락하여 현재는 어려움을 겪고 있다. 해운시황을 측정하는 기준으로 사용되고 있는 BDI는 2008년 5월 20일 11,793을 기록한 후 수직 하락하여 2008년 10월 27일에는 1,102를 기록하였다. 시황이 폭등한 때에는 선박을 소유하고 있는 선박소유자는 많은 이윤을 확보하지만 폭락한 경우에는 파산하는 회사도 나타나게 된다. 그러나 이와같이 시황의 변동 폭이 10배나 되어도 시황의 변동에 따른 손익의 변화는 계약당사자의 영업상의 위험에 해당할 뿐이지 프러스트레이션에 해당하는 원인이 되지 않는다. 유류가격은 1년여 만에 2배가 급등하였다. 유류가격은 선박소유자가 선박을 운항함에 있어 중요한 운항비용을 형성하고 있다. 운임은 운항비용의 증감에 따라 변동한다. 유류가격의 급락은 해운시황에서 운임의 급등락과 연계가 되어 있다. 현재 해운실무상 10배의 시황등락이 형성되는 상황에서 회사가 그 영업위험을 감당하지 못하여 파산하는 경우는 있으나, 프러스트레이션의 문제는 발생하지 않고 있다. 결론적으로, 영미법에서 비용증가의 경우는 일반적으로 프러스트레이션을 형성하지 않는다. 선박소유자의 입장에서 보면 유류가격이 급등하면 선박의 운항비용이 증가하여 추가비용을 부담하게 됨으로 손익구조가 나빠지나, 반대의 경우에 유류가격이 급락하면 선박의 운항비용이 감소하여 손익구조가 좋아지게 된다. 유류가격이 1년여 만에 1/2가격으로 급락하였다면 선박소유자는 유류가격이 절약된 만큼 이득을 보게 되므로, 반대로 2배 가격으로 상승하였다고 계약이 프러스트레이션에 해당한다면 합리적이지 않다. 또한 2배의 급등락은 10배의 시황변동폭을 감안할 때 Washington Trader호 사건에서 검토하였듯이 프러스트레이션을 형성하리만큼 그 비용이 매우 과다하거나 비합리적이지 못하다. 결론적으로, 해운시장에서 유류가격의 급등락은 계약당사자가 영업을 하는 데 항상 고려하여야 하고, 이전에 이미 발생된 적이 있기 때문에 계약체결 시 당사자가 예측할 수 있는 경우에 해당한다. 또한 유류가격의 급등은 채무의 본질을 변질시켜 계약체결 시 생각하였던 계약의 이행과 근본적으로 다른 경우에 해당하지 않는다. 그리고 선박소유자가 추가로 부담하여야 하는 비용이 매우 과다하거나 비합리적이지 않으며, 상업상 비용부담의 위험을 인수하였으므로 프러스트레이션을 형성하지 않는다. 결과적으로, 영국판례에서 검토한 것과같이 유류가격의 급등은 용선계약 하에서의 프러스트레이션을 성립시키지 않는다고 하겠다.

제 4 절 결　　어

영국에서는 불가항력에 의한 계약상 채무면책의 모든 것을 포괄하는 상위개념으로서 프러스트레이션이라는 말을 사용한다. 이와 유사한 제도로서 미국에서는 후발적 이행불능과 실행불능으로 구분되는 이행불능과 계약의 이행은 가능하지만 어떠한 사유로 인하여 계약의 목적이 전혀 가치가 없거나 거의 가치가 없게 된 경우에 적용되는 프러스트레이션이 있다. 영미법상의 이행불능은 계약이 법의 작용에 의하여 자동적으로 종료되는 것이다. 영미법의 경우에 당사자의 과실여부는 이행불능에 영향을 미치지 않는다.

용선계약 하에서의 프러스트레이션이란 용선선박의 멸실 · 행방불명 등 예측할 수 없는 사유가 발생하여 용선계약의 목적을 달성할 수 없는 경우에 그 용선계약은 소멸되며, 계약당사자는 계약이행의 채무를 면하는 것을 의미한다. 용선계약 하에서의 프러스트레이션은 당사자 사이의 계약위반에 기인하는 것이 아니라, 용선계약이 체결된 후, 다음의 성립요건을 갖추면 성립한다. 첫째, 계약당사자가 계약체결 시 프러스트레이션 사유의 발생을 예측할 수 없어야 한다. 둘째, 프러스트레이션이 후발적으로 발생하여야 한다. 셋째, 용선계약에 프러스트레이션에 관한 규정이 없어야 한다. 넷째, 용선계약의 이행이 불가능하거나 상업적으로 실행불가능하여야 한다. 마지막으로 계약당사자의 귀책사유가 없어야 한다.

용선계약이 프러스트레이션이 되면 용선계약은 법의 작용에 의하여 소멸되므로 양당사자는 더 이상의 계약이행을 하지 않아도 되나, 이행불능이 발생한 시점까지 용선계약은 유효하다.

최근에 과거 수년간 호황을 누리던 해운경기는 급속도록 악화된 세계경제의 영향으로 폭락하여 최악의 상태를 맞고 있다. 약 50-70여척의 벌크선대를 운항하던 우크라이나 오데사에 본사를 두고 있는 ICI(Industrial Carriers Inc.)는 최근 해운시황의 폭락으로 그리스 피레우스 법원에 파산신청서를 제출했다. 또한 브라질의 철광석 공급자(CVRD)와 중국 수입자 사이의 가격협상 결렬로 인하여 2008년 4사분기에 철광석 해상물량이 급격히 감소될 것으로 예측되므로, 중국제철소는 장기항해용선계약 하에서 이행하여야 하는 운송화물의 제공을 미루고 있다. 시황의 급등락은 Siben호/Sibotre호 사건에서 검토하였듯이 프러스트레이션을 형성하지 않고, 화물제공의 소실 및 지연은 Faro호 사건에서 검토하였듯이 프러스트레이션을 형성하지 않는다. 또한 유류가격의 급등은 계약체결이 당사자가 예측할 수 있고, 채무의 본질을 변질시켜 계약체결 시 생각하였던 계약의 이행과 근본적으로 다른 경우에 해당하지 않고, 선박소유자가 추가로 부담하여야 하는 비용이 매우 과다하거나 비합리적이지 않으므로 프러스트레이션을 형성하지 않는다.

이제까지 유류가격의 급등으로 추가된 비용 때문에 선박소유자가 용선계약은 프러스트레이션이 되었다고 주장할 수 없고, 당사자는 해운시황의 급등락을 원인으로 용선계약을 프러스트레이션이 되었다고 주장할 수 없다는 것을 검토하였다. 이와같이 유류가격의 급등 또는 해운시황의 급등락 등과같이 용선계약의 체결 시보다 급격히 변화된 상황에서 상대방이 프러스트레이션을 주장하여 책임을 면하고자 할 경우에 프러스트레이션의 성립여부를 판단하여 법적으로 대응할 수 있도록 용선계약 하에서의 프러스트레이션을 검토하였다.

Part 7

정기용선계약 하에서의 분쟁

1 분쟁의 개요

최근 중국의 급격한 성장으로 인한 물동량의 증가로 해운산업은 놀랄 만한 성장을 하였다. 우리나라 해운산업의 초기에, 해상운송은 주로 해운회사가 소유한 선박으로 화물을 운송하였으나, 최근에는 용선선박이 소유선박보다 규모가 더 크거나, 심지어 소유선박 없이 용선선박만으로 운항하는 해운회사도 등장하였다. 이와 같은 해운시장에서 용선 및 재용선에 대한 법적 분쟁이 증가하고 있다.

재용선의 계약조건은 대부분의 경우에 주용선계약에서 용선료 또는 운임을 제외하고 동일하거나 법적으로 크게 문제가 되지 않을 정도의 사소한 부분만이 수정된다. 따라서 용선자는 선박소유자에게 지급할 용선료 또는 운임과 자기가 재용선계약에 의하여 취득할 용선료 또는 운임과의 차액의 이득 또는 손해에만 이해관계를 가지게 된다. 최근에는 용선시장에 운임선도거래(Forward Freight Agreement)가 성행함에 따라, 상대적으로 용선료 또는 운임의 차액에 대한 거래인 재용선계약이 더욱 빈번하게 체결되고 있다.

이제까지 정기용선계약에서 빈번하게 발생하는 분쟁 가운데에서 용선계약의 체결과 성립, 용선계약의 당사자, 용선료 또는 정기용선자비용 등의 미지급, 선박의 속력과 연료소모량 유지, 인도지연에 대한 해제, 선박의 반선, 운송인의 확정 그리고 제3자 채권의 실행과 관련된 분쟁에 대하여 검토하였다. 그리고 이러한 분쟁이 발생하였으나 당사자의 책임이 면제되는 경우 등에 대하여 검토하였다.

용선계약은 협상과정에서 우선 주요사항이 합의된 후에 추가사항이 합의되면 체결된다. 그런데 용선시황이 급격하게 변동되었다면 일방당사자가 고의적으로 용선계약을 체결하지 않으려고 하기 때문에 주요사항이 합의된 상황에서 사소한 내용인데도 불구하고 추가사항을 합의하여 주지 않는 경우가 있다. 이때 상대방당사자는, 일방당사자의 주장이 합리적이지 않더라도, 용선시황의 상황에 따라서 추가사항에 대한 일방당사자의 주장을 승낙하고 용선계약을 체결한다. 또한 용선계약이 체결된 이후에 오랜 시간이 경과하였음에도 불구하고 아직 용신계약서가 작성되지 않있거나, 용신계약서는 작성되있으나 양당사자의 서명이 되지 않은 경우가 있다. 이와 관련하여 용선계약의 성립여부에 대하여 법률적으로 검토하였다.

용선시황의 폭등락 속에서 발생하고 있는 용선계약의 이행거절로 인한 많은 분쟁에서 손해배상책임을 지는 당사자를 확정하는 문제는 중요하다. 그러므로 용선계약 하에서 당사자의 확정기준에 대하여 검토하였다. 용선계약은 당사자 이외에 용선중개인 또는 대리점 등의 대리인에 의하여 체결되는 경우가 많으므로 대리인에 의한 용선계약의 체결에 대하여 살펴보았다. 일반적으로 용선계약서는 계약을 체결한 당사자가 직접 서명한다. 그러나 이외에 당사자로부터 권한을 수여받은 용선중개인 또는 대리점 등의 대리인이 서명하는 경우도 있다. 또한 당사자로부터 권한을 수여받지 않은 대리인이 용선계약서에 서명하는 경우도 있다. 따라서 대리인이 당사자를 구속하는 경우와 대리인이 당사자로서 책임을 지는 경우에 대하여 검토하였다. 또한 용선계약의 당사자와 대리인 이외의 이해관계인인 보증인, 선박의 매수인, 선박저당권자, 용선중개인과 회사의 이사와 주주에 대하여도 검토하였다.

정기용선계약에서 용선기간 동안 정기용선자는 선박소유자에게 선박을 사용하는 대가로 용선료를 정기용선계약에 따라 지급기일 내에 지급하는 것이 근본적인 의무이다. 그러나 정기용선자가 용선료의 지급의무를 제대로 이행하지 않은 경우에 합리적인 기간 안에 통지함으로써 선박소유자는 계약을 해제 또는 해지하고 선박을 회수할 수 있다. 정기용선계약에 있어서 시황용선료가 약정용선료보다 상승하면, 정기용선자가 용선료를 지급함에 있어 의무의 해태가 사소한 경우에도 선박소유자는 선박을 회수하고자 한다. 따라서 정기용선자는 용선료의 지급 시 지급정지 및 선박소유자비용 등의 손해배상금액을 공제하고자 할 경우에 선박소유자에게 선박을 회수할 수 있는 원인을 제공할 수 있으므로 정기용선자의 법적 지위를 검토하였다. 이러한 선박회수권을 연구하기 위하여 Li Hai호 사건을 검토하였다. 본 사건에서 법원은 "45차 용선료는 미지급되었으므로, 관행에도 불구하고 선박소유자는 선박을 회수할 수 있다."라고 선박소유자에게 유리한 판시를 하고 있으나, "선박소유자는 선박회수의 통지를 할 때 이미 공제된 예상되는 지급정지의 용선료에 대한 지급만을 주장하면서 원인에 대하여 명확한 언급이 없이 모호하게 기재된 통지서를 정기용선자에게 보냈다. 따라서 선박소유자는 금반언의 원칙에 의하여 선박을 회수할 수 없다."라고 판결하였다. 이는 선박소유자의 담당자가 선박회수를 통지할 때 그 원인이 예상되는 지급정지의 용선료와 급유취소비용 미화 500불이라는 것을 명시하였더라면 미화 2,036,211불의 손해배상청구의 소송에서 승소할 수 있었음에도 불구하고, 단지 선박회수의 원인을 통지서에 명확하게 기재하지 않았기 때문에 본 사건에서 패소하게 되었다. 본 사건은 실무담당자의 사소한 부주의로 인하여 발생되는 손해배상금액이 매우 클 수 있다는 측면에서 시사하는 바가 크다고 할 것이다.

정기용선계약에서 발생하는 당사자 사이의 분쟁으로 인하여 미지급된 용선료를 확보하는 수단으로, 선박소유자는 선박이 양항에 도착한 후 또는 양하작업 중에 선장에게 지시하여 선박의 선창덮개를 닫도록 하여 작업을 중지시키거나, 재용선자가 정기용선자에게 미지급한 재운임 또는 재용선료에 선박소유자리언을 행사한다. 그러나 이러한 선박소유자리언이 법률에 적합하게 이행되지 않았을 경우에 오히려 제3자로부터 손해배상을 제기 받을 수 있다. 이와같이 운송물을 선적한 후 운항 도중 정기용선자가 용선료의 지급의무를 제대로 이행하지 않은 경우에 선박소유자가 미지급된 용선료를 확보하기 위하여 계약당사자가 아닌 제3자가 정기용선자에게 지급하여야 되는 운임 또는 용선료에 대하여 합법적으로 질권을 설정할 수 있는가에 대한 의문이 생긴다. 정기용선계약에서의 운송물에 대한 선박소유자 유치권은 대부분 제3자가 소유한 경우이므로 행사하는 데 어려움이 있다. 따라서 정기용선계약에서는 운송물 이외에 운임 또는 용선료에도 리언을 허용한다.[1] 따라서 정기용선계약에서의 재운임 또는 재용선료에 대한 선박소유자리언의 합법성에 관하여 검토하였다.

최근에는 유류가격의 등락이 심하기 때문에 선박의 속력과 연료소모량의 증감은 운항수익에 매우 중요한 영향을 미친다. 선박소유자는 시황이 좋을 경우에 운항기간을 단축하기 위하여 최고속력으로 선박을 운항할 것이나, 시황이 나쁠 경우에는 운항기간의 단축보다는 연료비를 절감하기 위하여 경제속력 또는 느린 속력으로 선박을 운항할 것이다. 또한 최근에는 유류가격의 등락이 심하기 때문에, 정기용선자에게 가장 유리한 선박의 속력과 연료소모량을 선택하여 선박을 운항하게 된다. 그리고 정기용선계약에는 용선기간이 경과함에 따라, 어느 순간에 당사자는 선박의 속력과 연료소모량에 대한 분쟁에 직면하게 되는 경우가 빈번하다. 따라서 선박소유자가 정기용선계약서상 명시된 선박의 속력과 연료소모량에 대한 담보를 위반하였을 경우, 정기용선자는 이에 대하여 손해배상을 청구하거나 때로는 용선료를 다시 조정하기도 한다. 정기용선계약에서 선박의 속력 및 연료소모량과 관련한 분쟁은 매우 빈번하게 발생하고 있으나, 성질상 손해배상의 범위가 완벽하게 입증되기는 용이하지 않다. 따라서 관련 분쟁은 중재 또는 법원에서보다는 당사자 사이의 협상에 의하여 해결되는 경우가 많다. 선박의 속력과 연료소모량에 대한 분쟁이 발생하였을 경우에 손해배상청구의 가능성 및 청구범위에 대하여 연구하였다.

최근 용선시황의 급등락으로 선박이 해제일까지 인도가 되지 않은 경우, 용선자는 용

1) Davies Martin & Dickey Anthony, *op. cit.*, p.403.

선료나 운임이 하락하였기 때문에 선박의 인도를 거부하고 용선계약을 해제하는 경우가 많이 발생하고 있다. 이 경우에 용선자가 해제약관에 의하여 부여된 용선계약을 해제할 수 있는 선택권을 용선계약서의 규정에 따라 합법적으로 사용하였는가의 여부가 문제가 된다. 한편 선박의 인도가 지연될 것이라는 선박소유자의 통지에도 불구하고 용선자는 선박이 인도가 될 때까지 선택권을 행사할 여부에 대하여 결정할 의무가 없다. 왜냐하면 용선자는 해제일까지 기다려서 용선시황을 확인한 이후에 용선계약을 해제할 수 있는 선택권을 행사할 것인지 여부를 결정하고자 하기 때문이다.

선박소유자는 용선계약의 체결 시 도착예정시간을 정확하게 통보하여야 한다. 그리고 인도 또는 선적준비기일을 처음에는 넓게 정하였다가 기일이 가까워지면 일정 시기에 좁게 정하는 약관이 용선계약서에 규정되어 있는 경우, 선박소유자는 용선계약서의 규정에 따라 통보하여야 하는 날짜에 정확하게 의무를 이행하여야 한다. 왜냐하면 시간과 관련되는 조항은 경우에 따라서 담보 또는 조건의 성질을 가지므로, 선박소유자가 이와 관련하여 용선계약서를 위반하였다면 용선자는 용선계약을 해제하거나 손해배상을 청구할 수 있기 때문이다.

정기용선계약에서 해운실무상 가장 빈번하게 발생하는 분쟁 중 하나가 반선기일의 위반에 관한 분쟁이다. 현재 용선시장에서 형성되고 있는 정기용선계약의 일당 용선료는 매우 높은 수준으로, 시황의 등락이 심하여져서 상반되는 이해관계로 인하여 분쟁이 발생하면 그 분쟁금액은 매우 크다. 또한 소원성과 인과관계 및 손해배상금액을 검토하여 손해배상범위를 연구하였다. 정기용선계약상 반선기일의 위반으로 인한 손해배상의 책임문제에 관한 영국법과 영국판례의 입장을 연구하기 위하여 Achilleas호 사건을 검토하였다. 본 사건에서 정기용선자는 Achilleas호를 선박소유자로부터 정기용선하여 2004년 5월 2일까지 반선하기로 되어 있었다. 선박소유자가 정기용선자의 반선통지를 믿고 차기 정기용선자 Cargill사와 정기용선계약을 체결하였으나, 정기용선자가 선박을 반선기일보다 늦게 반선함으로써 차기 계약의 인도기일을 지키지 못하게 되었다. 당시 용선시황은 계약의 체결 시보다 하락하여 차기 정기용선자 Cargill사는 더 경쟁적인 용선료로 선박을 확보할 수 있었으므로, 차기 정기용선계약을 취소할 수 있었다. 결과적으로 일당 용선료를 미화 8,000불 낮게 하는 조건으로 인도기일을 연장하여 재계약이 체결되었다. 본 사건에서 항소법원은 "정기용선자가 반선기일을 위반하여 선박을 늦게 반선함으로써 이미 선박소유자가 제3자와 체결한 차기 정기용선계약이 취소된 경우 정기용선자는 취소된 차기 정기용선계약으로 인하여 발생한 수익손실에 대하여 책임을 져야 한다."라고 판시하였다. 그러나 귀족원은 "반선기일의 위반에 대하여 정기용선자는 차기 정기용선계약에 발생한 수익손실에 대하여 책임을 지지 않는다."라고 판시하면서 항소법원의 판결을 부인하였다. 본 판례의 연구는 반선기일의 위반과 손해배상 범위에 대한 최근 영국법원의 태도를 소개하는 데 의의를 두고자 한다.

선박소유자가 소유한 선박이 용선된 후에 용선자가 본 선박을 재용선하여 운송 중 화물이 손상되었거나 사고가 발생하였을 경우에 피해자는 선박소유자와 정기용선자 중 누구에게 손해배상을 청구할 것이냐의 문제가 발생한다. 이와 관련하여, 운송인의 확정에 대하여 검토하였다. 정기용선계약에서 운송 중에 발생한 적하손해 등을 포함한 제3자에 대하여 선박소유자와 정기용선자 가운데 어떤 당사자가 책임을 지는가의 여부에 대하여 검토하였다. 이제까지 논의되어 왔던 운송인의 확정에 대한 이론인 법적 성질, 선하증권과 디마이즈 약관(demise clause)과 관련하여 살펴보고 영국판례 Starsin호 사건을 검토하였다. 귀족원은 "정기용선자의 권한을 위임받은 대리점이 정기용선자의 서식에 서명한 점 등으로 미루어 보아 본 사건에서 선하증권에 의하여 계약상 책임을 지는 운송인은 정기용선자이다. 불법행위에 의하여 발생한 책임에 관하여 선박소유자는 정기용선자의 독립계약자가 되므로 선하증권 제5조 히말라야약관에 의하여 운송인의 면책사유에 해당되면 책임이 면제 또는 제한된다. 그러나 적부불량과 같이 주의의무의 위반으로 발생한 적하손해에 대한 책임은 헤이그-비스비규칙 제3조 제8항에 의하여 책임이 면제 또는 제한되지 않으므로 선박소유자는 적부불량에 의하여 발생한 적하손해에 대하여 불법행위에 의한 일부 책임을 진다."라고 판시하였다. 본 판례를 검토하면서 정기용선계약에서의 운송인의 확정에 관한 영국법의 입장을 연구하였다.

정기용선계약 하에서의 제3자 채권의 실행을 연구하기 위하여, 정기용선계약 하에서의 제3자 채권의 실행 및 유치권 또는 담보 설정금지약관에 대하여 살펴보고, 영미법과 영미 판례를 검토하였다. 영미법상 정기용선계약에서의 제3자 채권을 실행하기 위하여 영미에서는 대륙법에서 대인소송(action in personam)이 인정되는 것과는 다르게 선박을 상대로 대물소송(action in rem)을 제기할 수 있다. 영국법에서 제3자는 1981년 대법원법에 규정된 제정법상의 대물적 권리에 의하여 선박을 강제 집행할 수 있으나, 미국법에서는 해사리언(maritime lien)을 행사할 수 있다. 선박소유자가 선박을 정기용선하였을 경우에 제3자 채권의 실행과 관련된 대처방안을 잘 숙지하고 있다면, 정기용선자가 제3자와 체결한 계약으로 발생하는 제3자 채권의 실행으로부터 불의의 피해를 보지는 않을 것이다.

해운의 중심지로 발전하여온 영국의 볼틱거래소의 모토는 "당사자가 한 말은 그 당사자를 구속한다."이다. 이는 당사자 사이에 구두로 합의가 이루어졌다는 것을 증명할 수 있다면, 계약서를 작성하지 않은 상태에서도 계약이 성립된 것으로 결정되는 영국법의 성질을 잘 나타내고 있는 것이다. 해운시장에서 영업을 하기 위하여 선박소유자 또는 용선자의 신의성실이 중요시된다. 계약당사자가 부적법하게 계약을 이행하지 않을 경우에 손해를 입은 당사자는 영국의 볼틱거래소 또는 볼틱국제해운동맹에 요청하여 불법거래자 명단에 올리거나, 관련 해운중개업자를 통하여 전 세계에 알려서 다른 해운업자가 거래 시에 유의하도록 조치를 취한다. 따라서 계약을 위반한 당사자는 해운업계에서 신용을 회복하여 영업을 계속하기 위하여 계약을 준수하도록 간접적으로 영향력을 받게 된다. 물론, 용선계약서에 의하여 중재 및 소송 등의 법적인 조치를 취하는 것은 별도의 문제이다. 이와같이 계약의 당사자가 계약을 이행하는 것은 중요하지만, 계약체결 시 예측하지 않은 사건이 발생하여 계약의 이행이 곤란할 때, 계약의 이행을 강요한다면 비합리적이다. 이와 관련하여 우선 정기용선계약서상 열거된 사유로 발생하는 사고에 대하여 당사자가 면책되는 면책약관을 검토하였다. 그리고 용선계약의 체결 시, 예측하지 못한 사유가 발생하여 당사자가 용선계약을 이행하지 못한 경우에 계약의 불이행사유에 해당하여 계약상 채무가 면제되는 프러스트레이션에 대하여도 검토하였다. 최근 유류가격의 급등으로 선박소유자는 운송비용이 증가되어 많은 손해를 보았다. 또한 해운시황의 급등락으로 해운회사는 파산의 위험에 처하는 회사까지 발생하였다. 이러한 유류가격의 급등 또는 해운시황의 급등락이 프러스트레이션에 해당된다면 해운회사는 계약이 소멸되므로 막대한 손해를 보지 않아도 된다. 이와 같은 유류가격의 급등을 중심으로 영미법상 용선계약 하에서의 프러스트레이션에 관하여 검토·분석하였다.

2 재판관할과 준거법

정기용선계약은 대부분의 경우에 설립의 준거법이 다른 회사 사이에 체결되므로 국제적인 성격을 가지고 있다. 어느 나라 법원이 심리하느냐에 관한 재판관할권 문제와 어느 나라 법이 적용되느냐에 관한 준거법 문제는 서로 밀접한 관계를 가지지만 이들의 관계를 한마디로 정의하기는 어렵다. 재판관할권의 행사여부를 결정하는 데 있어 준거법이 고려되고 반대로 준거법을 결정하는 데 관할법원이 영향을 미친다.[1] 그러나 재판관할과 준거법이 항상 동일한 것이 아니다. 예를 들어 영국법원이 재판관할권을 가지고 있으나 영국법원의 판단으로 미국법을 준거법으로 결정할 수도 있는 것이다. 정기용선계약을 체결할 경우에 통상적으로 영국법을 준거법으로, 런던을 중재시로 하고 있는 경우가 많은바,[2] 그 이유는 런던이 역사적으로 해상법과 해사관습이 발달된 중심지로서 많은 경험과 지식이 축적되어 있고 중재의 수행에 있어서도 비교적 공정성이 인정되기 때문이다.[3]

1) 강남호, 앞의 책, 385쪽.

2) 런던법원과 중재에서 다루어진 해사분쟁의 건수는 다음과 같다.

Dispute resolution in London

	The Admiralty Court		Commercial Court		London Maritime	
					Arbitrators	Association
	Claims	Cases tried	Claims	Cases tried	Appoints received	Awards made
1995	562	11	2250	85	2996	375
1996	529	15	2750	104	3384	429
1997	403	16	2950	179	3191	546
1998	380	17	1600	80	3144	620
1999	381	14	1800	50	2574	501
2000	388	8	1200	65	2757	576
2001	296	8	1149	81	2825	603
2002	129	8	1213	73	2219	556
2003	157	10	1144	81	2618	494
2004	223	3	1104	58	2919	539
2005	94	5	973	97	3027	551
2006	128	7	1005	75	2630	450

Maritime *Services*, (London: IFSL Research, 2007.9) 〈www.ifsl.org.uk〉.

3) 강남호, 앞의 책, 397쪽.

제 1 절 재판관할

Ⅰ. 의 의

분쟁이 발생하였을 경우에 그 사건의 소송을 심리하는 권한을 가진 법원이 사건을 진행하게 된다. 그러나 각 국가마다 광범위한 재판관할권을 인정하고 있으므로 분쟁이 발생하였을 경우에 어느 나라에서 소송을 진행하느냐에 따라 재판관할권이 충돌하게 된다. 일반적으로 영국법원은 국제사건, 특히 해사사건에 대하여 비교적 광범위한 재판관할권을 행사하여 왔는바, 우선 피고가 영국의 재판관할권 내에 머물고 있어 법원이 피고를 소환할 수 있으면 재판관할권을 인정한다. 또한 피고가 외국에 있더라도 그 사건이 영국과 일정한 관련이 있는 경우, 예컨대 소송이 영국에서 체결 또는 위반된 계약에 관한 것이거나 영국에서 발생한 불법행위에 관한 것인 경우 또는 영국법이 적용되는 경우 등에는 재판관할권을 인정한다. 그러나 이러한 광범위한 재판관할권의 행사도 국제우의와 소송정의에 입각한, 이른바 불편법정의 원칙(forum non conveniens)[4]에 의해서 제한된다. 즉 영국법원에 제기된 소송과 가장 밀접한 관계를 가지고 있어 소송당사자의 이익과 소송정의의 실현을 위하여 이의 심리에 더 적합한 법원이 있다고 인정되면 영국법원에 제기된 소송은 불편법정의 원칙에 의해 각하된다.[5]

당사자는 정기용선계약을 체결할 경우에 특정법원이 재판관할권이 있다는 취지의 재판관할권약관을 합의하기도 한다. 재판관할권약관은 그 성격상 절차적인 것일 뿐만 아니라 특정법원의 재판관할권을 배제하고자 하는 약관이기 때문에 재판관할권약관의 효력여부는 계약상의 준거법에 따라 결정되는 것이 아니라 실제로 소송이 제기된 법원의 법 또는 당해 법원의 재판관할권약관에 대한 태도에 따라 결정된다.

영국법원은 전통적으로 외국법원이 재판관할권을 갖는다는 당사자 사이의 합의, 이른바 재판관할권약관의 효력을 인정하고 있다. 그러나 이에 불구하고 원고가 영국법원에 소송

4) 정의의 요구로부터 소송이 제기된 법원 이외의 법원이 보다 적절하게 분쟁을 처리할 수 있다고 판단될 경우, 소송을 제기 받은 법원은 당해 사건의 심리를 거부할 수 있는 법리를 말한다. 鴻常夫 편수, 앞의 책, 321쪽.

5) 강남호, 앞의 책, 387-388쪽.

을 제기하고 이에 대하여 피고가 재판관할권약관을 이유로 각하를 신청한 경우에는 원고가 각하를 허락하지 말아야 할 충분한 이유가 있음을 입증하지 못하는 한 각하를 허락한다. 이러한 충분한 이유가 있는지를 결정하기 위해서 법원은 다양한 요소, 예컨대 증거수집의 용이성, 준거법, 사건의 각 법원과의 관련성, 재판관할권약관의 동기, 재판관할권약관을 집행할 경우에 원고가 당할 불리함 등을 고려한다.[6]

Ⅱ. 중재약관

오늘날 상사 및 민사 분쟁의 해결절차들은 모두 쌍방의 이익을 도모하는 한편 그 비용을 최소화하는 데에 그 목표를 두고 있는데, 이러한 이유로 비소송적 방법인 대체적 분쟁해결(Alternative Dispute Resolution, ADR)의 방법이 발전되어 왔다. 여기에는 협상(Negotiation), 조정(Mediation), 중재(Arbitration) 등이 있다.[7]

중재란 분쟁 당사자 사이의 합의에 따라 발생하는 또는 장래에 발생할 분쟁의 전부 또는 일부를 법원의 판결에 의하지 아니하고 제3자인 상업인을 중재인으로 선정하여 그 중재인의 판정에 맡기는 동시에 그 판정에 복종함으로써 분쟁을 해결하는 자주법정제도이다. 이러한 중재는 법률전문가로 이루어진 법원의 판결에 비하여, 해당 거래계의 관행과 해당분야의 법률전문가가 참여할 수 있는 폭이 넓고 또 신속하고 경제적이라는 면에서 많은 장점이 있는 분쟁해결의 수단으로 이해된다.[8] 실무적으로는 정기용선계약을 체결할 경우에 국제적으로 널리 사용되는 표준계약서식에는 대부분 중재약관을 두고 있다. 계약의 당사자는 합의에 따라 중재를 분쟁해결수단으로 선택할 수 있는 것과같이 중재지도 자유롭게 선택할 수 있다. 중재에 대하여 볼다임시식(2001)은 제22조에서 규정하고 있다.

이와같이 정기용선계약의 표준약관에는 중재에 관한 일정한 사항들에 대하여 규정이 되어 있고, 계약당사자가 분쟁의 해결방법으로 중재를 선택한 경우에는 그 중재판정의 확정은 분쟁사건에 대하여 법원의 확정판결과 같은 효력이 당사자에게 미치게 된다. 그러나 이러한 중재판정은 단심으로서 확정력이 생긴다는 점에서 재판과는 근본적으로 다른 것이고, 또한 확정력은 중재기관이 자기가 결정한 판정을 철회, 취소 또는 변경을 할 수가 없게 만들

6) 위의 책 390-391쪽.
7) 이창희, 개정방안, 99쪽.
8) 이승호, 앞의 논문, 119쪽.

고, 이로서 일단 중재판정이 내려지면 중재절차가 끝이 난 것을 의미하며 분쟁당사자는 그 판정의 효력에 대하여 이의를 제기할 수도 없게 되는 것이다. 원칙적으로 중재판정에 대하여는 분쟁당사자 누구에게도 불복신청[9]이 인정되지 않는다.[10]

BIMCO LMAA Intermediate Claims Procedure

Recommended additional wording to be inserted at the end of the English Law/London Arbitration part of the BIMCO Dispute Resolution Clause or the BIMCO Law and Arbitration Clause 1998, immediately after the provision for the Small Claims Procedure. If in doubt, contact BIMCO's Documentary Department at documentary@bimco.org

"In cases where the claim or any counterclaim exceeds the sum agreed for the LMAA Small Claims Procedure and neither the claim nor any counterclaim exceeds the sum of US$400,000.00 (or such other sum as the parties may agree) the arbitration shall be conducted in accordance with the LMAA Intermediate Claims Procedure current at the time when the arbitration proceeding are commenced.

Where the reference is to three arbitrators the procedure for making appointments shall be in accordance with the procedure for full arbitration stated above."

BIMCO LMAA(런던해사중재위원회) 알선청구절차

권고된 추가문구

LMAA 알선청구절차 – BIMCO(볼틱국제해운동맹) 분쟁해결조항 혹은 1998년 BIMCO 법률 및 중재약관 등의 영국법/런던중재부분의 말미에서 소액청구절차에 대한 규정의 바로 다음에 삽입되어 있는 권고된 추가문구. 의심스러우면, documentary@bimco.org에서 BIMCO의 문서부와 접속하라.

"청구 혹은 반소가 LMAA 소액청구절차를 위해 합의된 금액을 초과하고, 청구 혹은 반소가 미화 400,000.00불(혹은, 당사자들이 합의할 수 있는 다른 금액)를 초과하지 않을 경우, 중재절차가 개시되는 시점에서 유효한 LMAA 알선청구절차에 따라 중재가 실행되어야 한다.

중재가 3명의 중재인에 회부될 경우, 지명을 수행하기 위한 절차는 전술한 중재를 위한 절차에 따라야 한다."

9) 우리나라에서는 중재판정의 과정에서 중재법 제36조가 열거하는 중재판정의 취소사유가 없는 한 법원은 중재판정의 효력을 인정하여 강제집행 판결을 하여야 하나 중재법을 위반하여 취소사유가 있는 경우에는 이에 대하여 반드시 이의를 제기하여야 중재판정의 효력을 저지할 수 있다.

10) 이승호, 앞의 논문, 123–124쪽.

BIMCO Mediation Clause

Note: This Clause can ONLY be used in conjunction with one of the three BIMCO Dispute Resolution Clauses: English law/London arbitration; US law/New York arbitration; and law and arbitration as agreed. For the Mediation Clause to function properly you MUST insert your chosen Arbitration provision immediately above the Mediation Clause.

Notwithstanding the above, the parties may agree at any time to refer to mediation any difference and/or dispute arising out of or in connection with this Contract.

In the case of a dispute in respect of which arbitration has been commenced under the above, the following shall apply:-

(i) Either party may at any time and from time to time elect to refer the dispute or part of the dispute to mediation by service on the other party of a written notice (the "Mediation Notice") calling on the other party to agree to mediation.

(ii) The other party shall thereupon within 14 calendar days of receipt of the Mediation Notice confirm that they agree to mediation, in which case the parties shall thereafter agree a mediator within a further 14 calendar days, failing which on the application of either party a mediator will be appointed promptly by the Arbitration Tribunal ("the Tribunal") or such person as the Tribunal may designate for that purpose. The mediation shall be conducted in such place and in accordance with such procedure and on such terms as the parties may agree or, in the event of disagreement, as may be set by the mediator.

(iii) If the other party does not agree to mediate, that fact may be brought to the attention of the Tribunal and may be taken into account by the Tribunal when allocating the costs of the arbitration as between the parties.

(iv) The mediation shall not affect the right of either party to seek such relief or take such steps as it considers necessary to protect its interest.

(v) Either party may advise the Tribunal that they have agreed to mediation. The arbitration procedure shall continue during the conduct of the mediation but the Tribunal may take the mediation timetable into account when setting the timetable for steps in the arbitration.

(vi) Unless otherwise agreed or specified in the mediation terms, each party shall bear its own costs incurred in the mediation and the parties shall share equally the mediator's costs and expenses.

(vii) The mediation process shall be without prejudice and confidential and no information or documents disclosed during it shall be revealed to the Tribunal except to the extent that they are disclosable under the law and procedure governing the arbitration.

(Note: The parties should be aware that the mediation process may not necessarily interrupt time limits.)

BIMCO 조정약관

주: 본 조항은 오로지 3가지 BIMCO 분쟁해결조항들 즉 영국법/런던중재, 미국법/뉴욕중재, 합의

된 법률 및 중재 중의 하나와 관련해서만 사용될 수 있다. 조정약관이 적절하게 작용하기 위해서는, 조정약관의 바로 위에 선택된 중재규정을 삽입하여야 한다.

전술한 사항에도 불구하고, 당사자들은 본 계약으로부터 혹은 본 계약과 관련하여 발생하는 차이 그리고/혹은 분쟁을 조정에 회부하기로 언제든지 합의할 수 있다.

전술한 사항에 의해 중재가 개시된 분쟁의 경우에 다음이 적용되어야 한다.

(i) 조정에 동의하도록 상대방당사자에게 요구하는 통지서(조정통지서)를 상대방당사자에게 송달함으로써, 분쟁 혹은 분쟁의 일부를 조정에 회부하는 것을, 어느 당사자라도 언제든지 그리고 때때로 선택할 수 있다.

(ii) 그로 인하여, 상대방당사자가 조정에 동의한다는 것을 조정통지서를 수령한 후 14 역일 내에 그러한 상대방당사자가 확증하여야 한다. 그러한 경우에 당사자들은 그 후에 추가적인 14 역일 내에 조정인에 합의하여야 한다. 그러지 못할 경우, 어느 당사자의 신청에 의해, 중재재판소(판정부)에 의해 혹은 재판소가 그러한 목적을 위해 지정할 수 있는 사람에 의해 조정인이 즉각적으로 지명될 것이다. 당사자들이 합의할 수 있거나, 합의가 이루어지지 않을 경우, 조정인에 의해 설정될 수 있는 그러한 장소에서 그리고 그러한 절차에 따라 그리고 그러한 조건에 의해 조정이 실행되어야 한다.

(iii) 상대방당사자가 조정하는 데에 동의하지 않을 경우, 중재의 비용을 당사자 사이에 할당할 때, 그러한 사실이 재판소의 주의에 환기될 수 있고, 재판소에 의해 고려될 수 있다.

(iv) 어느 당사자라도 자신의 이익을 보호하기 위해 필요하다고 간주되는 구제를 구하거나 조치를 취할 권리에 조정이 영향을 미쳐서는 안 된다.

(v) 당사자들이 조정에 합의했다는 것을 어느 당사자라도 재판소에 통보할 수 있다. 조정이 실행되는 동안에 중재절차는 계속되어야 한다. 그러나 재판소가 중재에서 조치에 대한 예정표를 설정할 때, 조정예정표를 고려할 수 있다.

(vi) 조정조건에서 달리 합의되거나 특정되지 않은 경우, 각 당사자는 조정에서 초래된 자기 자신의 비용을 부담하여야 한다. 그리고 당사자들은 조정인의 비용과 경비를 동등하게 분담하여야 한다.

(vii) 조정과정은 편견과 비밀이 없어야 한다. 조정과정 중에 공개된 정보나 서류는, 그러한 정보나 서류가 중재를 지배하는 법률과 절차에 의해 공개가능한 정도 외에는, 재판소에 통보되어서는 안 된다.

(주: 조정과정이 반드시 시한을 중단할 필요가 없다는 것을 당사자들은 인식하여야 한다.)

제2절 준거법

Ⅰ. 의 의

해사와 관련된 법률은 여러 법역에 걸쳐 이루어지는 선박의 운항이나 화물의 이역지간의 운송과정에서 발생하는 사안을 그 주된 대상으로 하고 있으므로 해사와 관련된 사안에는 어떠한 법을 적용할 것인가 하는 문제가 항상 수반되게 된다. 이러한 배경에서 각국의 법제가 다른데서 초래되는 부작용을 막기 위한 국제조약의 체결이 가장 활발한 분야이다. 그러나 대륙법계와 영미법계의 법제의 차이, 각국의 이해의 대립 등으로 인하여 일부조약을 제외하고는 기대한 만큼의 호응을 얻지 못하고 있기도 한다.[11] 해상법분야에 관한 국제사법의 의미를 정리하면, 해사국제사법은 국제적 생활관계 중 해상과 관련하여 발생하는 법률관계에 대한 준거법결정에 관한 학문분야로 해상법 및 이에 부수되는 사법의 장소적 저촉의 해결을 목적으로 하는데, 그 주된 대상은 해상운송이나 선박에 관한 사법상의 법률관계이다. 즉 해사국제사법은 해상법의 장소적 충돌이 존재하는 경우에 그 국제적 법률관계에 대하여 그 성질에 따라 어느 국가의 실질적 해상법을 적용하여야 하는가를 선택하고 지정하는 적용규칙이며, 실질적 해상법을 세계적으로 통일시킨 것, 즉 세계해상법이 아니라 일반 국제사법의 일부인 국제상법의 한 분야이다. 따라서 해사국제사법은 국내외 해상법의 저촉문제의 해결을 목적으로 하는 국제사법학의 일부분을 말하는 것이다. 다시 말해서 해사국제사법에서와같이 해상법분야의 준거법을 지정한다는 것은 국제적 생활관계 중 해상과 관련하여 발생하는 법률관계에 대한 장소적 저촉을 해결하고 소송상의 혼란을 최소화하기 위하여 양당사자에게 공평타당한 준거법을 제공하는 것이라 할 수 있다.[12]

용선계약은 현재 해상운송에 있어서 중요한 역할을 하고 있지만, 특히 정기용선계약에 대하여서 각국의 실체법이 불비한 상태이다. 이러한 상황을 보완하기 위하여 표준계약서식이 발달되면서 광범위하게 사용되고 있다. 용선계약에서는 이러한 표준용선계약서의 이용으로 인해 계약내용의 통일화가 이루어지면서 실무상 준거법지정에 관한 분쟁은 많이 경

11) 정병석, "해사재판 관할권의 문제", 「한국해법학회지」 제25권 제2호, 한국해법학회, 2003, 333-334쪽.
12) 김진권, "해상법상의 준거법 결정에 관한 연구", 박사학위논문, 한국해양대학교, 2003, 14-15쪽.

제1편 제2편 제3편 제4편 제5편 제6편 제7편 제8편

감하였지만 완전히 해소되었다고 할 수는 없다. 예를 들면 정기용선계약에서 용선료의 지급기일이 지급지의 공휴일에 해당하는 경우에 용선료는 지급기일 이후 지급되어도 좋은지 또는 지급기일 이전까지 지급되어야 하는지에 대하여 규정이 없는 경우가 발생할 수 있다. 이러한 문제에 대하여 용선계약의 준거법에 의해 해결될 수 있다. 이와 같은 경우에 있어 미국은 전자의 입장이며, 영국은 후자의 입장이다. 용선계약에 대하여서는 해상물건운송계약에서와같이 국제사법에 규정한 계약에 관한 일반원칙에 따라 준거법을 결정한다. 즉 당사자에 의한 준거법의 명시적 지정이 있으면 그에 의한다. 용선계약은 표준용선계약서를 이용하지만, 계약당사자는 대부분 국제거래에 관련된 기업이므로 계약을 체결할 때는 동등한 입장에서 표준용선계약서를 수정하고 보충하는 것이 일반적이다. 그러므로 용선계약의 준거법에 관한 당사자의 의사는 개개의 계약을 둘러싼 모든 요소에 따라 판단하게 된다.[13)]

용선계약은 개품운송계약과는 달리 비교적 동등한 지위를 가진 당사자 사이의 계약이므로 당사자는 법의 간섭을 받지 않고 당사자가 원하는 계약조건을 자유로이 선택하여 계약을 체결한다.[14)] 또한 중재절차에 적용될 준거법에 관해서도 자유롭게 합의할 수 있다. 중재절차에 관한 준거법이 본 계약에 적용되는 준거법과 같을 필요는 없고, 당사자의 의사가 명백한 한 중재지의 법(*lex fori*)[15)]일 필요도 없다. 실제로 중재지의 법이 아닌 국제적으로 잘 알려진 중재절차에 관한 규칙, 예컨대 ICC규칙[16)]이나 UNCITRAL규칙[17)] 등이 준거법으로 합의되는 경우도 흔히 있다.[18)]

---

13) 위의 논문, 66쪽.

14) 우리나라의 경우에 "계약은 당사자가 명시적 또는 묵시적으로 선택한 법에 의한다. 다만, 묵시적인 선택은 계약내용 그 밖에 모든 사정으로부터 합리적으로 인정할 수 있는 경우에 한한다."라고 규정한 국제사법 제25조 제1항에 따라 그 약관에 의해 선택된 준거법의 적용을 받는다. 그러나 국제사법 제25조 제4항은 "모든 요소가 오로지 한 국가와 관련이 있음에도 불구하고 당사자가 그 외의 다른 국가의 법을 선택한 경우에 관련된 국가의 강행규정은 그 적용이 배제되지 아니 한다."라고 규정하여 당사자가 준거법으로 선택한 법률이 계약과 관련된 국가의 강행규정에 반하는 경우에 그 적용을 배제시키고 있다. 그러나 당사자가 준거법을 정하지 않은 경우에 대하여 우리나라 국제사법 제26조 제1항은 "당사자가 준거법을 선택하지 아니한 경우에 계약은 그 계약과 가장 밀접한 관련이 있는 국가의 법에 의한다."라고 규정하고 있다. 또한 제26조 제2항은 "당사자가 계약에 따라 물건 또는 권리를 이용하도록 하는 이용계약의 경우에는 계약체결 당시 물건 또는 권리를 이용하도록 하는 당사자의 상거소가 있는 국가의 법(당사자가 법인 또는 단체인 경우에는 주된 사무소가 있는 국가의 법)이 가장 밀접한 관련이 있는 것으로 추정한다. 다만, 계약이 당사자의 직업 또는 영업활동으로 체결된 경우에는 당사자의 영업소가 있는 국가의 법이 가장 밀접한 관련이 있는 것으로 추정한다."라고 규정하고 있다.

15) 재판이 진행되고 있는 장소의 법률을 의미한다. law of the forum이라고 말할 때도 있다. *lex loci fori*라는 말은 거의 쓰이지 않는다. 영 · 미에서는 국제사법상의 준거법을 결정함에 있어, 재판관할권을 중심으로 생각하여 적용법규를 법정지의 법으로 생각하는 경향이 강하게 남아 있다. 鴻常夫 편수, 앞의 책, 431쪽.

16) International Chamber of Commerce의 약칭으로 국제상공회의소를 의미한다.

17) United Nations Commission for International Trade Law의 약칭으로 국제상거래위원회를 의미한다.

18) 강남호, 앞의 책, 397쪽.

Ⅱ. 정기용선계약서상 조항

정기용선계약서식에서 준거법과 관련하여 공동해손과 최우선약관에 대하여 규정하고 있다. 공동해손에 대하여 뉴욕프로듀스서식(1946) 제19조는 "모든 해상 유기물 및 해난 구조료는 선박소유자와 정기용선자의 비용과 선원의 배당금을 공제하고서, 선박소유자와 정기용선자의 균등한 이익으로 한다. 공동해손은 1924년 요크앤트워프규칙 제1조 내지 제15조, 제17조 내지 제22조 및 제F조를 준거로 하고, 그리고 이 조항에서 규정하지 아니한 사항에 대하여서는 뉴욕 항의 법률과 관습을 준거하여 정산하고, 기재하고 또한 결재하여야 한다." 라고 규정되어 있다. 또한 뉴욕프로듀스서식(1993) 제25조는 "공동해손은 1990년에 개정된 1974년 요크앤트워프규칙 또는 그 후에 개정된 규칙에 따라서 ○○곳에서 ○○의 통화로서 정산한다. 정기용선자는 이 용선기간 중에 발행된 모든 선하증권에, 공동해손은 1990년 개정의 1974년 요크앤트위프규칙 또는 그 후에 개정된 규칙에 따라서 정산한다는 취지의 조항 및 제31조의 뉴제이슨약관을 삽입할 것을 보증한다. 용선료는 공동해손으로 분담하지 아니한다."라고 규정되어 있다. 그리고 볼타임서식(2001) 제23조는 "공동해손은 1994년(또는 그 이후의 개정규칙) 요크앤트워프규칙에 따라서 정산한다. 용선료는 공동해손을 분담하지 아니한다."라고 규정되어 있다.

최우선약관에 대하여 뉴욕프로듀스서식(1993) 제31조 (a)에서는 "이 선하증권은 미국 해사물품운송법, 헤이그규칙, 헤이그-비스비규칙 기타 선하증권의 발행지 또는 목적지에 있어서 강행법으로써 적용되는 동종의 국내법의 조항에 의하여 효력을 가진다. 그리고 그러한 조항이 이 증권에 삽입된 것으로 본다. 그리고 이 증권에서 규정하고 있는 사항이라도 위의 법에 기초한 운송인의 권리 또는 면책특권을 포기하거나 또는 책임 또는 의무를 가중시키는 것으로 보지 아니 한다. 이 증권의 문언이 동법과 저촉하는 문언은 저촉범위에 한하여 무효로 한다."라고 규정되어 있다.

BIMCO Clause Paramount

The International Convention for the Unification of Certain Rules of Law relating to Bills of Lading signed at Brussels on 25 August 1924 ("the Hague Rules") as amended by the Protocol signed at Brussels on 23 February 1968 ("the Hague-Visby Rules") and as enacted in the country of shipment shall apply to this Contract. When the Hague-Visby Rules are not enacted in the country of shipment, the corresponding legislation of the country of destination shall apply, irrespective of whether such legislation may only regulate outbound shipments.

When there is no enactment of the Hague-Visby Rules in either the country of shipment or in the country of destination, the Hague-Visby Rules shall apply to this Contract save where the Hague Rules as enacted in the country of shipment or if no such enactment is in place, the Hague Rules as enacted in the country of destination apply compulsorily to this Contract.

The Protocol signed at Brussels on 21 December 1979 ("the SDR Protocol 1979") shall apply where the Hague-Visby Rules apply, whether mandatorily or by this Contract.

The Carrier shall in no case be responsible for loss of or damage to cargo arising prior to loading, after discharging, or while the cargo is in the charge of another carrier, or with respect to deck cargo and live animals.

BIMCO 지상약관

1924년 8월 25일에 브뤼셀에서 서명된 선하증권에 관한 법의 특정규칙의 통일을 위한 국제협약(선하증권통일조약, 헤이그규칙)이 1968년 2월 23일에 브뤼셀에서 서명된 의정서(선하증권통일조약 개정의정서, 헤이그-비스비규칙)에 의해 개정되고, 선적국에서 제정되어, 본 계약에 적용된다. 헤이그-비스비규칙이 선적국에서 제정되지 않은 경우, 도착국에서 제정된 해당 입법이 적용된다. 그러한 입법이 단지 해외로 수출되는 선적만을 규정할 수 있는지 여부는 관계가 없다.

선적국이나 도착국에 헤이그-비스비규칙이 제정되지 않은 경우, 선적국에 제정된 헤이그규칙이 본 계약에 적용되는 경우나 혹은, 그러한 제정이 존재하지 않을 경우, 도착국에 제정된 헤이그규칙이 본 계약에 의무적으로 적용되는 경우를 제외하고 헤이그-비스비규칙이 본 계약에 적용된다.

헤이그-비스비규칙이 적용될 경우, 의무적으로든지 본 계약에 의해서든지 여부에 관계없이, 1979년 12월 21일에 서명된 의정서(1979년 특별인출권의정서)가 적용된다.

선적 이전이나 양하 이후나 화물이 또 다른 운송인의 책임 하에 있는 동안이나 갑판선적화물과 생동물에 대하여서 화물의 손실이나 화물에 대한 손상에 대하여 운송인은 결코 책임을 지지 않는다.

해설: 용선계약이 어느 법에 의하여 해석되며 효력을 갖는가를 규정한 준거법에 관한 약관이다.

BIMCO Hamburg Rules Charter Party Clause*

Neither the Charterers nor their Agents shall permit the issue of any bill of lading, waybill or other document evidencing a contract of carriage (whether or not signed on behalf of the Owner or on the Charterers' behalf or on behalf of any Sub-Charterers) incorporating, where not compulsorily applicable, the Hamburg Rules or any other legislation giving effect to the Hamburg Rules or any other legislation imposing liabilities in excess of Hague or Hague/Visby Rules. Charterers shall indemnify the Owners against any liability, loss or damage which may result from any breach of the foregoing provisions of this clause.

* Operators wishing to use this Clause should seek legal advice to confirm that the Clause is suitable for incorporation in the relevant charter party.

BIMCO 함부르크 규칙 용선계약약관*

용선자나 용선자의 대리인은 헤이그규칙이나 헤이그-비스비규칙을 초과하는 책임을 부과하는, 함부르크규칙이나 다른 입법 등을 실행시키는, 함부르크규칙이나 다른 입법 등을 포함하고, 운송계약(선박소유자를 대표하거나 아니면, 용선자를 대표하거나 아니면, 재용선자를 대표하여 서명되든지 간에 관계없이)을 증명하는, 선하증권, 화물송장(상환증), 다른 서류 등의 발행을 허가해서는 안 된다. 본 조항의 전술한 규정들에 대한 위반으로부터 결과할 수 있는 책임, 손실, 손상 등에 대하여, 용선자는 선박소유자에게 배상하여야 한다.

* 본 조항을 사용하기를 원하는 운영자는, 본 조항이 관련 용선계약에 포함되기에 적합한지를 확인하기 위해, 법적 조언을 구하여야 한다.

Part 8

정기용선계약과 관련한 우리나라 상법의 개선방안

1 상법개정의 필요성

해상기업은 그 영위하는 사업의 특질로서 국제성을 가지게 되며 이로 인하여 특히 국제적인 분쟁에 노출되는 경우가 빈번하게 된다.[1] 다른 법역의 경우와 마찬가지로 해상법에 있어서도 그 법계의 구분이 가능하지만 그 근원과 내용에 따라 명확하게 한계를 정한다는 것은 곤란하고, 다만 그 영향권을 중심으로 구분할 수 있을 뿐이다. 또한 오늘날 해상법의 법계를 구분하는 의미는 많이 감퇴되고 있다. 왜냐하면 해상법의 분야에서는 19세기 중반 이후 다수의 국제통일조약이 성립되어 해상법은 나날이 국제화되고 있기 때문이다.[2] 해상법의 본질적인 특수성은 그 적용의 대상인 해상기업의 특수성에서 찾아야 한다고 본다. 즉 해상기업은 광대한 해양을 무대로 선박이라는 특수용구가 이용되며 위험성이 크다는 특수성이 있는 것이다.[3] 따라서 실제로 민 · 상법의 일반이론을 정기용선계약과 관련한 문제를 판단하는 기준으로 적용할 때 국제적인 상관습과는 유리된 판단을 하게 될 수 있을 것이다. 이러한 점에서 볼 때, 관련 분쟁에서 민 · 상법의 일반이론을 뛰어 넘어 정기용선계약을 규율할 제정법의 존재는 필요한 것이다.[4]

전통적으로는 정기용선계약의 법적 성질에 의하여 책임의 관계를 분석하고자 하였으나, 최근에는 법해석론적 경향을 떠나서 당사자의 계약내용을 중요시하게 되었으며, 실질적이고 기능적인 면을 고려하게 되었다. 현실적으로 사적자치의 원칙에 의하여 선박소유자와 정기용선자는 정기용선계약의 체결 시 뉴욕프로듀스서식과 볼타임서식 등과 같은 표준계약서식을 사용하므로, 이러한 당사자 사이에 체결된 정기용선계약이 임의규정인 정기용선계약에 관한 상법의 규정보다 우선 적용되게 된다. 이들 뉴욕프로듀스서식이나 볼타임서식은 일방당사자가 설정한 자의적인 것이 아니라 정기용선 거래국의 단체가 설정한 것이다. 따라서 약관이론에 따라 이것을 경제생활이 생성한 자립법이라 주장을 한다거나, 또는 특정한 거래에 있어서는 약관에 의하여 계약을 체결하는 관습이 있으므로 이들 약관을 상사법원의

1) 장경식, "해사소송에 있어서 국제재판관할에 관한 연구", 박사학위논문, 한국해양대학교, 2005, 1쪽.
2) 최기원, 「해상법」, (서울: 박영사, 2002), 9쪽.
3) 위의 책, 6쪽.
4) 이창희, "정기용선계약에 관한 입법론적 고찰", 「한국해법학회지」 제26권 제1호, 한국해법학회, 2004, 283쪽.

하나로 볼 수 있다고 주장할 수도 있겠다. 그러나 부합계약이 이루어지는 약관과는 달리 정기용선계약은 상인(운송인이나 그 상대방인 송수하인이 모두 상인이다.) 사이에 임의의 합의에 의하여 성립되므로 이를 곧 법원으로 볼 수 없고 예정된 계약조항이라 할 것이므로 앞에 본 계약의 요소를 추출하여 재정리하고 이를 규범화하는 작업이 필요하다.[5)]

영미법은 성문법전을 가지고 있는 대륙법계와는 달리 판례를 중심으로 발전하여 왔다. 영국법이나 미국법을 준거법으로 정기용선계약을 체결하였을 경우에 분쟁이 발생하였다면, 영미법원에서는 판례를 중심으로 사안을 판단하게 된다. 그러나 같은 사안에 대하여 영국법을 적용하느냐 또는 미국법을 적용하느냐에 따라서 법원의 판단이 다른 경우도 있다는 것을 검토하였다. 준거법으로 영국법이나 미국법을 선택하였을 경우에 사건의 해결을 위한 기준이 항상 분명한 것은 아니다. 따라서 정기용선계약서에서 명시적으로 규정하고 있지 않은 내용을 실정법인 해상법에 규정하는 것이 필요하다.

그러나 정기용선과 관련된 내용을 상법에 규정하는 것에 대하여 일부에서는 무용론도 주장되었다. 그 대표적인 이유로는 사적자치의 영역이 속하는 정기용선계약에 제정법이 관여할 여지가 없다는 것이다. 우리나라는 상법에 정기용선계약에 관한 여러 규정을 두고 있으나, 이러한 정기용선계약에 관한 상법규정은 개품운송계약에 관한 그것과는 달리, 임의규정이다. 특정한 사항에 관하여 정기용선계약에 명시적인 약정이 있는 경우, 그것이 상법규정에 반하더라도 상법규정에 우선하여 적용되므로, 정기용선계약에 준거법을 우리나라의 법으로 하는 취지의 준거법약관이 있더라도, 용선계약에 관한 상법규정이 적용될 여지는 그리 많지 않다고[6)] 한다. 따라서 해상운송계약에 관한 상법의 규정 중 적극적으로 의무의 내용을 정하는 부분은 보통 당사자가 미리 준비해 둔 약관에 기해 더욱 자세히 약정하므로 아무런 의미가 없고, 보통 당사자가 그 내용을 정하지 아니하고 부분적으로 강행성까지 가지는 주의의무에 관한 규정과 책임에 관한 규정이 결국 큰 의미를 갖는다.[7)]

1991년의 개정으로 인해 우리 해상법은 상당한 수준으로 근대화 · 합리화되었다고 할 수 있다. 그러나 1991년의 개정 해상법은 제정 상법 제5편의 체제를 그대로 유지하였기 때문에 조문배열상의 제약으로 인해 필요한 개정이 보류된 것이 많았으며 이해관계의 첨예한 대립으로 인해 국제조약의 수용에도 상당한 제약이 있었다. 그러므로 1991년의 개정에도 불

5) 배병태, “해상법개정을 위한 정기용선계약법 구성의 시사”, 「한국해법학회지」 제8권 제1호, 한국해법학회, 1986, 28쪽.
6) 강남호, 앞의 책, 140쪽.
7) 채이식, “해상운송계약법의 체계와 입법에 관한 연구”, 「한국해법학회지」 제22권 제2호, 한국해법학회, 2000, 52쪽.

구하고 우리 해상법의 근대화의 완성은 여전히 숙제로 남아 있었다. 한편 우리 해상법이 1991년에 개정된 이후 16년여가 흐르는 동안 많은 기존의 국제조약들이 개정되거나 새로운 국제조약이 성립되었으며, 국제 무역환경 및 해운환경에도 많은 변화가 있었다. 이에 다시 해상법을 개정할 필요성이 생겨 2007년에 우리 해상법이 다시 개정되었다. 2007년 개정 해상법은 해상운송계약 관련 법체계를 해운현실에 맞도록 재정비하고 전자선하증권과 해상화물운송장 등 새로운 무역환경에 맞는 제도를 도입하며 세계 해운강국의 지위에 걸맞도록 책임한도액을 국제적인 기준으로 상향조정하는 것을 목적으로 하였다. 그러나 개정 작업에 따른 시간상의 제약으로 인해 2007년 개정 해상법은 해상법의 체제를 근본적으로 변경하고, 몇 가지 새로운 제도를 도입하며, 책임한도액을 인상한 것 이외에는 개정 전의 해상법의 내용을 대부분 그대로 유지하고 있다.[8] 우리나라 상법에는 전에는 정기용선계약에 관한 규정이 없었으나, 국내 해운산업이 급성장함에 따라서 정기용선계약에 대한 중요성이 부각되자, 1991년에 개정이 이루어져 제812조의 2 내지 제812조의 6까지 모두 5개조에 걸쳐 정기용선계약에 관한 규정이 신설되었는데, 아직도 현실적으로 실무에 적용시키기에는 그 구성과 내용면에서 많은 논란이 있다. 그럼에도 불구하고 2007년 개정 시에는 단지 조문의 번호만 바뀌고 근본적인 내용의 변화는 없었다.

최근 해운시황의 폭락으로 정기용선계약에 관한 분쟁이 매우 많이 발생하고 있다. 그러나 양당사자는 정기용선계약의 체결 시 대부분의 경우에 영국이나 미국을 재판관할지로 하거나 영국법이나 미국법을 준거법으로 채택한다. 심지어, 국내 해운회사 사이에 체결된 정기용선계약에서도 양당사자는 영국이나 미국을 재판관할지로 하거나 영국법이나 미국법을 준거법으로 채택한다. 세계용선시장에서 우리나라 해운회사가 체결하고 있는 정기용선계약의 수가 매우 많은 데 비하여, 우리나라가 재판관할지로 되거나 우리나라 법이 준거법으로 채택되는 경우는 매우 적다. 우리나라의 해운기업이 선대확보수단으로 정기용선에 의하는 경향이 점차 확대되고 있으므로 정기용선계약과 관련된 법적 분쟁은 앞으로 더욱 증가할 것이다. 이러한 분쟁을 해결하기 위하여 성문법 국가인 우리나라에서 법관은 현재의 우리나라 상법이나 민법 등의 성문법 일반규정 또는 우리나라 판례를 참조하여야 한다. 그러나 우리나라 해상법에는 정기용선계약에 대하여 체계적으로 규정하고 있지 않을 뿐만 아니라 정기용선계약과 관련된 판례가 매우 적으므로 정기용선계약에 관하여 이미 많은 검토가 이루어진 광범위한 영미의 판례 등을 참조하여야 할 것이다. 우리나라 해상법을 발전시키기

8) 최종현, "한국 해상법의 발전 방향", 「한국해법학회지」 제31권 제1호, 한국해법학회, 2009, 11-12쪽.

위해서는 국제적인 해운 상관례를 고려하여 해운실무 관행에 부합되게 "법전 외의 정기용선계약"으로 취급되고 있는 정기용선계약에 관한 문제점들을 합리적이고 합목적적으로 개정하여야 한다. 또한 우리나라 해상법을 전 세계 해운업계에 선전하여 신뢰도를 높인 후에, 정기용선계약의 체결 시 용선실무자들이 준거법으로 채택할 수 있도록 우리나라 해상법 학자, 해상법에 종사하고 있는 법률실무자 및 용선실무자 모두가 노력하여야 한다.

당사자 사이에 체결된 정기용선계약에서 명시적으로 합의되지 않는 내용이 있거나 계약의 내용이 모호하여 명확한 해석이 어려운 경우, 분쟁해결을 위하여 기준이 될 실정법규가 있어야 된다고 생각한다. 현행 상법의 정기용선계약과 관련된 규정은 일부의 내용만이 체계 없이 나열되어 있어, 재판규범으로서의 역할을 하기에는 문제점이 있다. 국제적으로 해운은 주로 영미법의 영향력이 지배적이므로 대륙법제인 우리나라 상법에 영미법의 법제론을 도입할 경우에 법적으로 조화가 잘 되지 않을 우려가 있다. 그러나 해상법은 우리 상법의 한 부분이므로 상법 전체와의 조화를 고려하여 대륙법의 성질에 따라 제 원칙들을 법으로 규정하면 별 무리가 없어 보인다. 따라서 정기용선계약과 관련된 분쟁이 발생했을 때 이를 해결하기 위해 기준이 되는 제정법의 필요성이 요구되므로, 정기용선계약의 특성 및 기본적 책임의 원칙 등을 해운실무를 참조하여 국제적 상관습에 모순되지 않는 방향으로 규정하여 분쟁의 발생 시, 분쟁의 해결기준으로서 삼을 수 있게 하여야 할 것이다.

2007년 해상법 개정 시, 정기용선계약에 관한 규정은 현행법을 그대로 두고 다음번 해상법 개정 시 이에 관한 자세한 검토를 하기로 하였다.[9] 따라서 다음번 해상법 개정 시 정기용선계약과 관련된 규정의 개정에 조금이나마 기여하고자 상법개정을 위한 규정을 제시한다.

9) 채이식, "2005년 상법 제5편 해상편 개정안에 대한 소고", 「한국해법학회지」 제27권 제2호, 한국해법학회, 2005, 459쪽.

2 상법개정을 위한 규정의 제시

제1절 서 언

이제까지 정기용선계약에서 발생하는 주된 분쟁에 대하여 뉴욕프로듀스서식과 볼타임서식을 중심으로 검토하였다. 검토한 내용 중 주요한 계약의 요소를 정리하여 정기용선과 관련된 규정을 제시하고자 한다. 본 규정을 제시하는데, 정기용선계약서에서 누락되면 계약이 성립되지 않는 주요사항을 추출하여 규정하였고, 정기용선계약서에도 누락된 내용에 대하여 분쟁을 해결하는 데 기준을 제시하고자 노력하였다. 이러한 요소들을 규범화하였는데 정기용선에 관한 규정의 요강은 다음과 같다.

조 항	내 용
제001조	[정기용선계약의 의의]
제002조	[정기용선계약서의 기재사항]
제003조	[선박의 인도]
제004조	[정기용선자의 선장지휘권]
제005조	[선박소유자의 책임]
제006조	[정기용선자의 책임]
제007조	[용선료]
제008조	[선박소유자의 운송물유치권 및 용선료 또는 운임질권]
제009조	[선박의 반선]
제010조	[제3자에 대한 책임]
제011조	[책임의 면제]
제012조	[정기용선계약상의 채권의 소멸]

제 2 절 상법개정을 위한 규정

Ⅰ. 정기용선계약의 의의

1. 현행규정

제842조 (정기용선계약의 의의)
정기용선계약은 선박소유자가 용선자에게 선원이 승무하고 항해 장비를 갖춘 선박을 일정한 기간 동안 항해에 사용하게 할 것을 약정하고, 용선자가 이에 대하여 기간으로 정한 용선료를 지급하기로 약정함으로써 그 효력이 생긴다.

2. 규정의 제시

정기용선계약의 의의에 대하여는 현행 상법 제842조의 규정을 유지한다.

3. 이 유

용선계약은 선체용선계약, 정기용선계약 그리고 항해용선계약으로 나누어진다. 제842조는 "선원이 승무하고 항해 장비를 갖춘" 선박을 용선하는 것이라고 하여 단순하게 "선박"만을 용선하는 선체용선계약과 구별하여 규정하고 있다. 또한 "일정한 기간 동안 항해에 사용하게 할 것을 약정하고"라고 하여 항해용선계약은 "특정항의 항해"를 목적으로 하고 있으나, 정기용선자는 "일정한 기간 동안" 용선한다고 항해용선계약과 구별하여 규정하고 있다. 그리고 항해용선계약은 용선의 대가로 항해용선자가 운임을 지급하나, 정기용선계약은 정기용선자가 일당 용선료를 지급하는 것으로 규정하여 정기용선계약의 의의를 적절하고 올바르게 잘 정의하고 있다.

Ⅱ. 정기용선계약서의 기재사항

1. 현행규정

상법은 현재 이를 규정하고 있지 않다.

2. 규정의 제시

제002조 [정기용선계약서의 기재사항]
정기용선계약서에는 다음 각 호의 사항을 기재한다.
1. 선박을 특정하는 데 필요한 사항
2. 선박의 속력과 연료소모량
3. 선박소유자와 정기용선자의 명칭
4. 용선료
5. 용선기간
6. 인도기일과 인도장소
7. 반선장소

3. 이 유

정기용선계약은 항해용선계약과는 그 성질을 달리한다. 항해용선계약은 선적항에서 양하항까지 특정화물을 운송하는 특정항해를 목적으로 하나, 정기용선계약은 일정한 기간 동안 일당 용선료를 지급함으로써 선박을 용선하는 데에 그 차이가 있다. 일반적으로 당사자는 정기용선을 특정하는 계약의 주요한 내용을 먼저 체결하되, 그 이외의 추가사항은 선박소유자 또는 정기용선자가 제시한 정기용선계약서에 근거하여 추가로 합의하는 절차를 거친다. 정기용선계약에서 누락되어서는 안 될 주요사항에 대하여 상법이 규정할 필요가 있다. 이러한 주요사항이 계약내용에서 누락되었다면 정기용선계약이 체결된 것이 아니다. 특히, 선박의 속력과 연료소모량은 정기용선의 대가로 정기용선자가 지급하는 용선료에 주요한 영향을 미치므로 정기용선계약서에 기재되어야 한다.

Ⅲ. 선박의 인도

1. 현행규정

상법은 현재 이를 규정하고 있지 않다.

2. 규정의 제시

제003조 [선박의 인도]

① 선박소유자는 약정한 인도기일 내에 약정한 인도장소에서 화물을 운송하는 데 적합하도록 감항능력을 갖춘 선박을 정기용선자에게 제공하여야 한다.

② 선박소유자가 정기용선자에게 선박을 약정한 인도기일보다 일찍 인도한 때에는 정기용선자는 약정한 인도기일이 도래할 때까지 선박의 인도를 거부할 수 있다. 그러나 정기용선자가 이의를 제기하지 아니하고 약정한 인도기일 전에 인도된 선박을 사용할 때에는 그러하지 아니하다.

③ 선박소유자가 정기용선자에게 선박을 약정한 인도기일보다 늦게 인도한 때에는 다른 합의가 없는 때에 한하여, 정기용선자는 선박소유자가 선박을 정기용선자에게 인도할 때까지 늦게 인도된 선박을 사용할 것인가에 대하여 선박소유자에게 통지하여야 한다.

3. 이　　유

선박소유자는 정기용선계약서에 명시된 대로의 선박을 약정한 인도장소에서 약정한 인도기일 내에 정기용선자가 사용 · 수익할 수 있는 상태로 정기용선자에게 인도하여야 할 의무를 진다. 선박의 인도와 반선은 정기용선계약의 체결 시 꼭 협의되어야 할 주요사항으로, 분쟁이 발생하였을 경우에 분쟁해결을 위한 기준을 규정하는 것이 중요하다.

정기용선자는 선박소유자가 약정한 인도기일보다 일찍 선박을 인도한 때에 정기용선자는 약정한 인도기일이 도래할 때까지 용선료를 선박소유자에게 지급할 의무가 없다. 그러나 정기용선자가 이의 없이 일찍 인도된 선박을 사용할 때에는, 정기용선자가 사용하지 아니하여도 되나 정기용선자의 필요에 의하여 사용한 것이 되어 약정한 인도기일에 상관없이 정기용선자는 사용한 시점부터 용선료를 지급하여야 한다.

선박소유자가 정기용선자에게 선박을 약정한 인도기일보다 늦게 인도할 때에는, 인도의 지연은 선박소유자의 귀책사유에 기인한 것이므로 시황 및 기타 사정을 참작하여 정기용선자에게 선박의 사용여부를 결정할 수 있는 권한을 부여하여야 한다. "다른 합의가 없는 때"란 "선박소유자는 선박이 지연되어 약정한 인도기일을 준수할 수 없다고 판단되면, 정기용선자에게 선박이 지연되므로 약정한 인도기일을 연장하여 주든지 선박을 취소해 달라고 요청을 할 수 있다. 이러한 요청을 받은 정기용선자는 일정시간(예로 48시간) 내에 선박소유자에게 선박의 사용여부를 통지하여 주도록 계약을 체결하기도 하는데, 이런 합의가 없는 때"를 의미한다. 만약 선박이 약정한 인도기일보다 늦게 인도되었으나, 정기용선자가 사용여부에 대하여 선박소유자에게 통지하지 아니하고 선박을 사용한 때에는 해제권을 포기한 것으로 간주하고 사용한 시점으로부터 용선료를 지급하여야 한다.

Ⅳ. 정기용선자의 선장지휘권

1. 현행규정

제843조 (정기용선자의 선장지휘권)

① 정기용선자는 약정한 범위 안의 선박의 사용을 위하여 선장을 지휘할 권리가 있다.

② 선장 · 해원, 그 밖의 선박사용인이 정기용선자의 정당한 지시를 위반하여 정기용선자에게 손해가 발생한 경우에는 선박소유자가 이를 배상할 책임이 있다.

2. 규정의 제시

제004조 [정기용선자의 선장지휘권]

① 정기용선자는 약정한 범위 안의 선박의 사용을 위하여 선장을 지휘할 권리가 있다.

② 선장 · 해원, 그 밖의 선박사용인이 정기용선자의 정당한 지시를 위반하여 정기용선자에게 손해가 발생한 경우에는 선박소유자가 이를 배상할 책임이 있다.

③ 정기용선자가 선박을 사용하는 도중 선박소유자에게 손해가 발생한 경우에는 정기용선자가 이를 배상할 책임이 있다. 다만, 그 손해가 선박소유자, 선장, 해원, 그 밖의 선박사용인의 고의 또는 과실로 발생한 때에는 그러하지 아니하다.

3. 이　　유

정기용선계약에서 정기용선자는 용선기간 동안 약정한 범위 안에서 당해 선박을 자유로이 사용할 수 있다. 이러한 선박의 서비스를 효과적으로 용익할 수 있도록 선장에게 지시나 명령을 할 수 있는 정기용선자의 "선장지휘권"을 제1항에서 규정하고 있다. 또한 정기용선계약에서 선장 · 해원, 그 밖의 선박사용인에 대한 선임 및 지휘 · 감독권은 선박소유자가 가지고 있으므로 이들의 직무상 행위로 발생한 손해에 대하여 선박소유자가 책임이 있음을 제2항에서 적절하고 올바르게 표현하고 있다. 반면에 선박의 사용으로 인해 선박소유자에게 손해가 발생한 경우에 정기용선자는 "배상책임"을 부담하게 된다. 그러나 본 조항에는 정기용선자의 배상책임에 대한 규정이 없으므로 제3항에서 신설하고자 한다. 그러나 손해의 원인이 선박소유자 측의 고의 또는 과실로 발생하였다면 정기용선자는 그 손해에 대하여 책임이 없음을 단서조항으로 규정하였다.

V. 선박소유자의 책임

1. 현행규정

상법은 현재 이를 규정하고 있지 않다.

2. 규정의 제시

제005조 [선박소유자의 책임]
① 선박소유자는 약정한 용선기간 동안 선박의 감항능력을 유지할 책임이 있다.
② 선박소유자는 선박의 항해 또는 관리와 관련하여 정기용선자에게 발생한 손해와 비용에 대한 책임을 부담한다.

3. 이　　유

제1항에서 선박소유자의 감항능력 주의의무는 제003조에서 규정한 인도 시뿐만 아니

라 약정한 용선기간 동안에도 준수하여야 됨을 규정하였다.

제2항은 정기용선자가 제3자와 체결한 운송계약 또는 항해용선계약에서 발생한 적하 손해에 대하여 선박소유자와 정기용선자가 책임을 부담하는 경우를 포함하여 선박소유자와 정기용선자 사이의 분쟁에 관한 규정이다. 정기용선계약의 내부적 법률관계에서 선박소유자와 정기용선자 사이에 책임분배의 기준을 정하기 위하여 선박소유자가 책임을 부담하는 경우에 대한 기준을 규정하였다.

Ⅵ. 정기용선자의 책임

1. 현행규정

상법은 현재 이를 규정하고 있지 않다.

2. 규정의 제시

제006조 [정기용선자의 책임]
정기용선자는 선박의 상업적 이용과 관련하여 선박소유자에게 발생한 손해와 비용에 대한 책임을 부담한다.

3. 이　　유

제005조 제2항과 같은 이유로 선박소유자와 정기용선자의 내부적 법률관계에서 정기용선자가 책임을 부담하는 경우에 대한 기준을 규정하였다.

Ⅶ. 용 선 료

1. 현행규정

제845조 (용선료의 연체와 계약해지 등)

① 정기용선자가 용선료를 약정기일에 지급하지 아니한 때에는 선박소유자는 계약을 해제 또는 해지할 수 있다.

② 정기용선자가 제3자와 운송계약을 체결하여 운송물을 선적한 후 선박의 항해 중에 선박소유자가 제1항에 따라 계약을 해제 또는 해지한 때에는 선박소유자는 적하이해관계인에 대하여 정기용선자와 동일한 운송의무가 있다.

2. 규정의 제시

제007조 [용선료]

① 정기용선자가 선박소유자로부터 선박을 인도받은 시점에서 반선하는 시점까지의 기간에 의하여 그 용선료를 정한다.

② 정기용선자가 용선료를 약정기일에 지급하지 아니한 때에는 선박소유자는 계약을 해제 또는 해지할 수 있다. 그러나 정기용선자가 제3자와 운송계약을 체결하여 운송물을 선적한 후 선박의 항해 중에는 선박소유자는 운송물의 양하 완료 후가 아니면 계약을 해지할 수 없다.

③ 정기용선자가 책임이 없는 사유로 인하여 정기용선자가 선박을 사용할 수 없게 된 때에는 그 기간 동안 용선료의 지급은 정지된다.

3. 이　　유

항해용선에는 운임의 산출근거에 관한 조항이 규정되어 있는 반면 정기용선에는 용선료 산출근거에 관한 조항이 없다. 정기용선자는 선박의 사용대가로 용선료를 지급하여야 하며 “선박 인도 시부터 반선 시”까지가 기준이 되어야 한다.

정기용선자는 선박소유자에게 선박을 정기용선한 대가로 용선료를 정기용선계약에 따라 지급기일 내에 지급하여야 하나, 용선료의 지급의무를 제대로 이행하지 않은 경우에 합리적인 기간 내에 통지함으로써 선박소유자는 계약을 해제 또는 해지하고 선박을 회수할 수 있는데, 현행 상법규정은 이를 잘 반영하여 규정하고 있어 현행 상법규정을 유지하여도 무리가 없으므로 현행 상법규정을 유지토록 한다. 그러나 운송물이 선적되어 운송되고 있는 도중에 선박소유자가 단순히 선박회수권을 행사한다고 문제가 해결되는 것은 아니다.[1] 영미법의 경우에 선적항에서 이미 운송물이 선적되었거나 운송물을 선적한 후에 선박이 양항을 향하여 항해하고 있는 경우, 정기용선자가 지급기일 내에 용선료를 미지급하였다면, 선박소유자는 사실상 선박회수가 불가능하므로 운송물에 유치권을 행사하거나 재운임 또는 재용선료에 리언을 행사하게 된다. 선박회수가 효력을 발생하려면 선박이 선적 중인 경우에 이미 선적된 운송물을 다시 양하하여야 하고, 항해 중일 경우에 운송물을 양하하여 정기용선자가 선박을 더 이상 사용하지 못하게 하여야 한다. 이와같이 선박소유자가 선박회수권을 행사하기 위하여 이미 선적되어 있는 운송물을 양하하고 선박을 회수하는 것은 실무적으로 경제성이 결여되므로 실행가능성이 적다. 결과적으로 영미법에서는 운송물이 선적되어 운송되고 있는 도중에 선박회수권이 행사되었더라도 그 효과는 운송물이 모두 양하된 후에 발생한다. 따라서 정기용선자가 용선료를 지급기일 내에 지급하지 않을 경우에 선박소유자가 취할 수 있는 조치는 나음과 같다. 첫째, 선박에 운송물이 선적되어 있지 않은 상태에서는 선박회수권을 실시하여 선박을 회수한다. 둘째, 선박에 운송물이 선적되어 있는 상태에서는 정기용선자가 미지급한 용선료를 지급할 때까지 선박에 선적되어 있는 운송물에 유치권을 행사하거나 재운임 또는 재용선료에 리언을 행사하게 된다. 영미법에 의하면 선박회수의 효과는 운송물이 선박에 선적되어 있는 상태에서는 발생하지 않고 선박에 선적되어 있는 운송물이 모두 선박으로부터 양하된 후부터 효력이 발생하기 때문에, 선박에 운송물이 선적되어 있는 상태에서 선박소유자의 선박회수는 그 의미가 없다. 결과적으로 선박소유자는 운송물의 양하가 완료된 후에야 선박회수권을 행사할 수 있는 것이다. 이와같이 영미법에서는 운송물이 선적되어 있는 경우에 선박회수권의 효력이 인정되지 않는다.

그러나 우리나라 상법 제 845조 제1항에서 선박회수권의 효력을 인정하고 있는 반면, 상법 제845조 제2항에서 선박소유자의 운송의무를, 그리고 상법 제845조 제3항에서 선박소유자의 운송의무에 대한 대가를 확보하기 위하여 선박소유자에게 정기용선자가 적하이해관계인에 대하여 가지는 용선료 또는 운임에 대하여 질권을 인정하고 있다. 따라서 영미판례의 입장에 따라 정기용선자는 선박이 선적된 상태에서는 계약을 해지할 수 없고 운송물의

1) Lakatoi Express호 사건에서 Carruthers판사는 "정기용선한 선박이 회수되어 정기용선계약이 종료되면 뉴욕프로듀스서식(1946) 제18조는 효력이 없다. 따라서 선박소유자는 선박회수 후에 리언을 행사할 수 없다."라고 판시하였다. Mutual Export Corp. v. Asia Australian Express Ltd. – The Lakatoi Express [1990] 19 N SWLR 285.

양하완료 후에 계약을 해지할 수 있다고 규정하는 것이 보다 합리적이다.

현재 상법에는 정기용선자가 용선료를 늦게 지급했을 경우에 선박소유자가 권리를 주장할 수 있게 규정하고 있을 뿐, 용선계약의 기간 중에 정기용선자 측의 책임 없는 사유로 인하여 선박을 사용할 수 없게 된 때에는 그 기간 동안 용선료의 지급이 면제되는 것과같이 정기용선자가 권리를 주장할 수 있는 규정이 없다. 따라서 제3항을 신설하여 선박소유자와 정기용선자 사이의 권리주장에 있어 형평성을 유지하였다. 이와같이 용선료의 지급이 면제되는 기간은 선박이 가동력을 상실하여 정기용선자가 선박을 사용할 수 없게 된 기간을 말한다.

Ⅷ. 선박소유자의 운송물유치권 및 용선료 또는 운임질권

1. 현행규정

제844조 (선박소유자의 운송물유치권 및 경매권)

① 제807조 제2항 및 제808조는 정기용선자가 선박소유자에게 용선료 · 체당금, 그 밖에 이와 유사한 정기용선계약에 의한 채무를 이행하지 아니하는 경우에 준용한다. 다만, 선박소유자는 정기용선자가 발행한 선하증권을 선의로 취득한 제3자에게 대항하지 못한다.

② 제1항에 따른 선박소유자의 운송물에 대한 권리는 정기용선자가 운송물에 관하여 약정한 용선료 또는 운임의 범위를 넘어서 행사하지 못한다.

제845조 (용선료의 연체와 계약해지 등)

③ 선박소유자가 제2항에 따른 계약의 해제 또는 해지 및 운송계속의 뜻을 적하이해관계인에게 서면으로 통지를 한 때에는 선박소유자의 정기용선자에 대한 용선료 · 체당금, 그 밖에 이와 유사한 정기용선계약상의 채권을 담보하기 위하여 정기용선자가 적하이해관계인에 대하여 가지는 용선료 또는 운임의 채권을 목적으로 질권을 설정한 것으로 본다.

2. 규정의 제시

제008조 [선박소유자의 운송물유치권 및 용선료 또는 운임질권]

① 제807조 제2항 및 제808조는 정기용선자가 선박소유자에게 용선료 · 체당금, 그 밖에 이와 유사

한 정기용선계약에 의한 채무를 이행하지 아니하는 경우에 준용한다. 다만, 선박소유자는 정기용선자가 발행한 선하증권을 선의로 취득한 제3자에게 대항하지 못한다.

② 선박소유자가 적하이해관계인에게 서면으로 통지를 한 때에는 선박소유자의 정기용선자에 대한 용선료 · 체당금, 그 밖에 이와 유사한 정기용선계약상의 채권을 담보하기 위하여 정기용선자가 적하이해관계인에 대하여 가지는 용선료 또는 운임의 채권을 목적으로 질권을 설정한 것으로 본다.

③ 제1항과 제2항에 따른 선박소유자의 권리는 정기용선자가 운송물에 관하여 약정한 용선료 또는 운임의 범위를 넘어서 행사하지 못한다.

3. 이　　유

선박소유자의 운송물유치권 및 용선료 또는 운임질권은 내용상 기본적으로 현행 규정을 유지하여도 무리가 없다. 선박소유자의 운송물유치권 및 용선료 또는 운임질권은 목적이 선박소유자의 정기용선자에 대한 용선료 · 체당금, 그 밖에 이와 유사한 정기용선계약상의 채권의 담보라는 점에서 동일하고, 다만 실행에 있어서 대상이 선박소유자유치권은 운송물이고, 선박소유자질권은 용선료 또는 운임이라는 것이 다르다. 따라서 선박소유자의 운송물유치권과 용선료 또는 운임질권을 한 조항에 규정한다.

Ⅸ. 선박의 반선

1. 현행규정

상법은 현재 이를 규정하고 있지 않다.

2. 규정의 제시

제009조 [선박의 반선]

① 정기용선자는 약정한 반선기일 내에 약정한 반선장소에서 선박을 인도받았을 때와 같은 상태로 선박소유자에게 반선하여야 한다. 그러나 선박 및 속구의 통상적인 손상과 마모는 선박소유자의 부담으로 한다.

② 정기용선자가 선박소유자에게 선박을 약정한 반선기일보다 일찍 반선한 때에는 선박소유자는 정기용선자에게 반선일로부터 약정한 반선기일의 전일까지의 용선료의 지급을 청구하거나 손해배상을 청구할 수 있다.

③ 정기용선자가 선박소유자에게 선박을 약정한 반선기일보다 늦게 반선한 때에는 정기용선자는 선박소유자에게 시황용선료와 약정용선료 중에 높은 용선료를 약정한 반선기일의 익일로부터 반선일까지 지급하여야 한다. 그러나 약정한 반선기일까지 남아있는 잔여기간이 최종항해를 수행하기에 충분하지 아니하였을 때에는 그러하지 아니하다.

3. 이　　유

정기용선자는 용선기간이 끝나면 정기용선계약에 약정한 대로 선박을 선박소유자에게 반선하여야 한다. 이때 선박을 인도받았을 때와 같은 상태로 선박소유자에게 반선하여야 하는데 만약 선박에 손해를 입힌 경우에는 정기용선자가 이를 배상할 책임이 있다. 그러나 선박 및 속구의 통상적인 손상과 마모는 선박소유자가 부담한다는 것을 규정하였다.

정기용선자가 선박을 약정한 반선기일보다 일찍 반선한 때에는 정기용선자는 약정한 반선기일까지 용선료를 지급할 의무가 있으므로 선박을 반선하였다고 하더라도 반선일로부터 약정한 반선기일 전일까지의 용선료를 지급하여야 한다. 또한 선박소유자는, 자신의 판단으로, 손해배상청구가 더 유리하다고 판단할 때에는 실제 발생한 손해를 입증하여 정기용선자에게 손해배상을 청구할 수 있다.

정기용선자가 약정한 반선기일보다 늦게 선박을 반선한 때에는 약정한 반선기일의 익일로부터 반선일까지의 용선료는 시황용선료가 약정용선료보다 낮으면 당연히 약정용선료가 적용되나, 시황용선료가 약정용선료보다 높으면 정기용선자의 위반사유로 늦게 반선된 것이므로 시황용선료를 지급하여야 한다. 그러나 약정한 반선기일까지의 잔여기간이 정기용선자가 의도한 최종항해를 수행하기에 충분하지 아니한 것이 상관례상 명백한 때에는, 선박소유자는 선장에게 그 항차를 이행하지 않을 것을 지시할 수가 있는데, 정기용선자는 약정한 반선기일이 초과할 것으로 예상되는 항해에 대하여 선박소유자와 새로운 용선료를 협상하여 다시 새로운 계약을 성립하든가, 약정한 반선기일까지 종료할 수 있는 다른 항해를 이행하든지 또는 선박소유자에게 선박을 반선하여야 한다. 만약 정기용선자가 약정한 반선기일을 초과할 것으로 예상되는 항해를 선장에게 지시하였음에도 불구하고 선박소유자가 아무런 이의 없이 항차의 이행을 만료하였고, 시황용선료가 약정용선료보다 높을 경우에는 정기용선자는 선박소유자에게 약정한 반선기일의 익일로부터 반선일까지 시황용선료를 지급하여야 한다. 물론, 시황용선료가 약정용선료보다 낮을 경우에 약정용선료를 지급하여야 된다.

X. 제3자에 대한 책임

1. 현행규정

상법은 현재 이를 규정하고 있지 않다.

2. 규정의 제시

제010조 [제3자에 대한 책임]

① 정기용선자가 자기의 명의로 항해용선자와 항해용선계약을 체결한 경우에 제809조의 규정을 준용한다. 단 손해의 원인이 분명하지 않은 경우에는 선박소유자와 정기용선자가 그 책임을 균등하게 분배한다.

② 선박소유자 또는 정기용선자가 제3자에 대하여 제809조 또는 위 제1항에 따라 책임을 지는 경우에는 제005조와 제006조의 규정을 준용한다.

3. 이 유

정기용선계약 하에서 발생한 적하손해에 대하여 선박소유자와 정기용선자 가운데 누가 책임을 지는가의 문제를 판단하기가 쉽지 않다. 따라서 적하손해에 대한 책임관계에서 이미 검토하였듯이 Inter-Club NYPE Agreement(1996)는 정기용선계약 하에서 발생한 적하손해에 대하여 정기용선자와 선박소유자 사이에 책임분배의 해결기준을 정하고 있다. Inter-Club NYPE Agreement(1996)가 적하손해에 대한 책임분배를 그 원인에 따라서 분담하였듯이 제010조에서는 정기용선자가 제3자와 체결한 운송계약 또는 항해용선계약에서 발생한 적하손해에 대하여 선박소유자와 정기용선자가 책임을 부담하는 경우에 선박소유자와 정기용선자 사이의 책임분배에 대한 기준을 규정하였다.

제809조는 제1절 개품운송에서 규정되어 있으므로 제3자가 항해용선자인 경우에는

적용되지 않는다. 따라서 제1항에서는 정기용선자가 자기의 명의로 항해용선자와 항해용선계약을 체결한 경우에 제809조가 적용되게 하기 위하여 준용규정을 신설하였다. 또한 정기용선자가 자기의 명의로 제3자와 체결한 운송계약 또는 항해용선계약에서 발생한 적하손해의 원인이 분명하지 않은 경우에 Inter-Club NYPE Agreement(1996)를 참조하여 선박소유자와 정기용선자가 그 책임을 균등하게 분배하도록 규정하였다. 제2항에는 정기용선자가 자기의 명의로 체결한 운송계약 또는 항해용선계약 하에서 발생한 적하손해에 대하여 선박소유자와 정기용선자가 책임을 부담하는 경우에 선박소유자와 정기용선자 사이의 내부적 법률관계를 규정하였다. 즉 그 원인이 선박의 항해 또는 관리와 관련하여 발생하였다면 선박소유자가 책임을 져야 하며, 상업적 이용과 관련하여 발생하였다면 정기용선자가 책임을 져야 한다고 제5조와 제6조를 준용하여 규정하였다.

XI. 책임의 면제

1. 현행규정

상법은 현재 이를 규정하고 있지 않다.

2. 규정의 제시

제011조 [책임의 면제]

① 선박소유자와 정기용선자는 다음 각 호의 사실에 의하여 발생한 손해에 대하여는 서로 책임이 없다.

1. 해상이나 그 밖에 항행할 수 있는 수면에서의 위험 또는 사고
2. 불가항력
3. 화재
4. 전쟁, 폭동 또는 내란
5. 해적행위나 그 밖에 이에 준한 행위
6. 재판상의 압류, 검역상의 제한, 그 밖에 공권에 의한 제한
7. 동맹파업이나 그 밖의 쟁의행위 또는 선박폐쇄

② 제1항 제3호의 사유가 선박소유자 또는 정기용선자의 고의 또는 과실에 의하여 발생하였을 경

우에는 그러하지 아니하다.

③ 항해 또는 운송이 법령을 위반하게 되거나 그 밖에 불가항력으로 인하여 계약의 목적을 달할 수 없게 된 때에는 각 당사자는 계약을 해제 또는 해지할 수 있다.

3. 이 유

책임의 면제조항에서 제1항과 제2항에서 상호면책사유에 대하여 규정하였다. 그리고 제3항에서는 영미법상 프러스트레이션에 해당하는 상법 제811조 제1항에 해당하는 내용을 참조하여 규정하였다.

제1항의 면책사유는 뉴욕프로듀스서식과 헤이그-비스비규칙을 참조로 규정하였다. 그러나 제1항 제3호의 화재[2)]에 대하여는 논란이 있으므로 제2항에서 선박소유자 또는 정기용선자의 고의 또는 과실에 의하여 발생하였을 경우에는 화재가 발생하도록 원인을 제공한 당사자가 책임을 지도록 하였다.

제3항을 규정한 이유를 검토하기 위하여 영미법상 프러스트레이션과 우리나라 법제를 연구하여 비교해 본다. 우리나라법상의 이행불능은 영미법상의 프러스트레이션과 다른 개념이다. 이행불능에 관하여 우리나라 민법 제390조 단서는 "그러나 채무자의 고의나 과실 없이 이행할 수 없게 된 때에는 그러하지 아니하다."라고 규정하고 있고, 제538조와 제546조는 채무자에게 책임 있는 사유로 이행이 불능하게 된 경우에 대하여 따로 규정하고 있다. 우리나라법상 이행불능은 채무자의 귀책사유로 급부가 후발적으로 불능하게 되어 손해배상의무가 발생하게 되는 경우를 가리킨다. 이행불능은 채무불이행으로 인하여 책임이 발생하게 되는 불이행의 한 유형을 가리키는 말이다. 그러나 프러스트레이션의 효과는 계약이 법의 작용에 의하여 자동적으로 종료되는 것이다. 해제와 같은 행위는 필요 없다. 계약당사자 모두가 의무를 면하게 된다. 프러스트레이션에 의한 계약의 종료는 계약의 자동적이고 전면적인 종료이다.[3)] 영미법이 채무자의 책임 없는 사유로 인한 이행불능도 프러스트레이션의 원칙에 의하여 해결하는 것이 한국이나 독일의 이론체계와 다른 점이다.[4)] 우리나라 민법에

2) 이 화재는 선박에 있어서의 화재이므로 화재의 원인이 선박 내에 있어야 한다. 그러나 화재로 인한 손해가 선박 내에서 발생하여야 한다는 뜻은 아니다. 이 요건도 영미법에 따른 것인데 이러한 의미에 있어서의 선박화재는, (a) 선박 내에서 발생한 것은 물론이고 발생 원인이 선박 내에 있는 한 선박에 있어서의 화재라고 봄으로 예컨대 선박연료탄의 발화로 가열된 옥수수가 부선에 이적된 후 가열이 곧 원인이 되어 발화한 경우도 이에 포함되고(Tempus Shipping Co. v. Louis Dreyfus [1930] 1 K.B. 699), 이와는 반대로 (b) 육상이나 기타 선박 외의 화재가 선박에 미쳐 온 경우에는 그에 포함되지 아니 한다. 배병태, 「주석해상법」, (서울: 한국사법행정학회, 1980), 208-209쪽.

3) 이호정, 앞의 책, 483-484쪽.

서 볼 때 이행불능이라고 하면 어떤 경우에는 영미법상의 프러스트레이션의 의미로도 쓰이고(민법 제390조 단서) 또 어떤 경우에는 채무자의 귀책사유에 의한 이행불능의 의미로도 혼용되기 쉬운 것임을 알 수 있다(민법 제538조와 제546조). 따라서 우리나라법상의 이행불능에 해당하는 여러 가지 경우 중에서 영미법상의 프러스트레이션에 해당하는 경우만을 특히 프러스트레이션이라고 부르는 것이 타당하다고 본다. 그러므로 영미법상의 프러스트레이션의 개념에 해당하는 우리나라 민법의 규정은 민법 제390조 단서에 해당하는 것임을 알 수 있다. 또한 우리나라 민법에 일반규정은 없으나 일반원칙으로 법원에 의하여 판단되고 있는[5] 사정변경의 원칙이 영미법상의 프러스트레이션에 해당된다고 하겠다.

우리나라 상법에서 정기용선계약과 관련한 규정에 영미법상 프러스트레이션과 같은 내용의 입법이 요구된다. 그런데 우리나라 상법 제811조에 영미법의 프러스트레이션과 유사한 취지의 내용이 규정되어 있으므로 상법 제811조 제1항의 규정을 참조하여 제3항을 규정하였다. 또한 영미법상 프러스트레이션에서는 해제나 해지와 같은 행위가 필요 없으나 대륙법계인 우리나라 법제의 성질을 고려하여 각 당사자는 계약을 "해제" 이외에도 "해지"할 수 있다고 규정하였다.

XII. 정기용선계약상의 채권의 소멸

1. 현행규정

제846조 (정기용선계약상의 채권의 소멸)

① 정기용선계약에 관하여 발생한 당사자 사이의 채권은 선박이 선박소유자에게 반환된 날부터 2년 내에 재판상 청구가 없으면 소멸한다. 이 경우 제814조 제1항 단서를 준용한다.

② 제840조 제2항은 제1항의 경우에 준용한다.

---

4) 위의 책, 486쪽.

5) 사정변경으로 계약해지를 인정한 판례에는 대판 1990. 6. 12, 89다카30075; 대판 1992. 5. 26, 92다2332; 대판 1996. 11. 12, 96다34061; 서울고판 2001. 2. 8, 99나17830이 있다. 그리고 사정변경으로 계약해지를 부정한 판례에는 대판 1963. 9. 12, 63다452; 대판 1991. 2. 26, 90다19664이 있다.

2. 규정의 제시

정기용선계약상의 채권의 소멸에 대하여는 현행 상법 제846조의 규정을 유지한다.

3. 이　　유

정기용선계약상의 채권의 소멸에 관하여는 금번 해상법 개정 시 많은 논의가 있었던 것으로 알고 있다. 일부에서 5년을 제시하였으나 용선체인 등의 문제점을 감안하여 2년으로 결정되었다. 이미 많은 논의가 있었고 특별하게 반대의 의견을 제시할 이유도 없으므로 현행규정을 유지한다.

제 3 절　결

이상의 내용을 정리하여 보면 정기용선에 관한 개정안은 다음과 같다.

제001조 [정기용선계약의 의의]
정기용선계약은 선박소유자가 용선자에게 선원이 승무하고 항해 장비를 갖춘 선박을 일정한 기간 동안 항해에 사용하게 할 것을 약정하고, 용선자가 이에 대하여 기간으로 정한 용선료를 지급하기로 약정함으로써 그 효력이 생긴다.

제002조 [정기용선계약서의 기재사항]
정기용선계약서에는 다음 각 호의 사항을 기재한다.
1. 선박을 특정하는 데 필요한 사항
2. 선박의 속력과 연료소모량
3. 선박소유자와 정기용선자의 명칭
4. 용선료
5. 용선기간

제1편
제2편
제3편
제4편
제5편
제6편
제7편
제8편

6. 인도기일과 인도장소
7. 반선장소

제003조 [선박의 인도]

① 선박소유자는 약정한 인도기일 안에 약정한 인도장소에서 화물을 운송하는 데 적합하도록 감항능력을 갖춘 선박을 정기용선자에게 제공하여야 한다.

② 선박소유자가 정기용선자에게 선박을 약정한 인도기일보다 일찍 인도한 때에는 정기용선자는 약정한 인도기일이 도래할 때까지 선박의 인도를 거부할 수 있다. 그러나 정기용선자가 이의를 제기하지 아니하고 약정한 인도기일 전에 인도된 선박을 사용할 때에는 그러하지 아니하다.

③ 선박소유자가 정기용선자에게 선박을 약정한 인도기일보다 늦게 인도한 때에는 다른 합의가 없는 때에 한하여, 정기용선자는 선박소유자가 선박을 정기용선자에게 인도할 때까지 늦게 인도된 선박을 사용할 것인가에 대하여 선박소유자에게 통지하여야 한다.

제004조 [정기용선자의 선장지휘권]

① 정기용선자는 약정한 범위 안의 선박의 사용을 위하여 선장을 지휘할 권리가 있다.

② 선장 · 해원, 그 밖의 선박사용인이 정기용선자의 정당한 지시를 위반하여 정기용선자에게 손해가 발생한 경우에는 선박소유자가 이를 배상할 책임이 있다.

③ 정기용선자가 선박을 사용하는 도중 선박소유자에게 손해가 발생한 경우에는 정기용선자가 이를 배상할 책임이 있다. 다만, 그 손해가 선박소유자, 선장 · 해원, 그 밖의 선박사용인의 고의 또는 과실로 발생한 때에는 그러하지 아니하다.

제005조 [선박소유자의 책임]

① 선박소유자는 약정한 용선기간 동안 선박의 감항능력을 유지할 책임이 있다.

② 선박소유자는 선박의 항해 또는 관리와 관련하여 정기용선자에게 발생한 손해와 비용에 대한 책임을 부담한다.

제006조 [정기용선자의 책임]

정기용선자는 선박의 상업적 이용과 관련하여 선박소유자에게 발생한 손해와 비용에 대한 책임을 부담한다.

제007조 [용선료]

① 정기용선자가 선박소유자로부터 선박을 인도받은 시점에서 반선하는 시점까지의 기간에 의하여

그 용선료를 정한다.

② 정기용선자가 용선료를 약정기일에 지급하지 아니한 때에는 선박소유자는 계약을 해제 또는 해지할 수 있다. 그러나 정기용선자가 제3자와 운송계약을 체결하여 운송물을 선적한 후 선박의 항해 중에는 선박소유자는 운송물의 양하 완료 후가 아니면 계약을 해지할 수 없다.

③ 정기용선자가 책임이 없는 사유로 인하여 정기용선자가 선박을 사용할 수 없게 된 때에는 그 기간 동안 용선료의 지급은 정지된다.

제008조 [선박소유자의 운송물유치권 및 용선료 또는 운임질권]

① 제807조 제2항 및 제808조는 정기용선자가 선박소유자에게 용선료 · 체당금, 그 밖에 이와 유사한 정기용선계약에 의한 채무를 이행하지 아니하는 경우에 준용한다. 다만, 선박소유자는 정기용선자가 발행한 선하증권을 선의로 취득한 제3자에게 대항하지 못한다.

② 선박소유자가 적하이해관계인에게 서면으로 통지를 한 때에는 선박소유자의 정기용선자에 대한 용선료 · 체당금, 그 밖에 이와 유사한 정기용선계약상의 채권을 담보하기 위하여 정기용선자가 적하이해관계인에 대하여 가지는 용선료 또는 운임의 채권을 목적으로 질권을 설정한 것으로 본다.

③ 제1항과 제2항에 따른 선박소유자의 권리는 정기용선자가 운송물에 관하여 약정한 용선료 또는 운임의 범위를 넘어서 행사하지 못한다.

제009조 [선박의 반선]

① 정기용선자는 약정한 반선기일 안에 약정한 반선장소에서 선박을 인도받았을 때와 같은 상태로 선박소유자에게 반선하여야 한다. 그러나 선박 및 속구의 통상적인 손상과 마모는 선박소유자의 부담으로 한다.

② 정기용선자가 선박소유자에게 선박을 약정한 반선기일보다 일찍 반선한 때에는 선박소유자는 정기용선자에게 반선일로부터 약정한 반선기일의 전일까지의 용선료의 지급을 청구하거나 손해배상을 청구할 수 있다.

③ 정기용선자가 선박소유자에게 선박을 약정한 반선기일보다 늦게 반선한 때에는 정기용선자는 선박소유자에게 시황용선료와 약정용선료 중에 높은 용선료를 약정한 반선기일의 익일로부터 반선일까지 지급하여야 한다. 그러나 약정한 반선기일까지 남아있는 잔여기간이 최종항해를 수행하기에 충분하지 아니하였을 때에는 그러하지 아니하다.

제010조 [제3자에 대한 책임]

① 정기용선자가 자기의 명의로 항해용선자와 항해용선계약을 체결한 경우에 제809조의 규정을 준용한다. 단 손해의 원인이 분명하지 않은 경우에는 선박소유자와 정기용선자가 그 책임을 균등하

게 분배한다.

② 선박소유자 또는 정기용선자가 제3자에 대하여 제809조 또는 위 제1항에 따라 책임을 지는 경우에는 제5조와 제6조의 규정을 준용한다.

제011조 [책임의 면제]

① 선박소유자와 정기용선자는 다음 각 호의 사실에 의하여 발생한 손해에 대하여는 서로 책임이 없다.

1. 해상이나 그 밖에 항행할 수 있는 수면에서의 위험 또는 사고
2. 불가항력
3. 화재
4. 전쟁, 폭동 또는 내란
5. 해적행위나 그 밖에 이에 준한 행위
6. 재판상의 압류, 검역상의 제한, 그 밖에 공권에 의한 제한
7. 동맹파업이나 그 밖의 쟁의행위 또는 선박폐쇄

② 제1항 제3호의 사유가 선박소유자 또는 정기용선자의 고의 또는 과실에 의하여 발생하였을 경우에는 그러하지 아니하다.

③ 항해 또는 운송이 법령을 위반하게 되거나 그 밖에 불가항력으로 인하여 계약의 목적을 달할 수 없게 된 때에는 각 당사자는 계약을 해제 또는 해지할 수 있다.

제012조 [정기용선계약상의 채권의 소멸]

① 정기용선계약에 관하여 발생한 당사자 사이의 채권은 선박이 선박소유자에게 반환된 날부터 2년 내에 재판상 청구가 없으면 소멸한다. 이 경우 제814조 제1항 단서를 준용한다.

② 제840조 제2항은 제1항의 경우에 준용한다.

부 록

1. 상법전 제5편 해상
2. 표준 정기용선계약서
   (1) NYPE (1946)
   (2) NYPE (1993)
   (3) BALTIME (2001)
   (4) GENTIME
   (5) BPTIME3
3. Inter-Club New York Produce Exchange Agreement (1996)

1. 상법전 제5편 해상 <개정 2007. 8. 3>

제1장 해상기업

제1절 선 박

제740조 (선박의 의의)
이 법에서 "선박"이란 상행위나 그 밖의 영리를 목적으로 항해에 사용하는 선박을 말한다.

제741조 (적용범위)
① 항해용 선박에 대하여는 상행위나 그 밖의 영리를 목적으로 하지 아니하더라도 이 편의 규정을 준용한다. 다만, 국유 또는 공유의 선박에 대하여는 「선박법」 제29조 단서에도 불구하고 항해의 목적·성질 등을 고려하여 이 편의 규정을 준용하는 것이 적합하지 아니한 경우로서 대통령령으로 정하는 경우에는 그러하지 아니하다.
② 이 편의 규정은 단정(短艇) 또는 주로 노 또는 상앗대로 운전하는 선박에는 적용하지 아니한다.

제742조 (선박의 종물)
선박의 속구목록에 기재한 물건은 선박의 종물로 추정한다.

제743조 (선박소유권의 이전)
등기 및 등록할 수 있는 선박의 경우 그 소유권의 이전은 당사자 사이의 합의만으로 그 효력이 생긴다. 다만, 이를 등기하고 선박국적증서에 기재하지 아니하면 제3자에게 대항하지 못한다.

제744조 (선박의 압류·가압류)
① 항해의 준비를 완료한 선박과 그 속구는 압류 또는 가압류를 하지 못한다. 다만, 항해를 준비하기 위하여 생긴 채무에 대하여는 그러하지 아니하다.
② 제1항은 총톤수 20톤 미만의 선박에는 적용하지 아니한다.

제2절 선 장

제745조 (선장의 선임·해임)
선장은 선박소유자가 선임 또는 해임한다.

제746조 (선장의 부당한 해임에 대한 손해배상청구권)
선박소유자가 정당한 사유 없이 선장을 해임한 때에는 선장은 이로 인하여 생긴 손해의 배상을 청구할 수 있다.

제747조 (선장의 계속직무집행의 책임)
선장은 항해 중에 해임 또는 임기가 만료된 경우에도 다른 선장이 그 업무를 처리할 수 있는 때 또는 그 선박이 선적항에 도착할 때까지 그 직무를 집행할 책임이 있다.

제748조 (선장의 대선장 선임의 권한 및 책임)
선장은 불가항력으로 인하여 그 직무를 집행하기가 불능한 때에 법령에 다른 규정이 있는 경우를 제외하고는 자기의 책임으로 타인을 선정하여 선장의 직무를 집행하게 할 수 있다.

제749조 (대리권의 범위)
① 선적항 외에서는 선장은 항해에 필요한 재판상 또는 재판 외의 모든 행위를 할 권한이 있다.
② 선적항에서는 선장은 특히 위임을 받은 경우 외에는 해원의 고용과 해고를 할 권한만을 가진다.

제750조 (특수한 행위에 대한 권한)
① 선장은 선박수선료 · 해난구조료, 그 밖에 항해의 계속에 필요한 비용을 지급하여야 할 경우 외에는 다음의 행위를 하지 못한다.

1. 선박 또는 속구를 담보에 제공하는 일
2. 차재(借財)하는 일
3. 적하의 전부나 일부를 처분하는 일

② 적하를 처분할 경우의 손해배상액은 그 적하가 도달할 시기의 양륙항의 가격에 의하여 정한다. 다만, 그 가격 중에서 지급을 요하지 아니하는 비용을 공제하여야 한다.

제751조 (대리권에 대한 제한)
선장의 대리권에 대한 제한은 선의의 제3자에게 대항하지 못한다.

제752조 (이해관계인을 위한 적하의 처분)
① 선장이 항해 중에 적하를 처분하는 경우에는 이해관계인의 이익을 위하여 가장 적당한 방법으로 하여야 한다.
② 제1항의 경우에 이해관계인은 선장의 처분으로 인하여 생긴 채권자에게 적하의 가액을 한도로 하여 그 책임을 진다. 다만, 그 이해관계인에게 과실이 있는 때에는 그러하지 아니하다.

제753조 (선박경매권)
선적항 외에서 선박이 수선하기 불가능하게 된 때에는 선장은 해무관청의 인가를 받아 이를 경매할 수 있다.

제754조 (선박의 수선불능)
① 다음 각 호의 경우에는 선박은 수선하기 불가능하게 된 것으로 본다.

1. 선박이 그 현재지에서 수선을 받을 수 없으며 또 그 수선을 할 수 있는 곳에 도달하기 불가능한 때
2. 수선비가 선박의 가액의 4분의 3을 초과할 때

② 제1항 제2호의 가액은 선박이 항해 중 훼손된 경우에는 그 발항한 때의 가액으로 하고 그 밖의 경우에는 그 훼손 전의 가액으로 한다.

제755조 (보고 · 계산의 의무)
① 선장은 항해에 관한 중요한 사항을 지체 없이 선박소유자에게 보고하여야 한다.
② 선장은 매 항해를 종료한 때에는 그 항해에 관한 계산서를 지체 없이 선박소유자에게 제출하여 그 승인을 받아야 한다.
③ 선장은 선박소유자의 청구가 있을 때에는 언제든지 항해에 관한 사항과 계산의 보고를 하여야 한다.

제3절 선박공유

제756조 (선박공유자의 업무결정)
① 공유선박의 이용에 관한 사항은 공유자의 지분의 가격에 따라 그 과반수로 결정한다.
② 선박공유에 관한 계약을 변경하는 사항은 공유자의 전원일치로 결정하여야 한다.

제757조 (선박공유와 비용의 부담)
선박공유자는 그 지분의 가격에 따라 선박의 이용에 관한 비용과 이용에 관하여 생긴 채무를 부담한다.

제758조 (손익분배)
손익의 분배는 매 항해의 종료 후에 있어서 선박공유자의 지분의 가격에 따라서 한다.

제759조 (지분의 양도)
선박공유자 사이에 조합관계가 있는 경우에도 각 공유자는 다른 공유자의 승낙 없이 그 지분을 타인에게 양도할 수 있다. 다만, 선박관리인의 경우에는 그러하지 아니하다.

제760조 (공유선박의 국적상실과 지분의 매수 또는 경매청구)
선박공유자의 지분의 이전 또는 그 국적상실로 인하여 선박이 대한민국의 국적을 상실할 때에는 다른 공유자는 상당한 대가로 그 지분을 매수하거나 그 경매를 법원에 청구할 수 있다.

제761조 (결의반대자의 지분매수청구권)
① 선박공유자가 신항해를 개시하거나 선박을 대수선할 것을 결의한 때에는 그 결의에 이의가 있는 공유자는 다른 공유자에 대하여 상당한 가액으로 자기의 지분을 매수할 것을 청구할 수 있다.
② 제1항의 청구를 하고자 하는 자는 그 결의가 있은 날부터, 결의에 참가하지 아니한 경우에는 결의 통지를 받은 날부터 3일 이내에 다른 공유자 또는 선박관리인에 대하여 그 통지를 발송하여야 한다.

제762조 (해임선장의 지분매수청구권)
① 선박공유자인 선장이 그 의사에 반하여 해임된 때에는 다른 공유자에 대하여 상당한 가액으로 그 지분을 매수할 것을 청구할 수 있다.
② 선박공유자가 제1항의 청구를 하고자 하는 때에는 지체 없이 다른 공유자 또는 선박관리인에 대하여 그 통지를 발송하여야 한다.

제763조 (항해 중 선박 등의 양도)
항해 중에 있는 선박이나 그 지분을 양도한 경우에 당사자 사이에 다른 약정이 없으면 양수인이 그 항해로부터 생긴 이익을 얻고 손실을 부담한다.

제764조 (선박관리인의 선임 · 등기)
① 선박공유자는 선박관리인을 선임하여야 한다. 이 경우 선박공유자가 아닌 자를 선박관리인으로 선임함에는 공유자 전원의 동의가 있어야 한다.
② 선박관리인의 선임과 그 대리권의 소멸은 등기하여야 한다.

제765조 (선박관리인의 권한)
① 선박관리인은 선박의 이용에 관한 재판상 또는 재판 외의 모든 행위를 할 권한이 있다.
② 선박관리인의 대리권에 대한 제한은 선의의 제3자에게 대항하지 못한다.

제766조 (선박관리인의 권한의 제한)
선박관리인은 선박공유자의 서면에 의한 위임이 없으면 다음 각 호의 행위를 하지 못한다.

1. 선박을 양도 · 임대 또는 담보에 제공하는 일
2. 신항해를 개시하는 일
3. 선박을 보험에 붙이는 일
4. 선박을 대수선하는 일
5. 차재하는 일

제767조 (장부의 기재 · 비치)
선박관리인은 업무집행에 관한 장부를 비치하고 그 선박의 이용에 관한 모든 사항을 기재하여야 한다.

제768조 (선박관리인의 보고 · 승인)
선박관리인은 매 항해의 종료 후에 지체 없이 그 항해의 경과상황과 계산에 관한 서면을 작성하여 선박공유자에게 보고하고 그 승인을 받아야 한다.

제4절 선박소유자 등의 책임제한

제769조 (선박소유자의 유한책임)
선박소유자는 청구원인의 여하에 불구하고 다음 각 호의 채권에 대하여 제770조에 따른 금액의 한도로 그 책임을 제한할 수 있다. 다만, 그 채권이 선박소유자 자신의 고의 또는 손해발생의 염려가 있음을 인식하면서 무모하게 한 작위 또는 부작위로 인하여 생긴 손해에 관한 것인 때에는 그러하지 아니하다.

1. 선박에서 또는 선박의 운항에 직접 관련하여 발생한 사람의 사망, 신체의 상해 또는 그 선박 외의 물건의 멸실 또는 훼손으로 인하여 생긴 손해에 관한 채권
2. 운송물, 여객 또는 수하물의 운송의 지연으로 인하여 생긴 손해에 관한 채권
3. 제1호 및 제2호 외에 선박의 운항에 직접 관련하여 발생한 계약상의 권리 외의 타인의 권리의 침해로 인하여 생긴 손해에 관한 채권
4. 제1호부터 제3호까지의 채권의 원인이 된 손해를 방지 또는 경감하기 위한 조치에 관한 채권 또는 그 조치의 결과로 인하여 생긴 손해에 관한 채권

제770조 (책임의 한도액)

① 선박소유자가 제한할 수 있는 책임의 한도액은 다음 각 호의 금액으로 한다.

1. 여객의 사망 또는 신체의 상해로 인한 손해에 관한 채권에 대한 책임의 한도액은 그 선박의 선박검사증서에 기재된 여객의 정원에 17만5천 계산단위(국제통화기금의 1 특별인출권에 상당하는 금액을 말한다. 이하 같다)를 곱하여 얻은 금액으로 한다.
2. 여객 외의 사람의 사망 또는 신체의 상해로 인한 손해에 관한 채권에 대한 책임의 한도액은 그 선박의 톤수에 따라서 다음 각 목에 정하는 바에 따라 계산된 금액으로 한다. 다만, 300톤 미만의 선박의 경우에는 16만7천 계산단위에 상당하는 금액으로 한다.
   가. 500톤 이하의 선박의 경우에 는 33만3천 계산단위에 상당하는 금액
   나. 500톤을 초과하는 선박의 경우에는 가목의 금액에 500톤을 초과하여 3천톤까지의 부분에 대하여는 매 톤당 500 계산단위, 3천톤을 초과하여 3만톤까지의 부분에 대하여는 매 톤당 333 계산단위, 3만톤을 초과하여 7만톤까지의 부분에 대하여는 매 톤당 250 계산단위 및 7만톤을 초과한 부분에 대하여는 매 톤당 167 계산단위를 각 곱하여 얻은 금액을 순차로 가산한 금액
3. 제1호 및 제2호 외의 채권에 대한 책임의 한도액은 그 선박의 톤수에 따라서 다음 각 목에 정하는 바에 따라 계산된 금액으로 한다. 다만, 300톤 미만의 선박의 경우에는 8만3천 계산단위에 상당하는 금액으로 한다.
   가. 500톤 이하의 선박의 경우에는 16만7천 계산단위에 상당하는 금액
   나. 500톤을 초과하는 선박의 경우에는 가목의 금액에 500톤을 초과하여 3만톤까지의 부분에 대하여는 매 톤당 167 계산단위, 3만톤을 초과하여 7만톤까지의 부분에 대하여는 매 톤당 125 계산단위 및 7만톤을 초과한 부분에 대하여는 매 톤당 83 계산단위를 각 곱하여 얻은 금액을 순차로 가산한 금액

② 제1항 각 호에 따른 각 책임한도액은 선박마다 동일한 사고에서 생긴 각 책임한도액에 대응하는 선박소유자에 대한 모든 채권에 미친다.

③ 제769조에 따라 책임이 제한되는 채권은 제1항 각 호에 따른 각 책임한도액에 대하여 각 채권액의 비율로 경합한다.

④ 제1항 제2호에 따른 책임한도액이 같은 호의 채권의 변제에 부족한 때에는 제3호에 따른 책임한도액을 그 잔액채권의 변제에 충당한다. 이 경우 동일한 사고에서 제3호의 채권도 발생한 때에는 이 채권과 제2호의 잔액채권은 제3호에 따른 책임한도액에 대하여 각 채권액의 비율로 경합한다.

제771조 (동일한 사고로 인한 반대채권액의 공제)
선박소유자가 책임의 제한을 받는 채권자에 대하여 동일한 사고로 인하여 생긴 손해에 관한 채권을 가지는 경우에는 그 채권액을 공제한 잔액에 한하여 책임의 제한을 받는 채권으로 한다.

제772조 (책임제한을 위한 선박톤수)
제770조 제1항에서 규정하는 선박의 톤수는 국제항해에 종사하는 선박의 경우에는 「선박법」에서 규정하는 국제총톤수로 하고 그 밖의 선박의 경우에는 같은 법에서 규정하는 총톤수로 한다.

제773조 (유한책임의 배제)
선박소유자는 다음 각 호의 채권에 대하여는 그 책임을 제한하지 못한다.

1. 선장 · 해원, 그 밖의 사용인으로서 그 직무가 선박의 업무에 관련된 자 또는 그 상속인, 피부양자, 그 밖의 이해관계인의 선박소유자에 대한 채권
2. 해난구조로 인한 구조료 채권 및 공동해손의 분담에 관한 채권
3. 1969년 11월 29일 성립한 「유류 오염손해에 대한 민사책임에 관한 국제조약」 또는 그 조약의 개정 조항이 적용되는 유류오염손해에 관한 채권
4. 침몰 · 난파 · 좌초 · 유기, 그 밖의 해양사고를 당한 선박 및 그 선박 안에 있거나 있었던 적하와 그 밖의 물건의 인양 · 제거 · 파괴 또는 무해조치에 관한 채권
5. 원자력손해에 관한 채권

제774조 (책임제한을 할 수 있는 자의 범위)
① 다음 각 호의 어느 하나에 해당하는 자는 이 절의 규정에 따라 선박소유자의 경우와 동일하게 책임을 제한할 수 있다.

1. 용선자 · 선박관리인 및 선박운항자
2. 법인인 선박소유자 및 제1호에 규정된 자의 무한책임사원
3. 자기의 행위로 인하여 선박소유자 또는 제1호에 규정된 자에 대하여 제769조 각 호에 따른 채권이 성립하게 한 선장 · 해원 · 도선사, 그 밖의 선박소유자 또는 제1호에 규정된 자의 사용인 또는 대리인

② 동일한 사고에서 발생한 모든 채권에 대한 선박소유자 및 제1항에 규정된 자에 의한 책임제한의 총액은 선박마다 제770조에 따른 책임한도액을 초과하지 못한다.
③ 선박소유자 또는 제1항 각 호에 규정된 자의 1인이 책임제한절차개시의 결정을 받은 때에는 책임제한을 할 수 있는 다른 자도 이를 원용할 수 있다.

제775조 (구조자의 책임제한)
① 구조자 또는 그 피용자의 구조활동과 직접 관련하여 발생한 사람의 사망 · 신체의 상해, 재산의 멸실이나 훼손, 계약상 권리 외의 타인의 권리의 침해로 인하여 생긴 손해에 관한 채권 및 그러한 손해를 방지 혹은 경감하기 위한 조치에 관한 채권 또는 그 조치의 결과로 인하여 생긴 손해에 관한 채권에 대하여는 제769조부터 제774조(제769조 제2호 및 제770조 제1항 제1호를 제외한다)까지의 규정에 따라 구조자도 책임을 제한할 수 있다.
② 구조활동을 선박으로부터 행하지 아니한 구조자 또는 구조를 받는 선박에서만 행한 구조자는 제770조에 따른 책임의 한도액에 관하여 1천500톤의 선박에 의한 구조자로 본다.
③ 구조자의 책임의 한도액은 구조선마다 또는 제2항의 경우에는 구조자마다 동일한 사고로 인하여 생긴 모든 채권에 미친다.
④ 제1항에서 "구조자"란 구조활동에 직접 관련된 용역을 제공한 자를 말하며, "구조활동"이란 해난구조 시의 구조활동은 물론 침몰 · 난파 · 좌초 · 유기, 그 밖의 해양사고를 당한 선박 및 그 선박 안에 있거나 있었던 적하와 그 밖의 물건의 인양 · 제

거 · 파괴 또는 무해조치 및 이와 관련된 손해를 방지 또는 경감하기 위한 모든 조치를 말한다.

제776조 (책임제한의 절차)
① 이 절의 규정에 따라 책임을 제한하고자 하는 자는 채권자로부터 책임한도액을 초과하는 청구금액을 명시한 서면에 의한 청구를 받은 날부터 1년 이내에 법원에 책임제한절차개시의 신청을 하여야 한다.
② 책임제한절차 개시의 신청, 책임제한의 기금의 형성 · 공고 · 참가 · 배당, 그 밖에 필요한 사항은 별도로 법률로 정한다.

제5절 선박담보

제777조 (선박우선특권 있는 채권)
① 다음의 채권을 가진 자는 선박 · 그 속구, 그 채권이 생긴 항해의 운임, 그 선박과 운임에 부수한 채권에 대하여 우선특권이 있다.

1. 채권자의 공동이익을 위한 소송비용, 항해에 관하여 선박에 과한 제세금, 도선료 · 예선료, 최후 입항 후의 선박과 그 속구의 보존비 · 검사비
2. 선원과 그 밖의 선박사용인의 고용계약으로 인한 채권
3. 해난구조로 인한 선박에 대한 구조료 채권과 공동해손의 분담에 대한 채권
4. 선박의 충돌과 그 밖의 항해사고로 인한 손해, 항해시설 · 항만시설 및 항로에 대한 손해와 선원이나 여객의 생명 · 신체에 대한 손해의 배상채권

② 제1항의 우선특권을 가진 선박채권자는 이 법과 그 밖의 법률의 규정에 따라 제1항의 재산에 대하여 다른 채권자보다 자기채권의 우선변제를 받을 권리가 있다. 이 경우 그 성질에 반하지 아니하는 한 「민법」의 저당권에 관한 규정을 준용한다.

제778조 (선박 · 운임에 부수한 채권)
제777조에 따른 선박과 운임에 부수한 채권은 다음과 같다.

1. 선박 또는 운임의 손실로 인하여 선박소유자에게 지급할 손해배상
2. 공동해손으로 인한 선박 또는 운임의 손실에 대하여 선박소유자에게 지급할 상금
3. 해난구조로 인하여 선박소유자에게 지급할 구조료

제779조 (운임에 대한 우선특권)
운임에 대한 우선특권은 지급을 받지 아니한 운임 및 지급을 받은 운임 중 선박소유자나 그 대리인이 소지한 금액에 한하여 행사할 수 있다.

제780조 (보험금 등의 제외)
보험계약에 의하여 선박소유자에게 지급할 보험금과 그 밖의 장려금이나 보조금에 대하여는 제778조를 적용하지 아니한다.

제781조 (선박사용인의 고용계약으로 인한 채권)
제777조 제1항 제2호에 따른 채권은 고용계약 존속 중의 모든 항해로 인한 운임의 전부에 대하여 우선특권이 있다.

제782조 (동일항해로 인한 채권에 대한 우선특권의 순위)
① 동일항해로 인한 채권의 우선특권이 경합하는 때에는 그 우선의 순위는 제777조 제1항 각 호의 순서에 따른다.
② 제777조 제1항 제3호에 따른 채권의 우선특권이 경합하는 때에는 후에 생긴 채권이 전에 생긴 채권에 우선한다. 동일한 사고로 인한 채권은 동시에 생긴 것으로 본다.

제783조 (수회항해에 관한 채권에 대한 우선특권의 순위)
① 수회의 항해에 관한 채권의 우선특권이 경합하는 때에는 후의 항해에 관한 채권이 전의 항해에 관한 채권에 우선한다.
② 제781조에 따른 우선특권은 그 최후의 항해에 관한 다른 채권과 동일한 순위로 한다.

제784조 (동일순위의 우선특권이 경합한 경우)
제781조부터 제783조까지의 규정에 따른 동일순위의 우선특권이 경합하는 때에는 각 채권액의 비율에 따라 변제한다.

제785조 (우선특권의 추급권)
선박채권자의 우선특권은 그 선박소유권의 이전으로 인하여 영향을 받지 아니한다.

제786조 (우선특권의 소멸)
선박채권자의 우선특권은 그 채권이 생긴 날부터 1년 이내에 실행하지 아니하면 소멸한다.

제787조 (선박저당권)
① 등기한 선박은 저당권의 목적으로 할 수 있다.
② 선박의 저당권은 그 속구에 미친다.
③ 선박의 저당권에는 「민법」의 저당권에 관한 규정을 준용한다.

제788조 (선박저당권 등과 우선특권의 경합)
선박채권자의 우선특권은 질권과 저당권에 우선한다.

제789조 (등기선박의 입질불허)
등기한 선박은 질권의 목적으로 하지 못한다.

제790조 (건조 중의 선박에의 준용)
이 절의 규정은 건조 중의 선박에 준용한다.

제2장 운송과 용선

제1절 개품운송

제791조 (개품운송계약의 의의)
개품운송계약은 운송인이 개개의 물건을 해상에서 선박으로 운송할 것을 인수하고, 송하인이 이에 대하여 운임을 지급하기로 약정함으로써 그 효력이 생긴다.

제792조 (운송물의 제공)
① 송하인은 당사자 사이의 합의 또는 선적항의 관습에 의한 때와 곳에서 운송인에게 운송물을 제공하여야 한다.
② 제1항에 따른 때와 곳에서 송하인이 운송물을 제공하지 아니한 경우에는 계약을 해제한 것으로 본다. 이 경우 선장은 즉시 발항할 수 있고, 송하인은 운임의 전액을 지급하여야 한다.

제793조 (운송에 필요한 서류의 교부)
송하인은 선적기간 이내에 운송에 필요한 서류를 선장에게 교부하여야 한다.

제794조 (감항능력 주의의무)
운송인은 자기 또는 선원이나 그 밖의 선박사용인이 발항 당시 다음의 사항에 관하여 주의를 해태하지 아니하였음을 증명하지 아니하면 운송물의 멸실 · 훼손 또는 연착으로 인한 손해를 배상할 책임이 있다.

1. 선박이 안전하게 항해를 할 수 있게 할 것
2. 필요한 선원의 승선, 선박의장과 필요품의 보급
3. 선창 · 냉장실, 그 밖에 운송물을 적재할 선박의 부분을 운송물의 수령 · 운송과 보존을 위하여 적합한 상태에 둘 것

제795조 (운송물에 관한 주의의무)
① 운송인은 자기 또는 선원이나 그 밖의 선박사용인이 운송물의 수령 · 선적 · 적부(積付) · 운송 · 보관 · 양륙과 인도에 관하여 주의를 해태하지 아니하였음을 증명하지 아니하면 운송물의 멸실 · 훼손 또는 연착으로 인한 손해를 배상할 책임이 있다.
② 운송인은 선장 · 해원 · 도선사, 그 밖의 선박사용인의 항해 또는 선박의 관리에 관한 행위 또는 화재로 인하여 생긴 운송물에 관한 손해를 배상할 책임을 면한다. 다만, 운송인의 고의 또는 과실로 인한 화재의 경우에는 그러하지 아니하다.

제796조 (운송인의 면책사유)
운송인은 다음 각 호의 사실이 있었다는 것과 운송물에 관한 손해가 그 사실로 인하여 보통 생길 수 있는 것임을 증명한 때에는 이를 배상할 책임을 면한다. 다만, 제794조 및 제795조 제1항에 따른 주의를 다하였더라면 그 손해를 피할 수 있었음에도 불구하고 그 주의를 다하지 아니하였음을 증명한 때에는 그러하지 아니하다.

1. 해상이나 그 밖에 항행할 수 있는 수면에서의 위험 또는 사고
2. 불가항력
3. 전쟁 · 폭동 또는 내란
4. 해적행위나 그 밖에 이에 준한 행위
5. 재판상의 압류, 검역상의 제한, 그 밖에 공권에 의한 제한
6. 송하인 또는 운송물의 소유자나 그 사용인의 행위
7. 동맹파업이나 그 밖의 쟁의행위 또는 선박폐쇄
8. 해상에서의 인명이나 재산의 구조 행위 또는 이로 인한 항로이탈이나 그 밖의 정당한 사유로 인한 항로 이탈
9. 운송물의 포장의 불충분 또는 기호의 표시의 불완전
10. 운송물의 특수한 성질 또는 숨은 하자
11. 선박의 숨은 하자

제797조 (책임의 한도)
① 제794조부터 제796조까지의 규정에 따른 운송인의 손해배상의 책임은 당해 운송물의 매 포장당 또는 선적단위당 666과 100분의 67 계산단위의 금액과 중량 1킬로그램당 2 계산단위의 금액 중 큰 금액을 한도로 제한할 수 있다. 다만, 운송물에 관한 손해가 운송인 자신의 고의 또는 손해발생의 염려가 있음을 인식하면서 무모하게 한 작위 또는 부작위로 인하여 생긴 것인 때에는 그러하지 아니하다.
② 제1항의 적용에 있어서 운송물의 포장 또는 선적단위의 수는 다음과 같이 정한다.

1. 컨테이너나 그 밖에 이와 유사한 운송용기가 운송물을 통합하기 위하여 사용되는 경우에 그러한 운송용기에 내장된 운송물의 포장 또는 선적단위의 수를 선하증권이나 그 밖에 운송계약을 증명하는 문서에 기재한 때에는 그 각 포장 또는 선적단위를 하나의 포장 또는 선적단위로 본다. 이 경우를 제외하고는 이러한 운송용기 내의 운송물 전부를 하나의 포장 또는 선적단위로 본다.
2. 운송인이 아닌 자가 공급한 운송 용기 자체가 멸실 또는 훼손된 경우에는 그 용기를 별개의 포장 또는 선적단위로 본다.

③ 제1항 및 제2항은 송하인이 운송인에게 운송물을 인도할 때에 그 종류와 가액을 고지하고 선하증권이나 그 밖에 운송계약을 증명하는 문서에 이를 기재한 경우에는 적용하지 아니한다. 다만, 송하인이 운송물의 종류 또는 가액을 고의로 현저하게 부실의 고지를 한 때에는 운송인은 자기 또는 그 사용인이 악의인 경우를 제외하고 운송물의 손해에 대하여 책임을 면한다.
④ 제1항부터 제3항까지의 규정은 제769조부터 제774조까지 및 제776조의 적용에 영향을 미치지

아니한다.

제798조 (비계약적 청구에 대한 적용)

① 이 절의 운송인의 책임에 관한 규정은 운송인의 불법행위로 인한 손해배상의 책임에도 적용한다.

② 운송물에 관한 손해배상청구가 운송인의 사용인 또는 대리인에 대하여 제기된 경우에 그 손해가 그 사용인 또는 대리인의 직무집행에 관하여 생긴 것인 때에는 그 사용인 또는 대리인은 운송인이 주장할 수 있는 항변과 책임제한을 원용할 수 있다. 다만, 그 손해가 그 사용인 또는 대리인의 고의 또는 운송물의 멸실·훼손 또는 연착이 생길 염려가 있음을 인식하면서 무모하게 한 작위 또는 부작위로 인하여 생긴 것인 때에는 그러하지 아니하다.

③ 제2항 본문의 경우에 운송인과 그 사용인 또는 대리인의 운송물에 대한 책임제한금액의 총액은 제797조 제1항에 따른 한도를 초과하지 못한다.

④ 제1항부터 제3항까지의 규정은 운송물에 관한 손해배상청구가 운송인 외의 실제운송인 또는 그 사용인이나 대리인에 대하여 제기된 경우에도 적용한다.

제799조 (운송인의 책임경감금지)

① 제794조부터 제798조까지의 규정에 반하여 운송인의 의무 또는 책임을 경감 또는 면제하는 당사자 사이의 특약은 효력이 없다. 운송물에 관한 보험의 이익을 운송인에게 양도하는 약정 또는 이와 유사한 약정도 또한 같다.

② 제1항은 산 동물의 운송 및 선하증권이나 그 밖에 운송계약을 증명하는 문서의 표면에 갑판적으로 운송할 취지를 기재하여 갑판적으로 행하는 운송에 대하여는 적용하지 아니한다.

제800조 (위법선적물의 처분)

① 선장은 법령 또는 계약을 위반하여 선적된 운송물은 언제든지 이를 양륙할 수 있고, 그 운송물이 선박 또는 다른 운송물에 위해를 미칠 염려가 있는 때에는 이를 포기할 수 있다.

② 선장이 제1항의 물건을 운송하는 때에는 선적한 때와 곳에서의 동종 운송물의 최고운임의 지급을 청구할 수 있다.

③ 제1항 및 제2항은 운송인과 그 밖의 이해관계인의 손해배상청구에 영향을 미치지 아니한다.

제801조 (위험물의 처분)

① 인화성·폭발성이나 그 밖의 위험성이 있는 운송물은 운송인이 그 성질을 알고 선적한 경우에도 그 운송물이 선박이나 다른 운송물에 위해를 미칠 위험이 있는 때에는 선장은 언제든지 이를 양륙·파괴 또는 무해조치할 수 있다.

② 운송인은 제1항의 처분에 의하여 그 운송물에 발생한 손해에 대하여는 공동해손분담책임을 제외하고 그 배상책임을 면한다.

제802조 (운송물의 수령)

운송물의 도착통지를 받은 수하인은 당사자 사이의 합의 또는 양륙항의 관습에 의한 때와 곳에서 지체 없이 운송물을 수령하여야 한다.

제803조 (운송물의 공탁 등)

① 수하인이 운송물의 수령을 게을리한 때에는 선장은 이를 공탁하거나 세관이나 그 밖에 법령으로 정한 관청의 허가를 받은 곳에 인도할 수 있다. 이 경우 지체 없이 수하인에게 그 통지를 발송하여야 한다.

② 수하인을 확실히 알 수 없거나 수하인이 운송물의 수령을 거부한 때에는 선장은 이를 공탁하거나 세관이나 그 밖에 법령으로 정한 관청의 허가를 받은 곳에 인도하고 지체 없이 용선자 또는 송하인 및 알고 있는 수하인에게 그 통지를 발송하여야 한다.

③ 제1항 및 제2항에 따라 운송물을 공탁하거나 세관이나 그 밖에 법령으로 정한 관청의 허가를

받은 곳에 인도한 때에는 선하증권소지인이나 그 밖의 수하인에게 운송물을 인도한 것으로 본다.

제804조 (운송물의 일부 멸실 · 훼손에 관한 통지)
① 수하인이 운송물의 일부 멸실 또는 훼손을 발견한 때에는 수령 후 지체 없이 그 개요에 관하여 운송인에게 서면에 의한 통지를 발송하여야 한다. 다만, 그 멸실 또는 훼손이 즉시 발견할 수 없는 것인 때에는 수령한 날부터 3일 이내에 그 통지를 발송하여야 한다.
② 제1항의 통지가 없는 경우에는 운송물이 멸실 또는 훼손 없이 수하인에게 인도된 것으로 추정한다.
③ 제1항 및 제2항은 운송인 또는 그 사용인이 악의인 경우에는 적용하지 아니한다.
④ 운송물에 멸실 또는 훼손이 발생하였거나 그 의심이 있는 경우에는 운송인과 수하인은 서로 운송물의 검사를 위하여 필요한 편의를 제공하여야 한다.
⑤ 제1항부터 제4항까지의 규정에 반하여 수하인에게 불리한 당사자 사이의 특약은 효력이 없다.

제805조 (운송물의 중량 · 용적에 따른 운임)
운송물의 중량 또는 용적으로 운임을 정한 때에는 운송물을 인도하는 때의 중량 또는 용적에 의하여 그 액을 정한다.

제806조 (운송기간에 따른 운임)
① 기간으로 운임을 정한 때에는 운송물의 선적을 개시한 날부터 그 양륙을 종료한 날까지의 기간에 의하여 그 액을 정한다.
② 제1항의 기간에는 불가항력으로 인하여 선박이 선적항이나 항해도중에 정박한 기간 또는 항해 도중에 선박을 수선한 기간을 산입하지 아니한다.

제807조 (수하인의 의무, 선장의 유치권)
① 수하인이 운송물을 수령하는 때에는 운송계약 또는 선하증권의 취지에 따라 운임 · 부수비용 · 체당금 · 체선료, 운송물의 가액에 따른 공동해손 또는 해난구조로 인한 부담액을 지급하여야 한다.
② 선장은 제1항에 따른 금액의 지급과 상환하지 아니하면 운송물을 인도할 의무가 없다.

제808조 (운송인의 운송물경매권)
① 운송인은 제807조 제1항에 따른 금액의 지급을 받기 위하여 법원의 허가를 받아 운송물을 경매하여 우선변제를 받을 권리가 있다.
② 선장이 수하인에게 운송물을 인도한 후에도 운송인은 그 운송물에 대하여 제1항의 권리를 행사할 수 있다. 다만, 인도한 날부터 30일을 경과하거나 제3자가 그 운송물에 점유를 취득한 때에는 그러하지 아니하다.

제809조 (항해용선자 등의 재운송계약시 선박소유자의 책임)
항해용선자 또는 정기용선자가 자기의 명의로 제3자와 운송계약을 체결한 경우에는 그 계약의 이행이 선장의 직무에 속한 범위 안에서 선박소유자도 그 제3자에 대하여 제794조 및 제795조에 따른 책임을 진다.

제810조 (운송계약의 종료사유)
① 운송계약은 다음의 사유로 인하여 종료한다.
1. 선박이 침몰 또는 멸실한 때
2. 선박이 수선할 수 없게 된 때
3. 선박이 포획된 때
4. 운송물이 불가항력으로 인하여 멸실된 때
② 제1항 제1호부터 제3호까지의 사유가 항해 도중에 생긴 때에는 송하인은 운송의 비율에 따라 현존하는 운송물의 가액의 한도에서 운임을 지급하여야 한다.

제811조 (법정사유로 인한 해제 등)
① 항해 또는 운송이 법령을 위반하게 되거나 그 밖

에 불가항력으로 인하여 계약의 목적을 달할 수 없게 된 때에는 각 당사자는 계약을 해제할 수 있다.
② 제1항의 사유가 항해 도중에 생긴 경우에 계약을 해지한 때에는 송하인은 운송의 비율에 따라 운임을 지급하여야 한다.

제812조 (운송물의 일부에 관한 불가항력)
① 제810조 제1항 제4호 및 제811조 제1항의 사유가 운송물의 일부에 대하여 생긴 때에는 송하인은 운송인의 책임이 가중되지 아니하는 범위 안에서 다른 운송물을 선적할 수 있다.
② 송하인이 제1항의 권리를 행사하고자 하는 때에는 지체 없이 운송물의 양륙 또는 선적을 하여야 한다. 그 양륙 또는 선적을 게을리한 때에는 운임의 전액을 지급하여야 한다.

제813조 (선장의 적하처분과 운임)
운송인은 다음 각 호의 어느 하나에 해당하는 경우에는 운임의 전액을 청구할 수 있다.
1. 선장이 제750조 제1항에 따라 적하를 처분하였을 때
2. 선장이 제865조에 따라 적하를 처분하였을 때

제814조 (운송인의 채권 · 채무의 소멸)
① 운송인의 송하인 또는 수하인에 대한 채권 및 채무는 그 청구원인의 여하에 불구하고 운송인이 수하인에게 운송물을 인도한 날 또는 인도할 날부터 1년 이내에 재판상 청구가 없으면 소멸한다. 다만, 이 기간은 당사자의 합의에 의하여 연장할 수 있다.
② 운송인이 인수한 운송을 다시 제3자에게 위탁한 경우에 송하인 또는 수하인이 제1항의 기간 이내에 운송인과 배상 합의를 하거나 운송인에게 재판상 청구를 하였다면, 그 합의 또는 청구가 있은 날부터 3개월이 경과하기 이전에는 그 제3자에 대한 운송인의 채권 · 채무는 제1항에도 불구하고 소멸하지 아니한다. 운송인과 그 제3자 사이에 제1항 단서와 동일한 취지의 약정이 있는 경우에도 또한 같다.
③ 제2항의 경우에 있어서 재판상 청구를 받은 운송인이 그로부터 3개월 이내에 그 제3자에 대하여 소송고지를 하면 3개월의 기간은 그 재판이 확정되거나 그 밖에 종료된 때부터 기산한다.

제815조 (준용규정)
제134조, 제136조부터 제140조까지의 규정은 이 절에서 정한 운송인에 준용한다.

제816조 (복합운송인의 책임)
① 운송인이 인수한 운송에 해상 외의 운송구간이 포함된 경우 운송인은 손해가 발생한 운송구간에 적용될 법에 따라 책임을 진다.
② 어느 운송구간에서 손해가 발생하였는지 불분명한 경우 또는 손해의 발생이 성질상 특정한 지역으로 한정되지 아니하는 경우에는 운송인은 운송거리가 가장 긴 구간에 적용되는 법에 따라 책임을 진다. 다만, 운송거리가 같거나 가장 긴 구간을 정할 수 없는 경우에는 운임이 가장 비싼 구간에 적용되는 법에 따라 책임을 진다.

제2절 해상여객운송

제817조 (해상여객운송계약의 의의)
해상여객운송계약은 운송인이 특정한 여객을 출발지에서 도착지까지 해상에서 선박으로 운송할 것을 인수하고, 이에 대하여 상대방이 운임을 지급하기로 약정함으로써 그 효력이 생긴다.

제818조 (기명식의 선표)
기명식의 선표는 타인에게 양도하지 못한다.

제819조 (식사 · 거처제공의무 등)
① 여객의 항해 중의 식사는 다른 약정이 없으면 운송인의 부담으로 한다.

② 항해 도중에 선박을 수선하는 경우에는 운송인은 그 수선 중 여객에게 상당한 거처와 식사를 제공하여야 한다. 다만, 여객의 권리를 해하지 아니하는 범위 안에서 상륙항까지의 운송의 편의를 제공한 때에는 그러하지 아니하다.
③ 제2항의 경우에 여객은 항해의 비율에 따른 운임을 지급하고 계약을 해지할 수 있다.

제820조 (수하물 무임운송의무)
여객이 계약에 의하여 선내에서 휴대할 수 있는 수하물에 대하여는 운송인은 다른 약정이 없으면 별도로 운임을 청구하지 못한다.

제821조 (승선지체와 선장의 발항권)
① 여객이 승선시기까지 승선하지 아니한 때에는 선장은 즉시 발항할 수 있다. 항해 도중의 정박항에서도 또한 같다.
② 제1항의 경우에는 여객은 운임의 전액을 지급하여야 한다.

제822조 (여객의 계약해제와 운임)
여객이 발항 전에 계약을 해제하는 경우에는 운임의 반액을 지급하고, 발항 후에 계약을 해제하는 경우에는 운임의 전액을 지급하여야 한다.

제823조 (법정사유에 의한 해제)
여객이 발항 전에 사망 · 질병이나 그 밖의 불가항력으로 인하여 항해할 수 없게 된 때에는 운송인은 운임의 10분의 3을 청구할 수 있고, 발항 후에 그 사유가 생긴 때에는 운송인의 선택으로 운임의 10분의 3 또는 운송의 비율에 따른 운임을 청구할 수 있다.

제824조 (사망한 여객의 수하물처분의무)
여객이 사망한 때에는 선장은 그 상속인에게 가장 이익이 되는 방법으로 사망자가 휴대한 수하물을 처분하여야 한다.

제825조 (법정종료사유)
운송계약은 제810조 제1항 제1호부터 제3호까지의 사유로 인하여 종료한다. 그 사유가 항해 도중에 생긴 때에는 여객은 운송의 비율에 따른 운임을 지급하여야 한다.

제826조 (준용규정)
① 제148조 · 제794조 · 제799조 제1항 및 제809조는 해상여객운송에 준용한다.
② 제134조 · 제136조 · 제149조 제2항 · 제794조부터 제801조까지 · 제804조 · 제807조 · 제809조 · 제811조 및 제814조는 운송인이 위탁을 받은 여객의 수하물의 운송에 준용한다.
③ 제150조, 제797조 제1항 · 제4항, 제798조, 제799조 제1항, 제809조 및 제814조는 운송인이 위탁을 받지 아니한 여객의 수하물에 준용한다.

제3절 항해용선

제827조 (항해용선계약의 의의)
① 항해용선계약은 특정한 항해를 할 목적으로 선박소유자가 용선자에게 선원이 승무하고 항해장비를 갖춘 선박의 전부 또는 일부를 물건의 운송에 제공하기로 약정하고 용선자가 이에 대하여 운임을 지급하기로 약정함으로써 그 효력이 생긴다.
② 이 절의 규정은 그 성질에 반하지 아니하는 한 여객운송을 목적으로 하는 항해용선계약에도 준용한다.
③ 선박소유자가 일정한 기간 동안 용선자에게 선박을 제공할 의무를 지지만 항해를 단위로 운임을 계산하여 지급하기로 약정한 경우에도 그 성질에 반하지 아니하는 한 이 절의 규정을 준용한다.

제828조 (용선계약서)
용선계약의 당사자는 상대방의 청구에 의하여 용선계약서를 교부하여야 한다.

제829조 (선적준비완료의 통지, 선적기간)
① 선박소유자는 운송물을 선적함에 필요한 준비가 완료된 때에는 지체 없이 용선자에게 그 통지를 발송하여야 한다.
② 운송물을 선적할 기간의 약정이 있는 경우에는 그 기간은 제1항의 통지가 오전에 있은 때에는 그 날의 오후 1시부터 기산하고, 오후에 있은 때에는 다음날 오전 6시부터 기산한다. 이 기간에는 불가항력으로 인하여 선적할 수 없는 날과 그 항의 관습상 선적작업을 하지 아니하는 날을 산입하지 아니한다.
③ 제2항의 기간을 경과한 후 운송물을 선적한 때에는 선박소유자는 상당한 보수를 청구할 수 있다.

제830조 (제3자가 선적인인 경우의 통지 · 선적)
용선자 외의 제3자가 운송물을 선적할 경우에 선장이 그 제3자를 확실히 알 수 없거나 그 제3자가 운송물을 선적하지 아니한 때에는 선장은 지체 없이 용선자에게 그 통지를 발송하여야 한다. 이 경우 선적기간 이내에 한하여 용선자가 운송물을 선적할 수 있다.

제831조 (용선자의 발항청구권, 선장의 발항권)
① 용선자는 운송물의 전부를 선적하지 아니한 경우에도 선장에게 발항을 청구할 수 있다.
② 선적기간의 경과 후에는 용선자가 운송물의 전부를 선적하지 아니한 경우에도 선장은 즉시 발항할 수 있다.
③ 제1항 및 제2항의 경우에 용선자는 운임의 전액과 운송물의 전부를 선적하지 아니함으로 인하여 생긴 비용을 지급하고, 또한 선박소유자의 청구가 있는 때에는 상당한 담보를 제공하여야 한다.

제832조 (전부용선의 발항 전의 계약해제 등)
① 발항 전에는 전부용선자는 운임의 반액을 지급하고 계약을 해제할 수 있다.
② 왕복항해의 용선계약인 경우에 전부용선자가 그 회항 전에 계약을 해지하는 때에는 운임의 3분의 2를 지급하여야 한다.
③ 선박이 다른 항에서 선적항에 항행하여야 할 경우에 전부용선자가 선적항에서 발항하기 전에 계약을 해지하는 때에도 제2항과 같다.

제833조 (일부용선과 발항 전의 계약해제 등)
① 일부용선자나 송하인은 다른 용선자와 송하인 전원과 공동으로 하는 경우에 한하여 제832조의 해제 또는 해지를 할 수 있다.
② 제1항의 경우 외에는 일부용선자나 송하인이 발항 전에 계약을 해제 또는 해지한 때에도 운임의 전액을 지급하여야 한다.
③ 발항 전이라도 일부용선자나 송하인이 운송물의 전부 또는 일부를 선적한 경우에는 다른 용선자와 송하인의 동의를 받지 아니하면 계약을 해제 또는 해지하지 못한다.

제834조 (부수비용 · 체당금 등의 지급의무)
① 용선자나 송하인이 제832조 및 제833조 제1항에 따라 계약을 해제 또는 해지를 한 때에도 부수비용과 체당금을 지급할 책임을 면하지 못한다.
② 제832조 제2항 및 제3항의 경우에는 용선자나 송하인은 제1항에 규정된 것 외에도 운송물의 가액에 따라 공동해손 또는 해난구조로 인하여 부담할 금액을 지급하여야 한다.

제835조 (선적 · 양륙비용의 부담)
제833조 및 제834조의 경우에 운송물의 전부 또는 일부를 선적한 때에는 그 선적과 양륙의 비용은 용선자 또는 송하인이 부담한다.

제836조 (선적기간 내의 불선적의 효과)
용선자가 선적기간 내에 운송물의 선적을 하지 아니한 때에는 계약을 해제 또는 해지한 것으로 본다.

제837조 (발항 후의 계약해지)
발항 후에는 용선자나 송하인은 운임의 전액, 체당금 · 체선료와 공동해손 또는 해난구조의 부담액을 지급하고 그 양륙하기 위하여 생긴 손해를 배상하거나 이에 대한 상당한 담보를 제공하지 아니하면 계약을 해지하지 못한다.

제838조 (운송물의 양륙)
① 운송물을 양륙함에 필요한 준비가 완료된 때에는 선장은 지체 없이 수하인에게 그 통지를 발송하여야 한다.
② 제829조 제2항은 운송물의 양륙기간의 계산에 준용한다.
③ 제2항의 양륙기간을 경과한 후 운송물을 양륙한 때에는 선박소유자는 상당한 보수를 청구할 수 있다.

제839조 (선박소유자의 책임경감 금지)
① 제794조에 반하여 이 절에서 정한 선박소유자의 의무 또는 책임을 경감 또는 면제하는 당사자 사이의 특약은 효력이 없다. 운송물에 관한 보험의 이익을 선박소유자에게 양도하는 약정 또는 이와 유사한 약정도 또한 같다.
② 제799조 제2항은 제1항의 경우에 준용한다.

제840조 (선박소유자의 채권 · 채무의 소멸)
① 선박소유자의 용선자 또는 수하인에 대한 채권 및 채무는 그 청구원인의 여하에 불구하고 선박소유자가 운송물을 인도한 날 또는 인도할 날부터 2년 이내에 재판상 청구가 없으면 소멸한다. 이 경우 제814조 제1항 단서를 준용한다.
② 제1항의 기간을 단축하는 선박소유자와 용선자의 약정은 이를 운송계약에 명시적으로 기재하지 아니하면 그 효력이 없다.

제841조 (준용규정)
① 제134조, 제136조, 제137조, 제140조, 제793조부터 제797조까지, 제798조 제1항부터 제3항까지, 제800조, 제801조, 제803조, 제804조 제1항부터 제4항까지, 제805조부터 제808조까지와 제810조부터 제813조까지의 규정은 항해용선계약에 준용한다.
② 제1항에 따라 제806조의 운임을 계산함에 있어서 제829조 제2항의 선적기간 또는 제838조 제2항의 양륙기간이 경과한 후에 운송물을 선적 또는 양륙한 경우에는 그 기간경과 후의 선적 또는 양륙기간은 선적 또는 양륙기간에 산입하지 아니하고 제829조 제3항 및 제838조 제3항에 따라 별도로 보수를 정한다.

제4절 정기용선

제842조 (정기용선계약의 의의)
정기용선계약은 선박소유자가 용선자에게 선원이 승무하고 항해장비를 갖춘 선박을 일정한 기간동안 항해에 사용하게 할 것을 약정하고 용선자가 이에 대하여 기간으로 정한 용선료를 지급하기로 약정함으로써 그 효력이 생긴다.

제843조 (정기용선자의 선장지휘권)
① 정기용선자는 약정한 범위 안의 선박의 사용을 위하여 선장을 지휘할 권리가 있다.
② 선장 · 해원, 그 밖의 선박사용인이 정기용선자의 정당한 지시를 위반하여 정기용선자에게 손해가 발생한 경우에는 선박소유자가 이를 배상할 책임이 있다.

제844조 (선박소유자의 운송물유치권 및 경매권)
① 제807조 제2항 및 제808조는 정기용선자가 선박소유자에게 용선료 · 체당금, 그 밖에 이와 유사한 정기용선계약에 의한 채무를 이행하지 아니하는 경우에 준용한다. 다만, 선박소유자는 정기용선자가 발행한 선하증권을 선의로 취득한 제3자에게 대항하지 못한다.

② 제1항에 따른 선박소유자의 운송물에 대한 권리는 정기용선자가 운송물에 관하여 약정한 용선료 또는 운임의 범위를 넘어서 행사하지 못한다.

제845조 (용선료의 연체와 계약해지 등)
① 정기용선자가 용선료를 약정기일에 지급하지 아니한 때에는 선박소유자는 계약을 해제 또는 해지할 수 있다.
② 정기용선자가 제3자와 운송계약을 체결하여 운송물을 선적한 후 선박의 항해 중에 선박소유자가 제1항에 따라 계약을 해제 또는 해지한 때에는 선박소유자는 적하이해관계인에 대하여 정기용선자와 동일한 운송의무가 있다.
③ 선박소유자가 제2항에 따른 계약의 해제 또는 해지 및 운송계속의 뜻을 적하이해관계인에게 서면으로 통지를 한 때에는 선박소유자의 정기용선자에 대한 용선료 · 체당금, 그 밖에 이와 유사한 정기용선계약상의 채권을 담보하기 위하여 정기용선자가 적하이해관계인에 대하여 가지는 용선료 또는 운임의 채권을 목적으로 질권을 설정한 것으로 본다.
④ 제1항부터 제3항까지의 규정은 선박소유자 또는 적하이해관계인의 정기용선자에 대한 손해배상청구에 영향을 미치지 아니한다.

제846조 (정기용선계약상의 채권의 소멸)
① 정기용선계약에 관하여 발생한 당사자 사이의 채권은 선박이 선박소유자에게 반환된 날부터 2년 이내에 재판상 청구가 없으면 소멸한다. 이 경우 제814조 제1항 단서를 준용한다.
② 제840조 제2항은 제1항의 경우에 준용한다.

제5절 선체용선

제847조 (선체용선계약의 의의)
① 선체용선계약은 용선자의 관리 · 지배 하에 선박을 운항할 목적으로 선박소유자가 용선자에게 선박을 제공할 것을 약정하고 용선자가 이에 따른 용선료를 지급하기로 약정함으로써 그 효력이 생긴다.
② 선박소유자가 선장과 그 밖의 해원을 공급할 의무를 지는 경우에도 용선자의 관리 · 지배하에서 해원이 선박을 운항하는 것을 목적으로 하면 이를 선체용선계약으로 본다.

제848조 (법적 성질)
① 선체용선계약은 그 성질에 반하지 아니하는 한 「민법」상 임대차에 관한 규정을 준용한다.
② 용선기간이 종료된 후에 용선자가 선박을 매수 또는 인수할 권리를 가지는 경우 및 금융의 담보를 목적으로 채권자를 선박소유자로 하여 선체용선계약을 체결한 경우에도 용선기간 중에는 당사자 사이에서는 이 절의 규정에 따라 권리와 의무가 있다.

제849조 (선체용선자의 등기청구권, 등기의 효력)
① 선체용선자는 선박소유자에 대하여 선체용선등기에 협력할 것을 청구할 수 있다.
② 선체용선을 등기한 때에는 그 때부터 제3자에 대하여 효력이 생긴다.

제850조 (선체용선과 제3자에 대한 법률관계)
① 선체용선자가 상행위나 그 밖의 영리를 목적으로 선박을 항해에 사용하는 경우에는 그 이용에 관한 사항에는 제3자에 대하여 선박소유자와 동일한 권리의무가 있다.
② 제1항의 경우에 선박의 이용에 관하여 생긴 우선특권은 선박소유자에 대하여도 그 효력이 있다. 다만, 우선특권자가 그 이용의 계약에 반함을 안 때에는 그러하지 아니하다.

제851조 (선체용선계약상의 채권의 소멸)
① 선체용선계약에 관하여 발생한 당사자 사이의 채권은 선박이 선박소유자에게 반환된 날부터 2

년 이내에 재판상 청구가 없으면 소멸한다. 이 경우 제814조 제1항 단서를 준용한다.
② 제840조 제2항은 제1항의 경우에 준용한다.

제6절 운송증서

제852조 (선하증권의 발행)
① 운송인은 운송물을 수령한 후 송하인의 청구에 의하여 1통 또는 수통의 선하증권을 교부하여야 한다.
② 운송인은 운송물을 선적한 후 송하인의 청구에 의하여 1통 또는 수통의 선적선하증권을 교부하거나 제1항의 선하증권에 선적의 뜻을 표시하여야 한다.
③ 운송인은 선장 또는 그 밖의 대리인에게 선하증권의 교부 또는 제2항의 표시를 위임할 수 있다.

제853조 (선하증권의 기재사항)
① 선하증권에는 다음 각 호의 사항을 기재하고 운송인이 기명날인 또는 서명하여야 한다.

1. 선박의 명칭 · 국적 및 톤수
2. 송하인이 서면으로 통지한 운송물의 종류, 중량 또는 용적, 포장의 종별, 개수와 기호
3. 운송물의 외관상태
4. 용선자 또는 송하인의 성명 · 상호
5. 수하인 또는 통지수령인의 성명 · 상호
6. 선적항
7. 양륙항
8. 운임
9. 발행지와 그 발행연월일
10. 수통의 선하증권을 발행한 때에는 그 수
11. 운송인의 성명 또는 상호
12. 운송인의 주된 영업소 소재지

② 제1항 제2호의 기재사항 중 운송물의 중량 · 용적 · 개수 또는 기호가 운송인이 실제로 수령한 운송물을 정확하게 표시하고 있지 아니하다고 의심할 만한 상당한 이유가 있는 때 또는 이를 확인할 적당한 방법이 없는 때에는 그 기재를 생략할 수 있다.
③ 송하인은 제1항 제2호의 기재사항이 정확함을 운송인에게 담보한 것으로 본다.
④ 운송인이 선하증권에 기재된 통지수령인에게 운송물에 관한 통지를 한 때에는 송하인 및 선하증권소지인과 그 밖의 수하인에게 통지한 것으로 본다.

제854조 (선하증권 기재의 효력)
① 제853조 제1항에 따라 선하증권이 발행된 경우 운송인과 송하인 사이에 선하증권에 기재된 대로 개품운송계약이 체결되고 운송물을 수령 또는 선적한 것으로 추정한다.
② 제1항의 선하증권을 선의로 취득한 소지인에 대하여 운송인은 선하증권에 기재된 대로 운송물을 수령 혹은 선적한 것으로 보고 선하증권에 기재된 바에 따라 운송인으로서 책임을 진다.

제855조 (용선계약과 선하증권)
① 용선자의 청구가 있는 경우 선박소유자는 운송물을 수령한 후에 제852조 및 제853조에 따라 선하증권을 발행한다.
② 제1항에 따라 선하증권이 발행된 경우 선박소유자는 선하증권에 기재된 대로 운송물을 수령 또는 선적한 것으로 추정한다.
③ 제3자가 선의로 제1항의 선하증권을 취득한 경우 선박소유자는 제854조 제2항에 따라 운송인으로서 권리와 의무가 있다. 용선자의 청구에 따라 선박소유자가 제3자에게 선하증권을 발행한 경우에도 또한 같다.
④ 제3항의 경우에 그 제3자는 제833조부터 제835조까지 및 제837조에 따른 송하인으로 본다.
⑤ 제3항의 경우 제799조를 위반하여 운송인으로서의 의무와 책임을 감경 또는 면제하는 특약을 하지 못한다.

제856조 (등본의 교부)
선하증권의 교부를 받은 용선자 또는 송하인은 발행자의 청구가 있는 때에는 선하증권의 등본에 기명날인 또는 서명하여 교부하여야 한다.

제857조 (수통의 선하증권과 양륙항에 있어서의 운송물의 인도)
① 양륙항에서 수통의 선하증권 중 1통을 소지한 자가 운송물의 인도를 청구하는 경우에도 선장은 그 인도를 거부하지 못한다.
② 제1항에 따라 수통의 선하증권 중 1통의 소지인이 운송물의 인도를 받은 때에는 다른 선하증권은 그 효력을 잃는다.

제858조 (수통의 선하증권과 양륙항 외에서의 운송물의 인도)
양륙항 외에서는 선장은 선하증권의 각 통의 반환을 받지 아니하면 운송물을 인도하지 못한다.

제859조 (2인 이상 소지인의 운송물인도청구와 공탁)
① 2인 이상의 선하증권소지인이 운송물의 인도를 청구한 때에는 선장은 지체 없이 운송물을 공탁하고 각 청구자에게 그 통지를 발송하여야 한다.
② 선장이 제857조 제1항에 따라 운송물의 일부를 인도한 후 다른 소지인이 운송물의 인도를 청구한 경우에도 그 인도하지 아니한 운송물에 대하여는 제1항과 같다.

제860조 (수인의 선하증권소지인의 순위)
① 제859조에 따라 공탁한 운송물에 대하여는 수인의 선하증권소지인에게 공통되는 전 소지인으로부터 먼저 교부를 받은 증권소지인의 권리가 다른 소지인의 권리에 우선한다.
② 격지자에 대하여 발송한 선하증권은 그 발송한 때를 교부받은 때로 본다.

제861조 (준용규정)
제129조 · 제130조 · 제132조 및 제133조는 제852조 및 제855조의 선하증권에 준용한다.

제862조 (전자선하증권)
① 운송인은 제852조 또는 제855조의 선하증권을 발행하는 대신에 송하인 또는 용선자의 동의를 받아 법무부장관이 지정하는 등록기관에 등록을 하는 방식으로 전자선하증권을 발행할 수 있다. 이 경우 전자선하증권은 제852조 및 제855조의 선하증권과 동일한 법적 효력을 갖는다.
② 전자선하증권에는 제853조 제1항 각 호의 정보가 포함되어야 하며, 운송인이 전자서명을 하여 송신하고 용선자 또는 송하인이 이를 수신하여야 그 효력이 생긴다.
③ 전자선하증권의 권리자는 배서의 뜻을 기재한 전자문서를 작성한 다음 전자선하증권을 첨부하여 지정된 등록기관을 통하여 상대방에게 송신하는 방식으로 그 권리를 양도할 수 있다.
④ 제3항에서 정한 방식에 따라 배서의 뜻을 기재한 전자문서를 상대방이 수신하면 제852조 및 제855조의 선하증권을 배서하여 교부한 것과 동일한 효력이 있고, 제2항 및 제3항의 전자문서를 수신한 권리자는 제852조 및 제855조의 선하증권을 교부받은 소지인과 동일한 권리를 취득한다.
⑤ 전자선하증권의 등록기관의 지정요건, 발행 및 배서의 전자적인 방식, 운송물의 구체적인 수령절차와 그 밖에 필요한 사항은 대통령령으로 정한다.

제863조 (해상화물운송장의 발행)
① 운송인은 용선자 또는 송하인의 청구가 있으면 제852조 또는 제855조의 선하증권을 발행하는 대신 해상화물운송장을 발행할 수 있다. 해상화물운송장은 당사자 사이의 합의에 따라 전자식으로도 발행할 수 있다.
② 해상화물운송장에는 해상화물운송장임을 표시하는 외에 제853조 제1항 각 호 사항을 기재하고

운송인이 기명날인 또는 서명하여야 한다.
③ 제853조 제2항 및 제4항은 해상화물운송장에 준용한다.

제864조 (해상화물운송장의 효력)
① 제863조 제1항의 규정에 따라 해상화물운송장이 발행된 경우 운송인이 그 운송장에 기재된 대로 운송물을 수령 또는 선적한 것으로 추정한다.
② 운송인이 운송물을 인도함에 있어서 수령인이 해상화물운송장에 기재된 수하인 또는 그 대리인이라고 믿을만한 정당한 사유가 있는 때에는 수령인이 권리자가 아니라고 하더라도 운송인은 그 책임을 면한다.

제3장 해상위험

제1절 공동해손

제865조 (공동해손의 요건)
선박과 적하의 공동위험을 면하기 위한 선장의 선박 또는 적하에 대한 처분으로 인하여 생긴 손해 또는 비용은 공동해손으로 한다.

제866조 (공동해손의 분담)
공동해손은 그 위험을 면한 선박 또는 적하의 가액과 운임의 반액과 공동해손의 액과의 비율에 따라 각 이해관계인이 이를 분담한다.

제867조 (공동해손분담액의 산정)
공동해손의 분담액을 정함에 있어서는 선박의 가액은 도달의 때와 곳의 가액으로 하고, 적하의 가액은 양륙의 때와 곳의 가액으로 한다. 다만, 적하에 관하여는 그 가액 중에서 멸실로 인하여 지급을 면하게 된 운임과 그 밖의 비용을 공제하여야 한다.

제868조 (공동해손분담자의 유한책임)
제866조 및 제867조에 따라 공동해손의 분담책임이 있는 자는 선박이 도달하거나 적하를 인도한 때에 현존하는 가액의 한도에서 책임을 진다.

제869조 (공동해손의 손해액산정)
공동해손의 액을 정함에 있어서는 선박의 가액은 도달의 때와 곳의 가액으로 하고, 적하의 가액은 양륙의 때와 곳의 가액으로 한다. 다만, 적하에 관하여는 그 손실로 인하여 지급을 면하게 된 모든 비용을 공제하여야 한다.

제870조 (책임있는 자에 대한 구상권)
선박과 적하의 공동위험이 선박 또는 적하의 하자나 그 밖의 과실 있는 행위로 인하여 생긴 경우에는 공동해손의 분담자는 그 책임이 있는 자에 대하여 구상권을 행사할 수 있다.

제871조 (공동해손분담제외)
선박에 비치한 무기, 선원의 급료, 선원과 여객의 식량 · 의류는 보존된 경우에는 그 가액을 공동해손의 분담에 산입하지 아니하고, 손실된 경우에는 그 가액을 공동해손의 액에 산입한다.

제872조 (공동해손분담청구에서의 제외)
① 속구목록에 기재하지 아니한 속구, 선하증권이나 그 밖에 적하의 가격을 정할 수 있는 서류 없이 선적한 하물 또는 종류와 가액을 명시하지 아니한 화폐나 유가증권과 그 밖의 고가물은 보존된 경우에는 그 가액을 공동해손의 분담에 산입하고, 손실된 경우에는 그 가액을 공동해손의 액에 산입하지 아니한다.
② 갑판에 적재한 하물에 대하여도 제1항과 같다. 다만, 갑판에 선적하는 것이 관습상 허용되는 경우와 그 항해가 연안항행에 해당되는 경우에는 그

러하지 아니하다.

제873조 (적하가격의 부실기재와 공동해손)
① 선하증권이나 그 밖에 적하의 가격을 정할 수 있는 서류에 적하의 실가보다 고액을 기재한 경우에 그 하물이 보존된 때에는 그 기재액에 의하여 공동해손의 분담액을 정하고, 적하의 실가보다 저액을 기재한 경우에 그 하물이 손실된 때에는 그 기재액을 공동해손의 액으로 한다.
② 제1항은 적하의 가격에 영향을 미칠 사항에 관하여 거짓 기재를 한 경우에 준용한다.

제874조 (공동해손인 손해의 회복)
선박소유자 · 용선자 · 송하인, 그 밖의 이해관계인이 공동해손의 액을 분담한 후 선박 · 속구 또는 적하의 전부나 일부가 소유자에게 복귀된 때에는 그 소유자는 공동해손의 상금으로 받은 금액에서 구조료와 일부손실로 인한 손해액을 공제하고 그 잔액을 반환하여야 한다.

제875조 (공동해손 채권의 소멸)
공동해손으로 인하여 생긴 채권 및 제870조에 따른 구상채권은 그 계산이 종료한 날부터 1년 이내에 재판상 청구가 없으면 소멸한다. 이 경우 제814조 제1항 단서를 준용한다.

제2절 선박충돌

제876조 (선박충돌에의 적용법규)
① 항해선 상호 간 또는 항해선과 내수항행선 간의 충돌이 있은 경우에 선박 또는 선박 내에 있는 물건이나 사람에 관하여 생긴 손해의 배상에 대하여는 어떠한 수면에서 충돌한 때라도 이 절의 규정을 적용한다.
② 이 절에서 "선박의 충돌"이란 2척 이상의 선박이 그 운용상 작위 또는 부작위로 선박 상호 간에 다른 선박 또는 선박 내에 있는 사람 또는 물건에 손해를 생기게 하는 것을 말하며, 직접적인 접촉의 유무를 묻지 아니한다.

제877조 (불가항력으로 인한 충돌)
선박의 충돌이 불가항력으로 인하여 발생하거나 충돌의 원인이 명백하지 아니한 때에는 피해자는 충돌로 인한 손해의 배상을 청구하지 못한다.

제878조 (일방의 과실로 인한 충돌)
선박의 충돌이 일방의 선원의 과실로 인하여 발생한 때에는 그 일방의 선박소유자는 피해자에 대하여 충돌로 인한 손해를 배상할 책임이 있다.

제879조 (쌍방의 과실로 인한 충돌)
① 선박의 충돌이 쌍방의 선원의 과실로 인하여 발생한 때에는 쌍방의 과실의 경중에 따라 각 선박소유자가 손해배상의 책임을 분담한다. 이 경우 그 과실의 경중을 판정할 수 없는 때에는 손해배상의 책임을 균분하여 부담한다.
② 제1항의 경우에 제3자의 사상에 대한 손해배상은 쌍방의 선박소유자가 연대하여 그 책임을 진다.

제880조 (도선사의 과실로 인한 충돌)
선박의 충돌이 도선사의 과실로 인하여 발생한 경우에도 선박소유자는 제878조 및 제879조를 준용하여 손해를 배상할 책임이 있다.

제881조 (선박충돌채권의 소멸)
선박의 충돌로 인하여 생긴 손해배상의 청구권은 그 충돌이 있은 날부터 2년 이내에 재판상 청구가 없으면 소멸한다. 이 경우 제814조 제1항 단서를 준용한다.

제3절 해난구조

제882조 (해난구조의 요건)
항해선 또는 그 적하 그 밖의 물건이 어떠한 수면

에서 위난에 조우한 경우에 의무 없이 이를 구조한 자는 그 결과에 대하여 상당한 보수를 청구할 수 있다. 항해선과 내수항행선 간의 구조의 경우에도 또한 같다.

제883조 (보수의 결정)
구조의 보수에 관한 약정이 없는 경우에 그 액에 대하여 당사자 사이에 합의가 성립하지 아니한 때에는 법원은 당사자의 청구에 의하여 구조된 선박·재산의 가액, 위난의 정도, 구조자의 노력과 비용, 구조자나 그 장비가 조우했던 위험의 정도, 구조의 효과, 환경손해방지를 위한 노력, 그 밖의 제반사정을 참작하여 그 액을 정한다.

제884조 (보수의 한도)
① 구조의 보수액은 다른 약정이 없으면 구조된 목적물의 가액을 초과하지 못한다.
② 선순위의 우선특권이 있는 때에는 구조의 보수액은 그 우선특권자의 채권액을 공제한 잔액을 초과하지 못한다.

제885조 (환경손해방지작업에 대한 특별보상)
① 선박 또는 그 적하로 인하여 환경손해가 발생할 우려가 있는 경우에 손해의 경감 또는 방지의 효과를 수반하는 구조작업에 종사한 구조자는 구조의 성공 여부 및 제884조와 상관없이 구조에 소요된 비용을 특별보상으로 청구할 수 있다.
② 제1항에서 "비용"이란 구조작업에 실제로 지출한 합리적인 비용 및 사용된 장비와 인원에 대한 정당한 보수를 말한다.
③ 구조자는 발생할 환경손해가 구조작업으로 인하여 실제로 감경 또는 방지된 때에는 보상의 증액을 청구할 수 있고, 법원은 제883조의 사정을 참작하여 증액 여부 및 그 금액을 정한다. 이 경우 증액된다 하더라도 구조료는 제1항의 비용의 배액을 초과할 수 없다.
④ 구조자의 고의 또는 과실로 인하여 손해의 감경 또는 방지에 지장을 가져 온 경우 법원은 제1항 및 제3항에서 정한 금액을 감액 혹은 부인할 수 있다.
⑤ 하나의 구조작업을 시행한 구조자가 제1항부터 제4항까지의 규정에서 정한 특별보상을 청구하는 것 외에 제882조에서 정한 보수도 청구할 수 있는 경우 그 중 큰 금액을 구조료로 청구할 수 있다.

제886조 (구조료의 지급의무)
선박소유자와 그 밖에 구조된 재산의 권리자는 그 구조된 선박 또는 재산의 가액에 비례하여 구조에 대한 보수를 지급하고 특별보상을 하는 등 구조료를 지급할 의무가 있다.

제887조 (구조에 관한 약정)
① 당사자가 미리 구조계약을 하고 그 계약에 따라 구조가 이루어진 경우에도 그 성질에 반하지 아니하는 한 구조계약에서 정하지 아니한 사항은 이 절에서 정한 바에 따른다.
② 해난 당시에 구조료의 금액에 대하여 약정을 한 경우에도 그 금액이 현저하게 부당한 때에는 법원은 제883조의 사정을 참작하여 그 금액을 증감할 수 있다.

제888조 (공동구조자 간의 구조료 분배)
① 수인이 공동으로 구조에 종사한 경우에 그 구조료의 분배비율에 관하여는 제883조를 준용한다.
② 인명의 구조에 종사한 자도 제1항에 따라 구조료의 분배를 받을 수 있다.

제889조 (1선박 내부의 구조료 분배)
① 선박이 구조에 종사하여 그 구조료를 받은 경우에는 먼저 선박의 손해액과 구조에 들어간 비용을 선박소유자에게 지급하고 잔액을 절반하여 선장과 해원에게 지급하여야 한다.
② 제1항에 따라 해원에게 지급할 구조료의 분배는 선장이 각 해원의 노력, 그 효과와 사정을 참작

하여 그 항해의 종료 전에 분배안을 작성하여 해원에게 고시하여야 한다.

제890조 (예선의 구조의 경우)
예선의 본선 또는 그 적하에 대한 구조에 관하여는 예선계약의 이행으로 볼 수 없는 특수한 노력을 제공한 경우가 아니면 구조료를 청구하지 못한다.

제891조 (동일소유자에 속한 선박 간의 보수)
동일소유자에 속한 선박의 상호 간에 있어서도 구조에 종사한 자는 상당한 구조료를 청구할 수 있다.

제892조 (구조료청구권 없는 자)
다음 각 호에 해당하는 자는 구조료를 청구하지 못한다.

1. 구조받은 선박에 종사하는 자
2. 고의 또는 과실로 인하여 해난사고를 야기한 자
3. 정당한 거부에도 불구하고 구조를 강행한 자
4. 구조된 물건을 은닉하거나 정당한 사유 없이 처분한 자

제893조 (구조자의 우선특권)
① 구조에 종사한 자의 구조료채권은 구조된 적하에 대하여 우선특권이 있다. 다만, 채무자가 그 적하를 제3취득자에게 인도한 후에는 그 적하에 대하여 이 권리를 행사하지 못한다.
② 제1항의 우선특권에는 그 성질에 반하지 아니하는 한 제777조의 우선특권에 관한 규정을 준용한다.

제894조 (구조료지급에 관한 선장의 권한)
① 선장은 구조료를 지급할 채무자에 갈음하여 그 지급에 관한 재판상 또는 재판 외의 모든 행위를 할 권한이 있다.
② 선장은 그 구조료에 관한 소송의 당사자가 될 수 있고, 그 확정판결은 구조료의 채무자에 대하여도 효력이 있다.

제895조 (구조료청구권의 소멸)
구조료청구권은 구조가 완료된 날부터 2년 이내에 재판상 청구가 없으면 소멸한다. 이 경우 제814조 제1항 단서를 준용한다.

2. 표준 정기용선계약서

(1) NYPE (1946)

(2) NYPE (1993)

(3) BALTIME (2001)

(4) GENTIME

(5) BPTIME3

Time Charter

GOVERNMENT FORM

Approved by the New York Produce Exchange

November 6th, 1913-Amended October 20th, 1921; August 6th, 1931; October 3rd, 1946

This Charter Party, made and concluded in .... day of ....

Between ....

Owners of the good .... (Steamship/Motorship) .... of .... of .... tons gross register, and .... tons net register, having engines of .... indicated horse power and with hull, machinery and equipment in a thoroughly efficient state, and classed .... at .... of about .... cubic feet metric bale capacity, and about .... tons of 2240 lbs. deadweight capacity (cargo and bunkers, including fresh water and stores not exceeding one and one-half percent of ship's deadweight capacity, allowing a minimum of fifty tons) on a draft of .... feet .... inches on .... Summer freeboard, inclusive of permanent bunkers, which are of the capacity of about .... tons of fuel, and capable of steaming, fully laden, under good weather conditions about .... knots on a consumption of about .... tons of best Welsh coal best grade fuel oil best grade Diesel oil, now .... and .... Charterers of the City of ....

Witnesseth, That the said Owners agree to let, and the said Charterers agree to hire the said vessel, from the time of delivery, for ~~about~~ .... within below mentioned trading limits.

Charterers to have liberty to sublet the vessel for all or any part of the time covered by this Charter, but Charterers remaining responsible for the fulfillment of this Charter Party.

Vessel to be placed at the disposal of the Charterers, ~~at~~ .... in such dock or at such wharf or place (where she may safely lie, always afloat, at all times of tide, except as otherwise provided in Clause No.6), as the Charterers may direct. If such dock, wharf or place be not available time to count as provided for in Clause No.5. Vessel on her delivery to be ready to receive cargo with clean swept holds and tight, staunch, strong and in every way fitted for the service, having water ballast, winches and donkey boiler with sufficient steam power, or if not equipped with donkey boiler, then other power sufficient to run all the winches at one and the same time (and with full complement of officers, seamen, engineers and firemen for a vessel of her tonnage), to be employed, in carrying lawful merchandise, including petroleum or its products, in proper containers, excluding .... (vessel is not to be employed in the carriage of Live Stock, but Charterers are to have the privilege of shipping a small number on deck at their risk. all necessary fittings and other requirements to be for account of Charterers), in such lawful trades, between safe port and/or ports in British North America, and/or United States of America, and/or West Indies, and/or Central America, and/or Caribbean Sea, and/or Gulf of Mexico, and/or Mexico, and/or South America .... and/or Europe and/or Africa, and/or Asia, and/or Australia, and/or Tasmania, and/or New Zealand, but excluding Magdalena River, River, St. Lawrence between October 31st and May 15th, Hudson Bay and all unsafe ports: also excluding, when out of season, White Sea, Black Sea and the Baltic, ...

....

....

as the Charterers or their Agents shall direct, on the following conditions:

1. That the Owners shall provide and pay for all provisions wages and consular shipping and discharging fees of the Crew; shall pay for the insurance of the vessel, also for all the cabin, deck, engine-room and other necessary stores, including boiler water, and maintain her class and keep the vessel in a thoroughly efficient state in hull, machinery and equipment for and during the service.

2. That the Charterers shall provide and pay for all the fuel except as otherwise agreed, Port Charges, Pilotages, Agencies, Commissions, Consular Charges (except those pertaining to the Crew) and all other usual expenses except those before stated, but when the vessel puts into a port for causes for which vessel is responsible, then all such charges incurred shall be paid by the Owners. Fumigations ordered because of illness of the crew to be for Owners account. Fumigations ordered because of cargoes carried or ports visited while vessel is employed under this charter to be for Charterers account. All other fumigations to be for Charterers account after vessel has been on charter for a continuous period of six months or more.

Charterers are to provide necessary dunnage and shifting boards, also any extra fittings requisite for a special trade or unusual cargo, but Owners to allow them the use of any dunnage and shifting boards already aboard vessel. Charterers to have the privilege of using shifting boards for dunnage, they making good any damage thereto.

3. That the Charterers, at the port of delivery, and the Owners, at the port of re-delivery, shall take over and pay for all fuel remaining on board the vessel at the current prices in the respective ports, the vessel to be delivered with not less than .... tons and not more than .... tons and to be re-delivered with not less than .... tons and not more than .... tons.

4. That the Charterers shall pay for the use and hire of the said Vessel at the rate of .... United States Currency per ton on vessel's total deadweight carrying capacity, including bunkers and stores, on .... summer freeboard, per Calendar Month, commencing on and from the day of her delivery, as aforesaid, and at and after the same rate for any part of a month: hire to continue until the hour of the day of her re-delivery in like good order and condition, ordinary wear and tear excepted, to the Owners (unless lost) at .... unless otherwise mutually agreed. Charterers are to

give Owners not less than............days notice of vessel's expected date of re-delivery, and probable port.

5. Payment of said hire to be made in New York in cash in United States Currency, semi-monthly in advance, and for the last half month or part of same the approximate amount of hire, and should same not cover the actual time, hire is to be paid for the balance day by day, as it becomes due, if so required by Owners, unless bank guarantee or deposit is made by the Charterers, otherwise failing the punctual and regular payment of the hire, or bank guarantee, or on any breach of this Charter Party, the Owners shall be at liberty to withdraw the vessel from the service of the Charterers, without prejudice to any claim they (the Owners) may otherwise have on the Charterers. Time to count from 7 a.m. on the working day following that on which written notice of readiness has been given to Charterers or their Agents before 4 p.m., but if required by Charterers, they to have the privilege of using vessel at once, such time used to count as hire.

Cash for vessel's ordinary disbursements at any port may be advanced as required by the Charterers or their Agents, subject to 2½% commission and such advances shall be deducted from the hire. The Charterers, however, shall in no way be responsible for the application of such advances .

6. That the cargo or cargoes be laden and/or discharged in any dock or at any wharf or place that Charterers or their Agents may direct, provided the vessel can safely lie always afloat at any time of tide, except at such places where it is customary for similar size vessels to safely lie aground.

7. That the whole reach of the Vessel's Holds, Decks, and usual places of loading (not more than she can reasonably stow and carry), also accommodations for Supercargo, if carried, shall be at the Charterers' disposal, reserving only proper and sufficient space for Ship's officers, crew, tackle, apparel, furniture, provisions, stores and fuel. Charterers have the privilege of passengers as far as accommodations allow, Charterers paying Owners......................per day per passenger for accommodations and meals. However, it is agreed that in case any fines or extra expenses are incurred in the consequence of the carriage of passengers, Charterers are to bear such risk and expense.

8. That the captain shall prosecute his voyages with the utmost despatch, and shall render all customary assistance with ship's crew and boats. The Captain (although appointed by the Owners), shall be under the orders and directions of the Charterers as regards employment and agency; and Charterers are to load, stow, and trim the cargo at their expense under the supervision of the Captain, who is to sign Bills of Lading for cargo as presented, in conformity with Mate's or Tally Clerk' s receipts.

9. That if the Charterers shall have reason to be dissatisfied with the conduct of the Captain, Officers, or Engineers, the Owners shall on receiving particulars of the complaint, investigate the same, and, if necessary, make a change in the appointments.

10. That the Charterers shall have permission to appoint a Supercargo, who shall accompany the vessel and see that voyages are prosecuted with the utmost dispatch. He is to be furnished with free accommodation, and same fare as provided for Captain's table, Charterers paying at the rate of USD 1.00 per day Owners to victual Pilots and Customs Officers, and also, when authorized by Charterers or their Agents, to victual Tally Clerks, Stevedore's Foreman, etc, Charterers paying at the current rate per meal, for all such victualling.

11. That the Charterers shall furnish the Captain from time to time with all requisite instructions and sailing directions, in writing, and the Captain shall keep a full and correct Log of the voyage or voyages, which are to be patent to the Charterers or their Agents, and furnish the Charterers, their Agents or Supercargo, when required, with a true copy of daily Logs, showing the course of the vessel and distance run and the consumption of fuel.

12. That the Captain shall use diligence in caring for the ventilation of the cargo.

13. That the Charterers shall have the option of continuing this charter for a further period of..

on giving written notice thereof to the Owners or their Agents.........days previous to the expiration of the first-named term, or any declared option.

14. That if required by Charterers, time not to commence before...and should vessel not have given written notice of readiness on or before................but not later than 4 p.m.. Charterers or their Agents to have the option of cancelling this Charter at any time not later than the day of vessel's readiness.

15. That in the event of the loss of time from deficiency of men or stores, fire, breakdown or damages to hull, machinery or equipment, grounding, detention by average accidents to ship or cargo, dry docking for the purpose of examination or painting bottom, or by any other cause preventing the full working of the vessel, the payment of hire shall cease for the time thereby lost; and if upon the voyage the speed be reduced by defect in or breakdown of any part of her hull, machinery or equipment, the time so lost, and the cost of any extra fuel consumed in consequence thereof, and all extra expenses shall be deducted from the hire.

16. That should the Vessel be lost, money paid in advance and not earned (reckoning from the date of loss or being last heard of) shall be returned to the Charterers at once. The act of God, enemies, fire, restraint of Princes, Rulers and People, and all dangers and accidents of the Seas, Rivers, Machinery, Boilers and Steam Navigation, and errors of Navigation throughout this Charter Party, always mutually excepted.

The vessel shall have the liberty to sail with or without pilots, to tow and to be towed, to assist vessels in distress, and to deviate for the purpose of saving life and property.

17. That should and dispute arise between Owners and the Charterers, the matter in dispute shall be referred to three Persons at New York, one to be appointed by each of the parties hereto, and the third by the two so chosen; their decision or that of any two of them, shall be final, and for the purpose of enforcing any award, this agreement may be made a rule of the Court. The Arbitrators shall be commercial men -

18. That the Owners shall have a lien upon all cargoes, and all sub-freights for any amounts due under this Charter, including General Average contributions, and the Charterers to have a lien on the ship for all monies paid in advance and not earned, and any overpaid hire or excess deposit to be returned at once. Charterers will not suffer, nor permit to be continued, any lien or encumbrance incurred by them or their agents, which might have priority over the title and interest of the owners in the vessel.

19. That all derelicts and salvage shall be for Owners' and Charterers' equal benefit after deducting Owners' and Charterers' expenses and Crew's proportion. General Average shall be adjusted, stated and settled, according to Rules 1 to 15, inclusive, 17 to 22, inclusive, and Rule F of York-Antwerp Rules, 1924, at such port or place in the United States as may be selected by the carrier, and as to matters not provided for by these

Draft Copy

Rules, according to the laws and usages at the port of New York. In such adjustment disbursements in foreign currencies shall be exchanged into United States money at the rate prevailing on the dates made and allowances for damage to cargo claimed in foreign currency shall be converted at the rate prevailing on the last day of discharge at the port or place of final discharge of such damaged cargo from the ship. Average agreement or bond and such additional security, as may be required by the carrier, must be furnished before delivery of the goods. Such cash deposit as the carrier or his agents may deem sufficient as additional security for the contribution of the goods and for any salvage and special charges thereon, shall, if required, be made by the goods, shippers, consignees or owners of the goods to the carrier before delivery. Such deposit shall, at the option of the carrier, be payable in United States money and be remitted to the adjuster. When so remitted the deposit shall be held in a special account at the place of adjustment in the name of the adjuster pending settlement of the General Average and refunds or credit balances, if any, shall be paid in United States money.

In the event of accident, danger, damage, or disaster, before or after commencement of the voyage resulting from any cause whatsoever, whether due to negligence or not, for which, or for the consequence of which, the carrier is not responsible, by statute, contract, or otherwise, the goods, the shipper and the consignee, jointly and severally, shall contribute with the carrier in general average to the payment of any sacrifices, losses, or expenses of a general average nature that may be made or incurred, and shall pay salvage and special charges incurred in respect of the goods. If a salving ship is owned or operated by the carrier, salvage shall be paid for as fully and in the same manner as if such salving ship or ships belonged to strangers.

Provisions as to General Average in accordance with the above are to be included in all bills of lading issued hereunder.

20. Fuel used by the vessel while off hire, also for cooking, condensing water, or for grates and stoves to be agreed to as to quantity, and the cost of replacing same, to be allowed by Owners.

21. That as the vessel may be from time to time employed in tropical waters during the term of this Charter, Vessel is to be docked at a convenient place, bottom cleaned and painted whenever Charterers and Captain think necessary, at least once in every six months, reckoning from time of last painting, and payment of the hire to be suspended until she is again in proper state for the service.

....

....

22. Owners shall maintain the gear of the ship as fitted, providing gear (for all derricks) capable of handling lifts up to three tons, also providing ropes, falls, slings and blocks. If vessel is fitted with derricks capable of handling heavier lifts, Owners are to provide necessary gear for same, otherwise equipment and gear for heavier lifts shall be for Charterers' account. Owners also to provide on the vessel lanterns and oil for night work, and vessel to give use of electric light when so fitted, but any additional lights over those on board to be at Charterers' expense. The Charterers to have the use of any gear on board the vessel.

23. Vessel to work night and day, if required by Charterers, and all winches to be at Charterers' disposal during loading and discharging; steamer to provide one winchmen per hatch to work winches day and night, as required, Charters agreeing to pay officers, engineers, winchmen, deck hands and donkeymen for overtime work done in accordance with the working hours and rates stated in the ship's articles. If the rules of the port, or labor unions, prevent crew from driving winches, shore Winchmen to be paid by Charterers. In the event of a disabled winch or winches, or insufficient power to operate winches, Owners to pay for shore engine, or engines, in lieu thereof, if required, and pay any loss of time occasioned thereby.

24. It is also mutually agreed that this Charter is subject to all the terms and provisions of and all the exemptions from liability contained in the Act of Congress of the United States approved on the 13th day of February, 1893, and entitled "An Act relating to Navigation of Vessels; etc.," in respect of all cargo shipped under this charter to or from the United States of America. It is further subject to the following clauses, both of which are to be included in all bills of lading issued hereunder:

U.S.A. Clause Paramount

This bill of lading shall have effect subject to the provisions of the Carriage of Goods by Sea Act of the United States, approved April 16,1936,which shall be deemed to be incorporated herein, and nothing herein contained shall be deemed a surrender by the carrier of any of its rights or immunities or an increase of any of its responsibilities or liabilities under said Act. If any term of this bill of lading be repugnant to said Act to any extent, such term shall be void to that extent, but no further.

Both-to-Blame Collision Clause

If the ship comes into collision with another ship as a result of the negligence of the other ship and any act, neglect or default of the Master, mariner, pilot or the servants of the Carrier in the navigation or in the management of the ship, the owners of the goods carried hereunder will indemnify the Carrier against all loss or liability to the other or non carrying ship or her owners in so far as such loss or liability represents loss of, or damage to, or any claim whatsoever of the owners of said goods, paid or payable by the other or non-carrying ship or her owners to the owners of said goods and set off, recouped or recovered by the other or non-carrying ship or her owners as part of their claim against the carrying ship or carrier.

25. The vessel shall not be required to enter any ice-bound port, or any port where lights or light-ships have been or are about to be withdrawn by reason of ice, or where there is risk that in the ordinary course of things the vessel will not be able on account of ice to safely enter the port or to get out after having completed loading or discharging..

26. Nothing herein stated is to be construed as a demise of the vessel to the Time Charterers. The owners to remain responsible for the navigation of the vessel, insurance, crew, and all other matters, same as when trading for their own account.

27. A commission of 1.25 per cent is payable by the Vessel and Owners

....

on hire earned and paid under this Charter, and also upon any continuation or extension of this Charter.

28. An address commission of 2½ per cent payable to .... on the hire earned and paid under this Charter.

Owners : **Charterers :**

Code Name: **"NYPE 93"**

Recommended by:
The Baltic and International Maritime Council (BIMCO)
The Federation of National Associations of
Ship Brokers and Agents (FONASBA)

TIME CHARTER©

New York Produce Exchange Form

Issued by the Association of Ship Brokers and Agents (U.S.A.), Inc.

November 6th, 1913 - Amended October 20th, 1921; August 6th, 1931; October 3rd, 1946;
Revised June 12th, 1981; September 14th. 1993.

THIS CHARTER PARTY, made and concluded in
this day of 19

Between

Owners of the Vessel described below, and

Charterers.

Description of Vessel

Name Flag Built (year).
Port and number of Registry
Classed in
Deadweight long*/metric* tons (cargo and bunkers, including freshwater and stores not exceeding long*/metric* tons) on a salt water draft of on summer freeboard.

Capacity cubic feet grain cubic feet bale space.
Tonnage GT/GRT.
Speed about knots, fully laden, in good weather conditions up to and including maximum Force on the Beaufort wind scale, on a consumption of about long*/metric* tons of

** Delete as appropriate.*
For further description see Appendix "A" (if applicable)

1. **Duration**

The Owners agree to let and the Charterers agree to hire the Vessel from the time of delivery for a period of

within below mentioned trading limits.

2. **Delivery**

The Vessel shall be placed at the disposal of the Charterers at

The Vessel on her delivery shall be ready to receive cargo with clean-swept holds and tight, staunch, strong and in every way fitted for ordinary cargo service, having water ballast and with sufficient power to operate all cargo-handling gear simultaneously.

The Owners shall give the Charterers not less than days notice of expected date of delivery.

3. **On-Off Hire Survey**

Prior to delivery and redelivery the parties shall, unless otherwise agreed, each appoint surveyors, for their respective accounts, who shall not later than at first loading port/last discharging port respectively, conduct joint on-hire/off-hire surveys, for the purpose of ascertaining quantity of bunkers on board and the condition of the Vessel. A single report shall be prepared on each occasion and signed by each surveyor, without prejudice to his right to file a separate report setting forth items upon which the surveyors cannot agree.
If either party fails to have a representative attend the survey and sign the joint survey report, such party shall nevertheless be bound for all purposes by the findings in any report prepared by the other party.
On-hire survey shall be on Charterers' time and off-hire survey on Owners' time.

4. **Dangerous Cargo/Cargo Exclusions**

(a) The Vessel shall be employed in carrying lawful merchandise excluding any goods of a dangerous, injurious, flammable or corrosive nature unless carried in accordance with the requirements or recommendations of the competent authorities of the country of the Vessel's registry and of ports of shipment and discharge and of any intermediate countries or ports through whose waters the Vessel must pass. Without prejudice to the generality of the foregoing, in addition the following are specifically excluded: livestock of any description, arms, ammunition, explosives, nuclear and radioactive materials,

(b) If IMO-classified cargo is agreed to be carried, the amount of such cargo shall be limited to tons and the Charterers shall provide the Master with any evidence he may reasonably require to show that the cargo is packaged, labelled, loaded and stowed in accordance with IMO regulations, failing which the Master is entitled to refuse such cargo or, if already loaded, to unload it at the Charterers' risk and expense.

5. **Trading Limits**

The Vessel shall be employed in such lawful trades between safe ports and safe places within

excluding

as the Charterers shall direct.

6. **Owners to Provide**

The Owners shall provide and pay for the insurance of the Vessel, except as otherwise provided, and for all provisions, cabin, deck, engine-room and other necessary stores, including boiler water; shall pay for wages, consular shipping and discharging fees of the crew and charges for port services pertaining to the crew; shall maintain the Vessel's class and keep her in a thoroughly efficient state in hull, machinery and equipment for and during the service, and have a full complement of officers and crew.

7. **Charterers to Provide**

The Charterers, while the Vessel is on hire, shall provide and pay for all the bunkers except as otherwise agreed; shall pay for port charges (including compulsory watchmen and cargo watchmen and compulsory garbage disposal), all communication expenses pertaining to the Charterers' business at cost, pilotages, towages, agencies, commissions, consular charges (except those pertaining to individual crew members or flag of the Vessel), and all other usual expenses except those stated in Clause 6, but when the Vessel puts into a port for causes for which the Vessel is responsible (other than by stress of weather), then all such charges incurred shall be paid by the Owners. Fumigations ordered because of illness of the crew shall be for the Owners' account. Fumigations ordered because of cargoes carried or ports visited while the Vessel is employed under this Charter Party shall be for the Charterers' account. All other fumigations shall be for the Charterers' account after the Vessel has been on charter for a continuous period of six months or more.

The Charterers shall provide and pay for necessary dunnage and also any extra fittings requisite for a special trade or unusual cargo, but the Owners shall allow them the use of any dunnage already aboard the Vessel. Prior to redelivery the Charterers shall remove their dunnage and fittings at their cost and in their time.

8. **Performance of Voyages**

(a) The Master shall perform the voyages with due despatch, and shall render all customary assistance with the Vessel's crew. The Master shall be conversant with the English language and (although appointed by the Owners) shall be under the orders and directions of the Charterers as regards employment and agency; and the Charterers shall perform all cargo handling, including but not limited to loading, stowing, trimming, lashing, securing, dunnaging, unlashing, discharging, and tallying, at their risk and expense, under the supervision of the Master.

(b) If the Charterers shall have reasonable cause to be dissatisfied with the conduct of the Master or officers, the Owners shall, on receiving particulars of the complaint, investigate the same, and, if necessary, make a change in the appointments.

9. **Bunkers**

(a) The Charterers on delivery, and the Owners on redelivery, shall take over and pay for all fuel and diesel oil remaining on board the Vessel as hereunder. The Vessel shall be delivered with: long*/metric* tons of fuel oil at the price of per ton; tons of diesel oil at the price of per ton. The vessel shall be redelivered with: tons of fuel oil at the price of per ton; tons of diesel oil at the price of per ton.

** Same tons apply throughout this clause.*

(b) The Charterers shall supply bunkers of a quality suitable for burning in the Vessel's engines and auxiliaries and which conform to the specification(s) as set out in Appendix A.

The Owners reserve their right to make a claim against the Charterers for any damage to the main engines or the auxiliaries caused by the use of unsuitable fuels or fuels not complying with the agreed specification(s). Additionally, if bunker fuels supplied do not conform with the mutually agreed specification(s) or otherwise prove unsuitable for burning in the Vessel's engines or auxiliaries, the Owners shall not be held responsible for any reduction in the Vessel's speed performance and/or increased bunker consumption, nor for any time lost and any other consequences.

10. **Rate of Hire/Redelivery Areas and Notices**

The Charterers shall pay for the use and hire of the said Vessel at the rate of $ U.S. currency, daily, **or** $ U.S. currency per ton on the Vessel's total deadweight carrying capacity, including bunkers and stores, on summer freeboard, per 30 days, commencing on and from the day of her delivery, as aforesaid, and at and after the same rate for any part of a month; hire shall continue until the hour of the day of her redelivery in like good order and condition, ordinary wear and tear excepted, to the Owners (unless Vessel lost) at

unless otherwise mutually agreed.

The Charterers shall give the Owners not less than days notice of the Vessel's expected date and probable port of redelivery.

For the purpose of hire calculations, the times of delivery, redelivery or termination of charter shall be adjusted to GMT.

11. **Hire Payment**

(a) *Payment*

Payment of Hire shall be made so as to be received by the Owners or their designated payee in , viz

in

currency, or in United States Currency, in funds available to the Owners on the due date, 15 days in advance, and for the last month or part of same the approximate amount of hire, and should same not cover the actual time, hire shall be paid for the balance day by day as it becomes due, if so required by the Owners. Failing the punctual and regular payment of the hire, or on any fundamental breach whatsoever of this Charter Party, the Owners shall be at liberty to withdraw the Vessel from the service of the Charterers without prejudice to any claims they (the Owners) may otherwise have on the Charterers.

At any time after the expiry of the grace period provided in Sub-clause 11 (b) hereunder and while the hire is outstanding, the Owners shall, without prejudice to the liberty to withdraw, be entitled to withhold the performance of any and all of their obligations hereunder and shall have no responsibility whatsoever for any consequences thereof, in respect of which the Charterers hereby indemnify the Owners, and hire shall continue to accrue and any extra expenses resulting from such withholding shall be for the Charterers' account.

(b) *Grace Period*

Where there is failure to make punctual and regular payment of hire due to oversight, negligence, errors or omissions on the part of the Charterers or their bankers, the Charterers shall be given by the Owners clear banking days (as recognized at the agreed place of payment) written notice to rectify the failure, and when so rectified within those days following the Owners' notice, the payment shall stand as regular and punctual.

Failure by the Charterers to pay the hire within days of their receiving the Owners' notice as provided herein, shall entitle the Owners to withdraw as set forth in Sub-clause 11 (a) above.

(c) *Last Hire Payment*

Should the Vessel be on her voyage towards port of redelivery at the time the last and/or the penultimate payment of hire is/are due, said payment(s) is/are to be made for such length of time as the Owners and the Charterers may agree upon as being the estimated time necessary to complete the voyage, and taking into account bunkers actually on board, to be taken over by the Owners and estimated disbursements for the Owners' account before redelivery. Should same not cover the actual time, hire is to be paid for the balance, day by day, as it becomes due. When the Vessel has been redelivered, any difference is to be refunded by the Owners or paid by the Charterers, as the case may be.

(d) *Cash Advances*

Cash for the Vessel's ordinary disbursements at any port may be advanced by the Charterers, as required by the Owners, subject to 2½ percent commission and such advances shall be deducted from the hire.
The Charterers, however, shall in no way be responsible for the application of such advances.

12. **Berths**

The Vessel shall be loaded and discharged in any safe dock or at any safe berth or safe place that Charterers or their agents may direct, provided the Vessel can safely enter, lie and depart always afloat at any time of tide.

13. **Spaces Available**

(a) The whole reach of the Vessel's holds, decks, and other cargo spaces (not more than she can reasonably and safely stow and carry), also accommodations for supercargo, if carried, shall be at the Charterers' disposal, reserving only proper and sufficient space for the Vessel's officers, crew, tackle, apparel, furniture, provisions, stores and fuel.

(b) In the event of deck cargo being carried, the Owners are to be and are hereby indemnified by the Charterers for any loss and/or damage and/or liability of whatsoever nature caused to the Vessel as a result of the carriage of deck cargo and which would not have arisen had deck cargo not been loaded.

14. **Supercargo and Meals**

The Charterers are entitled to appoint a supercargo, who shall accompany the Vessel at the Charterers' risk and see that voyages are performed with due despatch. He is to be furnished with free accommodation and same fare as provided for the Master's table, the Charterers paying at the rate of per day. The Owners shall victual pilots and customs officers, and also, when authorized by the Charterers or their agents, shall victual tally clerks, stevedore's foreman, etc., Charterers paying at the rate of per meal for all such victualling.

15. **Sailing Orders and Logs**

The Charterers shall furnish the Master from time to time with all requisite instructions and sailing directions, in writing, in the English language, and the Master shall keep full and correct deck and engine logs of the voyage or voyages, which are to be patent to the Charterers or their agents, and furnish the Charterers, their agents or supercargo, when required, with a true copy of such deck and engine logs, showing the course of the Vessel, distance run and the consumption of bunkers. Any log extracts required by the Charterers shall be in the English language.

16. **Delivery/Cancelling**

If required by the Charterers, time shall not commence before and should the Vessel not be ready for delivery on or before but not later than hours, the Charterers shall have the option of cancelling this Charter Party.

Extension of Cancelling

If the Owners warrant that, despite the exercise of due diligence by them, the Vessel will not be ready for delivery by the cancelling date, and provided the Owners are able to state with reasonable certainty the date on which the Vessel will be ready, they may, at the earliest seven days before the Vessel is expected to sail for the port or place of delivery, require the Charterers to declare whether or not they will cancel the Charter Party. Should the Charterers elect not to cancel, or should they fail to reply within two days or by the cancelling date, whichever shall first occur, then the seventh day after the expected date of readiness for delivery as notified by the Owners shall replace the original cancelling date. Should the Vessel be further delayed, the Owners shall be entitled to require further declarations of the Charterers in accordance with this Clause.

17. **Off Hire**

In the event of loss of time from deficiency and/or default and/or strike of officers or crew, or deficiency of stores, fire, breakdown of, or damages to hull, machinery or equipment, grounding, detention by the arrest of the Vessel, (unless such arrest is caused by events for which the Charterers, their servants, agents or subcontractors are responsible), or detention by average accidents to the Vessel or cargo unless resulting from inherent vice, quality or defect of the cargo, drydocking for the purpose of examination or painting bottom, or by any other similar cause preventing the full working of the Vessel, the payment of hire and overtime, if any, shall cease for the time thereby lost. Should the Vessel deviate or put back during a voyage, contrary to the orders or directions of the Charterers, for any reason other than accident to the cargo or where permitted in lines 257 to 258 hereunder, the hire is to be suspended from the time of her deviating or putting back until she is again in the same or equidistant position from the destination and the voyage resumed therefrom. All bunkers used by the Vessel while off hire shall be for the Owners' account. In the event of the Vessel being driven into port or to anchorage through stress of weather, trading to shallow harbors or to rivers or ports with bars, any detention of the Vessel and/or expenses resulting from such detention shall be for the Charterers' account. If upon the voyage the speed be reduced by defect in, or breakdown of, any part of her hull, machinery or equipment, the time so lost, and the cost of any extra bunkers consumed in consequence thereof, and all extra proven expenses may be deducted from the hire.

18. **Sublet**

Unless otherwise agreed, the Charterers shall have the liberty to sublet the Vessel for all or any part of the time covered by this Charter Party, but the Charterers remain responsible for the fulfillment of this Charter Party.

19. **Drydocking**

The Vessel was last drydocked

*(a) The Owners shall have the option to place the Vessel in drydock during the currency of this Charter at a convenient time and place, to be mutually agreed upon between the Owners and the Charterers, for bottom cleaning and painting and/or repair as required by class or dictated by circumstances.

*(b) Except in case of emergency no drydocking shall take place during the currency of this Charter Party.

** Delete as appropriate*

20. **Total Loss**

Should the Vessel be lost, money paid in advance and not earned (reckoning from the date of loss or being last heard of) shall be returned to the Charterers at once.

21. **Exceptions**

The act of God, enemies, fire, restraint of princes, rulers and people, and all dangers and accidents of the seas, rivers, machinery, boilers, and navigation, and errors of navigation throughout this Charter, always mutually excepted.

22. **Liberties**

The Vessel shall have the liberty to sail with or without pilots, to tow and to be towed, to assist vessels in distress, and to deviate for the purpose of saving life and property.

23. **Liens**

The Owners shall have a lien upon all cargoes and all sub-freights and/or sub-hire for any amounts due under this Charter Party, including general average contributions, and the Charterers shall have a lien on the Vessel for all monies paid in advance and not earned, and any overpaid hire or excess deposit to be returned at once.

The Charterers will not directly or indirectly suffer, nor permit to be continued, any lien or encumbrance, which might have priority over the title and interest of the Owners in the Vessel. The Charterers undertake that during the period of this Charter Party, they will not procure any supplies or necessaries or services, including any port expenses and bunkers, on the credit of the Owners or in the Owners' time.

24. **Salvage**

All derelicts and salvage shall be for the Owners' and the Charterers' equal benefit after deducting Owners' and Charterers' expenses and crew's proportion.

25. **General Average**

General average shall be adjusted according to York-Antwerp Rules 1974, as amended 1990, or any subsequent modification thereof, in and settled in currency.

The Charterers shall procure that all bills of lading issued during the currency of the Charter Party will contain a provision to the effect that general average shall be adjusted according to York-Antwerp Rules 1974, as amended 1990, or any subsequent modification thereof and will include the "New Jason Clause" as per Clause 31.

Time charter hire shall not contribute to general average.

26. **Navigation**

Nothing herein stated is to be construed as a demise of the Vessel to the Time Charterers. The Owners shall remain responsible for the navigation of the Vessel, acts of pilots and tug boats, insurance, crew, and all other matters, same as when trading for their own account.

27. **Cargo Claims**

Cargo claims as between the Owners and the Charterers shall be settled in accordance with the Inter-Club New York Produce Exchange Agreement of February 1970, as amended May, 1984, or any subsequent modification or replacement thereof.

28. **Cargo Gear and Lights**

The Owners shall maintain the cargo handling gear of the Vessel which is as follows:

providing gear (for all derricks or cranes) capable of lifting capacity as described. The Owners shall also provide on the Vessel for night work lights as on board, but all additional lights over those on board shall be at the Charterers' expense. The Charterers shall have the use of any gear on board the Vessel. If required by the Charterers, the Vessel shall work night and day and all cargo handling gear shall be at the Charterers' disposal during loading and discharging. In the event of disabled cargo handling gear, or insufficient power to operate the same, the Vessel is to be considered to be off hire to the extent that time is actually lost to the Charterers and the Owners to pay stevedore stand-by charges occasioned thereby, unless such disablement or insufficiency of power is caused by the Charterers' stevedores. If required by the Charterers, the Owners shall bear the cost of hiring shore gear in lieu thereof, in which case the Vessel shall remain on hire.

29. **Crew Overtime**

In lieu of any overtime payments to officers and crew for work ordered by the Charterers or their agents, the Charterers shall pay the Owners, concurrently with the hire per month or pro rata.

30. **Bills of Lading**

(a) The Master shall sign the bills of lading or waybills for cargo as presented in conformity with mates or tally clerk's receipts. However, the Charterers may sign bills of lading or waybills on behalf of the Master, with the Owner's prior written authority, always in conformity with mates or tally clerk's receipts.

(b) All bills of lading or waybills shall be without prejudice to this Charter Party and the Charterers shall indemnify the Owners against all consequences or liabilities which may arise from any inconsistency between this Charter Party and any bills of lading or waybills signed by the Charterers or by the Master at their request.

(c) Bills of lading covering deck cargo shall be claused: "Shipped on deck at Charterers', Shippers' and Receivers' risk, expense and responsibility, without liability on the part of the Vessel, or her Owners for any loss, damage, expense or delay howsoever caused."

31. **Protective Clauses**

This Charter Party is subject to the following clauses all of which are also to be included in all bills of lading or waybills issued hereunder:

(a) CLAUSE PARAMOUNT
"This bill of lading shall have effect subject to the provisions of the Carriage of Goods by Sea Act of the United States, the Hague Rules, or the Hague-Visby Rules, as applicable, or such other similar national legislation as may mandatorily apply by virtue of origin or destination of the bills of lading, which shall be deemed to be incorporated herein and nothing herein contained shall be deemed a surrender by the carrier of any of its rights or immunities or an increase of any of its responsibilities or liabilities under said applicable Act. If any term of this bill of lading be repugnant to said applicable Act to any extent, such term shall be void to that extent, but no further."

and

(b) BOTH-TO-BLAME COLLISION CLAUSE
"If the ship comes into collision with another ship as a result of the negligence of the other ship and any act, neglect or default of the master, mariner, pilot or the servants of the carrier in the navigation or in the management of the ship, the owners of the goods carried hereunder will indemnify the carrier against all loss or liability to the other or non-carrying ship or her owners insofar as such loss or liability represents loss of, or damage to, or any claim whatsoever of the owners of said goods, paid or payable by the other or non-carrying ship or her owners to the owners of said goods and set off, recouped or recovered by the other or non-carrying ship or her owners as part of their claim against the carrying ship or carrier.

The foregoing provisions shall also apply where the owners, operators or those in charge of any ships or objects other than, or in addition to, the colliding ships or objects are at fault in respect to a collision or contact."

and

(c) NEW JASON CLAUSE
"In the event of accident, danger, damage or disaster before or after the commencement of the voyage resulting from any cause whatsoever, whether due to negligence or not, for which, or for the consequences of which, the carrier is not responsible, by statute, contract, or otherwise, the goods, shippers, consignees, or owners of the goods shall contribute with the carrier in general average to the payment of any sacrifices, losses, or expenses of a general average nature that may be made or incurred, and shall pay salvage and special charges incurred in respect of the goods.

If a salving ship is owned or operated by the carrier, salvage shall be paid for as fully as if salving ship or ships belonged to strangers. Such deposit as the carrier or his agents may deem sufficient to cover the estimated contribution of the goods and any salvage and special charges thereon shall, if required, be made by the goods, shippers, consignees or owners of the goods to the carrier before delivery."

and

(d) U.S. TRADE - DRUG CLAUSE
"In pursuance of the provisions of the U.S. Anti Drug Abuse Act 1986 or any re-enactment thereof, the Charterers warrant to exercise the highest degree of care and diligence in preventing unmanifested narcotic drugs and marijuana to be loaded or concealed on board the Vessel.

Non-compliance with the provisions of this clause shall amount to breach of warranty for consequences of which the Charterers shall be liable and shall hold the Owners, the Master and the crew of the Vessel harmless and shall keep them indemnified against all claims whatsoever which may arise and be made against them individually or jointly. Furthermore, all time lost and all expenses incurred, including fines, as a result of the Charterers' breach of the provisions of this clause shall be for the Charterer's account and the Vessel shall remain on hire.

Should the Vessel be arrested as a result of the Charterers' non-compliance with the provisions of this clause, the Charterers shall at their expense take all reasonable steps to secure that within a reasonable time the Vessel is released and at their expense put up the bails to secure release of the Vessel.

The Owners shall remain responsible for all time lost and all expenses incurred, including fines, in the event that unmanifested narcotic drugs and marijuana are found in the possession or effects of the Vessel's personnel."

and

(e) WAR CLAUSES

"(i) No contraband of war shall be shipped. The Vessel shall not be required, without the consent of the Owners, which shall not be unreasonably withheld, to enter any port or zone which is involved in a state of war, warlike operations, or hostilities, civil strife, insurrection or piracy whether there be a declaration of war or not, where the Vessel, cargo or crew might reasonably be expected to be subject to capture, seizure or arrest, or to a hostile act by a belligerent power (the term "power" meaning any de jure or de facto authority or any purported governmental organization maintaining naval, military or air forces).

(ii) If such consent is given by the Owners, the Charterers will pay the provable additional cost of insuring the Vessel against hull war risks in an amount equal to the value under her ordinary hull policy but not exceeding a valuation of In addition, the Owners may purchase and the Charterers will pay for war risk insurance on ancillary risks such as loss of hire, freight disbursements, total loss, blocking and trapping, etc. If such insurance is not obtainable commercially or through a government program, the Vessel shall not be required to enter or remain at any such port or zone.

(iii) In the event of the existence of the conditions described in (i) subsequent to the date of this Charter, or while the Vessel is on hire under this Charter, the Charterers shall, in respect of voyages to any such port or zone assume the provable additional cost of wages and insurance properly incurred in connection with master, officers and crew as a consequence of such war, warlike operations or hostilities.

(iv) Any war bonus to officers and crew due to the Vessel's trading or cargo carried shall be for the Charterers' account."

32. **War Cancellation**

In the event of the outbreak of war (whether there be a declaration of war or not) between any two or more of the following countries:

either the Owners or the Charterers may cancel this Charter Party. Whereupon, the Charterers shall redeliver the Vessel to the Owners in accordance with Clause 10; if she has cargo on board, after discharge thereof at destination, or, if debarred under this Clause from reaching or entering it, at a near open and safe port as directed by the Owners; or, if she has no cargo on board, at the port at which she then is; or, if at sea, at a near open and safe port as directed by the Owners. In all cases hire shall continue to be paid in accordance with Clause 11 and except as aforesaid all other provisions of this Charter Party shall apply until redelivery.

33. **Ice**

The Vessel shall not be required to enter or remain in any icebound port or area, nor any port or area where lights or lightships have been or are about to be withdrawn by reason of ice, nor where there is risk that in the ordinary course of things the Vessel will not be able on account of ice to safely enter and remain in the port or area or to get out after having completed loading or discharging. Subject to the Owners' prior approval the Vessel is to follow ice-breakers when reasonably required with regard to her size, construction and ice class.

34. **Requisition**

Should the Vessel be requisitioned by the government of the Vessel's flag during the period of this Charter Party, the Vessel shall be deemed to be off hire during the period of such requisition, and any hire paid by the said government in respect of such requisition period shall be retained by the Owners. The period during which the Vessel is on requisition to the said government shall count as part of the period provided for in this Charter Party.
If the period of requisition exceeds months, either party shall have the option of cancelling this Charter Party and no consequential claim may be made by either party.

35. **Stevedore Damage**

Notwithstanding anything contained herein to the contrary, the Charterers shall pay for any and all damage to the Vessel caused by stevedores provided the Master has notified the Charterers and/or their agents in writing as soon as practical but not later than 48 hours after any damage is discovered. Such notice to specify the damage in detail and to invite Charterers to appoint a surveyor to assess the extent of such damage.

(a) In case of any and all damage(s) affecting the Vessel's seaworthiness and/or the safety of the crew and/or affecting the trading capabilities of the Vessel, the Charterers shall immediately arrange for repairs of such damage(s) at their expense and the Vessel is to remain on hire until such repairs are completed and if required passed by the Vessel's classification society.

(b) Any and all damage(s) not described under point (a) above shall be repaired at the Charterers' option, before or after redelivery concurrently with the Owners' work. In such case no hire and/or expenses will be paid to the Owners except and insofar as the time and/or the expenses required for the repairs for which the Charterers are responsible, exceed the time and/or expenses necessary to carry out the Owners' work.

36. **Cleaning of Holds**

The Charterers shall provide and pay extra for sweeping and/or washing and/or cleaning of holds between voyages and/or between cargoes provided such work can be undertaken by the crew and is permitted by local regulations, at the rate of per hold.

In connection with any such operation, the Owners shall not be responsible if the Vessel's holds are not accepted or passed by the port or any other authority. The Charterers shall have the option to re-deliver the Vessel with unclean/upswept holds against a lumpsum payment of in lieu of cleaning.

37. **Taxes**

Charterers to pay all local, State, National taxes and/or dues assessed on the Vessel or the Owners resulting from the Charterers' orders herein, whether assessed during or after the currency of this Charter Party including any taxes and/or dues on cargo and/or freights and/or sub-freights and/or hire (excluding taxes levied by the country of the flag of the Vessel or the Owners).

38. **Charterers' Colors**

The Charterers shall have the privilege of flying their own house flag and painting the Vessel with their own markings. The Vessel shall be repainted in the Owners' colors before termination of the Charter Party. Cost and time of painting, maintaining and repainting those changes effected by the Charterers shall be for the Charterers' account.

39. **Laid up Returns**

The Charterers shall have the benefit of any return insurance premium receivable by the Owners from their underwriters as and when received from underwriters by reason of the Vessel being in port for a minimum period of 30 days if on full hire for this period or pro rata for the time actually on hire.

40. **Documentation**

The Owners shall provide any documentation relating to the Vessel that may be required to permit the Vessel to trade within the agreed trade limits, including, but not limited to certificates of financial responsibility for oil pollution, provided such oil pollution certificates are obtainable from the Owners' P & I club, valid international tonnage certificate, Suez and Panama tonnage certificates, valid certificate of registry and certificates relating to the strength and/or serviceability of the Vessel's gear.

41. **Stowaways**

(a) (i) The Charterers warrant to exercise due care and diligence in preventing stowaways in gaining access to the Vessel by means of secreting away in the goods and/or containers shipped by the Charterers.

(ii) If, despite the exercise of due care and diligence by the Charterers, stowaways have gained access to the Vessel by means of secreting away in the goods and/or containers shipped by the Charterers, this shall amount to breach of charter for the consequences of which the Charterers shall be liable and shall hold the Owners harmless and shall keep them indemnified against all claims whatsoever which may arise and be made against them. Furthermore, all time lost and all expenses whatsoever and howsoever incurred, including fines, shall be for the Charterers' account and the Vessel shall remain on hire.

(iii) Should the Vessel be arrested as a result of the Charterers' breach of charter according to sub-clause (a)(ii) above, the Charterers shall take all reasonable steps to secure that, within a reasonable time, the Vessel is released and at their expense put up bail to secure release of the Vessel.

(b) (i) If, despite the exercise of due care and diligence by the Owners, stowaways have gained access to the Vessel by means other than secreting away in the goods and/or containers shipped by the Charterers, all time lost and all expenses whatsoever and howsoever incurred, including fines, shall be for the Owners' account and the Vessel shall be off hire.

(ii) Should the Vessel be arrested as a result of stowaways having gained access to the Vessel by means other than secreting away in the goods and/or containers shipped by the Charterers, the Owners shall take all reasonable steps to secure that, within a reasonable time, the Vessel is released and at their expense put up bail to secure release of the Vessel.

42. **Smuggling**

In the event of smuggling by the Master, Officers and/or crew, the Owners shall bear the cost of any fines, taxes, or imposts levied and the Vessel shall be off hire for any time lost as a result thereof.

43. **Commissions**

A commission of   percent is payable by the Vessel and the Owners to

on hire earned and paid under this Charter, and also upon any continuation or extension of this Charter.

44. **Address Commission**

An address commission of   percent is payable to on hire earned and paid under this Charter.

45. **Arbitration**

(a) NEW YORK

All disputes arising out of this contract shall be arbitrated at New York in the following manner, and subject to U.S. Law:

One Arbitrator is to be appointed by each of the parties hereto and a third by the two so chosen. Their decision or that of any two of them shall be final, and for the purpose of enforcing any award, this agreement may be made a rule of the court. The Arbitrators shall be commercial men, conversant with shipping matters. Such Arbitration is to be conducted in accordance with the rules of the Society of Maritime Arbitrators Inc.

For disputes where the total amount claimed by either party does not exceed US $ ** the arbitration shall be conducted in accordance with the Shortened Arbitration Procedure of the Society of Maritime Arbitrators Inc.

(b) LONDON

All disputes arising out of this contract shall be arbitrated at London and, unless the parties agree forthwith on a single Arbitrator, be referred to the final arbitrament of two Arbitrators carrying on business in London who shall be members of the Baltic Mercantile & Shipping Exchange and engaged in Shipping, one to be appointed by each of the parties, with power to such Arbitrators to appoint an Umpire. No award shall be questioned or invalidated on the ground that any of the Arbitrators is not qualified as above, unless objection to his action be taken before the award is made. Any dispute arising hereunder shall be governed by English Law.

For disputes where the total amount claimed by either party does not exceed US $ ** the arbitration shall be conducted in accordance with the Small Claims Procedure of the London Maritime Arbitrators Association.

**Delete para (a) or (b) as appropriate*

*** Where no figure is supplied in the blank space this provision only shall be void but the other provisions of this clause shall have full force and remain in effect.*

If mutually agreed, clauses to , both inclusive, as attached hereto are fully incorporated in this Charter Party.

APPENDIX "A"

To Charter Party dated
Between Owners
and Charterers

Further details of the Vessel:

BIMCO UNIFORM TIME-CHARTER (AS REVISED 2001)
CODE NAME: "BALTIME 1939"

PART I

1. Shipbroker	2. Place and Date of Charter
3. Owners/Place of business	4. Charterers/Place of business
5. Vessel's Name	6. GT/NT
7. Class	8. Indicated brake horse power (bhp)
9. Total tons d.w. (abt.) on summer freeboard	10. Cubic feet grain/bale capacity
11. Permanent bunkers (abt.)	12. Speed capability in knots (abt.) on a consumption in tons (abt.) of
13. Present position	14. Period of hire (Cl. 1)
15. Port of delivery (Cl. 1)	16. Time of delivery (Cl. 1)
17 (a) Trade limits (Cl. 2) (b) Cargo exclusions specially agreed	
18. Bunkers on re-delivery (state min. and max. quantity)(Cl. 5)	19. Charter hire (Cl. 6)
20. Hire payment (state currency, method and place of payment; also beneficiary and bank account) (Cl. 6)	
21. Place or range of re-delivery (Cl. 7)	22. Cancelling date (Cl. 21)
23. Dispute resolution (state 22(A), 22(B) or 22(C); if 22(C) agreed Place of Arbitration must be stated) (Cl. 22)	24. Brokerage commission and to whom payable (Cl. 24)
25. Numbers of additional clauses covering special provisions, if agreed	

It is mutually agreed that this Contract shall be performed subject to the conditions contained in this Charter which shall include PART I as well as PART II. In the event of a conflict of conditions, the provisions of PART I shall prevail over those of PART II to the extent of such conflict.

Signature (Owners)	Signature (Charterers)

Issued 1909; Amended 1911; 1912; 1920; 1920; 1939; 1950; 1974; and 2001

Printed and sold by Fr. G. Knudtzons Bogtrykkeri A/S, Vallensbaekvej 61,
DK-2625 Vallensbaek, Fax: +45 4366 0701

PART II
"BALTIME 1939" Uniform Time-Charter (as revised 2001)

It is agreed between the party mentioned in Box 3 as Owners of the Vessel named in Box 5 of the gross/net tonnage indicated in Box 6, classed as stated in Box 7 and of indicated brake horse power (bhp) as stated in Box 8, carrying about the number of tons deadweight indicated in Box 9 on summer freeboard inclusive of bunkers, stores and provisions, having as per builder s plan a cubic-feet grain/ bale capacity as stated in Box 10, exclusive of permanent bunkers, which contain about the number of tons stated in Box 11, and fully loaded capable of steaming about the number of knots indicated in Box 12 in good weather and smooth water on a consumption of about the number of tons fuel oil stated in Box 12, now in position as stated in Box 13 and the party mentioned as Charterers in Box 4, as follows:

1. Period/Port of Delivery/Time of Delivery

The Owners let, and the Charterers hire the Vessel for a period of the number of calendar months indicated in Box 14 from the time (not a Sunday or a legal Holiday unless taken over) the Vessel is delivered and placed at the disposal of the Charterers between 9 a.m. and 6 p.m., or between 9 a.m. and 2 p.m. if on Saturday, at the port stated in Box 15 in such available berth where she can safely lie always afloat, as the Charterers may direct, the Vessel being in every way fitted for ordinary cargo service. The Vessel shall be delivered at the time indicated in Box 16.

2. Trade

The Vessel shall be employed in lawful trades for the carriage of lawful merchandise only between safe ports or places where the Vessel can safely lie always afloat within the limits stated in Box 17. No live stock nor injurious, inflammable or dangerous goods (such as acids, explosives, calcium carbide, ferro silicon, naphtha, motor spirit, tar, or any of their products) shall be shipped.

3. Owners' Obligations

The Owners shall provide and pay for all provisions and wages, for insurance of the Vessel, for all deck and engine-room stores and maintain her in a thoroughly efficient state in hull and machinery during service. The Owners shall provide winchmen from the crew to operate the Vessel s cargo handling gear, unless the crew s employment conditions or local union or port regulations prohibit this, in which case qualified shore-winchmen shall be provided and paid for by the Charterers.

4. Charterers' Obligations

The Charterers shall provide and pay for all fuel oil, port charges, pilotages (whether compulsory or not), canal steersmen, boatage, lights, tug-assistance, consular charges (except those pertaining to the Master, officers and crew), canal, dock and other dues and charges, including any foreign general municipality or state taxes, also all dock, harbour and tonnage dues at the ports of delivery and re-delivery (unless incurred through cargo carried before delivery or after re-delivery), agencies, commissions, also shall arrange and pay for loading, trimming, stowing (including dunnage and shifting boards, excepting any already on board), unloading, weighing, tallying and delivery of cargoes, surveys on hatches, meals supplied to officials and men in their service and all other charges and expenses whatsoever including detention and expenses through quarantine (including cost of fumigation and disinfection). All ropes, slings and special runners actually used for loading and discharging and any special gear, including special ropes and chains required by the custom of the port for mooring shall be for the Charterers account. The Vessel shall be fitted with winches, derricks, wheels and ordinary runners capable of handling lifts up to 2 tons.

5. Bunkers

The Charterers at port of delivery and the Owners at port of re-delivery shall take over and pay for all fuel oil remaining in the Vessel s bunkers at current price at the respective ports. The Vessel shall be re-delivered with not less than the number of tons and not exceeding the number of tons of fuel oil in the Vessel s bunkers stated in Box 18.

6. Hire

The Charterers shall pay as hire the rate stated in Box 19 per 30 days, commencing in accordance with Clause 1 until her re-delivery to the Owners.
Payment of hire shall be made in cash, in the currency stated in Box 20, without discount, every 30 days, in advance, and in the manner prescribed in Box 20. In default of payment the Owners shall have the right of withdrawing the Vessel from the service of the Charterers, without noting any protest and without interference by any court or any other formality whatsoever and without prejudice to any claim the Owners may otherwise have on the Charterers under the Charter.

7. Re-delivery

The Vessel shall be re-delivered on the expiration of the Charter in the same good order as when delivered to the Charterers (fair wear and tear excepted) at an ice-free port in the Charterers option at the place or within the range stated in Box 21, between 9 a.m. and 6 p.m., and 9 a.m. and 2 p.m. on Saturday, but the day of re-delivery shall not be a Sunday or legal Holiday.
The Charterers shall give the Owners not less than ten days notice at which port and on about which day the Vessel will be re-delivered. Should the Vessel be ordered on a voyage by which the Charter period will be exceeded the Charterers shall have the use of the Vessel to enable them to complete the voyage, provided it could be reasonably calculated that the voyage would allow redelivery about the time fixed for the termination of the Charter, but for any time exceeding the termination date the Charterers shall pay the market rate if higher than the rate stipulated herein.

8. Cargo Space

The whole reach and burthen of the Vessel, including lawful deck-capacity shall be at the Charterers disposal, reserving proper and sufficient space for the Vessel s Master, officers, crew, tackle, apparel, furniture, provisions and stores.

9. Master

The Master shall prosecute all voyages with the utmost despatch and shall render customary assistance with the Vessel s crew. The Master shall be under the orders of the Charterers as regards employment, agency, or other arrangements. The Charterers shall indemnify the Owners against all consequences or liabilities arising from the Master, officers or Agents signing Bills of Lading or other documents or otherwise complying with such orders, as well as from any irregularity in the Vessel s papers or for overcarrying goods. The Owners shall not be responsible for shortage, mixture, marks, nor for number of pieces or packages, nor for damage to or claims on cargo caused by bad stowage or otherwise. If the Charterers have reason to be dissatisfied with the conduct of the Master or any officer, the Owners, on receiving particulars of the complaint, promptly to investigate the matter, and, if necessary and practicable, to make a change in the appointments.

10. Directions and Logs
The Charterers shall furnish the Master with all instructions and sailing directions and the Master shall keep full and correct logs accessible to the Charterers or their Agents.

11. Suspension of Hire etc.
(A) In the event of drydocking or other necessary measures to maintain the efficiency of the Vessel, deficiency of men or Owners stores, breakdown of machinery, damage to hull or other accident, either hindering or preventing the working of the Vessel and continuing for more than twenty-four consecutive hours, no hire shall be paid in respect of any time lost thereby during the period in which the Vessel is unable to perform the service immediately required. Any hire paid in advance shall be adjusted accordingly.
(B) In the event of the Vessel being driven into port or to anchorage through stress of weather, trading to shallow harbours or to rivers or ports with bars or suffering an accident to her cargo, any detention of the Vessel and/or expenses resulting from such detention shall be for the Charterers account even if such detention and/or expenses, or the cause by reason of which either is incurred, be due to, or be contributed to by, the negligence of the Owners servants.

12. Responsibility and Exemption
The Owners only shall be responsible for delay in delivery of the Vessel or for delay during the currency of the Charter and for loss or damage to goods onboard, if such delay or loss has been caused by want of due diligence on the part of the Owners or their Manager in making the Vessel seaworthy and fitted for the voyage or any other personal act or omission or default of the Owners or their Manager. The Owners shall not be responsible in any other case nor for damage or delay whatsoever and howsoever caused even if caused by the neglect or default of their servants. The Owners shall not be liable for loss or damage arising or resulting from strikes, lock-outs or stoppage or restraint of labour (including the Master, officers or crew) whether partial or general. The Charterers shall be responsible for loss or damage caused to the Vessel or to the Owners by goods being loaded contrary to the terms of the Charter or by improper or careless bunkering or loading, stowing or discharging of goods or any other improper or negligent act on their part or that of their servants.

13. Advances
The Charterers or their Agents shall advance to the Master, if required, necessary funds for ordinary disbursements for the Vessel s account at any port charging only interest at 6 per cent. p.a., such advances shall be deducted from hire.

14. Excluded Ports
The Vessel shall not be ordered to nor bound to enter:
(A) any place where fever or epidemics are prevalent or to which the Master, officers and crew by law are not bound to follow the Vessel;
(B) any ice-bound place or any place where lights, lightships, marks and buoys are or are likely to be withdrawn by reason of ice on the Vessel s arrival or where there is risk that ordinarily the Vessel will not be able on account of ice to reach the place or to get out after having completed loading or discharging. The Vessel shall not be obliged to force ice. If on account of ice the Master considers it dangerous to remain at the loading or discharging place for fear of the Vessel being frozen in and/or damaged, he has liberty to sail to a convenient open place and await the Charterers fresh instructions. Unforeseen detention through any of above causes shall be for the Charterers account.

15. Loss of Vessel
Should the Vessel be lost or missing, hire shall cease from the date when she was lost. If the date of loss cannot be ascertained half hire shall be paid from the date the Vessel was last reported until the calculated date of arrival at the destination. Any hire paid in advance shall be adjusted accordingly.

16. Overtime
The Vessel shall work day and night if required. The Charterers shall refund the Owners their outlays for all overtime paid to officers and crew according to the hours and rates stated in the Vessel s articles.

17. Lien
The Owners shall have a lien upon all cargoes and sub-freights belonging to the Time-Charterers and any Bill of Lading freight for all claims under this Charter, and the Charterers shall have a lien on the Vessel for all moneys paid in advance and not earned.

18. Salvage
All salvage and assistance to other vessels shall be for the Owners and the Charterers equal benefit after deducting the Master s, officers and crew s proportion and all legal and other expenses including hire paid under the charter for time lost in the salvage, also repairs of damage and fuel oil consumed. The Charterers shall be bound by all measures taken by the Owners in order to secure payment of salvage and to fix its amount.

19. Sublet
The Charterers shall have the option of subletting the Vessel, giving due notice to the Owners, but the original Charterers shall always remain responsible to the Owners for due performance of the Charter.

20. War ("Conwartime 1993")
(A) For the purpose of this Clause, the words:
(i) Owners shall include the shipowners, bareboat charterers, disponent owners, managers or other operators who are charged with the management of the Vessel, and the Master; and
(ii) War Risks shall include any war (whether actual or threatened), act of war, civil war, hostilities, revolution, rebellion, civil commotion, warlike operations, the laying of mines (whether actual or reported), acts of piracy, acts of terrorists, acts of hostility or malicious damage, blockades (whether imposed against all vessels or imposed selectively against vessels of certain flags or ownership, or against certain cargoes or crews or otherwise howsoever), by any person, body, terrorist or political group, or the Government of any state whatsoever, which, in the reasonable judgement of the Master and/or the Owners, may be dangerous or are likely to be or to become dangerous to the Vessel, her cargo, crew or other persons on board the Vessel.
(B) The Vessel, unless the written consent of the Owners be first obtained, shall not be ordered to or required to continue to or through, any port, place, area or zone (whether of land or sea), or any waterway or canal, where

it appears that the Vessel, her cargo, crew or other persons on board the Vessel, in the reasonable judgement of the Master and/or the Owners, may be, or are likely to be, exposed to War Risks. Should the Vessel be within any such place as aforesaid, which only becomes dangerous, or is likely to be or to become dangerous, after her entry into it, she shall be at liberty to leave it.

(C) The Vessel shall not be required to load contraband cargo, or to pass through any blockade, whether such blockade be imposed on all vessels, or is imposed selectively in any way whatsoever against vessels of certain flags or ownership, or against certain cargoes or crews or otherwise howsoever, or to proceed to an area where she shall be subject, or is likely to be subject to a belligerent s right of search and/or confiscation.

(D) (i) The Owners may effect war risks insurance in respect of the Hull and Machinery of the Vessel and their other interests (including, but not limited to, loss of earnings and detention, the crew and their Protection and Indemnity Risks), and the premiums and/or calls therefor shall be for their account.

(ii) If the Underwriters of such insurance should require payment of premiums and/or calls because, pursuant to the Charterers orders, the Vessel is within, or is due to enter and remain within, any area or areas which are specified by such Underwriters as being subject to additional premiums because of War Risks, then such premiums and/or calls shall be reimbursed by the Charterers to the Owners at the same time as the next payment of hire is due.

(E) If the Owners become liable under the terms of employment to pay to the crew any bonus or additional wages in respect of sailing into an area which is dangerous in the manner defined by the said terms, then such bonus or additional wages shall be reimbursed to the Owners by the Charterers at the same time as the next payment of hire is due.

(F) The Vessel shall have liberty:-

(i) to comply with all orders, directions, recommendations or advice as to departure, arrival, routes, sailing in convoy, ports of call, stoppages, destinations, discharge of cargo, delivery, or in any other way whatsoever, which are given by the Government of the Nation under whose flag the Vessel sails, or other Government to whose laws the Owners are subject, or any other Government, body or group whatsoever acting with the power to compel compliance with their orders or directions;

(ii) to comply with the order, directions or recommendations of any war risks underwriters who have the authority to give the same under the terms of the war risks insurance;

(iii) to comply with the terms of any resolution of the Security Council of the United Nations, any directives of the European Community, the effective orders of any other Supranational body which has the right to issue and give the same, and with national laws aimed at enforcing the same to which the Owners are subject, and to obey the orders and directions of those who are charged with their enforcement;

(iv) to divert and discharge at any other port any cargo or part thereof which may render the Vessel liable to confiscation as a contraband carrier;

(v) to divert and call at any other port to change the crew or any part thereof or other persons on board the Vessel when there is reason to believe that they may be subject to internment, imprisonment or other sanctions.

(G) If in accordance with their rights under the foregoing provisions of this Clause, the Owners shall refuse to proceed to the loading or discharging ports, or any one or more of them, they shall immediately inform the Charterers. No cargo shall be discharged at any alternative port without first giving the Charterers notice of the Owners intention to do so and requesting them to nominate a safe port for such discharge. Failing such nomination by the Charterers within 48 hours of the receipt of such notice and request, the Owners may discharge the cargo at any safe port of their own choice.

(H) If in compliance with any of the provisions of sub-clauses (B) to (G) of this Clause anything is done or not done, such shall not be deemed a deviation, but shall be considered as due fulfilment of this Charter.

21. Cancelling

Should the Vessel not be delivered by the date indicated in Box 22, the Charterers shall have the option of cancelling. If the Vessel cannot be delivered by the cancelling date, the Charterers, if required, shall declare within 48 hours after receiving notice thereof whether they cancel or will take delivery of the Vessel.

22. Dispute Resolution

*) **(A)** This Charter shall be governed by and construed in accordance with English law and any dispute arising out of or in connection with this Charter shall be referred to arbitration in London in accordance with the Arbitration Act 1996 or any statutory modification or re-enactment thereof save to the extent necessary to give effect to the provisions of this Clause.

The arbitration shall be conducted in accordance with the London Maritime Arbitrators Association (LMAA) Terms current at the time when the arbitration proceedings are commenced.

The reference shall be to three arbitrators. A party wishing to refer a dispute to arbitration shall appoint its arbitrator and send notice of such appointment in writing to the other party requiring the other party to appoint its own arbitrator within 14 calendar days of that notice and stating that it will appoint its arbitrator as sole arbitrator unless the other party appoints its own arbitrator and gives notice that it has done so within the 14 days specified. If the other party does not appoint its own arbitrator and give notice that it has done so within the 14 days specified, the party referring a dispute to arbitration may, without the requirement of any further prior notice to the other party, appoint its arbitrator as sole arbitrator and shall advise the other party accordingly. The award of a sole arbitrator shall be binding on both parties as if he had been appointed by agreement.

Nothing herein shall prevent the parties agreeing in writing to vary these provisions to provide for the appointment of a sole arbitrator.

In cases where neither the claim nor any counterclaim exceeds the sum of US$50,000 (or such other sum as the parties may agree) the arbitration shall be conducted in accordance with the LMAA Small Claims Procedure current at the time when the arbitration proceedings are commenced.

*) **(B)** This Charter shall be governed by and construed in accordance with Title 9 of the United States Code and the Maritime Law of the United States and any dispute arising out of or in connection with this Contract shall be referred to three persons at New York, one to be appointed by each of the parties hereto, and the third by the two so chosen; their decision or that of any two of them shall be final, and for the purposes of enforcing any award, judgement may be entered on an award by any court of competent jurisdiction. The proceedings shall be conducted in accordance with the rules of the Society of Maritime Arbitrators, Inc.

In cases where neither the claim nor any counterclaim exceeds the sum of US$50,000 (or such other sum as the parties may agree) the arbitration shall be conducted in accordance with the Shortened Arbitration Procedure of the Society of Maritime Arbitrators, Inc. current at the time when the arbitration proceedings are commenced.

*) **(C)** This Charter shall be governed by and construed in accordance with the laws of the place mutually agreed by the parties and any dispute arising out of or in connection with this Charter shall be referred to arbitration at a mutually agreed place, subject to the procedures applicable there.

(D) Notwithstanding (A), (B) or (C) above, the parties may agree at any time to refer to mediation any difference and/or dispute arising out of or in connection with this Charter.

In the case of a dispute in respect of which arbitration has been commenced under (A), (B) or (C) above, the following shall apply:-

(i) Either party may at any time and from time to time elect to refer the dispute or part of the dispute to mediation by service on the other party of a written notice (the Mediation Notice) calling on the other party to agree to mediation.

(ii) The other party shall thereupon within 14 calendar days of receipt of the Mediation Notice confirm that they agree to mediation, in which case the parties shall thereafter agree a mediator within a further 14 calendar days, failing which on the application of either party a mediator will be appointed promptly by the Arbitration Tribunal (the Tribunal) or such person as the Tribunal may designate for that purpose. The mediation shall be conducted in such place and in accordance with such procedure and on such terms as the parties may agree or, in the event of disagreement, as may be set by the mediator.

(iii) If the other party does not agree to mediate, that fact may be brought to the attention of the Tribunal and may be taken into account by the Tribunal when allocating the costs of the arbitration as between the parties.

(iv) The mediation shall not affect the right of either party to seek such relief or take such steps as it considers necessary to protect its interest.

(v) Either party may advise the Tribunal that they have agreed to mediation. The arbitration procedure shall continue during the conduct of the mediation but the Tribunal may take the mediation timetable into account when setting the timetable for steps in the arbitration.

(vi) Unless otherwise agreed or specified in the mediation terms, each party shall bear its own costs incurred in the mediation and the parties shall share equally the mediator s costs and expenses.

(vii) The mediation process shall be without prejudice and confidential and no information or documents disclosed during it shall be revealed to the Tribunal except to the extent that they are disclosable under the law and procedure governing the arbitration.

(Note: The parties should be aware that the mediation process may not necessarily interrupt time limits.)

(E) If Box 23 in Part I is not appropriately filled in, sub-clause (A) of this Clause shall apply. Sub-clause (D) shall apply in all cases.

*) *(A), (B) and (C) are alternatives; indicate alternative agreed in Box 23.*

23. General Average

General Average shall be settled according to York/Antwerp Rules, 1994 and any subsequent modification thereof. Hire shall not contribute to General Average.

24. Commission

The Owners shall pay a commission at the rate stated in Box 24 to the party mentioned in Box 24 on any hire paid under the Charter, but in no case less than is necessary to cover the actual expenses of the Brokers and a reasonable fee for their work. If the full hire is not paid owing to breach of Charter by either of the parties the party liable therefor shall indemnify the Brokers against their loss of commission. Should the parties agree to cancel the Charter, the Owners shall indemnify the Brokers against any loss of commission but in such case the commission not to exceed the brokerage on one year s hire.

Ship Brokers	THE BALTIC AND INTERNATIONAL MARITIME COUNCIL (BIMCO) GENERAL TIME CHARTER PARTY PART I 1. Place and Date of Charter
2. Owners/Disponent Owners/Place of business (State full name, address, telex and fax. No.)	3. Charterers/Place of business (State full name, address, telex and fax. No.)
4. Vessel's Name 6. Period of Charter (Cl. 1(a)) 6(a). Margin on Final Period (Cl. 1(a)) 7. Optional Period and Notice (Cl. 1(a)) 8. Delivery Port/Place or Range (Cl. 1(b)) 9. Earliest Delivery Date/Time (Cl. 1(c)) 10. Cancellation Date/Time (Cl. 1(c)(d)) 11. Notices of Delivery (Cl. 1(e)) 12. Intended First Cargo (Cl. 1(f))	5. Vessel's Description Flag: Year Built: Class: M/tons Deadweight (Summer): GT/NT: Grain/Bale Capacity: Speed capability in knots (about): Consumption in m/tons at above speed (about): (Speed and Consumption on Summer dwt in good weather, max. windspeed 4Bft)
13. Trading Limits and Excluded Countries (Cl. 2(a))	
14. Excepted Countries (Cl. 2(b))	

(continued overleaf)

Printed by The BIMCO Charter Party Editor

(Continued) "GENTIME" General Time Charter Party PART I

15. Excluded Cargoes (Cl. 3(b))			
16. Hazardous Cargo Limit (Cl. 3(c))	17. Redelivery Port/Place or Range (Cl. 4(a))		18. Notices of Redelivery (Cl. 4(c))
19. Fuel Quantity on Delivery (Cl. 6(a))	20. Fuel Quantity on Redelivery (Cl. 6(a))	21. Fuel Price on Delivery (Cl. 6(c))	22. Fuel Price on Redelivery (Cl. 6(c))
23. Fuel Specifications (Cl. 6(d))			
24. Hire (Cl. 8(a))	25. Owner´s Bank Account (Cl. 8(b))		
26. Grace Period (Cl. 8(c))	27. Max. Period for Requisition (Cl. 9(c))	28. General Average Adjustment (Cl. 14(b))	
29. Supercargo (Cl. 15(f))	30. Victualling (Cl. 15(g))	31. Representation (Cl. 15(h))	32. Hold Cleaning by Crew (Cl. 15(m))
33. Lumpsum for Hold Cleaning on Redelivery (Cl. 15(m))		34. Vessel´s Insured Value (Cl. 20(a))	
35. Law and Arbitration (state Cl. 22(a), 22(b) or 22(c) of Cl. 22 as agreed; if 22(c) agreed, place of arbitration must be stated (Cl. 22))		36. Commission and to whom payable (Cl. 23)	
37. Additional Clauses			

It is agreed that this Contract shall be performed subject to the conditions contained in this Charter Party consisting of PART I including any additional clauses agreed and stated in Box 37 and PART II as well as Appendix A attached thereto. In the event of any conflict of conditions, the provisions of PART I and Appendix A shall prevail over those of PART II to the extent of such conflict but no further.

Signature (Owners)	Signature (Charterers)

Printed by The BIMCO Charter Party Editor

"GENTIME" - General Time Charter Party
Index

1. PERIOD AND DELIVERY
- (a) *Period*
- (b) *Delivery place*
- (c) *Delivery time*
- (d) *Cancellation*
- (e) *Notice(s)*
- (f) *Vessel´s condition*
- (g) *Charterer´s Acceptance*

2. TRADING AREAS
- (a) *Trading Limits*
- (b) *Excepted Countries*
- (c) *Ice*

3. CARGO - RESTRICTIONS AND EXCLUSIONS
- (a) *Lawful Cargoes*
- (b) *Excluded Cargoes*
- (c) *Hazardous Cargoes*
- (d) *Radioactive Cargoes*
- (e) *Containers*
- (f) *Deck Cargo*

4. REDELIVERY
- (a) *Redelivery place*
- (b) *Acceptance of Redelivery*
- (c) *Notice*
- (d) *Last Voyage*

5. ON/OFF-HIRE SURVEYS

6. BUNKERS
- (a) *Quantity at Delivery/Redelivery*
- (b) *Bunkering prior to Delivery and Redelivery*
- (c) *Purchase Price*
- (d) *Bunkering*
- (e) *Liability*

7. VESSEL´S GEAR AND EQUIPMENT
- (a) *Regulations*
- (b) *Breakdown of Vessel´s Gear*
- (c) *Suez and Panama Canal*
- (d) *Lighting*

8. HIRE
- (a) *Rate*
- (b) *Payment*
- (c) *Default*
- (d) *Deductions*
- (e) *Redelivery Adjustment*

9. OFF HIRE
- (a) *Inability to Perform Services*
- (b) *Deviation*
- (c) *Requisitions*
- (d) *Addition to Charter Period*

10. LOSS OF VESSEL

11. OWNERS´ OBLIGATIONS
- (a) *Wages*
- (b) *Stores*
- (c) *Insurance of the Vessel*
- (d) *Crew assistance*
- (e) *Documentation*
- (f) *Deratisation*
- (g) *Smuggling*

12. MASTER

13. CHARTERERS´ OBLIGATIONS
- (a) *Voyage Expenses*
- (b) *Bunker Fuel*
- (c) *Agency Costs*
- (d) *Stevedoring*
- (e) *Advances to Master*
- (f) *Contraband*

14. OWNERS´ REQUIREMENTS
- (a) *Maintenance*
- (b) *General Average*
- (c) *Salvage*
- (d) *Lien*

15. CHARTERERS´ REQUIREMENTS
- (a) *Plans*
- (b) *Flag and Funnel*
- (c) *Communications Facilities*
- (d) *Logs*
- (e) *Replacement of Master and Officers*
- (f) *Supercargo*
- (g) *Victualling*
- (h) *Representation*
- (i) *Sub-Letting*
- (j) *Inspections*
- (k) *Weather Routeing*
- (l) *Laying up*
- (m) *Cleaning*

16. SUNDRY MATTERS
- (a) *Stowaways*
- (b) *Stevedore Damage*
- (c) *Fumigation*
- (d) *Anti-drug Clause*

17. BILLS OF LADING, WAYBILLS AND OTHER CONTRACTS OF CARRIAGE
- (a) *Signing Contracts of Carriage*
- (b) *Protective Clauses*
- (c) *Deck Cargo*
- (d) *Defence of Claims*
- (e) *Payment and Indemnity*

18. RESPONSIBILITIES
- (a) *Cargo Claims*
- (b) *Fines, etc.*
- (c) *Deck Cargo*
- (d) *Death or Personal Injury*
- (e) *Agency*
- (f) *Indemnity and Limitation*
- (g) *Time Bar*

19. EXCEPTIONS

20. INSURANCES
- (a) *Hull and Machinery*
- (b) *Protection and Indemnity (P & I)*

21. WAR RISKS

22. LAW AND ARBITRATION

23. COMMISSION

24. NOTICES

PART II

"GENTIME" General Time Charter Party

It is agreed on the date shown in Box 1 between the party named in Box 2 as Owners/ Disponent Owners (hereinafter called "the Owners") of the Vessel named in Box 4, of the description stated in Box 5 and the party named in Box 3 as Charterers as follows:

1. Period and Delivery

(a) *Period* - In consideration of the hire stated in Box 24 the Owners let and the Charterers hire the Vessel for the period/trip(s) stated in Box 6.
The Charterers shall have the option to extend the Charter Party by the period(s)/ trip(s) stated in Box 7 which option shall be exercised by giving written notice to the Owners on or before the date(s) stated in Box 7.
Unless otherwise agreed, the Charterers shall have the option to increase or to reduce the final period of the Charter Party by up to the number of days stated in Box 6(a), which shall be applied only to the period finally declared.

(b) *Delivery Place* - The Owners shall deliver the Vessel to the Charterers at the port or place stated in Box 8 or a port or place within the range stated in Box 8.

(c) *Delivery Time* - Delivery shall take place no earlier than the date/time stated in Box 9 and no later than the date/time stated in Box 10. Delivery shall be effected at any time day or night, Saturdays, Sundays and holidays included.

(d) *Cancellation* - Should the Vessel not be delivered by the date/time stated in Box 10 the Charterers shall have the option to cancel the Charter Party without prejudice to any claims the Charterers may otherwise have on the Owners under the Charter Party. If the Owners anticipate that, despite their exercise of due diligence, the Vessel will not be ready for delivery by the date/time stated in Box 10, they may notify the Charterers in writing, stating the anticipated new date of readiness for delivery, proposing a new cancelling date/time and requiring the Charterers to declare whether they will cancel or will take delivery of the Vessel. Should the Charterers elect not to cancel or should they fail to reply within two (2) working days (as applying at the Charterers' place of business) of receipt of such notification, then unless otherwise agreed, the proposed new cancelling date/time will replace the date/time stated in Box 10. This provision shall operate only once and should the Vessel not be ready for delivery at the new cancelling date/time the Charterers shall have the option of cancelling this Charter Party.

(e) *Notice(s)* - The Owners shall give the Charterers not less than the number of days notice stated in Box 11 of the date/time on which the Vessel is expected to be delivered and shall keep the Charterers closely advised of possible changes in the Vessel's expected date/time of delivery. The Owners shall give the Charterers and/or their local agents notice of delivery when the Vessel is in a position to come on hire.

(f) *Vessel's Condition* - On arrival at the first port or place of loading the Vessel's holds shall be clean and in all respects ready to receive the intended cargo identified in Box 12, failing which the Vessel shall be off-hire from the time of rejection until she is deemed ready.

(g) *Charterers' Acceptance* - Acceptance of delivery of the Vessel by the Charterers shall not prejudice their rights against the Owners under this Charter Party.

2. Trading Areas

(a) *Trading Limits* - The Vessel shall be employed in lawful trades within Institute Warranty Limits (IWL) and within the trading limits as stated in Box 13 between safe ports or safe places where she can safely enter, lie always afloat, and depart.

(b) *Excepted Countries* - The Owners warrant that at the time of delivery the Vessel will not have traded to any of the countries listed in Box 14.

(c) *Ice* - The Vessel shall not be required to enter or remain in any icebound port or area, nor any port or area where lights, lightships, markers or buoys have been or are about to be withdrawn by reason of ice, nor where on account of ice there is risk that, in the ordinary course of events, the Vessel will not be able safely to enter and remain in the port or area or to depart after completion of loading or discharging. The Vessel shall not be obliged to force ice but, subject to the Owners' prior approval, may follow ice-breakers when reasonably required, with due regard to her size, construction and class. If, on account of ice, the Master considers it dangerous to remain at the port or place of loading or discharging for fear of the Vessel being frozen in and/or damaged he shall be at liberty to sail to any convenient place and there await the Charterers' new instructions.

3. Cargo - Restrictions and Exclusions

(a) *Lawful Cargoes* - The Vessel shall be employed in carrying lawful cargo. Cargo of a hazardous, injurious, or noxious nature or IMO-classified cargo shall not be carried without the Owners' prior consent in which case it shall be carried only in accordance with the provisions of sub-clause (c) of this Clause.

(b) *Excluded Cargoes* - Without prejudice to the generality of the foregoing, the following cargoes shall be excluded: livestock, arms, ammunition, explosives, nuclear and radioactive material other than radio-isotopes as described in sub-clause (d) of this clause and any other cargoes enumerated in Box 15.

(c) *Hazardous Cargoes* - If the Owners agree that the Charterers may carry hazardous, injurious, noxious or IMO-classified cargo, the amount of such cargo shall be limited to the quantity indicated in Box 16 and the Charterers shall provide the Master with evidence that the cargo has been packed, labelled and documented and shall be loaded and stowed in accordance with IMO regulations, any mandatory local requirements and regulations and/or recommendations of the competent authorities of the country of the Vessel's registry. Failure to observe the foregoing shall entitle the Master to refuse such cargo or, if already loaded, to discharge it in the Charterers' time and at their risk and expense.

(d) *Radio-active Cargoes* - Radio-isotopes, used or intended to be used for industrial, commercial, agricultural, medical or scientific purposes, may be carried subject to prior consent by the Owners and the Master, provided that they are not of such a category as to invalidate the Vessel's P & I cover.

(e) *Containers* - If cargo is carried in ISO-containers such containers shall comply with the International Convention for Safe Containers.

(f) *Deck Cargo* - Subject to the Master's prior approval, which shall not be unreasonably withheld, cargo may be carried on deck in accordance with the provisions of Clauses 17 (c) and 18.

4. Redelivery

(a) *Redelivery Place* - The Charterers shall redeliver the Vessel to the Owners at the port or place stated in Box 17 or a port or place within the range stated in Box 17, in the same order and condition as when the Vessel was delivered, fair wear and tear excepted.

(b) *Acceptance of Redelivery* - Acceptance of redelivery of the Vessel by the Owners shall not prejudice their rights against the Charterers under this Charter Party.

(c) *Notice* - The Charterers shall give the Owners not less than the number of days notice stated in Box 18 indicating the port or place of redelivery and the expected date on which the Vessel is to be ready for redelivery.

(d) *Last Voyage* - The Charterers warrant that they will not order the Vessel to commence a voyage (including any preceding ballast voyage) which cannot reasonably be expected to be completed in time to allow redelivery of the Vessel within the period agreed and declared as per Clause 1(a). If, nevertheless, such an order is given, the Owners shall have the option: (i) to refuse the order and require a substitute order allowing timely redelivery; or (ii) to perform the order without prejudice to their rights to claim damages for breach of charter in case of late redelivery. In any event, for the number of days by which the period agreed and declared as per Clause 1(a) is exceeded, the Charterers shall pay the market rate if this is higher than the rate stated in Box 24.

5. On/Off-hire Surveys

Joint on-hire and off-hire surveys shall be conducted by mutually acceptable surveyors at ports or places to be agreed. The on-hire survey shall be conducted without loss of time to the Charterers, whereas the off-hire survey shall be conducted in the Charterers' time. Survey fees and expenses shall be shared equally between the Owners and the Charterers.
Both surveys shall cover the condition of the Vessel and her equipment as well as quantities of fuels remaining on board. The Owners shall instruct the Master to co-operate with the surveyors in conducting such surveys.

6. Bunkers

(a) *Quantity at Delivery/Redelivery* - The Vessel shall be delivered with about the quantity of fuels stated in Box 19 and, unless indicated to the contrary in Box 20, the Vessel shall be redelivered with about the same quantity, provided that the quantity of fuels at redelivery is at least sufficient to allow the Vessel to safely reach the nearest port at which fuels of the required type or better are available.

(b) *Bunkering prior to Delivery and Redelivery* - Provided that it can be accomplished at scheduled ports, without hindrance to the operation of the Vessel, and by prior arrangement between the parties, the Owners shall allow the Charterers to bunker for the account of the Charterers prior to delivery and the Charterers shall allow the Owners to bunker for the account of the Owners prior to redelivery.

(c) *Purchase Price* - The Charterers shall purchase the fuels on board at delivery at the price stated in Box 21 and the Owners shall purchase the fuels on board at redelivery at the price stated in Box 22. The value of the fuel on delivery shall be paid together with the first instalment of hire.

(d) *Bunkering* - The Charterers shall supply fuel of the specifications and grades stated in Box 23. The fuels shall be of a stable and homogeneous nature and unless otherwise agreed in writing, shall comply with ISO standard 8217: 1996 or any subsequent amendments thereof as well as with the relevant provisions of Marpol. The Chief Engineer shall co-operate with the Charterers' bunkering agents and fuel suppliers and comply with their requirements during bunkering, including but not limited to checking, verifying and acknowledging sampling, readings or soundings, meters etc. before, during and/or after delivery of fuels. During delivery four representative samples of all fuels shall be taken at a point as close as possible to the Vessel's bunker manifold. The samples shall be labelled and sealed and signed by suppliers, Chief Engineer and the Charterers or their agents. Two samples shall be retained by the suppliers and one each by the Vessel and the Charterers. If any claim should arise in respect of the quality or specification or grades of the fuels supplied, the samples of the fuels retained as aforesaid shall be analysed by a qualified and independent laboratory.

(e) *Liability* - The Charterers shall be liable for any loss or damage to the Owners caused by the supply of unsuitable fuels or fuels which do not comply with the specifications and grades set out in Box 23 and the Owners shall not be held liable for any reduction in the Vessel's speed performance and/or increased bunker consumption nor for any time lost and any other consequences arising as a result of such supply.

7. Vessel's Gear and Equipment

(a) *Regulations* - The Vessel's cargo gear, if any, and any other related equipment shall comply with the law and national regulations of the countries to which the Vessel may be employed and the Owners shall ensure that the Vessel is at all times in possession of valid certificates to establish compliance with such regulations. If stevedores are not permitted to work due to failure of the Master and/or the Owners to comply with the aforementioned regulations or because the Vessel is not in possession of such valid certificates, then the Charterers may suspend hire for the time lost thereby and the Owners shall pay all expenses incurred incidental to and resulting from such failure (see Clause 11(d)).

(b) *Breakdown of Vessel's Gear* - All cargo handling gear, including derricks/cranes/ winches if any, shall be kept in good working order and the Owners shall exercise due diligence in maintaining such gear. In the event of loss of time due to a breakdown of derrick(s), crane(s) or winch(es) for any period by reason of disablement or insufficient power, the hire shall be reduced for the actual time lost thereby during loading/discharging unless the lost time is caused by negligence of the Charterers or their servants. If the Charterers continue working by using shore-crane(s) the Owners shall pay the cost of shore craneage, to an amount not exceeding the amount of hire payable to the Owners for such period.

(c) *Suez and Panama Canal* - During the currency of this Charter Party the Vessel

PART II

"GENTIME" General Time Charter Party

shall be equipped with all necessary fittings in good working order for Suez and Panama Canal transit .

(d) *Lighting* - The Owners shall ensure that the Vessel will supply, free of expense to the Charterers, sufficient lighting on deck and in holds to permit 24 hour working.

8. Hire

(a) *Rate* - The Charterers shall pay hire per day or pro rata for any part of a day from the time the Vessel is delivered to the Charterers until her redelivery to the Owners, in the currency and at the rate stated in Box 24. In the event that additional hire is payable in accordance with Clause 9(d) such hire shall be based on the rate applicable at the time of redelivery. All calculation of hire shall be made by reference to UTC (Universal Time Coordinated).

(b) *Payment* - Subject to sub-clause (d) payment of hire shall be made in advance in full, without discount every 15 days to the Owners' bank account designated in Box 25 or to such other account as the Owners may from time to time designate in writing, in funds available to the Owners on the due date.

(c) *Default* - In default of punctual and regular payment of hire the Owners shall have the right to withdraw the Vessel without prejudice to any other claim the Owners may have against the Charterers under this Charter Party.
Where there is a failure to make punctual and regular payment of hire due to oversight, negligence, errors or omissions on the part of the Charterers or their bankers, the Owners shall give the Charterers written notice of the number of clear banking days stated in Box 26 (as recognized at the agreed place of payment) in which to rectify the failure, and when so rectified within such number of days following the Owners' notice, the payment shall stand as regular and punctual. Failure by the Charterers to pay hire within the number of days stated in Box 26 of their receiving the Owners' notice as provided herein, shall entitle the Owners to withdraw the Vessel without further notice and without prejudice to any other claim they may have against the Charterers.
Further, at any time after the period stated in Box 26, as long as hire remains unpaid, the Owners shall, without prejudice to their right to withdraw, be entitled to suspend the performance of any and all of their obligations hereunder and shall have no responsibility whatsoever for any consequences thereof in respect of which the Charterers hereby agree to indemnify the Owners. Notwithstanding the provisions of Clause 9(a)(ii), hire shall continue to accrue and any extra expenses resulting from such suspension shall be for the Charterers' account.

(d) *Deductions* - On production of supporting vouchers the Charterers shall be entitled to deduct from the next hire due any expenditure incurred on behalf of the Owners which is for the Owners' account under this Charter Party. If such expenditure is incurred in a currency other than that in which hire is payable, conversion into such currency for the purpose of deduction shall be effected at the rate of exchange prevailing on the date the expenditure was incurred.

(e) *Redelivery Adjustment* - Should the Vessel be on her voyage towards the port or place of redelivery at the time payment of hire becomes due, said payment shall be made for the estimated time necessary to complete the voyage, less the estimated value of the fuels remaining on board at redelivery. When the Vessel is redelivered to the Owners any difference shall be refunded to or paid by the Charterers as appropriate, but not later than thirty days after redelivery of the Vessel.

9. Off-hire

After delivery in accordance with Clause 1 hereof the Vessel shall remain on hire until redelivered in accordance with Clause 4, except for the following periods:

(a) *Inability to Perform Services*
If the Vessel is unable to comply with the instructions of the Charterers on account of:
(i) any damage, defect, breakdown, deficiency of, or accident to the Vessel's hull, machinery, equipment or repairs or maintenance thereto, including drydocking, excepting those occasions where Clauses 7(b) and 16(b) apply;
(ii) any deficiency of the Master, Officers and/or Crew, including the failure or refusal or inability of the Master, Officers and/or Crew to perform services when required;
(iii) Arrest of the Vessel at the suit of a claimant except where the arrest is caused by, or arises from any act or omission of the Charterers, their servants, agents or sub-contractors;
(iv) the terms of employment of the Master, Officers and/or Crew;
then the Vessel will be off-hire for the time thereby lost.

(b) *Deviation* - In the event of the Vessel deviating (which expression includes putting back, or putting into any port or place other than that to which she is bound under the instructions of the Charterers) for reasons other than to save life or property the Vessel shall be off-hire from the commencement of such deviation until the time when the Vessel is again ready to resume her service from a position not less favourable to the Charterers than that at which the deviation commenced, provided always that due allowance shall be given for any distance made good towards the Vessel's destination and any bunkers saved. However, should the Vessel alter course to avoid bad weather or be driven into port or anchorage by stress of weather, the Vessel shall remain on hire and all costs thereby incurred shall be for the Charterers' account.

(c) *Requisitions* - Should the Vessel be requisitioned by any government or governmental authority during the period of this Charter Party, the Owners shall immediately notify the Charterers. The Vessel shall be off-hire during the period of such requisition and any hire or compensation paid by any government or governmental authority in respect of such requisition shall be paid to the Owners. However, if the period of requisition exceeds the number of days stated in Box 27, either party shall have the option of cancelling the balance period of the Charter Party, by giving 14 days notice of cancellation to the other.

(d) *Addition to Charter Period* - Any time during which the Vessel is off-hire under this Charter Party may be added, at the option of the Charterers, to the charter period as determined in accordance with Clause 1(a). Such option shall be declared in writing not less than one month before the expected date of redelivery, or latest one week after the event if such event occurs less than one month before the expected date of redelivery.

10. Loss of Vessel

This Charter Party shall terminate and hire shall cease at noon on the day the Vessel is lost or becomes a constructive total loss and if missing, at noon on the date when last heard of. Any hire paid in advance and not earned shall be returned to the Charterers and payment of any hire due shall be deferred until the Vessel is reported safe.

11. Owners' Obligations

Except as provided elsewhere in this Charter Party, the Owners shall deliver the Vessel in the Class indicated in Box 5 and in a thoroughly efficient state of hull and machinery and shall exercise due diligence to maintain the Vessel in such Class and in every way fit for the service throughout the period of the Charter Party.
Nothing contained in this Charter Party shall be construed as a demise of the Vessel to the Charterers and the Owners remain at all times responsible for her navigation and for the due performance of related services, including but not limited to pilotage and towage even if paid for by the Charterers.
Unless otherwise agreed, the Owners shall provide and pay for the costs of the following:-

(a) *Wages* - Master's, Officers' and Crew's wages.

(b) *Stores* - All provisions, deck and engine-room stores, including lubricants.

(c) *Insurance of the Vessel*: (See Clause 20).

(d) *Crew's assistance in*:-
(i) preparing the Vessel's cranes, derricks, winches and/or cargo handling gear for use,
(ii) opening and closing any hatches (other than pontoon type hatches), ramps and other means of access to cargo,
(iii) docking, undocking and shifting operations in port,
(iv) bunkering,
(v) maintaining power during loading and discharging operations,
(vi) instructing crane drivers and winchmen in the use of the Vessel's gear,
The above services will be rendered by the crew if required, provided port and local regulations permit; otherwise charges for such services shall be for the Charterers' account.

(e) *Documentation* - Any documentation relating to the Vessel as required at the commencement of the Charter Party to permit the Vessel to trade within the limits provided in Box 13, including but not limited to international tonnage certificate, Suez and Panama tonnage certificates, certificate of registry, certificates relating to the strength, safety and/or serviceability of the Vessel's gear and certificates of financial responsibility for oil pollution as long as such oil pollution certificates can be obtained by the Owners in the market on ordinary commercial terms.
Such documentation shall be maintained during the currency of the Charter Party as necessary.

(f) *Deratisation* - A deratisation certificate at the commencement of the Charter Party and any renewal thereof throughout the Charter Party, except if certification is required as a result of the cargo carried or ports visited under this Charter Party in which case all expenses in connection therewith shall be for the account of the Charterers.

(g) *Smuggling* - Any fines, taxes or imposts levied in the event of smuggling by the Master, Officers and/or Crew. The Vessel shall be off-hire for any time lost as a result thereof. See also Clause 13(f).

12. Master

The Master shall be conversant with the English language and, although appointed by the Owners, shall at all times during the currency of this Charter Party be under the orders and directions of the Charterers as regards employment, agency or other arrangements. The Master shall prosecute all voyages with due dispatch and supervise loading and discharging operations to ensure that the seaworthiness of the Vessel is not affected.
The Charterers recognise the principles stated in IMO Resolution A.443 (XI) as regards maritime safety and protection of the marine environment and shall not prevent the Master from taking any decision in this respect which in his professional judgement is necessary.

13. Charterers' Obligations

The Charterers shall keep and care for the cargo at loading and discharging ports, be responsible for the stevedoring operations enumerated under sub-clause 13(d), arrange any transhipment and properly deliver the cargo at destination.
The Charterers shall furnish the Master with full and timely instructions and unless otherwise agreed, they shall provide and pay for the costs of the following throughout the currency of this Charter Party:

(a) *Voyage Expenses* - All port charges (including compulsory charges for shore watchmen and garbage removal), light and canal dues, pilotage, towage, consular charges, and all other charges and expenses relating to the cargo and/or to the Vessel as a result of her employment hereunder, other than charges or expenses provided for in Clause 11.

(b) *Bunker Fuel* (See Clause 6). - All fuels except for quantities consumed while the Vessel is off-hire.

(c) *Agency Costs* - All agency fees for normal ship's husbandry at all ports or places of call.

(d) *Stevedoring* - All stevedoring operations during the currency of this Charter Party including receipt, loading, handling, stuffing containers, stowing, lashing, securing, unsecuring, unlashing, discharging, stripping containers, tallying and delivering of all cargo.

(e) *Advances to Master* - Reasonable funds which, upon request by the Owners, are to be made available by Charterers' local agents to the Master for disbursements. The Charterers may deduct such advance funds from hire payments.

(f) *Contraband* - Any fines, taxes or imposts levied in the event that contraband and/or unmanifested drugs and/or cargoes are found to have been shipped as part of the cargo and/or in containers on board. The Vessel shall remain on hire during any time lost as a result thereof. However, if it is established that the Master, Officers and/or Crew are involved in smuggling then any security required shall be provided by the Owners. See also Clause 11(g).

PART II

"GENTIME" General Time Charter Party

14. Owners' Requirements

(a) *Maintenance* - Without prejudice to the provisions of Clause 9(a)(i), the Owners shall have the right to take the Vessel out of service at any time for emergency repairs, and by prior arrangement with the Charterers for routine maintenance, including drydocking.

(b) *General Average* - General Average shall be adjusted, stated and settled at the place shown in Box 28 according to the York-Antwerp Rules 1994 or any subsequent modification thereto by an adjuster appointed by the Owners. Charter hire shall not contribute to General Average.

General Average shall be adjusted in any currency at the sole option of the Owners. Exchange into the currency of adjustment shall be calculated at the rate prevailing on the date of payment for disbursements and on the date of completion of discharge of the Vessel for allowances, contributory values etc.

The Charterers agree to co-operate with the Owners and their appointed adjuster by supplying manifest and other information and, where required, to endeavour to secure the assistance of the Charterers' local agents in the collection of security, at the Owners' expense.

(c) *Salvage* - All salvage and assistance to other vessels shall be for the Owners' and the Charterers' equal benefit after deducting the Master's and Crew's proportion and all legal and other expenses including hire paid under the Charter Party for time lost in the salvage, damage to the Vessel and fuel consumed. The Charterers shall be bound by all measures taken by the Owners in order to secure payment of salvage and to settle its amount.

(d) *Lien* - The Charterers warrant that they will not suffer, nor permit to be continued, any lien or encumbrance incurred by them or their agents, which might have priority over the title and interest of the Owners in the Vessel. In no event shall the Charterers procure, nor permit to be procured, for the Vessel, any supplies, necessaries or services without previously obtaining a statement signed by an authorised representative of the furnisher thereof, acknowledging that such supplies, necessaries or services are being furnished on the credit of the Charterers and not on the credit of the Vessel or of the Owners and that the furnisher claims no maritime lien on the Vessel therefor.

The Owners shall have a lien on all shipped cargo before or after discharge and on all sub-freights and/or sub-hire including deadfreight and demurrage, for any amount due under this Charter Party including but not limited to unpaid charter hire, unreimbursed Charterers' expenses initially paid by the Owners, and contributions in general average properly due.

The Charterers shall ensure that such lien is incorporated in all documents containing or evidencing Contracts of Carriage issued by them or on their behalf.

15. Charterers' Requirements

(a) *Plans* - On concluding this Charter Party or as soon as practical thereafter the Owners shall provide the Charterers with copies of any operational plans or documents that the Charterers may reasonably request and which are necessary for the safe and efficient operation of the Vessel. All documents received by the Charterers shall be returned to the Owners on redelivery.

(b) *Flag and Funnel* - If they so require, the Charterers shall, during the currency of this Charter Party, be allowed to fly their house flag and/or paint the funnel in the Charterers' colours. All alterations including re-instatement shall be effected in the Charterers' time and at their expense.

(c) *Communications Facilities* - The Owners shall permit the Charterers' use of the Vessel's communication facilities at cost.

(d) *Logs* - The Owners shall maintain full deck and engine room logs during the currency of this Charter Party and the Charterers shall have full access to all the Vessel's logs, rough and official, covering this period. The Owners undertake to produce all such documentation promptly upon written request of the Charterers and to allow them to make copies of relevant entries.

(e) *Replacement of Master and Officers* - If the Charterers shall have reason to be dissatisfied with the conduct of the Master or Officers, the Owners shall, on receiving particulars of the complaint in writing, investigate same and, if necessary, replace the offending party or parties at their expense.

(f) *Supercargo* - The Owners shall provide and maintain a clean and adequate room for the Charterers' Supercargo if any, furnished to the same standard as officers' accommodation. The Supercargo shall be victualled with the Vessel's officers. The Charterers shall pay at the daily rate shown in Box 29 for his accommodation and victualling. The Supercargo shall be on board at the risk and expense of the Charterers and both Charterers and Supercargo shall sign the customary indemnity forms.

(g) *Victualling* - The Owners shall, when requested and authorised in writing by the Charterers or their agents, victual other officials and servants of the Charterers at the rate per person per meal shown in Box 30.

(h) *Representation* - Expenses for representation incurred by the Master for the Charterers' account and benefit shall be settled by the Charterers' payment of the amount stated in Box 31, per month or pro rata. The Charterers shall indemnify the Owners against all consequences and/or liabilities including customs fines which may result from such representation.

(i) *Sub-Letting* - The Charterers shall have the right to sub-let all or part of the Vessel whilst remaining responsible to the Owners for the performance of this Charter Party.

(j) *Inspections* - The Charterers shall, upon giving reasonable notice, have the right to a superficial inspection of the Vessel in their time and the Master shall within reason co-operate with the Charterers to facilitate their inspection of the Vessel. The Charterers shall pay for any and all expenses associated with such inspection and the Owners shall be entitled to receive a copy of the report.

(k) *Weather Routeing* - The Charterers may supply the Master with weather routeing information during the currency of this Charter Party. In this event the Master, though not obliged to follow routeing information, shall comply with the reporting procedure of the Charterers' weather routeing service.

(l) *Laying up* - At the written request of the Charterers, the Owners shall at any time provide an estimate of any economies which may be possible in the event of laying-up the Vessel. The Charterers shall then have the right to order the laying-up of the Vessel at any time and for any period of time at a safe berth or safe place in their option, and in the event of such laying-up the Owners shall promptly take reasonable steps to effect all the economies in operating costs. The laying-up port or place and laid-up arrangements shall be subject to approval by the Owners' insurers. Laying-up preparation and reactivation cost, and all expenses incurred shall be for the Charterers' account. The Charterers shall give sufficient notice of their intention in this respect to enable the Owners to make necessary arrangements for decommissioning and recommissioning. The Owners must give prompt credit to the Charterers for all economies achieved.

(m) *Cleaning* - The Charterers may request the Owners to direct the crew to sweep and/or wash and/or clean the holds between voyages and/or between cargoes against payment at the rate per hold stated in Box 32, provided the crew is able to undertake such work and is allowed to do so by local regulations. In connection with any such operation the Owners shall not be responsible if the Vessel's holds are not accepted or passed.

In lieu of cleaning the Charterers shall have the option to re-deliver the Vessel with unclean/unswept holds against the lump sum payment stated in Box 33 excluding the disposal of dunnage and/or waste, which shall be for Charterers' account.

16. Sundry Matters

(a) *Stowaways*

(i) The Charterers shall exercise due care and diligence in preventing stowaways from gaining access to the Vessel by means of secreting away in cargo or containers shipped by the Charterers.

(ii) If, despite the exercise of due care and diligence by the Charterers, stowaways have gained access to the Vessel by means of secreting away in the cargo and/or containers shipped by the Charterers, this shall amount to breach of charter for the consequences of which the Charterers shall be liable and shall hold the Owners harmless and shall keep them indemnified against all claims whatsoever which may arise and be made against them. Furthermore, all time lost and all expenses whatsoever and howsoever incurred, including fines, shall be for the Charterers' account and the Vessel shall remain on hire.

(iii) Should the Vessel be arrested as a result of the Charterers' breach of charter according to sub-clause (ii) above, the Charterers shall take all reasonable steps to secure that within a reasonable time, the Vessel is released and at their expense post bail or other security to obtain release of the Vessel.

(iv) If, despite the exercise of due care and diligence by the Owners, stowaways have gained access to the Vessel by means other than secreting away in the cargo and/or containers shipped by the Charterers, all time lost and all expenses whatsoever and howsoever incurred, including fines, shall be for the Owners' account.

(v) Should the Vessel be arrested as a result of stowaways having gained access to the Vessel by means other than secreting away in the cargo and/or containers shipped by the Charterers, the Owners shall take all reasonable steps to secure that within a reasonable time, the Vessel is released and at their expense post bail or other security to obtain release of the Vessel.

(b) *Stevedore Damage* - Notwithstanding anything contained herein to the contrary, the Charterers shall be liable for any and all damage to the Vessel caused by stevedores, provided the Master has notified the Charterers or their agents, in writing, within 24 hours of the occurrence or as soon as possible thereafter but latest when the damage could have been discovered by the exercise of due diligence. The Master shall use his best efforts to obtain written acknowledgment by the party or parties causing damage unless the damage has been made good in the meantime.

(i) Stevedore damage affecting the Vessel's seaworthiness and/or the safety of the crew, proper working of the Vessel and/or her equipment, shall be repaired immediately by the Charterers and the Vessel is to remain on hire until such repairs are completed and, if required, passed by the Vessel's classification society.

(ii) Stevedore damage not affecting the Vessel's seaworthiness and/or the safety of the crew shall be repaired, at the Charterers' option, before or after redelivery concurrently with Owners' work. In the latter case no hire will be paid to the Owners except in so far as the time required for the repairs for which the Charterers are liable exceeds the time necessary to carry out the Owners' work.

(iii) The Owners shall have the option of requiring that stevedore damage affecting the trading capabilities of the Vessel is repaired before redelivery.

(c) *Fumigation* - Expenses in connection with fumigations and/or quarantine ordered because of cargo carried or ports visited while the Vessel is employed under this Charter Party shall be for the Charterers' account. Expenses in connection with all other fumigations and/or quarantine shall be for the Owners' account.

(d) *Anti-drug Clause* - The Charterers warrant to exercise the highest degree of care and diligence in preventing unmanifested narcotic drugs and/or any other illegal substances being loaded or concealed on board the Vessel.

Non-compliance with the provisions of this Clause shall amount to breach of warranty for the consequences of which the Charterers shall be liable and shall hold the Owners, the Master and the crew of the Vessel harmless and shall keep them indemnified against all claims whatsoever which may arise and be made against them individually or jointly. Furthermore, all time lost and all expenses incurred, including fines, as a result of the Charterers' breach of the provisions of this Clause shall be for the Charterers' account and the Vessel shall remain on hire.

Should the Vessel be arrested as a result of the Charterers' non-compliance with the provisions of this Clause, the Charterers shall at their expense take all reasonable steps to secure that within a reasonable time the Vessel is released and at their expense post bail to secure release of the Vessel.

The Owners shall remain responsible for all time lost and all expenses incurred, including fines, in the event that unmanifested narcotic drugs and other illegal substances are found in the possession or effects of the Vessel's personnel.

17. Bills of Lading, Waybills and Other Contracts of Carriage

(a) *Signing Contracts of Carriage*

(i) The Master shall sign bills of lading or waybills as presented in conformity with mate's receipts. If requested, the Owners may authorise the Charterers and/or their agents in writing to sign bills of lading, waybills, through bills of lading, or multimodal bills of lading (hereafter collectively referred to as Contracts of Carriage) on the Owners' and/or Master's behalf in conformity with mate's receipts without prejudice to the terms and conditions of the Charter Party.

(ii) In the event the Charterers and/or their agents, pursuant to the provisions of sub-clause 17(a)(i) above, sign Contracts of Carriage which extend the Owners' responsibility beyond the period during which the cargo is on board the Vessel the Charterers shall indemnify the Owners against any claims for loss, damage or expense which may result therefrom.

(iii) Neither the Charterers nor their agents shall permit the issue of any Contract of Carriage (whether or not signed on behalf of the Owners or on behalf of the Charterers or on behalf of any Sub-Charterers) incorporating, where not compulsorily applicable, the Hamburg Rules or any other legislation giving effect to the Hamburg Rules or any other legislation imposing liabilities in excess of Hague or Hague-Visby Rules.

(b) *Protective Clauses* - The Charterers warrant that Contracts of Carriage issued in respect of cargo under this Charter Party shall incorporate the clauses set out in Appendix A.

(c) *Deck Cargo* - Unless the cargo is stowed in fully closed containers, placed on board the Vessel in areas designed for the carriage of containers with class-approved container fittings, and secured to the Vessel by means of class-approved Vessel's lashing gear or material, Contracts of Carriage covering cargo carried on deck shall be claused: "Agreed to be shipped on deck at Charterers', Shippers' and Receivers' risk, and responsibility for loss, damage or expense howsoever caused".

(d) *Defence of Claims* - Should the Charterers issue or cause to be issued a Contract of Carriage in default of the provisions of this Clause 17, they shall be obliged upon written request by the Owners to take over, pay for the defence of and pay any liability established in respect of any claim brought against the Vessel and/or the Owners as a result of such default.

(e) *Payment and Indemnity* - The Charterers shall pay for, and/or indemnify the Owners against any loss, damage or expense which results from any breach of the provisions of this Clause 17.

18. Responsibilities

(a) *Cargo Claims*

(i) *Definition* - For the purpose of this Clause 18(a), Cargo Claim means a claim for loss, damage, shortage, (including slackage, ullage or pilferage), overcarriage of or delay to cargo including customs fines or fines in respect of such loss, damage, shortage, overcarriage or delay and includes:

(1) any legal costs or interest claimed by the original claimant making such a claim;

(2) all legal, Club correspondents' and experts' costs reasonably incurred in the defence of or in the settlement of the claim made by the original claimant, but shall not include any costs of whatsoever nature incurred in making a claim or in seeking an indemnity under this Charter Party.

(ii) *Claim Settlement* - It is a condition precedent to the right of recovery by either party under this Clause 18(a) that the party seeking indemnity shall have first properly settled or compromised and paid the claim.

(iii) *Owners' Liability* - The Owners shall be liable for any Cargo Claim arising or resulting from:

(1) failure of the Owners or their servants to exercise due diligence before or at the beginning of each voyage to make the Vessel seaworthy;

(2) failure of the Owners or their servants properly and carefully to carry, keep and care for the cargo while on board;

(3) unreasonable deviation from the voyage described in the Contract of Carriage unless such deviation is ordered or approved by the Charterers;

(4) errors in navigation or the management of the Vessel solely where the Contract of Carriage is subject to mandatory application of legislation giving effect to the Hamburg Rules.

(iv) *Charterers' Liability* - The Charterers shall be liable for any Cargo Claim arising or resulting from:

(1) the stevedoring operations enumerated under Clause 13(d) unless the Charterers prove that such Cargo Claim was caused by the unseaworthiness of the Vessel, in which case the Owners shall be liable;

(2) any transhipment in connection with through-transport or multimodal transport, save where the Charterers can prove that the circumstances giving rise to the Cargo Claim occurred after commencement of the loading of the cargo onto the Vessel and prior to its discharge;

(3) the carriage of cargo on deck unless such cargo is stowed in fully closed containers, placed on board the Vessel in areas designed for the carriage of containers with class-approved container fittings and secured to the Vessel by means of class-approved Vessel's lashing gear or material.

(v) *Shared Liability* - All Cargo Claims arising from other causes than those enumerated under sub-clauses (iii) and (iv), shall be shared equally between the Owners and the Charterers unless there is clear and irrefutable evidence that the claim arose out of pilferage or the act or neglect of one or the other party or their servants or sub-contractors, in which case that party shall bear the full claim.

(vi) *Charterers' Own Cargo* - If the cargo is the property of the Charterers, the Owners shall have the same responsibilities and benefits as they would have had under this Clause had the cargo been the property of a third party and carried under a Bill of Lading incorporating the Hague-Visby Rules.

(b) *Fines, etc.* - The Charterers shall also be liable to the Owners for any losses, damages, expenses, fines, penalties, or claims which the Owners may incur or suffer by reason of the cargo or the documentation relating thereto failing to comply with any relevant laws, regulations, directions or notices of port authorities or other authorities, or by reason of any infestation, contamination or condemnation of the cargo or of infestation, damage or contamination of the Vessel by the cargo.

(c) *Deck cargo* - The Charterers shall be liable to the Owners for any loss, damage, expense or delay to the Vessel howsoever caused and resulting from the carriage of cargo on deck save where the Charterers can prove that such loss, damage, expense or delay was the result of negligence on the part of the Owners and/or their servants.

(d) *Death or Personal Injury* - Claims for death or personal injury having a direct connection with the operation of the Vessel shall be borne by the Owners unless such claims are caused by defect of the cargo or by the act, neglect or default of the Charterers, their servants, agents or sub-contractors.

(e) *Agency* - The Owners authorise and empower the Charterers to act as the Owners' agents solely to ensure that, as against third parties, the Owners will have the benefit of any immunities, exemptions or liberties regarding the cargo or its carriage. Subject to the provisions of Clause 17 the Charterers shall have no authority to make any contracts imposing any obligations whatsoever upon the Owners in respect of the cargo or its carriage.

(f) *Indemnity and Limitation* - The Owners and the Charterers hereby agree to indemnify each other against all loss, damage or expenses arising or resulting from any obligation to pay claims, fines or penalties for which the other party is liable in accordance with this Charter Party. Both the Owners and the Charterers shall retain their right to limit their liability against the other party in respect of any claim brought by way of indemnity, notwithstanding that the other party has been denied the right to limit against any third party or has failed in whatever manner to exercise its rights of limitation.

(g) *Time Bar* - In respect of any Cargo Claims as between the Owners and the Charterers, brought under sub-clause 18(a), unless extensions of time have been sought or obtained from one party by the other or notice of arbitration has been given by either party, such claim(s) shall be deemed to be waived and absolutely time barred upon the expiry of two years reckoned from the date when the cargo was or should have been delivered. When the Hamburg Rules apply compulsorily the above time bar shall be extended to three years.

19. Exceptions

As between the Charterers and the Owners, responsibility for any loss, damage, delay or failure of performance under this Charter Party not dealt with in Clause 18(a), shall be subject to the following mutual exceptions:

Act of God, act of war, civil commotions, strikes, lockouts, restraint of princes and rulers, and quarantine restrictions.

In addition, any responsibility of the Owners not dealt with in Clause 18(a) shall be subject to the following exceptions:

Any act, neglect or default by the Master, pilots or other servants of the Owners in the navigation or management of the Vessel, fire or explosion not due to the personal fault of the Owners or their Manager, collision or stranding, unforeseeable breakdown of or any latent defect in the Vessel's hull, equipment or machinery.

The above provisions shall in no way affect the provisions as to off-hire in this Charter Party.

20. Insurances

(a) *Hull and Machinery* - The Owners warrant that the Vessel is insured for Hull, Machinery and basic War Risks purposes at the value stated in Box 34.

(b) *Protection and Indemnity (P & I)* - The Owners warrant that throughout the period of the Charter Party the Vessel will be fully covered for P&I risks, including through transport cover, with underwriters approved by the Charterers which approval shall not be unreasonably withheld.

The Charterers warrant that throughout the period of the Charter Party they will be covered for Charterers' liability risk by underwriters approved by the Owners which approval will not be unreasonably withheld.

21. War Risks ("Conwartime 1993")

(a) For the purpose of this Clause, the words:

(i) "Owners" shall include the shipowners, bareboat charterers, disponent owners, managers or other operators who are charged with the management of the Vessel, and the Master; and

(ii) "War Risks" shall include any war (whether actual or threatened), act of war, civil war, hostilities, revolution, rebellion, civil commotion, warlike operations, the laying of mines (whether actual or reported), acts of piracy, acts of terrorists, acts of hostility or malicious damage, blockades (whether imposed against all vessels or imposed selectively against vessels of certain flags or ownership, or against certain cargoes or crews or otherwise howsoever), by any person, body, terrorist or political group, or the Government of any state whatsoever, which, in the reasonable judgement of the Master and/or the Owners, may be dangerous or are likely to be or to become dangerous to the Vessel, her cargo, crew or other persons on board the Vessel.

(b) The Vessel, unless the written consent of the Owners be first obtained, shall not be ordered to or required to continue to or through, any port, place, area or zone (whether of land or sea), or any waterway or canal, where it appears that the Vessel, her cargo, crew or other persons on board the Vessel, in the reasonable judgement of the Master and/or the Owners, may be, or are likely to be, exposed to War Risks. Should the Vessel be within any such place as aforesaid, which only becomes dangerous, or is likely to be or to become dangerous, after her entry into it, she shall be at liberty to leave it.

(c) The Vessel shall not be required to load contraband cargo, or to pass through any blockade, whether such blockade be imposed on all vessels, or is imposed selectively in any way whatsoever against vessels of certain flags or ownership, or against certain cargoes or crews or otherwise howsoever, or to proceed to an area where she shall be subject, or is likely to be subject to a belligerent's right of search and/ or confiscation.

(d) (i) The Owners may effect war risks insurance in respect of the Hull and Machinery of the Vessel and their other interests (including, but not limited to, loss of earnings and detention, the crew and their Protection and Indemnity Risks), and the premiums and/or calls therefor shall be for their account.

(ii) If the Underwriters of such insurance should require payment of premiums and/or calls because, pursuant to the Charterers' orders, the Vessel is within, or is due to enter and remain within, any area or areas which are specified by such Underwriters as being subject to additional premiums because of War Risks, then such premiums and/or calls shall be reimbursed by the Charterers to the Owners at the same time as the next payment of hire is due.

(e) If the Owners become liable under the terms of employment to pay to the crew any bonus or additional wages in respect of sailing into an area which is dangerous in the manner defined by the said terms, then such bonus or additional wages shall be reimbursed to the Owners by the Charterers at the same time as the next payment of hire is due.

(f) The Vessel shall have liberty:-

(i) to comply with all orders, directions, recommendations or advice as to departure, arrival, routes, sailing in convoy, ports of call, stoppages, destinations, discharge of cargo, delivery, or in any other way whatsoever, which are given by the Government of the Nation under whose flag the Vessel sails, or other Government to whose laws the Owners are subject, or any other Government, or any other body or group whatsoever acting with the power to compel compliance with their orders or directions;

(ii) to comply with the order, directions or recommendations of any war risks underwriters who have the authority to give the same under the terms of the war risks insurance;

(iii) to comply with the terms of any resolution of the Security Council of the United Nations, any directives of the European Community, the effective orders of any other Supranational body which has the right to issue and give the same, and with national laws aimed at enforcing the same to which the Owners are subject, and to obey the orders and directions of those who are charged with their enforcement;

(iv) to divert and discharge at any other port any cargo or part thereof which may render the Vessel liable to confiscation as a contraband carrier;

(v) to divert and call at any other port to change the crew or any part thereof or other persons on board the Vessel when there is reason to believe that they may be subject to internment, imprisonment or other sanctions.

(g) If in accordance with their rights under the foregoing provisions of this Clause, the Owners refuse to proceed to the loading or discharging ports, or any one or more of them, they shall immediately inform the Charterers. No cargo shall be discharged at any alternative port without first giving the Charterers notice of the Owners' intention to do so and requesting them to nominate a safe port for such discharge. Failing such nomination by the Charterers within 48 hours of the receipt of such notice and request, the Owners may discharge the cargo at any safe port of their own choice.

(h) If in compliance with any of the provisions of sub-clauses (b) to (g) of this Clause anything is done or not done, such shall not be deemed a deviation, but shall be considered as due fulfilment of this Charter Party.

22. Law and Arbitration

*) (a) This Charter Party shall be governed by and construed in accordance with English law and any dispute arising out of or in connection with this Charter Party shall be referred to arbitration in London in accordance with the Arbitration Act 1996 or any statutory modification or re-enactment thereof save to the extent necessary to give effect to the provisions of this Clause.

The arbitration shall be conducted in accordance with the London Maritime Arbitrators Association (LMAA) Terms current at the time when the arbitration proceedings are commenced.

The reference shall be to three arbitrators. A party wishing to refer a dispute to arbitration shall appoint its arbitrator and send notice of such appointment in writing to the other party requiring the other party to appoint its own arbitrator within 14 calendar days of that notice and stating that it will appoint its arbitrator as sole arbitrator unless the other party appoints its own arbitrator and gives notice that it has done so within the 14 days specified. If the other party does not appoint its own arbitrator and give notice that it has done so within the 14 days specified, the party referring a dispute to arbitration may, without the requirement of any further prior notice to the other party, appoint its arbitrator as sole arbitrator and shall advise the other party accordingly. The award of a sole arbitrator shall be binding on both parties as if he had been appointed by agreement.

Nothing herein shall prevent the parties agreeing in writing to vary these provisions to provide for the appointment of a sole arbitrator.

In cases where neither the claim nor any counterclaim exceeds the sum of USD 50,000 (or such other sum as the parties may agree) the arbitration shall be conducted in accordance with the LMAA Small Claims Procedure current at the time when the arbitration proceedings are commenced.

*) (b) This Charter Party shall be governed by and construed in accordance with Title 9 of the United States Code and the Maritime Law of the United States and any dispute arising out of or in connection with this Charter Party shall be referred to three persons at New York, one to be appointed by each of the parties hereto, and the third by the two so chosen; their decision or that of any two of them shall be final, and for the purposes of enforcing any award, judgement may be entered on an award by any court of competent jurisdiction. The proceedings shall be conducted in accordance with the rules of the Society of Maritime Arbitrators, Inc.

In cases where neither the claim nor any counterclaim exceeds the sum of USD 50,000 (or such other sum as the parties may agree) the arbitration shall be conducted in accordance with the Shortened Arbitration Procedure of the Society of Maritime Arbitrators, Inc. current at the time when the arbitration proceedings are commenced.

*) (c) This Charter Party shall be governed by and construed in accordance with the laws of the place mutually agreed by the parties and stated in Box 35 and any dispute arising out of or in connection with this Charter Party shall be referred to arbitration at the place stated in Box 35, subject to the procedures applicable there.

(d) If Box 35 in Part I is not appropriately filled in, sub-clause (a) of this Clause shall apply.

*) *(a), (b) and (c) are alternatives; indicate alternative agreed in Box 35*

23. Commission

The Owners shall pay a commission at the rate stated in Box 36 to the Broker(s) stated in Box 36 on any hire paid under this Charter Party or any continuation or extension thereof. If the full hire is not paid owing to breach of Charter Party by either of the parties the party liable therefor shall indemnify the Brokers against their loss of commission.

Should the parties agree to cancel this Charter Party, the Owners shall indemnify the Brokers against any loss of commission but in such case the commission shall not exceed the brokerage on one year's hire.

In signing this Charter Party the Owners acknowledge their agreement with the brokers to pay the commissions described in this Clause.

24. Notices

Any notices as between the Owners and the Charterers shall be in writing and sent to the addresses stated in Boxes 2 and 3 as the case may be or to such other addresses as either party may designate to the other in writing.

"GENTIME" General Time Charter Party
Appendix A - Protective Clauses

A. WAR RISKS ("Voywar 1993")

(1) For the purpose of this Clause, the words:

(a) "Owners" shall include the shipowners, bareboat charterers, disponent owners, managers or other operators who are charged with the management of the Vessel, and the Master; and

(b) "War Risks" shall include any war (whether actual or threatened), act of war, civil war, hostilities, revolution, rebellion, civil commotion, warlike operations, the laying of mines (whether actual or reported), acts of piracy, acts of terrorists, acts of hostility or malicious damage, blockades (whether imposed against all vessels or imposed selectively against vessels of certain flags or ownership, or against certain cargoes or crews or otherwise howsoever), by any person, body, terrorist or political group, or the Government of any state whatsoever, which, in the reasonable judgement of the Master and/or the Owners, may be dangerous or are likely to be or to become dangerous to the Vessel, her cargo, crew or other persons on board the Vessel.

(2) If at any time before the Vessel commences loading, it appears that, in the reasonable judgement of the Master and/or the Owners, performance of the Contract of Carriage, or any part of it, may expose, or is likely to expose, the Vessel, her cargo, crew or other persons on board the Vessel to War Risks, the Owners may give notice to the Charterers cancelling this Contract of Carriage, or may refuse to perform such part of it as may expose, or may be likely to expose, the Vessel, her cargo, crew or other persons on board the Vessel to War Risks; provided always that if this Contract of Carriage provides that loading or discharging is to take place within a range of ports, and at the port or ports nominated by the Charterers the Vessel, her cargo, crew, or other persons on board the Vessel may be exposed, or may be likely to be exposed, to War Risks, the Owners shall first require the Charterers to nominate any other safe port which lies within the range for loading or discharging, and may only cancel this Contract of Carriage if the Charterers shall not have nominated such safe port or ports within 48 hours of receipt of notice of such requirement.

(3) The Owners shall not be required to continue to load cargo for any voyage, or to sign Bills of Lading for any port or place, or to proceed or continue on any voyage, or on any part thereof, or to proceed through any canal or waterway, or to proceed to or remain at any port or place whatsoever, where it appears, either after the loading of the cargo commences, or at any stage of the voyage thereafter before the discharge of the cargo is completed, that, in the reasonable judgement of the Master and/or the Owners, the Vessel, her cargo (or any part thereof), crew or other persons on board the Vessel (or any one or more of them) may be, or are likely to be, exposed to War Risks. If it should so appear, the Owners may by notice request the Charterers to nominate a safe port for the discharge of the cargo or any part thereof, and if within 48 hours of the receipt of such notice, the Charterers shall not have nominated such a port, the Owners may discharge the cargo at any safe port of their choice (including the port of loading) in complete fulfilment of the Contract of Carriage. The Owners shall be entitled to recover from the Charterers the extra expenses of such discharge and, if the discharge takes place at any port other than the loading port, to receive the full freight as though the cargo had been carried to the discharging port and if the extra distance exceeds 100 miles, to additional freight which shall be the same percentage of the freight contracted for as the percentage which the extra distance represents to the distance of the normal and customary route, the Owners having a lien on the cargo for such expenses and freight.

(4) If at any stage of the voyage after the loading of the cargo commences, it appears that, in the reasonable judgement of the Master and/or the Owners, the Vessel, her cargo, crew or other persons on board the Vessel may be, or are likely to be, exposed to War Risks on any part of the route (including any canal or waterway) which is normally and customarily used in a voyage of the nature contracted for, and there is another longer route to the discharging port, the Owners shall give notice to the Charterers that this route will be taken. In this event the Owners shall be entitled, if the total extra distance exceeds 100 miles, to additional freight which shall be the same percentage of the freight contracted for as the percentage which the extra distance represents to the distance of the normal and customary route.

(5) The Vessel shall have liberty:-

(a) to comply with all orders, directions, recommendations or advice as to departure, arrival, routes, sailing in convoy, ports of call, stoppages, destinations, discharge of cargo, delivery or in any way whatsoever which are given by the Government of the Nation under whose flag the Vessel sails, or other Government to whose laws the Owners are subject, or any other Government which so requires, or any body or group acting with the power to compel compliance with their orders or directions;

(b) to comply with the orders, directions or recommendations of any war risks underwriters who have the authority to give the same under the terms of the war risks insurance;

(c) to comply with the terms of any resolution of the Security Council of the United Nations, any directives of the European Community, the effective orders of any other Supranational body which has the right to issue and give the same, and with national laws aimed at enforcing the same to which the Owners are subject, and to obey the orders and directions of those who are charged with their enforcement;

(d) to discharge at any other port any cargo or part thereof which may render the Vessel liable to confiscation as a contraband carrier;

(e) to call at any other port to change the crew or any part thereof or other persons on board the Vessel when there is reason to believe that they may be subject to internment, imprisonment or other sanctions;

(f) where cargo has not been loaded or has been discharged by the Owners under any provisions of this Clause, to load other cargo for the Owners' own benefit and carry it to any other port or ports whatsoever, whether backwards or forwards or in a contrary direction to the ordinary or customary route.

(6) If in compliance with any of the provisions of sub-clauses (2) to (5) of this Clause anything is done or not done, such shall not be deemed to be a deviation, but shall be considered as due fulfilment of the Contract of Carriage.

B. CLAUSE PARAMOUNT

The International Convention for the Unification of Certain Rules of Law relating to Bills of Lading signed at Brussels on 24 August 1924 ("the Hague Rules") as amended by the Protocol signed at Brussels on 23 February 1968 ("the Hague-Visby Rules") and as enacted in the country of shipment shall apply to this Contract. When the Hague-Visby Rules are not enacted in the country of shipment, the corresponding legislation in the country of destination shall apply, irrespective of whether such legislation may only regulate outbound shipments.

When there is no enactment of the Hague-Visby Rules in either the country of shipment or in the country of destination, the Hague-Visby Rules shall apply to this Contract, save where the Hague Rules as enacted in the country of shipment or if no such enactment is in place the Hague Rules as enacted in the country of destination apply compulsorily to this Contract.

The Protocol signed at Brussels on 21 December 1979 ("the SDR Protocol 1979") shall apply where the Hague-Visby Rules apply whether mandatorily or by this Contract.

The Carrier shall in no case be responsible for loss of or damage to cargo arising prior to loading, after discharging, or while the cargo is in the charge of another carrier, or with respect to deck cargo and live animals.

C. GENERAL AVERAGE

General Average shall be adjusted and settled at a port or place in the option of the Carrier according to the York-Antwerp Rules, 1994 or any subsequent amendment thereto.

D. HIMALAYA CLAUSE

It is hereby expressly agreed that no servant or agent of the Carrier (including every independent contractor from time to time employed by the Carrier) shall in any circumstances whatsoever be under any liability whatsoever to the Charterers, Shippers, Consignees, owner of the goods or to any holder of a Bill of Lading issued under this Charter Party, for any loss, damage or delay of whatsoever kind arising or resulting directly or indirectly from any act, neglect or default on his part while acting in the course of or in connection with his employment.

Without prejudice to the generality of the foregoing provisions in this clause, every exemption, limitation, condition and liberty herein contained and every right, exemption from liability, defence and immunity of whatsoever nature applicable to the Carrier or to which the Carrier is entitled hereunder, shall also be available and shall extend to protect every such servant or agent of the Carrier acting as aforesaid.

For the purpose of all the foregoing provisions of this clause the Carrier is or shall be deemed to be acting as agents or trustees on behalf of and for the benefit of all persons who might be his servants or agents from time to time (including independent contractors as aforesaid) and all such persons shall to this extent be or be deemed to be parties to this contract.

E. NEW JASON CLAUSE

In the event of accident, danger, damage or disaster before or after the commencement of the voyage resulting from any cause whatsoever, whether due to negligence or not, for which, or for the consequences of which, the Carrier is not responsible, by statute, contract, or otherwise, the goods, shippers, consignees, or owners of the goods shall contribute with the Carrier in general average to the payment of any sacrifices, losses, or expenses of a general average nature that may be made or incurred, and shall pay salvage and special charges incurred in respect of the goods.

If a salving vessel is owned or operated by the Carrier, salvage shall be paid for as fully as if salving vessel or vessels belonged to strangers. Such deposit as the Carrier or his agents may deem sufficient to cover the estimated contribution of the goods and any salvage and special charges thereon shall, if required, be made by the goods, shippers, consignees or owners of the goods to the Carrier before delivery.

F. BOTH-TO-BLAME COLLISION CLAUSE

If the Vessel comes into collision with another vessel as a result of the negligence of the other vessel and any act, neglect or default of the master, mariner, pilot or the servants of the Carrier in the navigation or in the management of the vessel, the owners of the goods carried hereunder will indemnify the Carrier against all loss or liability to the other or non-carrying vessel or her owners insofar as such loss or liability represents loss of, or damage to, or any claim whatsoever of the owners of said goods, paid or payable by the other or non-carrying vessel or her owners to the owners of said goods and set-off, recouped or recovered by the other or non-carrying vessel or her owners as part of their claim against the carrying Vessel or Carrier.

The foregoing provisions shall also apply where the owners, operators or those in charge of any vessels or objects other than, or in addition to, the colliding vessels or objects are at fault in respect to a collision or contact.

BPTIME3

TIME CHARTERPARTY

PRODUCED IN ASSOCIATION WITH
THE BALTIC AND INTERNATIONAL MARITIME COUNCIL (BIMCO)

1st Edition - February 2001

Registered in England and Wales: No. 140132
Registered Office:- Breakspear Park, Breakspear Way, Hemel Hempstead, Herts, HP2 4UL.

INDEX TO CLAUSES - BPTIME3

Codeword for this Charterparty
"BPTIME3"

TIME CHARTERPARTY

Date

PREAMBLE

It is this day agreed between

of

("Owners") being owners/disponent owners of the motor/steam tank vessel (delete as applicable) called ("Vessel")

and

of

("Charterers") that the service for which provision is herein made shall be subject to the terms and conditions of this Charter which comprises this PREAMBLE, PART 1 and PART 2, together with the OCIMF Vessel Particulars Questionnaire current at the date hereof and the BPTIME3 Questionnaire (together referred to as the "Questionnaire") as attached hereto.

Unless the context otherwise requires, words denoting the singular include the plural and vice versa.

In the event of any conflict between the provisions of PART 1 and PART 2 of this Charter, the provisions of PART 1 shall prevail.

In the event of any conflict between the provisions of PART 1 or PART 2 of this Charter and any provisions in the Questionnaire, the provisions of PART 1 or PART 2 of this Charter shall prevail.

PART 1

A. Name of Vessel:

B. Charter Period:

C. Laydays/Cancelling:

Commencing: 0001 hours local time on ("Commencement Date")
Cancelling: 1600 hours local time on ("Cancelling Date")

D. Place of Delivery:

E. Vessel shall be delivered with the following cargo history:

F. Place of Redelivery:

G. Bunkers on Delivery and Redelivery:

H. Rate of Hire:

I. Owners' Payment Details:

J. Bunker Specifications:

K. Permitted Cargoes:

L. Trading Limits:

M. Additional Clauses:

PART 2

COMMERCIAL PROVISIONS

1. DELIVERY AND CHARTER PERIOD

1.1 Owners agree to let and Charterers agree to hire the Vessel from the time of delivery for a Charter Period as set out in PART 1, Section B. The Vessel shall be placed at the disposal of Charterers at the Place of Delivery as set out in PART 1, Section D. The Vessel shall not be delivered to Charterers prior to the Commencement Date.

1.2 Upon delivery the Vessel shall be tight, staunch, strong, in every way fitted for service, with cargo spaces, facilities and equipment ready to receive, carry and deliver cargo, and with a full complement of Master, officers and crew fully competent, certified and experienced to perform the services contracted for, and in all material respects meeting the description of the Vessel set out in the Questionnaire. Without prejudice to the aforesaid, upon delivery Owners, Master, officers, crew and all documents shall conform in all parts and in all material respects with the responses submitted in the Questionnaire.

2. CANCELLATION

2.1 If the Vessel is not ready in accordance with Clause 1 and at Charterers' disposal by the Cancelling Date (which term shall for the purposes of this Clause include any new Cancelling Date determined under this Clause 2) Charterers shall have the option of cancelling this Charter within forty-eight (48) hours after the Cancelling Date.

2.2 Owners undertake to notify Charterers promptly if at any time Owners or the Master have reason to believe that the Vessel may not be delivered in accordance with Clause 1 by the Cancelling Date. Such notification is to be in writing and shall state the date and time that Owners expect the Vessel to be ready to be delivered.

2.3 If at any time it appears to Charterers that the Vessel will not be delivered in accordance with Clause 1 by the Cancelling Date, Charterers may require Owners to state in writing the date and time that they expect the Vessel to be ready to be delivered, such statement to be given within ninety-six (96) hours of Charterers' request.

2.4 If the date and time notified by Owners pursuant to sub-clauses 2.2, 2.3 or 4.1 falls after the Cancelling Date then Charterers shall have the option of cancelling this Charter within one hundred and twenty (120) hours of receipt of the said notice from Owners or within forty-eight (48) hours after the Cancelling Date, whichever is earlier.

If Charterers do not exercise their option to cancel this Charter then the new Cancelling Date for the purpose of this Clause 2 shall be twelve (12) hours after the date and time notified by Owners pursuant to sub-clauses 2.2 or 2.3, or such other date and time as may be mutually agreed.

2.5 If Owners fail, or fail timeously, to respond in writing to Charterers when required to do so under sub-clause 2.3, Charterers shall have the option of cancelling this Charter within one hundred and twenty (120) hours after the period allowed for Owners' response under sub-clause 2.3, or within forty-eight (48) hours after the Cancelling Date, whichever is earlier.

3. REDELIVERY

3.1 The Vessel shall be redelivered to Owners at the Place of Redelivery stipulated in PART 1, Section F on the expiry of the Charter Period, on completion of its final voyage on dropping last outward bound pilot, or as may otherwise be agreed.

3.2 Notwithstanding the provisions of sub-clauses 1.1 and 3.1 hereof, should the Vessel at the expiry of the Charter Period be on a ballast voyage to the Place of Redelivery or on a laden voyage (which for the purposes of this Clause shall be deemed to have commenced at the end of the sea passage to the first loadport), then Charterers shall have the use of the Vessel at the same rate and conditions for such extended time as may be necessary for the completion of the voyage on which it is engaged and, where required, its ballast voyage to the Place of Redelivery.

4. NOTICES OF DELIVERY AND REDELIVERY

4.1 The below notices shall be given by Owners to Charterers in the case of delivery, and by Charterers to Owners in the case of redelivery:-

4.1.1 One calendar month prior to delivery / redelivery, notice shall be given specifying the anticipated date for delivery / redelivery.

4.1.2 Fifteen days prior to delivery / redelivery, notice shall be given specifying the firm date and estimated time of delivery / redelivery.

4.1.3 Thereafter seven, three, two and one day(s) prior to delivery / redelivery, notice shall be given reconfirming or advising of any adjustment to the date and time given in accordance with sub-clause 4.1.2. In addition, during the last fourteen days prior to delivery / redelivery, prompt notice shall be given of any variation of more than six (6) hours in the estimated time of delivery / redelivery.

4.2 If the Charter grants Owners or Charterers an option for the Place of Delivery or Redelivery, notice of the anticipated Place of Delivery / Redelivery shall be given one calendar month before delivery / redelivery, and firm nomination of the Place of Delivery / Redelivery shall be given fifteen days before delivery / redelivery.

5. BUNKERS ON DELIVERY AND REDELIVERY

5.1 The Vessel shall be delivered with about the quantity of fuels stated in PART 1, Section G and shall be redelivered with about the same quantity.

5.2 Charterers shall accept and pay for all fuels on board at the time of delivery and Owners shall accept and pay for all fuels on board at redelivery (whether at the end of the Charter Period or upon termination of the Charter for other reasons), all at the price paid (net of all discounts and rebates) as substantiated by such documents as may reasonably be required. Charterers' payment for fuels on board at the time of delivery shall be made together with the first payment of hire. Charterers shall be entitled to deduct from the last payment of hire the value of fuels anticipated to be on board at redelivery.

6. CARGOES

6.1 Charterers shall have the right to ship all lawful cargoes falling within the description set out in PART 1, Section K.

6.2 Charterers shall not ship, nor permit to be shipped, any cargo dangerous to the Vessel.

7. TRADING LIMITS

The Vessel shall be employed in lawful trades within Institute Warranty Limits and within the Trading Limits set out in PART 1, Section L.

8. HIRE

8.1 Charterers shall pay hire per day or pro rata for part of a day from the time the Vessel is delivered to Charterers until its redelivery to Owners in the currency and at the rate stated in PART 1, Section H. All calculation of hire shall be by reference to Universal Time Co-ordinated (UTC).

8.2 The first payment of hire shall be made on or about the date of delivery, paying the hire in advance up to, but not including, the first day of the succeeding month. All subsequent payments of hire shall be made monthly in advance on the first day of each calendar month to the account stipulated in PART 1, Section I in funds available to Owners on the due date. If, however, in a given month the due date is a non-banking day in the United States (if hire is to be paid in US Dollars) or in the country stated in PART 1, Section I, then the subject month's hire shall be paid on the next banking day.

8.3 Hire for the month in which the anticipated date for redelivery falls shall be made up to and including the anticipated date of redelivery. Any necessary adjustments shall be made by payment by Owners to Charterers or by Charterers to Owners, as the case may be, within twenty-eight (28) days after redelivery.

8.4 Where there is a failure to pay hire by the due date, Owners shall notify Charterers in writing of such failure. Within five (5) banking days of receipt of such notification Charterers shall pay the amount due, failing which Owners shall have the right to suspend the performance of any or all of their obligations under this Charter and/or to withdraw the Vessel. If Owners elect to suspend performance of the Charter in respect of a particular late payment, they may still, notwithstanding that suspension of performance, withdraw the Vessel from the Charter in respect of that late payment provided they give a further twenty-four (24) hours' notice in writing of their intention to withdraw. Under no circumstances shall the act of suspending performance be construed as a waiver by Owners of the right to withdraw in respect of the continuing failure to pay hire or any subsequent late payment of hire under this Charter. Throughout any period of suspended performance under this Clause, the Vessel is to be and shall remain on hire. Charterers undertake to indemnify Owners in respect of any liabilities incurred by Owners under the bill of lading or any other contract of carriage as a consequence of Owners' proper suspension of and/or withdrawal from any or all of their obligations under this Charter.

8.5 On production of supporting vouchers, Charterers shall be entitled to deduct from hire any expenditure incurred on behalf of Owners which is for Owners' account under this Charter as well as any other costs and expenses due to Charterers which this Charter entitles them to deduct from hire. Charterers shall be entitled to a commission of 2.5% on expenditure settled on behalf of Owners.

8.6 Charterers may, at any time during the three months prior to the end of the Charter Period set out in PART 1, Section B, deduct from hire any amount which they reasonably estimate will be due to them at the end of the Charter Period in respect of expenditure on behalf of Owners, bunkers on redelivery, anticipated performance claims and any other similar claims Charterers may have against Owners.

OWNERS' RIGHTS AND OBLIGATIONS

9. OWNERS' OBLIGATIONS

9.1 Without prejudice to Clause 1, Owners shall exercise due diligence to maintain the Vessel in, or restore the Vessel to, the condition required pursuant to Clause 1 throughout the Charter Period.

9.2 Owners undertake that from the date of entering into this Charter the classification society, flag, ownership, management (whether technical or commercial) and P&I Insurers of the Vessel shall not change without Charterers' prior consent. Without prejudice to any other right that Charterers may have, a breach of this provision will entitle Charterers to terminate this Charter, whereupon Owners shall reimburse Charterers with any hire paid in advance and not earned. Should Charterers withhold consent under this Clause, then Owners may require Charterers to promptly identify to them an alternative acceptable to Charterers.

9.3 Owners undertake that from the date of entering into this Charter the amount of Hull and Machinery insurance on the Vessel shall not change without Charterers' prior consent, which shall not be unreasonably withheld.

9.4 Without prejudice to Clause 1, and provided always that Owners are granted a reasonable time to perform cleaning, Owners shall throughout the Charter Period ensure that the Vessel presents for loading with its tanks, pumps and pipelines properly prepared to the satisfaction of any inspector appointed by or on behalf of Charterers and ready for loading the cargo specified by Charterers.

9.5 Owners shall remain responsible for the navigation of the Vessel, acts of pilots, tug boats and crew, same as when trading for their own account. Owners undertake that throughout the period of this Charter they will, at their own expense, comply with the regulations in force from time to time so as to enable the Vessel to pass through the Suez and Panama Canals by day and by night without delay.

9.6 Without limitation to the foregoing, Owners shall provide and pay for:-

9.6.1 provisions, wages (including overtime), discharging fees and all other expenses related to the Master, officers and crew; and

9.6.2 cabin, deck, engine-room and other necessary stores, including domestic water; and

9.6.3 radio traffic and other communication expenses; and

9.6.4 insurance on the Vessel fully covering P&I risks and (without prejudice to Charterers' rights to freely trade the Vessel) standard oil pollution cover up to the level customarily offered by the International Group of P & I Clubs (currently US$1,000 million), Hull and Machinery and basic War Risks in accordance with the information set out in the Questionnaire; and

9.6.5 all documentation required to permit the Vessel to trade within the Trading Limits set out in PART 1, <u>Section L</u>, including but not limited to the certificates and documentation confirmed by Owners in the Questionnaire to be in place and such documentation shall be maintained in force during the currency of the Charter.

10. MASTER AND CREW

10.1 The Master, although appointed by Owners, shall throughout the Charter Period be under the orders and directions of Charterers as regards employment, agency or other arrangements and shall render Charterers all reasonable assistance with the officers, crew and equipment (including but not limited to connecting and disconnecting hoses for loading and discharging, verifying fuel samples and the procedure associated with the delivery of fuel) and supply Charterers with such information and documentation as they may from time to time require (including but not limited to logs, time sheets, safety performance information and certification relating to officers, crew or Vessel).

10.2 The Master shall, throughout the Charter Period, operate the Vessel and carry out his duties in a manner consistent with good seamanship, complying with the recommendations set out in the latest edition of ISGOTT and maintaining the safety of the Vessel, its crew, the cargo and the environment, and shall prosecute all voyages with due despatch.

10.3 The Master shall observe regulations and recommendations as to traffic separation and routeing as issued, from time to time, by responsible organisations or regulatory authorities, or as promulgated by the State of the flag of the Vessel or the State in which management of the Vessel is exercised.

10.4 If Charterers are dissatisfied with the conduct of the Master or any officer or crew member, Owners shall on receiving particulars of the complaint, promptly investigate the same, and, if necessary, make a change in the appointment.

11. BILLS OF LADING AND WAYBILLS

11.1 Bills of lading and waybills shall be signed as Charterers direct, without prejudice to this Charter. Charterers hereby indemnify Owners:-

11.1.1 against all liabilities that may arise from the signing of bills of lading and waybills in accordance with the directions of Charterers to the extent that the terms of such bills of lading and waybills impose more onerous liabilities than those assumed by Owners under the terms of this Charter; and

11.1.2 against claims brought by holders of bills of lading and waybills against Owners by reason of any deviation ordered by Charterers.

11.2 All bills of lading and waybills issued under this Charter shall include a Clause Paramount and War Risks, New Jason, General Average, and Both-to-Blame Collision clauses, in the form set out in this Charter.

12. DRUGS AND ALCOHOL POLICY

12.1 Owners undertake that they have, and shall maintain for the duration of this Charter, a policy on Drugs and Alcohol Abuse applicable to the Vessel (the "D & A Policy") that meets or exceeds the standards in the OCIMF Guidelines for the Control of Drugs and Alcohol Onboard Ship 1995 as amended from time to time.

12.2 Owners shall exercise due diligence to ensure that the D & A Policy is understood and complied with on and about the Vessel. An actual impairment, or any test finding of impairment, shall not in and of itself mean that Owners have failed to exercise due diligence.

13. DRY-DOCKING

Without prejudice to Clause 19, Owners shall have the right at their expense to take the Vessel out of service, including placing the Vessel in dry-dock. For emergency repairs this right may be exercised in accordance with Owners' discretion. For routine maintenance and surveys, the right may only be exercised at a time and place mutually agreed upon by Owners and Charterers.

14. LIEN

Owners shall have a lien upon all cargoes, hire, sub-hire, freights and sub-freights for any amounts owed by Charterers under this Charter.

CHARTERERS' RIGHTS AND OBLIGATIONS

15. CHARTERERS' OBLIGATIONS

15.1 Charterers shall furnish the Master with full and timely instructions.

15.2 Charterers shall provide and/or pay for:-

15.2.1 all fuels of a quality suitable for burning in the Vessel's engines and auxiliaries (which shall comply with the description in PART 1, Section J) except for quantities of fuel consumed while the Vessel is off-hire which shall be for Owners' account; and

15.2.2 port charges, light and canal dues, and all other charges or expenses relating to loading and discharging; and

15.2.3 agency fees for normal ship's husbandry at all places or ports of call; and

15.2.4 towage, pilotage and all mooring, loading and discharging facilities and services, provided always that Charterers shall bear no liability for the negligence or misconduct exercised by the providers of such services and facilities.

15.3 Any additional premiums charged by the providers of oil pollution cover by reason of loading or discharging at ports in the USA or USA-controlled territories shall be for Charterers' account and shall be re-imbursed to Owners together with the instalment of hire next falling due following presentation to Charterers of proper receipts evidencing payment.

15.4 Charterers will not suffer, nor permit to be continued, any lien or encumbrance incurred by them or their agents, which might have priority over the title and interest of Owners.

16. SPACE AVAILABLE TO CHARTERERS

16.1 The whole reach, burthen and decks of the Vessel, and its passenger accommodation (including Owners' suite if any), shall be at Charterers' disposal, reserving only proper and sufficient space for the Vessel's Master, officers, crew, tackle, apparel, furniture, provisions, stores and lubricating oil.

16.2 The weight of stores and lubricating oil stored on board shall not at any time during the Charter Period, unless specifically agreed, exceed the tonnage shown in the Questionnaire.

17. LOADING AND DISCHARGE / SHIP-TO-SHIP TRANSFERS

17.1 The Vessel shall be loaded and discharged at any port (which term for the purpose of this Charter shall include any port, berth, dock, loading or discharging anchorage or offshore location, submarine line, single point or single buoy mooring facility, alongside vessels or lighters or any other place whatsoever as the context requires) in accordance with Charterers' instructions. Before instructing Owners to direct the Vessel to any port, Charterers shall exercise due diligence to ascertain the safety of such port, but Charterers do not warrant the safety of any port and shall be under no liability in respect thereof except for loss or damage caused by Charterers' failure to exercise due diligence.

17.2 Charterers shall have the option of transferring the whole or part of the cargo (which shall include topping-off and lightening) to or from any other vessel including, but not limited to, an ocean-going vessel, barge and/or lighter (the "Transfer Vessel").

All transfers of cargo to or from Transfer Vessels shall be carried out in accordance with the recommendations set out in the latest edition of the "ICS/OCIMF Ship to Ship Transfer Guide (Petroleum)". Owners undertake that the Vessel and its crew shall comply with such recommendations, and similarly Charterers undertake that the Transfer Vessel and its crew shall comply with such recommendations. Charterers shall provide and pay for all necessary equipment including suitable fenders and cargo hoses. Charterers shall have the right, at their expense, to appoint supervisory personnel to attend on board the Vessel, including a mooring master, to assist in such transfers of cargo.

18. PERFORMANCE OF VESSEL - SPEED AND CONSUMPTION

18.1 Unless otherwise ordered by Charterers, the Vessel shall perform all voyages at the service speed stated in the Questionnaire.

18.2 Owners warrant that the Vessel is and shall remain capable of maintaining, throughout the Charter Period, the speeds and bunker consumptions for propulsion described in the Questionnaire under normal working conditions and in moderate weather (which for the purpose of this Clause shall exclude any periods of winds exceeding Force 5 on the Beaufort Scale).Charterers shall have the right to make deductions from hire in respect of any time lost and any additional bunkers consumed by reason of the Vessel's failure to maintain the warranted capability.

19. OFF-HIRE

19.1 The Vessel shall be off-hire on each and every occasion that there is a loss of time arising out of or in connection with the Vessel being unable to comply with Charterers' instructions (whether by way of interruption or reduction in the Vessel's services, or in any other manner) on account of:-

19.1.1 any damage, defect, breakdown, deficiency of or accident to the Vessel's hull, machinery, equipment or cargo handling facilities, or maintenance thereto; or

19.1.2 any default and/or deficiency of the Master, officers or crew, including the failure or refusal or inability of the Master, officers and/or crew to perform the services required; or

19.1.3 any breach of sub-clause 9.6.5; or

19.1.4 any other cause preventing the full working of the Vessel.

Notwithstanding the aforesaid, if the total loss of time pursuant to this sub-clause 19.1 is less than three hours in any one calendar month, the Vessel shall not be off-hire.

19.2 If the Vessel deviates, unless ordered to do so by Charterers, it shall be off-hire from the commencement of such deviation until the Vessel is again ready to resume its service from a position not less favourable to Charterers than that at which the deviation commenced. For the purposes of this Clause the term deviation shall include stopping, reducing speed, putting back or putting into any port or place other than that to which it is bound under the instructions of Charterers for any reason whatsoever, including for maintenance, dry-docking, taking on stores or fresh water, but shall exclude deviations made to save life or property. Should the Vessel deviate to avoid bad weather or be driven into port or anchorage by stress of weather, the Vessel shall remain on hire and all port costs thereby incurred and bunkers consumed shall be for Charterers' account. Any service given or distance made good by the Vessel while off-hire shall be taken into account in assessing the amount to be deducted from hire.

19.3 Any time during which the Vessel is off-hire under this Charter may be added, at Charterers' option, to the Charter Period. Such option shall be declared in writing not less than one month before the expected date of redelivery, or promptly if such event occurs less than one month before the expiry of the Charter Period. If Charterers exercise their option to extend the Charter Period pursuant to this Clause, the Charter Period shall be deemed to include such extension and hire shall be payable at the rate(s) which would have been payable but for the relevant off-hire event.

20. LAYING UP

Charterers shall have the option to lay up the Vessel at a place nominated by them and acceptable to Owners. Charterers shall exercise due diligence to ascertain the safety of such place but shall be under no liability in respect thereof except for loss or damage caused by Charterers' failure to exercise due diligence. If Charterers exercise the option to lay up the Vessel then the hire stipulated in PART 1, Section H shall be adjusted to reflect any net increase in expenditure reasonably incurred (including but not limited to costs reasonably incurred in preparing the Vessel for lay up as well as restoring it to the condition in which it was immediately prior to laying up) or net saving which should reasonably be made by Owners as a result of such lay up.

21. STORAGE

Charterers shall have the option of using the Vessel for floating storage but Charterers undertake not to use the Vessel for floating storage in areas where additional premiums for War Risks Insurance are charged by the Vessel's War Risks Insurance underwriters.

22. SUB-LET

Charterers may sub-let the Vessel without prejudice to the respective rights and obligations of either party under this Charter.

23. SUPERNUMERARIES

Charterers may send supernumeraries in the Vessel's available accommodation upon any voyage made under this Charter. In such event Owners shall provide provisions and all requisites, as supplied to officers, except alcohol.

24. VESSEL/CARGO INSPECTIONS/BUNKER SURVEYS

Charterers shall be entitled to cause their representative (which term includes any independent surveyor appointed by Charterers) to carry out inspections of the Vessel and/or observe cargo operations and/or ascertain the quantity and quality of the cargo, water and residues on board, including the taking of cargo samples, inspection and copying of the Vessel's logs, documents and records (which shall include but not be limited to the personal notes of the Master, officers or crew relating to the operation of the Vessel, the rough log book and computer generated data) at any loading and/or discharge port. Charterers' representative may also conduct any of the aforementioned operations at or off any other port to which Charterers may require the Master to divert the Vessel at any time after leaving any loading port. Charterers shall obtain the consent of the owners of any cargo on board at the time before requiring the Vessel to be diverted.

Charterers' representative shall be entitled to survey, and take samples from, any or all of the Vessel's cargo tanks, bunker fuel tanks and non-cargo spaces at any place referred to above.

SPECIAL PROVISIONS

25. CLAUSE PARAMOUNT

Charterers undertake that all bills of lading and waybills issued under this Charter shall contain the following:

"CLAUSE PARAMOUNT

(1) This Bill of Lading shall have effect subject to any national law making the International Convention for the unification of certain rules of law relating to bills of lading signed at Brussels on 25th August 1924 (The Hague Rules) or the Hague Rules as amended by the Protocol signed at Brussels on 23rd

February 1968 (The Hague/Visby Rules) compulsorily applicable to this Bill of Lading. If any term of this Bill of Lading be repugnant to that legislation to any extent, such term shall be void to that extent but no further. Neither the Hague Rules nor the Hague/Visby Rules shall apply to this Bill of Lading where the goods carried hereunder consist of live animals or cargo which by this Bill of Lading is stated as being carried on deck and is so carried.

(2) Save where the Hague or Hague/Visby Rules apply by reason of (1) above, this Bill of Lading shall take effect subject to any national law in force at the port of shipment or place of issue of the Bill of Lading making the United Nations Convention on the Carriage of Goods by Sea 1978 (the Hamburg Rules) compulsorily applicable to this Bill of Lading in which case this Bill of Lading shall have effect subject to the Hamburg Rules which shall nullify any stipulation derogating therefrom to the detriment of the shipper or consignee.

(3) Where the Hague, Hague/Visby or Hamburg Rules are not compulsorily applicable to this Bill of Lading, the carrier shall be entitled to the benefits of all privileges, rights and immunities contained in Articles I to VIII of the Hague/Visby Rules.

(4) Nothing in this Bill of Lading shall be construed as in any way restricting, excluding or waiving the right of any relevant party or person to limit his liability under any available legislation and/or law".

26. SALVAGE

The Master is authorised to render assistance to other vessels. All salvage and remuneration for such assistance shall be for Owners' and Charterers' equal benefit after deducting the Master's and Crew's proportion and all costs, expenses and sacrifices (including but not limited to loss of time, off-hire, hire paid, repairs to the Vessel and bunker fuel consumed). Any non-contractual liability to third parties shall be for Owners' account unless it solely affects the salvage remuneration.

27. ICE

The Vessel shall not be required to enter or remain in any icebound port or area, nor any port or area where lights, lightships, markers or buoys have been or are about to be withdrawn by reason of ice, nor where on account of ice there is, in the Master's sole discretion, a risk that, in the ordinary course of events, the Vessel will not be able safely to enter and remain at the port or area or to depart after completion of loading or discharging. The Vessel shall not be obliged to force ice but, subject to Owners' prior approval, may follow ice-breakers when reasonably required, with due regard to its size, construction and class. If, on account of ice, the Master in his sole discretion considers it unsafe to proceed to, enter or remain at the place of loading or discharging for fear of the Vessel being frozen in and/or damaged, he shall be at liberty to sail to the nearest ice-free place and there await Charterers' instructions.

28. REQUISITION

Should the Vessel be requisitioned by any government, *de facto* or *de jure*, during the period of this Charter, the Vessel shall be off-hire during the period of such requisition, and any hire paid by such government and costs incurred in respect of such requisition shall be for Owners' account. The option granted to Charterers in sub-clause 19.3 shall not apply to periods of off-hire pursuant to this Clause 28.

29. OUTBREAK OF WAR

Either party may cancel this Charter on the outbreak of war or hostilities between any two or more of the following countries: the United States of America, the Russian Federation, the United Kingdom, France and the People's Republic of China.

30. WAR RISKS

30.1 For the purpose of this Clause, the words:

30.1.1 "Owners" shall include the shipowners, bareboat charterers, disponent owners, managers or other operators who are charged with the management of the Vessel, and the Master; and

30.1.2 "War Risks" shall include any war (whether actual or threatened), act of war, civil war, hostilities, revolution, rebellion, civil commotion, warlike operations, the laying of mines (whether actual or reported), acts of piracy, acts of terrorists, acts of hostility or malicious damage, blockades (whether imposed against all vessels or imposed selectively against vessels of certain flags or ownership, or against certain cargoes or crews or otherwise howsoever), by any person, body, terrorist or political group, or the Government of any state whatsoever, which, in the reasonable judgement of the Master and/or Owners, may be dangerous or are likely to be or to become dangerous to the Vessel, its cargo, crew or other persons on board the Vessel.

30.2 The Vessel, unless the written consent of Owners be first obtained, shall not be ordered to or required to continue to or through, any port, place, area or zone (whether of land or sea), or any waterway or canal, where it appears that the Vessel, its cargo, crew or other persons on board the Vessel, in the reasonable judgement of the Master and/or Owners, may be, or are likely to be, exposed to War Risks. Should the Vessel be within any such place as aforesaid, which only becomes dangerous, or is likely to be or to become dangerous, after its entry into it, the Vessel shall be at liberty to leave it.

30.3 The Vessel shall not be required to load contraband cargo, or to pass through any blockade, whether such blockade be imposed on all vessels, or is imposed selectively in any way whatsoever against vessels of certain flags or ownership, or against certain cargoes or crews or otherwise howsoever, or to proceed to an area where it shall be subject, or is likely to be subject to a belligerent's right of search and/or confiscation.

30.4 Owners may effect war risks insurance in respect of the Hull and Machinery of the Vessel and their other interests (including, but not limited to, loss of earnings and detention, the crew and their Protection and Indemnity Risks), and the premiums and/or calls therefor shall be for their account.

If the Underwriters of such insurance should require payment of premiums and/or calls because, pursuant to Charterers' orders, the Vessel is within, or is due to enter and remain within, any area or areas which are specified by such Underwriters as being subject to additional premiums because of War Risks, then such premiums and/or calls shall be reimbursed by Charterers to Owners at the same time as the next payment of hire is due.

30.5 If Owners become liable under the terms of employment to pay the crew any bonus or additional wages in respect of sailing into an area which is dangerous in the manner defined by the said terms, then such bonus or additional wages shall be reimbursed to Owners by Charterers at the same time as the next payment of hire is due.

30.6 The Vessel shall have liberty:-

30.6.1 to comply with all orders, directions, recommendations or advice as to departure, arrival, routes, sailing in convoy, ports of call, stoppages, destinations, discharge of cargo, delivery, or in any other way whatsoever, which are given by the Government of the Nation under whose flag the Vessel sails, or other Government to whose laws Owners are subject, or any other Government, body or group whatsoever acting with the power to compel compliance with their orders or directions;

30.6.2 to comply with the orders, directions or recommendations of any war risks underwriters who have the authority to give the same under the terms of the war risks insurance;

30.6.3 to comply with the terms of any resolution of the Security Council of the United Nations, any directives of the European Community, the effective orders of any other supranational body which has the right to issue and give the same, and with national laws aimed at enforcing the same to which Owners are subject, and to obey the orders and directions of those who are charged with their enforcement;

30.6.4 to divert and discharge at any other port any cargo or part thereof which may render the Vessel liable to confiscation as a contraband carrier;

30.6.5 to divert and call at any other port to change the crew or any part thereof or other persons on board the Vessel when there is reason to believe that they may be subject to internment, imprisonment or other sanctions.

30.7 If in accordance with their rights under the foregoing provisions of this Clause, Owners refuse to proceed to the loading or discharging ports, or any one or more of them, they shall immediately inform Charterers.

31. GENERAL AVERAGE

General Average shall be adjusted and settled in London in accordance with the York-Antwerp Rules, 1994 or any subsequent modification thereof.

32. NEW JASON

If, notwithstanding Clause 31, General Average is adjusted in accordance with the law and practice of the USA, the following provision shall apply:-

"In the event of accident, danger, damage or disaster before or after the commencement of the voyage, resulting from any cause whatsoever, whether due to negligence or not, for which, or for the consequence of which, the carrier is not responsible, by statute, contract or otherwise, the cargo, shippers, consignees or owners of the cargo shall contribute with the carrier in general average to the payment of any sacrifices, losses or expenses of a general average nature that may be made or incurred and shall pay salvage and special charges incurred in respect of the cargo.

If a salving ship is owned or operated by the carrier, salvage shall be paid for as fully as if the said salving ship or ships belonged to strangers. Such deposit as the carrier or his agents may deem sufficient to cover the estimated contribution of the cargo and any salvage and special charges thereon shall, if required, be made by the cargo, shippers, consignees or owners of the cargo to the carrier before delivery".

33. BOTH-TO-BLAME COLLISION

If the liability for any collision in which the Vessel is involved while performing this Charter falls to be determined in accordance with the laws of the USA, or the laws of any State which applies laws similar to those applied in the USA in the circumstances envisaged by this Clause 33, the following provision shall apply:-

"If the Vessel comes into collision with another vessel as a result of the negligence of the other vessel and any act, neglect or default of the Master, mariner, pilot or the servants of the carrier in the navigation or in the management of the Vessel, the owners of the goods carried hereunder will indemnify the carrier against all loss or liability to the other or non-carrying vessel or its owners in so far as such loss or liability represents loss of, or damage to, or any claim whatsoever of the owners of said goods, paid or payable by the other or non-carrying vessel or its owners to the owners of said goods and set off, recouped or recovered by the other or non-carrying vessel or its owners as part of their claim against the carrying vessel or carrier.

The foregoing provisions shall also apply where the owner, operators or those in charge of any vessel or vessels or objects other than, or in addition to, the colliding vessels or objects are at fault in respect of collision or contact."

Whilst Charterers shall procure that all bills of lading and waybills issued under this Charter shall contain a provision in the foregoing terms, to be applicable where the liability for any collision in which the Vessel is involved falls to be determined under the preamble of this Clause 33, Charterers neither warrant nor undertake that such provision shall be effective. In the event that such provision proves ineffective Charterers shall, notwithstanding anything to the contrary herein provided, not be obliged to indemnify Owners.

34. OIL POLLUTION PREVENTION

34.1 Owners undertake that the Vessel is a tanker owned by a member of the International Tanker Owners' Pollution Federation Limited and will so remain throughout the period of this Charter.

34.2 When an escape or discharge of Oil occurs from the Vessel and causes or threatens to cause Pollution Damage, or when there is the threat of an escape or discharge of Oil (i.e. a grave and imminent danger of the escape or discharge of Oil which, if it occurred, would create a serious danger of Pollution Damage, whether or not an escape or discharge in fact subsequently occurs), then upon notice to Owners or Master, Charterers shall have the right (but shall not be obliged) to place on board the Vessel and/or have in attendance at the incident one or more Charterers' representatives to observe the measures being taken by Owners and/or national or local authorities or their respective servants, agents or contractors to prevent or minimise Pollution Damage and to provide advice, equipment or manpower or undertake such other measures, at Charterers' risk and expense, as are permitted under applicable law and as Charterers believe are reasonably necessary to prevent or minimise such Pollution Damage or to remove the threat of an escape or discharge of Oil.

34.3 The provisions of this Clause 34 shall be without prejudice to any other rights and/or duties of Charterers or Owners whether arising under this Charter or under applicable law or under any International Convention.

34.4 In this Clause the terms "Oil" and "Pollution Damage" shall have the same meaning as that defined in the Civil Liability Convention 1969 or any Protocol thereto.

35. EXCEPTIONS

35.1 The provisions of Article III (other than Rule 8 thereof), IV, IV *bis*, VII and VIII of the Schedule to the Carriage of Goods by Sea Act 1971 of the United Kingdom shall apply to this Charter and shall be deemed to be inserted *in extenso* herein. This Charter shall be deemed to be a contract for the carriage of goods by sea to which the said Articles apply, and no regard shall be had to Article I of the said Schedule. However, nothing in this Clause shall be deemed to modify, limit or exclude the parties' rights and obligations as set out in Clauses 1, 9, 10, 11, 18 and 19 hereof.

35.2 Where a claim for indemnity is brought under this Charter, the defending party shall be entitled to rely on all defences and limitations, whether founded on contract, tort, legislation or convention, that the claimant could have relied on in the principal action or in relation to the principal claim.

35.3 Notwithstanding the aforesaid:

35.3.1 Where a claim for indemnity relating to a claim pursued by a third party is brought under this Charter, such claim shall be extinguished unless suit is commenced within twelve (12) months of the principal claim being settled by the parties thereto or determined by the final, unappealable judgment of a competent court.

35.3.2 All other claims shall be subject to the statutory limitation period.

36. LAW

The construction, validity and performance of this Charter shall be governed by English Law. The High Court in London shall have exclusive jurisdiction over any dispute which may arise out of this Charter.

Notwithstanding the aforesaid, the parties may jointly elect to have any such dispute referred to arbitration in London pursuant to the Arbitration Act 1996 or any modification or re-enactment thereof for the time being in force and under the Terms of the London Maritime Arbitrators' Association before a tribunal consisting of three arbitrators.

In Witness Whereof the parties have caused this Charter to be executed as of the date first above written

for and on behalf of

OWNERS

for and on behalf of

CHARTERERS

3. Inter-Club New York Produce Exchange Agreement (1996)

Inter-Club New York Produce Exchange Agreement (as amended May, 1984)

App. C.1

INTER-CLUB NEW YORK PRODUCE EXCHANGE
AGREEMENT 1996

This Agreement is made on 1 September 1996 between the P & I Clubs being members of The International Group of P & I Associations listed below (hereafter referred to as "the Clubs").

This Agreement replaces the Inter-Club Agreement 1984 in respect of all charterparties specified in clause (1) hereof and shall continue in force until varied or terminated. Any variation to be effetive must be approved in writing by all the Clubs but it is open to any Club to withdraw from the Agreement on giving to all the other Clubs not less than three months' written notice thereof, such withdrawal to take effect at the expiration of that period. After the expiry of such notice the Agreement shall nevertheless continue as between all the Clubs, other than the Club giving such notice who shall remain bound by and be entitled to the benefit of this Agreement in respect of all Cargo Claims arising out of Charterparties commenced prior to the expiration of such notice.

The Clubs will recommend to their Members without qualification that their Members adopt this Agreement for the purpose of apportioning liability for claims in respect of cargo which arise under, out of or in connection with all charterparties on the New York Produce Exchange From 1946 or 1993 or Asbatime Form 1981 (or any subsequent amendment of such Forms), whether or not this Agreement has been incorporated into such charterparties.

Scope of application

(1) This Agreement applies to any charterparty which is entered into after the date hereof on the New York Produce Exchange Form 1946 or 1993 or Asbatime Form 1981 (or any subsequent amendment of such Forms).

(2) The terms of this Agreement shall apply notwithstanding anything to the contrary in any

other provision of the charterparty; in particular the provisions of clause(6) (time bar) shall apply notwithstanding any provision of the charterparty or rule of law to the contrary.

(3) For the purposes of this Agreement, Cargo Claims(s) mean claims for loss, damage, shortage (including slackage, ullage or pilferage), overcarriage of or delay to cargo including customs dues or fines in respect of such loss, damage, shortage, overcarriage or delay and include.

(a) any legal costs claimed by the original person making any such claim;

(b) any interest claimed by the original person making any such claim;

(c) all legal, Club correspondents' and experts' costs reasonably incurred in the defence of or in the settlement of the claim made by the original person, but shall not include any costs of whatsoever nature incurred in making a claim under this Agreement or in seeking an indemnity under the charterparty.

(4) Apportionment under this Agreement shall only be applied to Cargo Claims where:

(a) the claim was made under a contract of carriage, whatever its form,

(i) which was authorised under the charterparty;

or

(ii) which would have been authorised under the charterparty but for the inclusion in that provided that

(iii) in the case of contracts of carriage containing Through Transport or Combined Transport provisions (whether falling within (i) or (ii) above)the loss, damage, shortage, overcarriage or delay or delay occurred after commencement of the loading of the cargo onto the chartered vessel and prior to completion of its discharge form that vessel (the burden of proof being on the Charterer to establish that the loss, damage, shortage, overcarriage or delay did or did not so occur); and

(iv) the contract of carriage (or that part of the transit that comprised carriage on the chartererd vessel) incorporated terms no less favourable to the carrier than the Hague or Hague-Visby Rules, or, when compulsorily applicable by operation of law to the contract of carriage, the Hamburg Rules or any national law giving effect thereto;

and

(b) the cargo responsibility clauses in the charterparty have not been materially amended. A material amendment is one which makes the liability, as between Owners and Charterers, for Cargo Claims clear. In particular, it is agreed solely for the purposes of this Agreement;

(i) that the addition of the words "and responsibility" in clause 8 of the New York Produce Exchange Form 1946 or 1993 or clause 8 of the Asbatime Form 1981, or any similar amendment of the charterparty making the Master responsible for cargo handling, is not a material amendment; and

(ii) that if the words "cargo claims" are added to the second sentence of clause 26 of the New York Produce Exchange Form 1946 or 1993 or clause 25 of the Asbatime Form 1981, apportionment under this Agreement shall not be applied under any circumstances even if the charterparty is made subject to the terms of this Agreement;

and

(c) the claim has been properly settled or compromised and paid.

(5) This Agreement applies regardless of legal forum or place of arbitration specified in the charterparty and regardless of any incorporation of the Hague, Hague-Visby Rules or Hamburg Rules therein.

Time bar

(6) Recovery under this Agreement by an Owner or Charterer shall be deemed to be waived and absolutely barred unless written notification of the Cargo Claim has been given to the other party to the charterparty within 24 months of the date of delivery of the cargo or the date the cargo should have been delivered, save that, where the Hamburg Rules or any national legislation giving effect thereto are compulsorily applicable by operation of law to the contract of carriage or to that part of the transit that comprised carriage on the chartered vessel, the period shall be 36 months, Such notification shall if possible include details of the contract of carriage, the nature of the claim and the amount claimed.

The apportionment

(7) The amount of any Cargo Claim to be apportioned under this Agreement shall be the amount in fact borne by the party to the charterparty seeking apportionment, regardless of whether that claim may be or has been apportioned by application of this Agreement to another charterparty.

(8) Cargo Claims shall be apportioned as follows:

(a) Claims in fact arising out of unseaworthiness and/or error or fault in navigation or management of the vessel:

100% Owners

save where the Owner proves that the unseaworthiness was caused by the loading, stowage, lashing, discharge or other handling of the cargo, in which case the claim shall be apportioned under sub-clause (b).

(b) Claims in fact arising our of the loading, stowage, lashing, discharge, storage or other handling of cargo:

100% Charterers

unless the words "and responsibility" are added in Clause 8 or there is a similar amendment making the Master responsible for cargo handling in which case:

50% Charterers

50% Owners

save where the Charterer proves that the failure properly to load, stow, lash, discharge or handle the cargo was caused by the unseaworthiness of the vessel in which case:

100% Owners

(c) Subject to (a) and (b) above, claims for shortage or overcarriage:

50% Charterers

50% Owners

unless there is clear and irrefutable evidence that the claim arose out of pilferage or act or neglect by one or the other (including their servants or sub-contractors) in which case that party shall then bear 100% of the claim.

(d) All other cargo claims whatsoever (including claims for delay to cargo):

50% Charterers

50% Owners

unless there is clear and irrefutable evidence that the claim arose out of the act or neglect of the one or the other (including their servants or sub-contractors) in which case that party shall then bear 100% of the claim.

Governing law

(9) This Agreement shall be subject to English Law and Jurisdiction, unless it is incorporated in to the charterparty (or the settlement of claims in respect of cargo under the charterparty is made subject to this Agreement), in which case it shall be subject to the law and jurisdiction provisions governing the charterparty.

The American Steamship Owners' Mutual Protection and Indemnity Association, Inc.
Assuranceforeningen Gard (Gjensidig)
Assuranceforeningen Skuld (Gjensidig)
The Britannia Steam Ship Insurance Association Limited
The Japan Ship Owners' Mutual Protection and Indemnity Association
Liverpool and London Steamship Protection and Indemnity Association Limited
The London Steam-Ship Owners' Mutual Insurance Association Limited
The Newcastle Protection and Indemnity Association
The North of England Protecting and Indemnity Association Limited
The Shipowners' Mutual Protection and Indemnity Association (Luxembourg)
Skuld Mutual Protection and Indemnity Association (Bermuda) Limited
The Standard Steamship Owners' Protection and Indemnity Association Limited

The Standard Steamship Owners' Protection and Indemnity Association (Bermuda) Limited
The Standard Steamship Owners' Protection and Indemnity Association (Europe) Limited
The Steamship Mutual Underwriting Association Limited
The Steamship Mutual Underwriting Association (Bermuda) Limited
The Steamship Mutual Underwriting Association (Europe) Limited
Sveriges Angfartygs Assurans Forening
The United Kingdom Mutual Steam Ship Assurance Association (Bermuda) Limited
The West of England Ship Owners' Mutual Insurance Association (Luxembourg)

판례색인

[국내판례]

[외국판례]

A

B

C

D

E

F

G

H

I

J

K

L

M

N

O

P

R

S

T

U

V

W

사항색인

[국문색인]

ㄱ

ㅂ

ㅇ

ㅈ

ㅊ

ㅋ

기타

[영문색인]

A

B

C

D

E

F

N

O

P

R

S

T

염정호(廉政虎)

>>>약 력

- 서강대학교 영문학과 졸업
- 한국방송통신대학교 법학과 졸업
- 서강대학교 대학원 법학과 졸업(법학박사)
- 현, 일도해운주식회사 대표이사
  한국해운중개업협회 회장
  한국해법학회 국제이사
  한국해사법학회 이사
  Baltic Exchange Dry Index Panellist

>>>저서 및 논문

- 정기용선계약의 용선기간에 관한 연구
  (한국해법학회지 제28권 제1호, 2006. 4.)
- 미화500불의 미지급을 근거로 한 선박회수의 유효성
  (한국해법학회지 제28권 제2호, 2006. 11.)
- 재용선계약상 선박임차인(나용선자)의 지위
  (해사법연구 제20권 제1호, 2008. 3.)
- 정기용선계약상 반선기일 위반으로 인한 손해배상책임문제
  (해사법연구 제20권 제2호, 2008. 7.)
- 영미법상 정기용선계약 하에서의 제3자 채권의 실행에 관한 연구
  (해사법연구 제20권 제2호, 2008. 7.)
- 영미법상 용선계약 하에서의 프러스트레이션에 관한 연구
  (해사법연구 제20권 제3호, 2008. 11.)
- 영미법상 선박의 속력과 연료소모량유지에 대한 선박소유자의 의무에 관한 연구
  (해사법연구 제21권 제1호, 2009. 3.)
- 정기용선계약 하에서의 재운임 또는 재용선료에 대한 선박소유자리언에 관한 연구
  (한국해법학회지 제31권 제1호, 2009. 4.)
- RightShip의 승인에 관한 선박소유자의 의무
  (한국해법학회지 제31권 제2호, 2009. 11.)
- 영국법상 용선계약의 당사자에 관한 연구
  (해사법연구 제21권 제3호, 2009. 11.)
- 영미법상 용선계약의 성립에 관한 연구
  (해사법연구 제22권 제1호, 2010. 3.)
- 영국법상 용선계약의 해제약관에 관한 연구
  (한국해법학회지 제32권 제1호, 2010. 4.)

정기용선계약법

2010년 8월 25일 초판 인쇄
2010년 8월 30일 초판 1쇄 발행

저 자 염 정 호
발행인 배 효 선
발행처 도서출판 法 文 社

413-756 경기도 파주시 교하읍 문발리 526-3
등 록 1957. 12. 12 / 제2-76호(윤)
TEL 031)955-6500~6 FAX 031)955-6525
e-mail (영업): bms@bobmunsa.co.kr
(편집): edit66@bobmunsa.co.kr
홈페이지 http://www.bobmunsa.co.kr

조 판 법 문 사 전 산 실

정가 45,000원 ISBN 978-89-18-08601-9